《中国彝族文化丛书》编委会

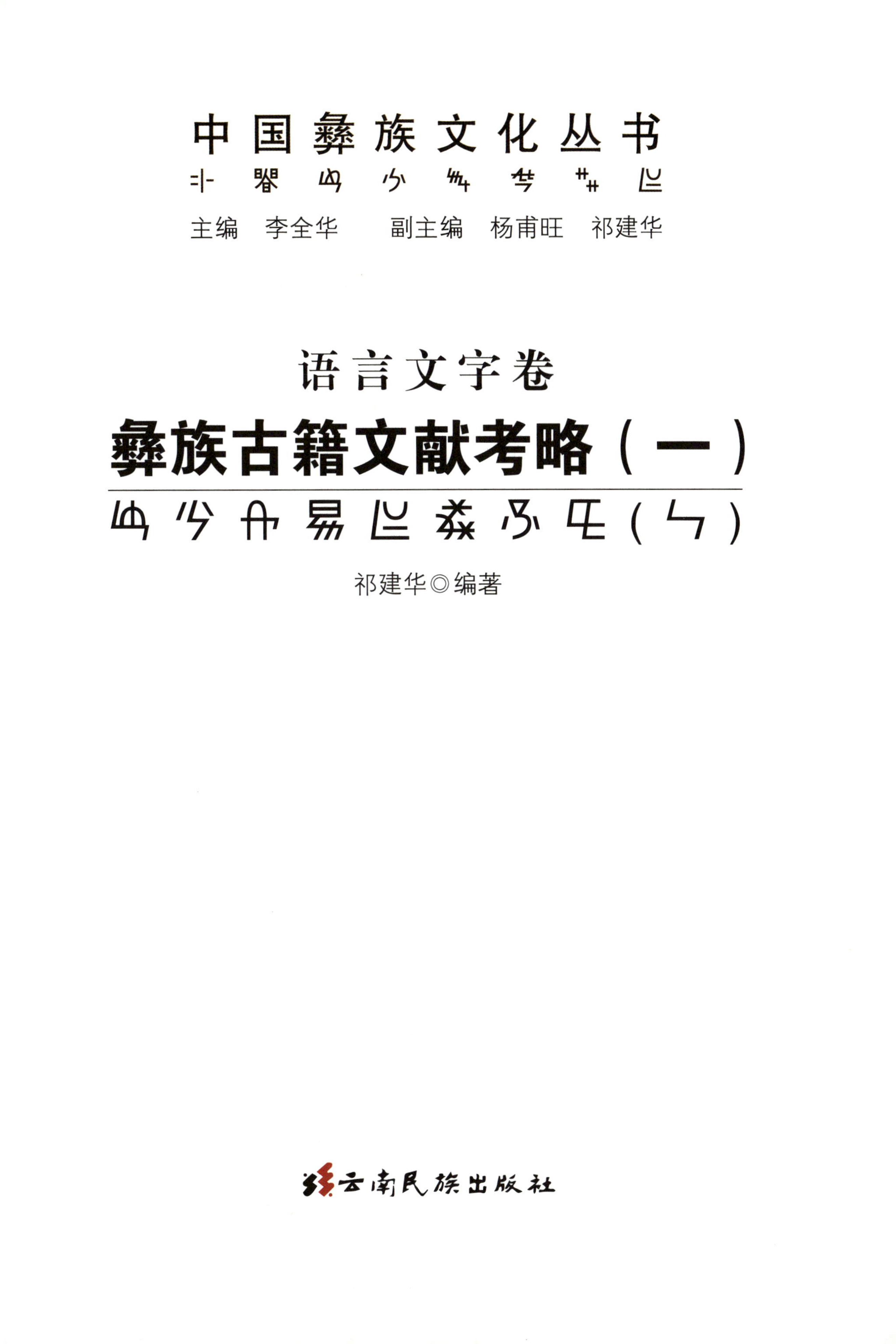

中国彝族文化丛书

主编　李全华　　副主编　杨甫旺　祁建华

语言文字卷

彝族古籍文献考略（一）

祁建华◎编著

云南民族出版社

图书在版编目（CIP）数据

彝族古籍文献考略. 一 / 祁建华编著. — 昆明：云南民族出版社，2018.11
ISBN 978-7-5367-8030-9

Ⅰ. ①彝… Ⅱ. ①祁… Ⅲ. ①彝族－古籍研究－中国
Ⅳ. ①K281.7

中国版本图书馆CIP数据核字（2018）第250865号

中国彝族文化丛书
ZHONGGUO YIZU WENHUA CONGSHU

主编　李全华　　副主编　杨甫旺　祁建华

语言文字卷·彝族古籍文献考略（一）
YUYAN WENZIJUAN · YIZU GUJI WENXIAN KAOLUE

祁建华◎编著

责任编辑：马　耘
装帧设计：楚雄师范学院印刷厂设计室

出版发行：云南民族出版社
（昆明市环城西路170号云南民族大厦5楼）
邮　　编：650032
邮　　箱：ynbook@vip.163.cm
印　　刷：楚雄师范学院印刷厂
开　　本：787mm×1092mm　1/16
成品尺寸：185mm×260mm
印　　张：22.5
字　　数：242 千
版　　次：2018年11月第1版
印　　次：2018年11月第1次印刷
印　　数：1～1000 册
定　　价：368.00元
ISBN 978-7-5367-8030-9

李全华，云南双柏县人，彝族，生于 1963 年，研究生学历，教授。现任楚雄师范学院图书（档案）馆馆长、楚雄彝族文化学院院长、楚雄州文献信息共建共享联盟理事长、楚雄州文艺评论家协会常务副主席。主要著作有《“互联网 +”环境下高校图书馆发展问题研究》《告诉您一个诗文产生的故事》《矗立在彩云之南的文化殿堂》《在实践反思中学会教学》《大学语文》《为了孩子的明天》等书。主持完成“中小学骨干教师培养与培训模式探究”“师范院校服务基础教育功能研究”“构建中小学教师履职晋级培训模式探究”等三项云南省教育科研规划课题。主持完成“中国彝族文化数字资源数据库建设”“楚雄彝族优秀文化作品数据库建设”等两项中央财政项目。发表学术论文 30 余篇，是国家社科项目《彝族古籍数字化保护研究》《西南彝族口述历史资料搜集整理及其有声数据库建设》《中缅跨境民族口述文化资料整理及其数据库建设》的主要研究成员。

杨甫旺（1962—），彝族，云南永仁县人。楚雄师范学院彝学研究院院长、彝族文化学院常务副院长、二级研究员，云南省中青年学术技术带头人，主要从事彝族历史文化调查研究。学术成果颇丰，多次获国家、省、州奖励。

祁建华（1969—），傈僳族，云南武定县人。楚雄师范学院图书馆馆员。主要从事美学、民族文献学研究。发表学术论文 10 余篇，著有专著《小也兰香》，参与编纂《新彝学》（副主编）、《中国彝族情歌》（副主编）、《彝族毕摩口述史》（副主编）等书。

总 序

彝族是中国56个民族大家庭之中的一员，是中国为数不多的有自己语言和文字的民族，中国56个民族中17个民族有自己古老的文字，彝族文字是世界上较早的古老文字之一，其对世界古文字的产生和发展产生过重要的影响。2010年中国人口普查表明，中国有彝族人口8 714 393人，位居少数民族人口第六位。中国彝族主要分布于云南省、四川省、贵州省、广西壮族自治区4省区，在越南、老挝、缅甸、泰国等东南亚国家也有100多万彝族人口，全世界有彝族人口900多万。彝族历史悠久，文化灿烂，历史上的彝族文化薪火相传，从未熄灭。20世纪80年代，中央民族大学、西南民族大学、云南民族大学、贵州民族大学培养了一批批彝学队伍，并成立了单一民族研究所、古籍翻译室、彝文规范等机构。以刘尧汉教授的《中国文明源头新探》和云南人民出版社社长程志方的《文明中国的彝族十月太阳历》两本著作为标志；以滇、川、黔、桂专家学者为主要力量，形成了中华彝族文化学派，将彝族文化的研究推向高潮。经过将近40年的艰苦努力，我国彝族文化的研究取得了大量丰硕的成果，但这些成果是分散和零星的，彝族文化的研究成果进入了一个需要整合的历史性阶段，基于这样的考虑，我前几年就产生了编写《中国彝族文化丛书》的想法，目标是尊重区域研究成果，寻找研究成果的最大公约数，按照人类文明发展的历史，梳理彝族文化研究成果，并遵循文化的逻辑顺序将其归缀到一套大书里，便于彝族文化遗产的完整保护与传承，也便于学者的研究与使用。人类传统的观念认为，文化是一种社会现象，它是由人类长期创造形成的产物，同时又是一种历史现象，是人类社会与历史的积淀物；文化是凝结在物质之中又游离于物质之外的，能够被传承的国家或民族的历史、地理、风土人情、传统习俗、生活方式、文学艺术、行为规范、思维方式、价值观念等；文化是人类相互之间进行交流的普遍认可的一种能够传承的意识形态，是对客观世界感性上的知识与经验的升华。文化包括物质文化、制度文化和心理文化三个方面，物质文化是指人类创造的物质文明，包括交通工具、服饰、日常用品等，它是一种可见的显性文化。制度文化和心理文化分别指生活制度、家庭制度、社会制度以及思维方式、宗教信仰、审美情趣，它们属于不可见的隐性文化，包括文学、哲学、政治等方面的内容。该丛书力求从普遍意义上的文化与民族文化的典型性出发，寻找二者的结合点，较为全面地反映出彝族文化的全貌，因此该丛书把彝族文化分为彝族语言文字卷（语言文字概论，彝汉英字典、词典，毕摩经考注等 20 部）、彝族历史卷（族源、社会、政治、经济等 5 部）、彝族文学卷（5 部）、彝族文明卷（古生物、古人类、哲学、宗教、法律、历法、军事、教育、体育等 10 部）、彝族建筑卷（5 部）、彝族服饰卷

（10 部）、彝族饮食卷（5 部）、彝族歌舞卷（20 部）等八卷，共 80 部，约 20000 万字。这是一个浩大的工程，首先要对我国彝族文化有总体的把握，要准确把握彝族文化的昨天、今天和未来；其次要对彝族文化有一定的甄别与考量，尊重公认度，寻找公约数；最后还要用辩证唯物论的立场和观点去伪存真，去粗取精，如实反映彝族文化对人类文明的贡献。要完成《中国彝族文化丛书》的编撰绝非易事，不是一两个人，一两年时间就能完成的，也不是靠一两个项目经费就能支撑的。因此我们的编撰思路是以楚雄师范学院彝族文化学院和彝学研究院为主，联合云南省、贵州省、四川省、广西壮族自治区和中央民族大学的其他专项性彝族文化研究机构和彝学研究专家，分卷分部编撰，同时启动同时推进，走“项目 + 市场”的可持续编写发行路子。编撰《中国彝族文化丛书》算是一项新的工程和新的探索，可能构想大于编者的实际水平，不足之处敬请专家学者和读者指正与海涵。

楚雄师范学院彝族文化学院院长　李全华

2018 年夏

目　录
Contents

《驱重丧经书、祈雨经合经》

原始编号：11 号

原古籍总计 27 页。

此书第一部分为《驱重丧经书》，彝文：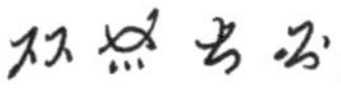，音标：tʂ'o^{21} sa^{33} pɤ^{55} su^{33}。不分卷，佚名撰。彝族南部方言祛邪、除邪仪式经书。原古籍 1 页至 18 页。彝族人认为，每当家中有人去世时，如日子不吉就会有其连带的事发生，当家中老人去世时正逢重丧日时，认为不隔多日会有第二次葬礼之事，若逢“重丧”或“重复”日时，认为死日不吉，当办理完葬礼后，要请毕摩另择吉日，举行“驱除重丧神”仪式，此经书是举行此仪式时诵的经书。书里记述，世间一家人，当老人去世时死时不吉，死日不吉，吉日你不死，好时你不去，正逢重丧日你却去世，正逢重逢时你却去世，今天我毕摩受主人之邀，在逝者家里，设坛作法，举行驱除死邪、祛重丧之仪式，今日我行此仪式不仅驱除重丧神，一切不吉之物、不吉之邪一同驱除。包括“重丧神”“重复神”“死星神”“死气神”“杀神”“祟神”“相冲神”“相嫌神”等。一切都一次性驱除，从今往后，一切不吉的都不能重回，让魔邪气离开家人，远离世间，回到自己的地界等。

占“重丧”日，是彝族历算书的一种，一年当中每一个月都会逢两日是“重丧”日，它是一种固定的时日。如：正月和七月里为天干日逢“庚”和“甲”日；二月和八月为逢“乙”和“辛”日；三月、九月、腊月为逢“戊”和“己”日；四月和十月为逢“丙”和“壬”日；五月和十一月为逢“丁”和“癸”日，为“重丧”日。因此在推算时皆按此法来推算。可供研究彝族原始宗教观念时参考。

旧写本。本色，绵纸。线订册叶装。年代：民国。手写体，墨书。页面规格 24cm×18cm，每页 11 ~ 12 行，每行 10 ~ 11 字，白口。因保存不善，页面残损度大。今藏楚雄师范学院图书馆。

此书第二部分为《祈雨经》，彝文：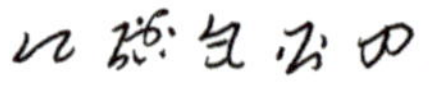，音标：ʔa^{55} xo^{33} ts^{33} su^{33} ŋɤ^{21}。不分卷，佚名撰。彝族南部方言祈福、祈祷、祈求类经书。原古籍 19 页至 26 页。本书是记述滇南某村彝族村民祭龙祈雨的经书。全村村民怀中抱着祭献神灵的雄鸡，齐跪在祭坛下，虔诚地祈求天神策更兹、地神黑朵番、水王龙塔纪、阴间阎龙王、四方诸山神和河神，为世间万物生长繁荣，为世间人类及所有动植物的生长，只要是有生命的，无论是体内有血的，体内无血的，包括天上飞的，地上爬行的，只要有生命存在的都需要雨水的滋润，祈求上苍开恩，降下雨露来。今天携全体村民祭祀祈雨，但愿来年风调雨顺，庄稼丰收，六畜兴旺。无论是人、六畜、庄稼等都无病无灾。但愿全体村民四季平安，生活幸福。本祭祀程序为，一开始向诸神灵祭献活牲，并吟诵《活牲经》，后部分为回熟献祭、吟诵回熟经等祭龙的全过程。可供研究彝族原始宗教观念和习俗时参考。

旧写本。本色，绵纸。线订册叶装。年代：民国。手写体，墨书。页面规格 24cm×18cm，每页 16 ~ 17 行，每行 10 ~ 11 字，白口。有残损，有少数文字和页面残失。今藏楚雄师范学院图书馆。

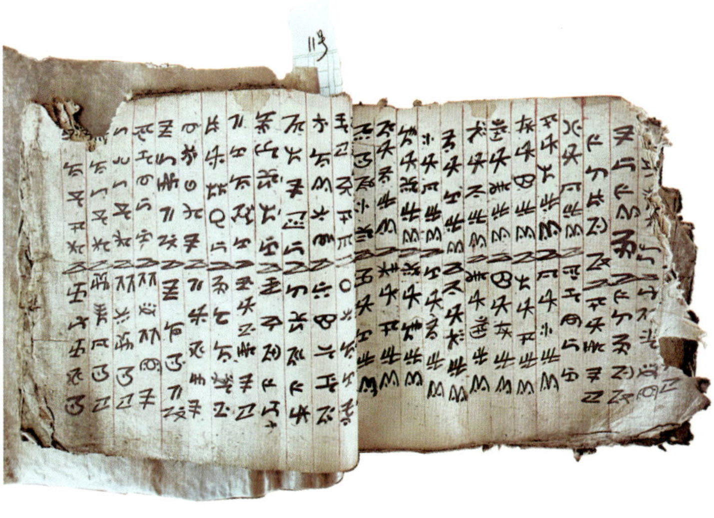

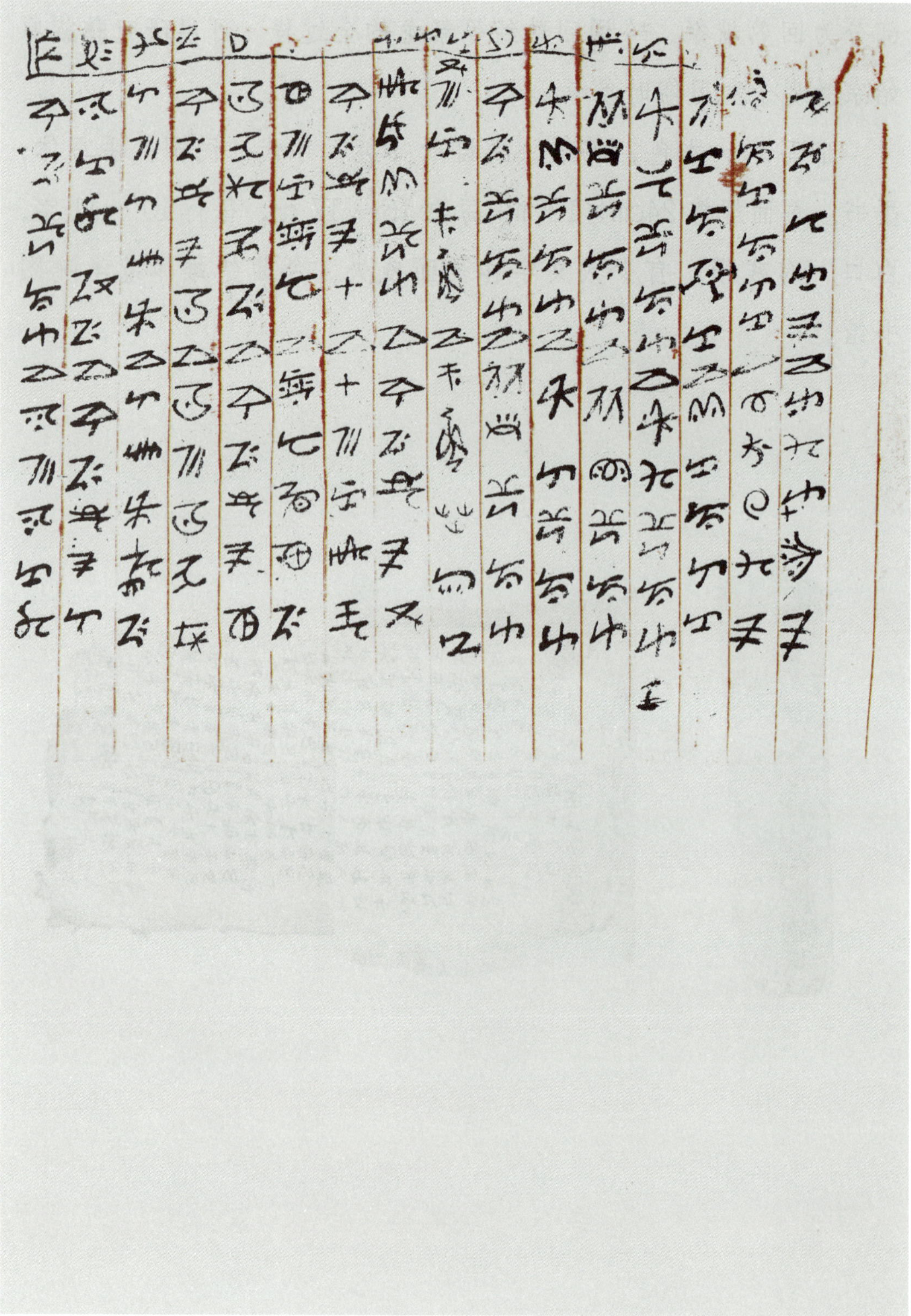

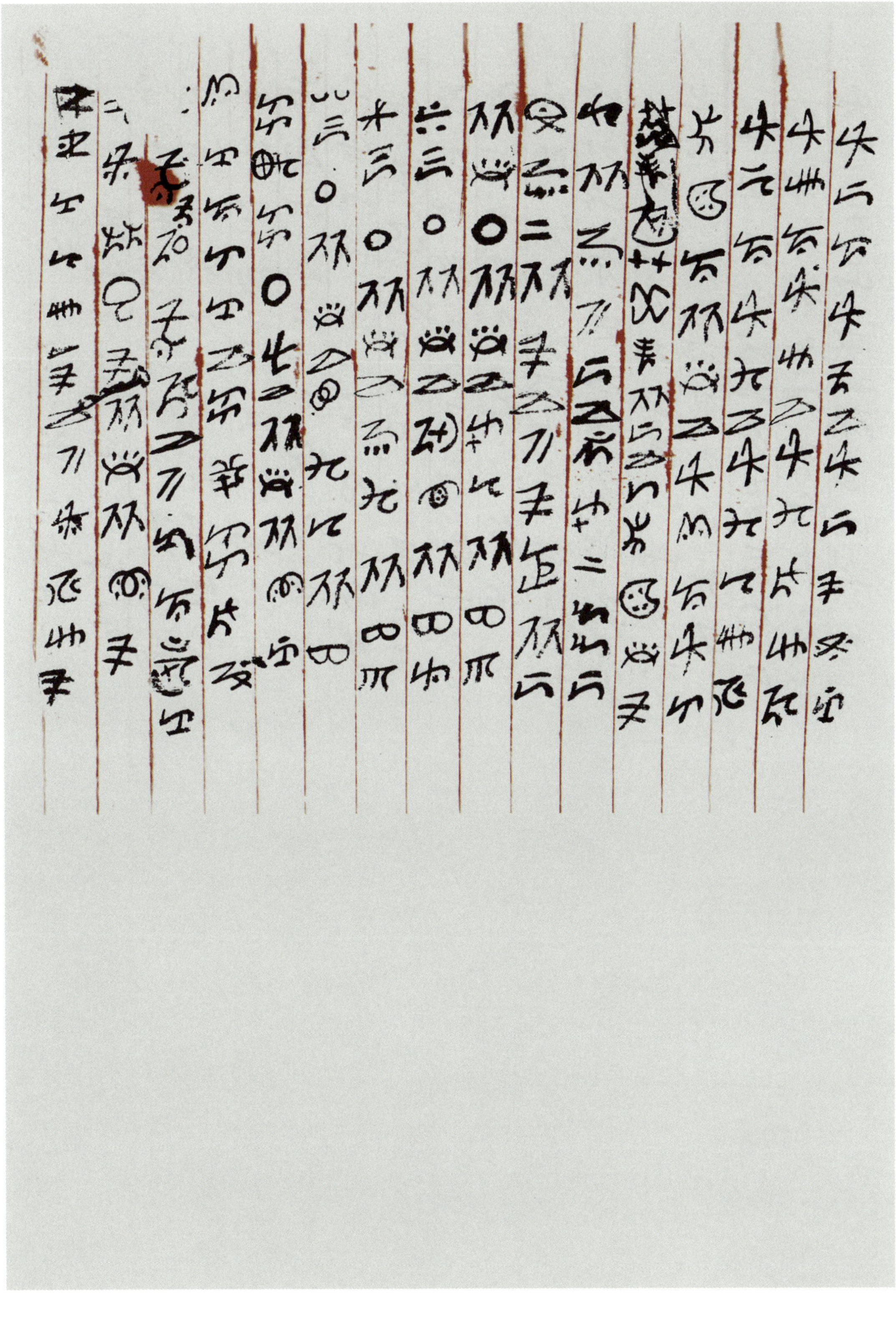

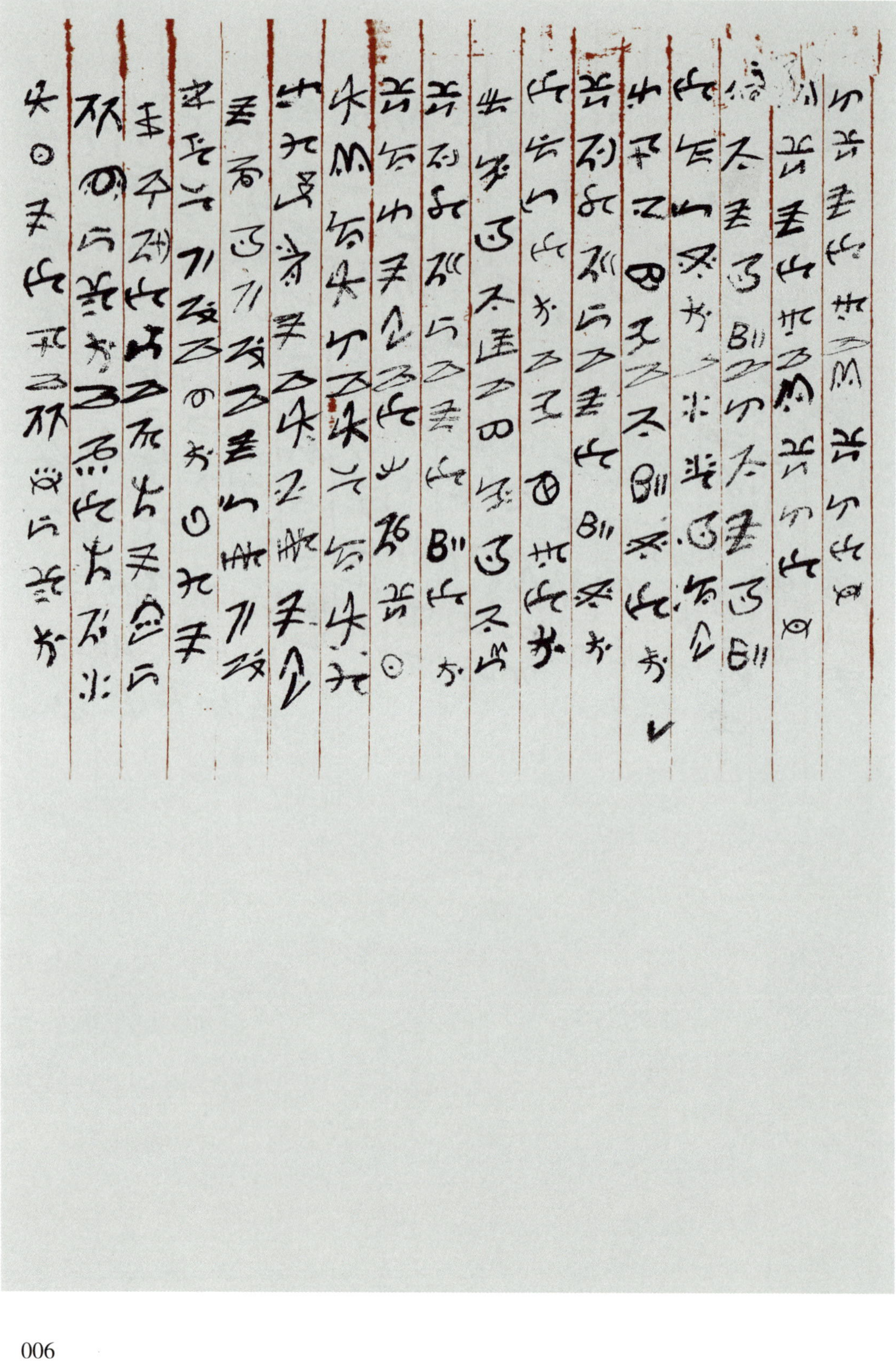

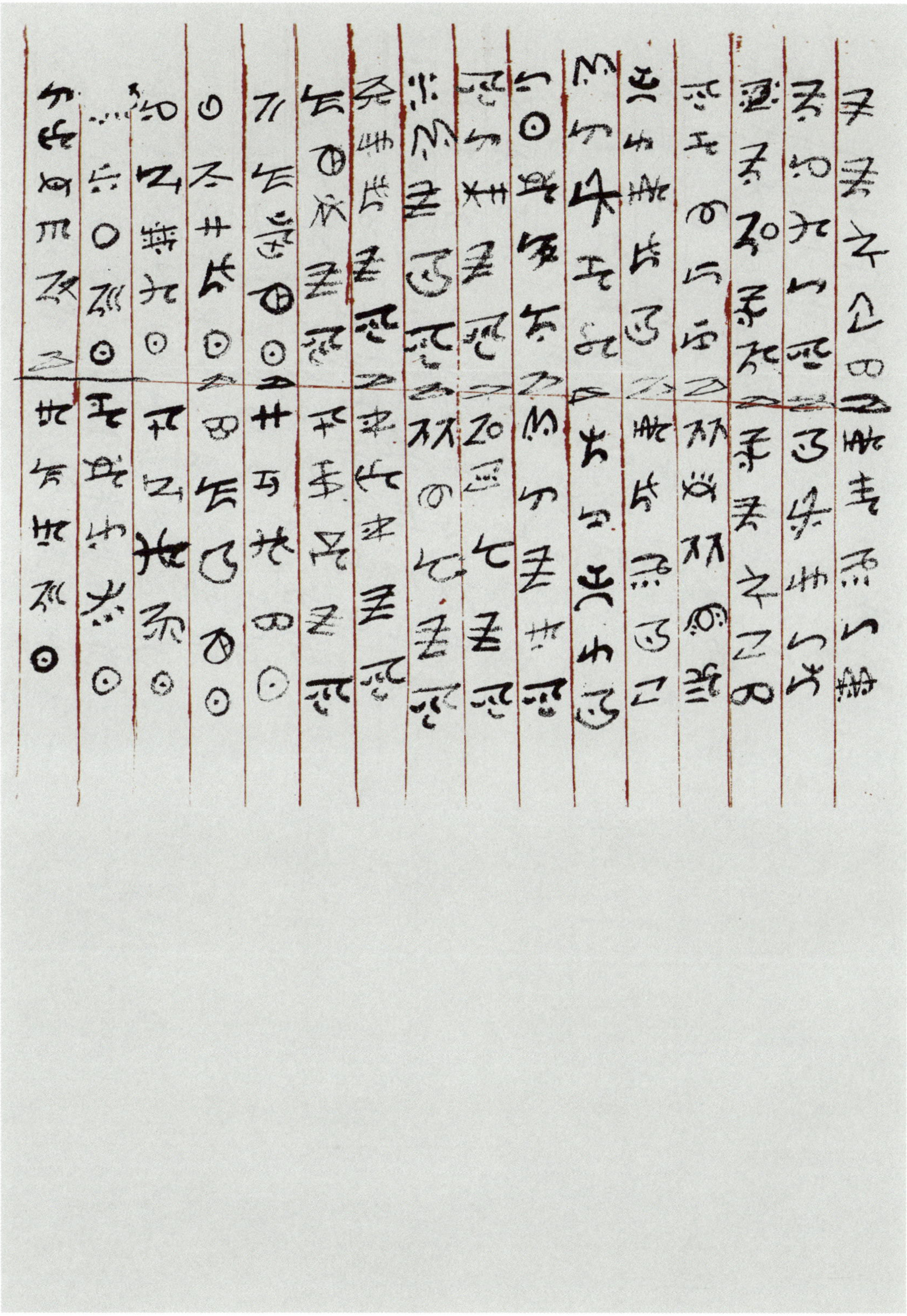

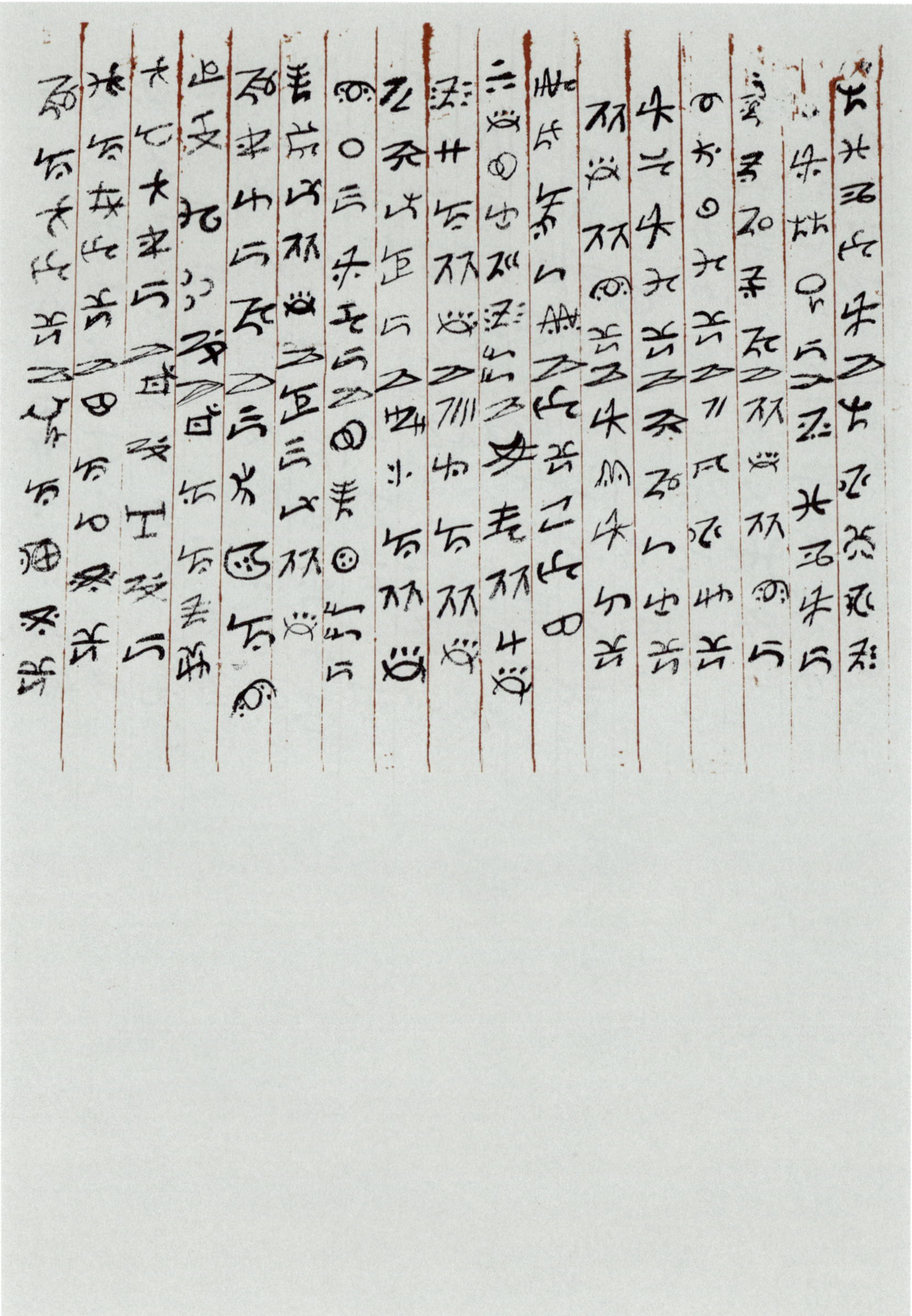

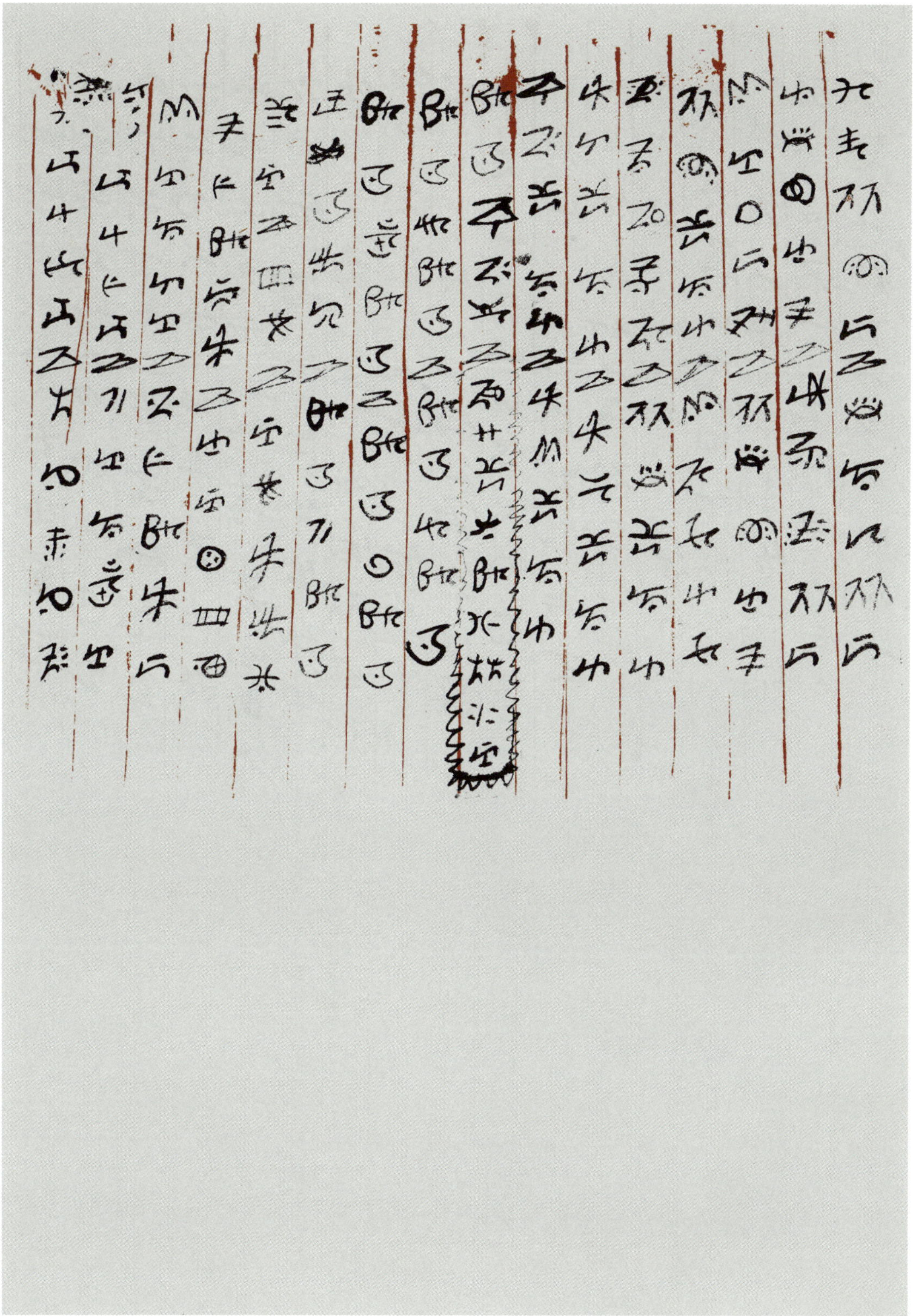

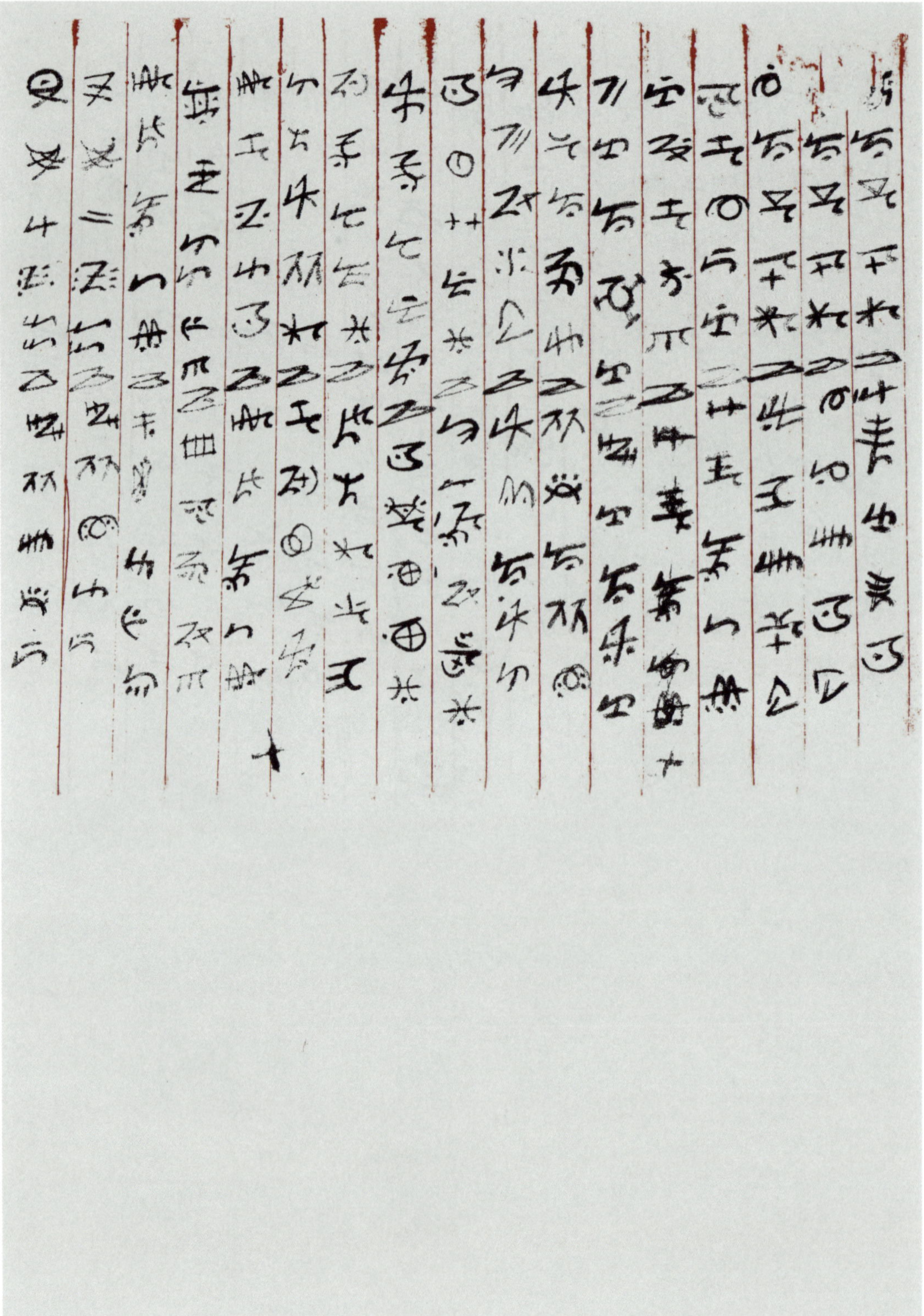

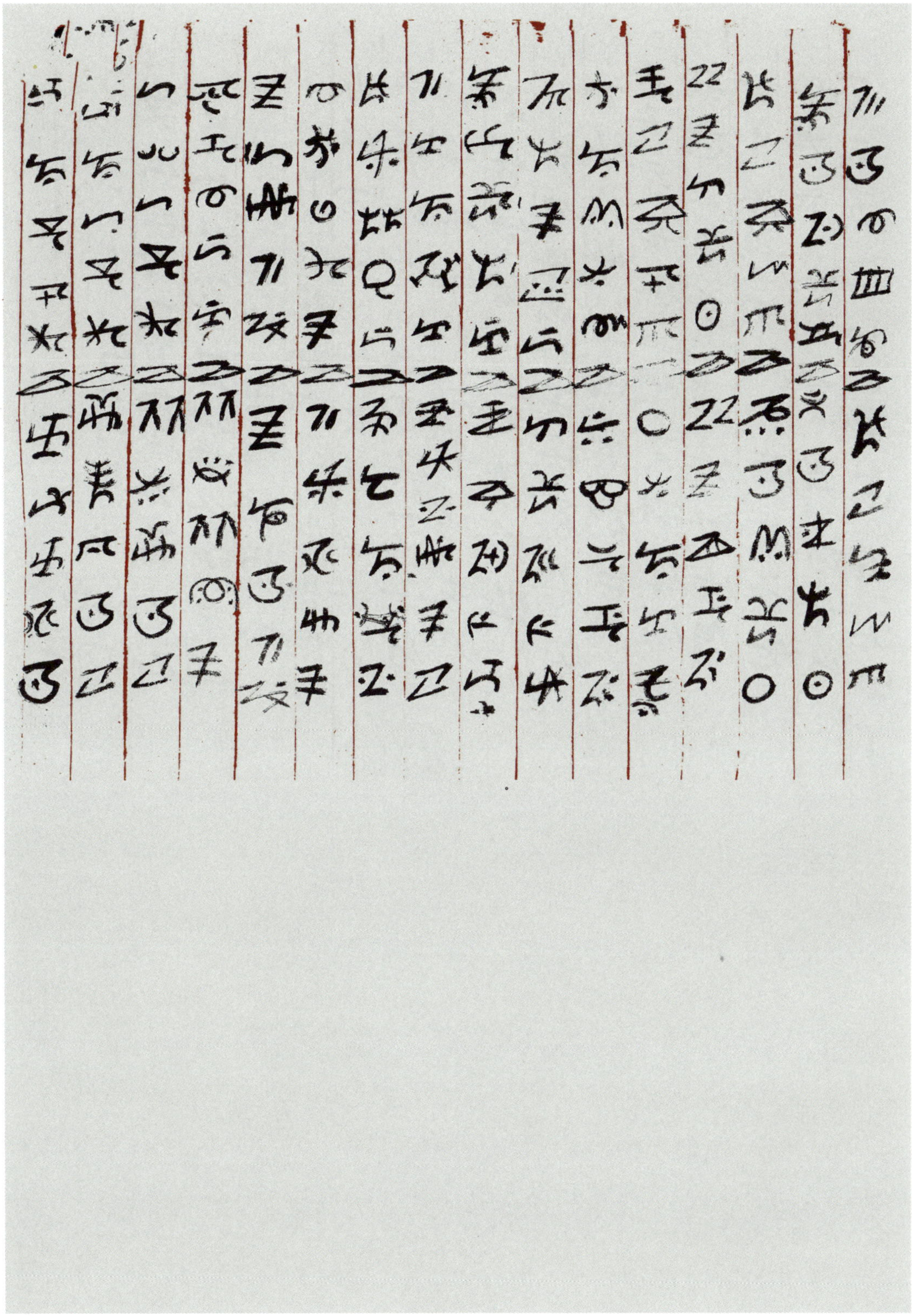

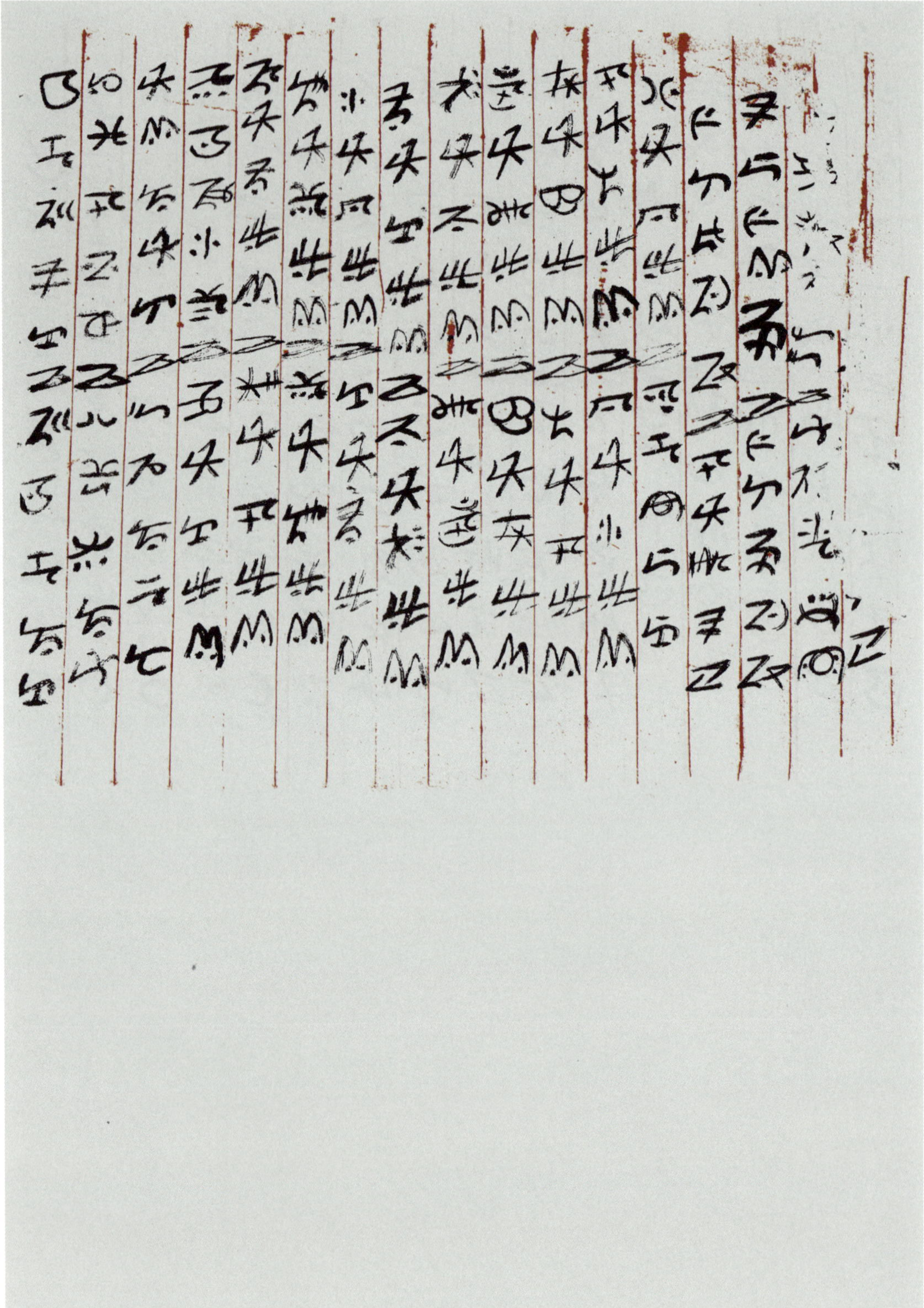

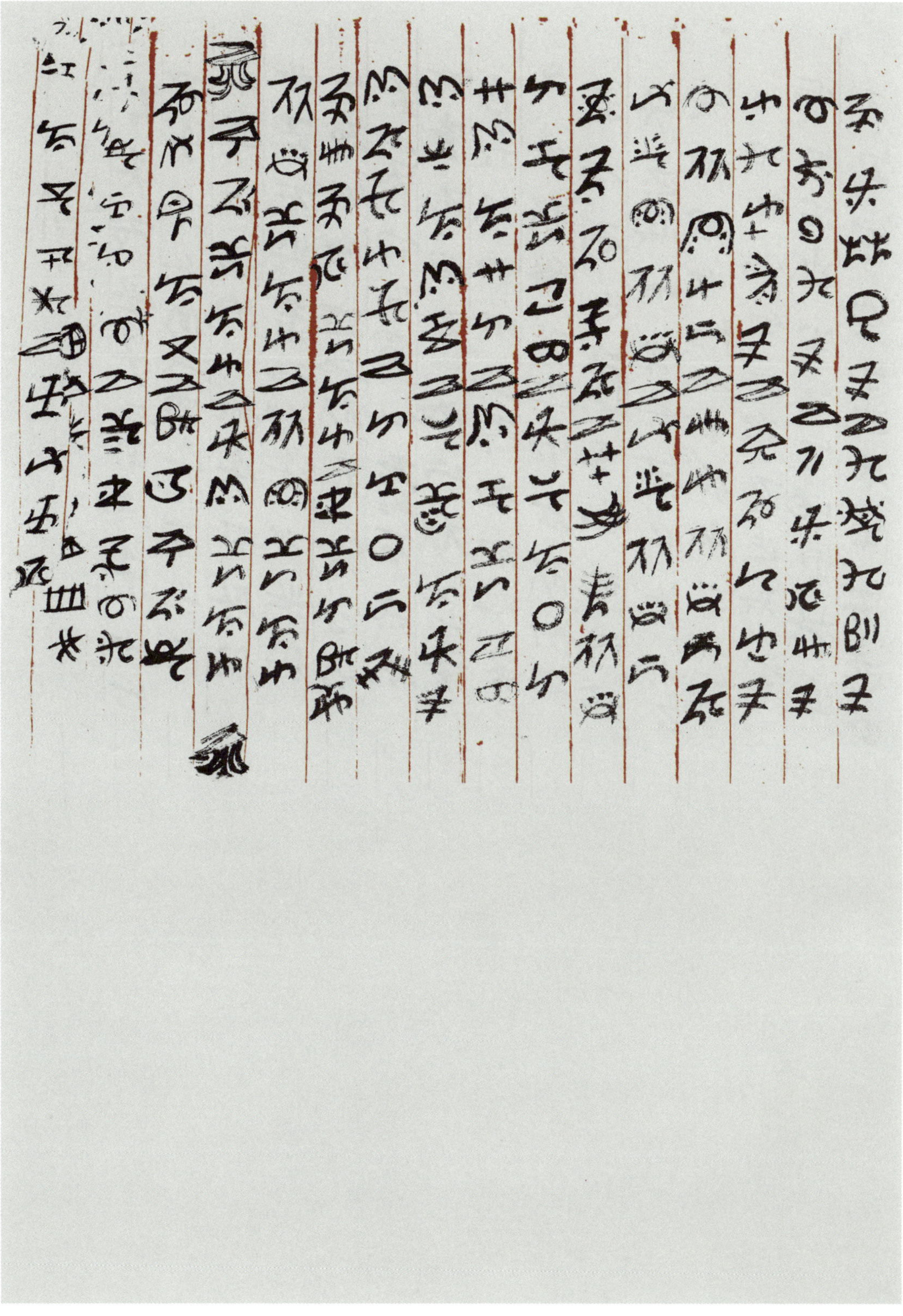

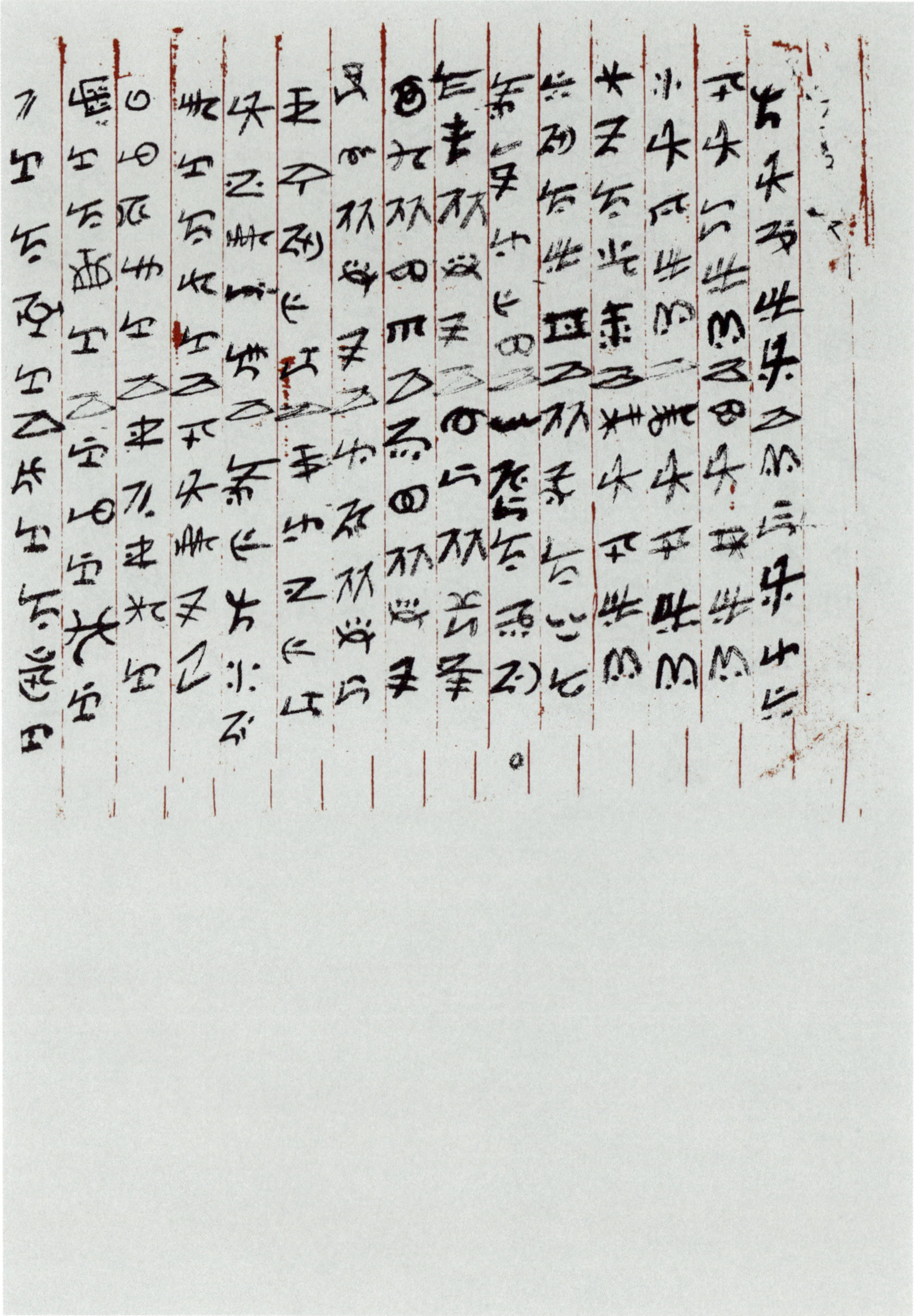

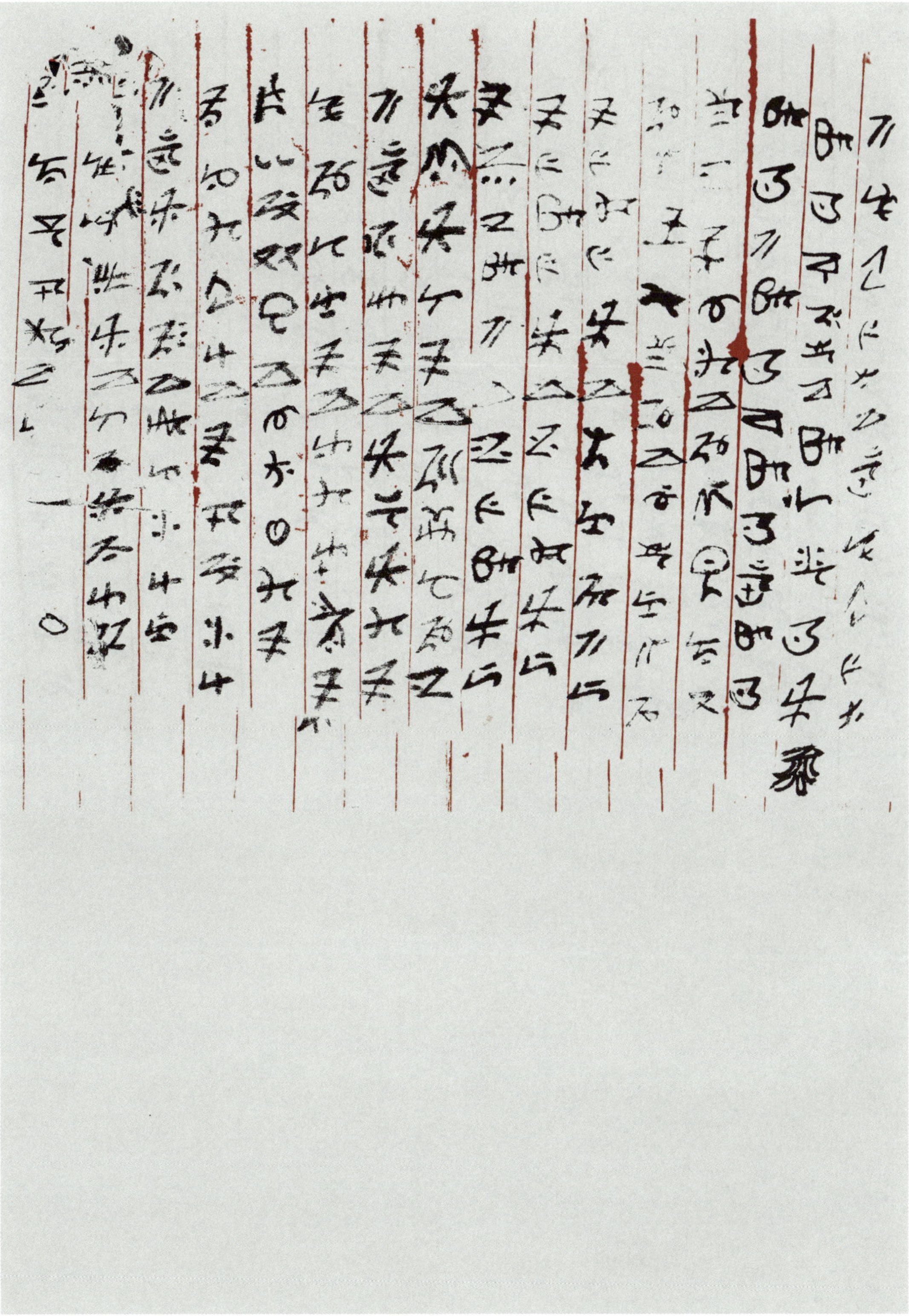

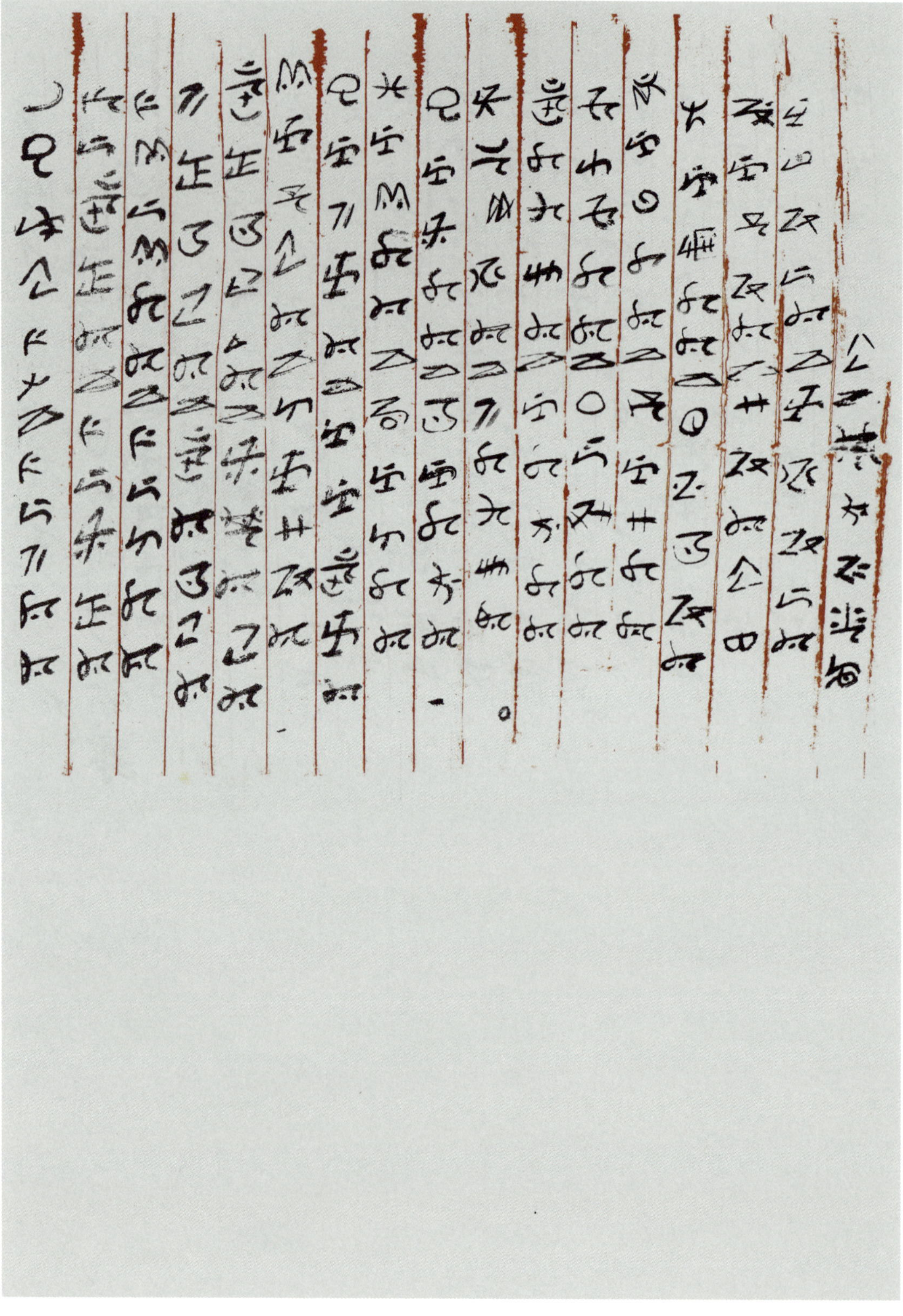

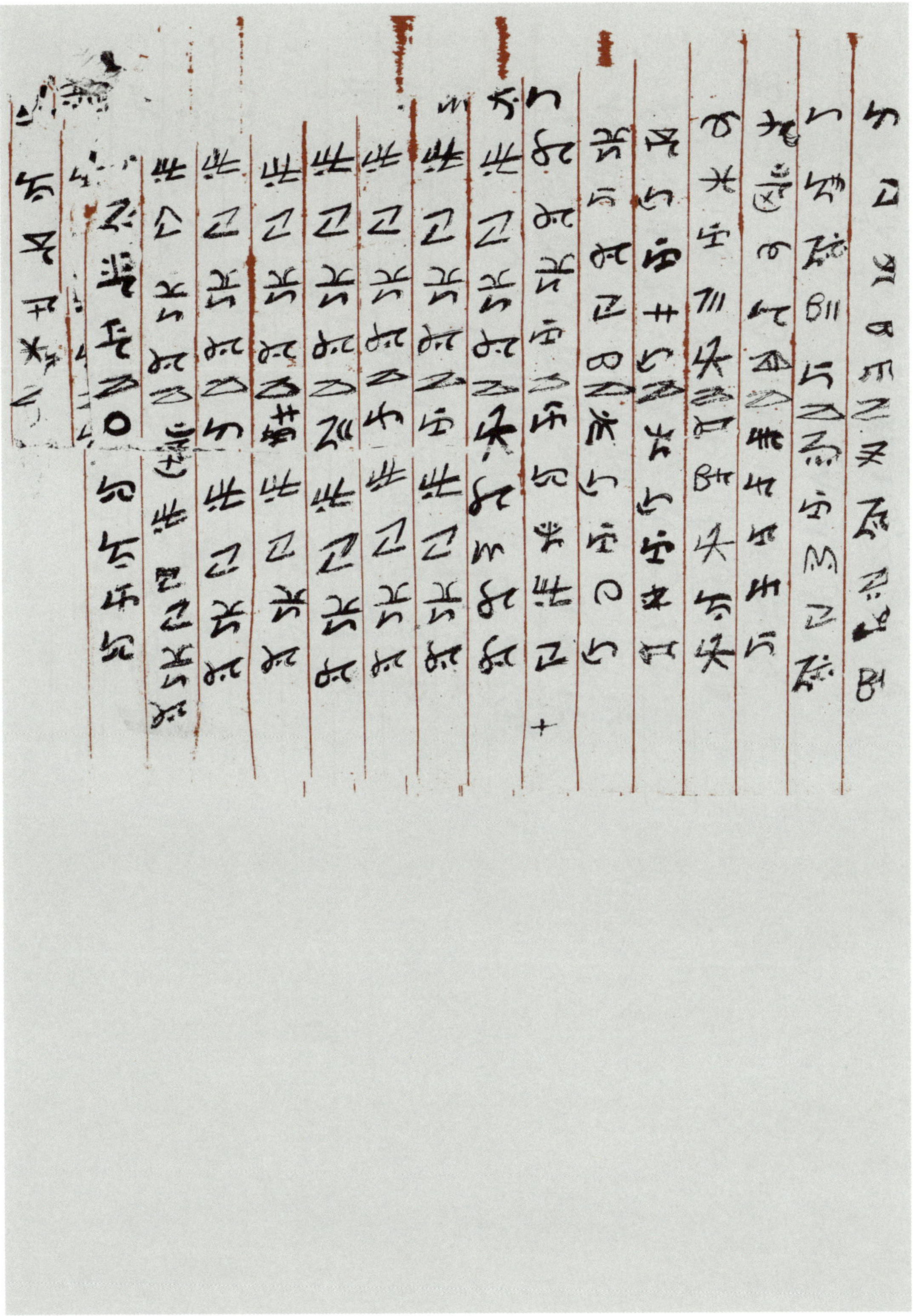

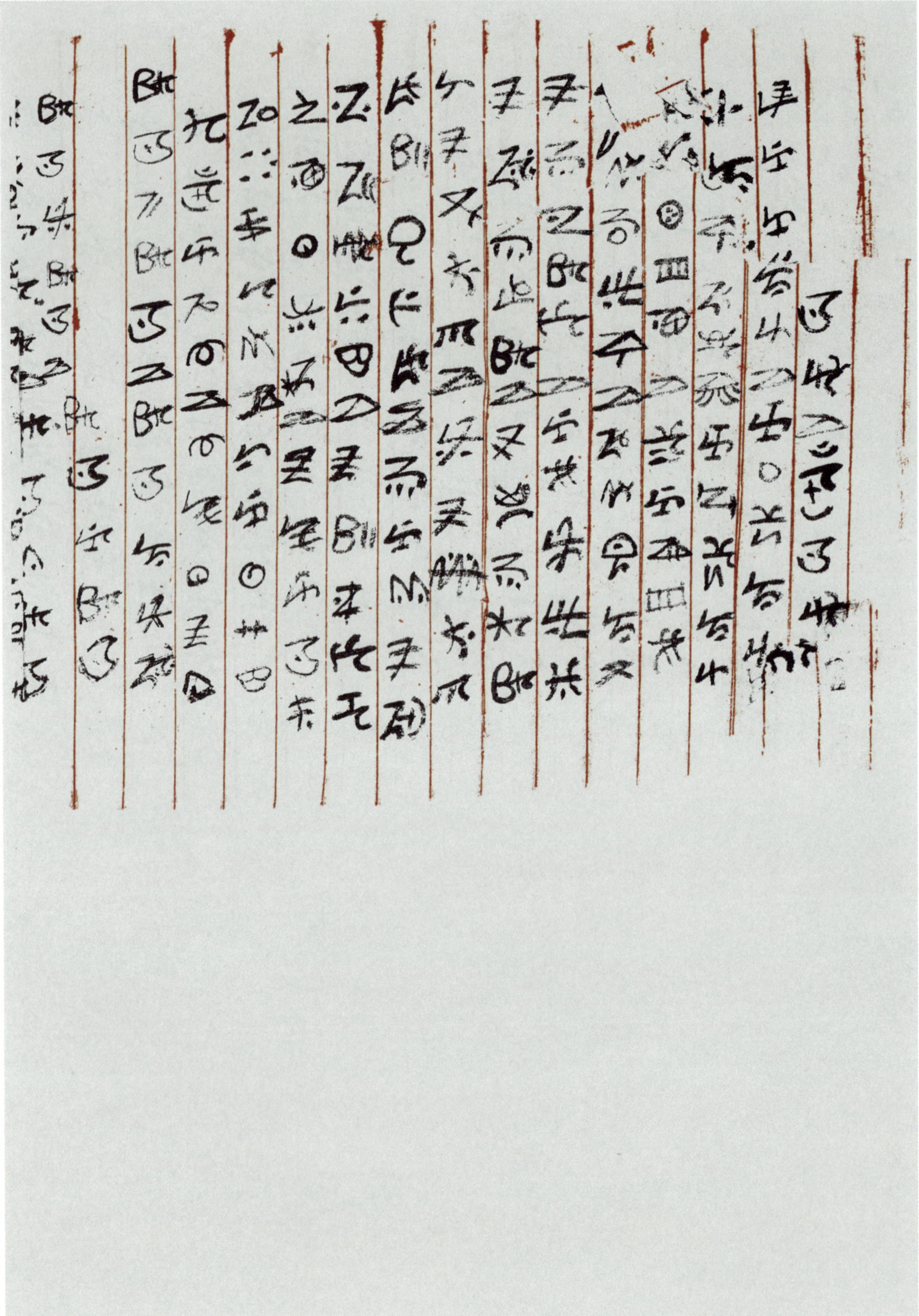

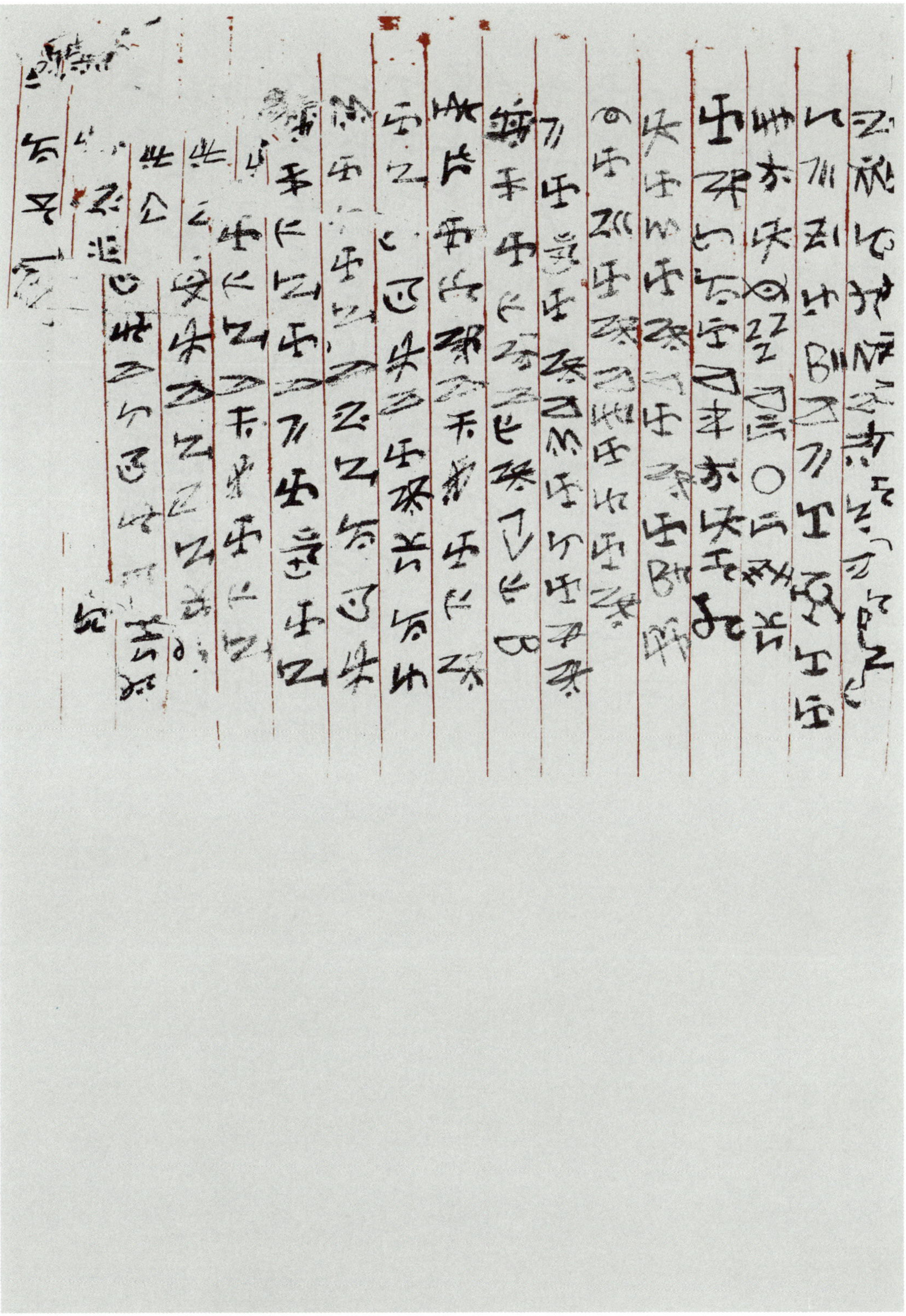

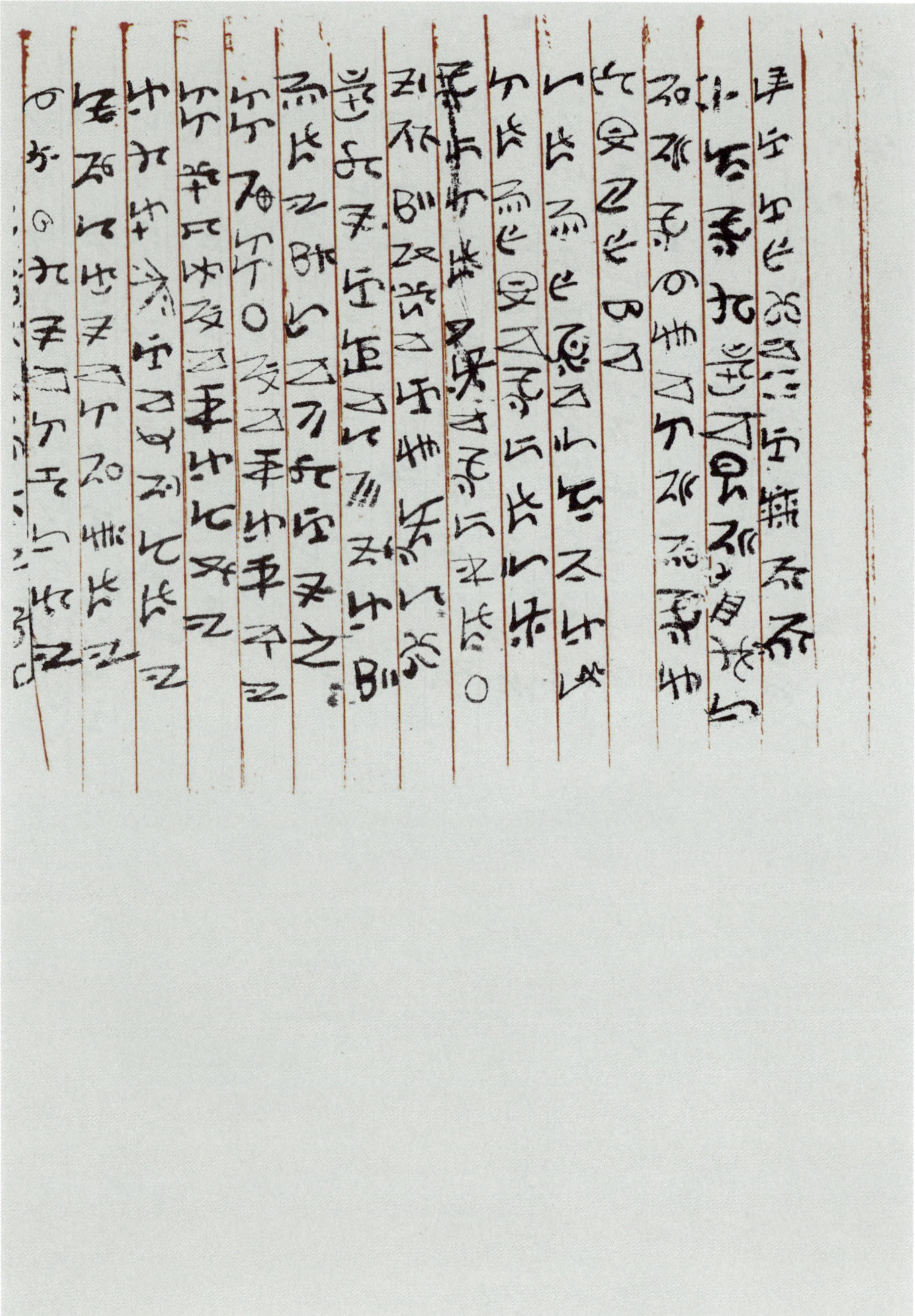

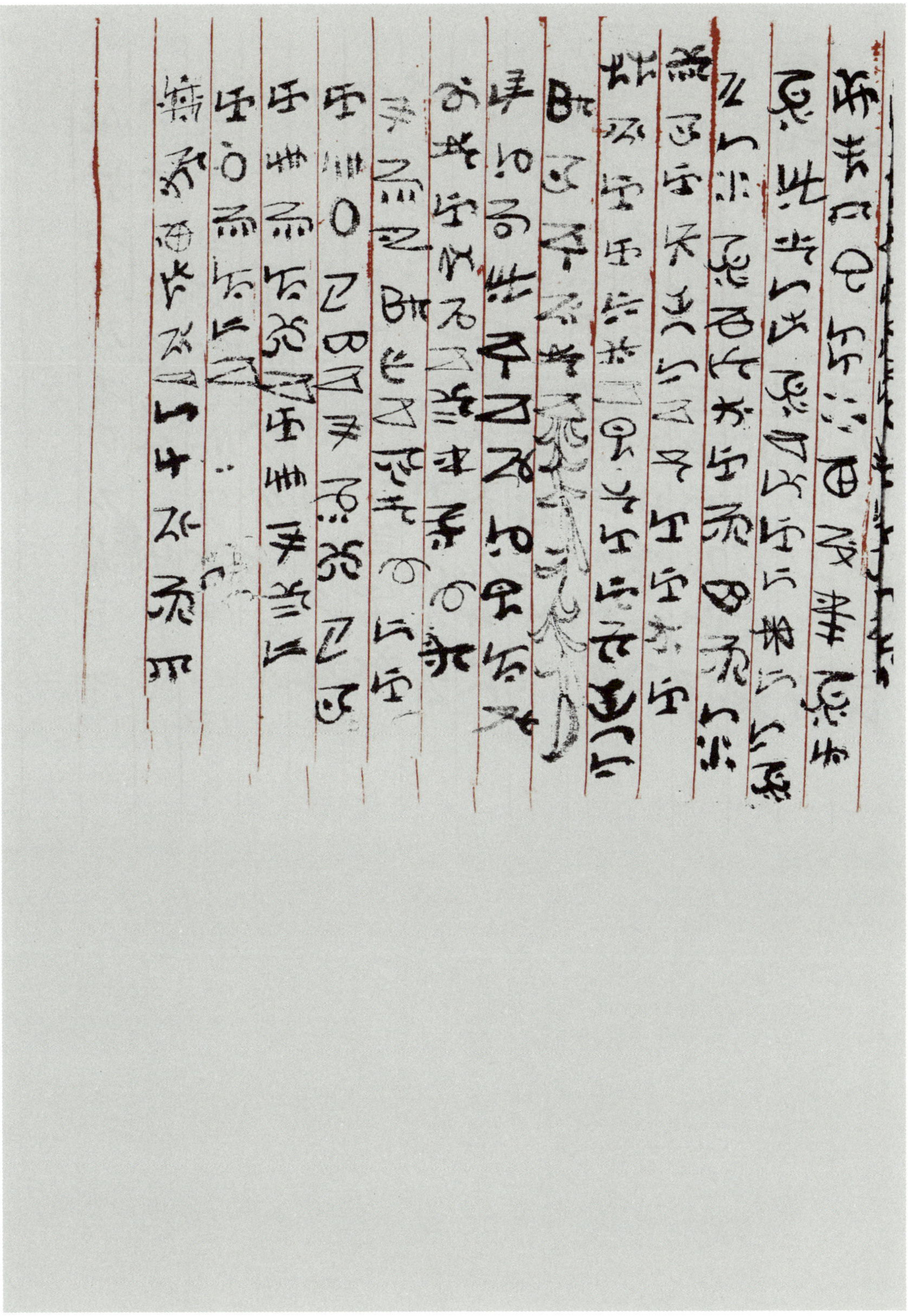

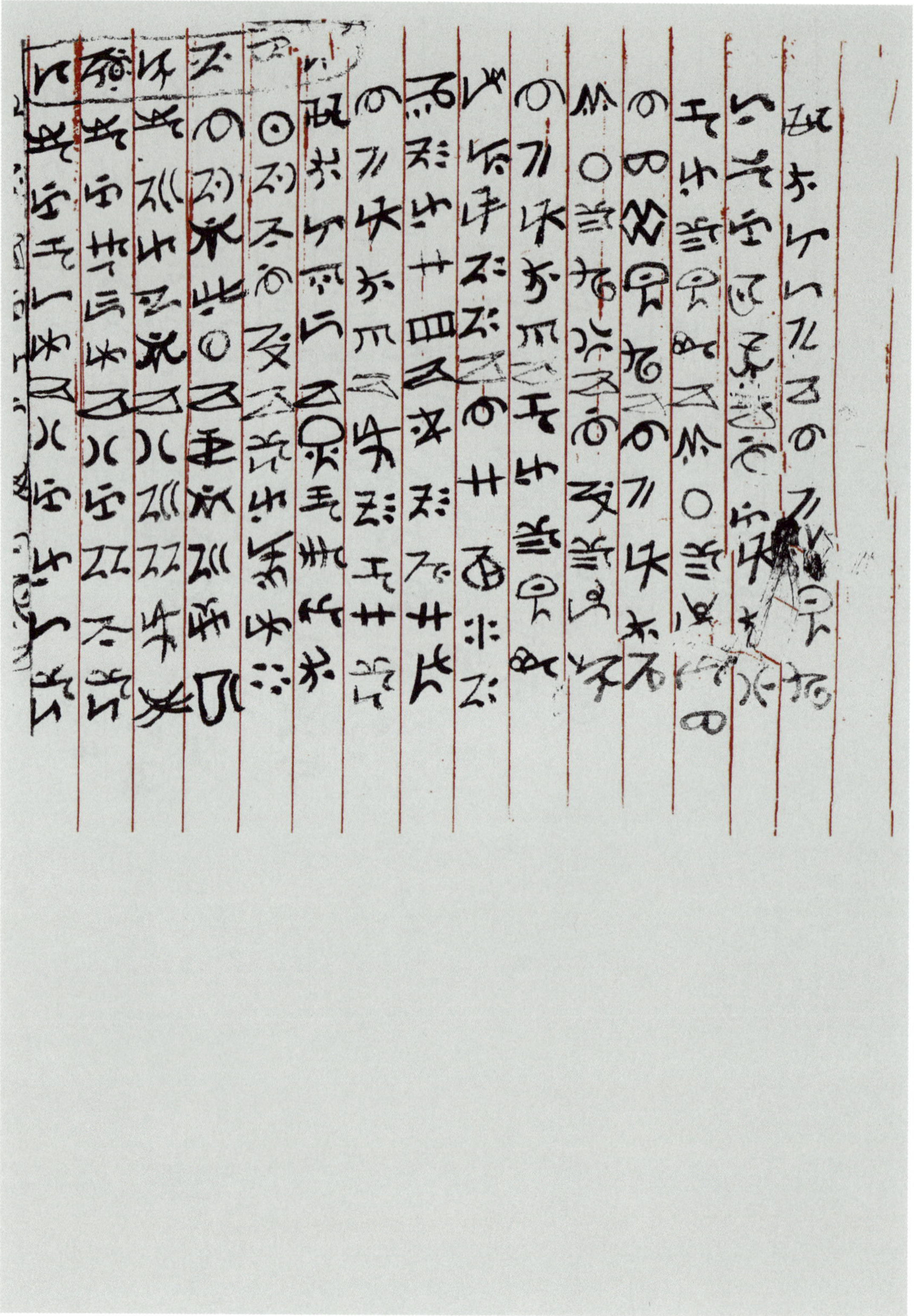

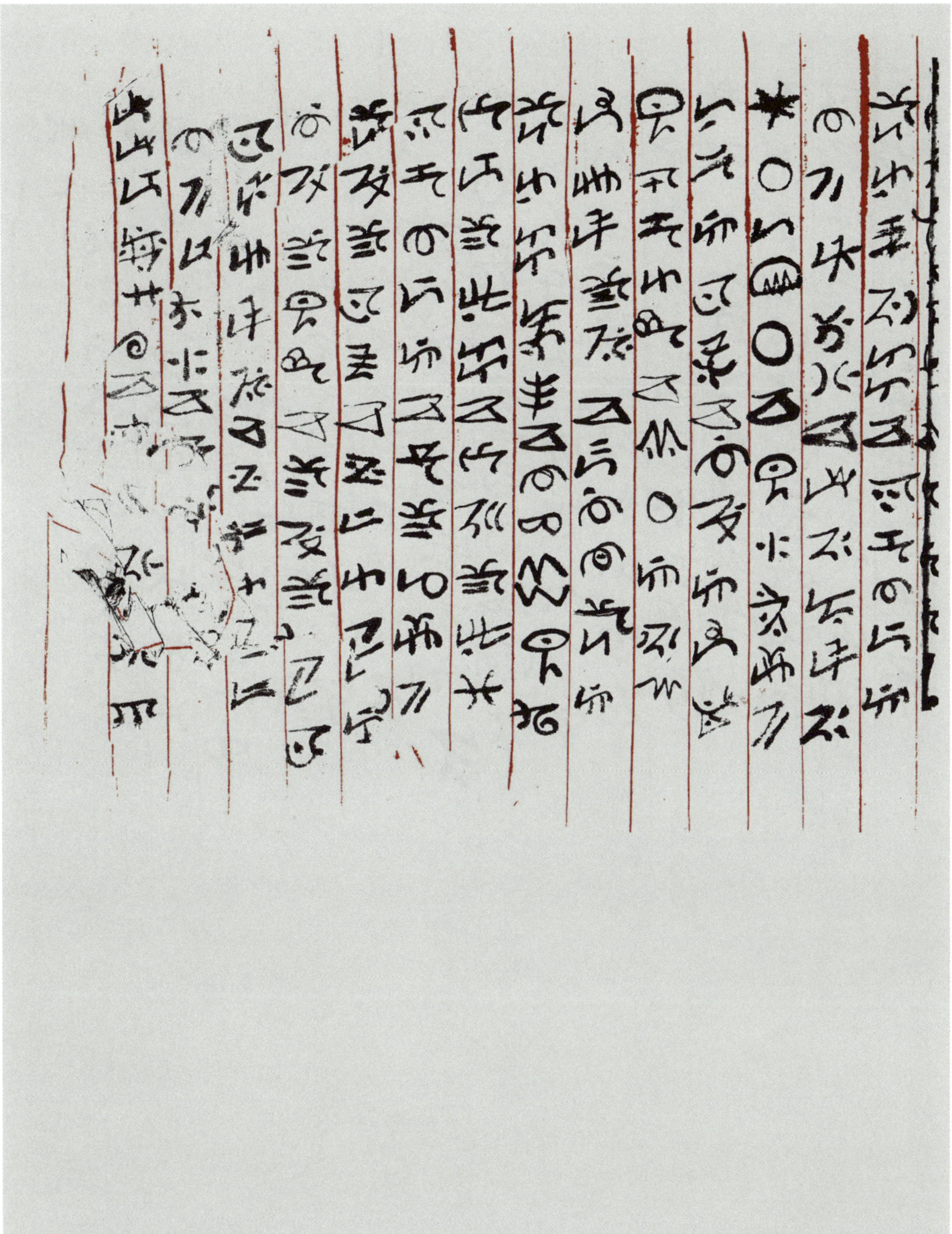

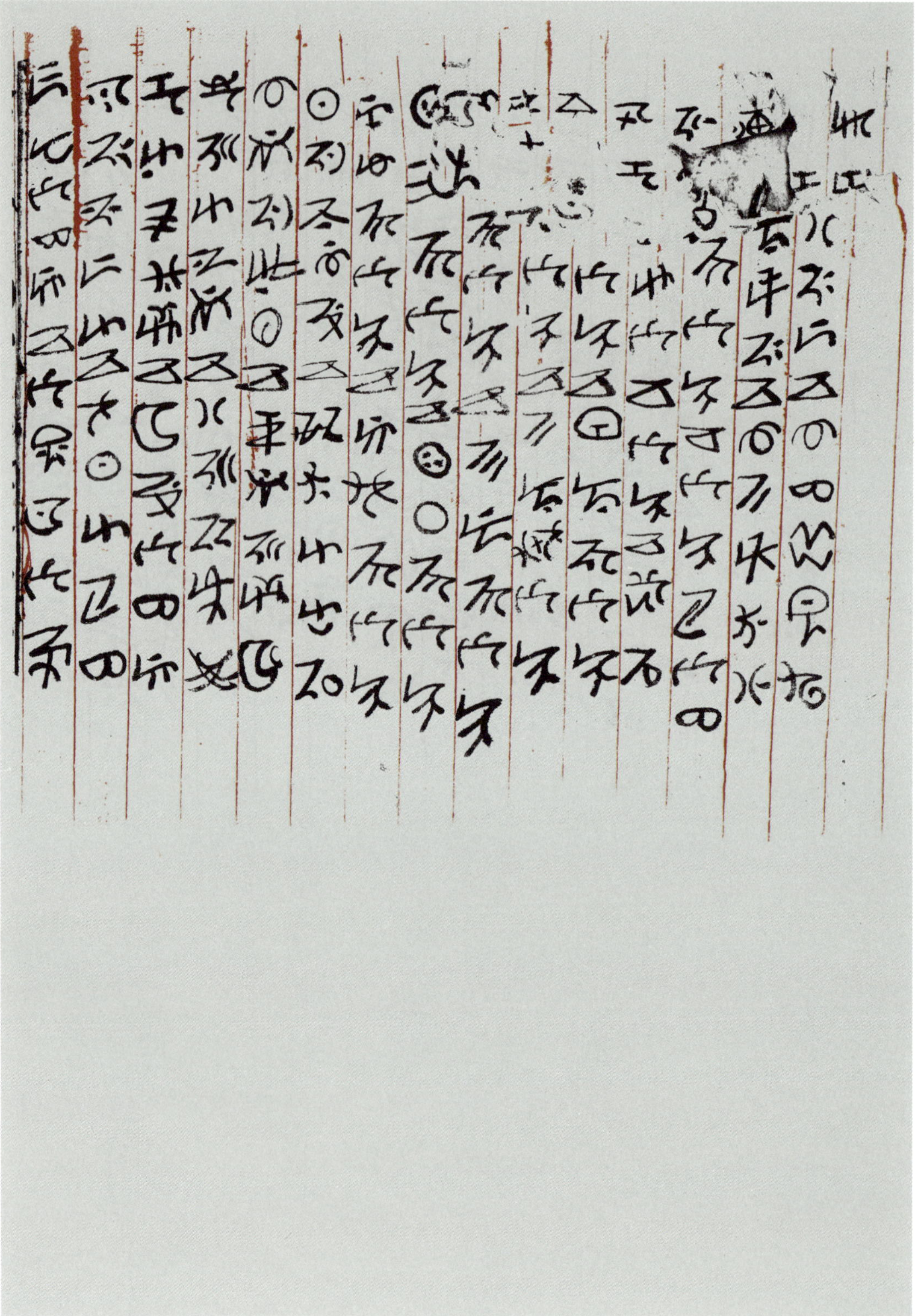

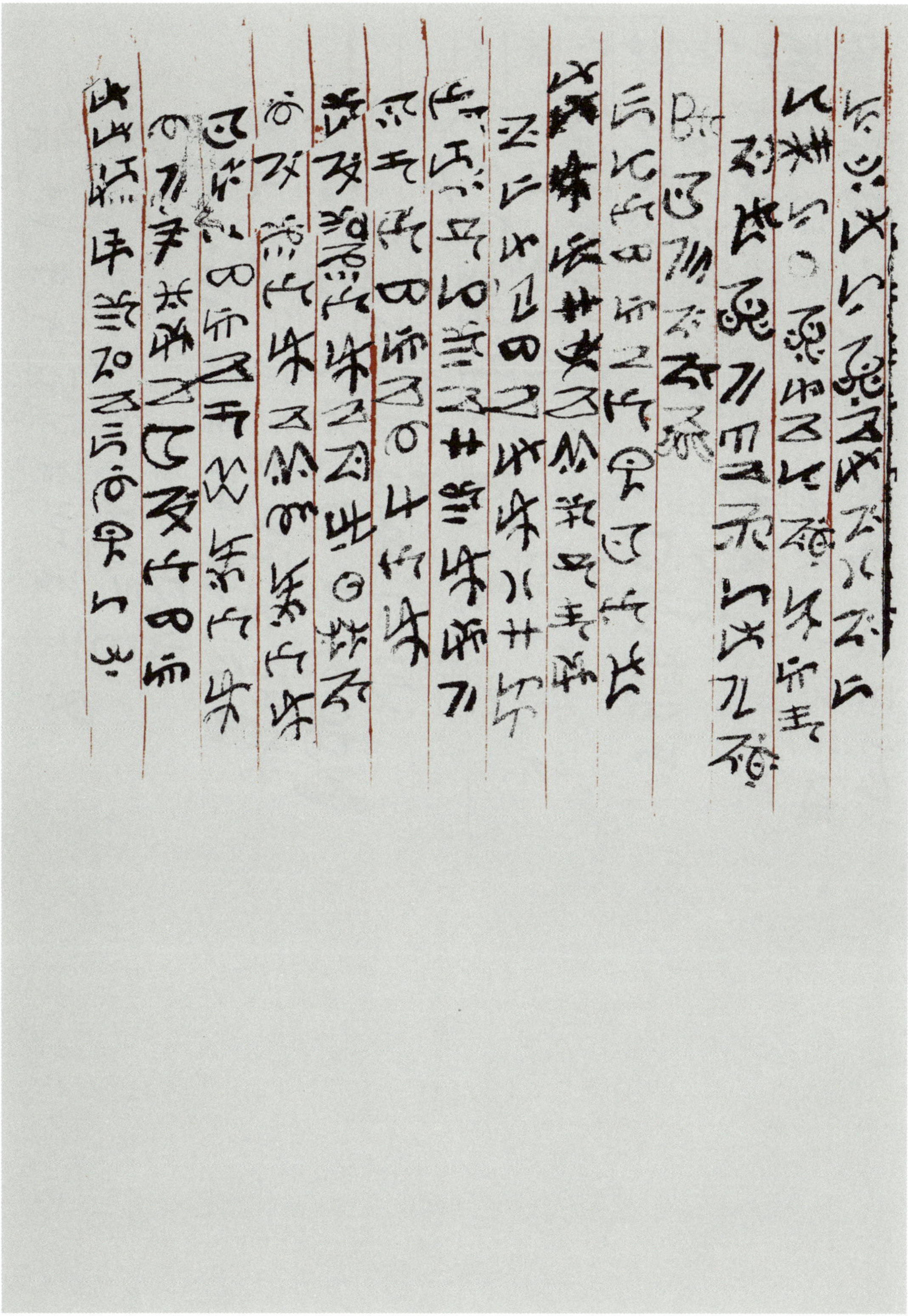

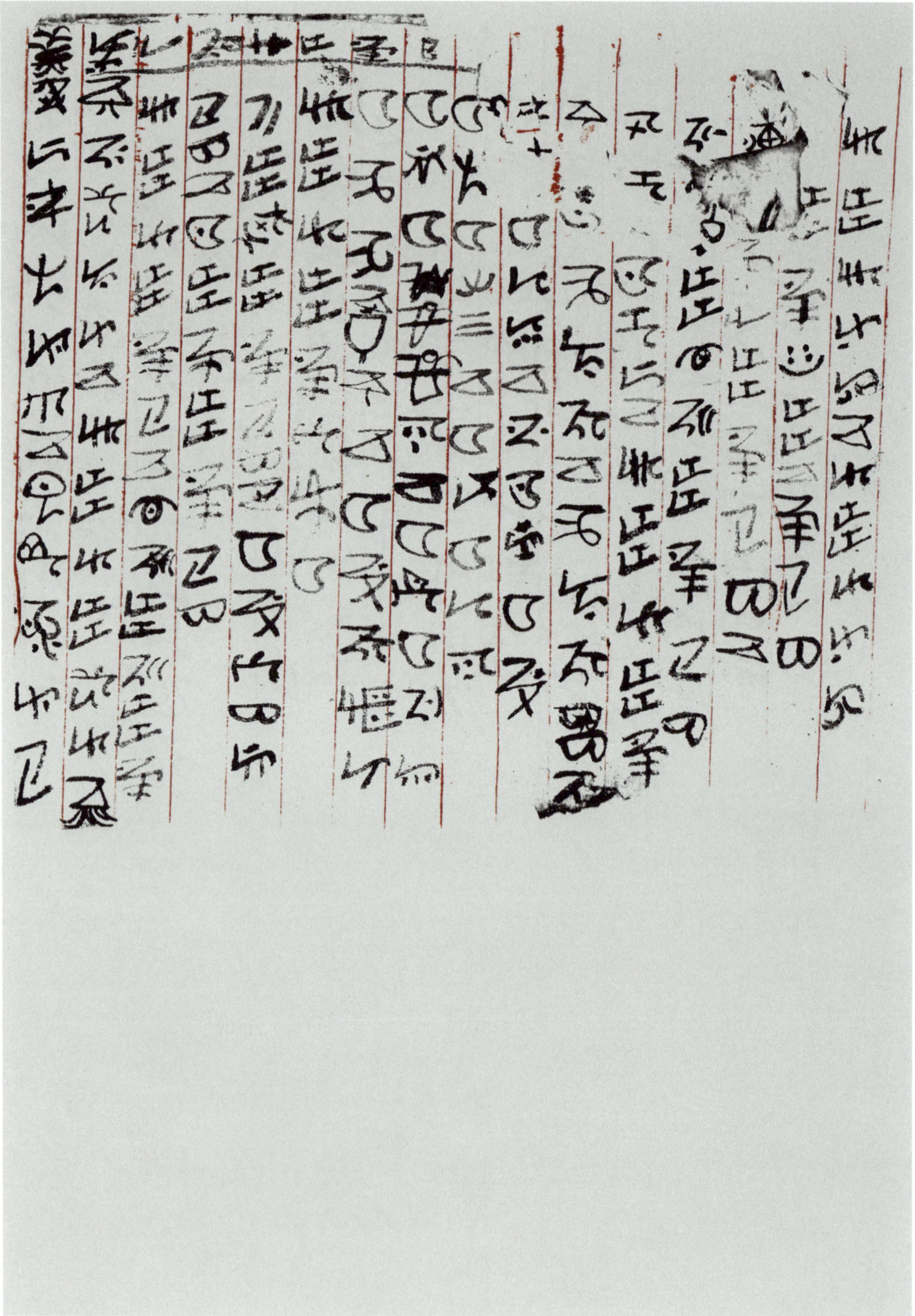

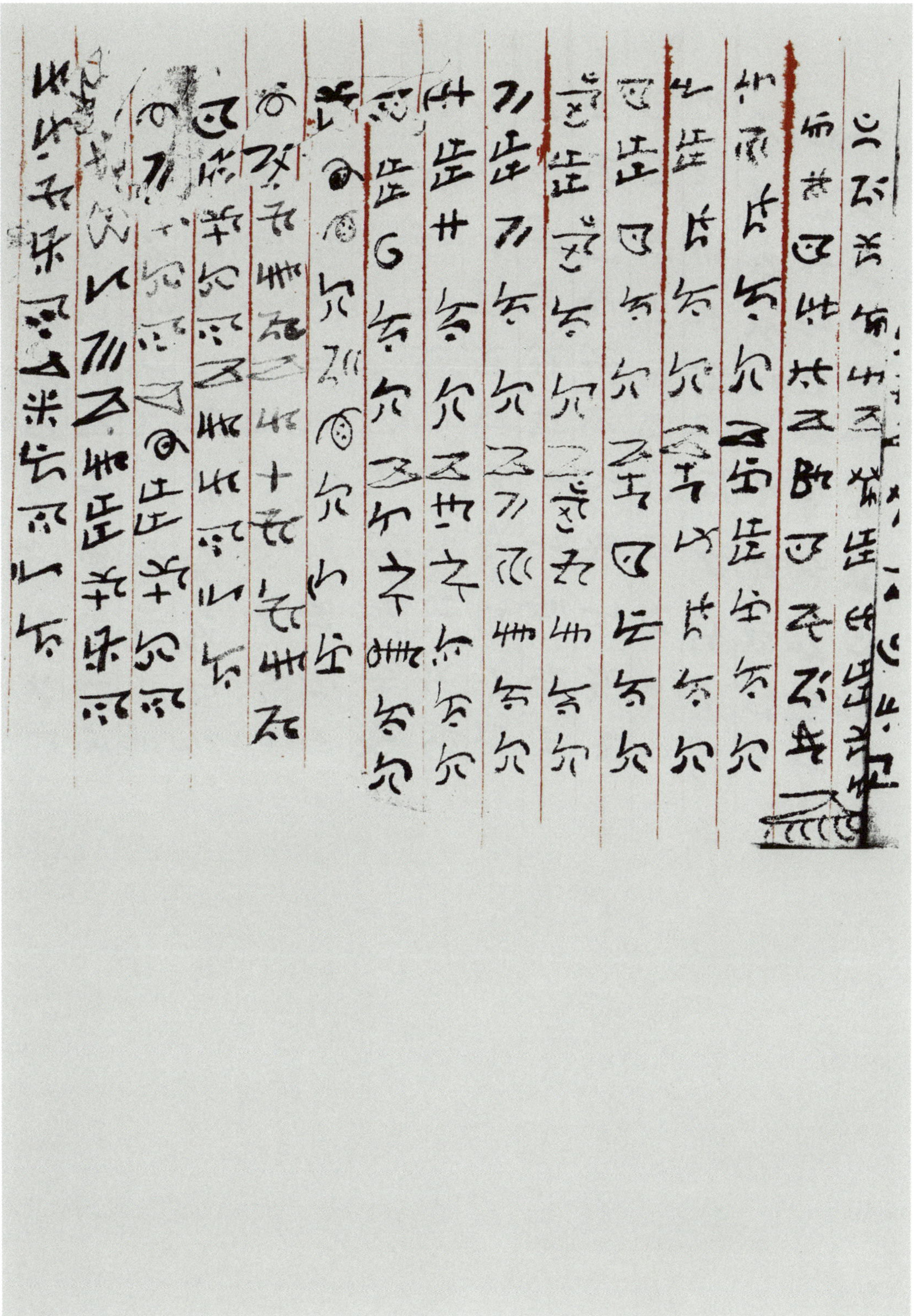

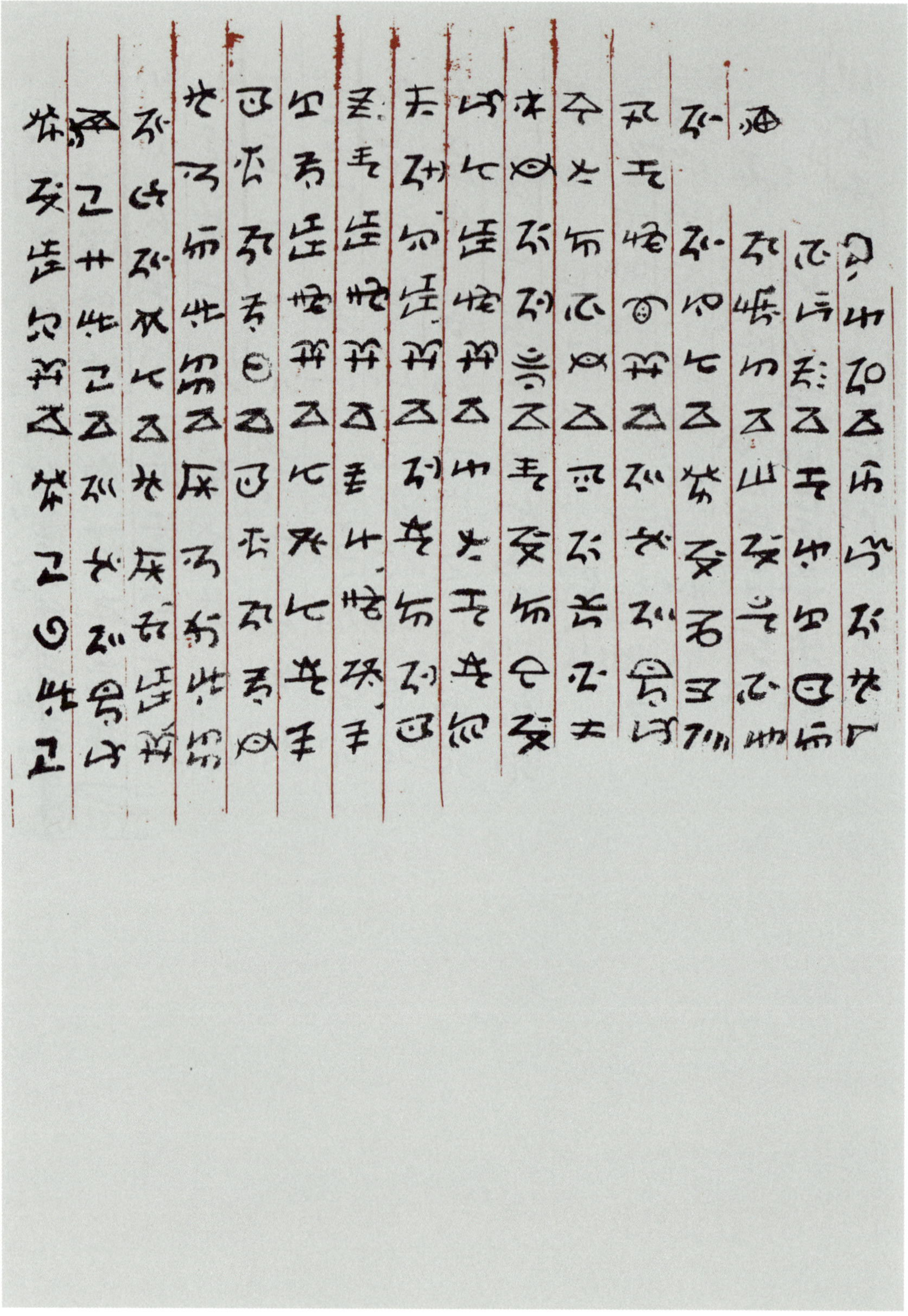

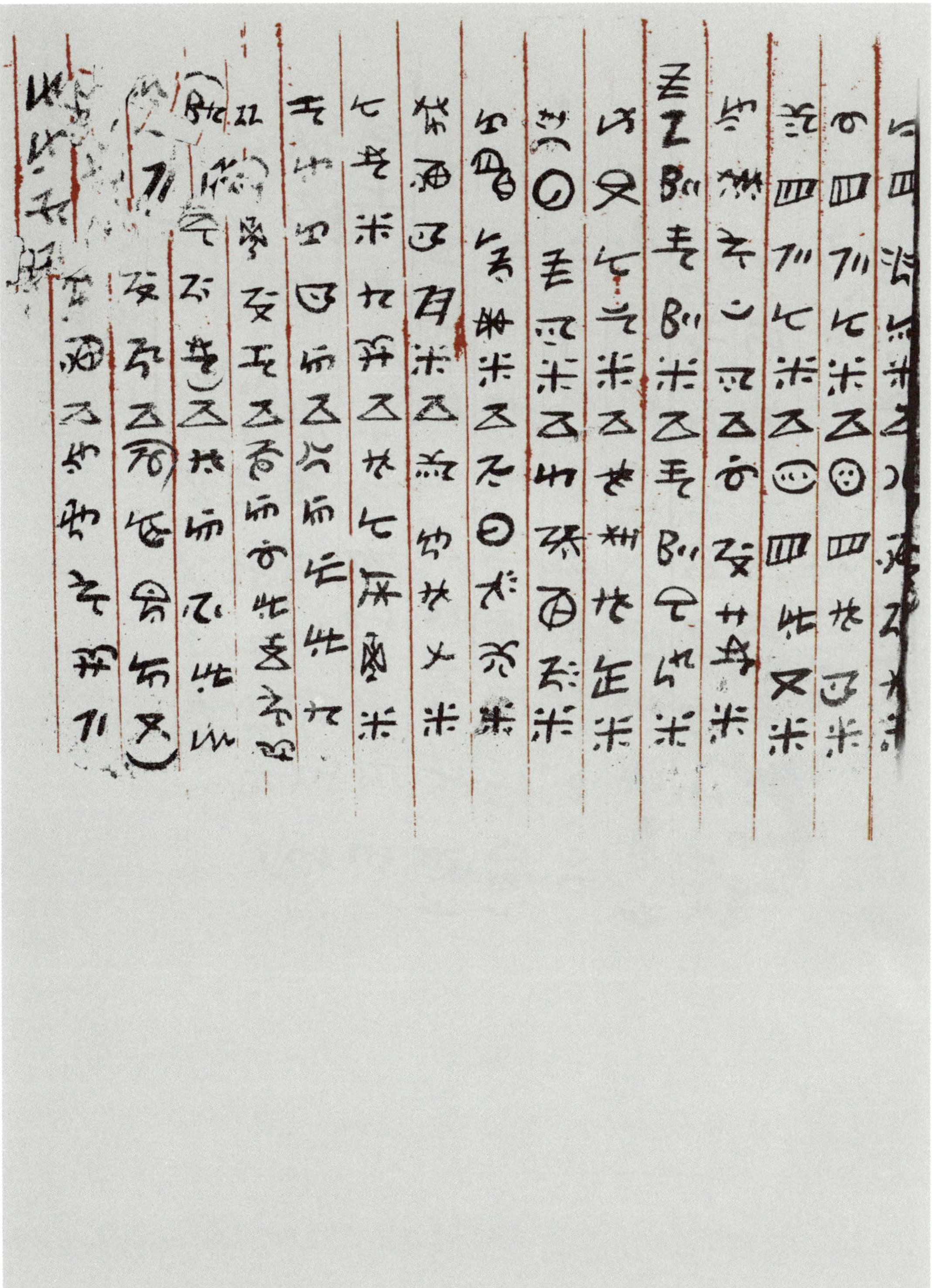

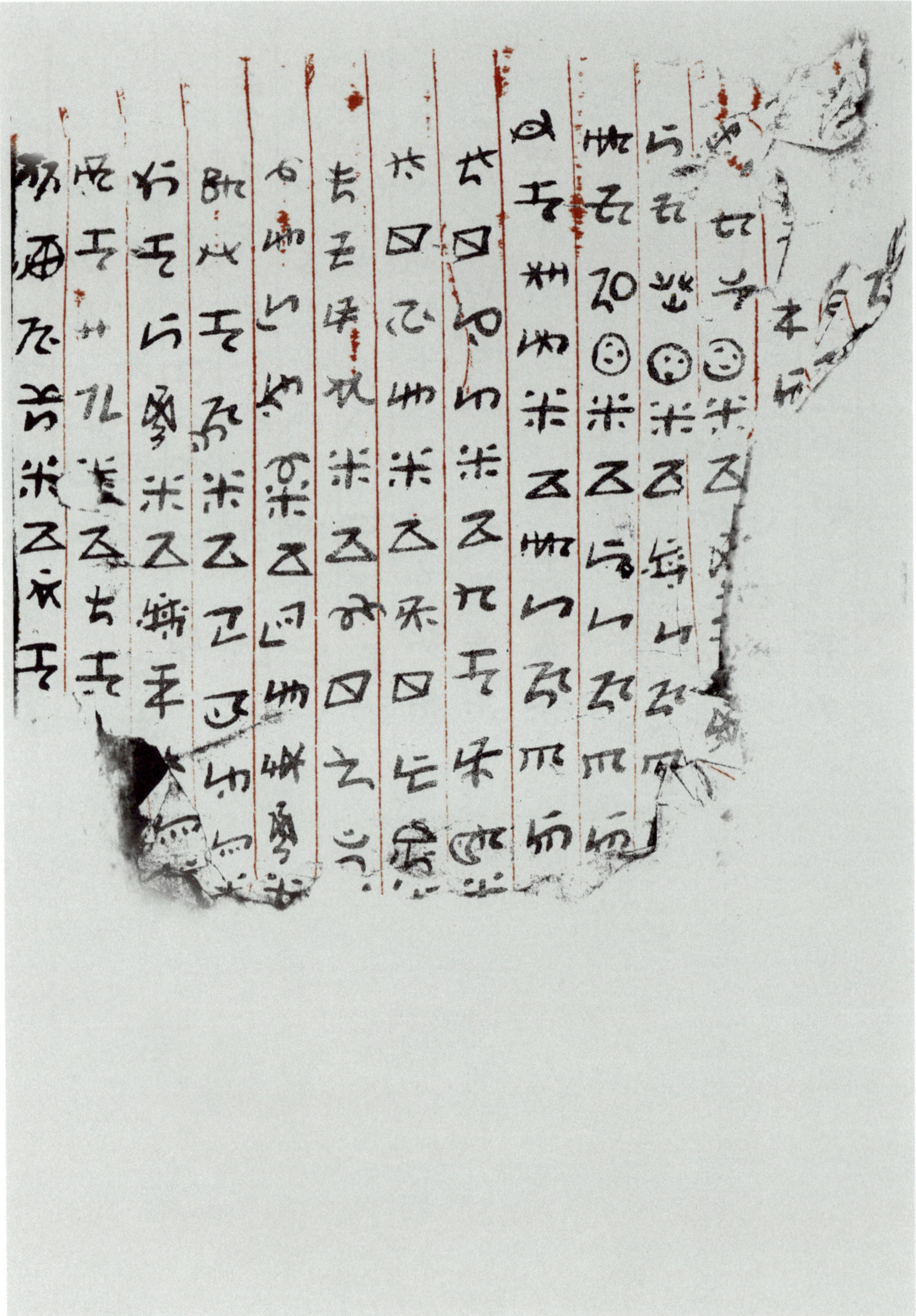

《娶嫁择日书》

原始编号：12 号

《娶嫁择日书》，彝文：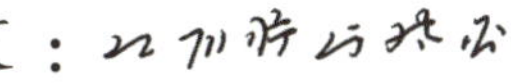，音标：ʔa^{21} mɚ^{21} xo^{55} ȵi^{21} ȵi^{21} su^{33}。不分卷，1 册，26 页，佚名撰。彝族南部方言择吉日经书。在南部方言地区所见到的择日历算书有多种择算法，有的按月份测算，有的按日择吉，有的按年择日，有的按属相测算吉日等等。择日的种类也很多，如：出门远行择吉、婚姻嫁娶时择日、祭祀活动时择吉、开地播种择吉、赶街开市择吉等。本书主要记录以娶嫁择吉时为主，如姑娘按年岁测出嫁吉日，姑娘按属相测吉。根据男方家为主测的吉日，也是依照姑娘的出生时辰测算的以多种形式来推算出当年中的良辰吉时。可供研究彝族传统观念时参考。

旧写本。本色，绵纸。线订册叶装。年代：清朝。手写体，墨书。所占测的内容书名有花纹框边，内插有测算吉日的周堂图。页面规格 34cm×26cm，每页 18 行，每行 16 ~ 18 字不等，外有土布包封，残损度重。今藏楚雄师范学院图书馆。

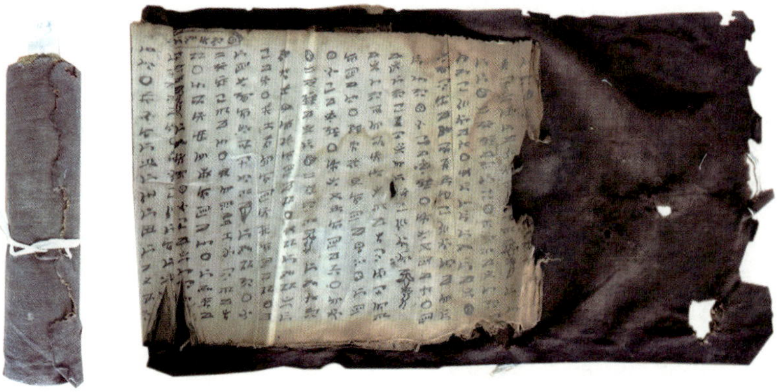

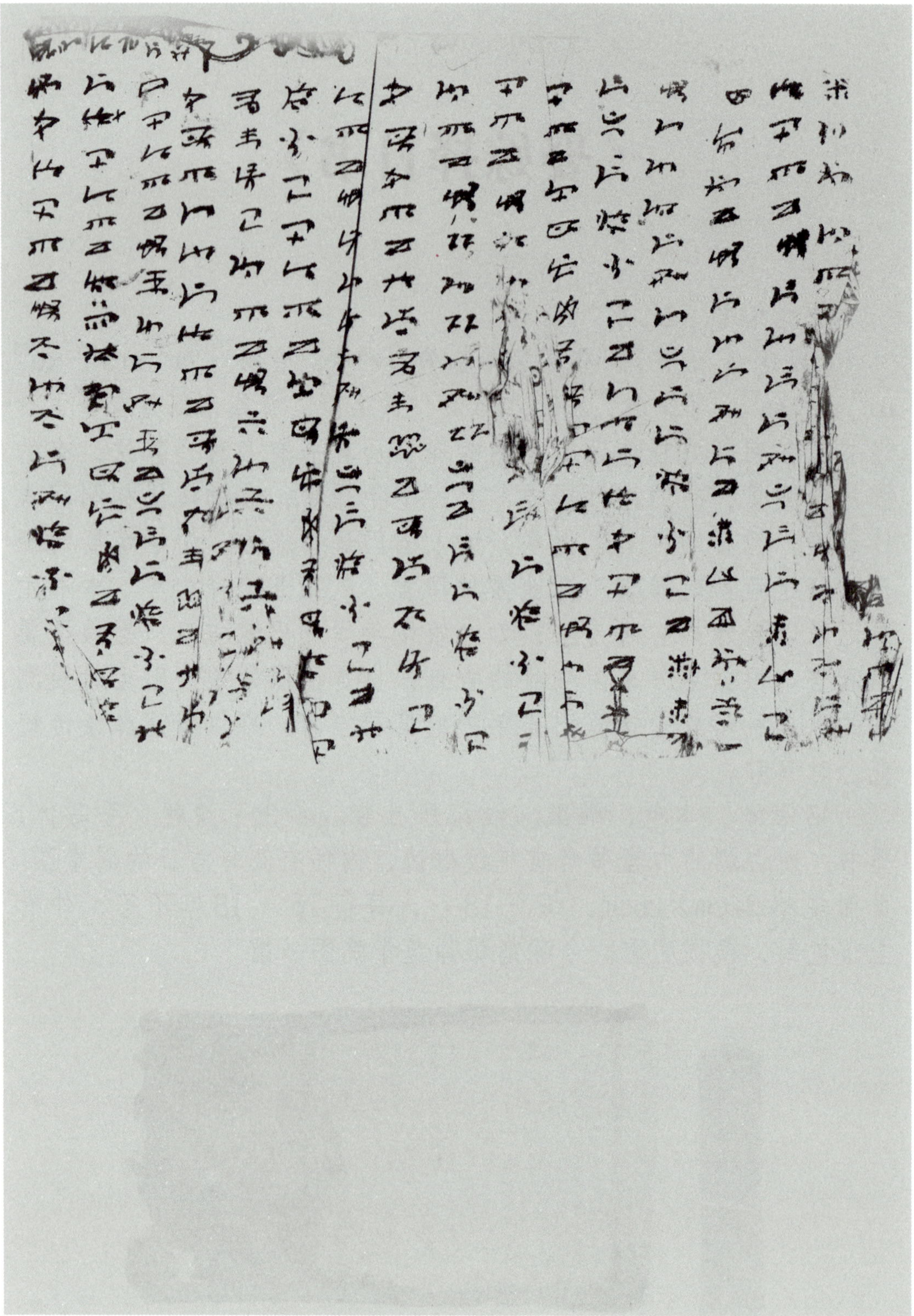

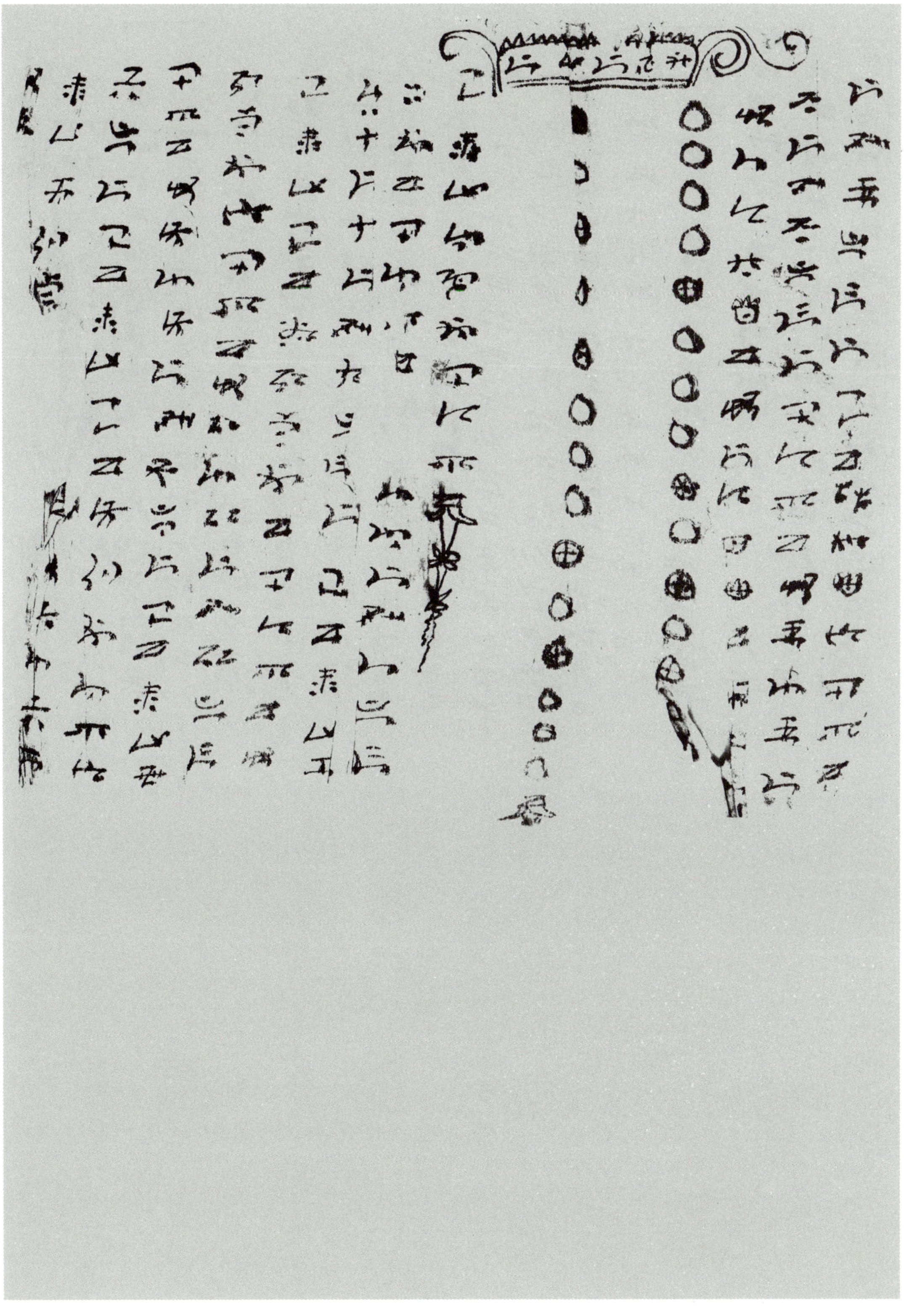

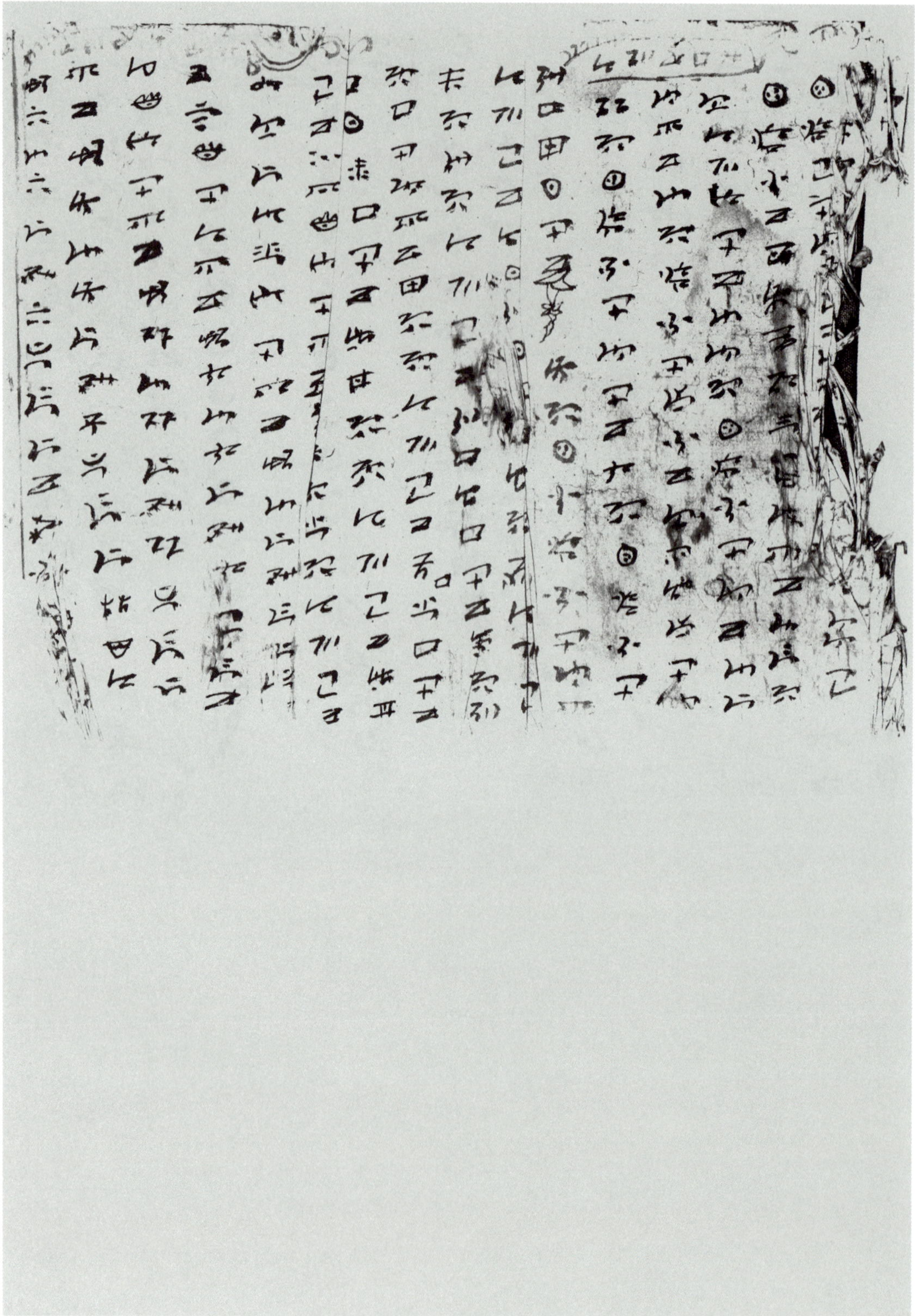

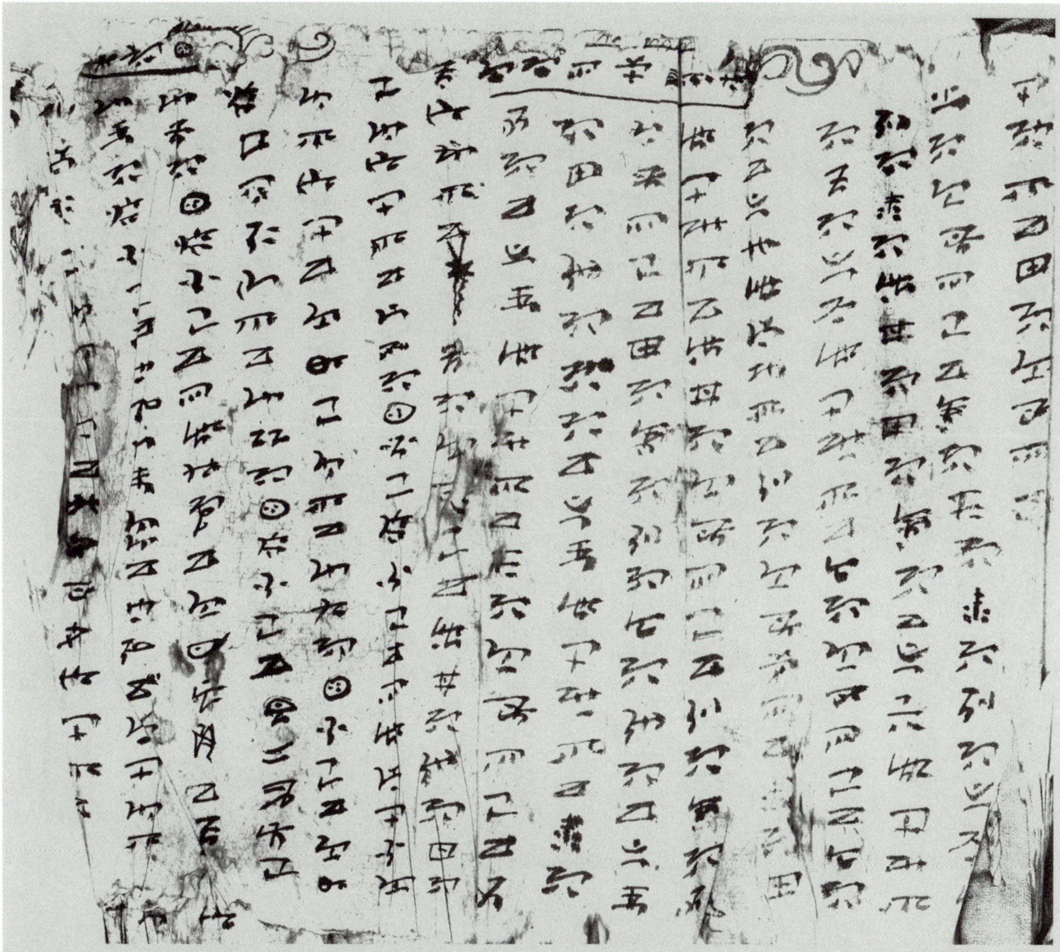

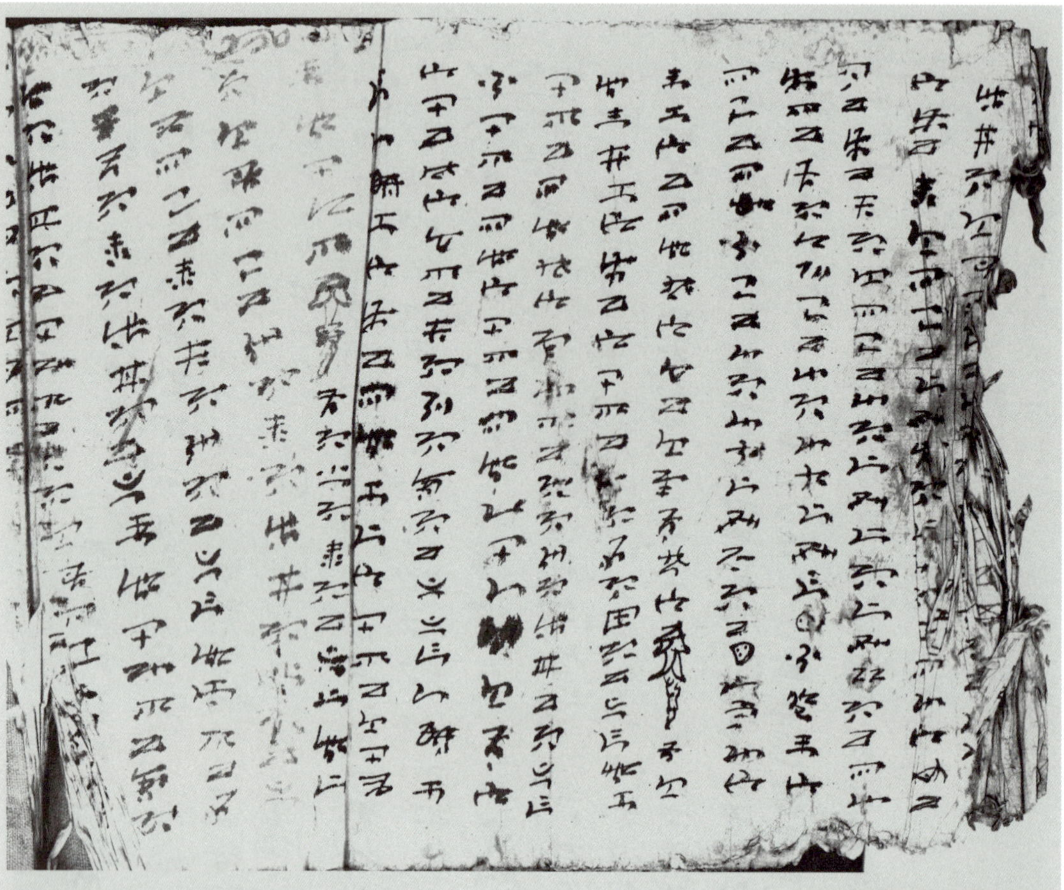

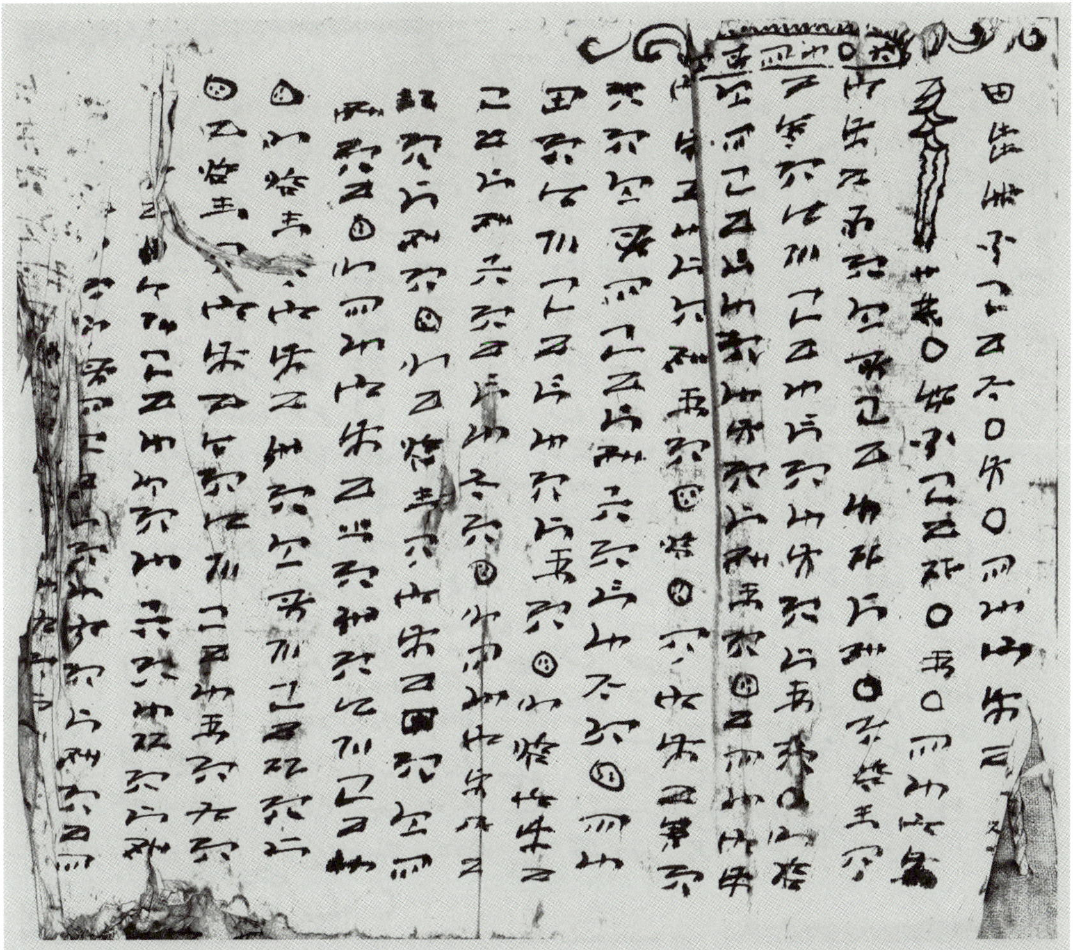

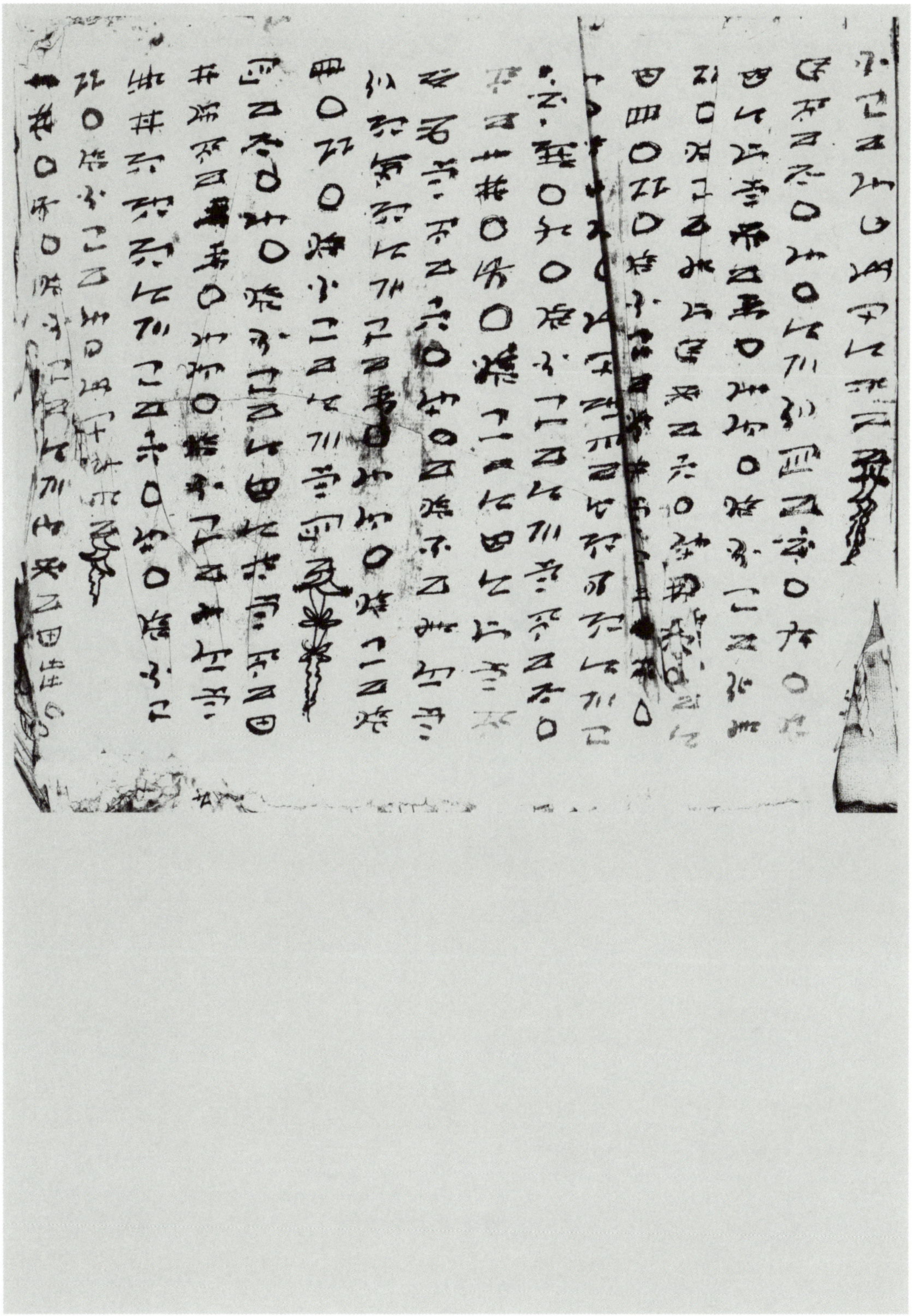

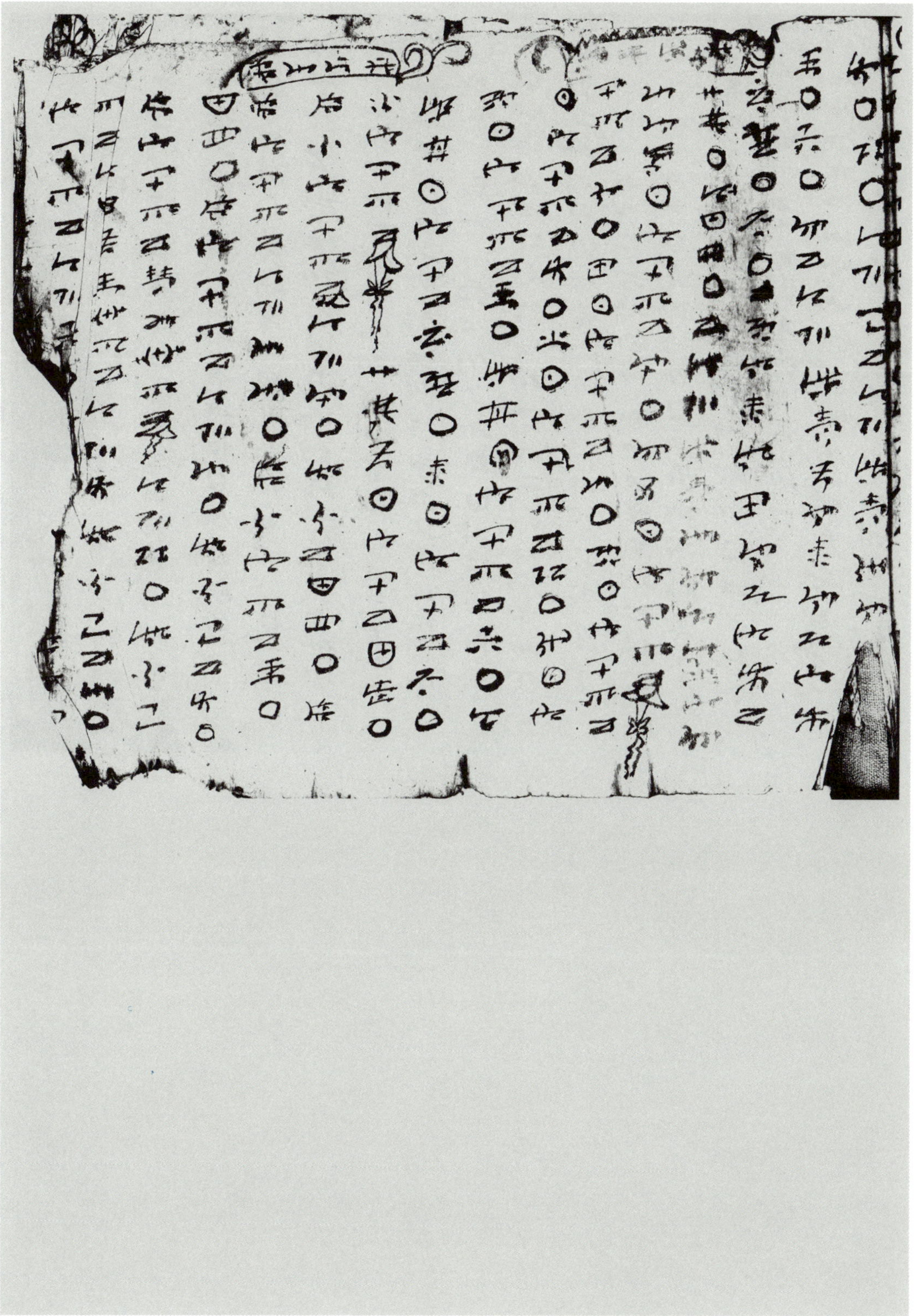

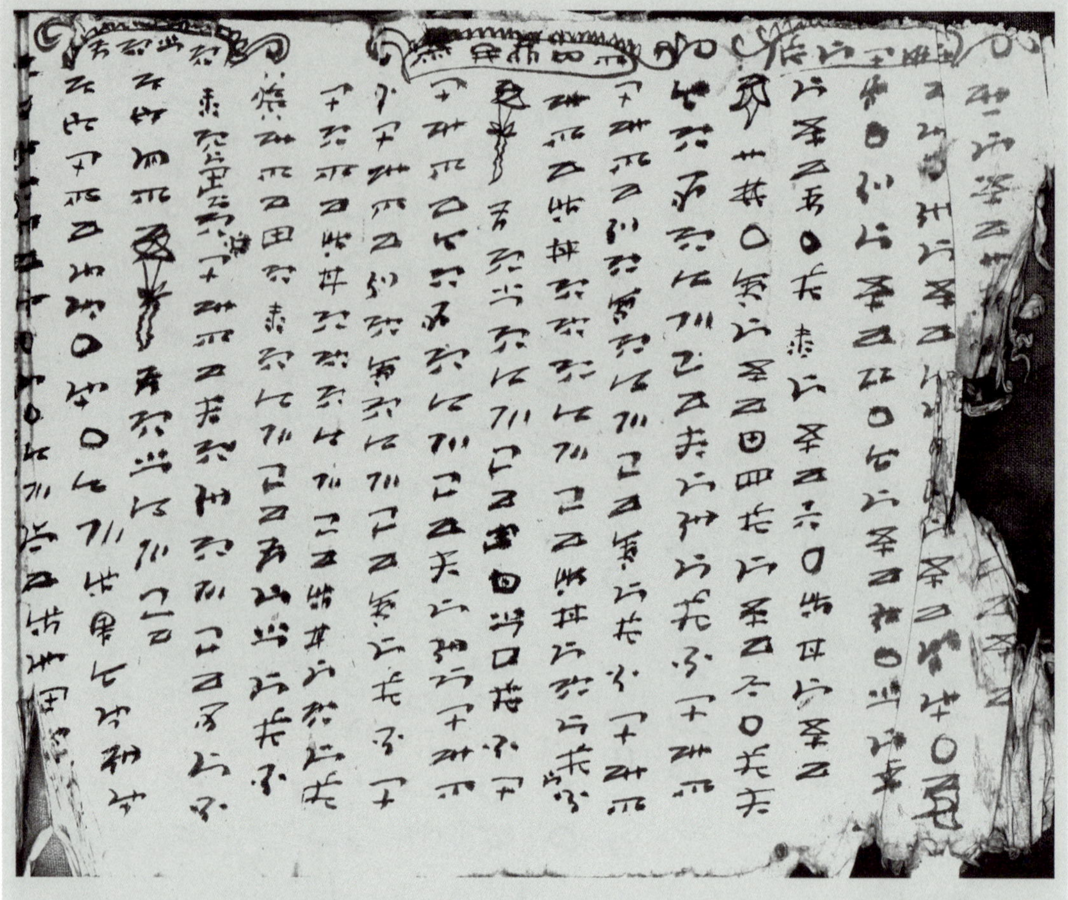

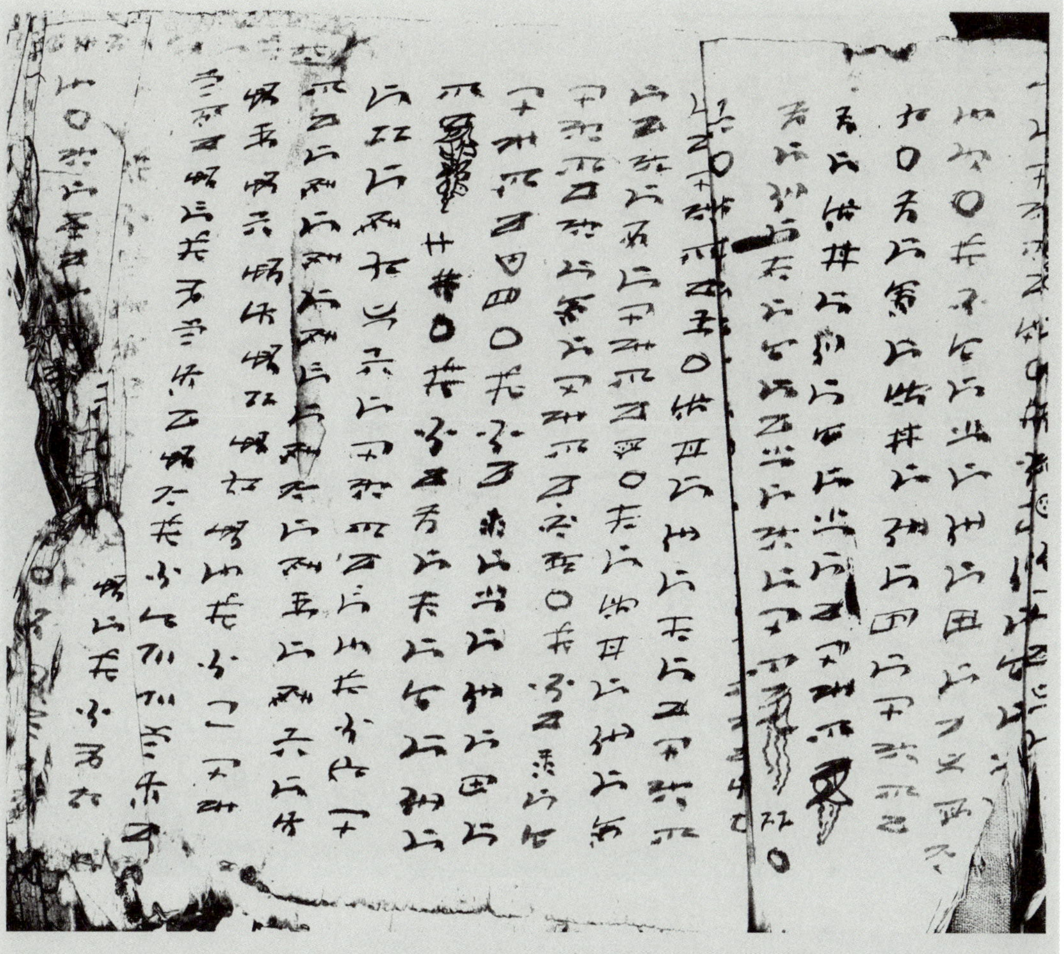

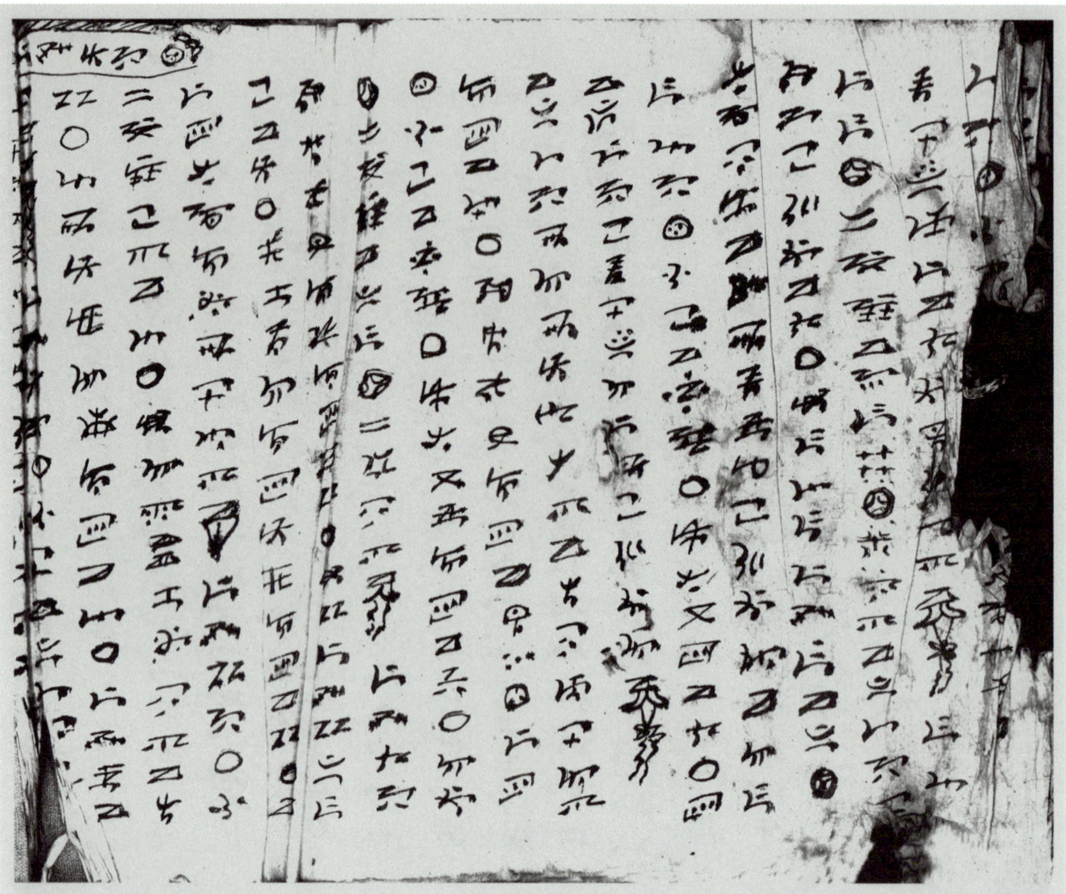

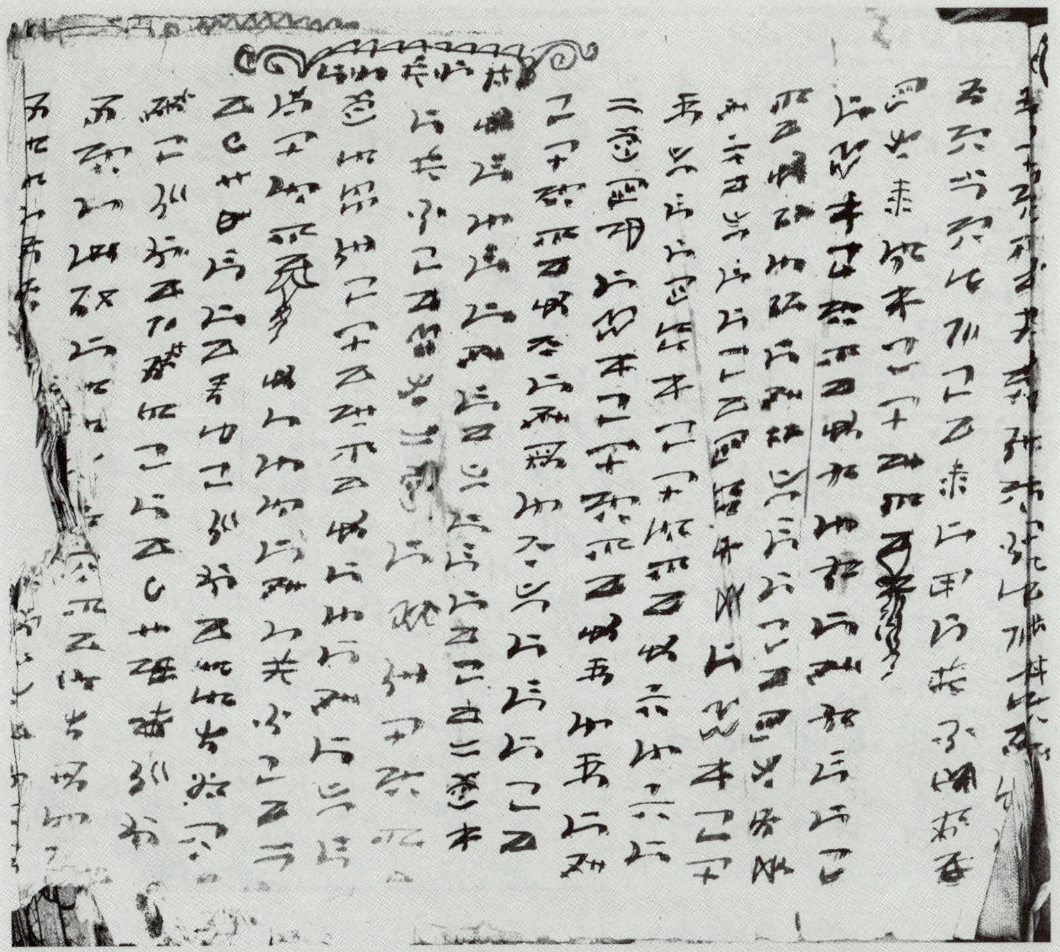

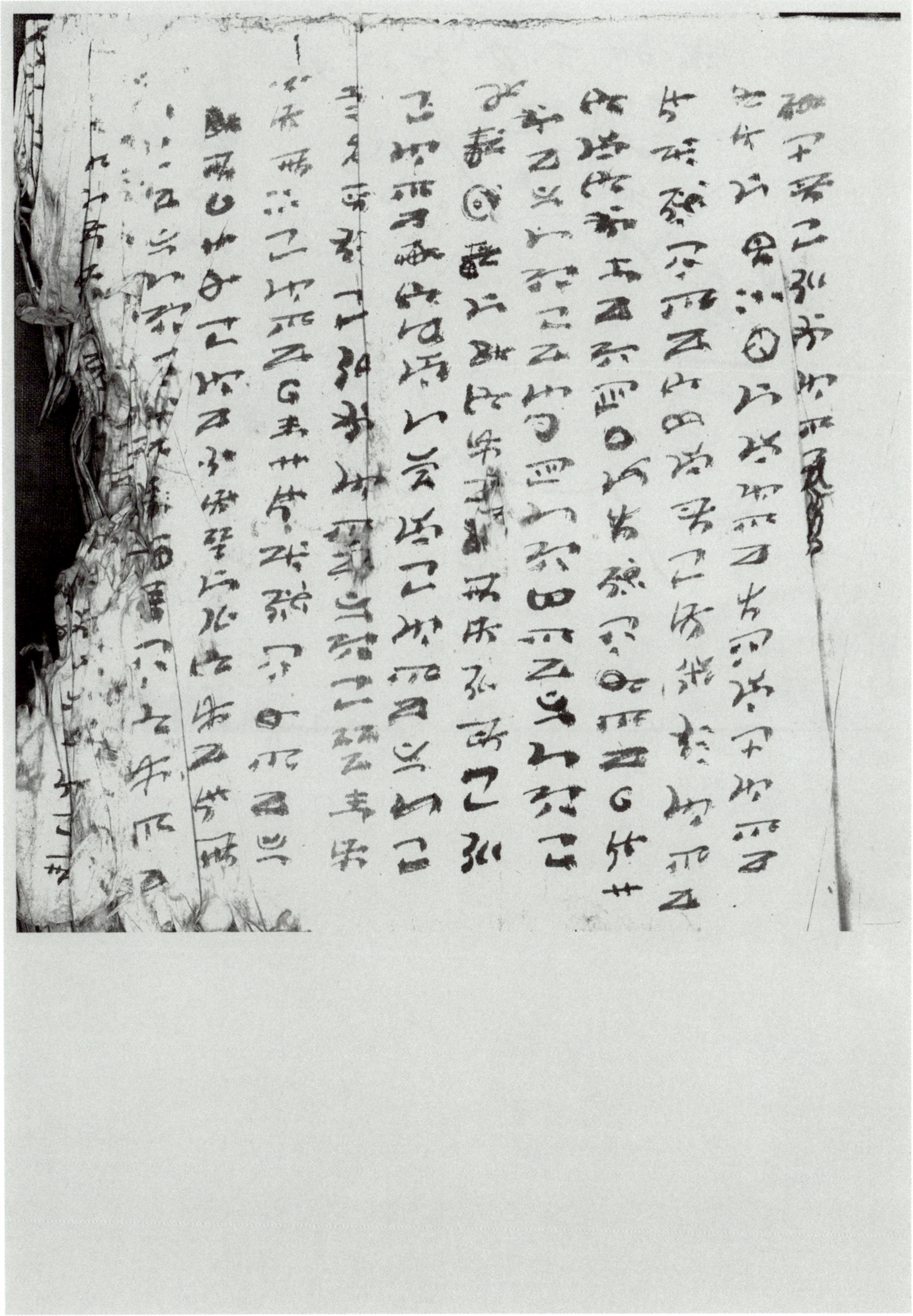

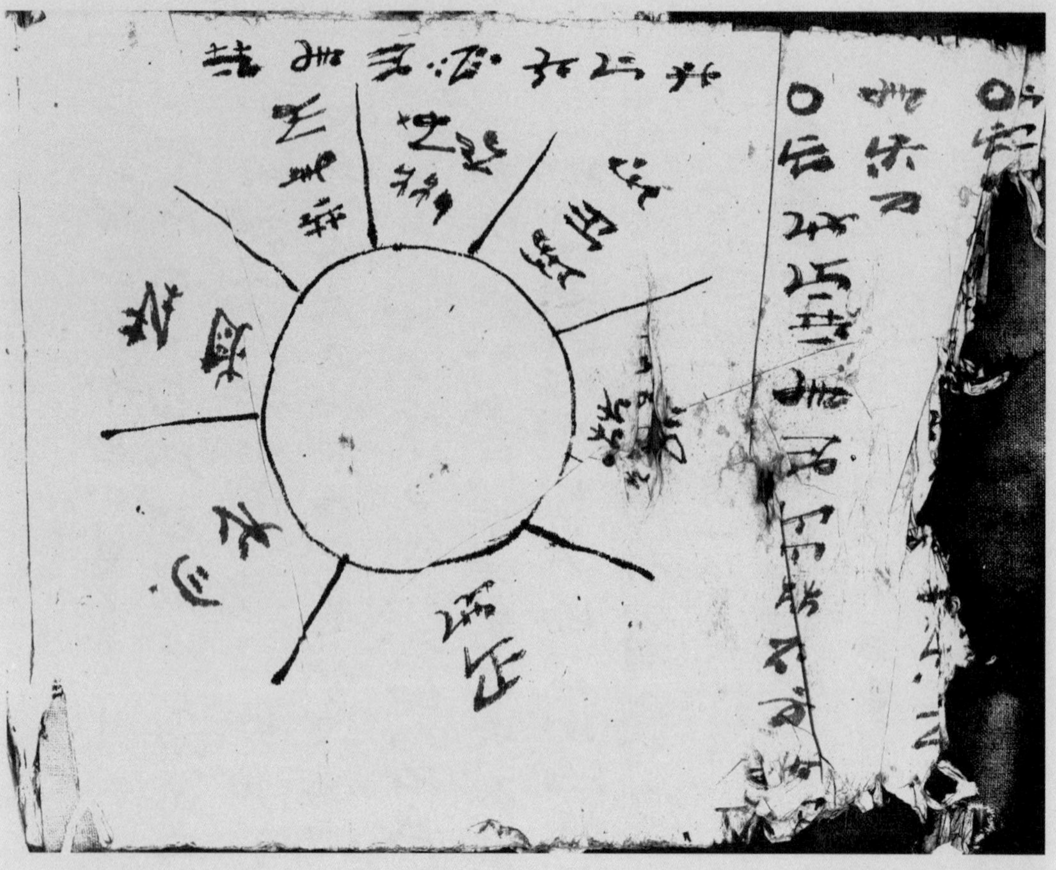

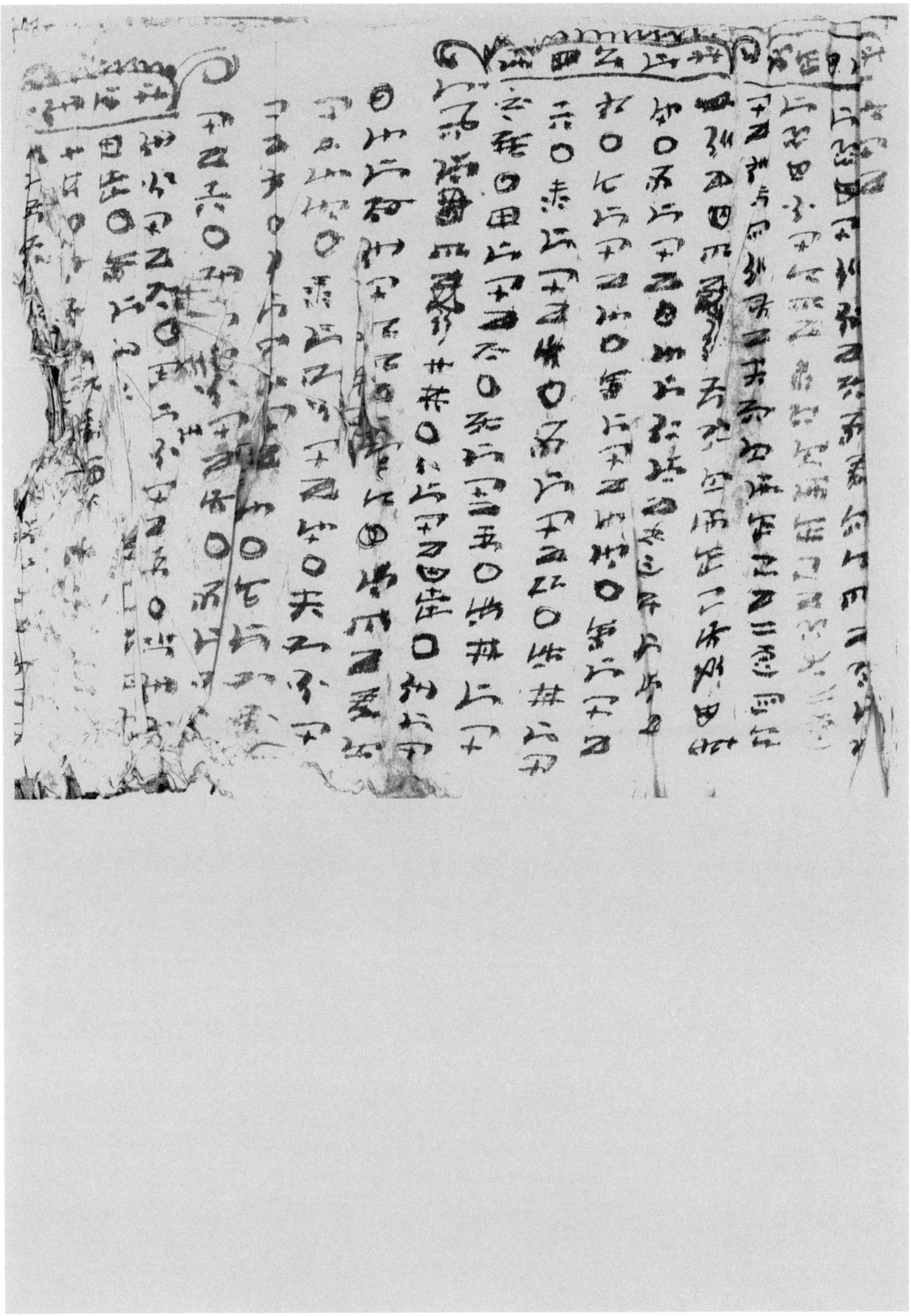

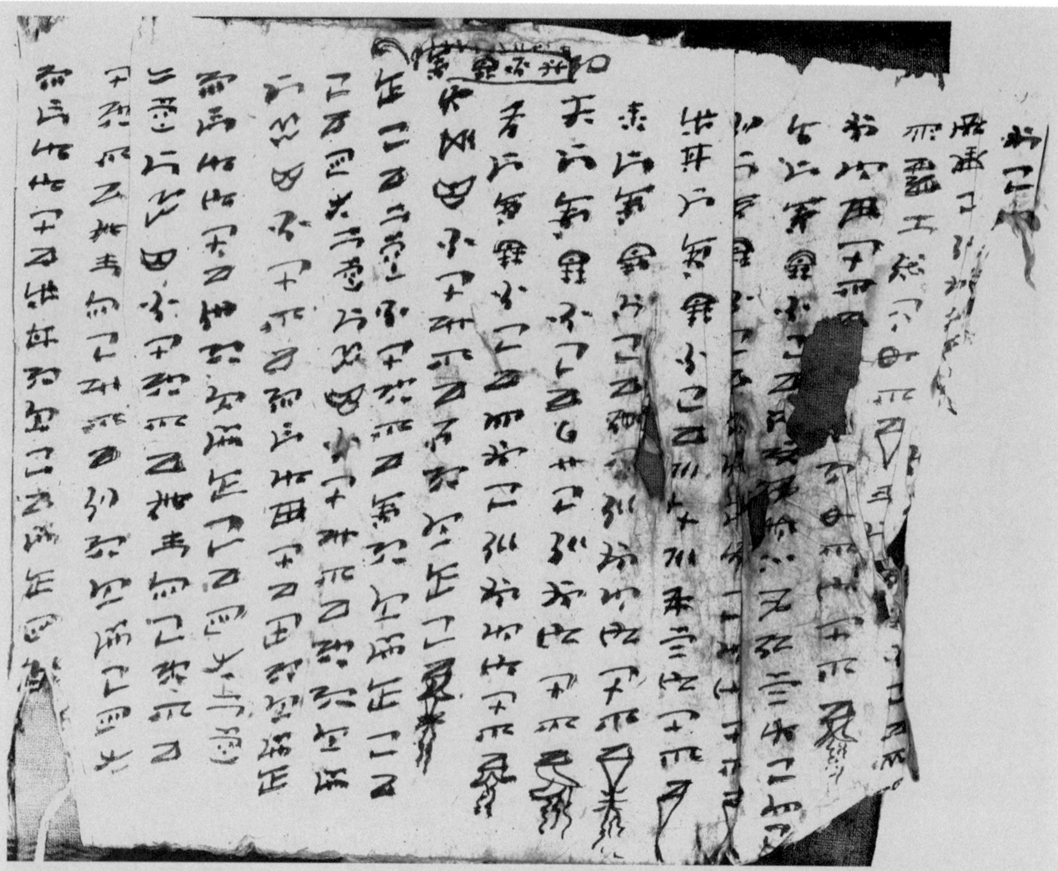

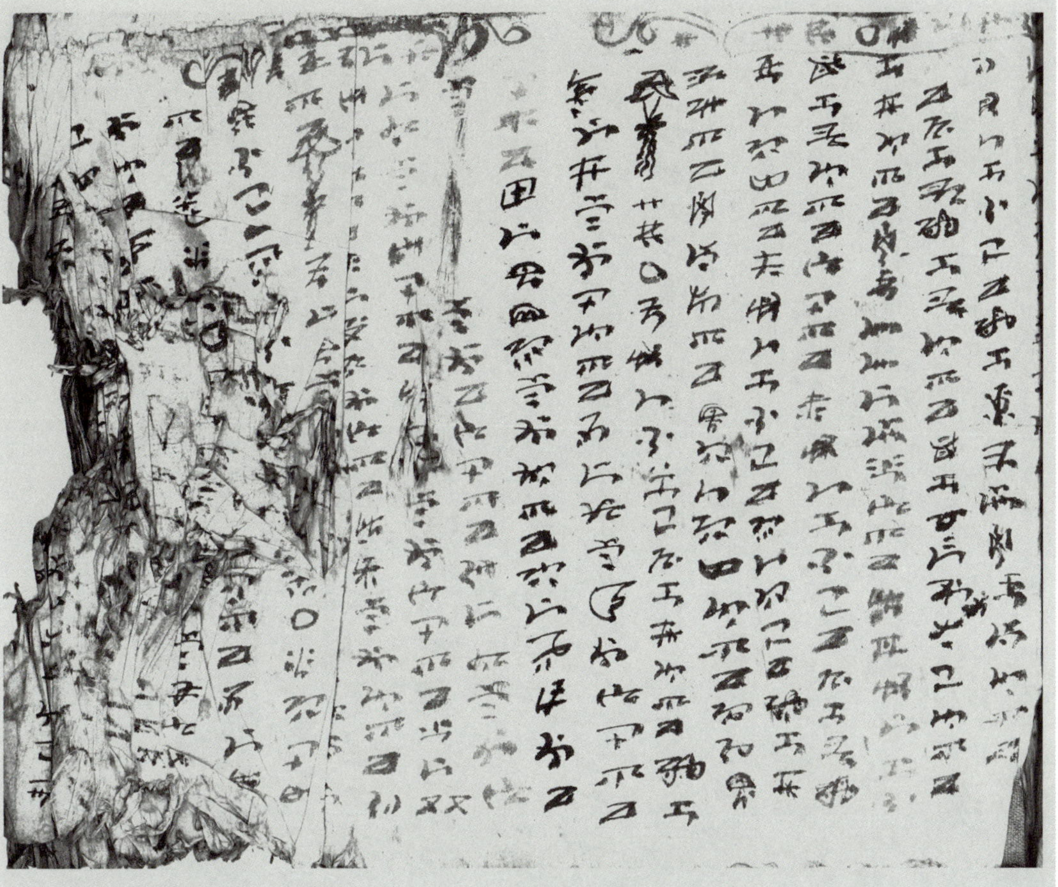

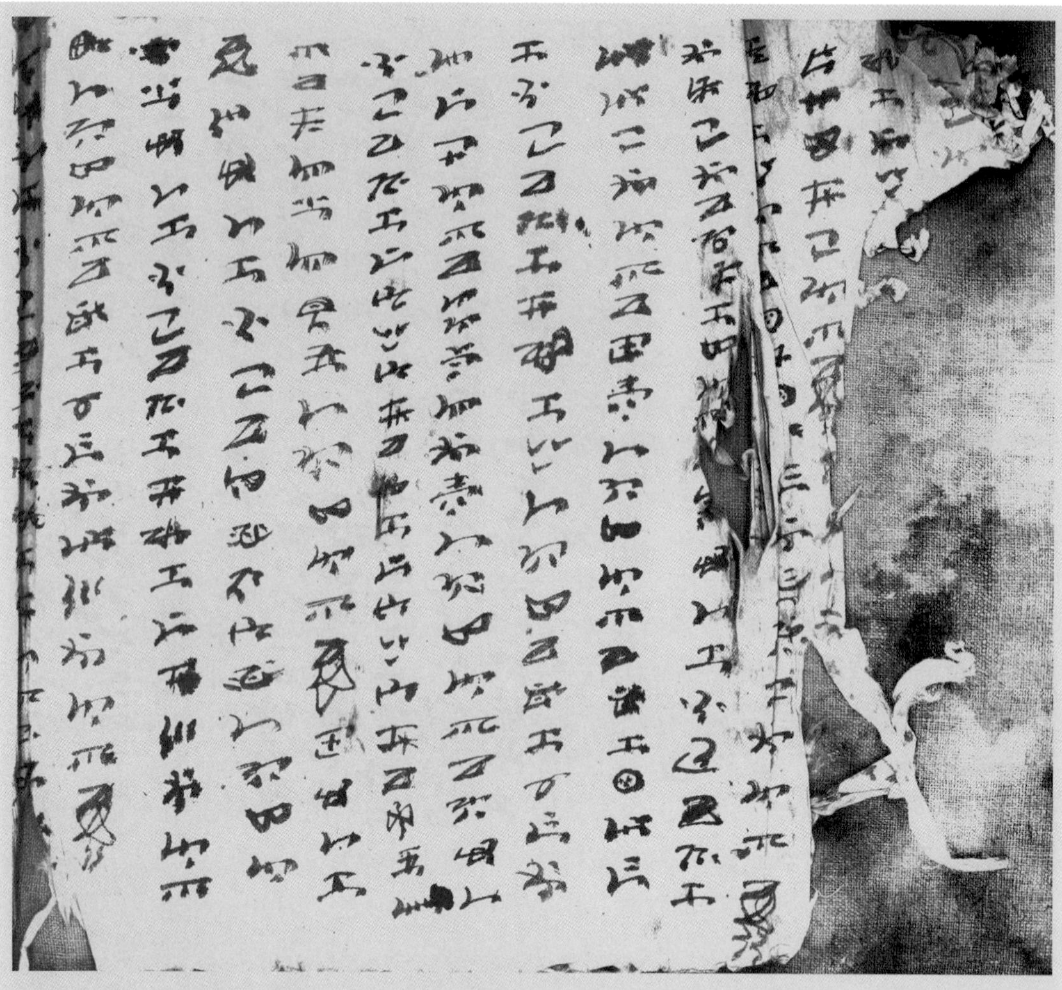

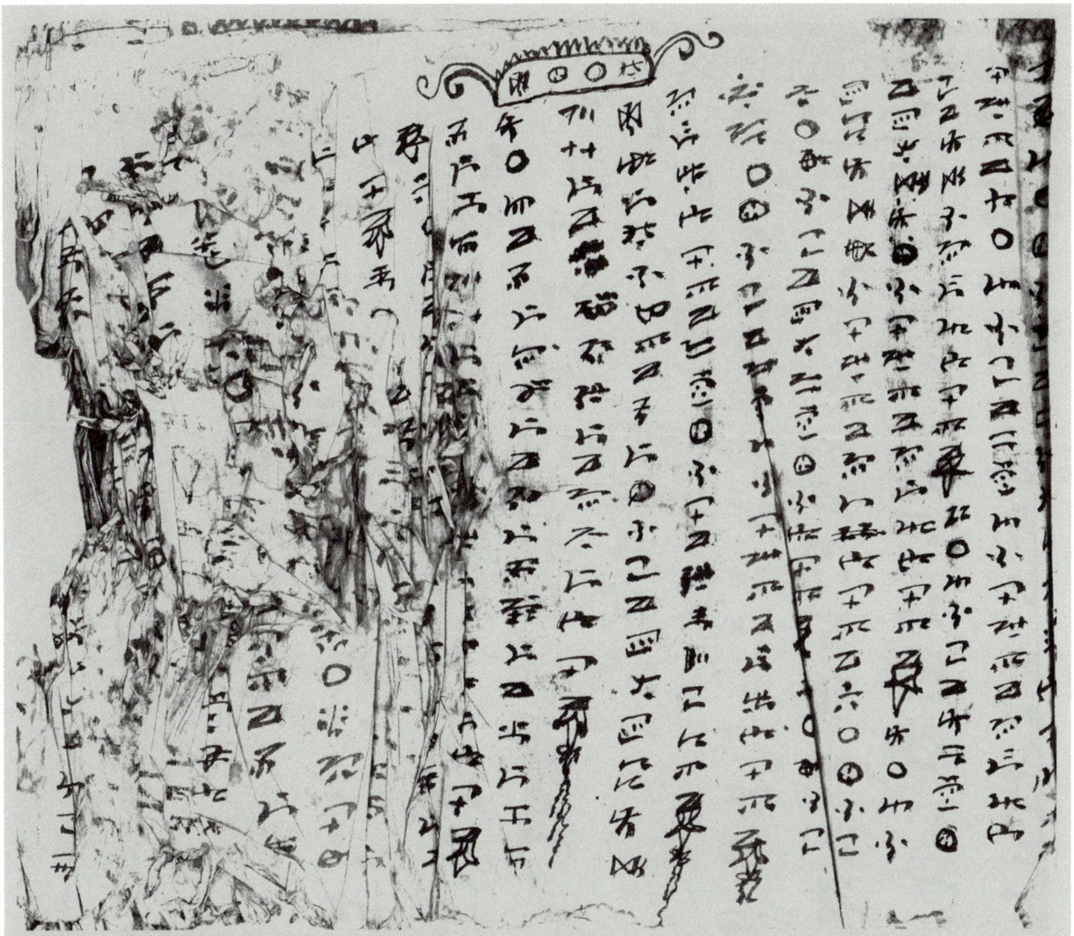

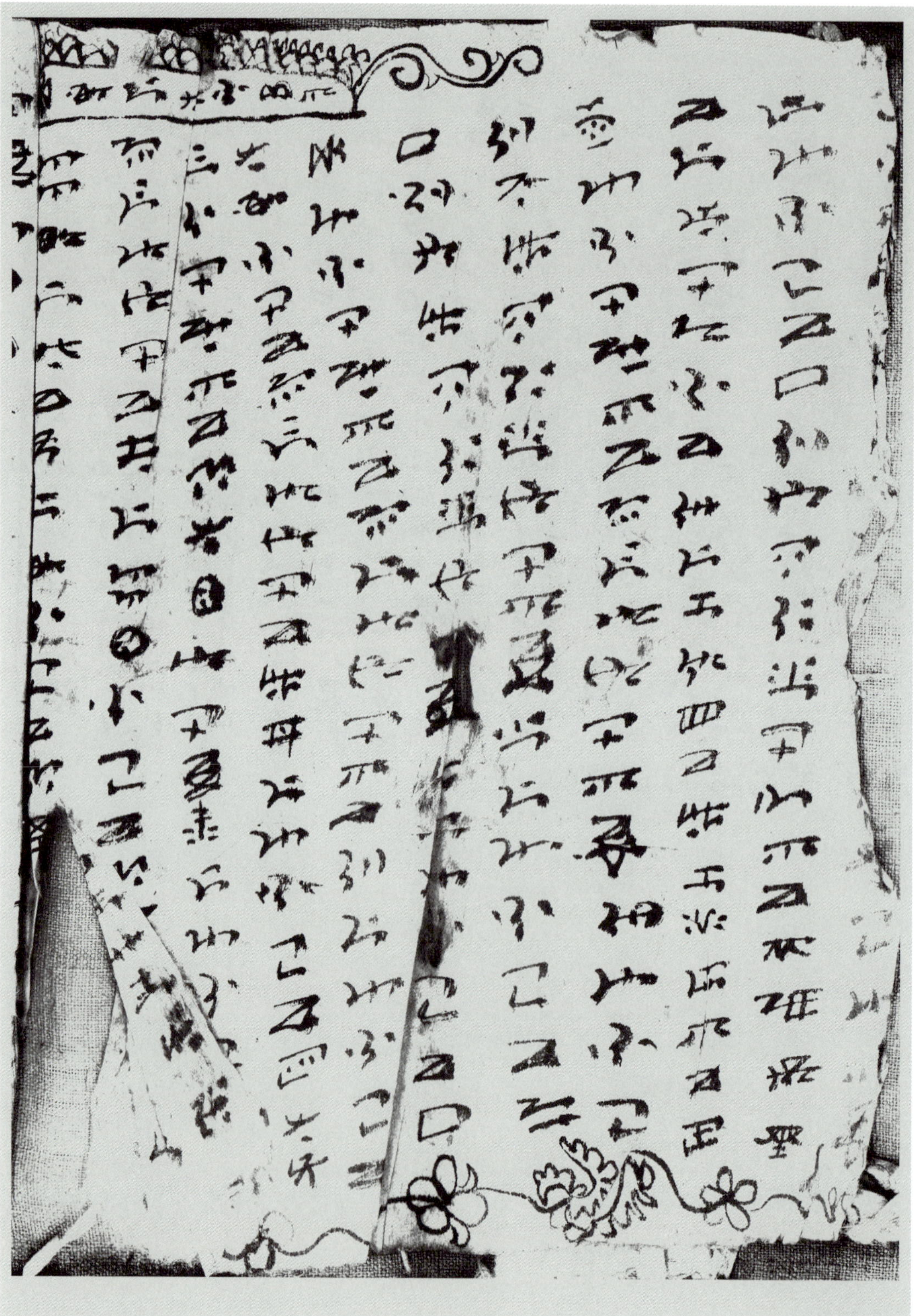

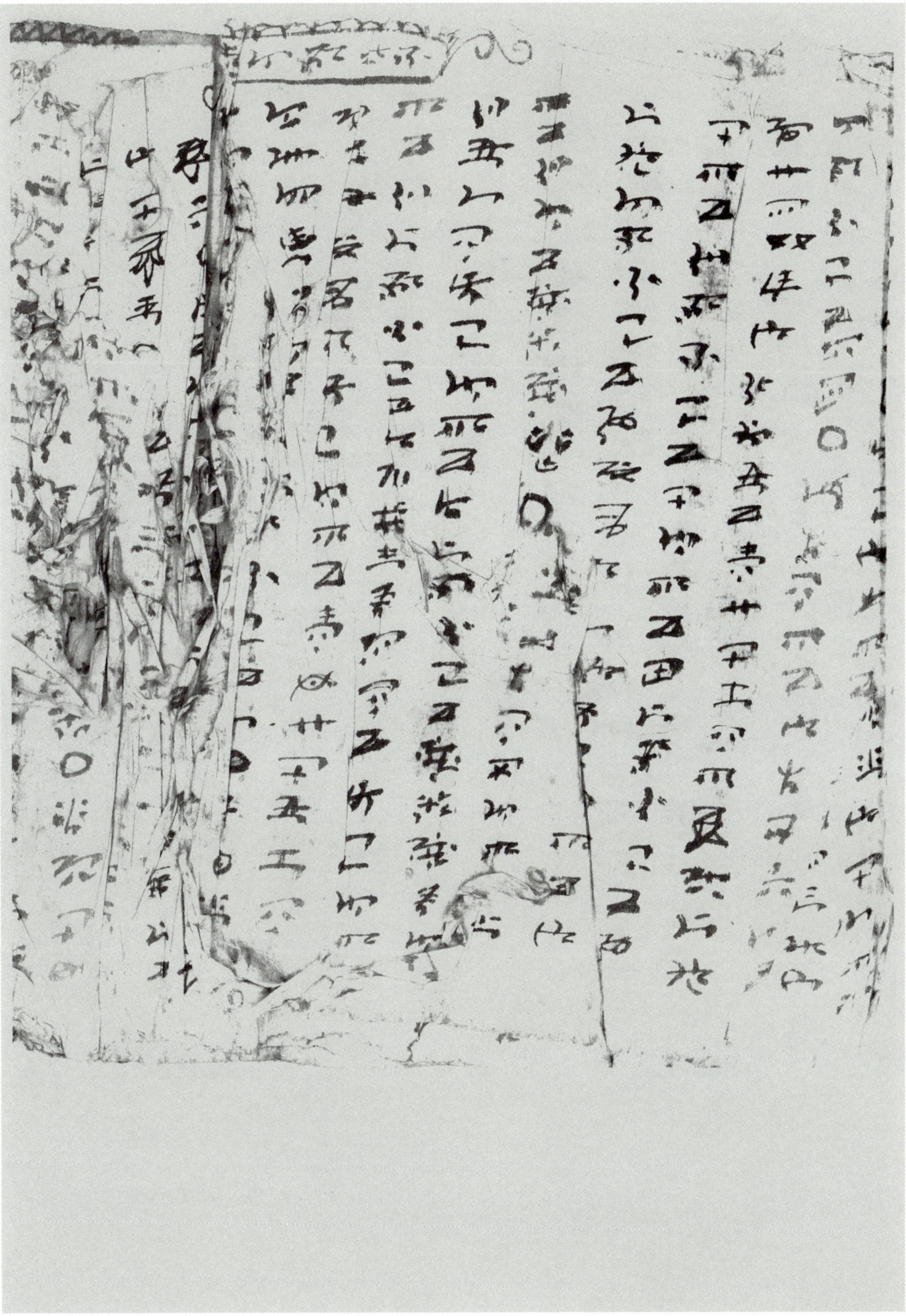

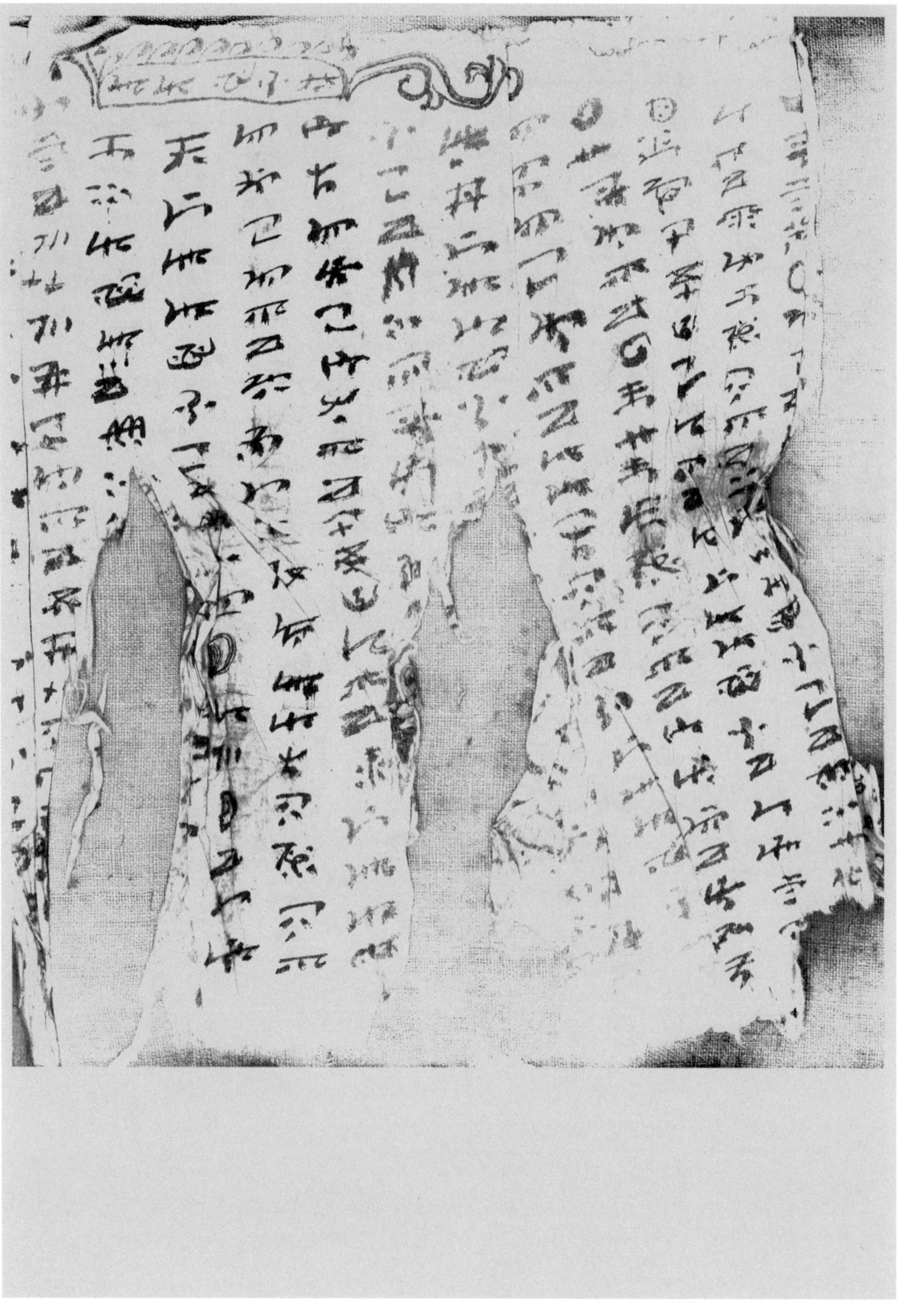

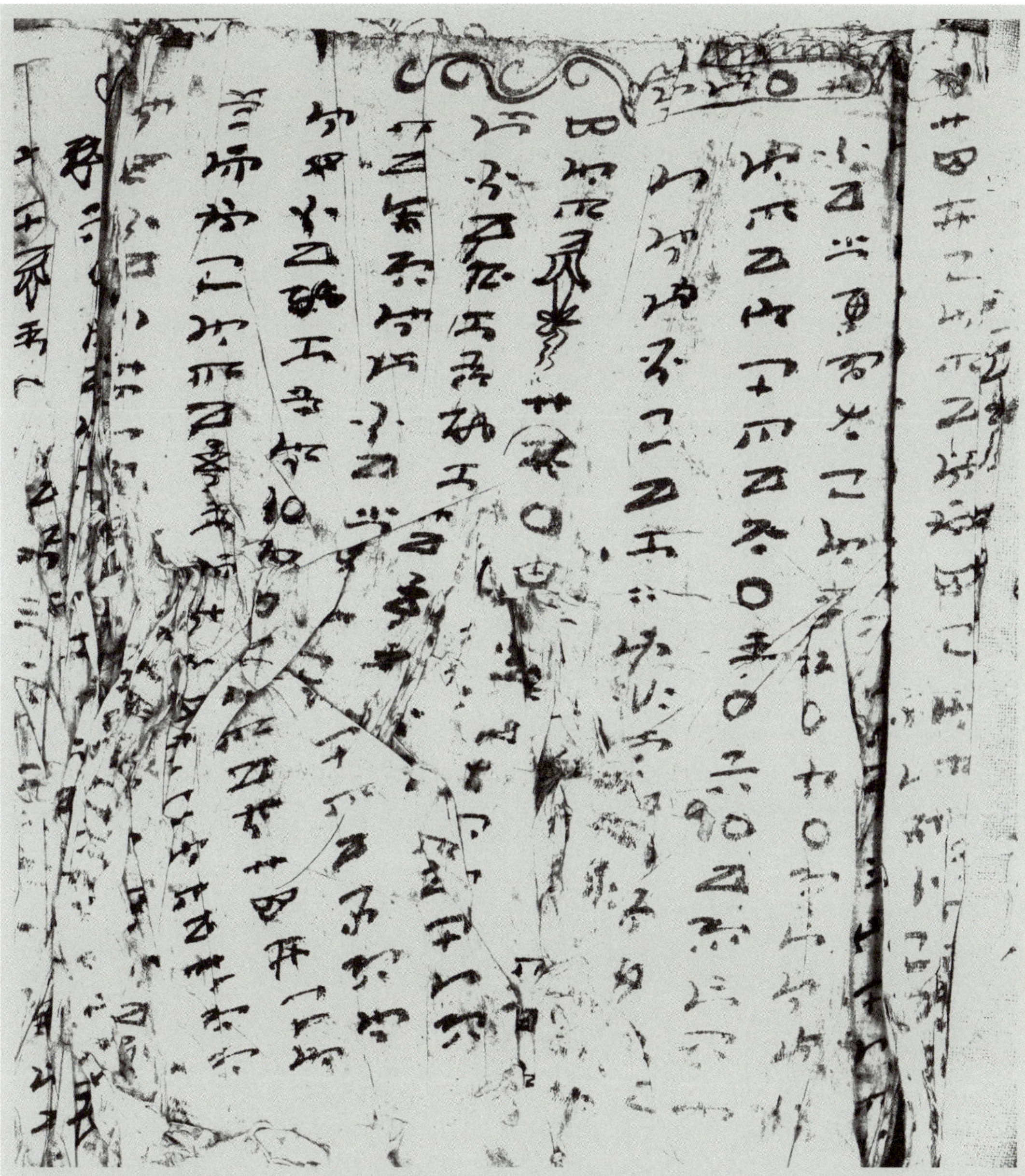

《占病书合经一》

原始编号：13 号

此书第一部分为《占病书》，彝文：，音标：no^{21} ɲi^{55} su^{33}。不分卷，1 册，共 10 页，佚名撰，书写年代为清同治二年癸亥年。彝族南部方言占卜历算类经书。占卜，是一种神秘的宗教活动，用神秘的方法预卜未来，预测以后的人生命运。彝族占卜手段很多，方法种类也颇多，不少汉文史料也记载了这方面的内容。这足以说明古代彝族对占卜、预测有了很大的发展。占病书主要按年份占法、按属相占法、按病者的年岁占法，还有按日占法、按月份占法等，它只是占卜书的一小部分，每部书都与“病”有一定的联系。经书对病因病况、医治方法用宗教方式做了具体概述。本书是按属相占测的占病书，每个属相日所患的病，病因和病种都不同。如子日患病的人，有宴席吃喝处正午时染病之相，是被年神月神、官宴各神、村巷诅咒神作祟。病重晕病发梦癫，是被祖妣死魂作祟。有昼轻夜重之相。医治方法，宰杀一只鸡驱送祖妣神和驱送星神、雷神能愈。又如：午日患病的人，病从东方染回之相。是手痛、头痛、腰痛之相，是因洗冷水而引起的，是被雷神、阿玛神、水神、河神和一个吃不饱喝不饱而死的鬼魂作祟。医治方法，宰杀一只鸡驱除并驱送往西方可愈等。虽然现在我们看来是一种迷信色彩，但在缺医少药、缺乏医药、缺乏科学的古代社会，无疑是一种禳邪除病的主要手段。可供研究彝族历法时参考。

旧写本。本色，绵纸。线订册叶装。年代：清朝。手写体，墨书。页面规格 32cm×26cm，每页 18～19 行，每行 17～18 字。边沿残损度较深。今藏楚雄师范学院图书馆。

此书第二部分为《占测粮种播吉日书》，彝文“[illegible]”，音标：sɿ^{21} ɕe^{33} mo^{21} da^{21} n̠i^{21} n̠i^{55} su^{33}。不分卷，1 册，共 1 页。佚名撰，在此页写有清同治二年属癸亥年写的黄书字样。滇南彝族南部方言历算类经书。此书按月属相为占测形式占测吉日，如正月初一、初二遇水日不吉；二月属卯日、午日为火日不吉；三月午日逢天火日不吉，未日逢蜜蜂采蜜日遇播撒吉日等。可供研究彝族历法时参考。

旧写本。本色，绵纸。线订册叶装。年代：清朝。手写体，墨书。页面规格 32cm×26cm，每页 18～19 行，每行 17～18 字。边沿深度残损。今藏楚雄师范学院图书馆。

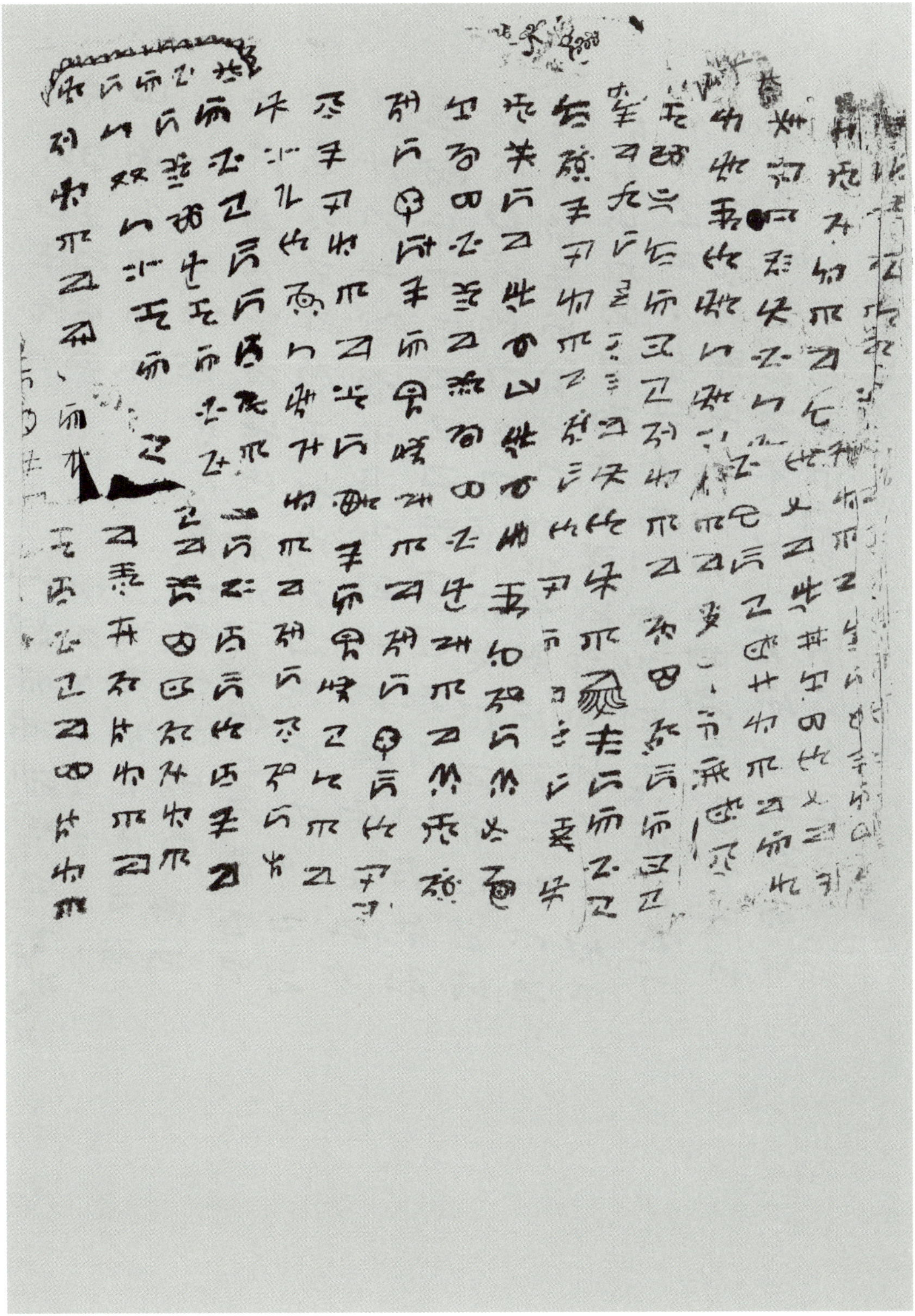

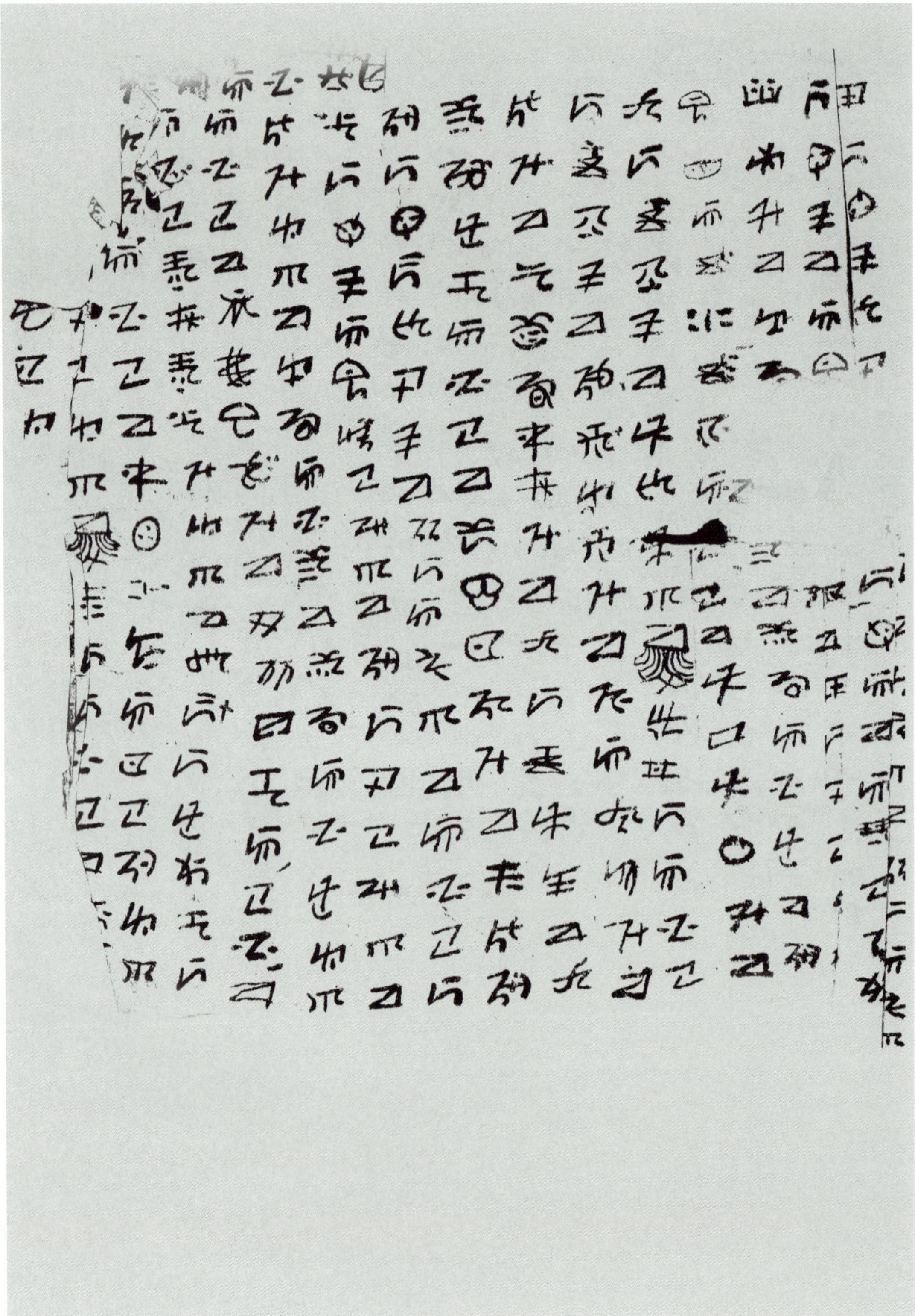

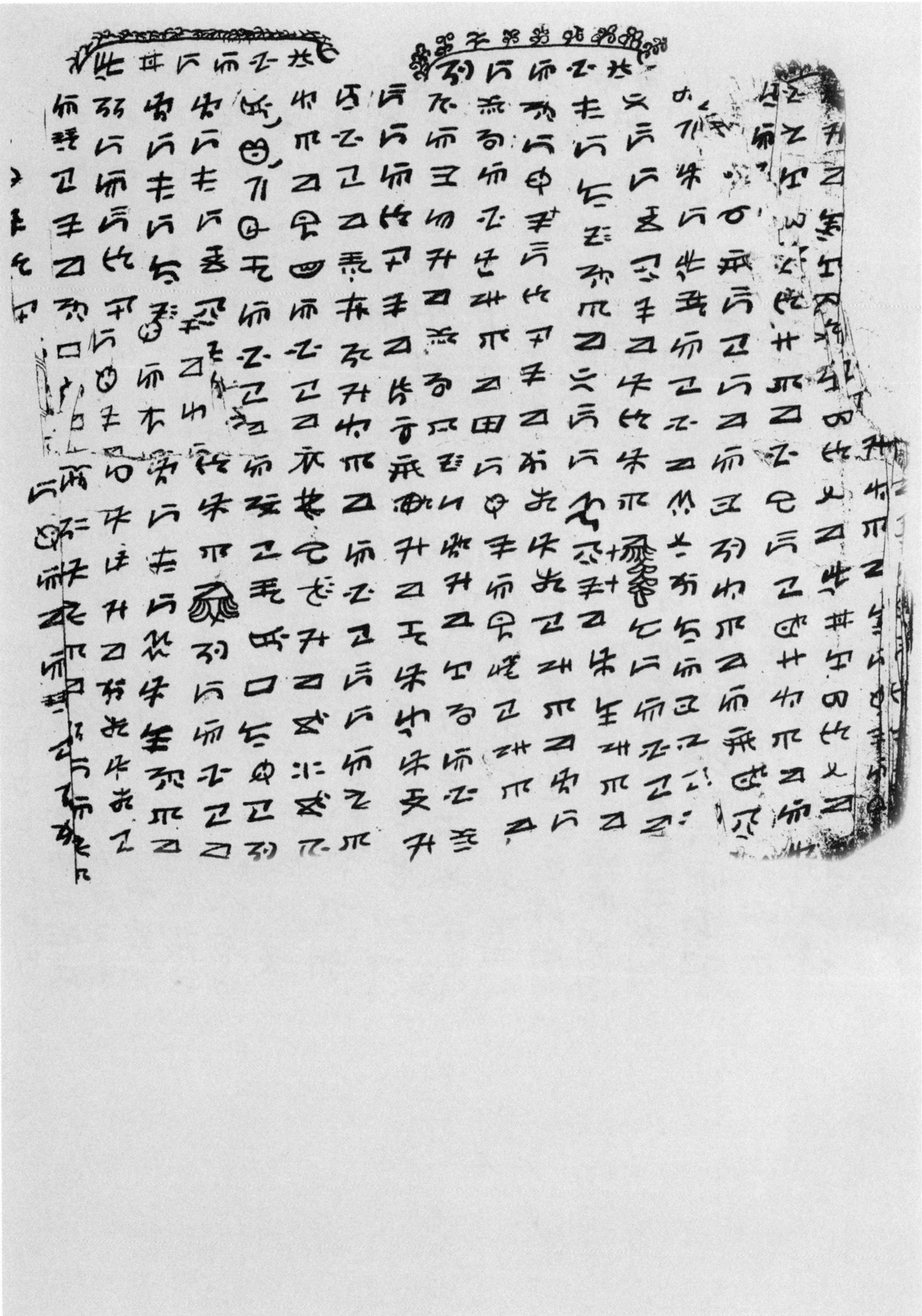

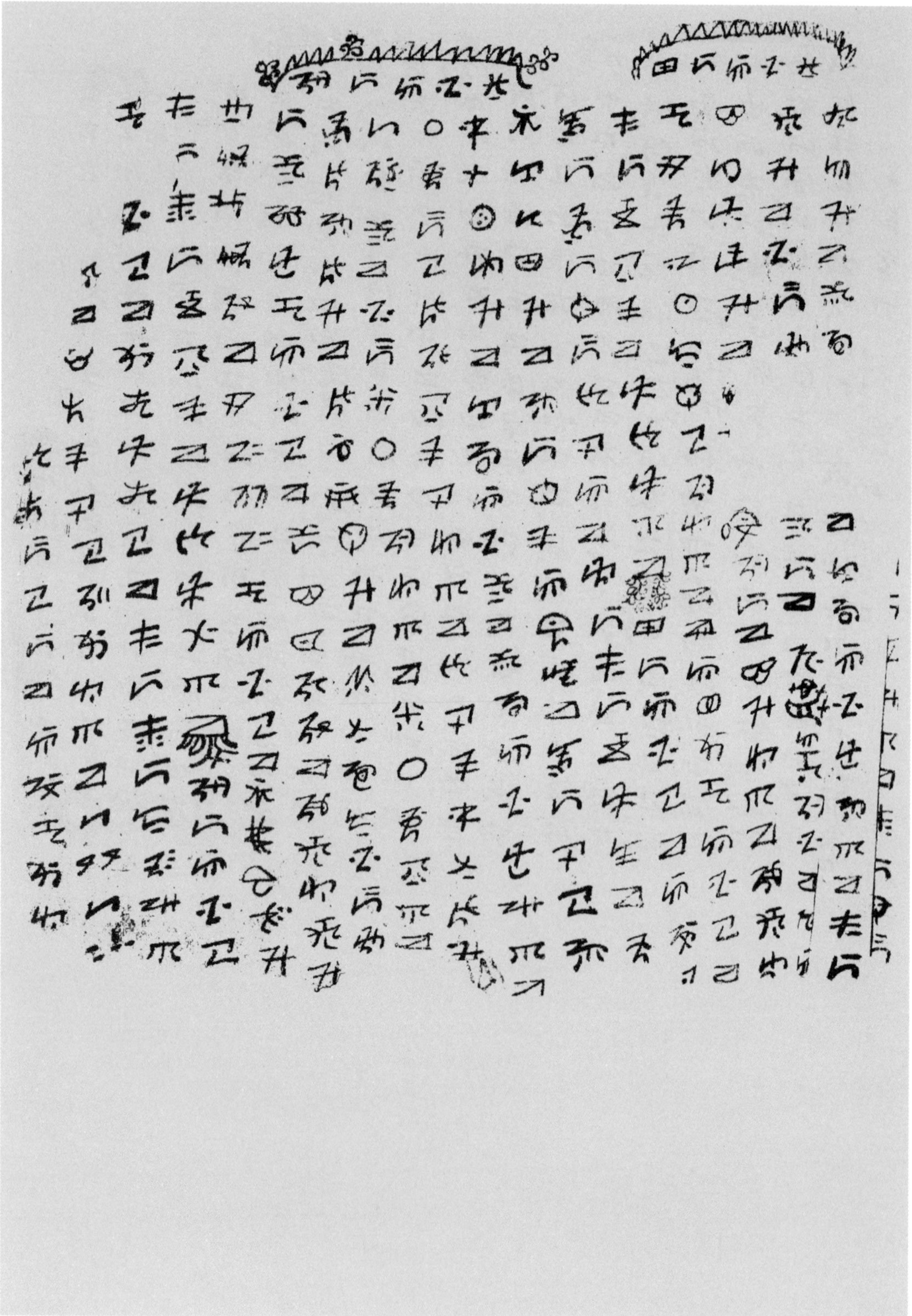

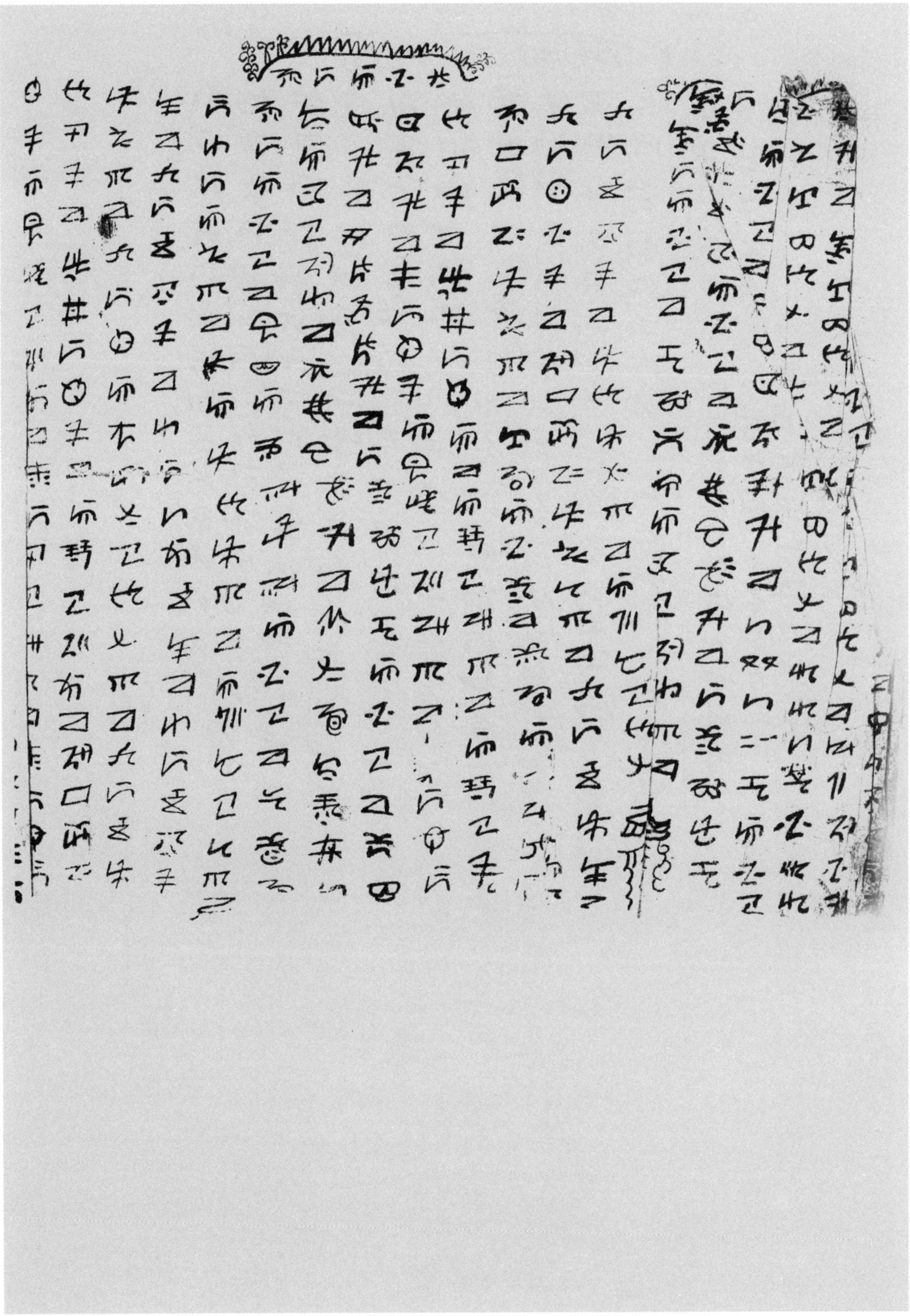

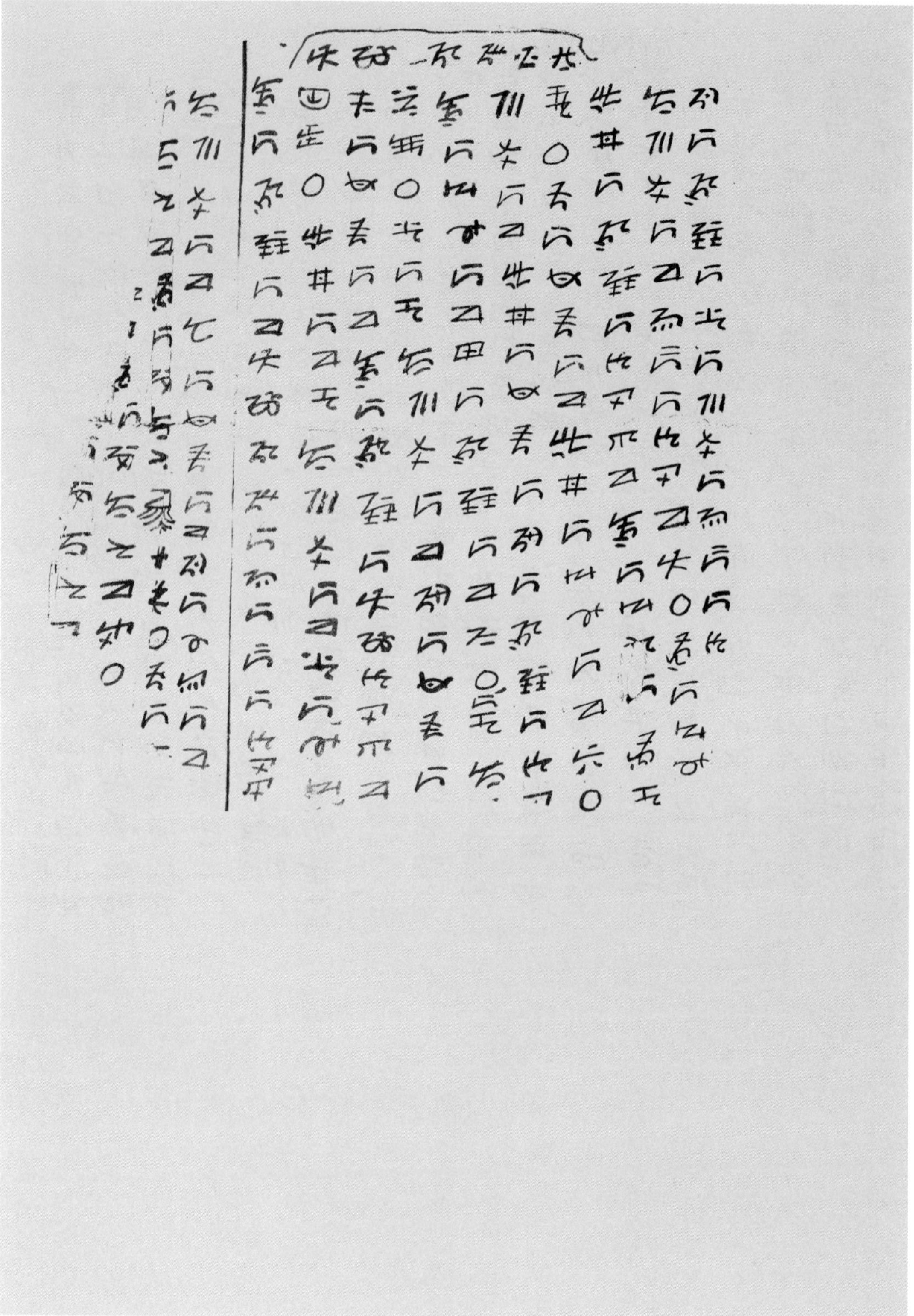

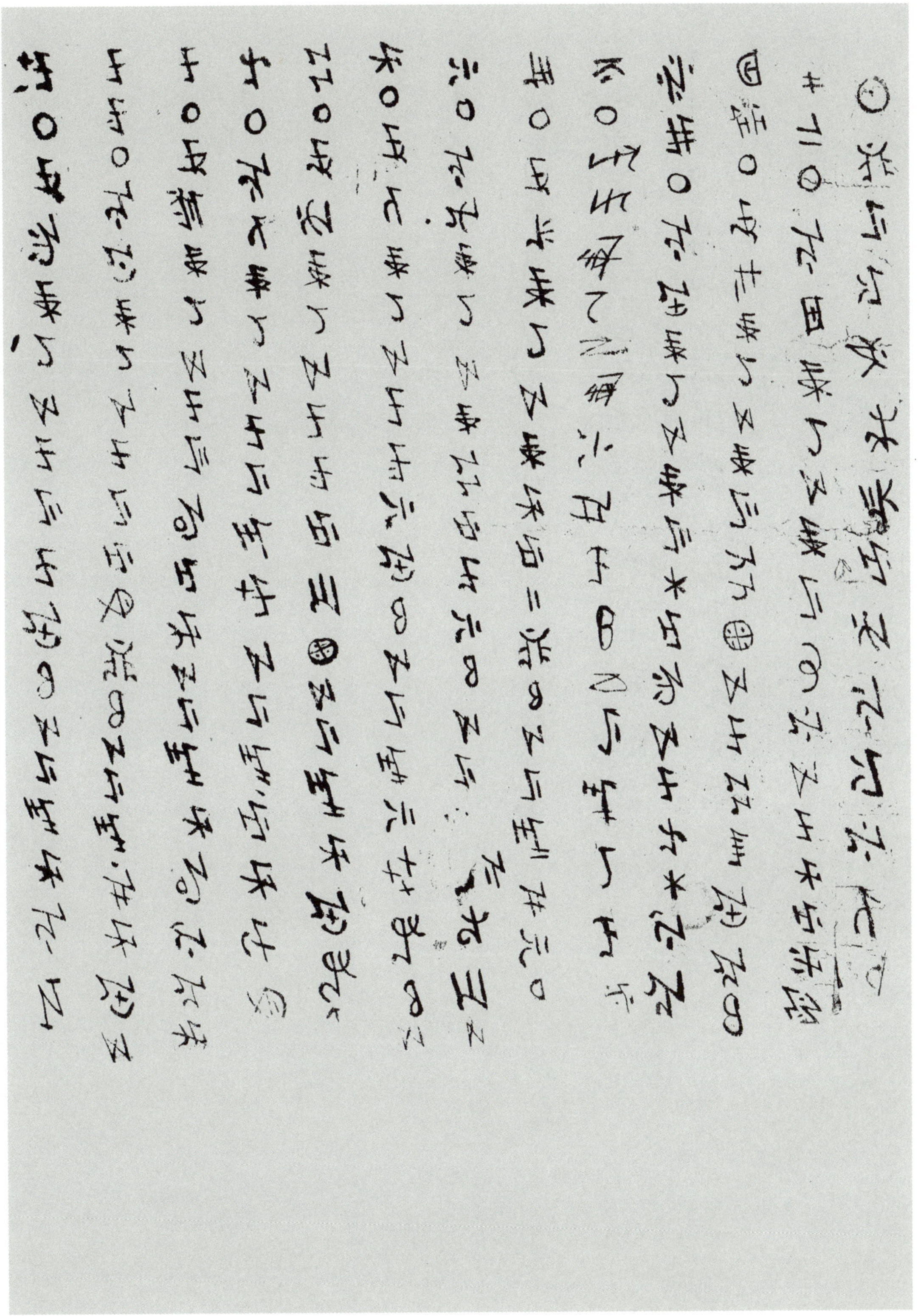

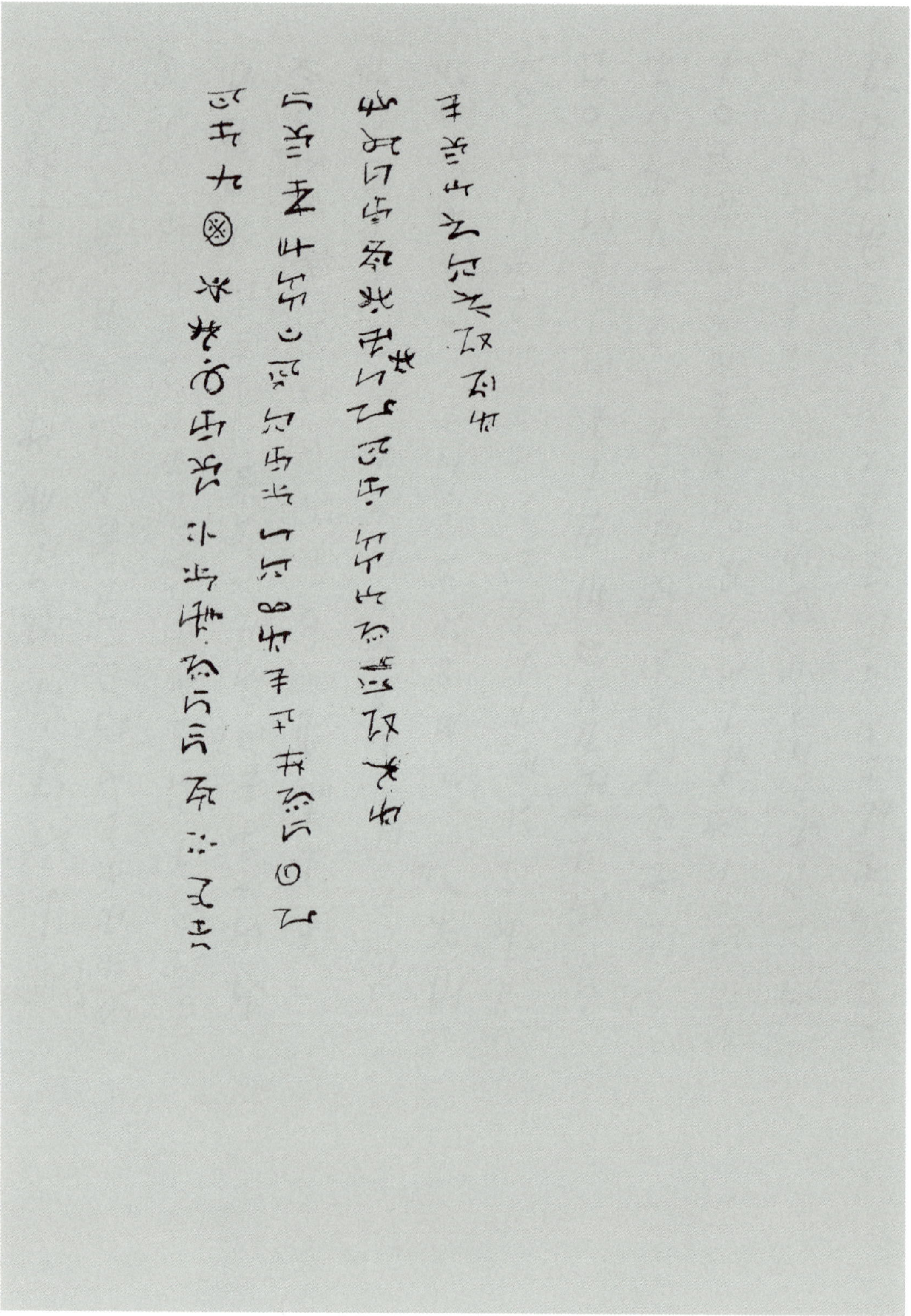

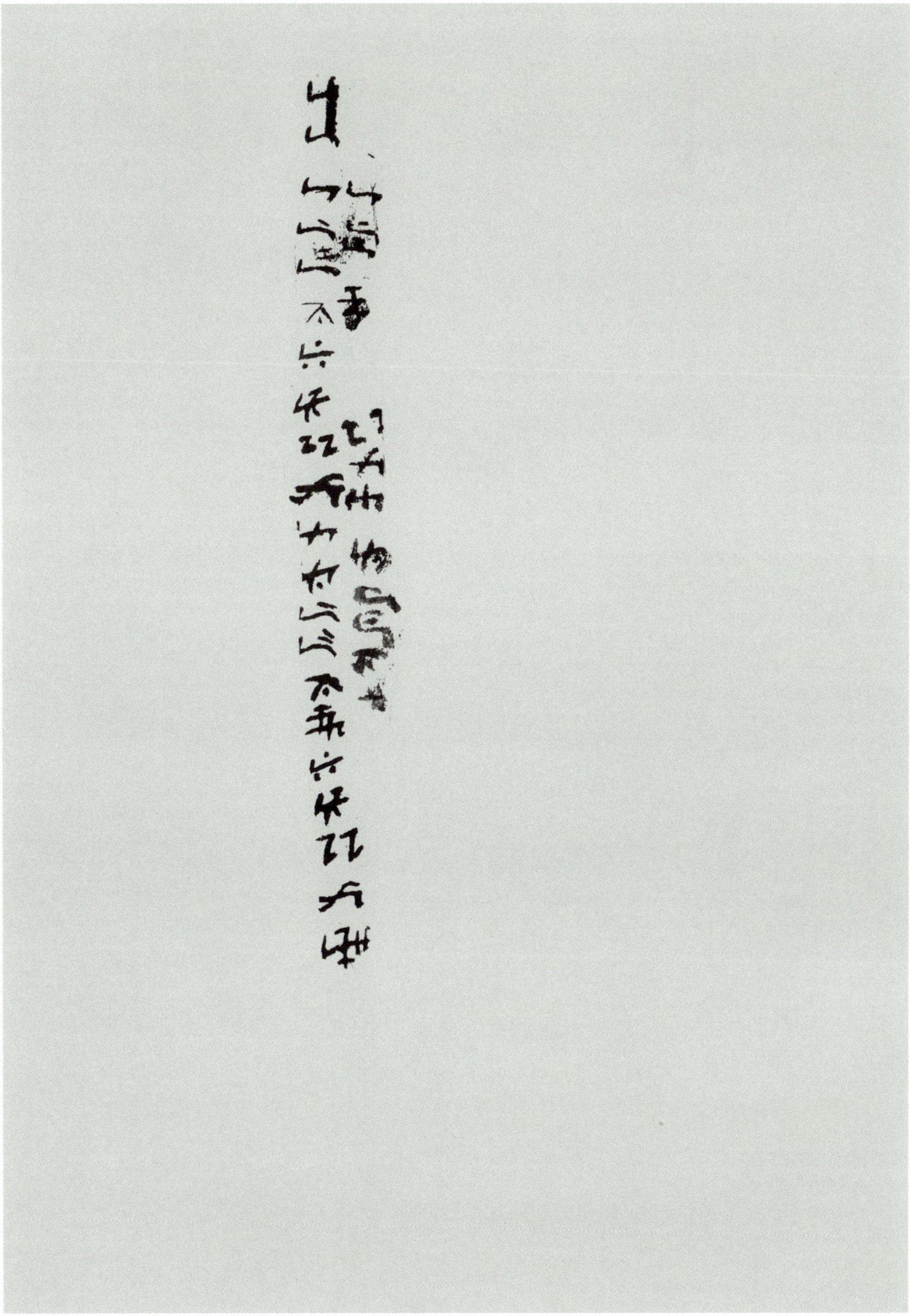

《招魂经、指路经合经》

原始编号：14号

此书第一部分为《招魂经》，彝文：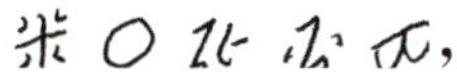，音标：ʑi^{33} xo^{21} so^{21} su^{33} ŋɤ^{21} ti^{55}。不分卷，1册，共20页，佚名撰。彝族南部方言招魂、祈福类经书。彝族人认为一个人的平安，无病无灾，取决于人的魂魄的附体与否，如在出门远行或平常的生产劳动及参与婚丧吉庆中受到惊吓，认为也会被惊落魂魄。在正常的生活中感觉全身无力、面黄肌瘦、精神状态不好等，则认为是惊落引人魂。须请毕摩设坛祭献进行招魂。

招魂在彝族社会里不只是单纯的祭祀活动，而且是治病祛病的一种手段，通过招魂获得精神上的安慰，减轻肉体上的痛苦。因而在彝族社会中普遍流行。在滇南彝族社会中不仅为人招魂，也为庄稼、牲畜进行招魂。本卷就属于为牲畜招魂的经书，本卷较详细地描述了世间某家人饲养家畜不顺，不但不兴旺反而经常生病或死亡。如在经书中叙述，牛羊在放牧过程中见到虎豹落了一次魂，听到雷电声又落了一次魂，放牧到树林里，遇到大树倒塌又落了一次魂等，今天我这毕摩设坛一一招回等。可供研究彝族原始宗教观念和民俗时参考。

旧写本。本色，绵纸。线订册叶装。年代：民国。手写体，墨书。页面规格 22cm×24cm，每页 13 ~ 15 行，每行 17 ~ 18 字，白口。页面残损较大。今藏楚雄师范学院图书馆。

此书第二部分为《指路经》，彝文：，音标：dʑo^{21} mo^{21} su^{33}。不分卷，1 册，共 6 页，佚名撰。滇南彝族丧葬仪式类经书。记述了亡灵从故地开始到赴阴间路途艰险和遥远。此书记述了从一个叫民本茂的地方开始，经过了六士本、能怒地、仁各代、耐各代等地方，后进入阴间的鸡地、白狗地、巨马地，翻越 10 多座高山，渡过 10 多条江河。还记录了所经过的这些山名和地名及地理特点，并教导亡灵如何应对来自各方面的危险，克服困难，顺利赴阴。可供研究彝族丧葬习俗和迁徙史参考。

旧写本。本色，绵纸。线订册叶装。年代：民国。手写体，墨书。页面规格 22cm×20cm，每页 13 ~ 15 行，每行 17 ~ 18 字，白口。四周边口残损严重。今藏楚雄师范学院图书馆。

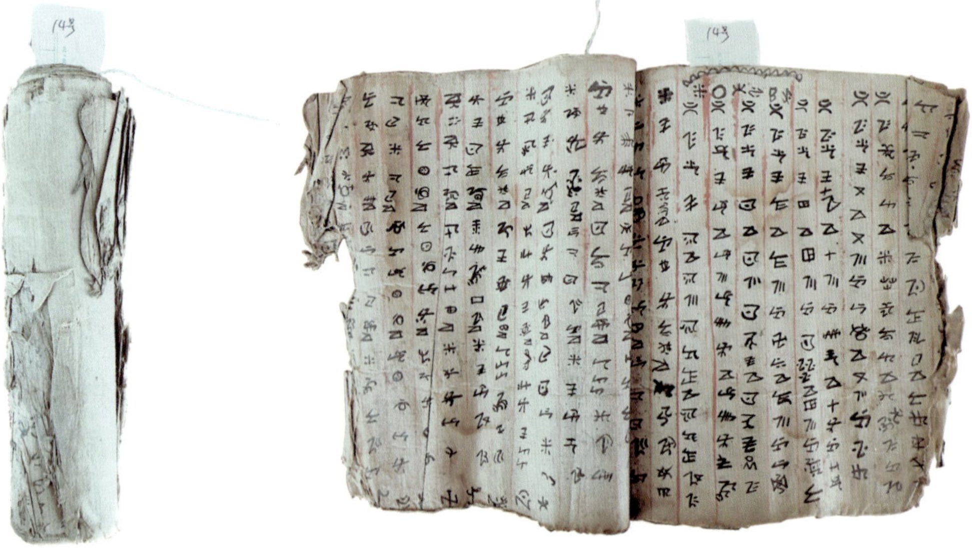

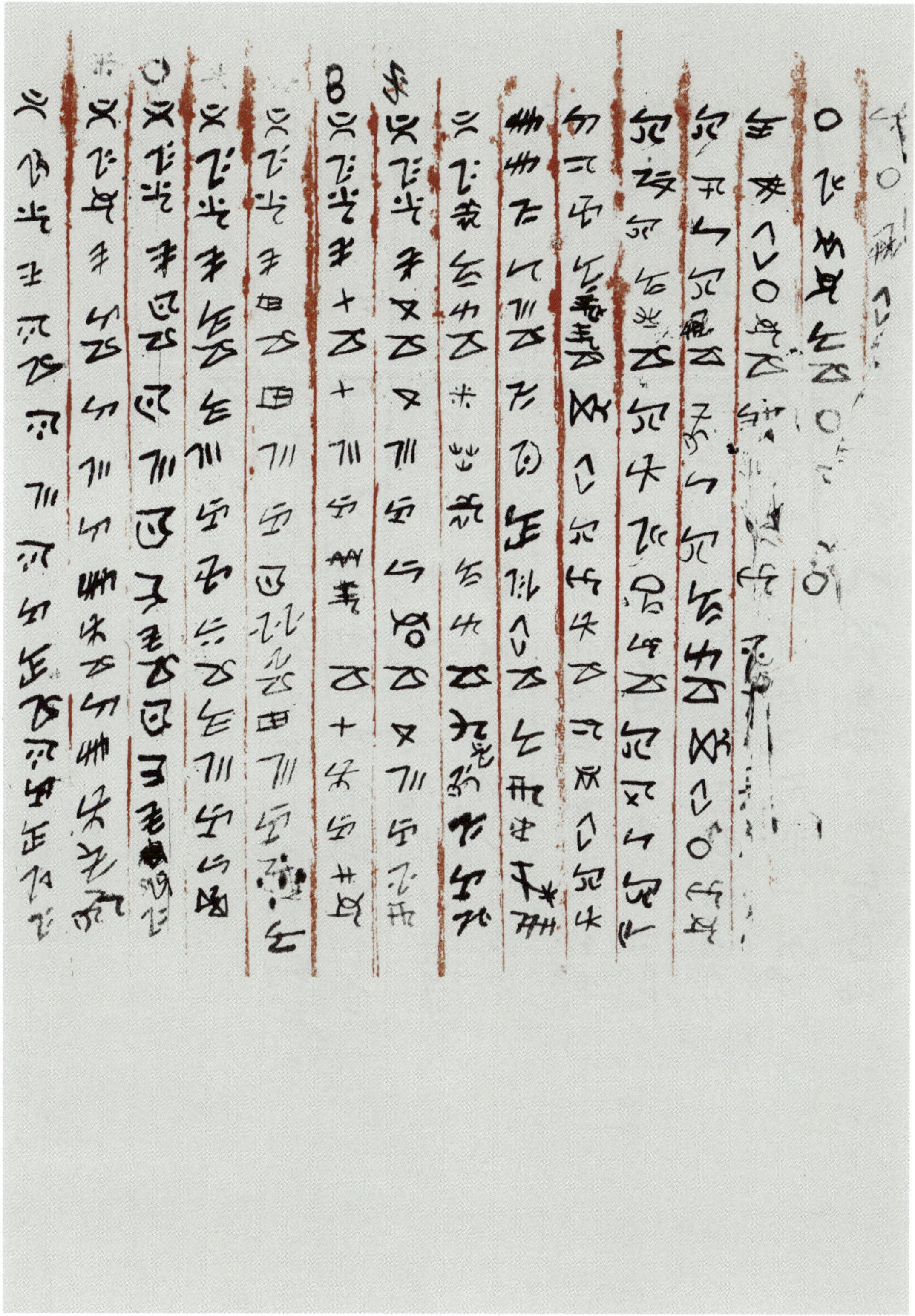

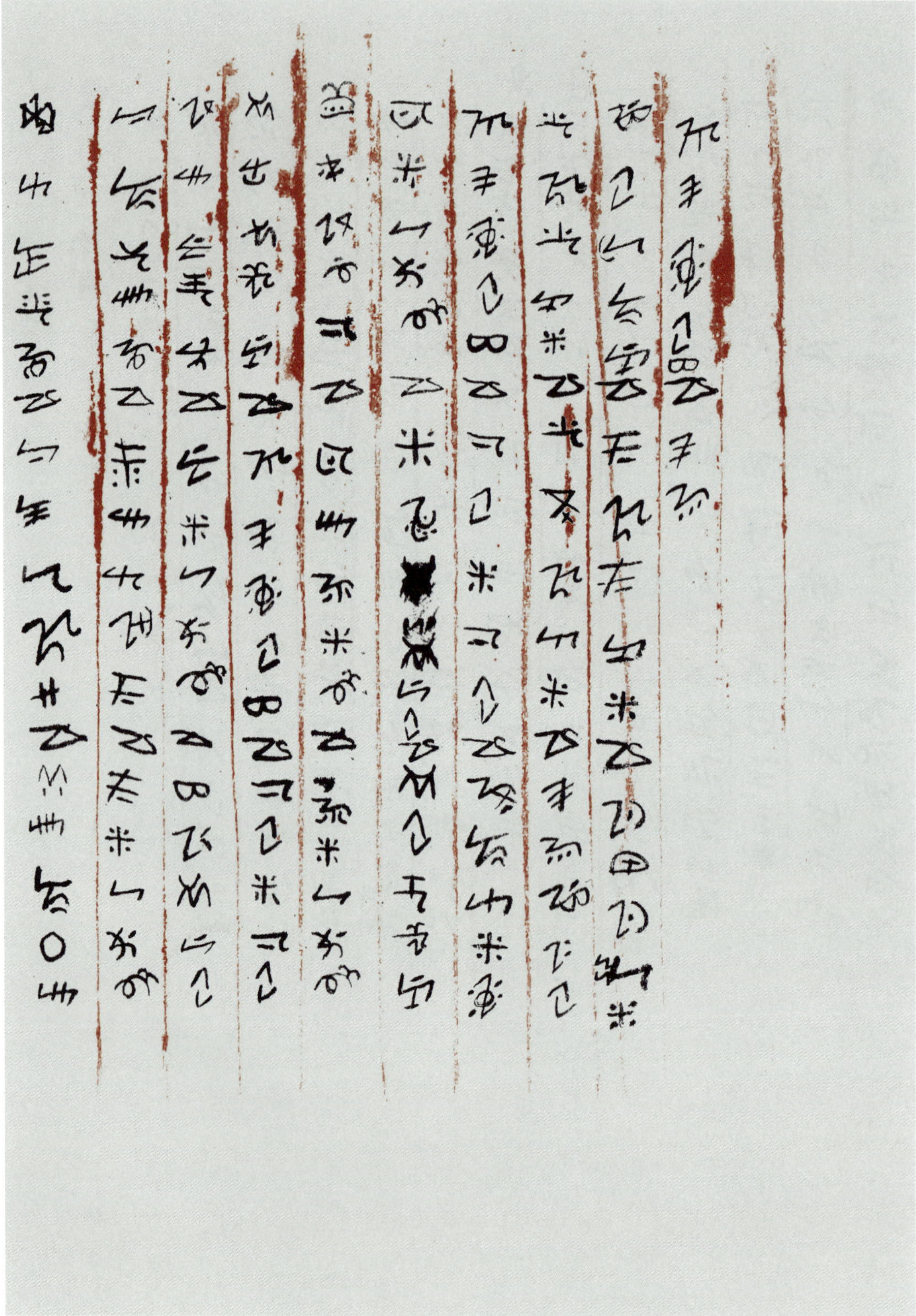

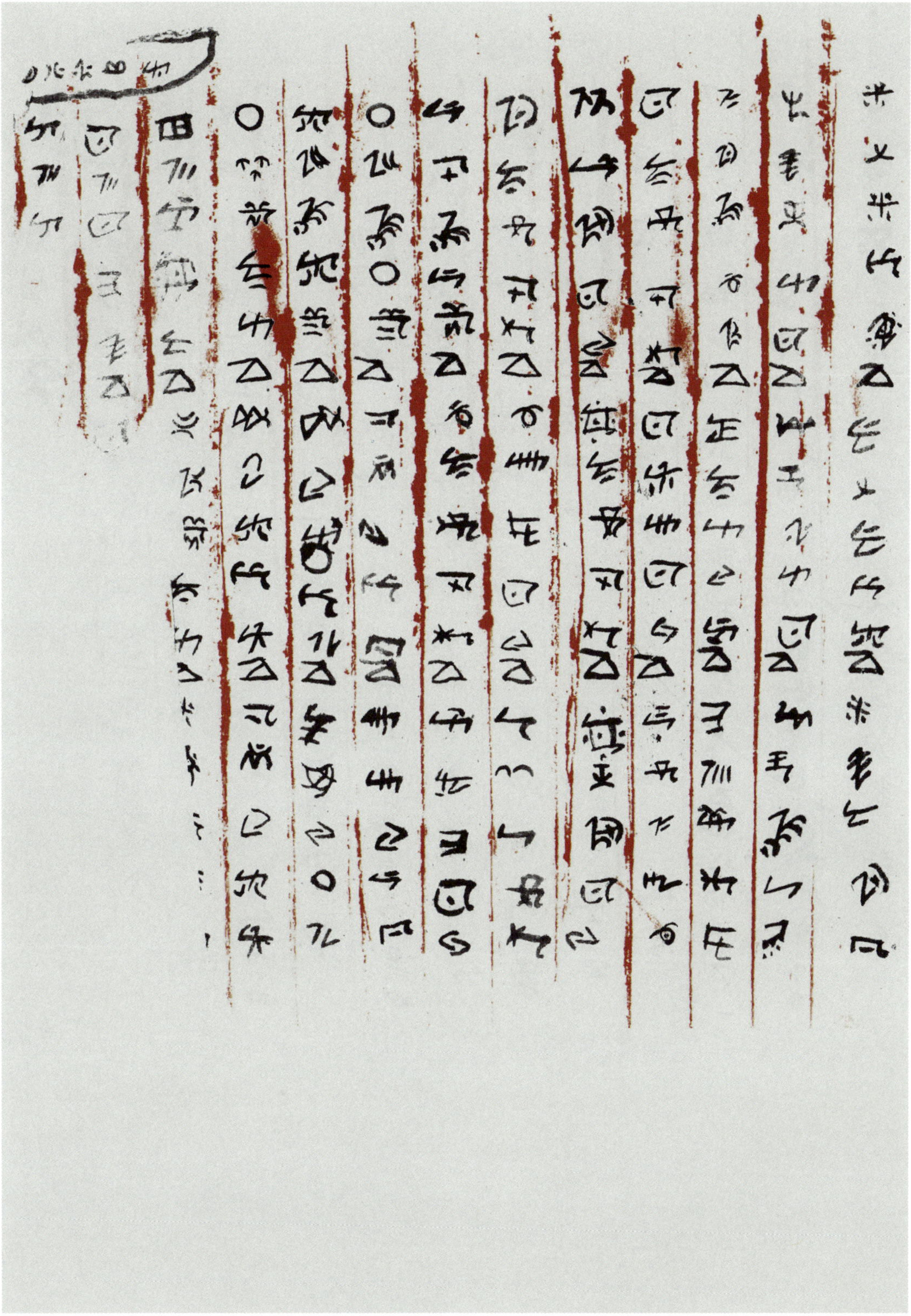

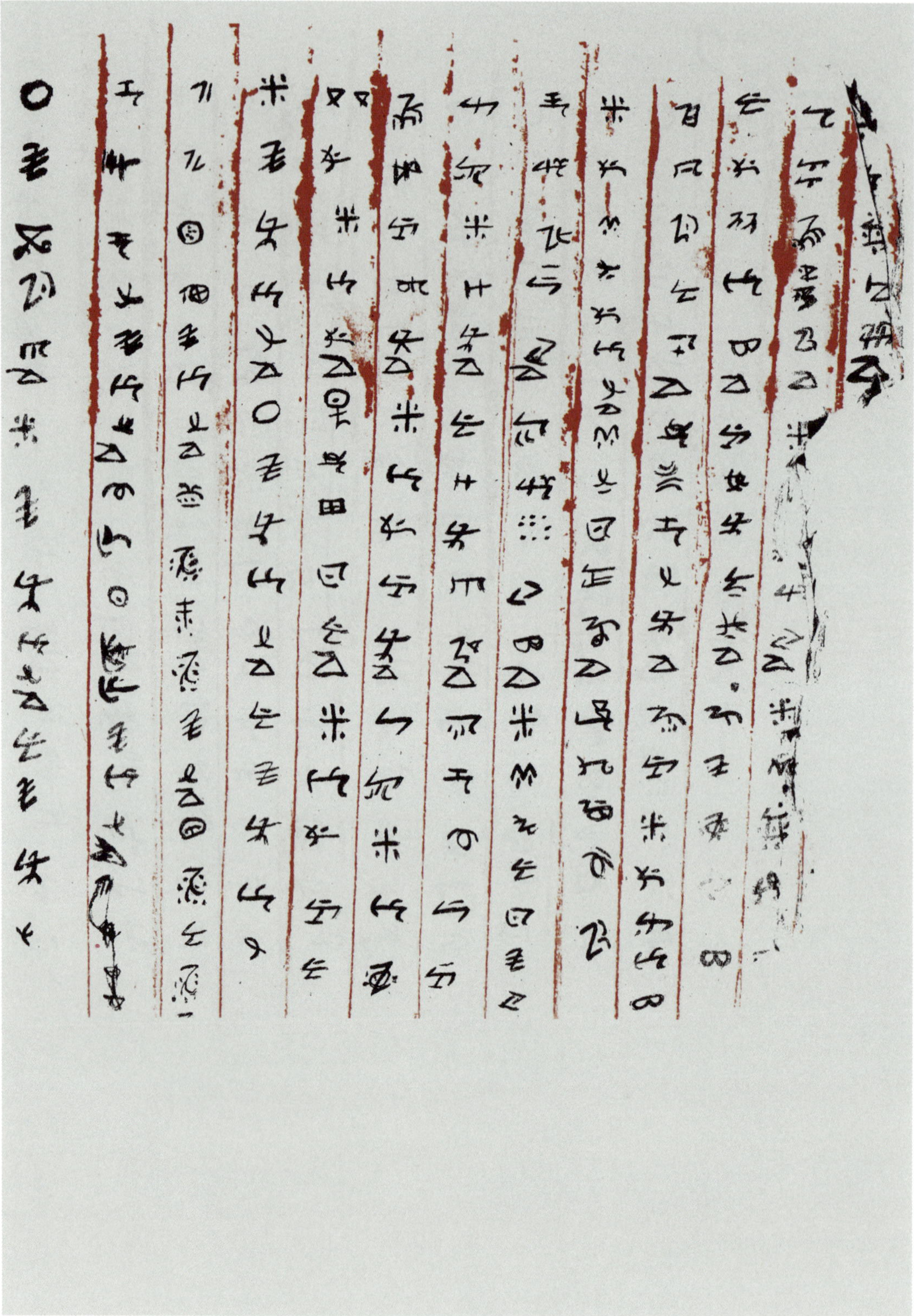

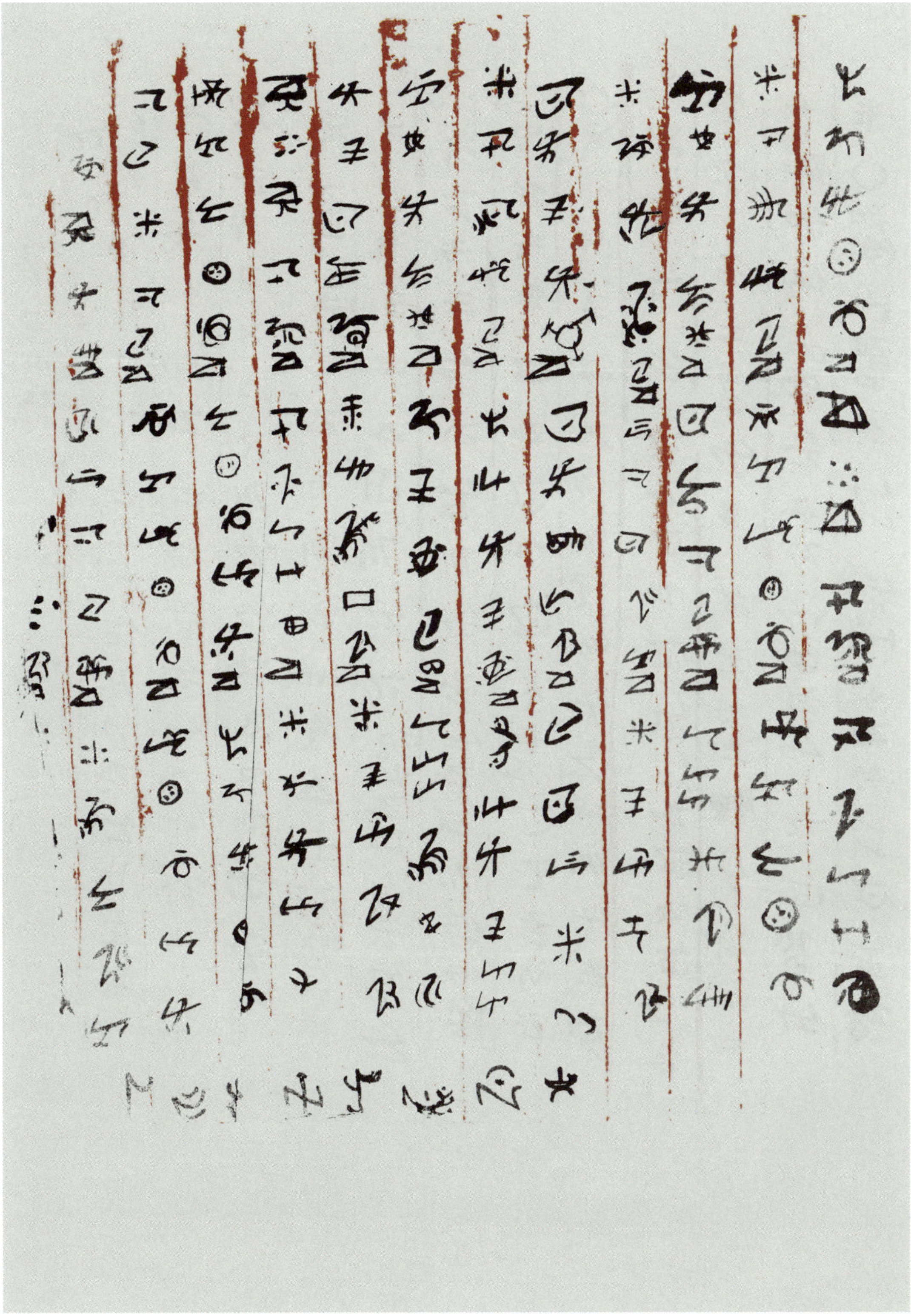

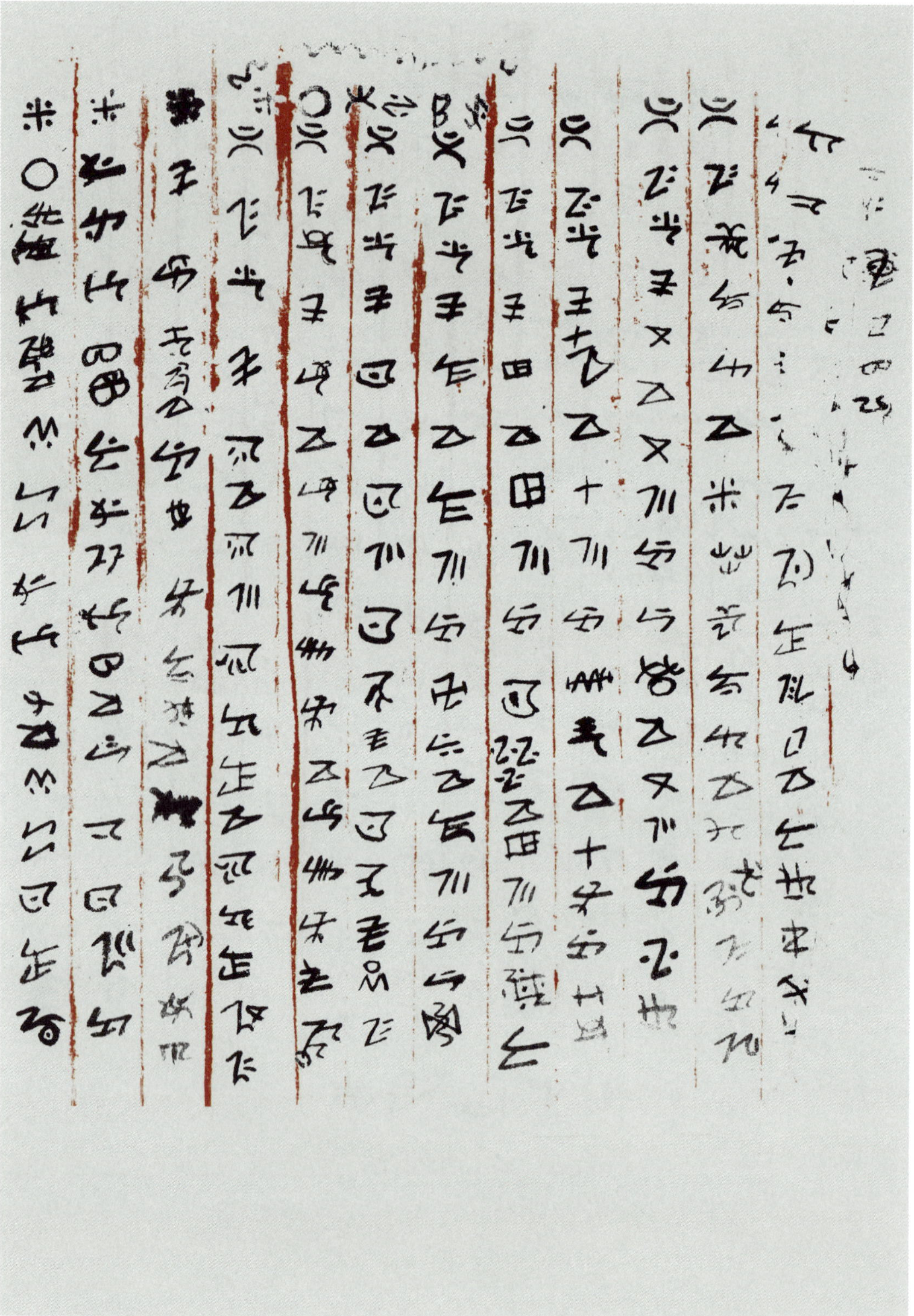

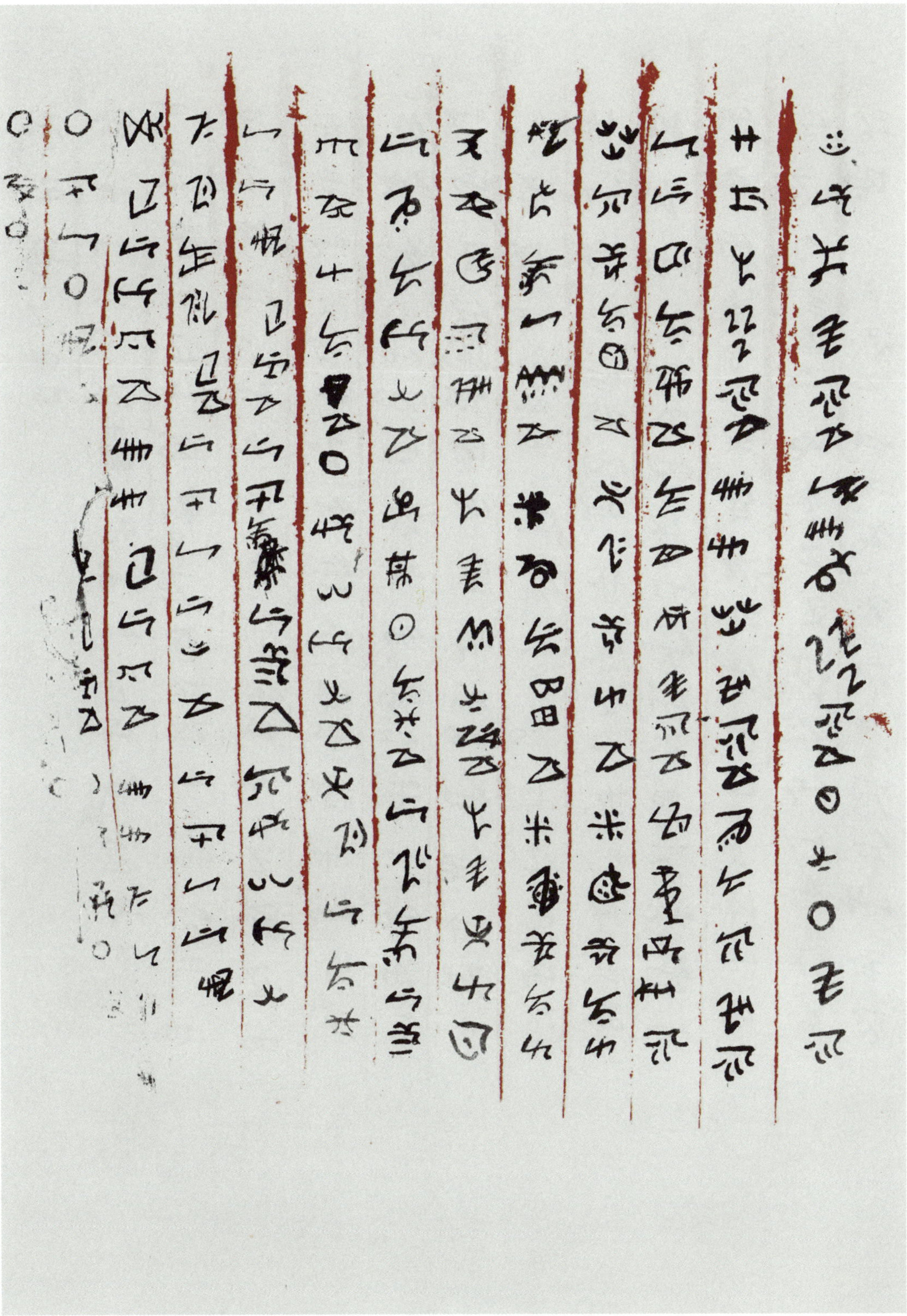

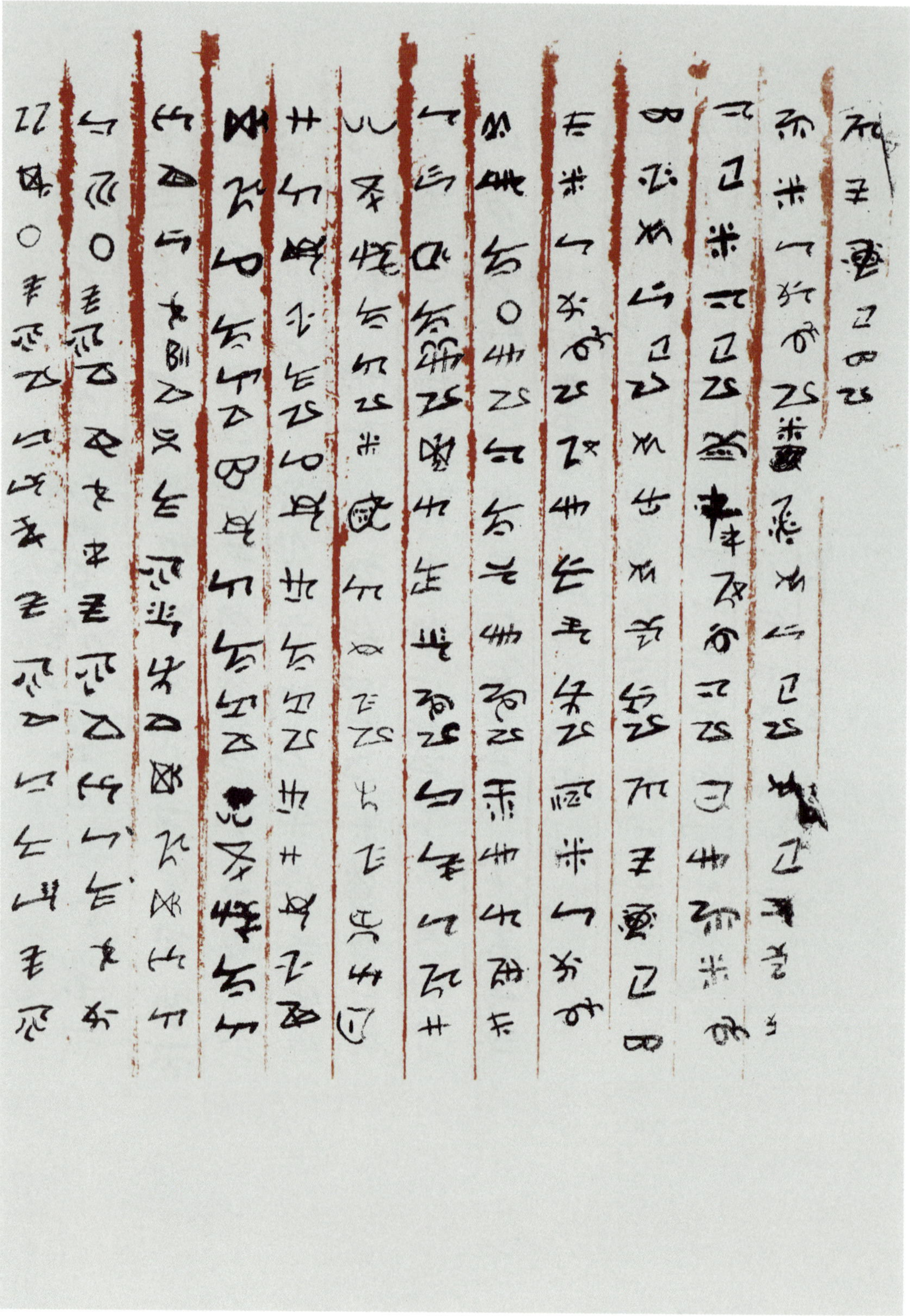

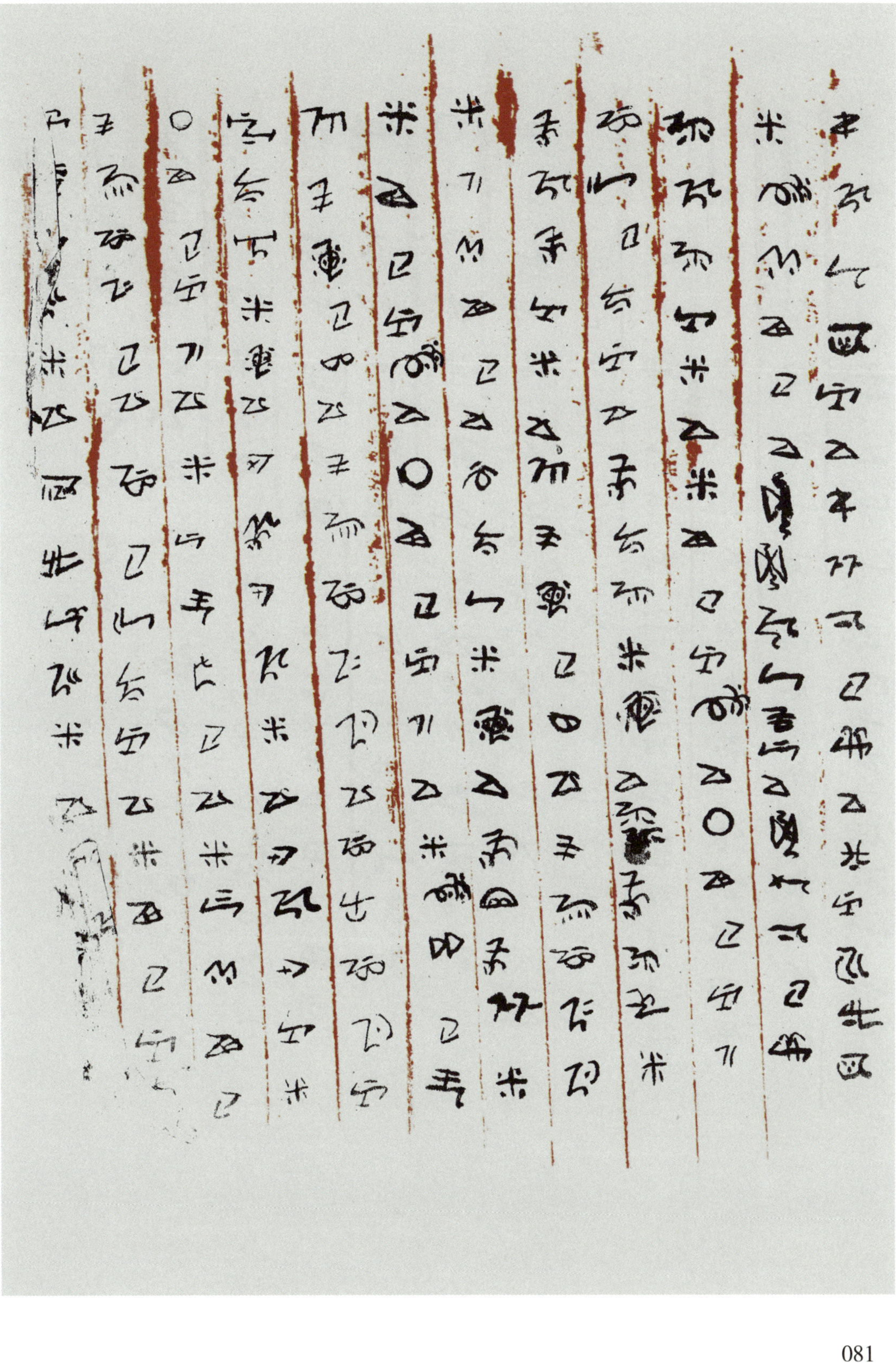

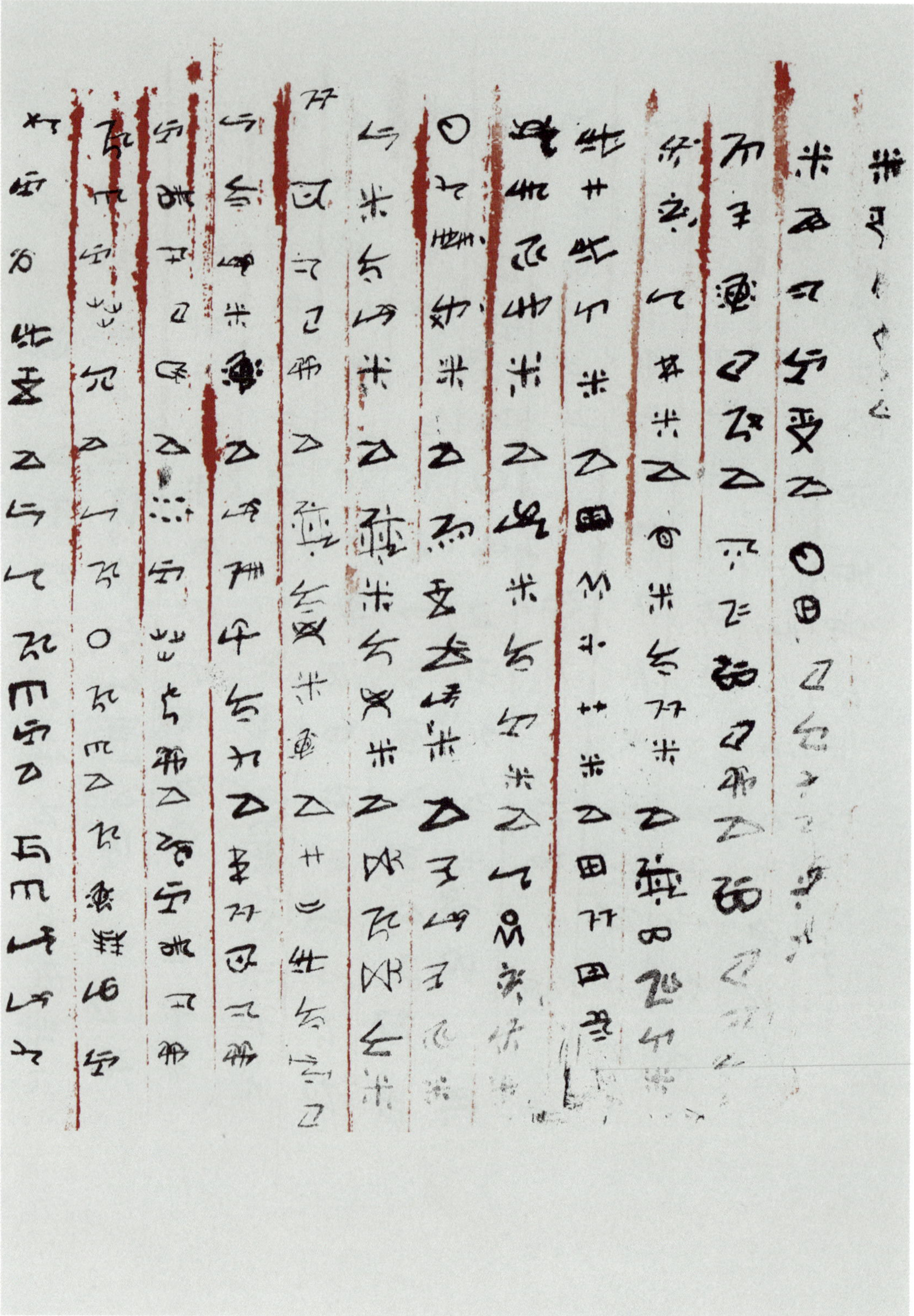

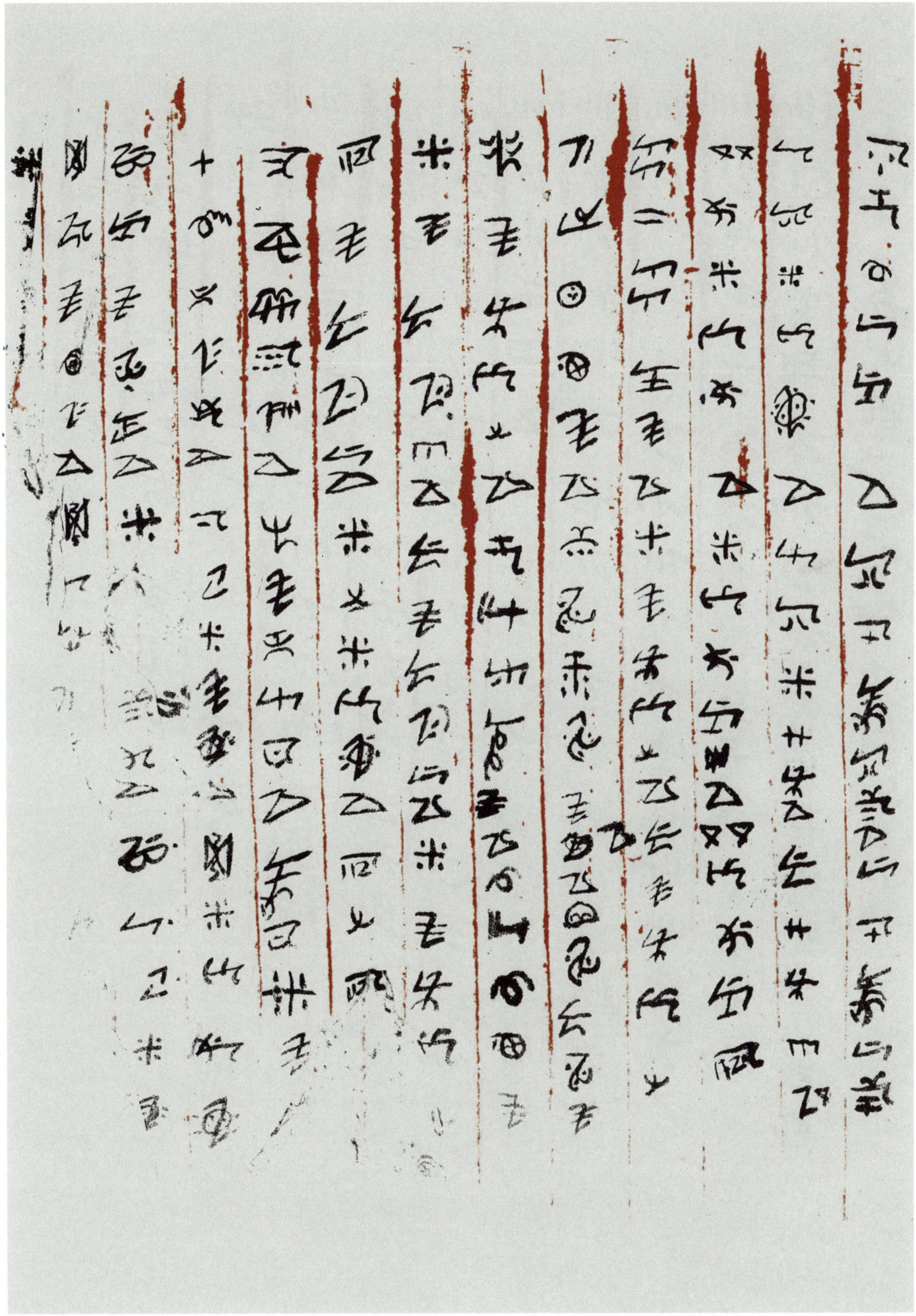

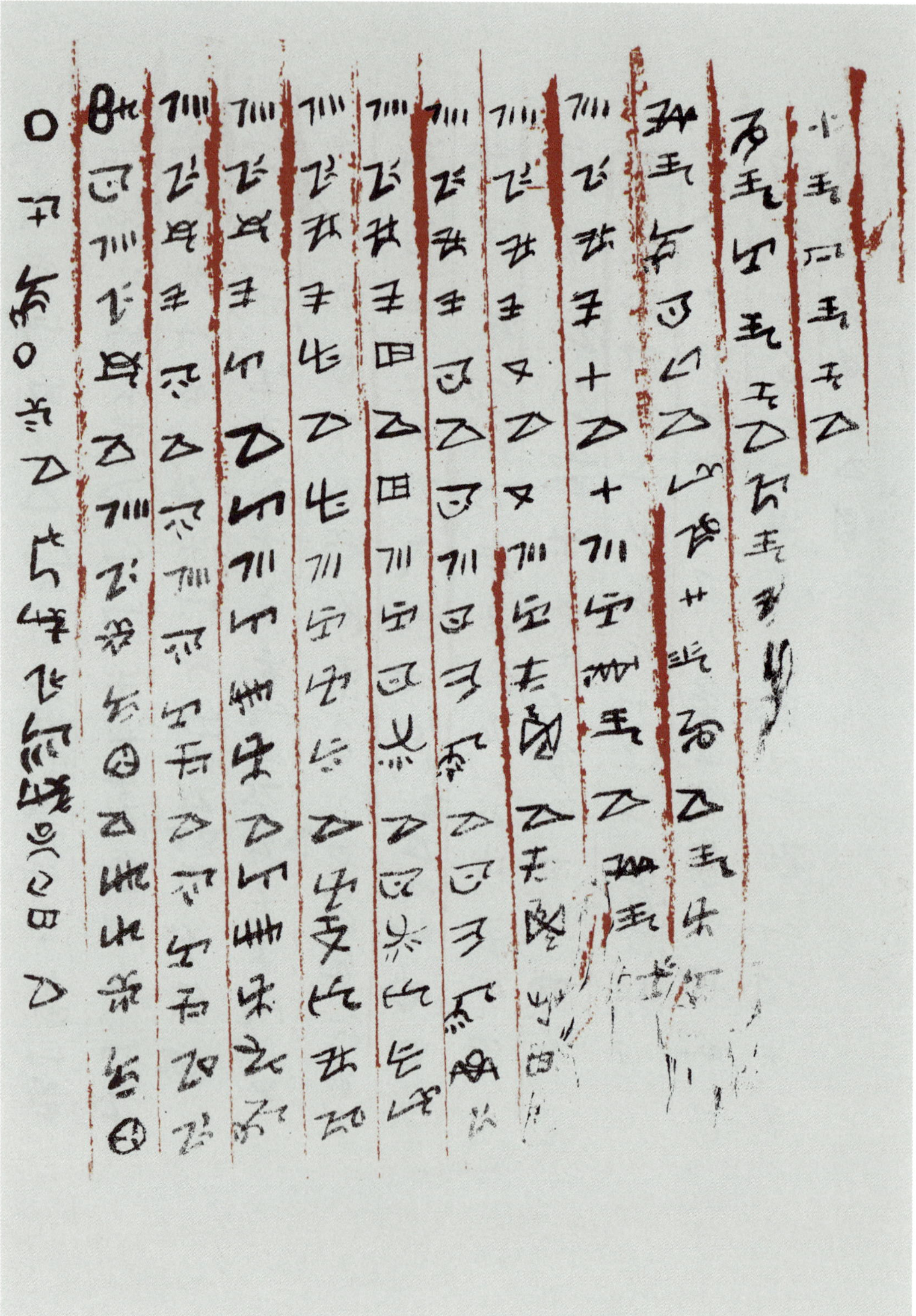

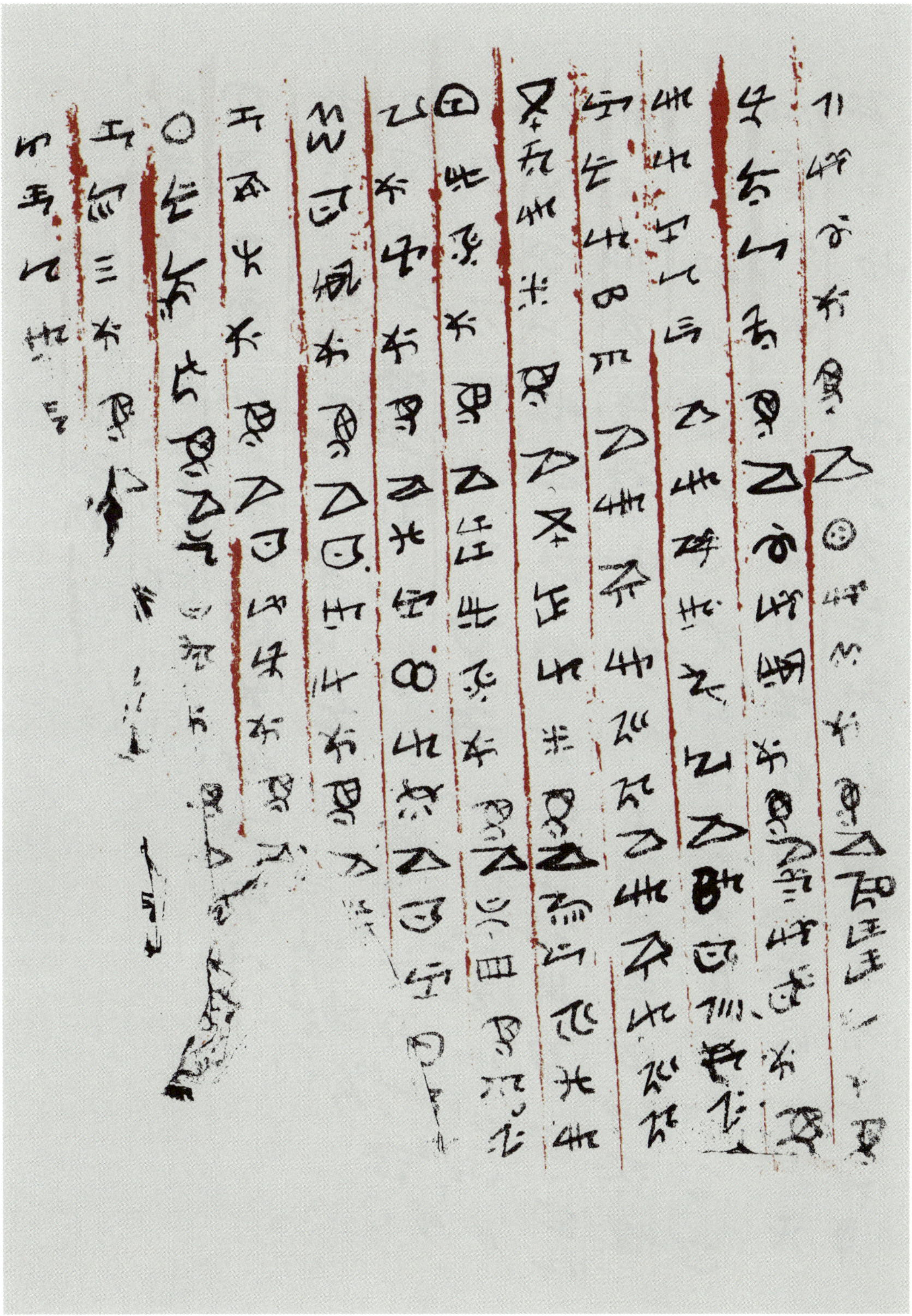

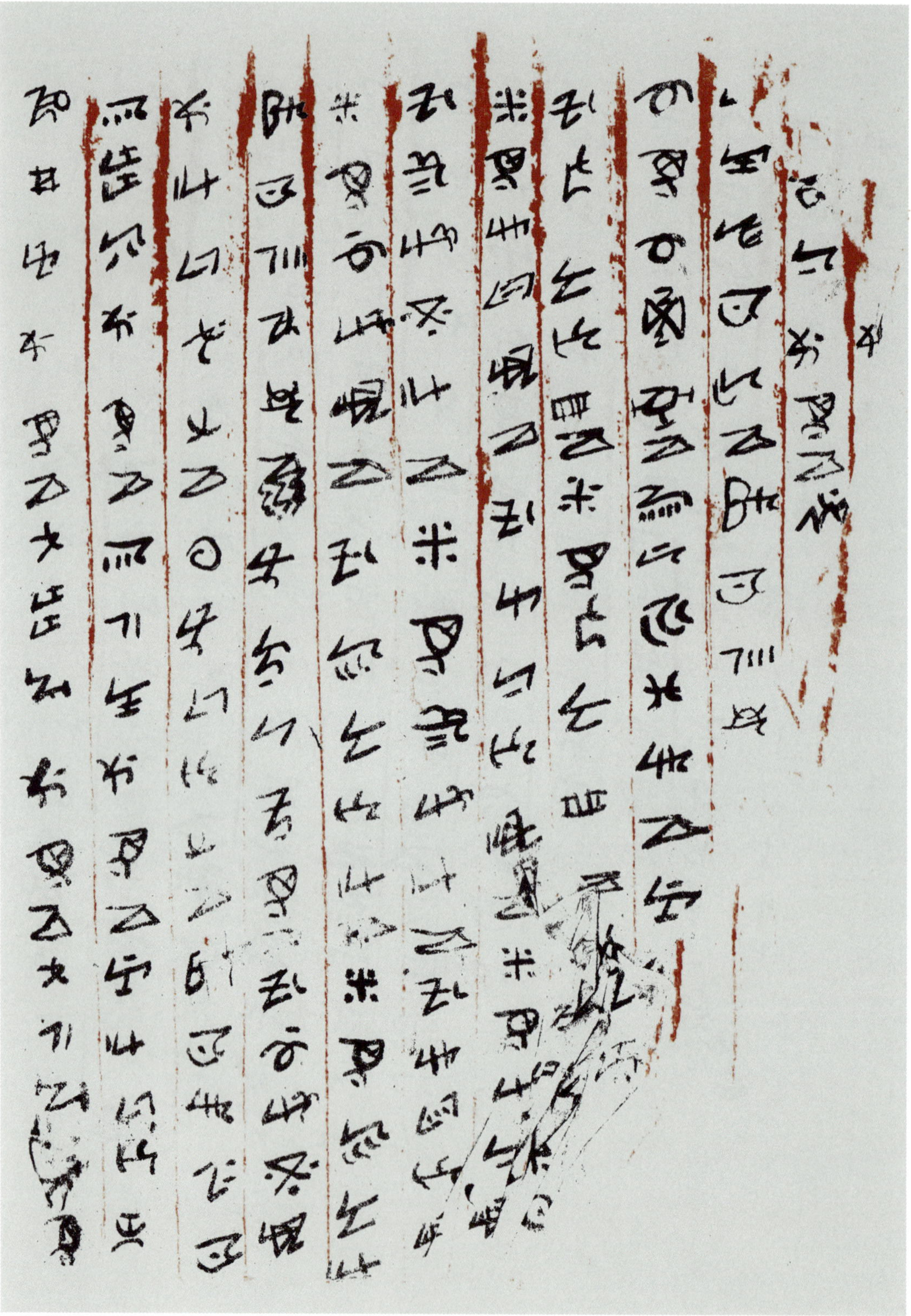

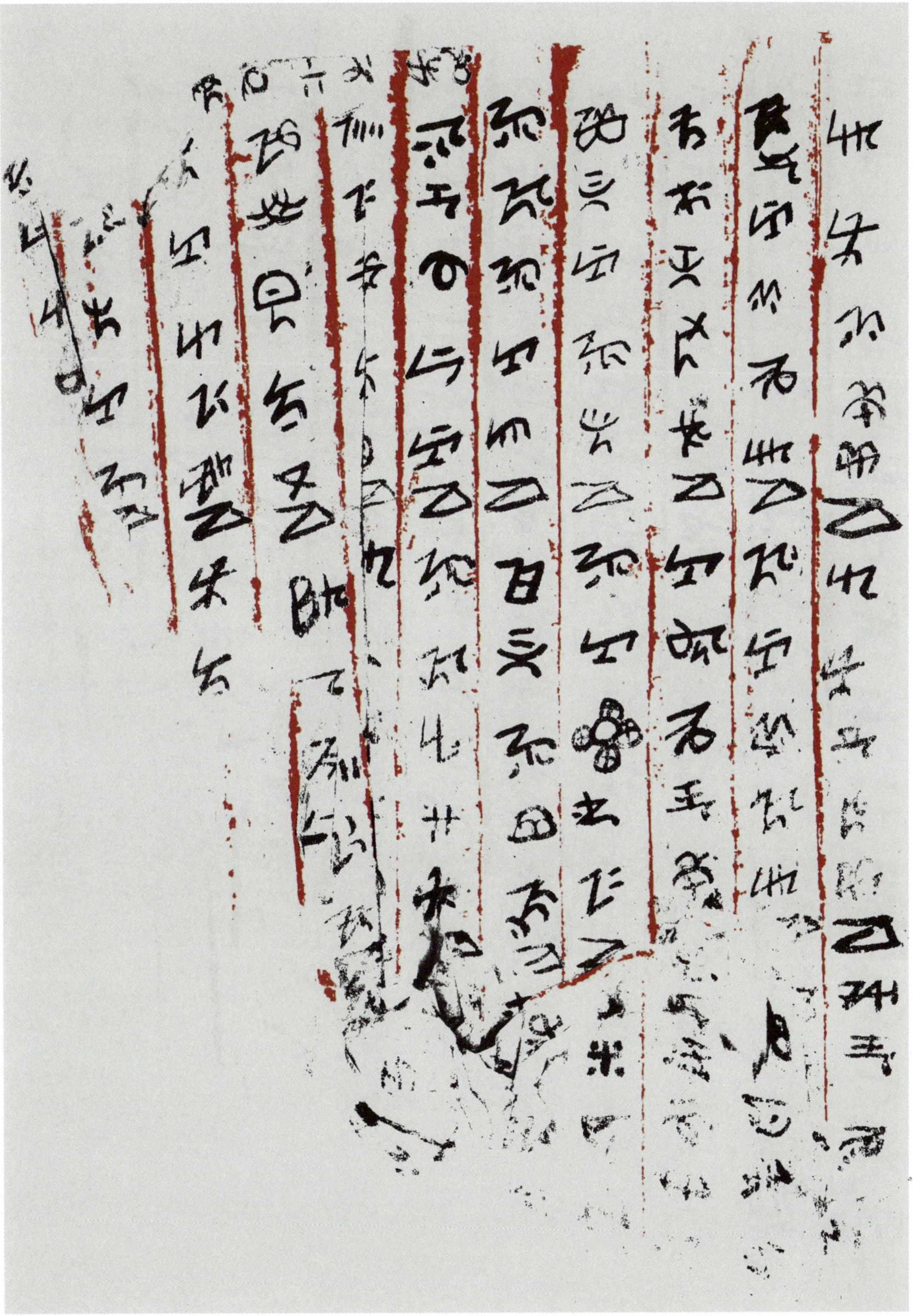

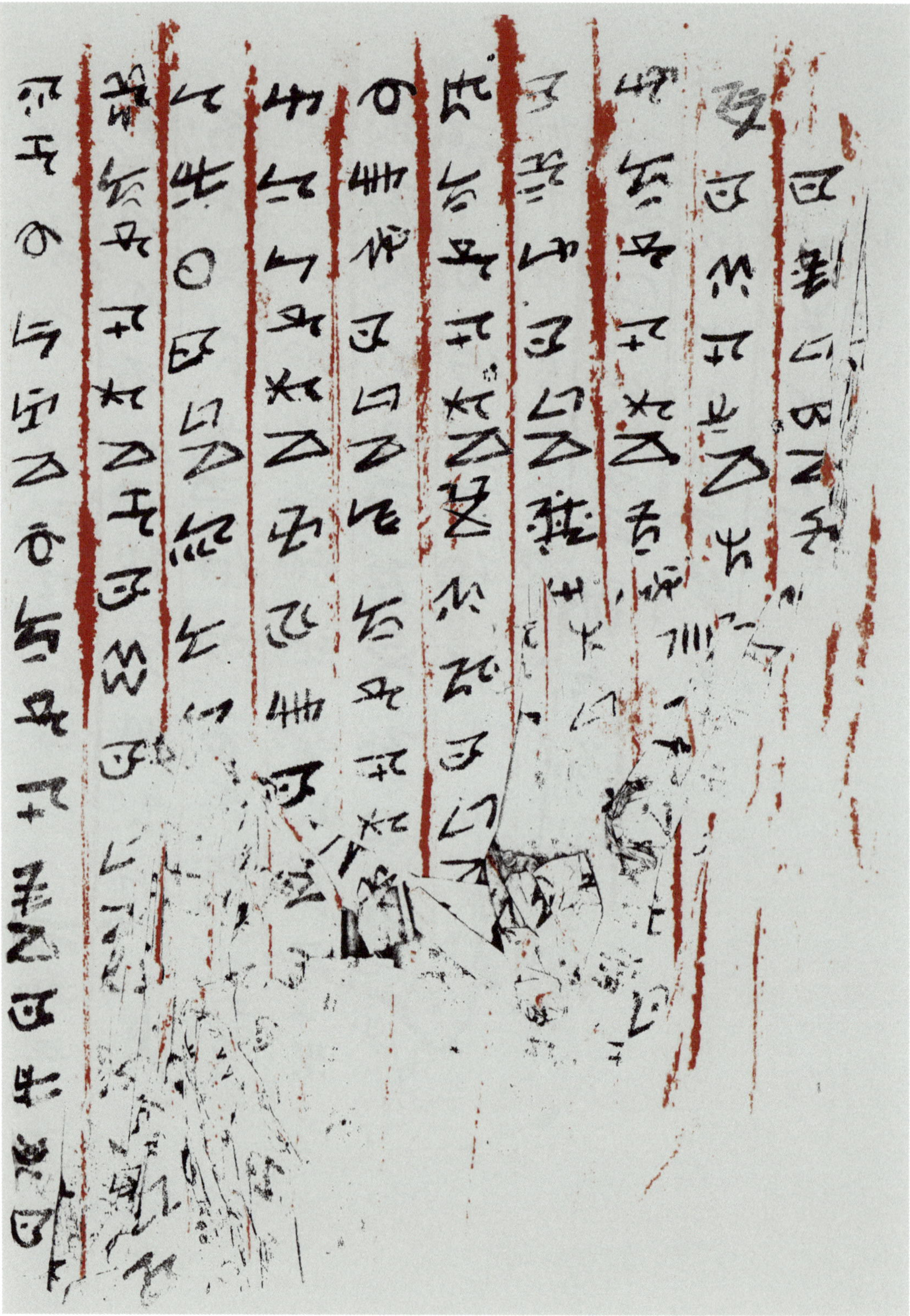

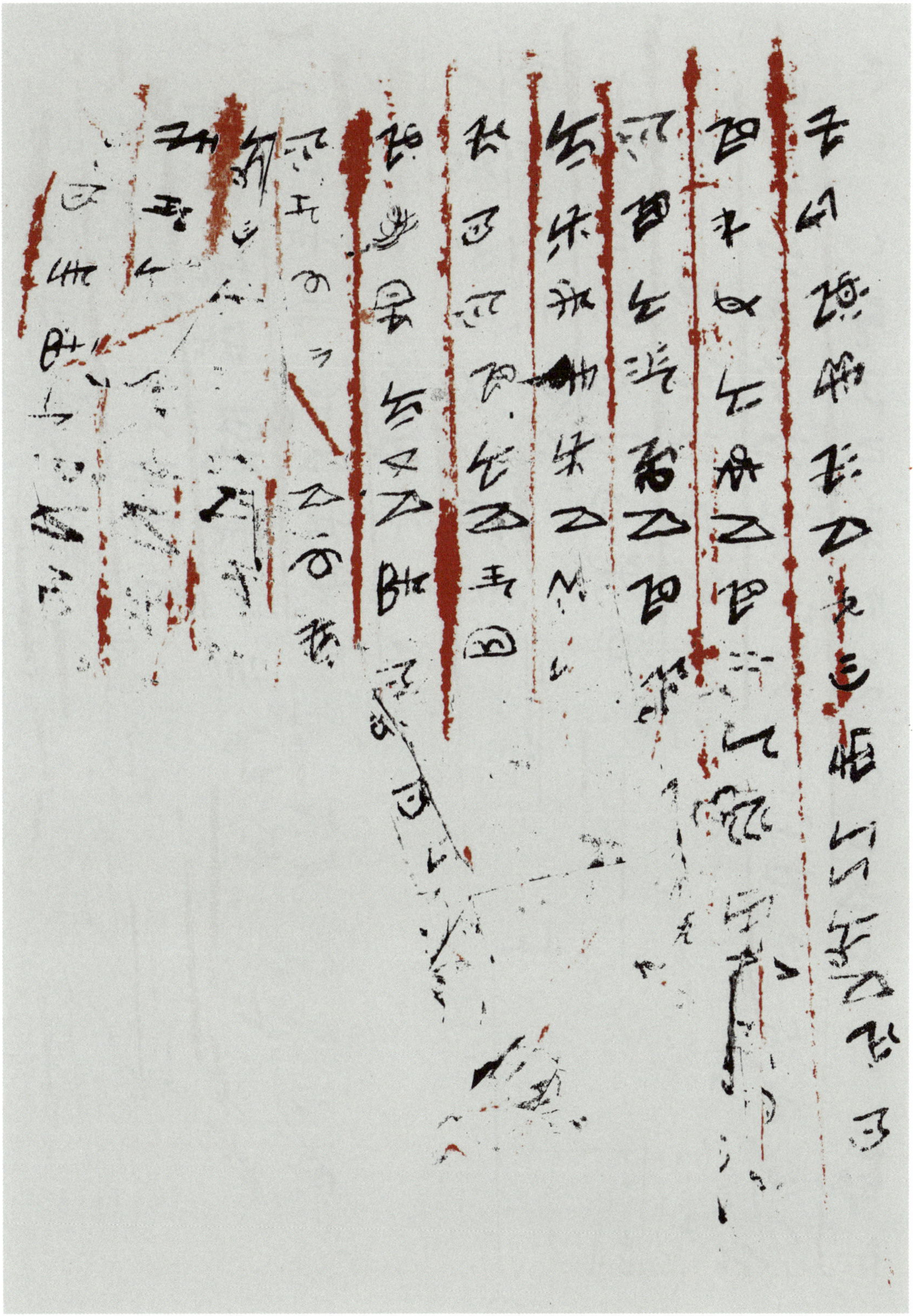

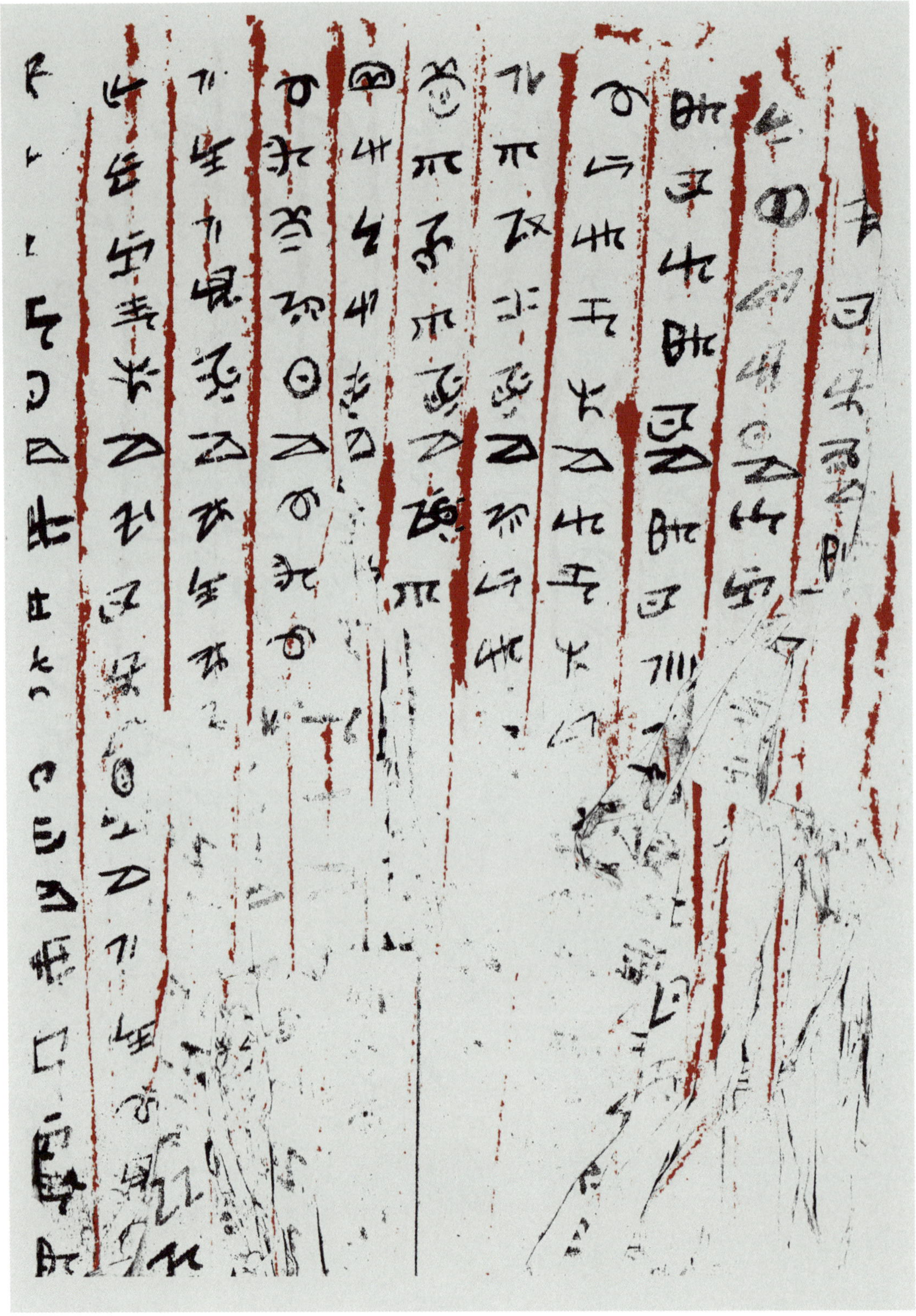

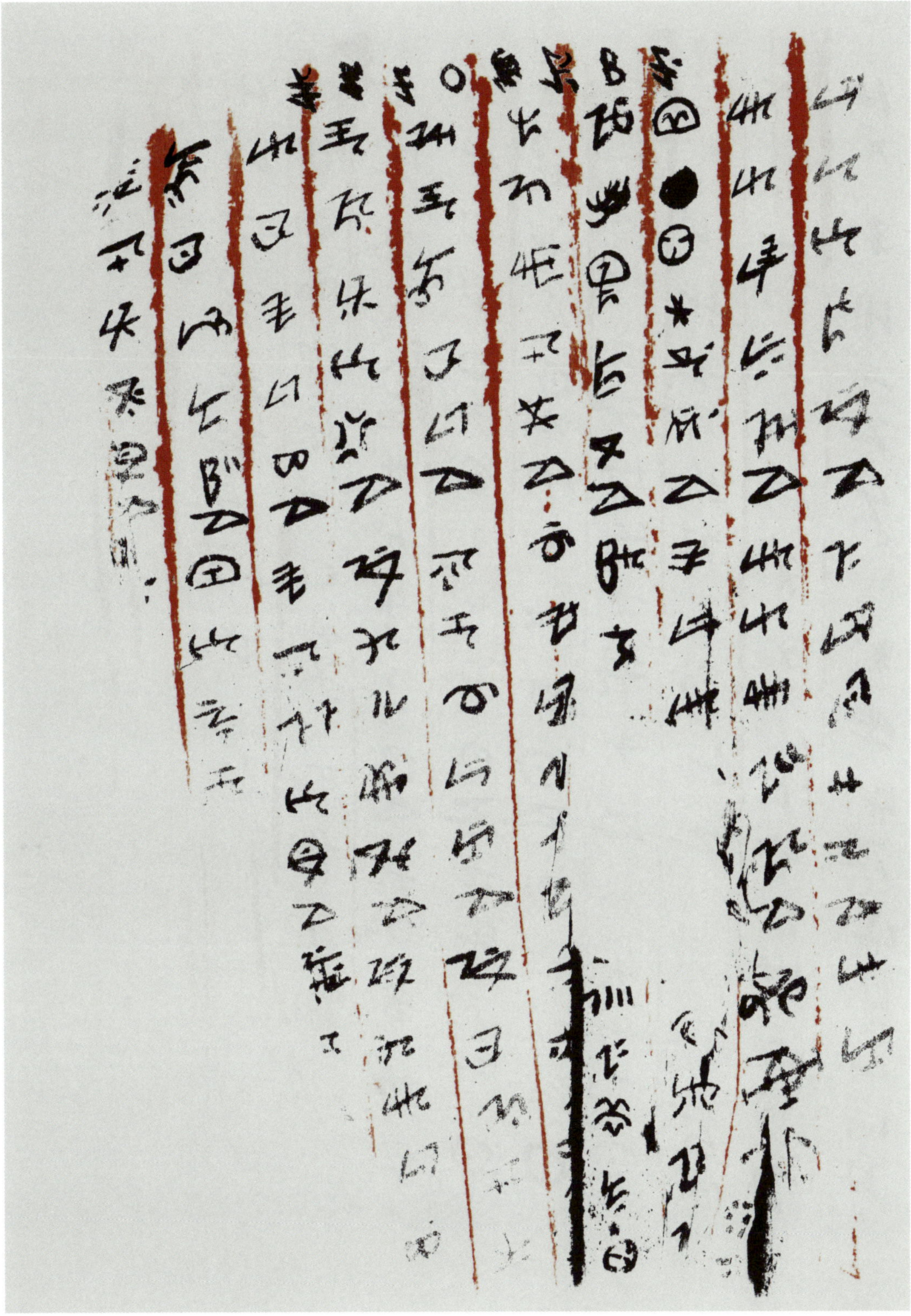

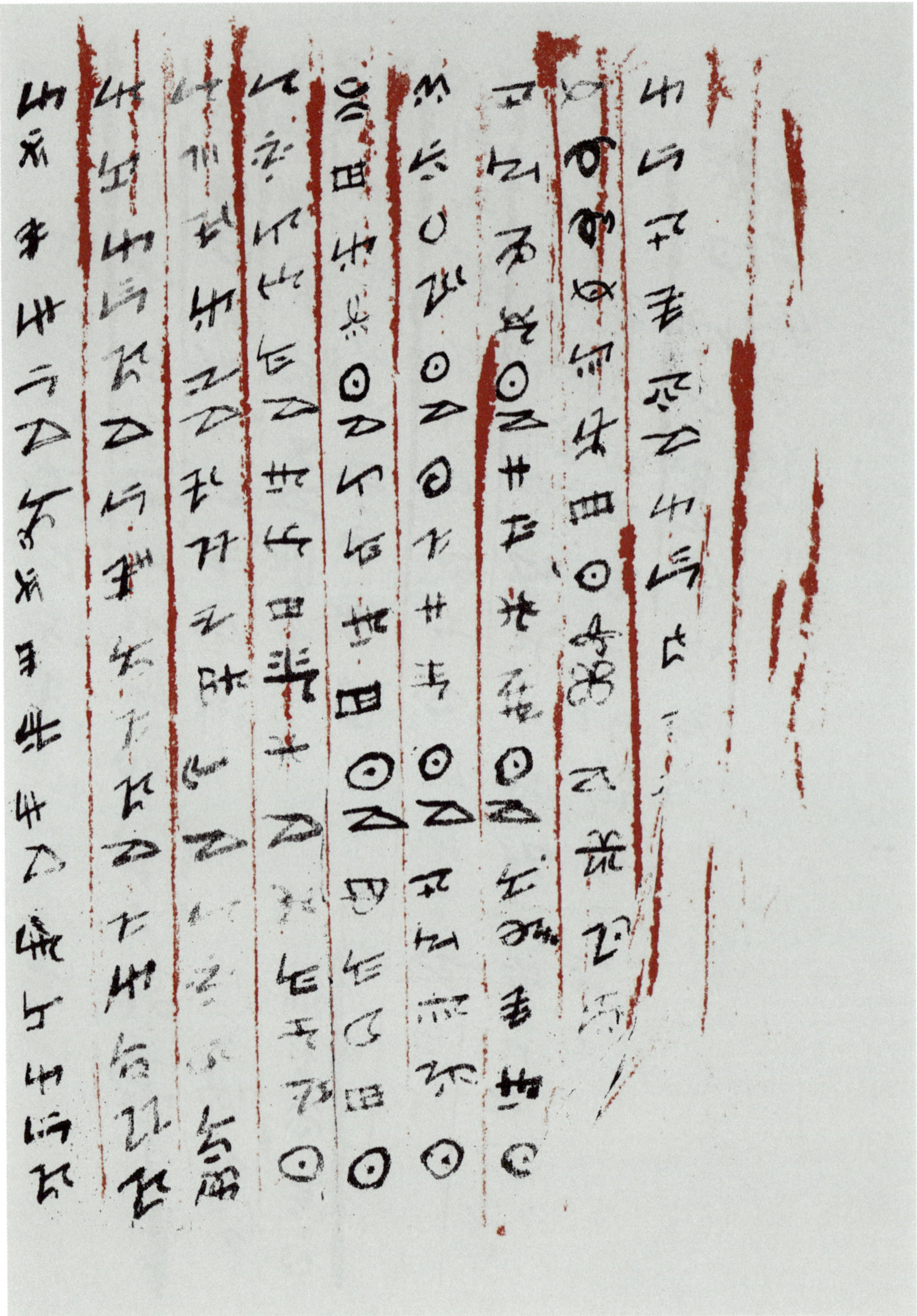

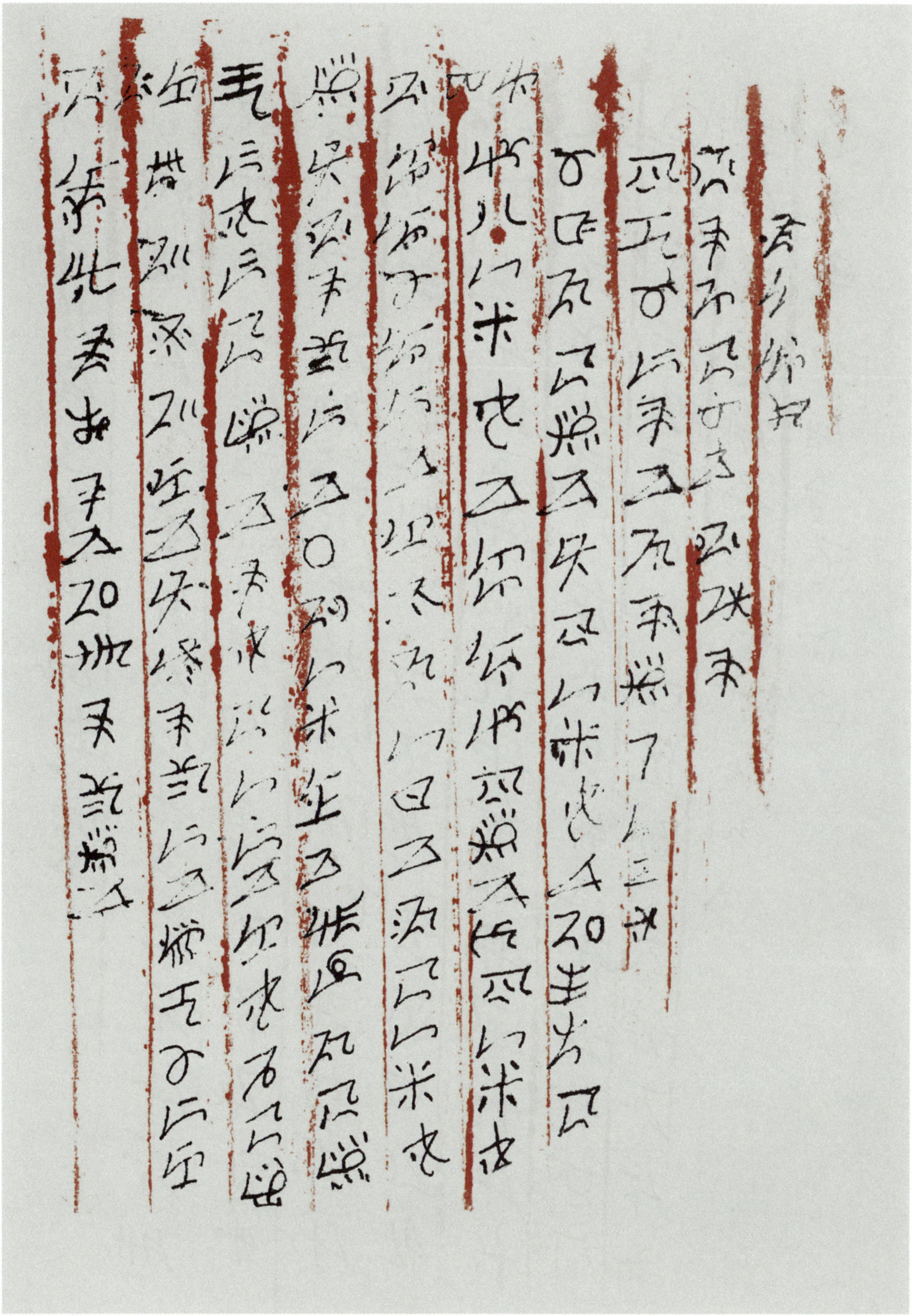

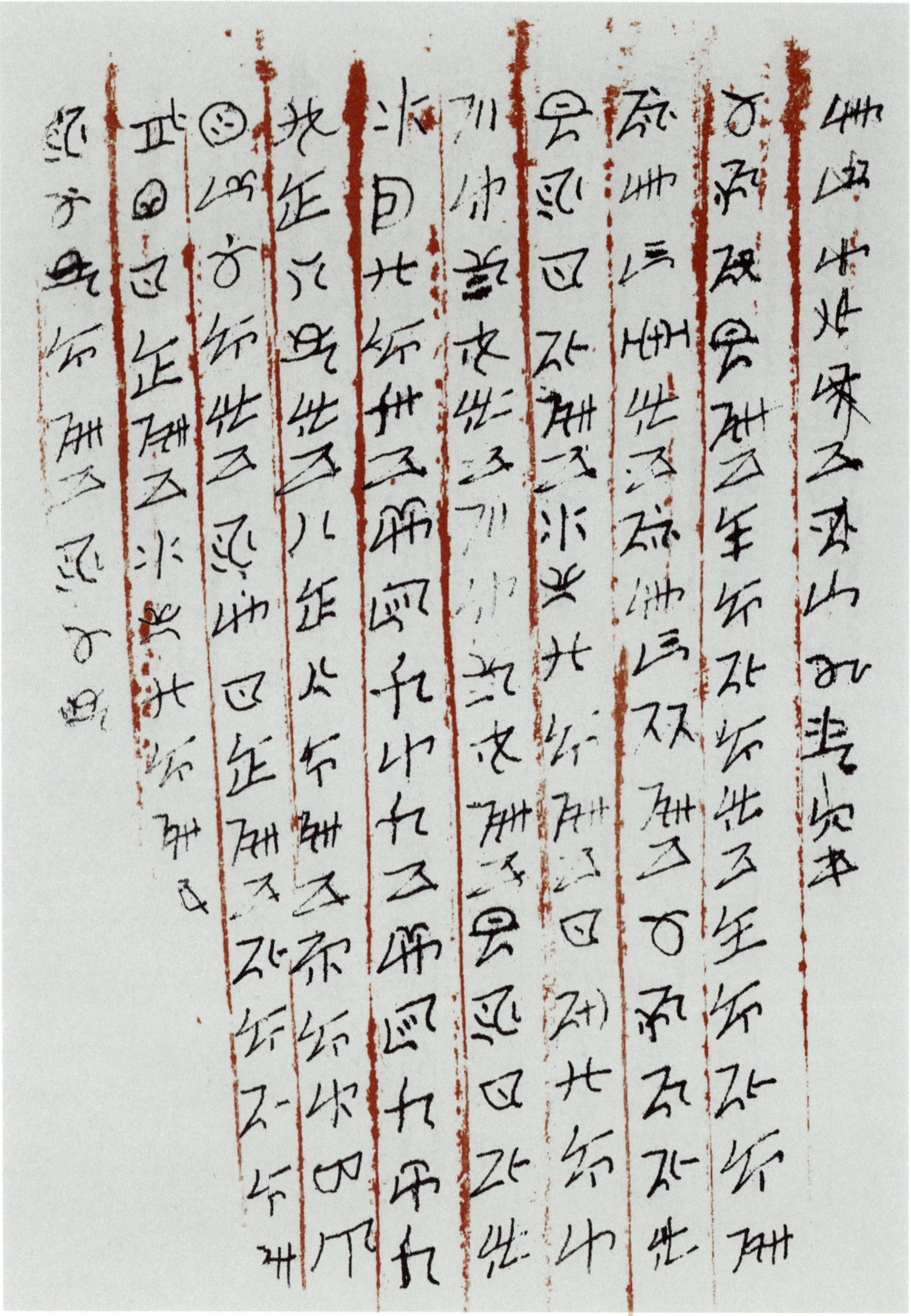

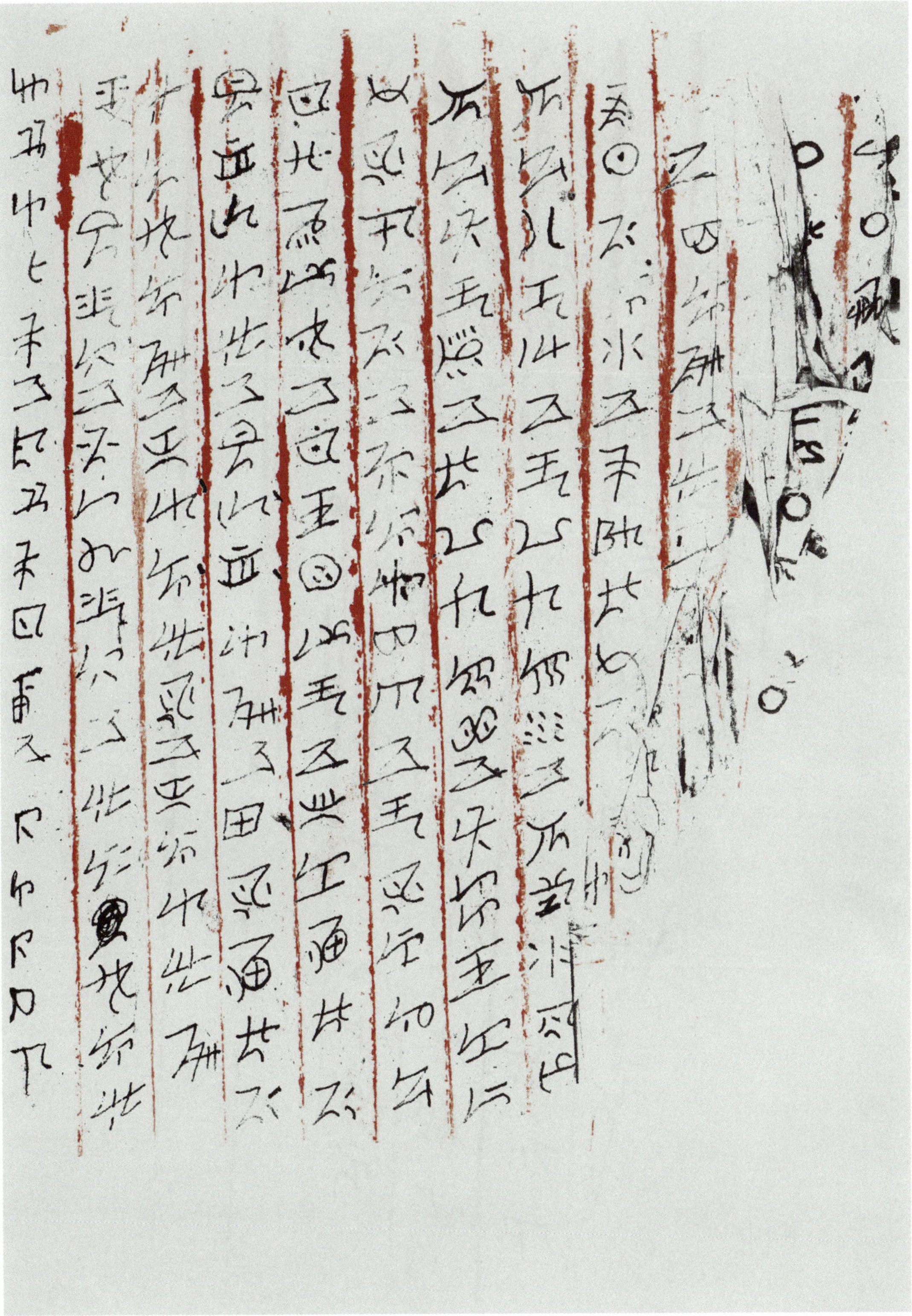

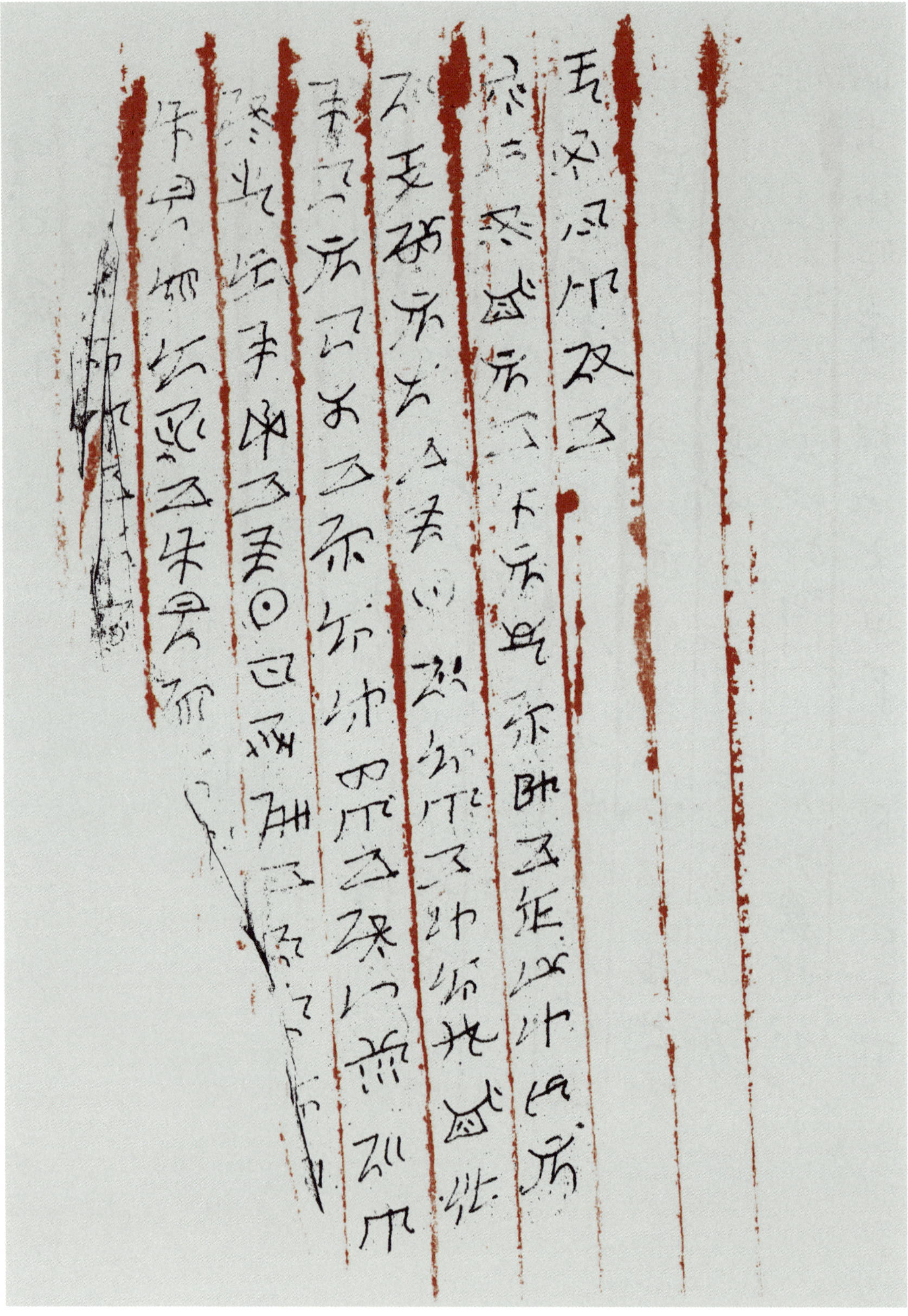

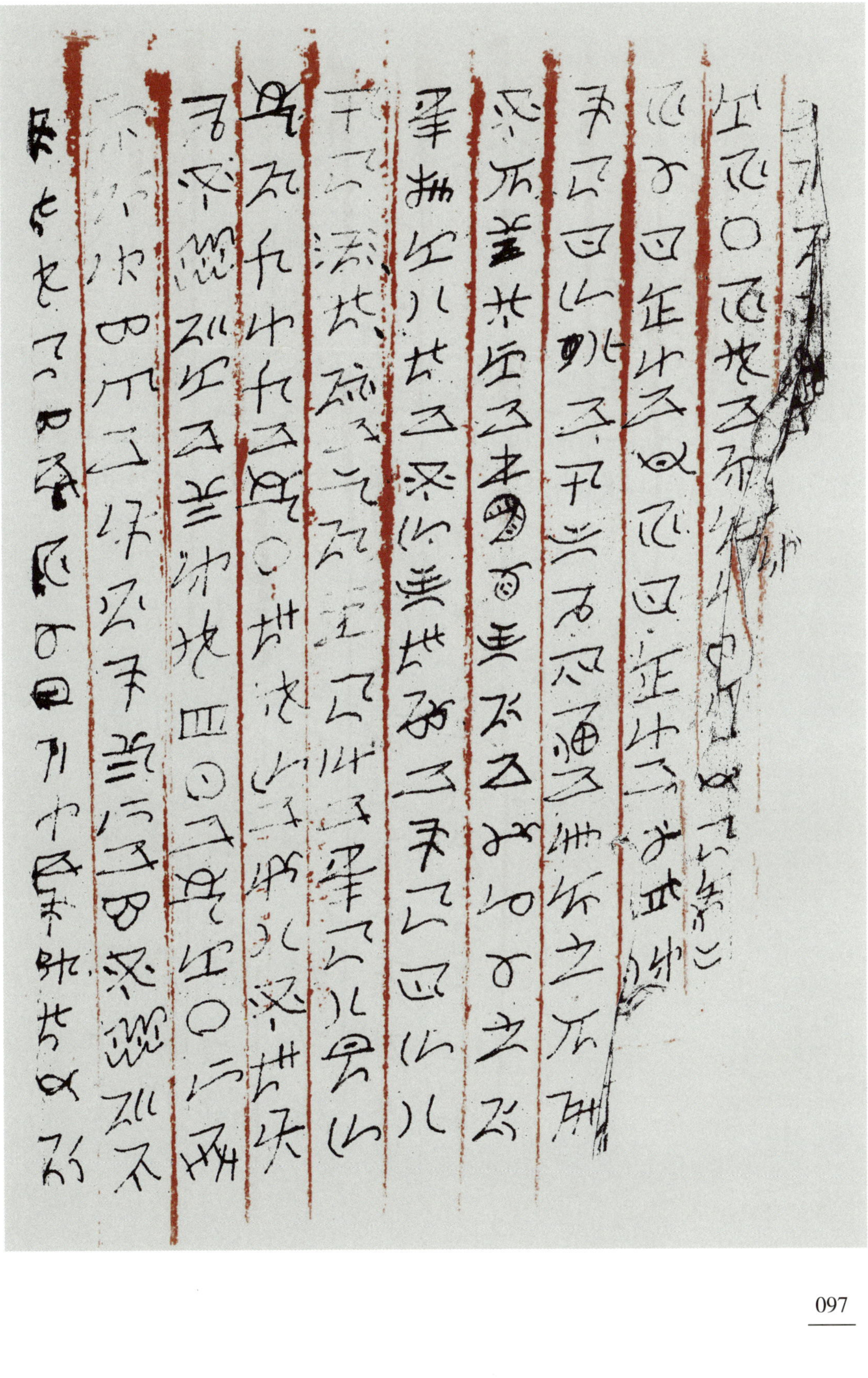

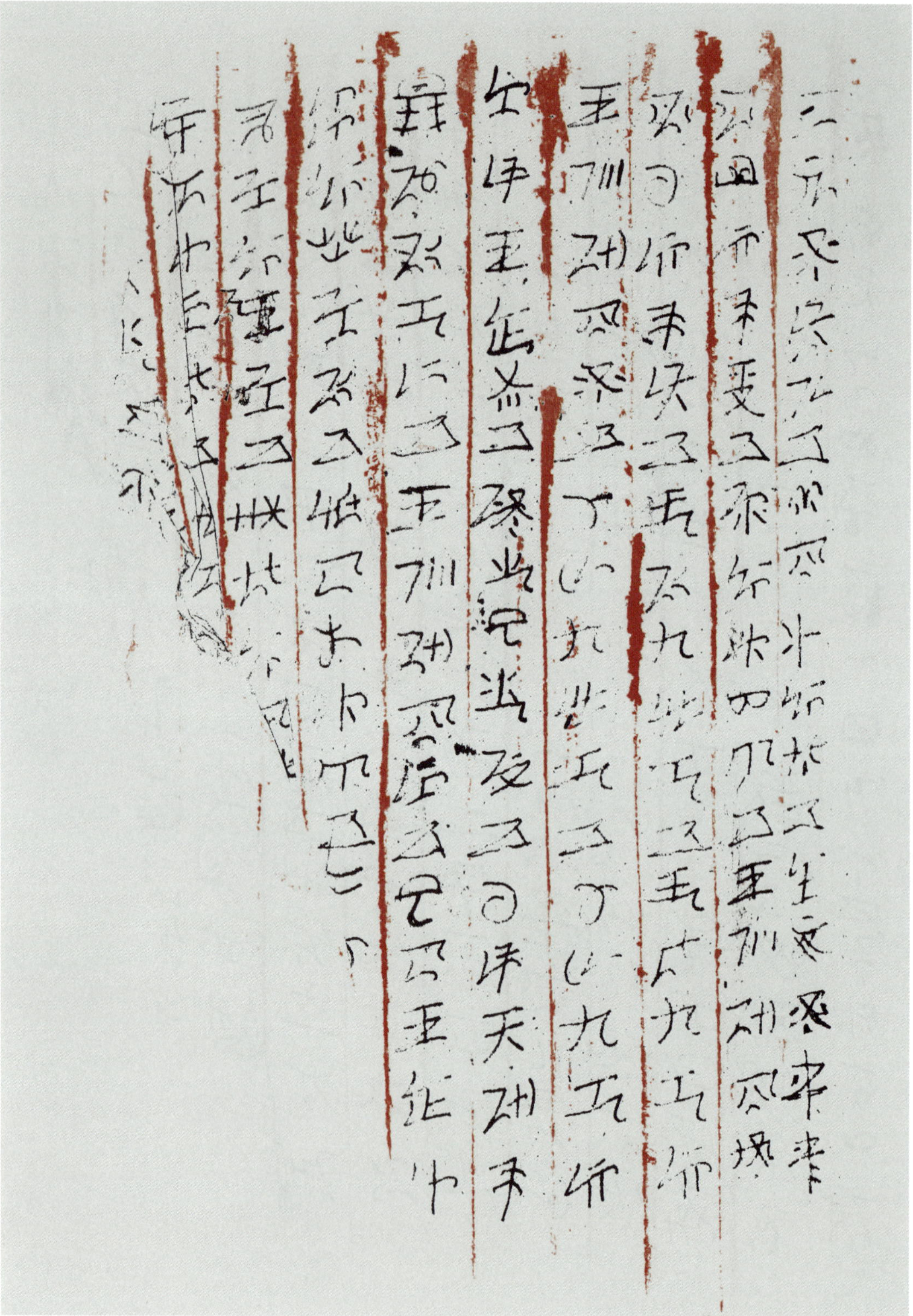

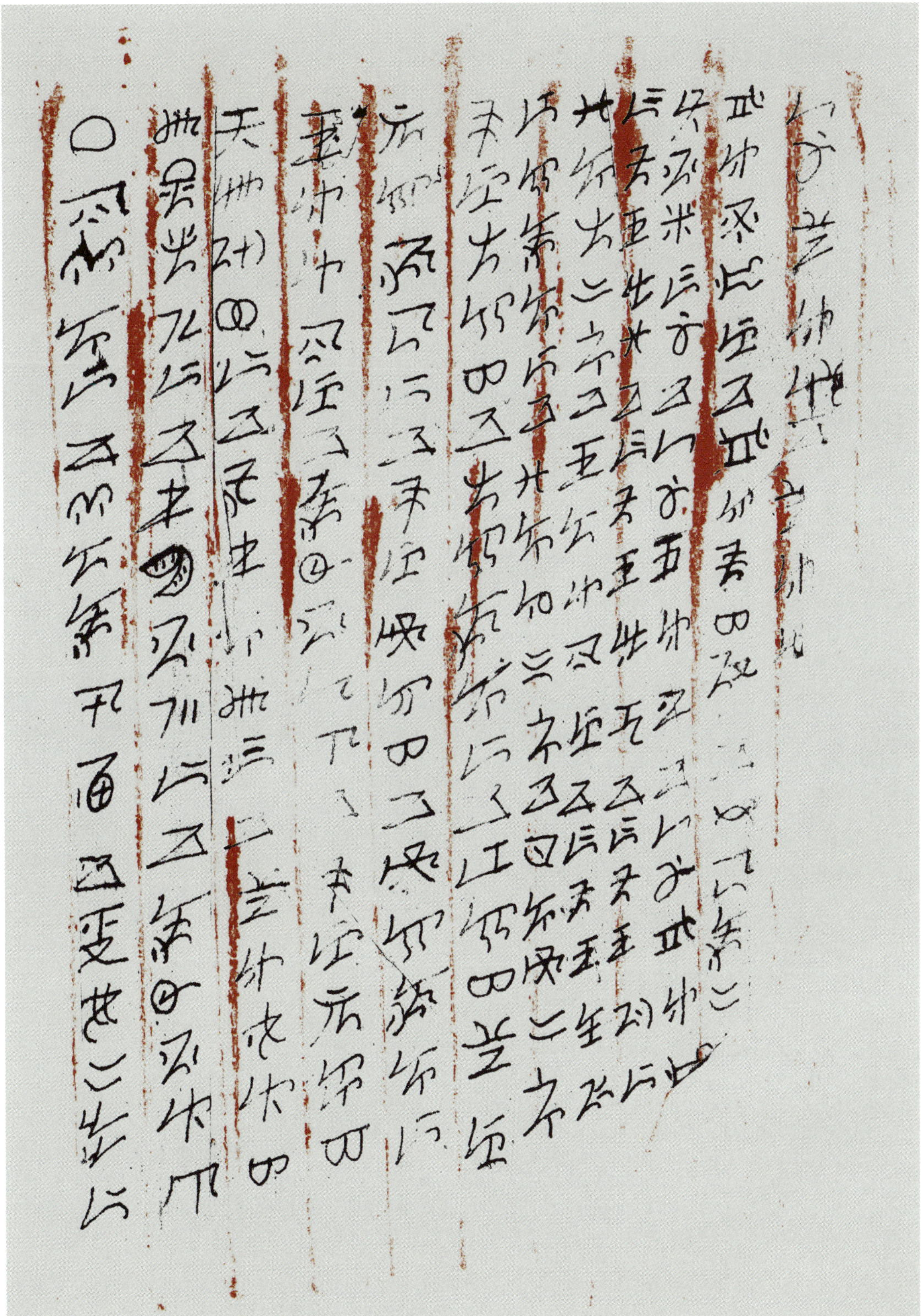

《占病书合经二》

原始编号：15号

《占病书》，彝文：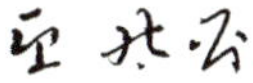，音标：no^{21} ȵi^{55} su^{33}。不分卷，1册，116页。佚名撰。彝族南部方言巫医占病经书。本书由六部分内容组成。

本书第一部分为抽签书。抽签书是古代彝族用来预测命运、求医问药的一种预测方法。无论贫富，大凡都会有凶灾和疾病。民间俗语："官问刑，民问灾，平民百姓问发财。"古代彝族人一旦生病或不顺之时，请彝族祭司，用抽签书以抽签的方法求得人的命运和所患的病或医治的方法。彝族抽签书一般有十二签书、二十四签书、三十六签书和七十二签书。在每签中记述了人一生中的命运和一年十二个月中的运势及所患的病种、病状和医治的方法。本书中记述的为十二签书，如在第二签中记述："抽到镶银的这一签，患病是因凉水而引起的，疼时在心口钻心的疼，是被地气神所祟，有时一阵冷，一阵热的病，有时还胸口闷，难出气。是被水边因水而死的一个小姑娘所祟，去驱除此祟神能愈。"

本书第二部分为占病书。古代彝族人民在漫长的社会进程和与自然抗争中，在天地间创造了无数的神煞，其性情有善有恶，其能力有强有弱，在诸多的神煞中，根据自身的运动规律，安排了完好的“值年”“值日”。因此，在一年之中，每日都有若干不同的神煞与值神行事，由神与值神相互作用，使之冲突或合和，或牵制成平衡。此部分占病书由“按地支属相和按月份测病祟，如寅日患的病，病神从东南方来，若病者是家中的主父，是被诅咒神祟、龙神祟，到辰日或巳日病情好转，若到时不好转，就会更加严重，宰一只鸡驱除祟神则能病愈。”很显然，这是根据各类神煞运行出没的规律，运用一定的方法推算出每日中诸神的行凶、犯忌、犯祟的结论。又如按月占测病中记述：“猴日或属虎日病情会好转，若不见好转，到属鸡日病情会加重，若驱除祟病神，病情会渐愈。”虽然书中有迷信的成分，但这是古人祈福、避祸、禳祟、除病的主要手段。

本书第三部分为占星相书，是彝族天文历法类书。此类占书都附有占星神宫图来进行测算，此书也不例外，也附有占星神宫（如 105 页图）。彝文记述用九星推算法来做预测。彝族人认为患病与星出游下界或星神陨落及诸神作祟有关，彝族人认为“天上一颗星，地上一个人”。天上的一颗星神陨落了，与之相对应的人也就会死亡，因此，人生病与星神相关。根据图案宫位推算出九星下界和患病的原因，测算出始病日祟于何神，做何法事禳解。如书中所述：“姜草太”（彝语），测到此星，是男人则吉，说媒提亲顺利，此年，人出走，畜离群有自己回来之相，出门远行办事或做买卖，能心想事成，但在南方会遇见一次“弄旦”（彝语）之相。也有失长子长女之相。有一位出门者会看到自家的人生病之相，莫想病者不要紧，是有病死的危险。此年有失财丢物之事发生。若是生病了，要去做“分兜”（彝语）驱除，驱除就无事了，一年到头都很平安。测算时根据图案，若患者是男性要从固定的宫位按顺时针方向逐年数行，如一岁、二岁、三岁到患者的年岁数查看。若患者是女性要按固定的宫位向逆时针方向逐年数行，看患者的岁数，逢何种星而查之。

本书第四部分为祈福经。祈福经是求喜类祭祀经书。彝族人认为吉凶祸时时刻刻都与人同在，人生平安，幸福建康，禾丰歉、家运兴衰都与吉气和福神的多寡聚散有关，每当遇有不明原因出现如庄稼枯萎、禽畜死亡、家运衰败等厄运征兆，认为是吉气散失、福神游离所致，就要进行诵经祈福，把已离散的吉气和福神召回来，以求家人平安长寿，家和万事兴。这类祭祀通常在每年的冬月、腊月或正月请毕摩举行，一般在楼上书房顶的门外的墙壁处设神台祭祀，此书是举行这种祭祀时念诵的经书。

本书第五部分为请神献酒经（彝文：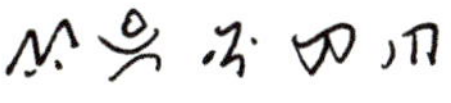），此书为毕摩在举行祭祀仪式时，祈请毕摩祖师时念诵的献酒经书。彝族人民认为世间万物都有灵和神，认为毕摩也有神，在仪式前设坛请毕摩祖师降临其坛，为祭祀助力，祈求祖师帮忙自己把祭祀顺利和完整。主要请滇南彝族毕摩公认的六位毕摩祖圣，分别为涅贝史冲、贝资本嫩、廷贝吉莫、阿本贝再、记也赛仲、当得迷龙等。此六圣为创造彝文、传承彝文等做出过重大贡献的古代彝族知识分子。此书为祭祀师祖时念诵的经书。

本书第六部分为占卜历算书。历算书在滇、川、黔、桂 4 省区彝族地区都比较常见，这类书籍所占测的事件不同而有多种占测的书。本书记述了多种历算的内容，分别记载有《月大月小每月初一的甲子日》《狩猎出行日占》《起房盖屋动土月占》《披麻煞日占》《开窗安门日占书》《驱星神日占》等。按照星相来推算出每日的值星，用星相来确定每日的值星，并推算出每日的吉凶日。

旧写本。本色，绵纸。线订册叶装。年代：清朝。手写体，墨书。页面规格 26cm×25cm，每页 14 ~ 15 行，每行 15 ~ 21 字。保存完好。今藏楚雄师范学院图书馆。

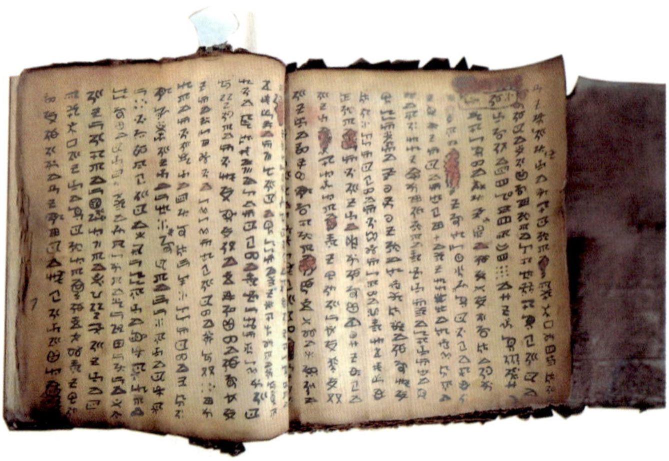

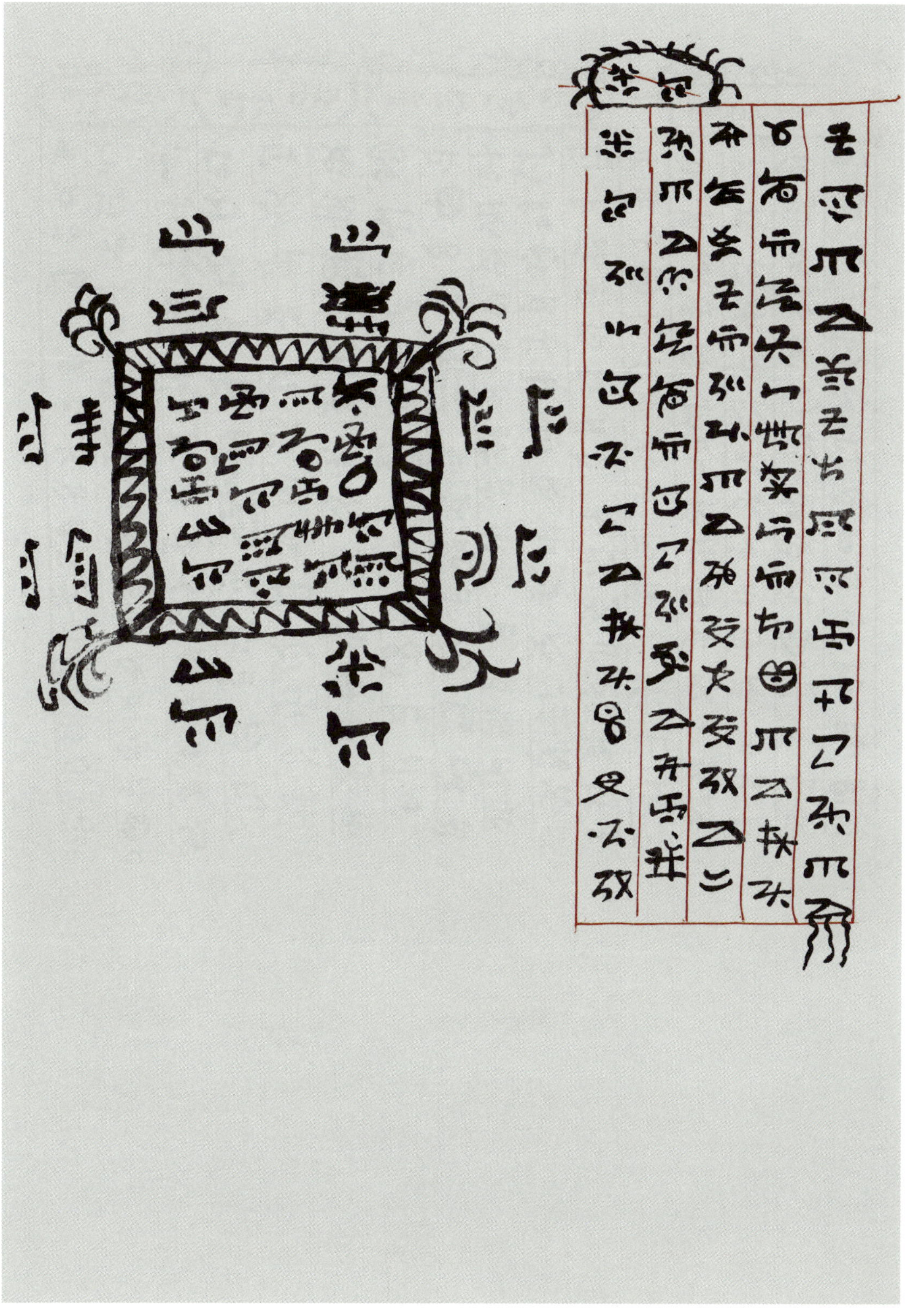

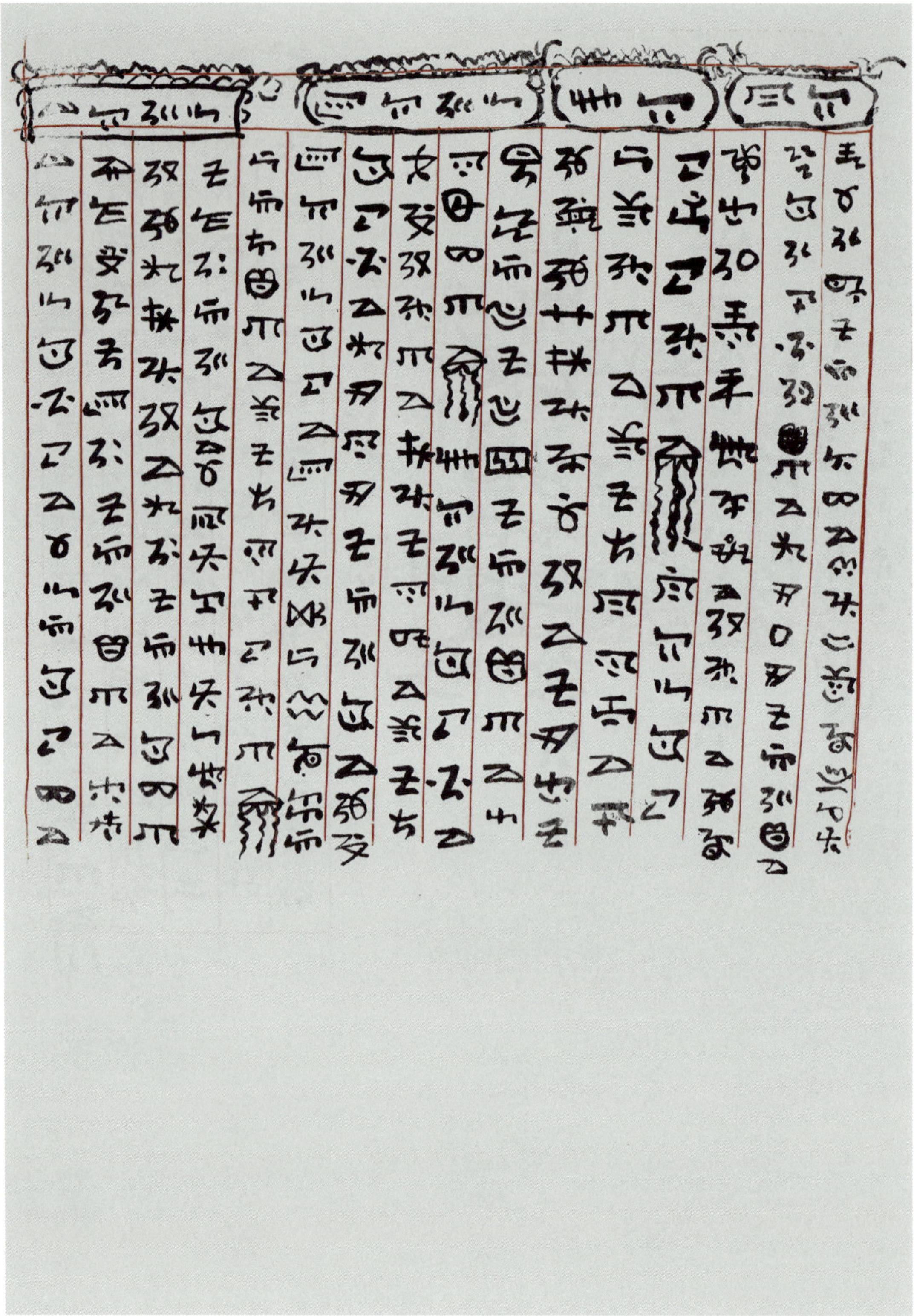

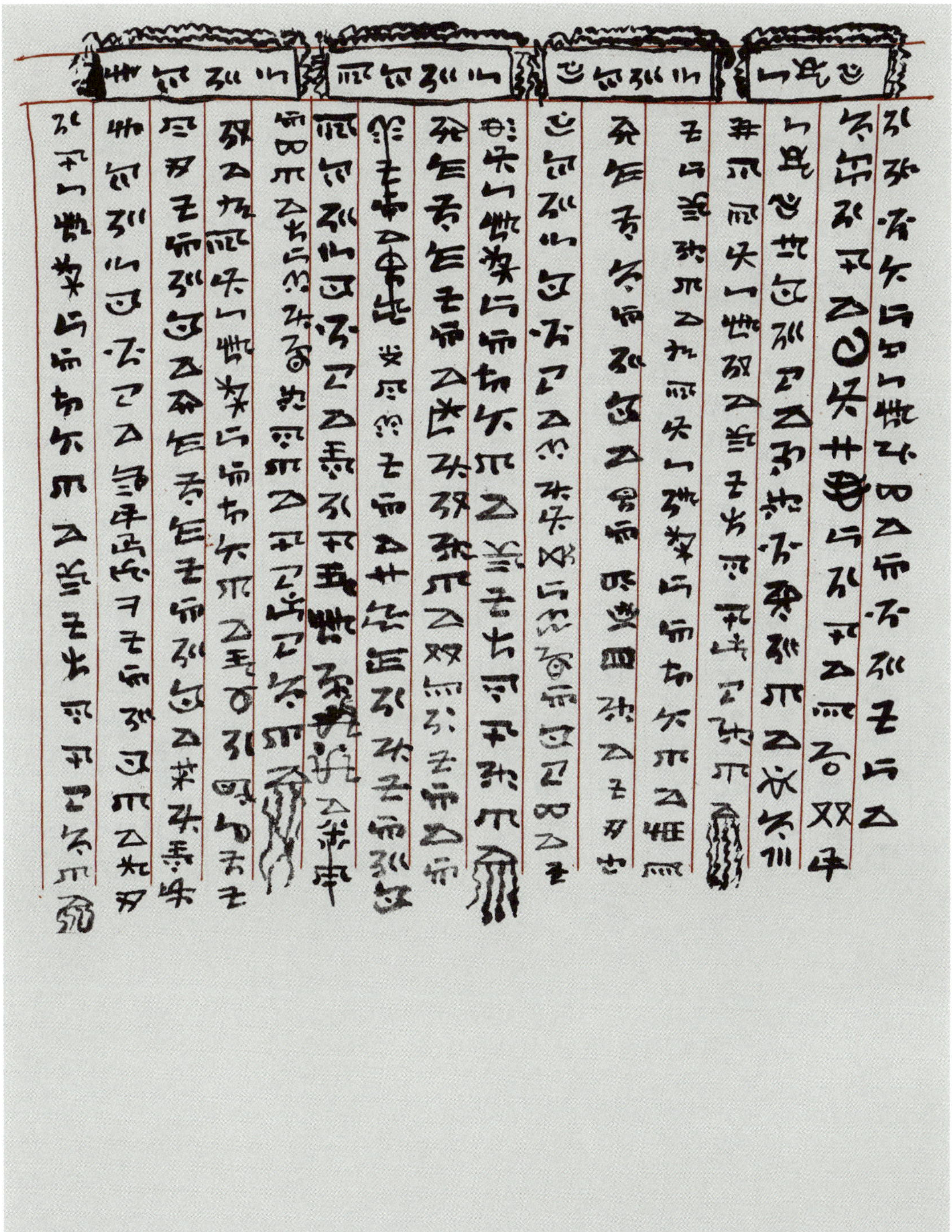

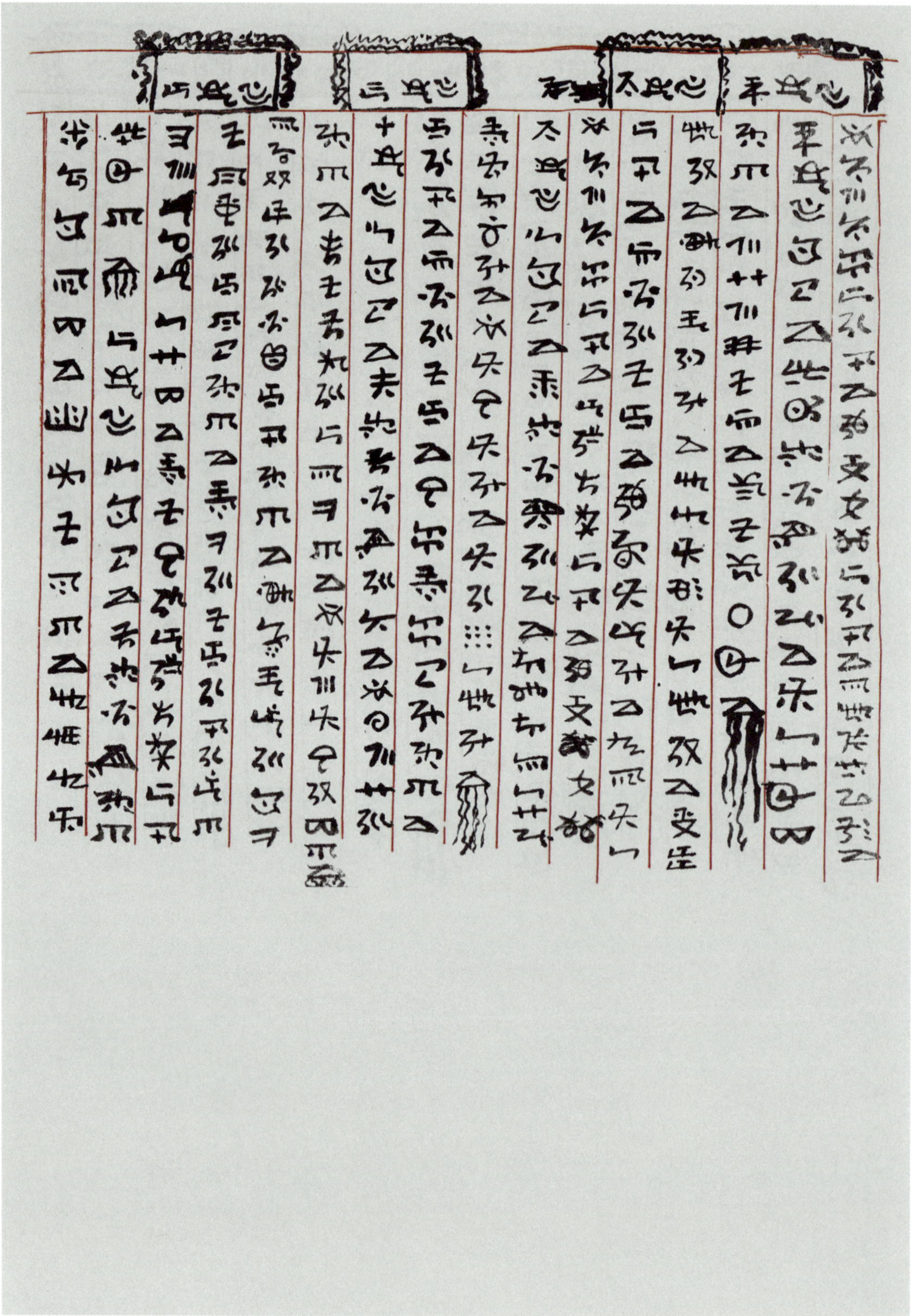

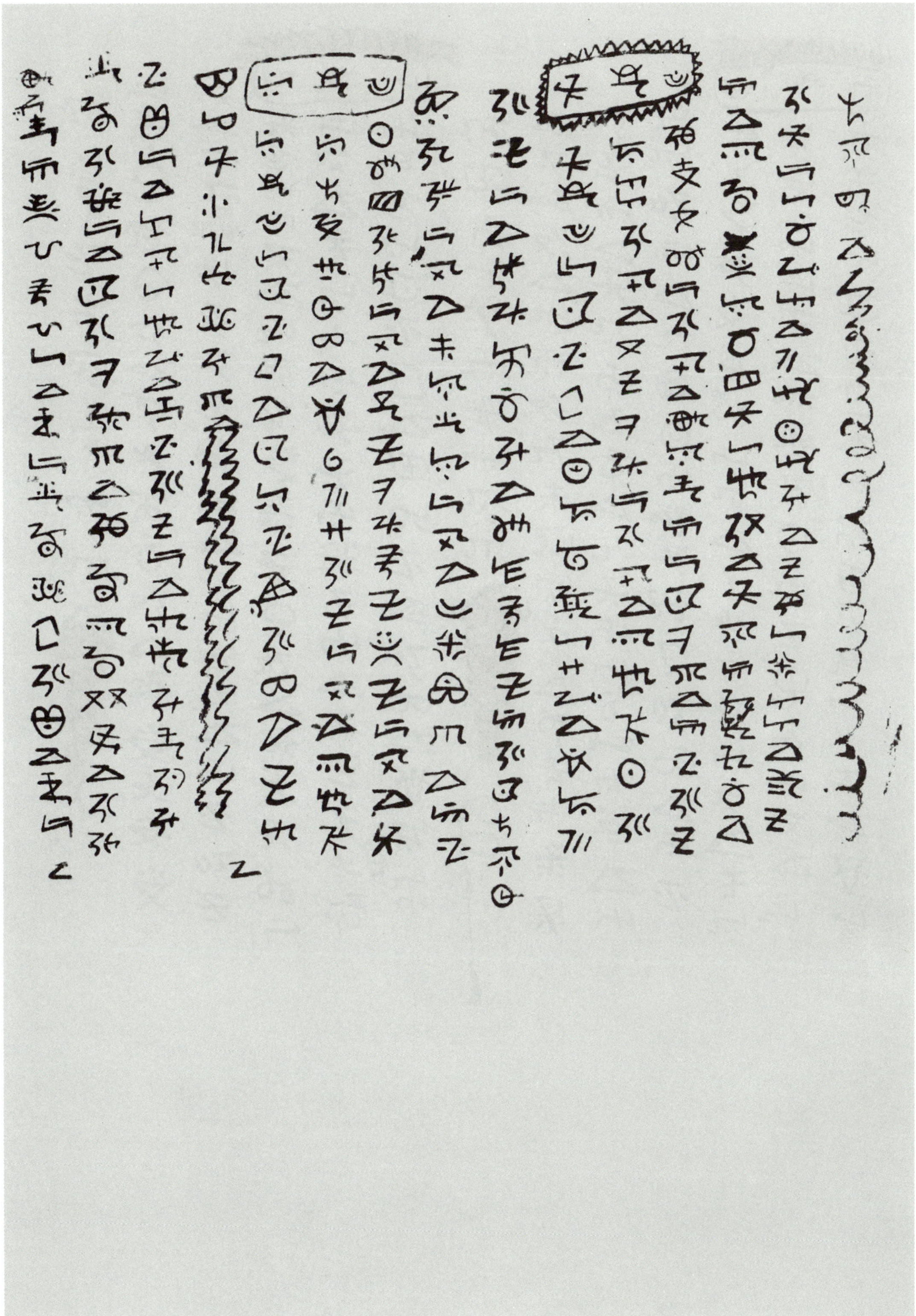

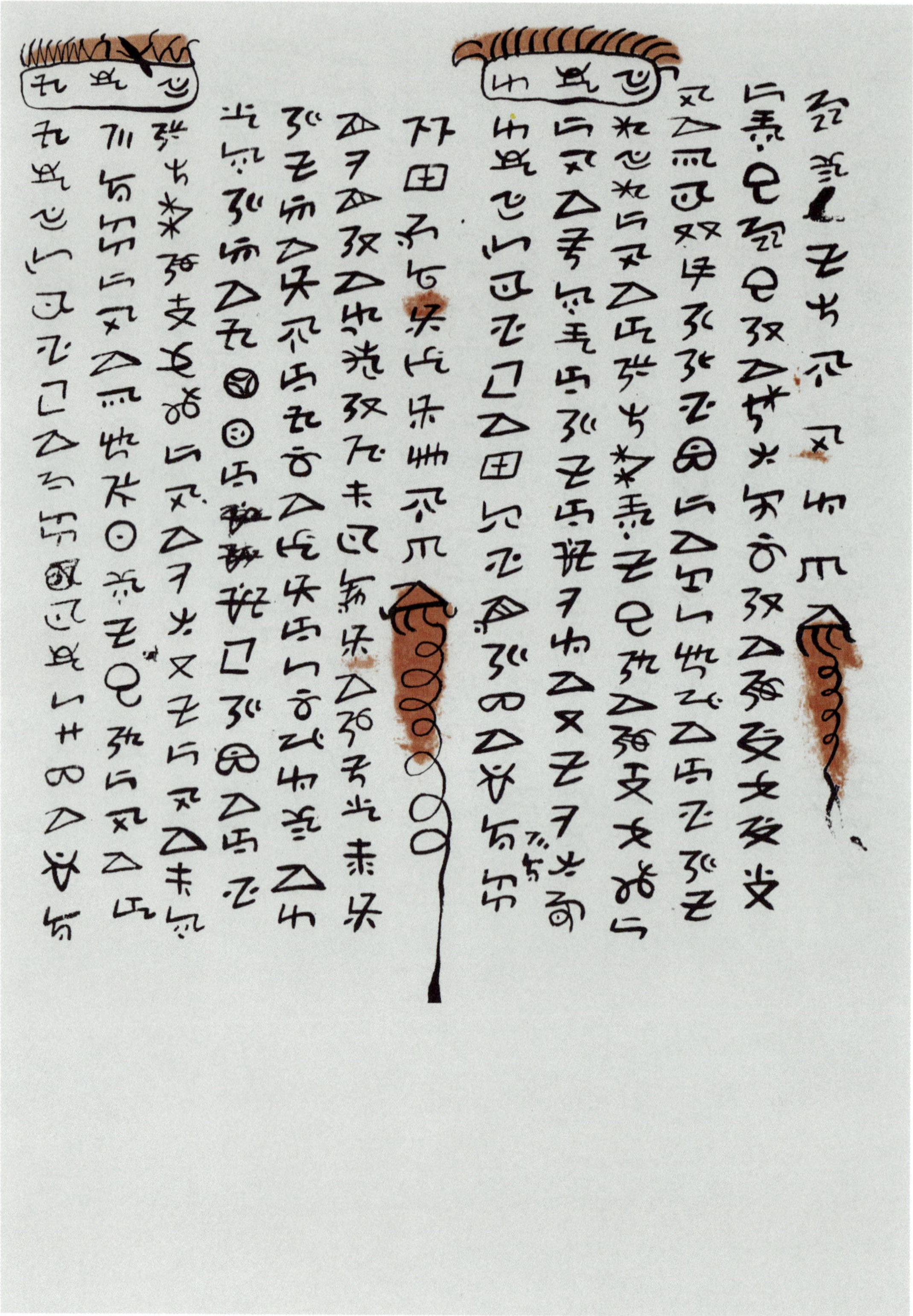

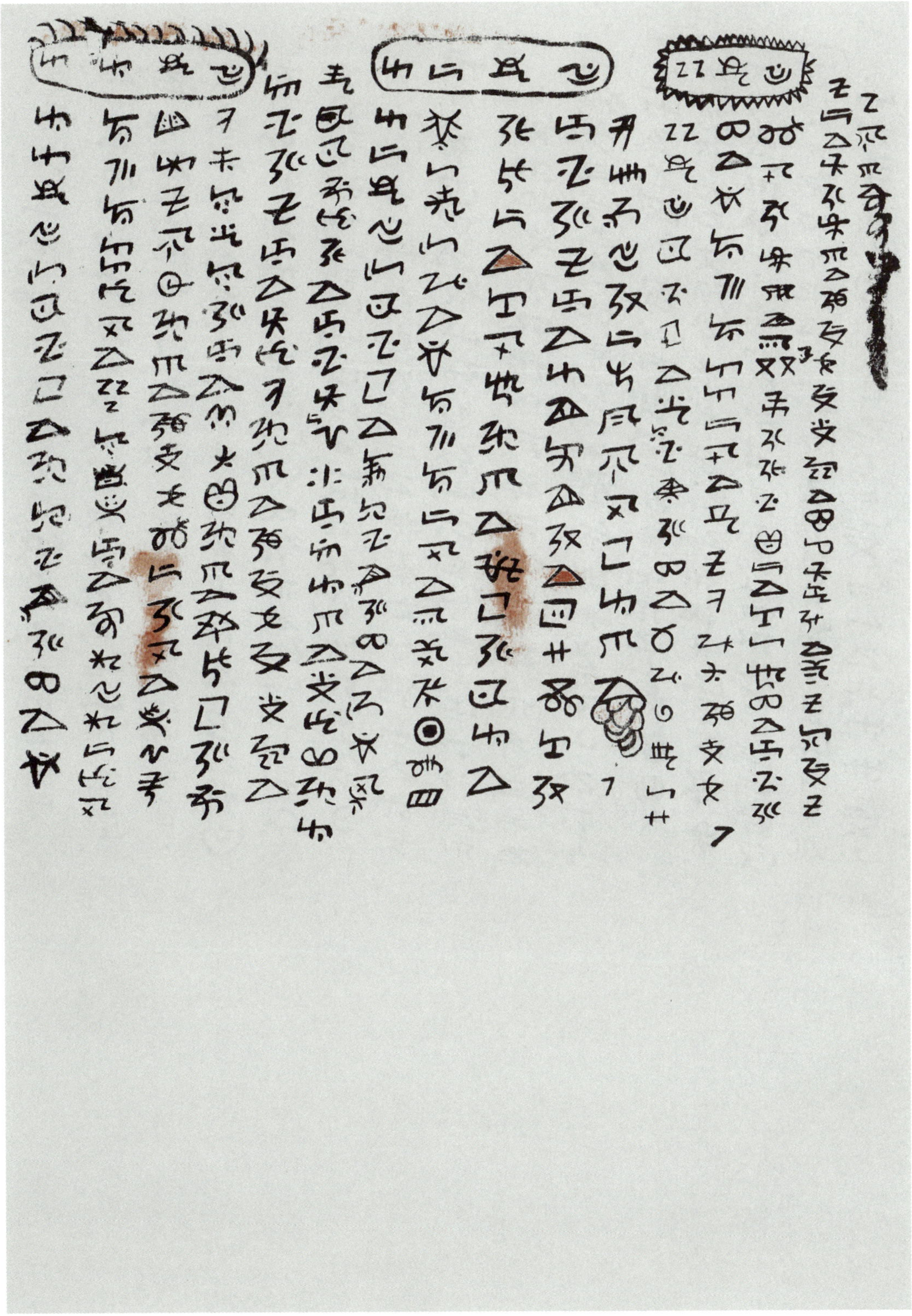

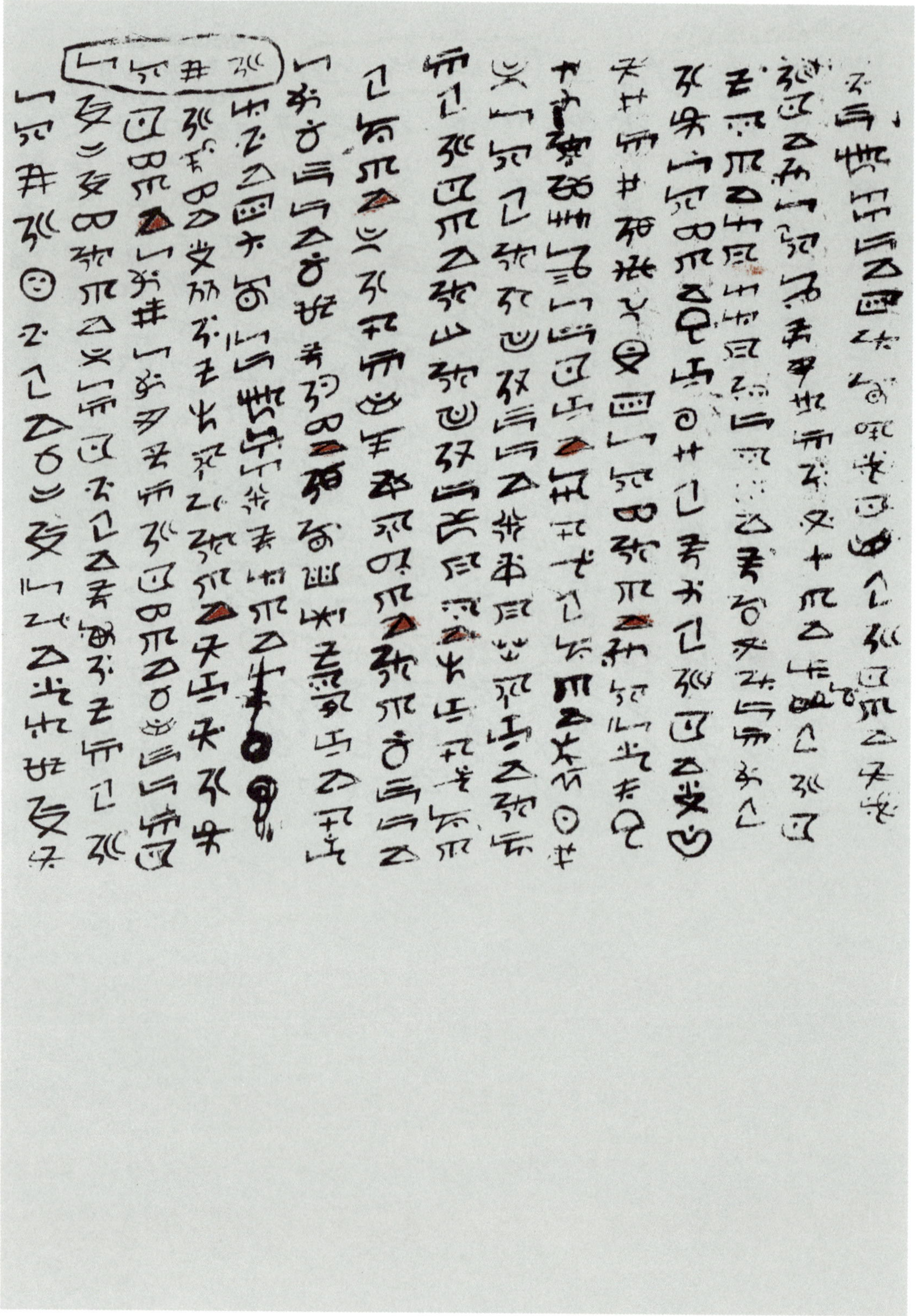

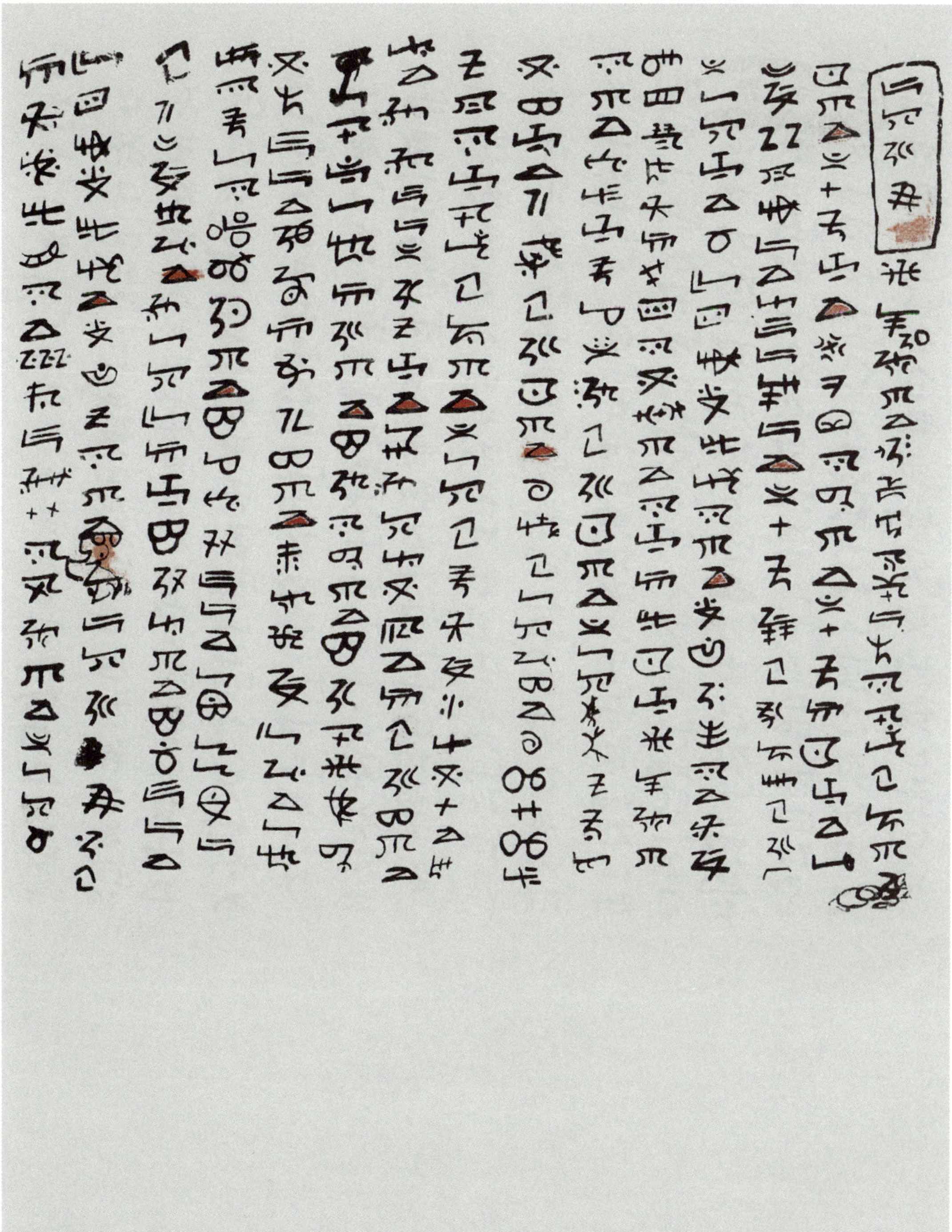

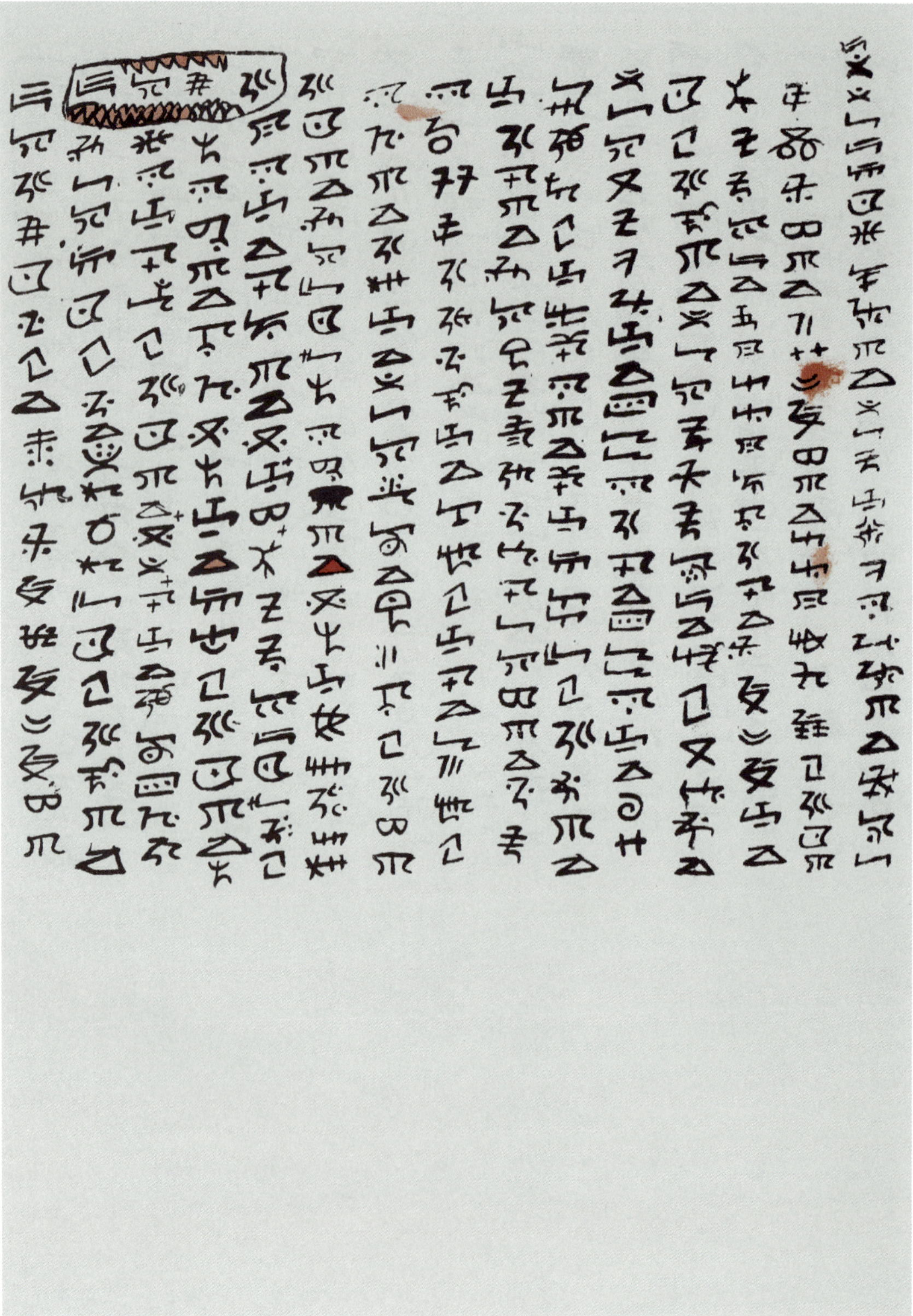

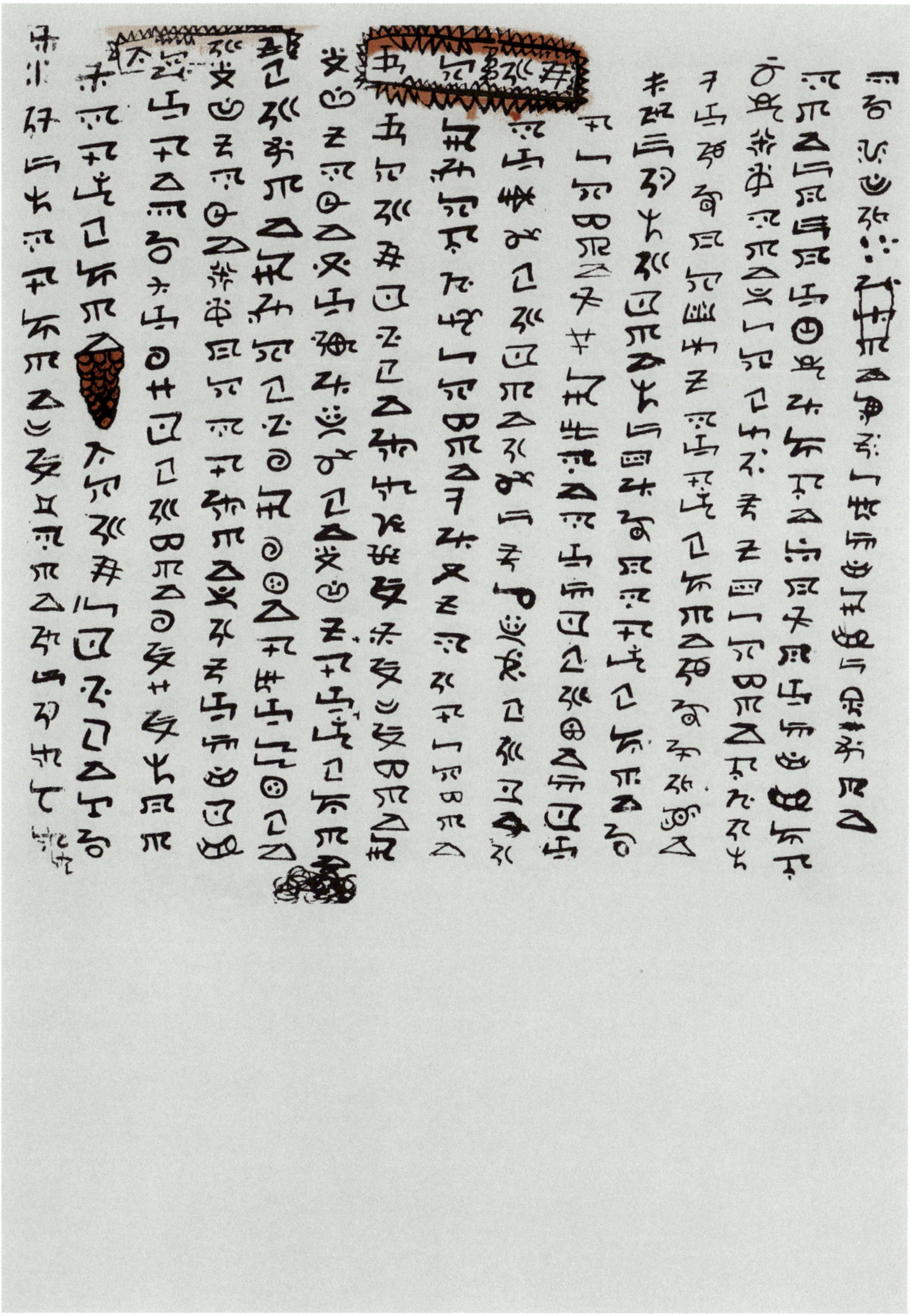

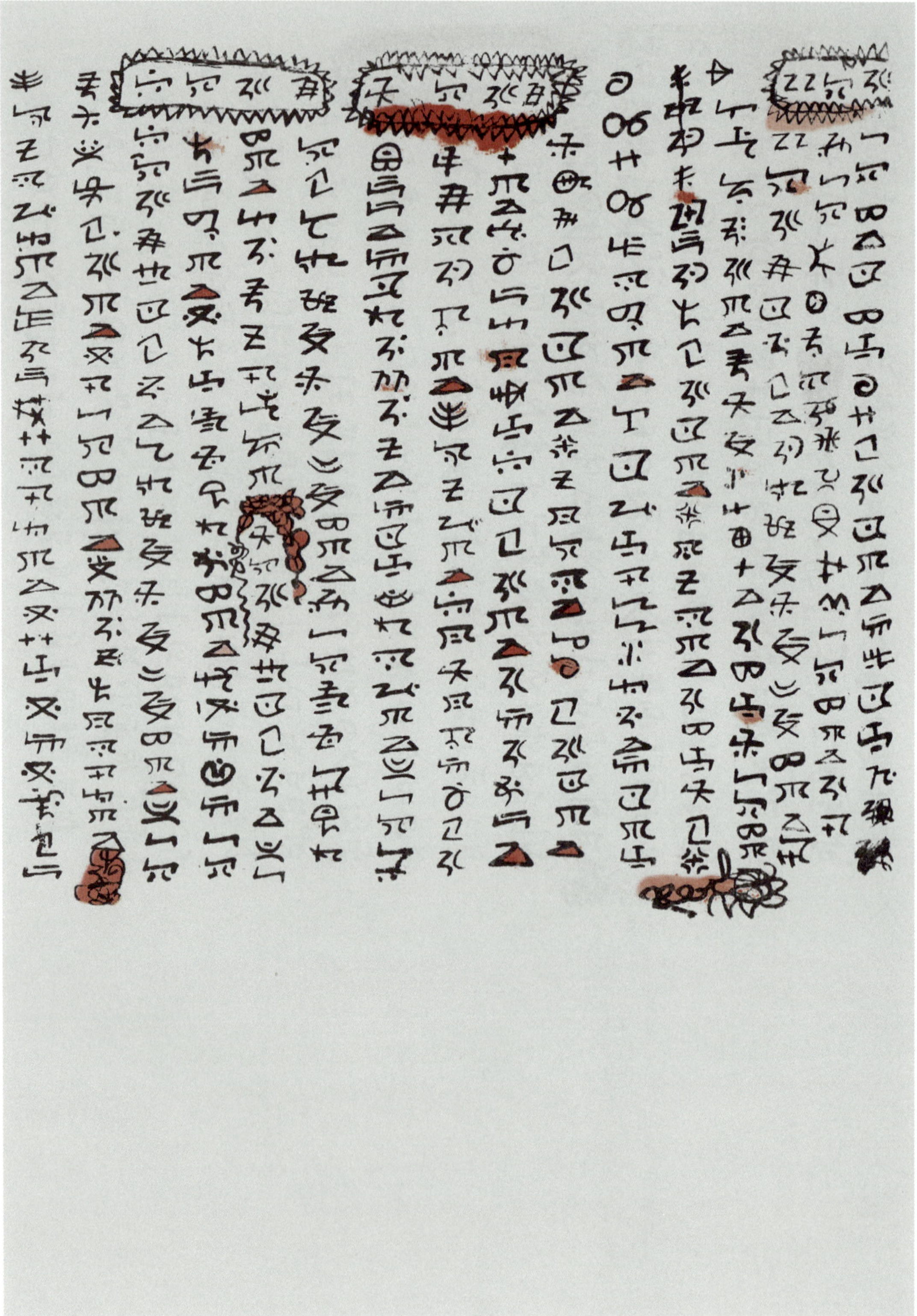

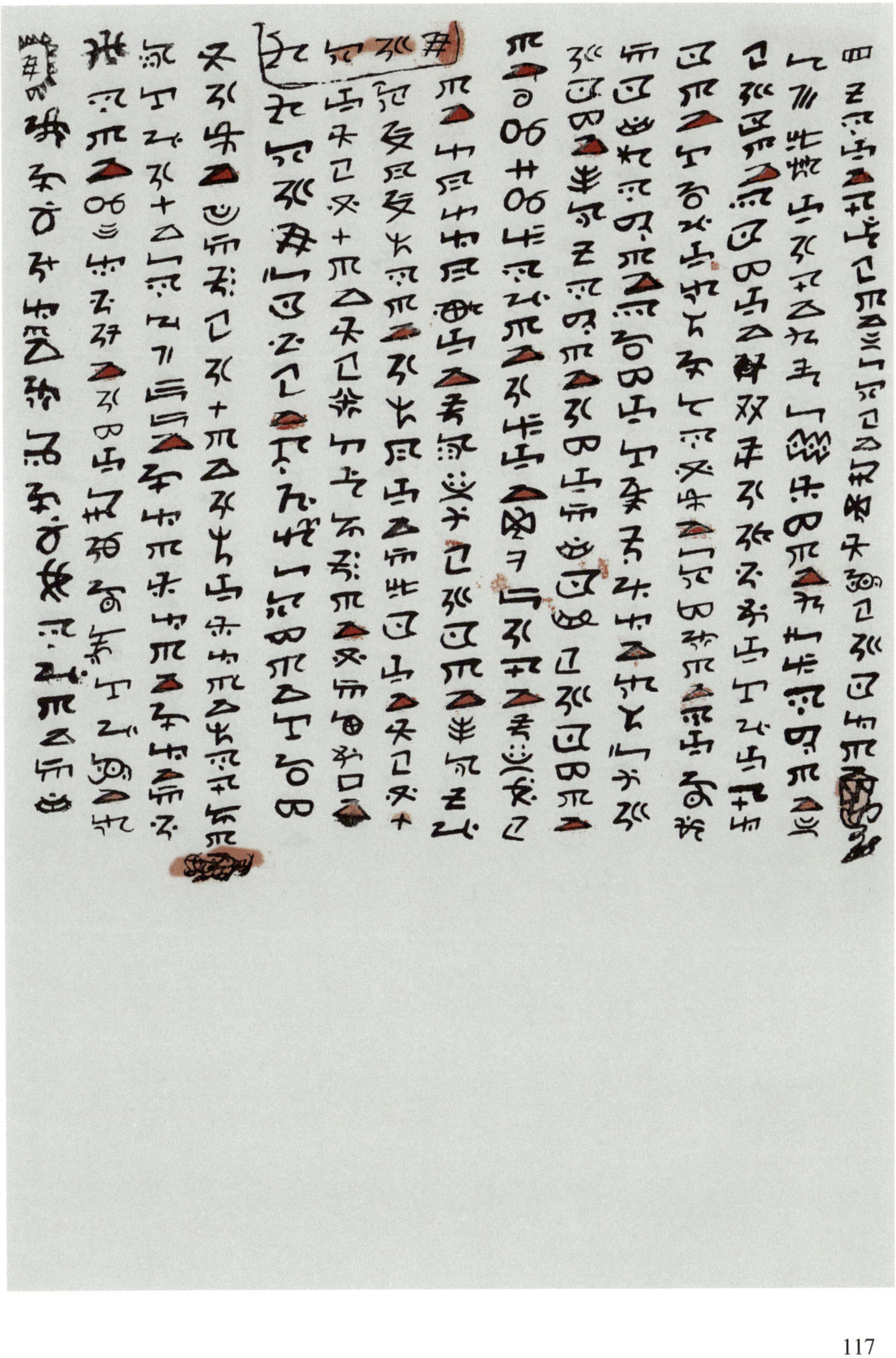

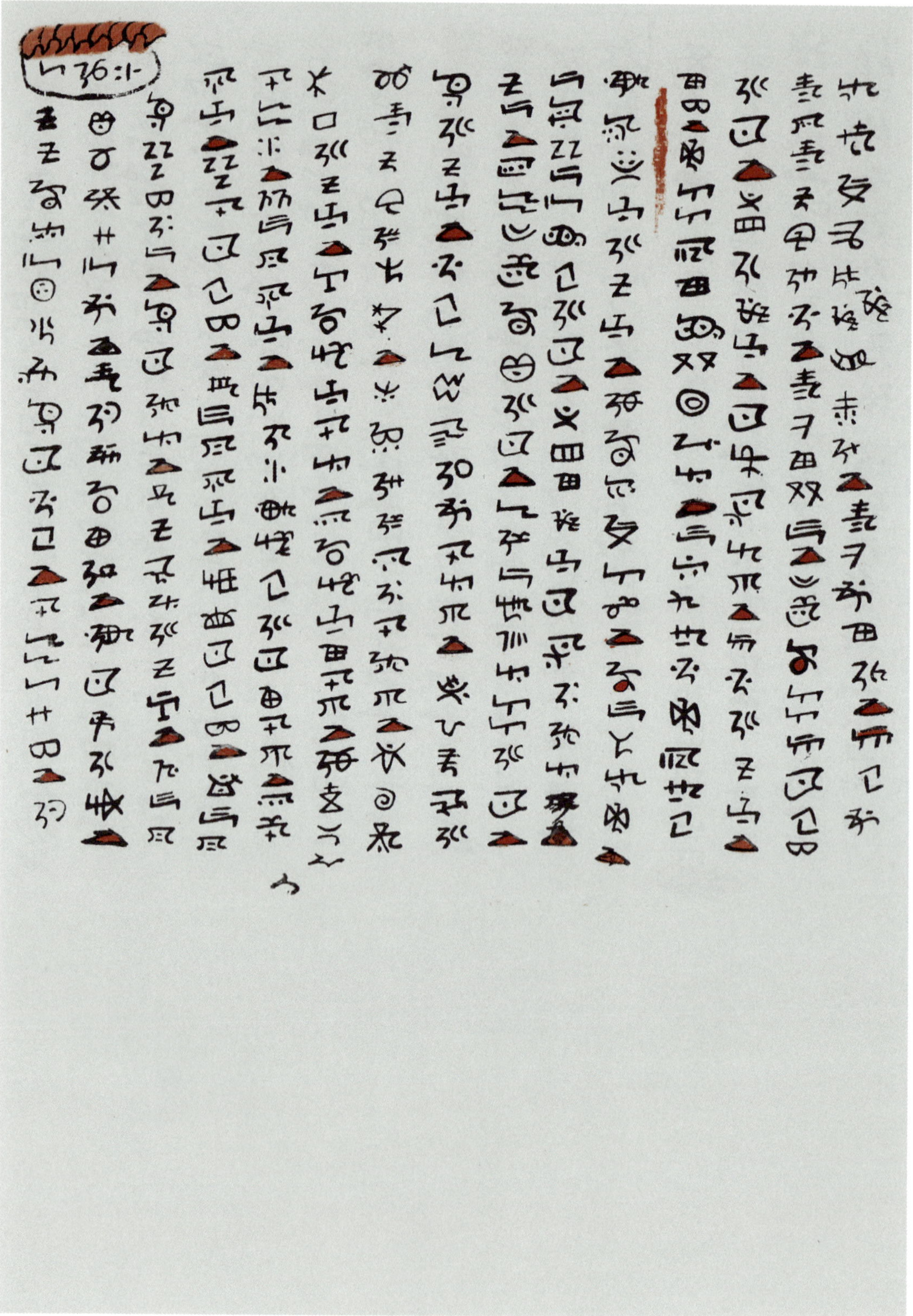

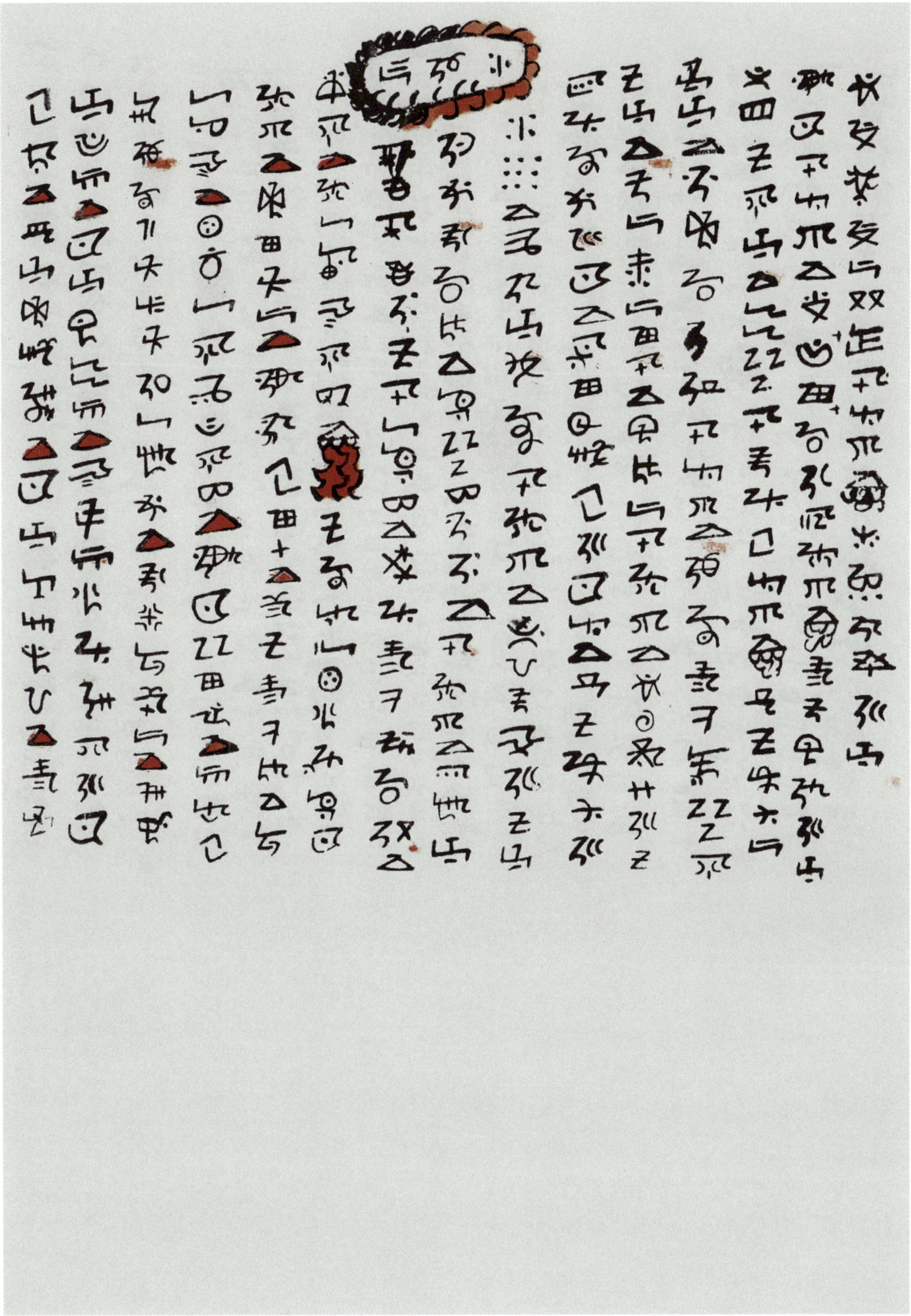

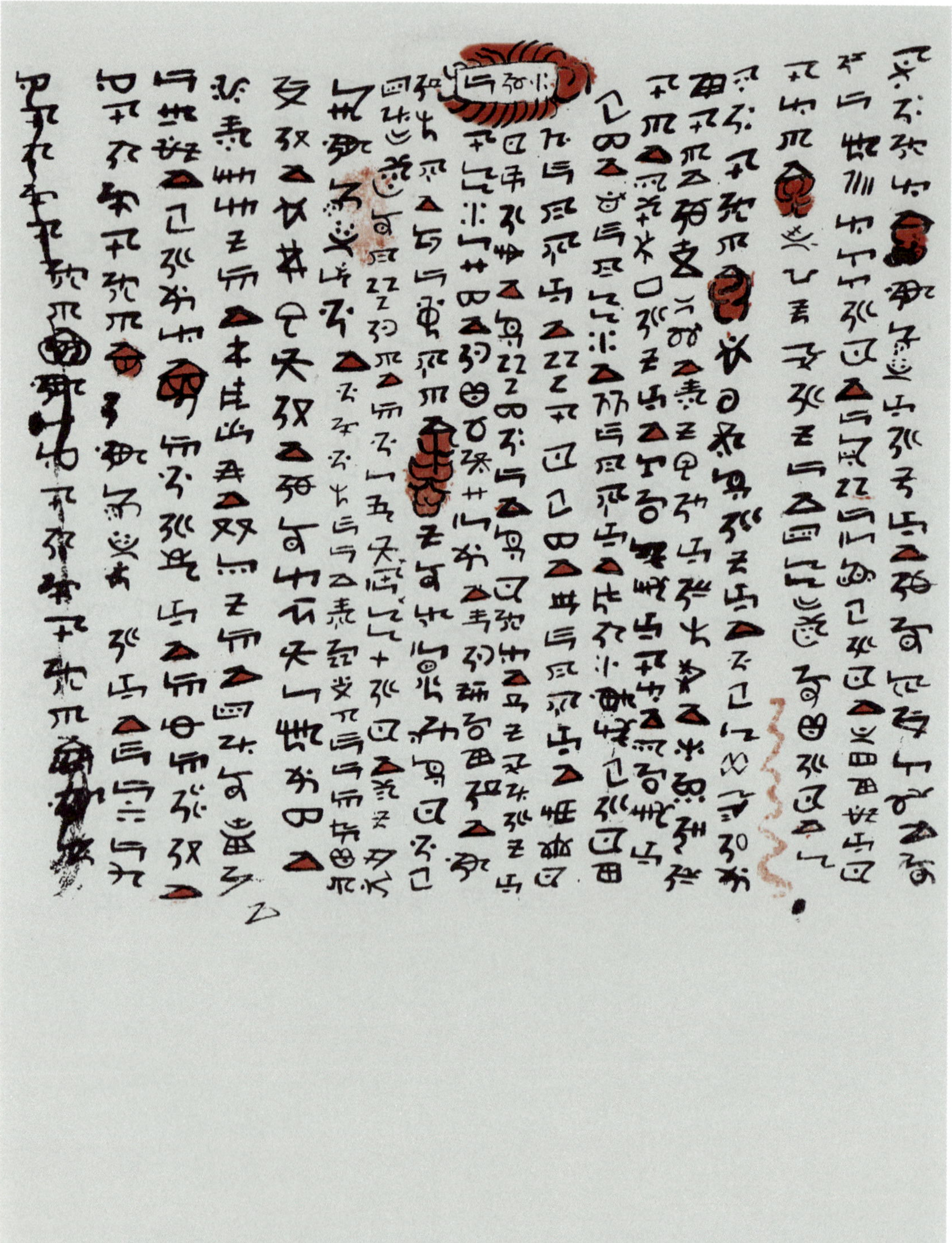

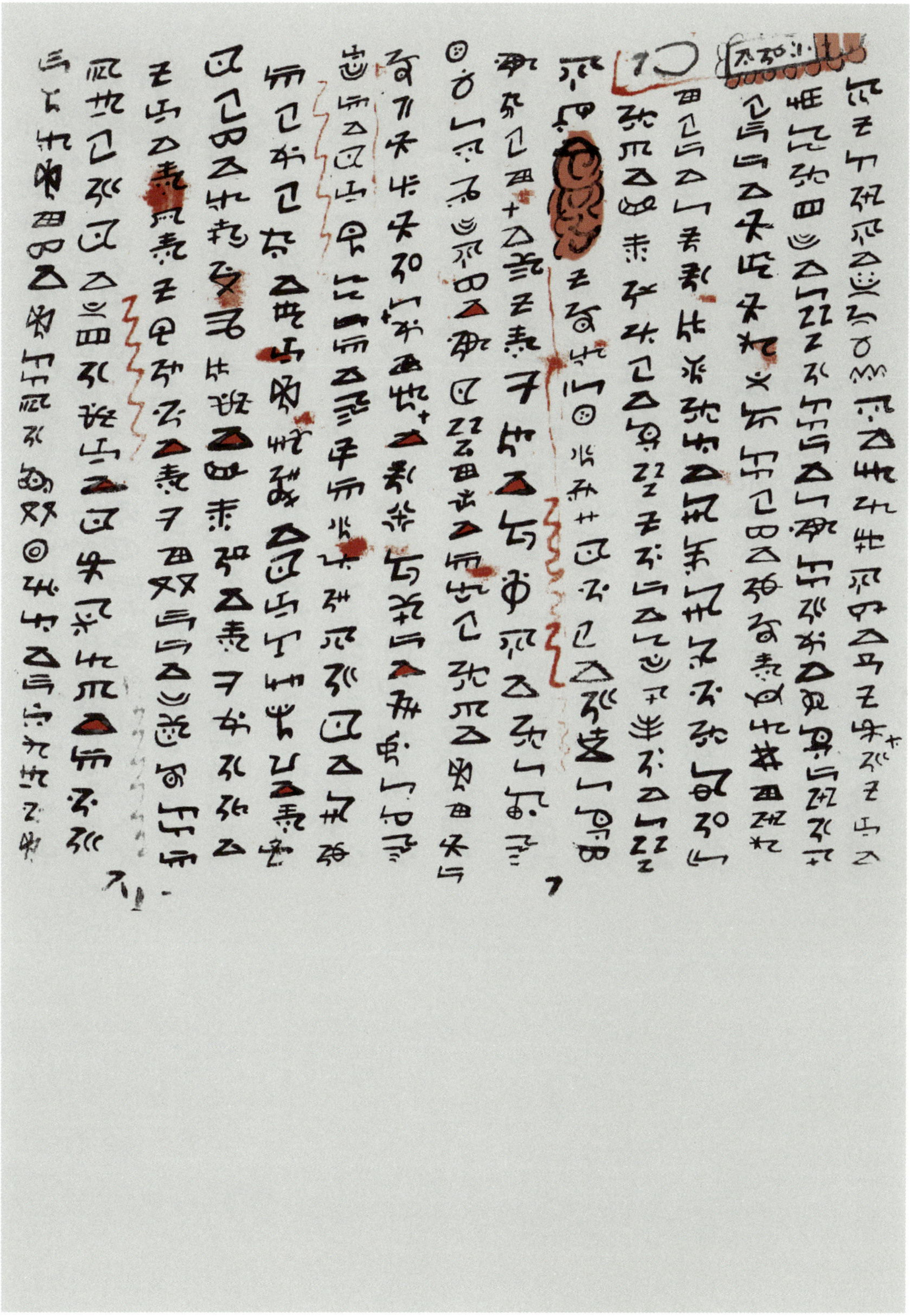

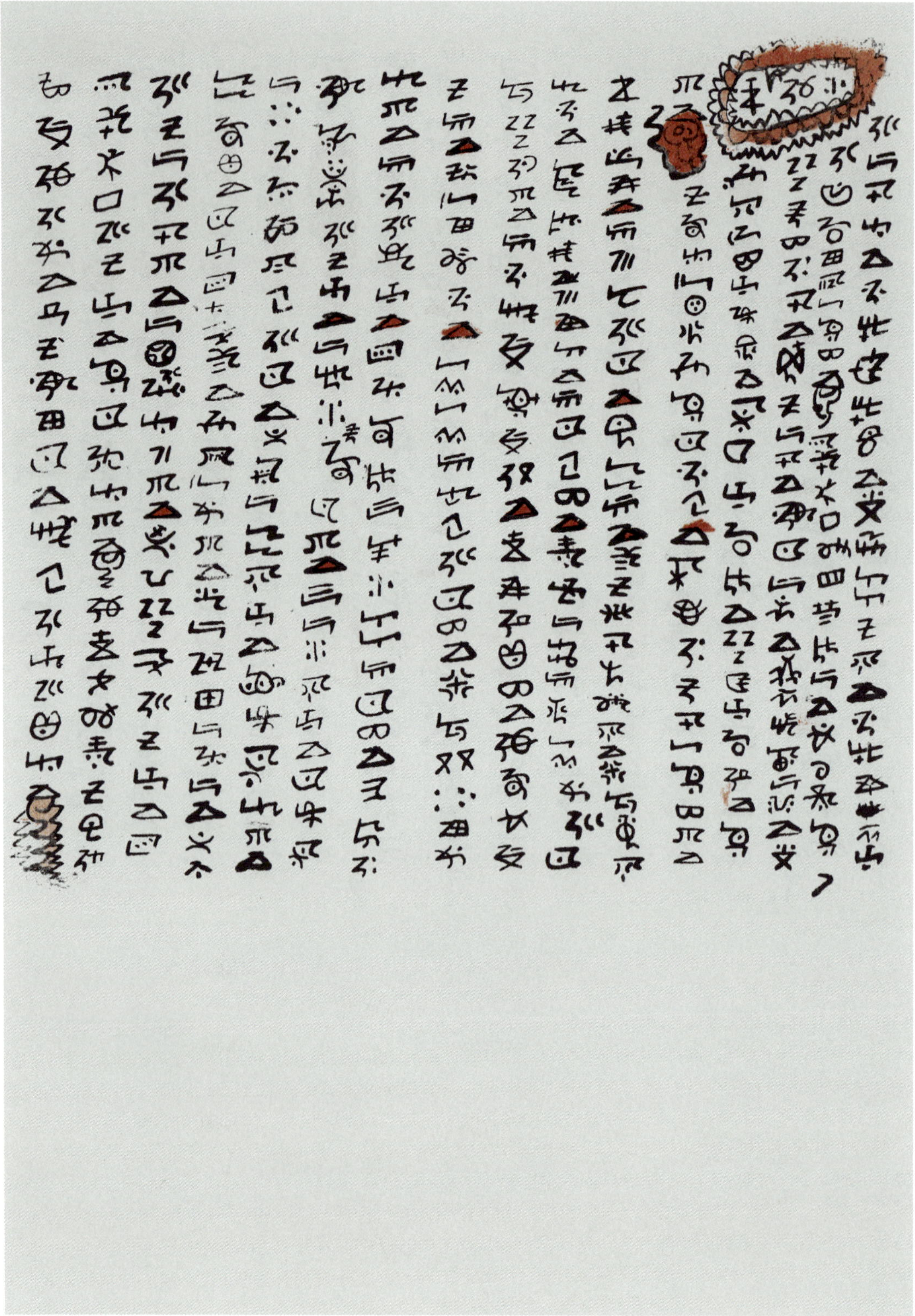

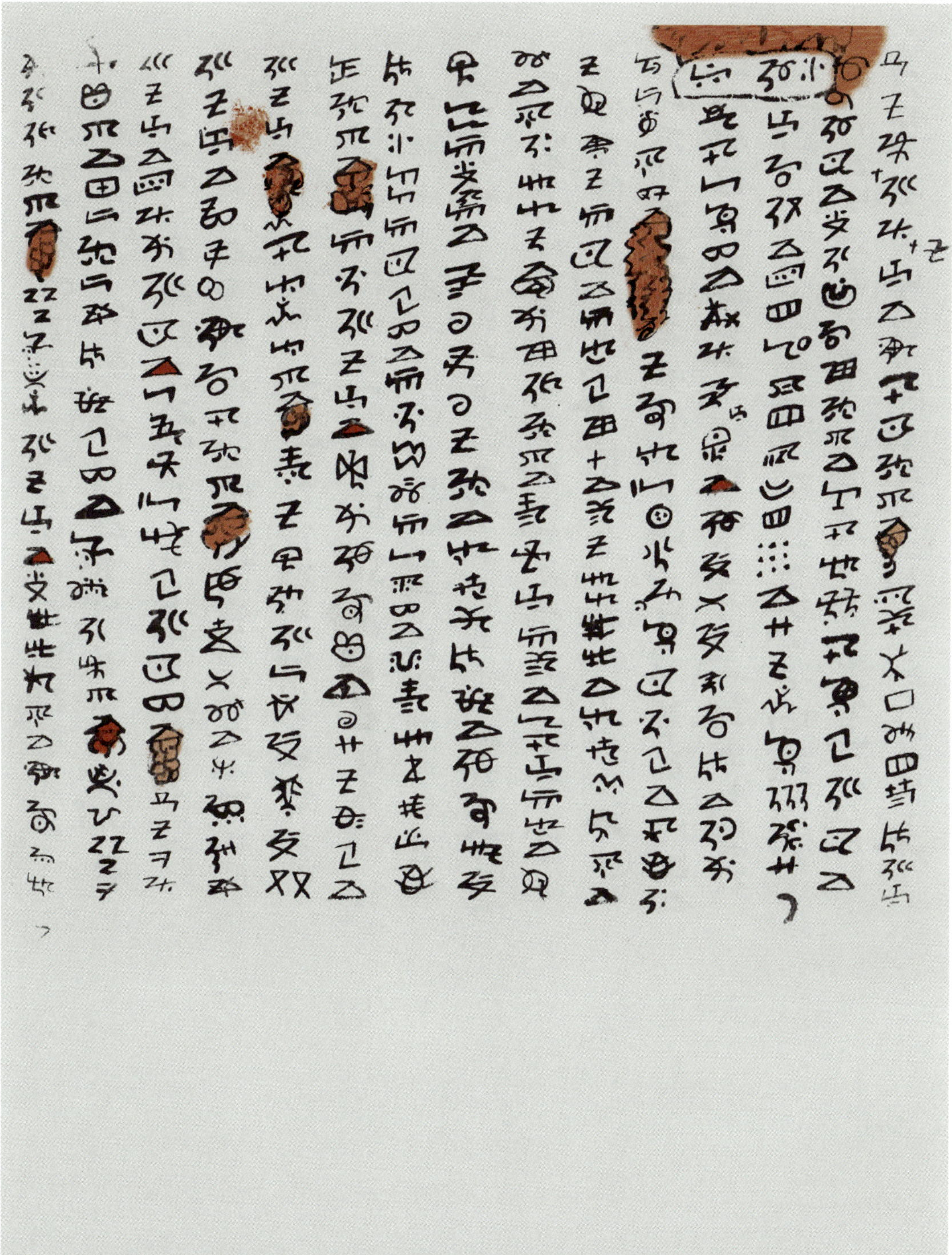

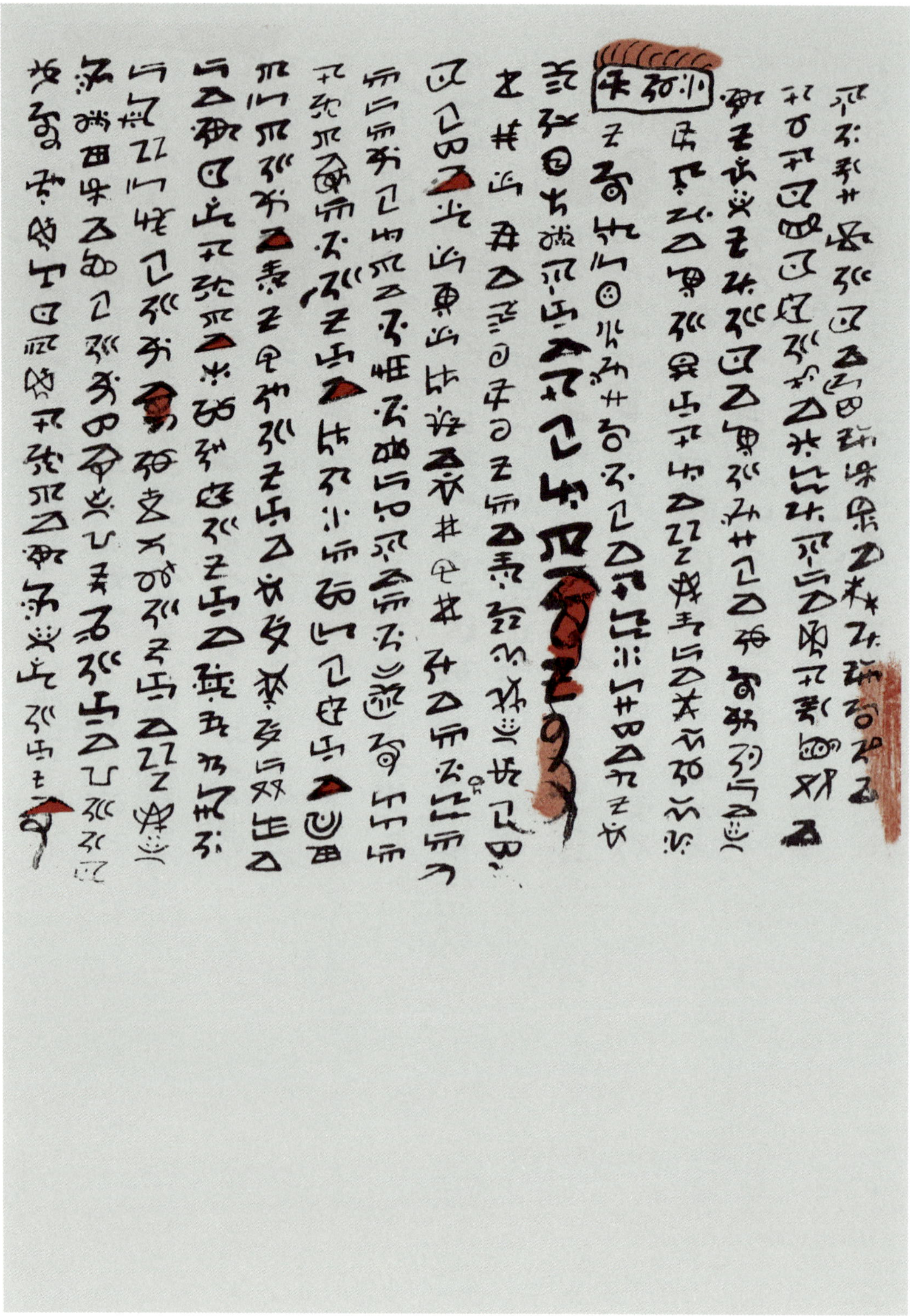

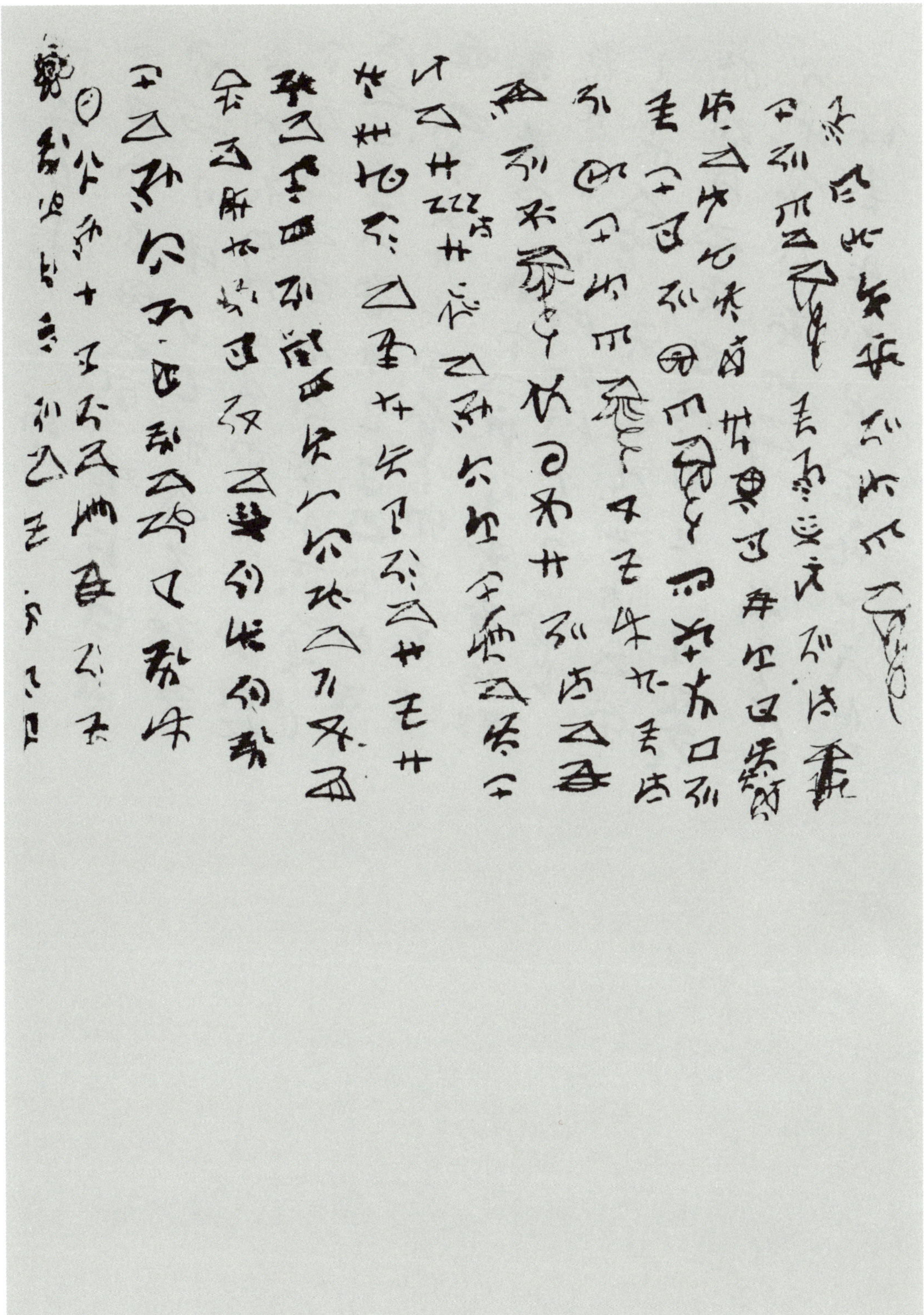

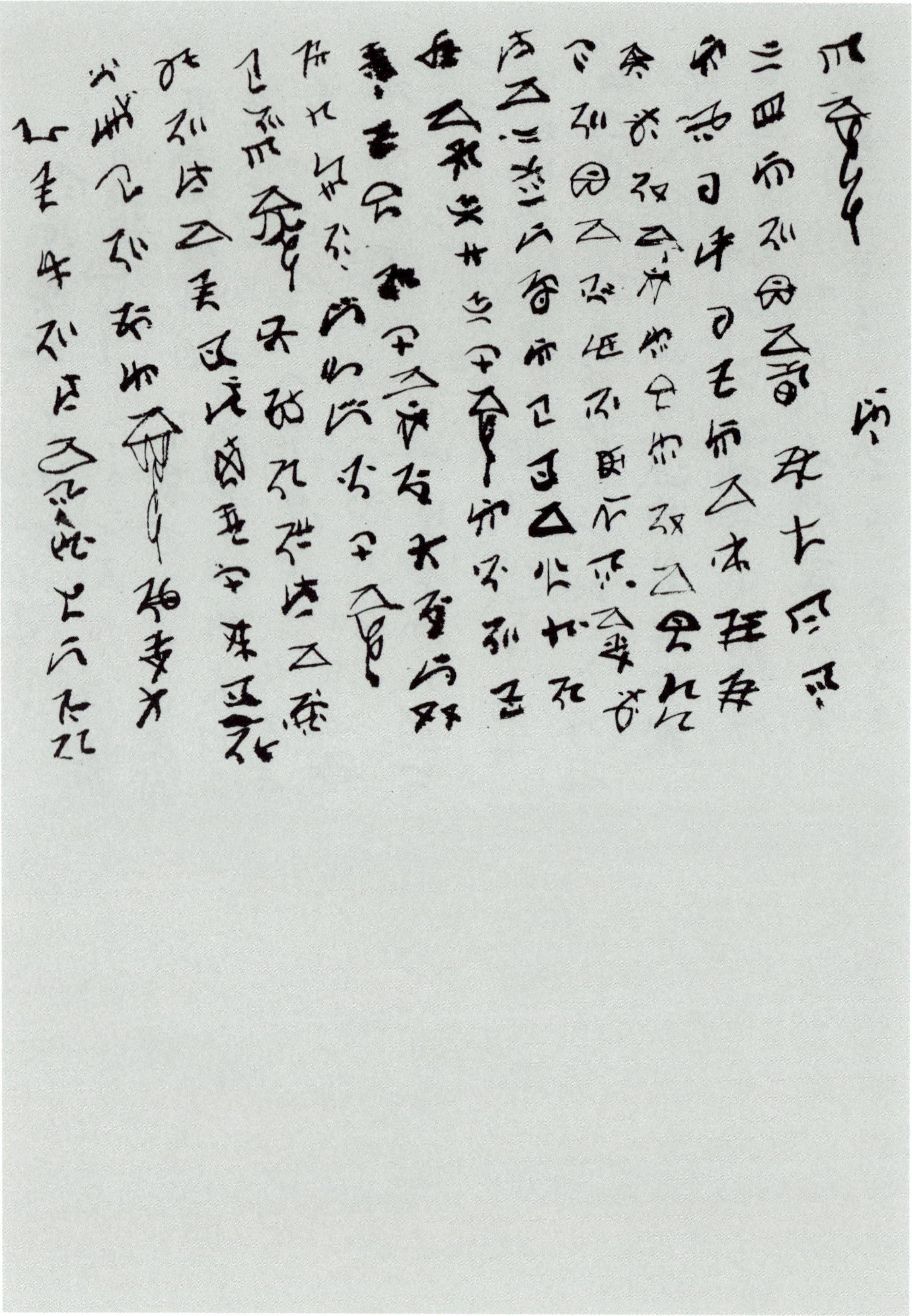

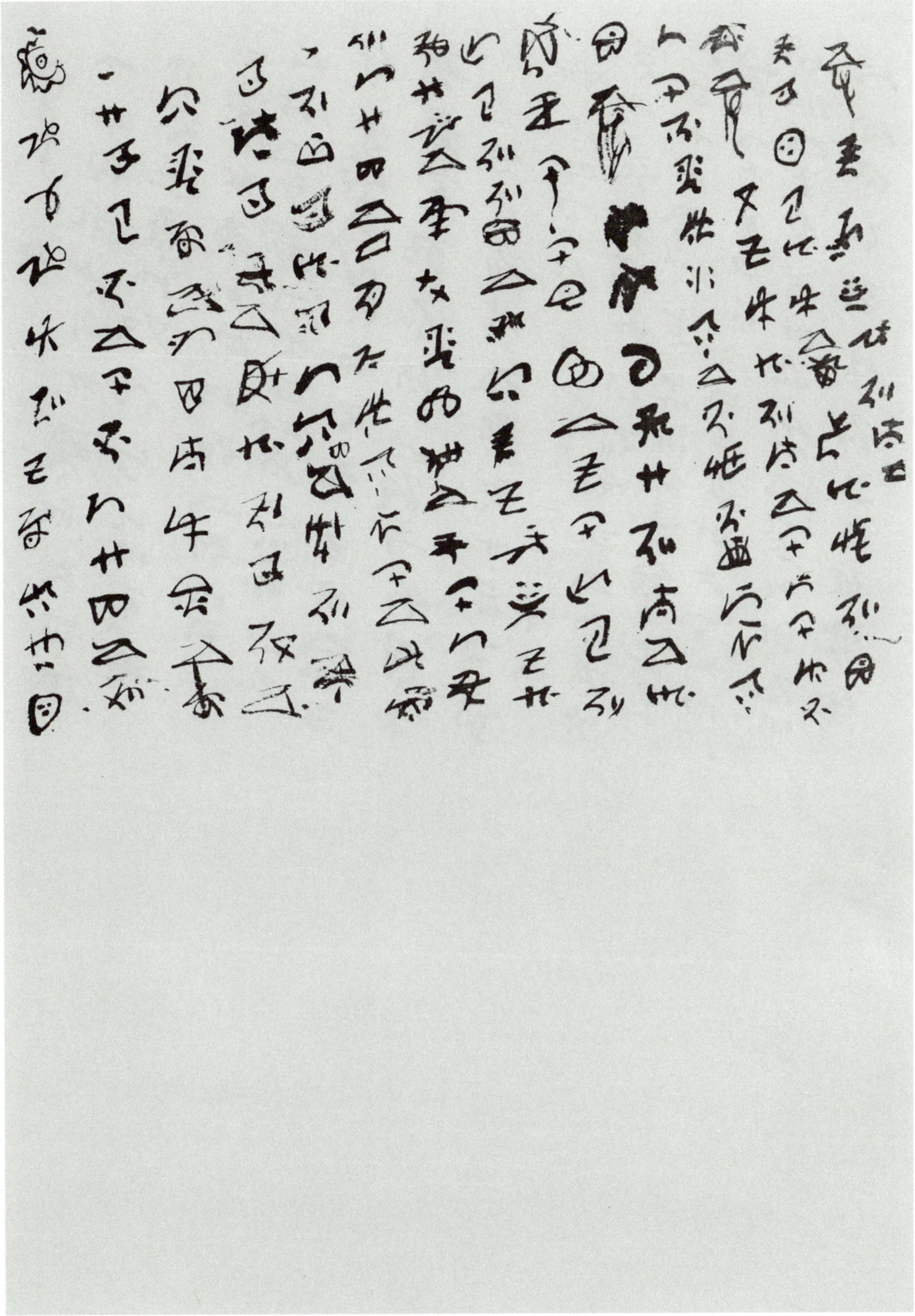

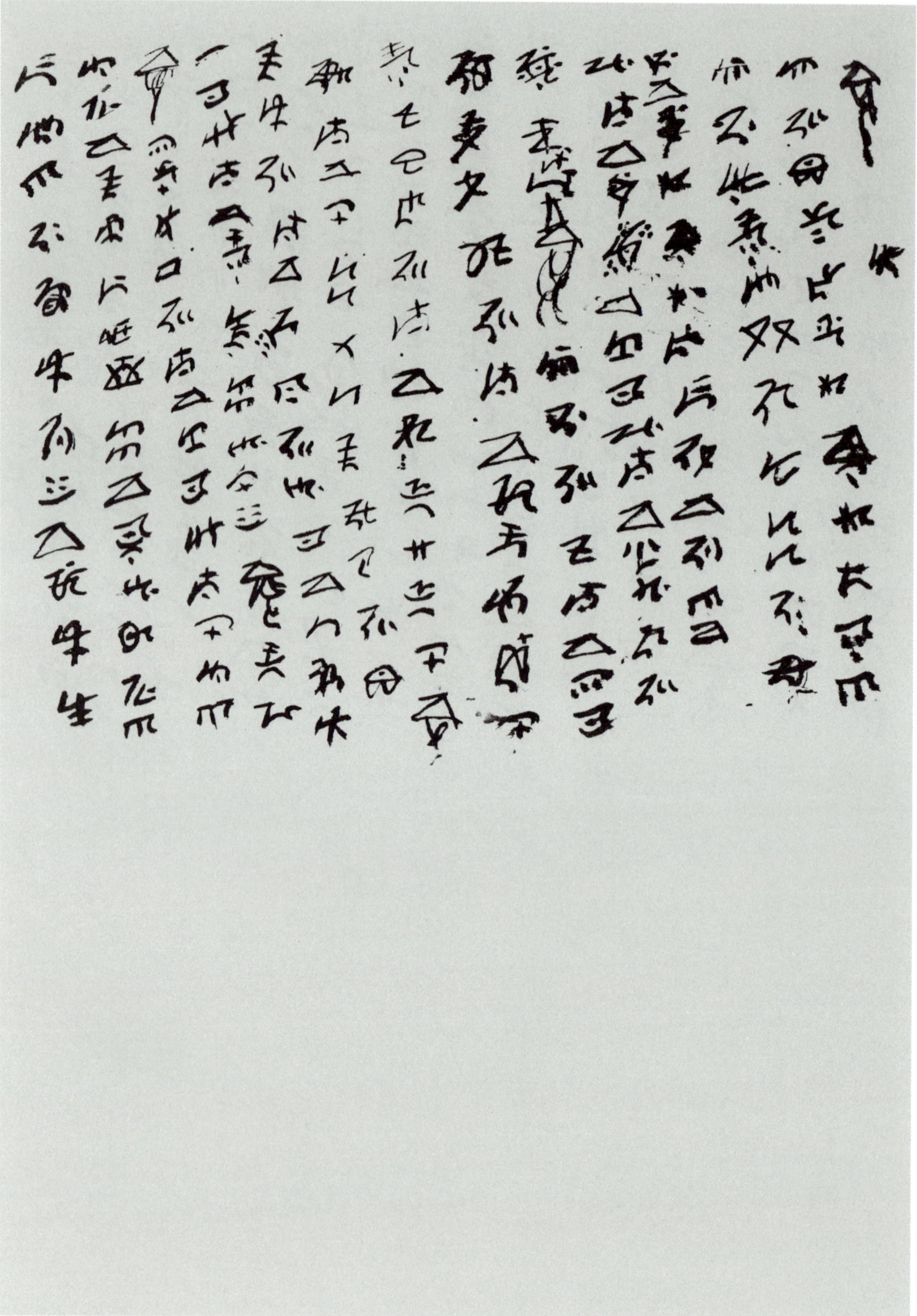

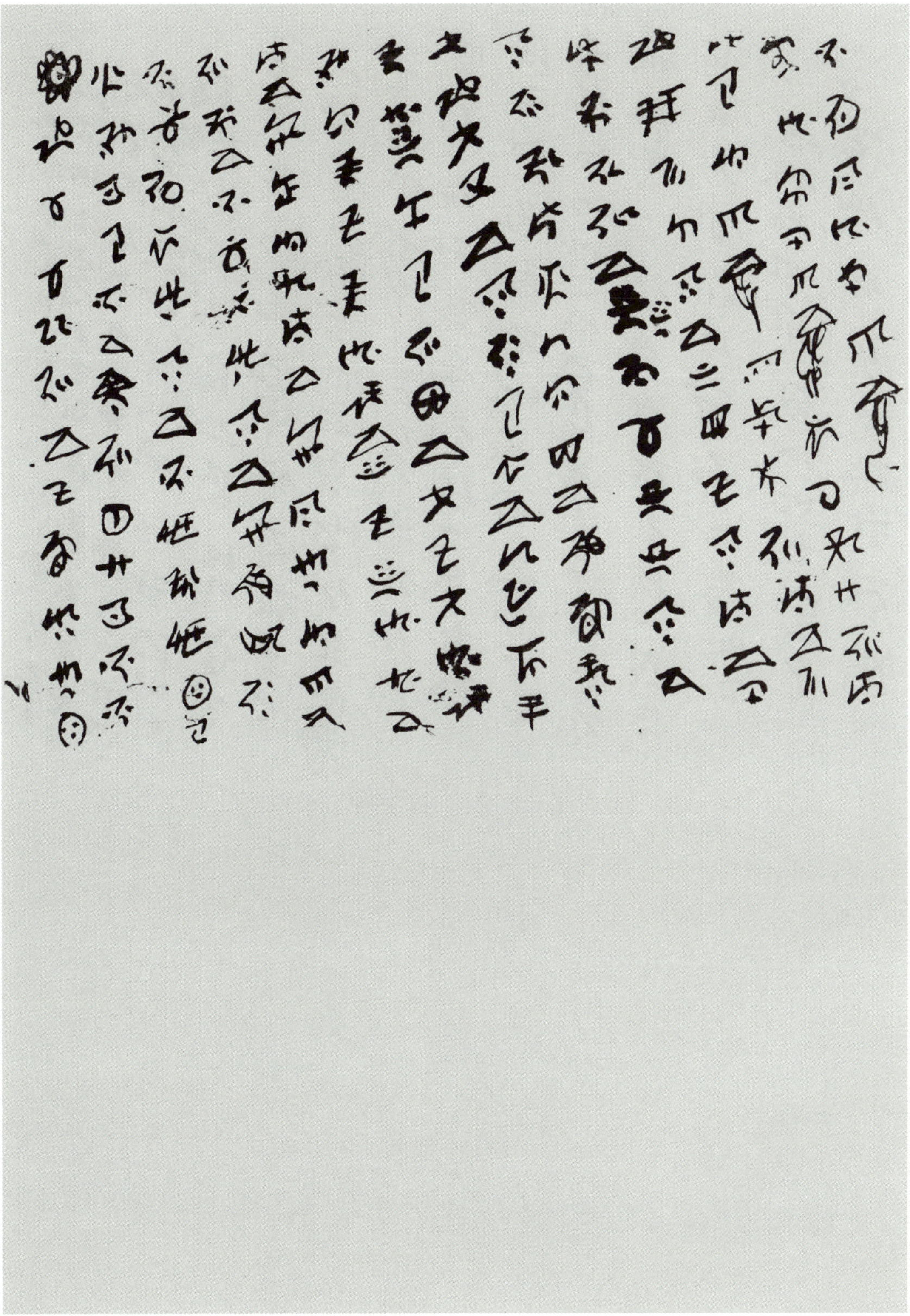

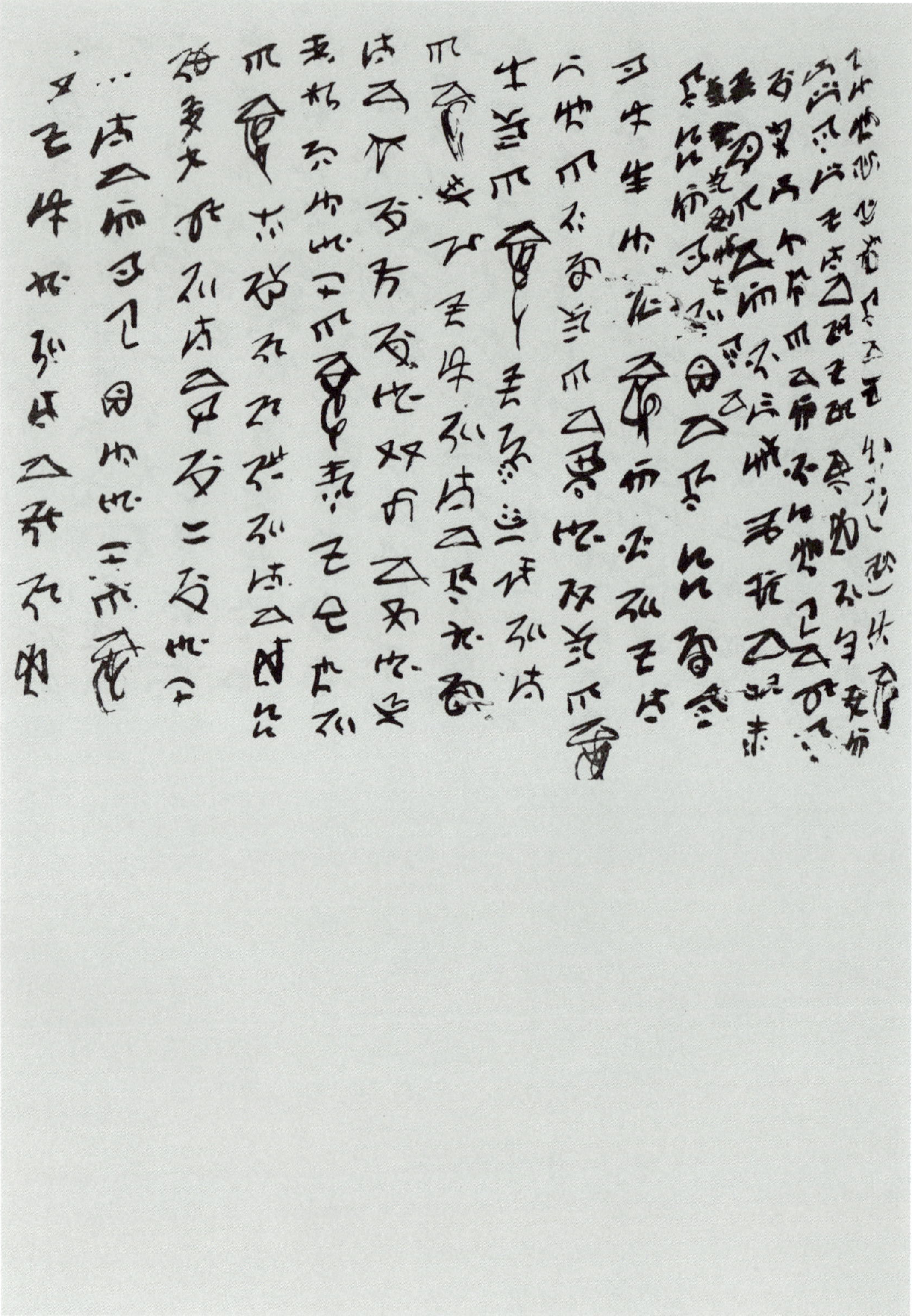

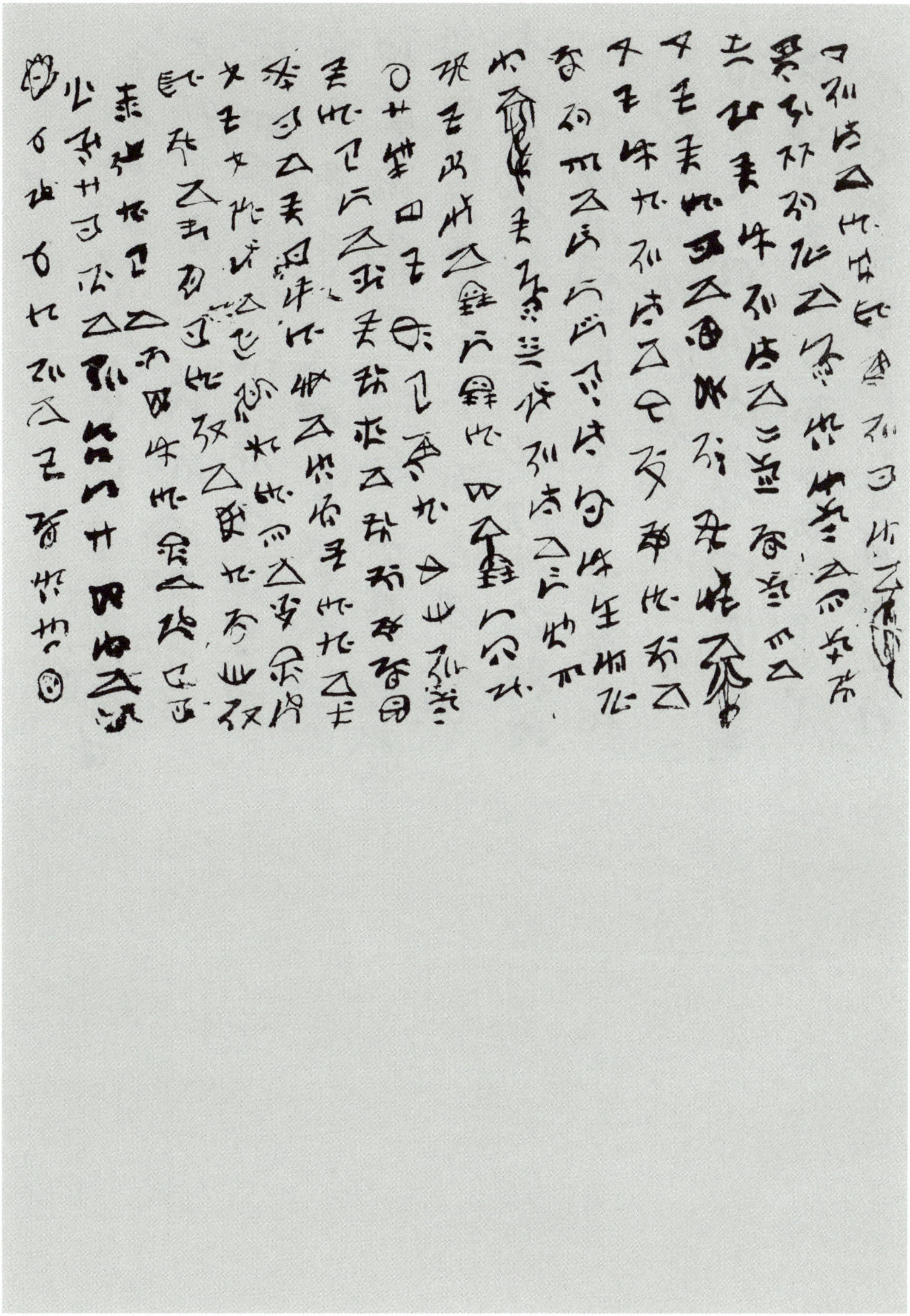

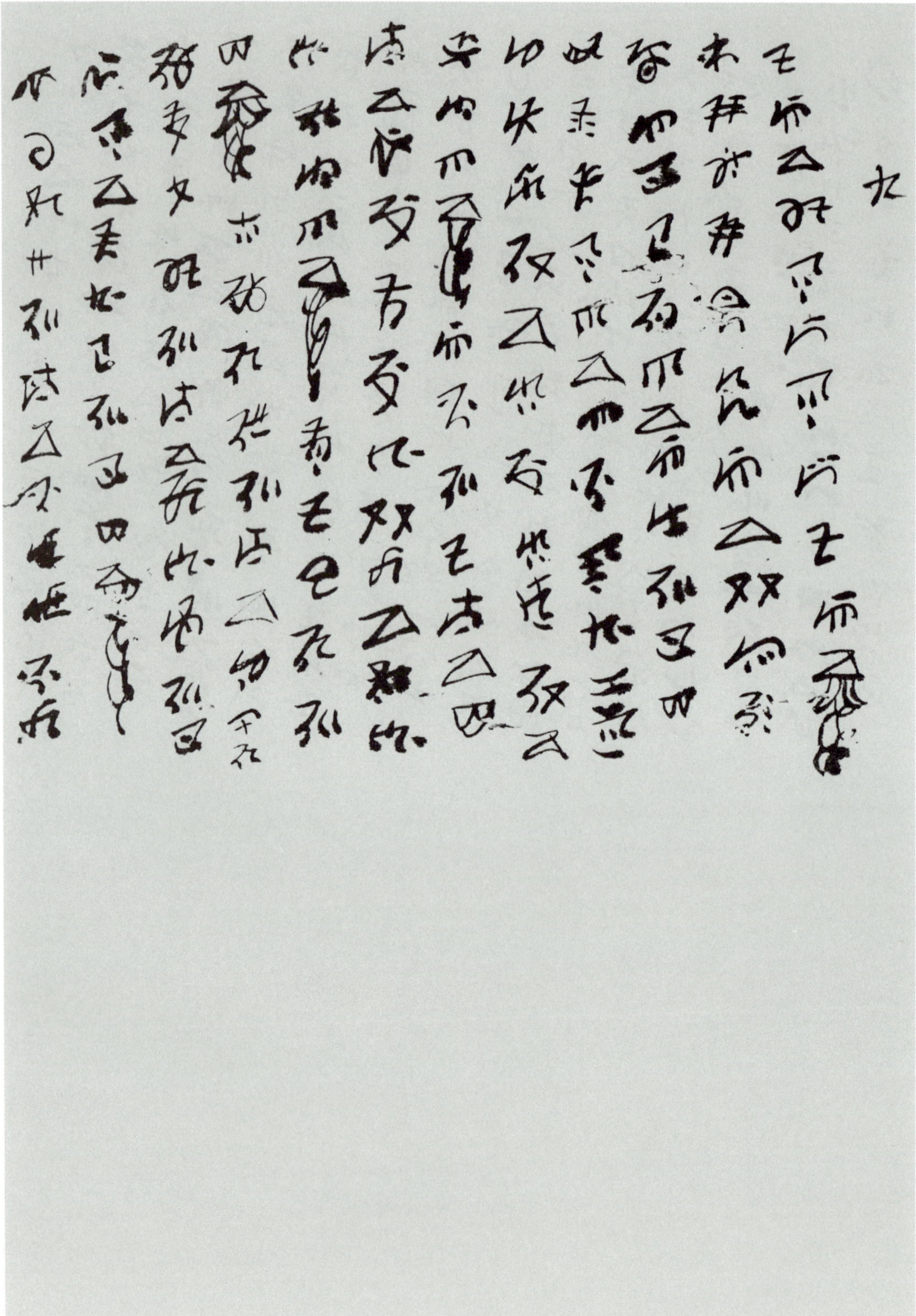
九

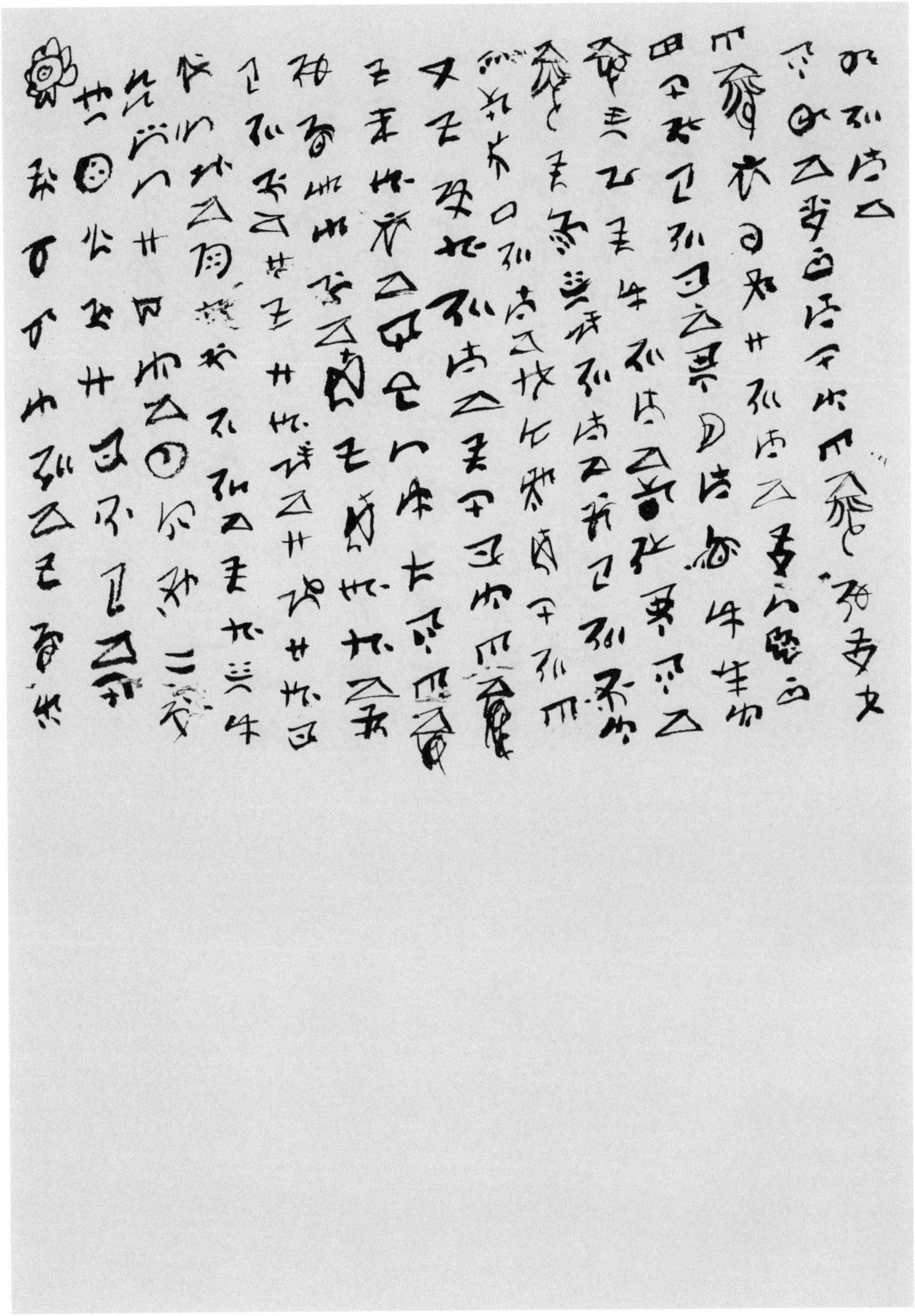

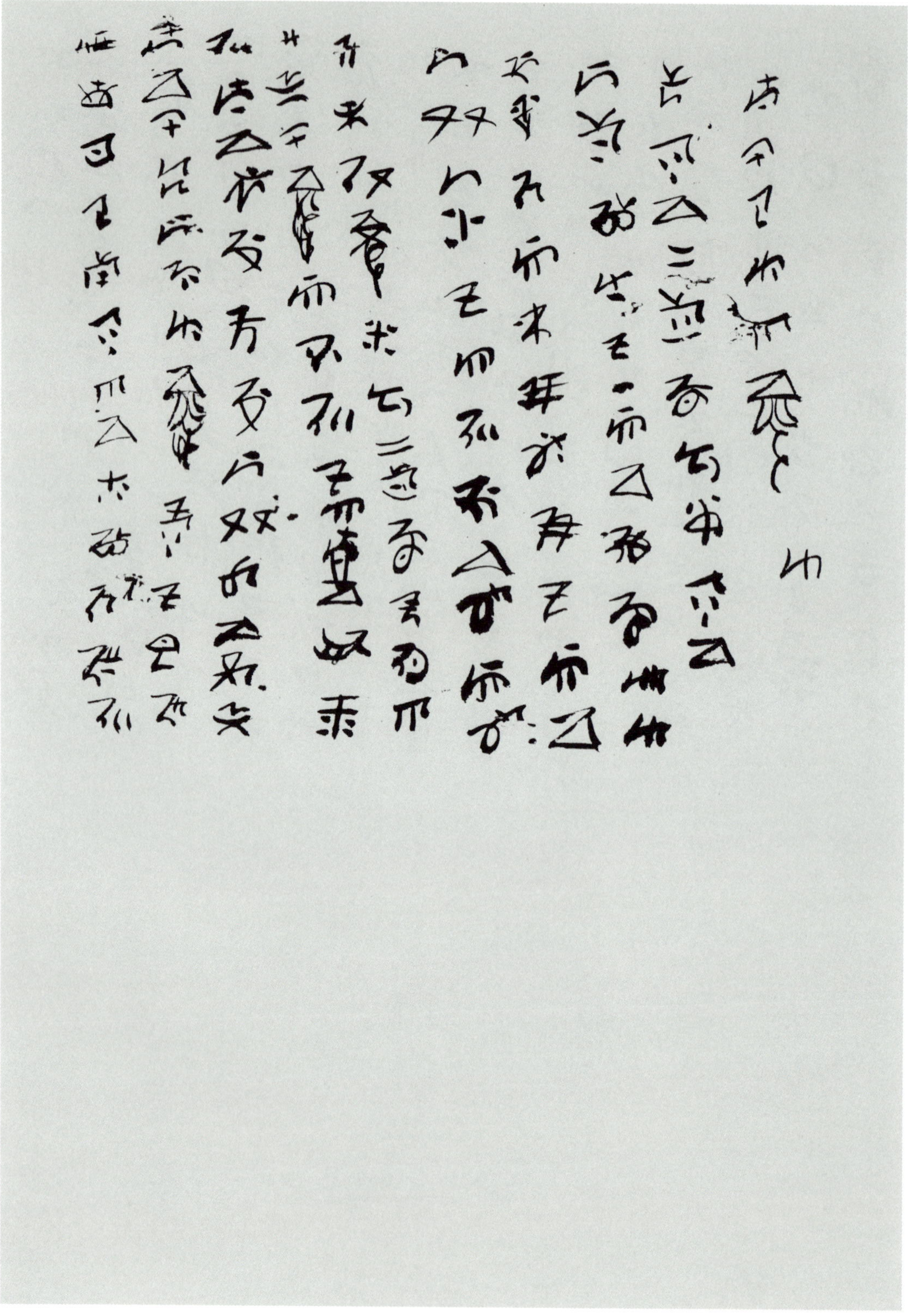

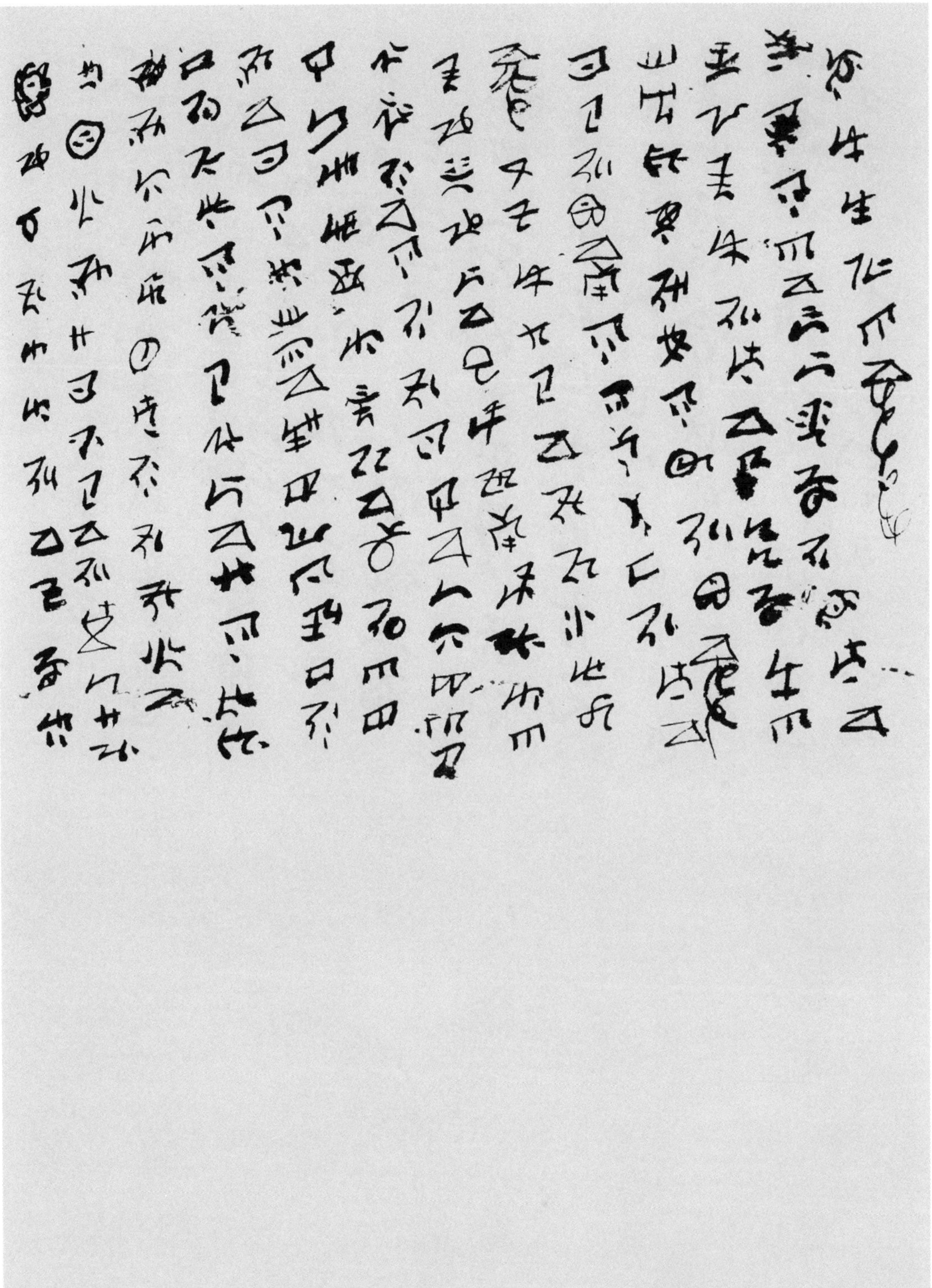

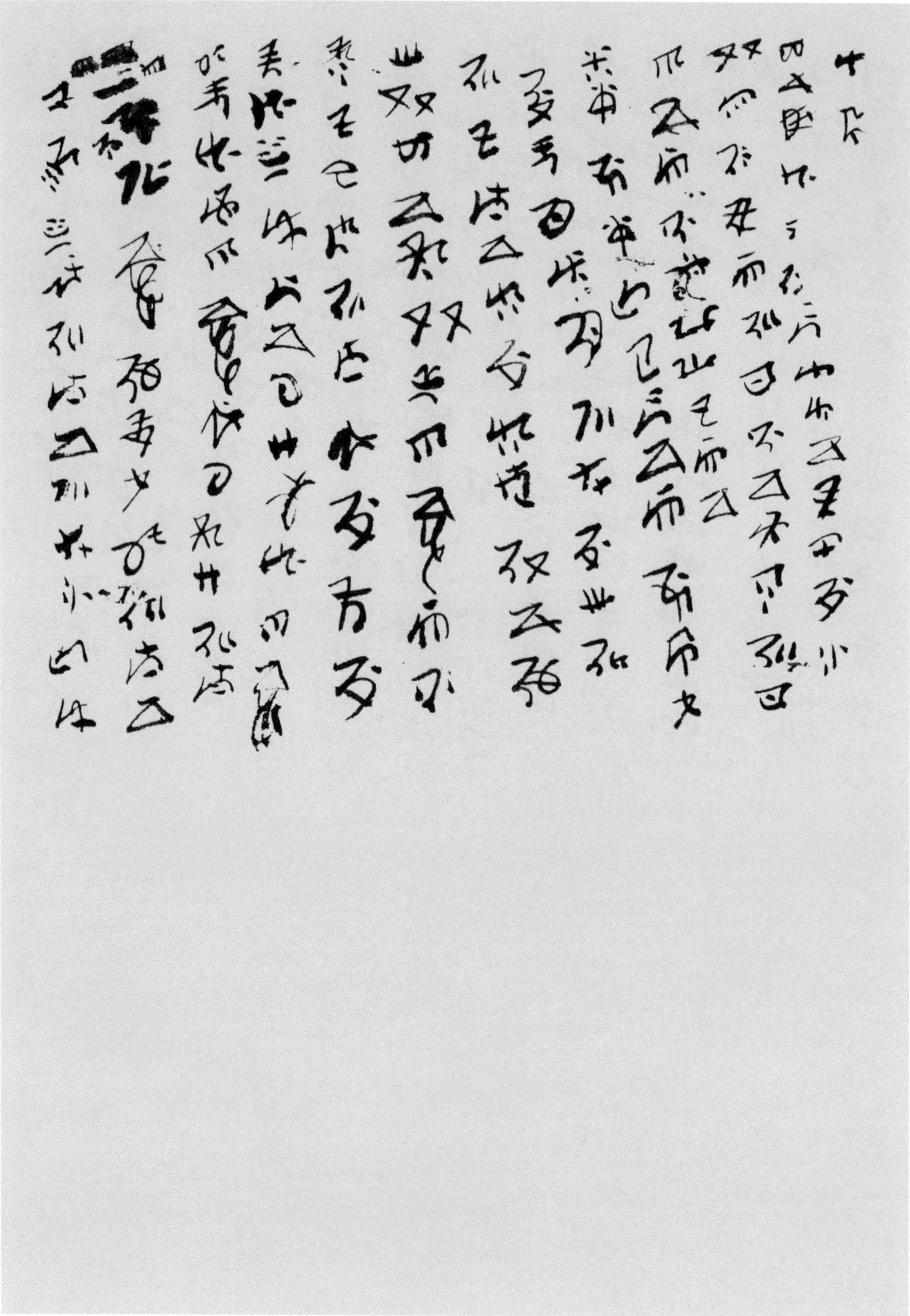

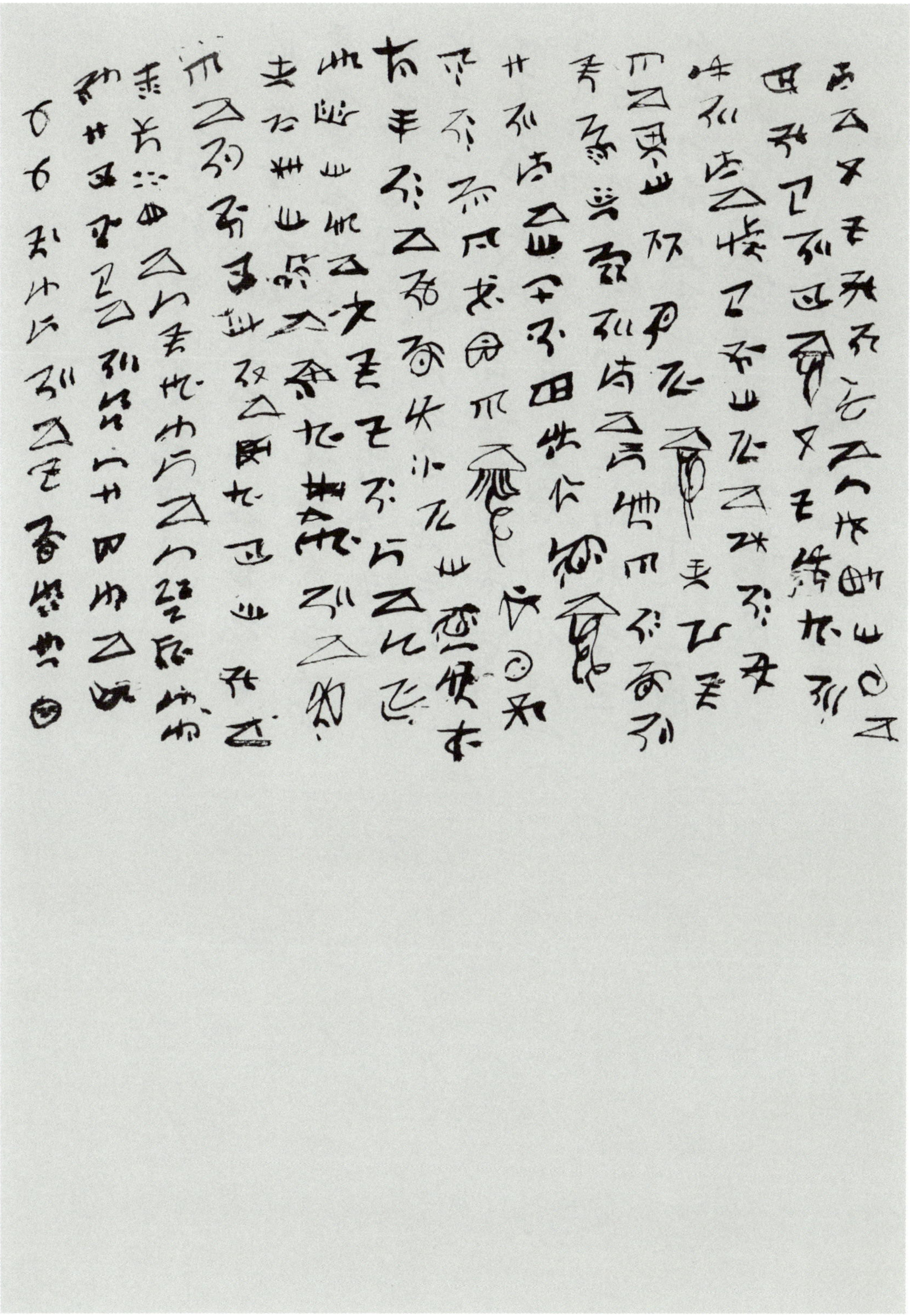

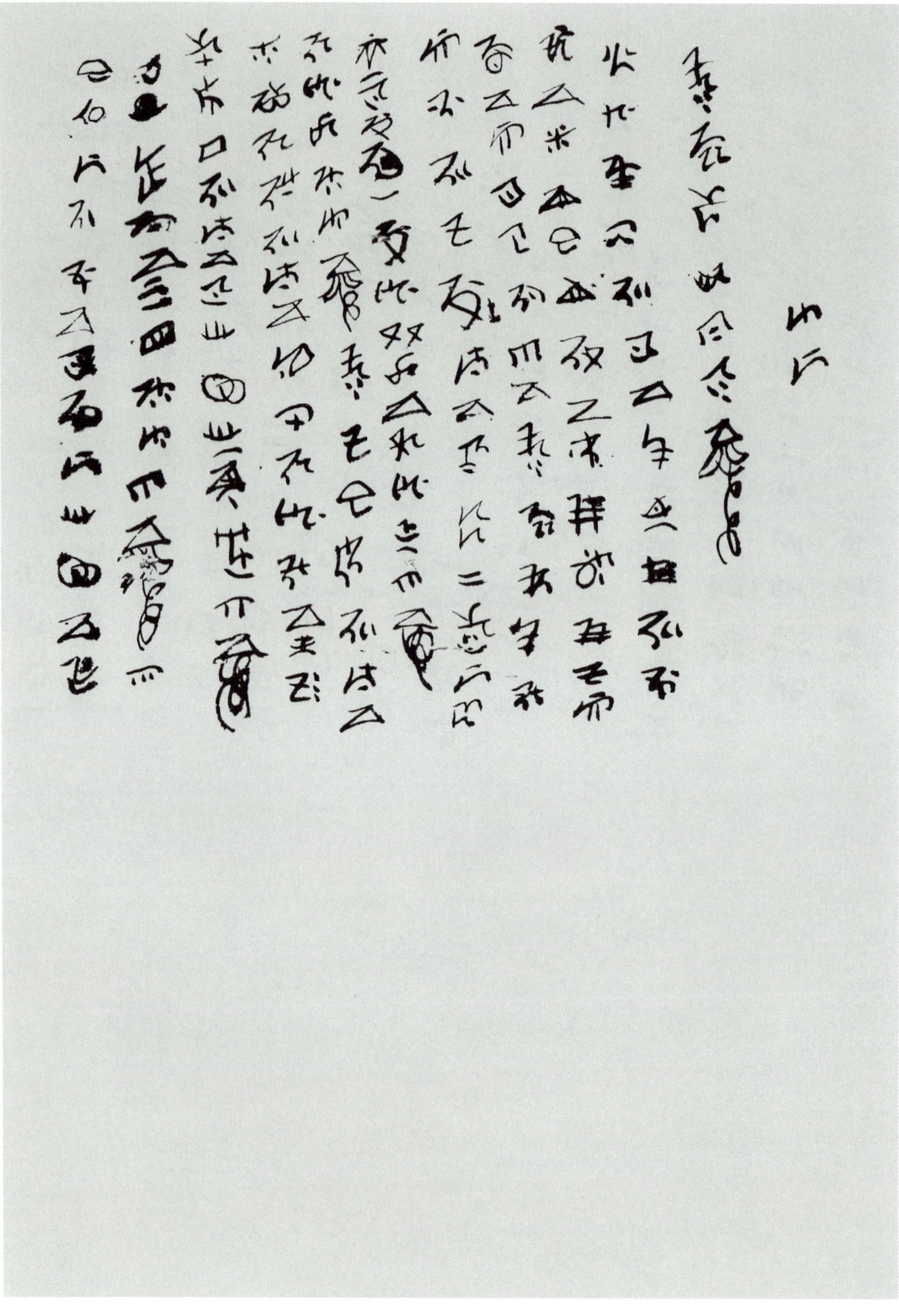

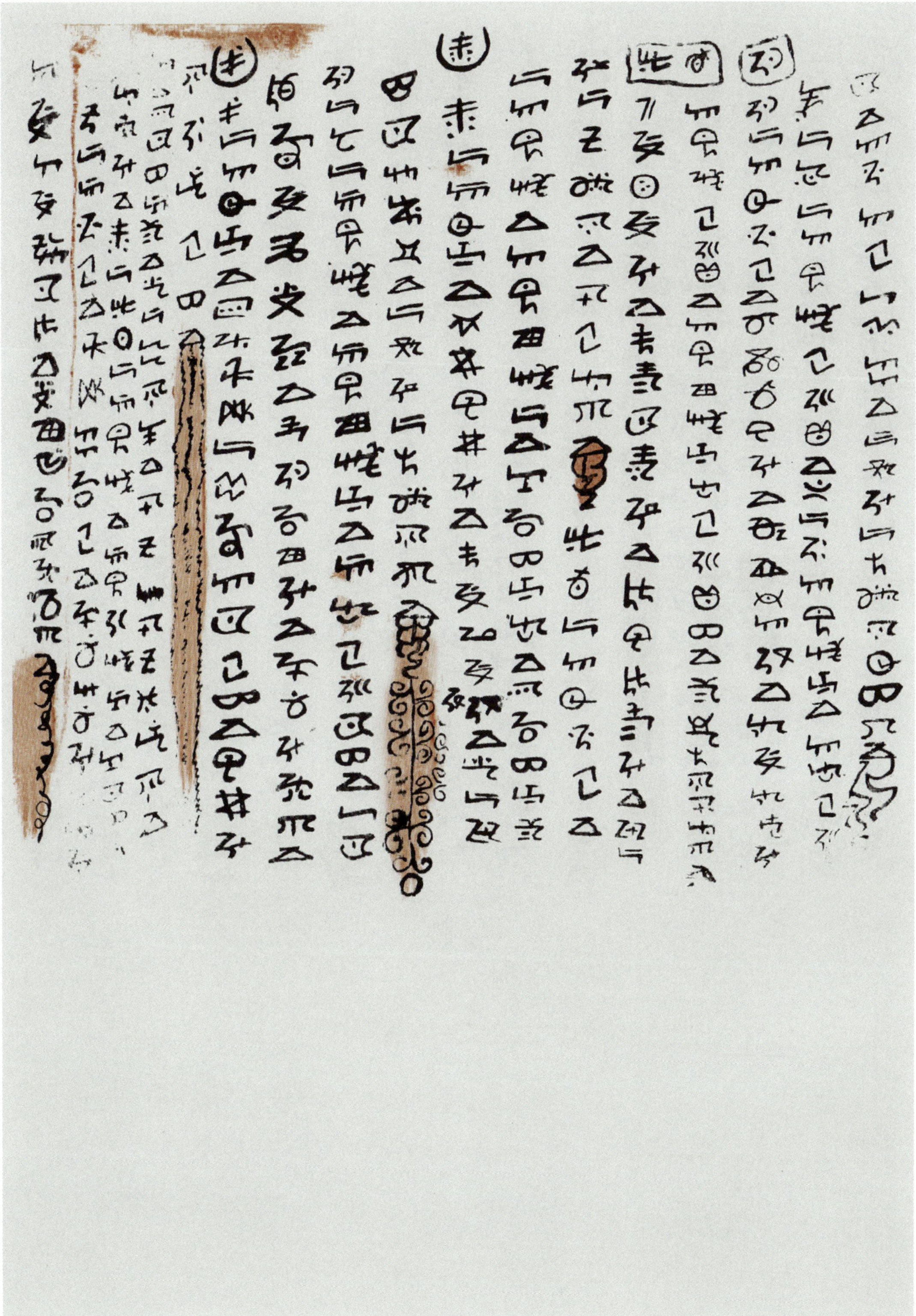

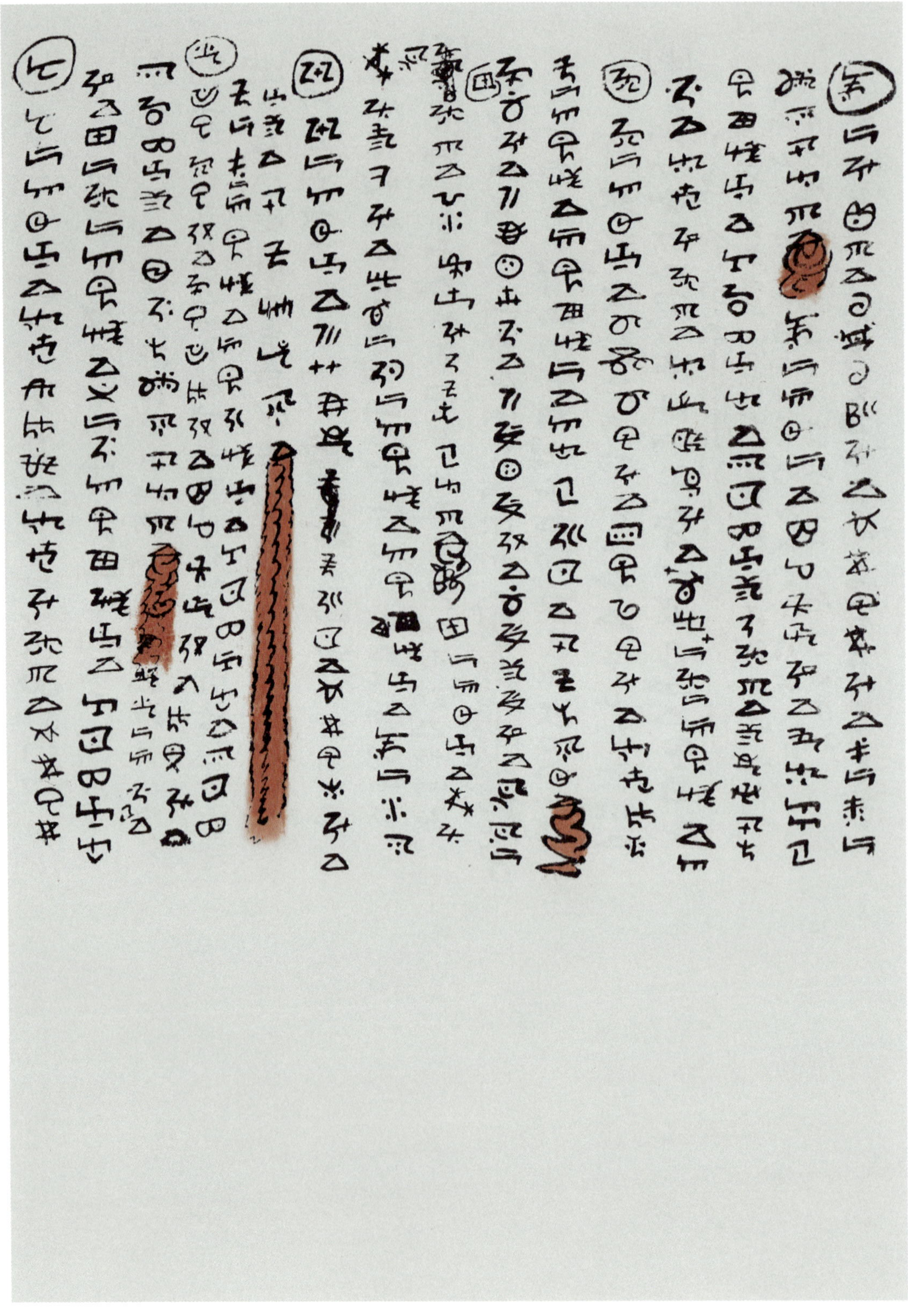

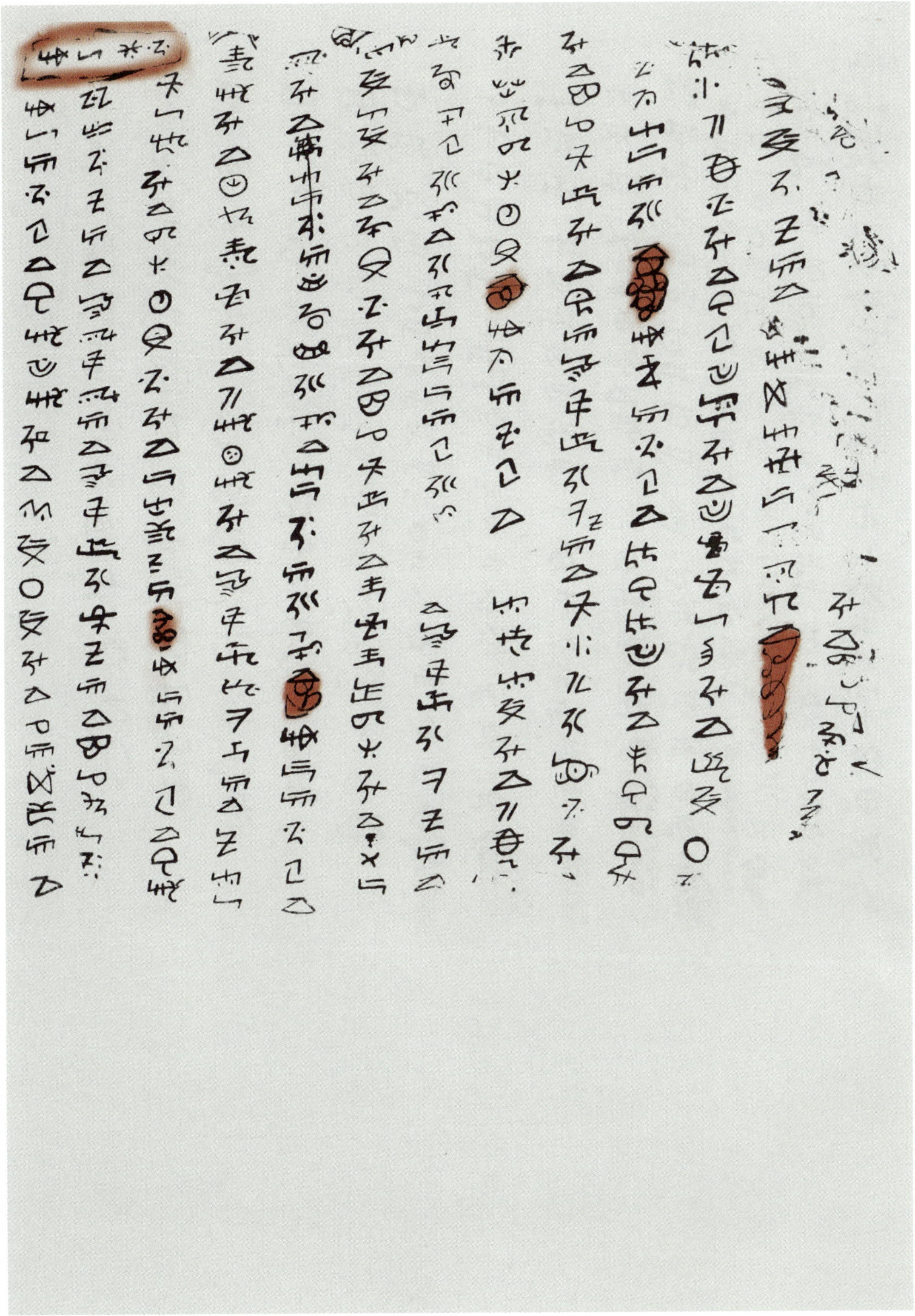

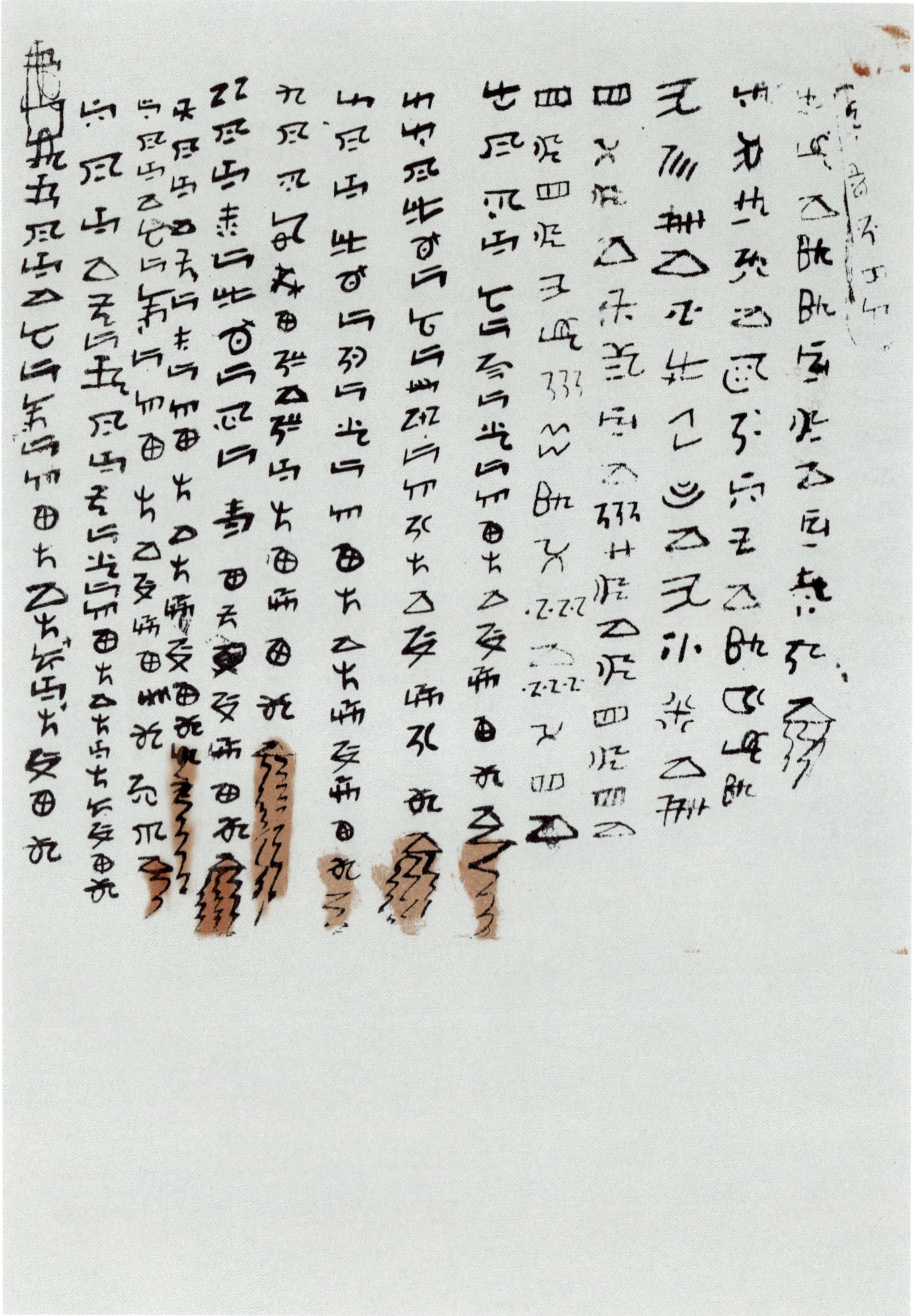

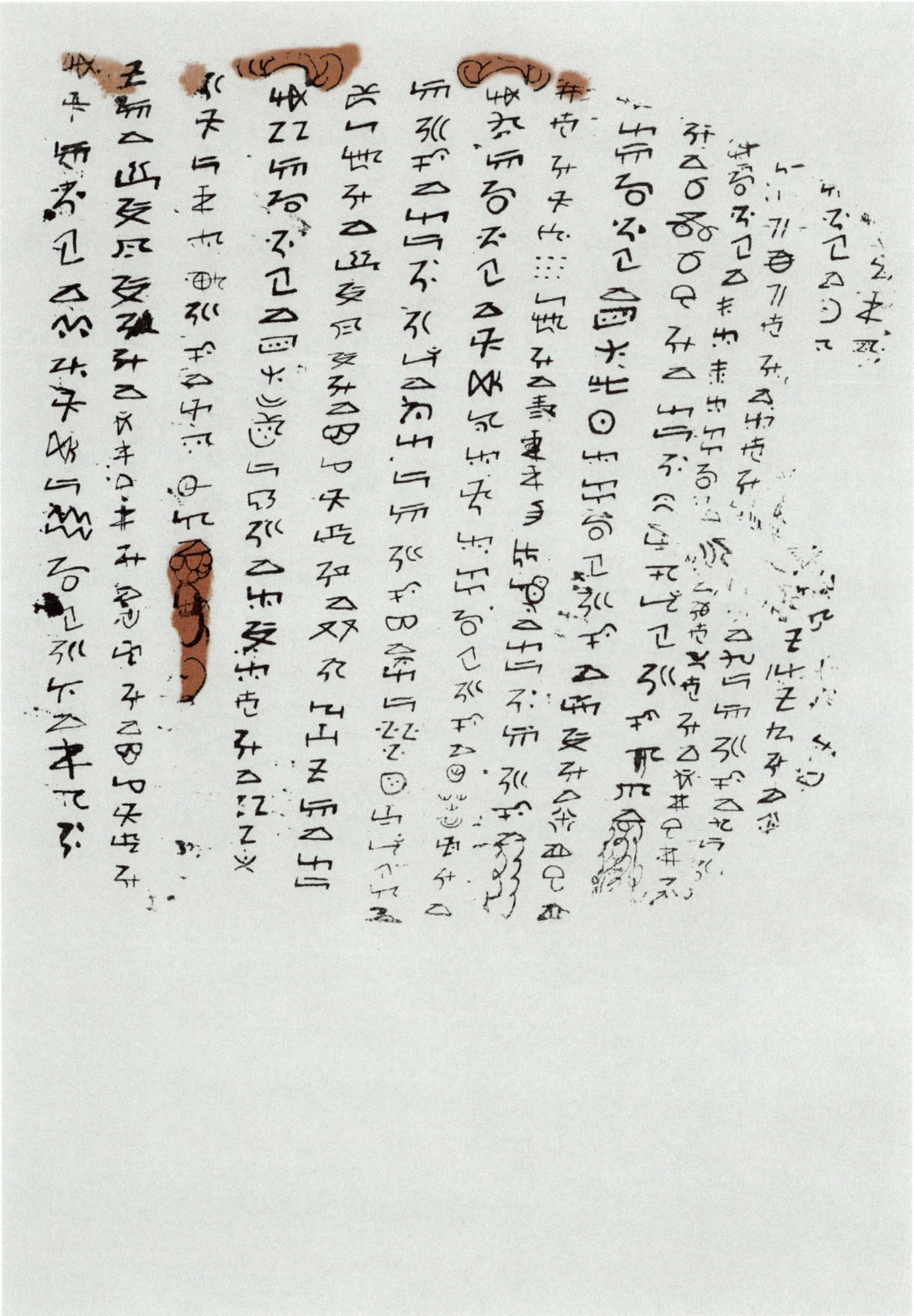

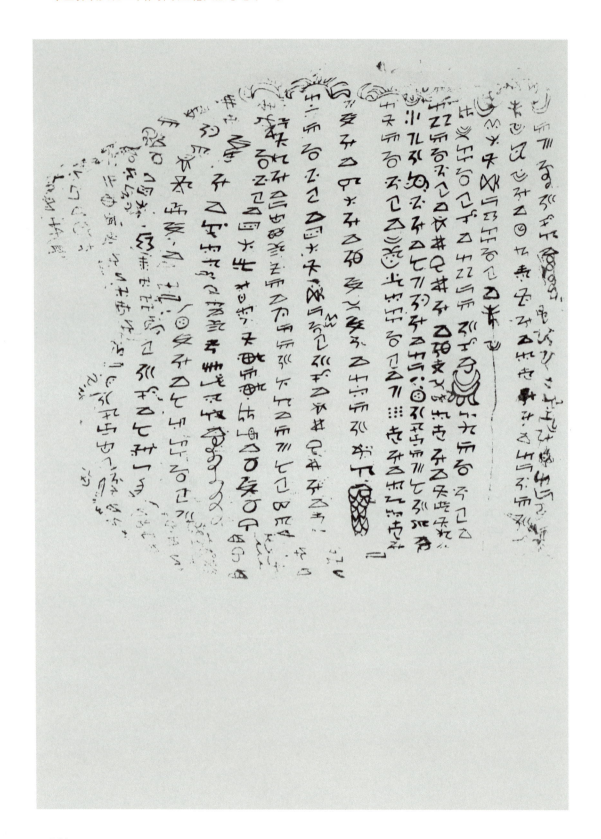

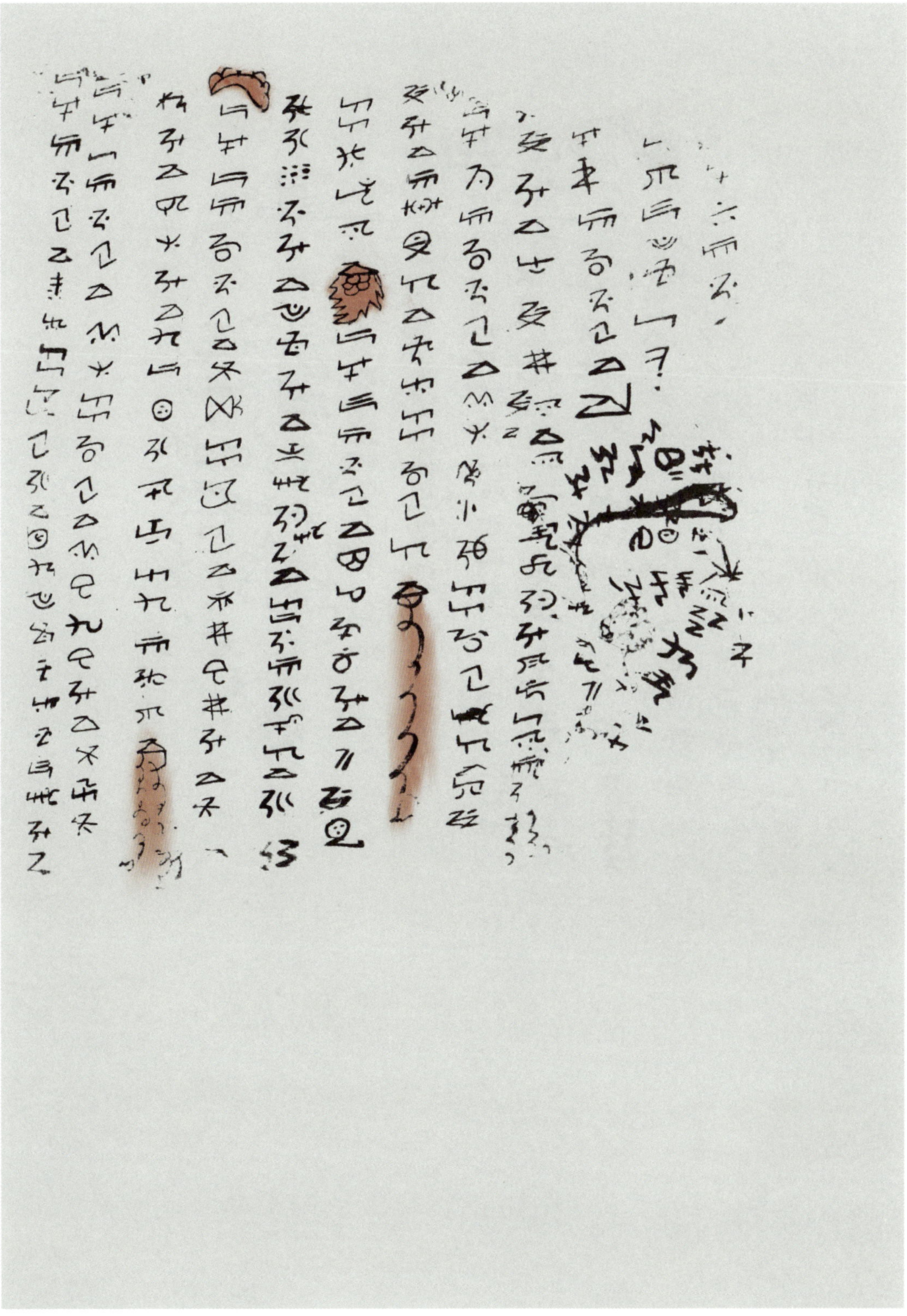

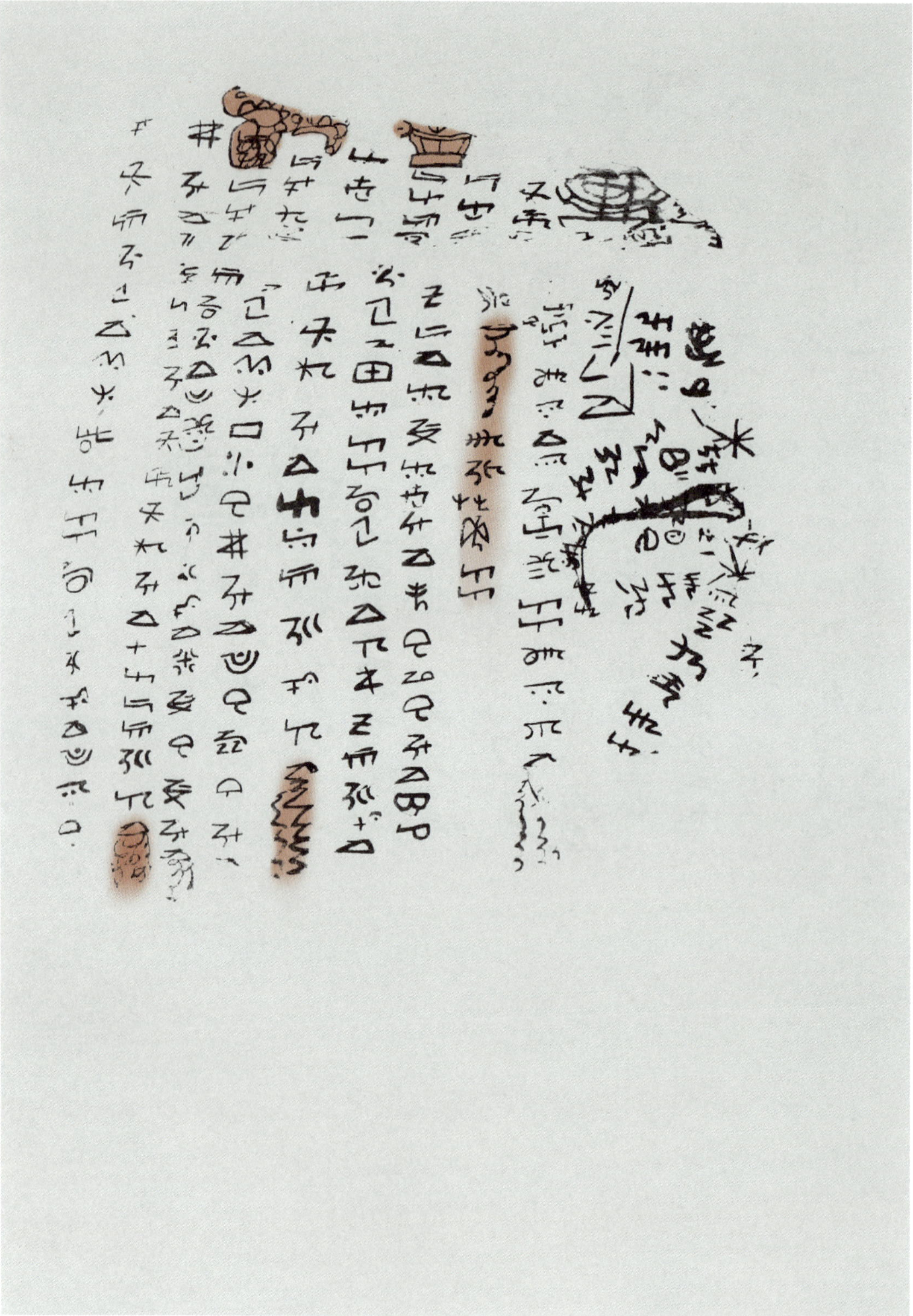

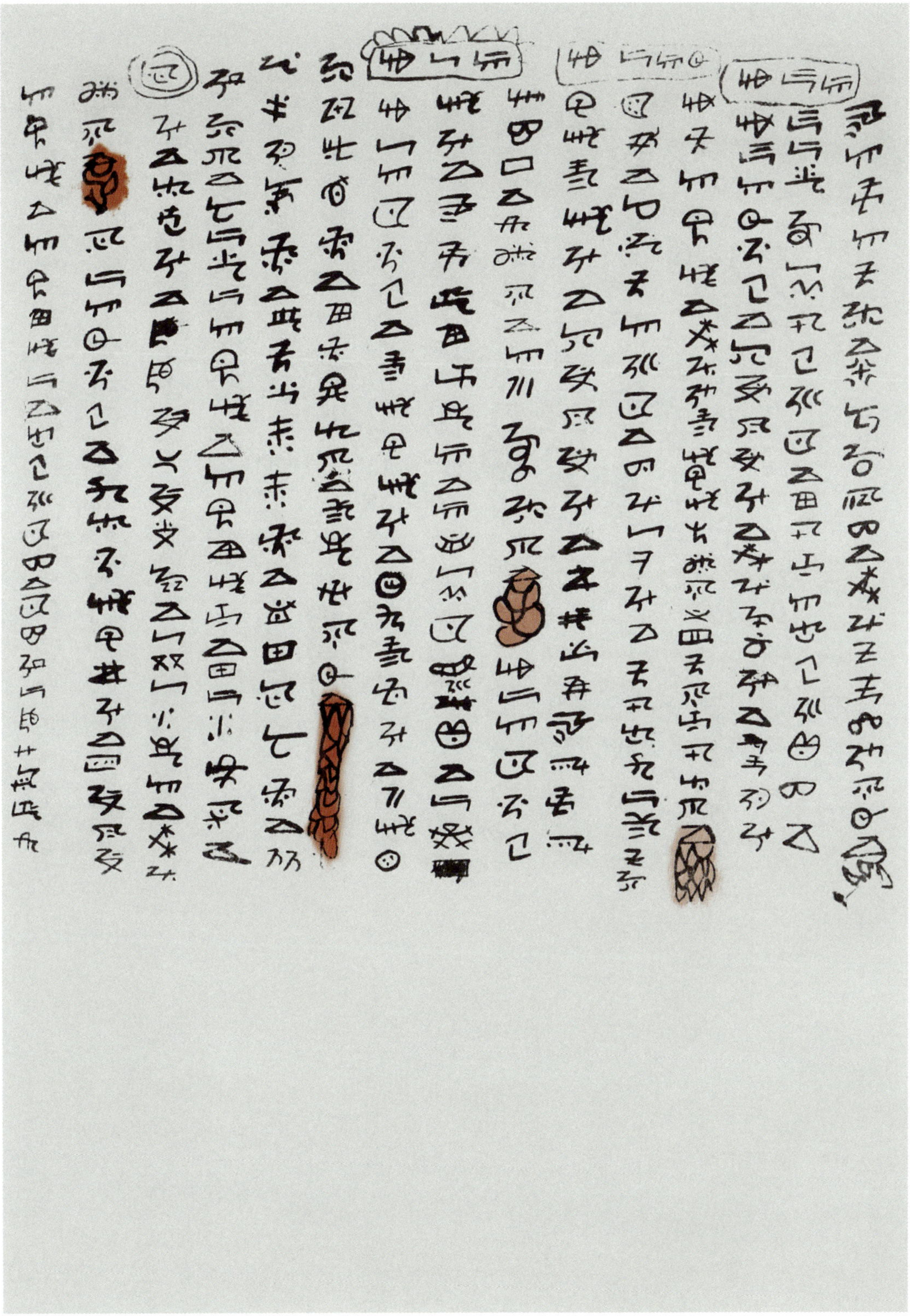

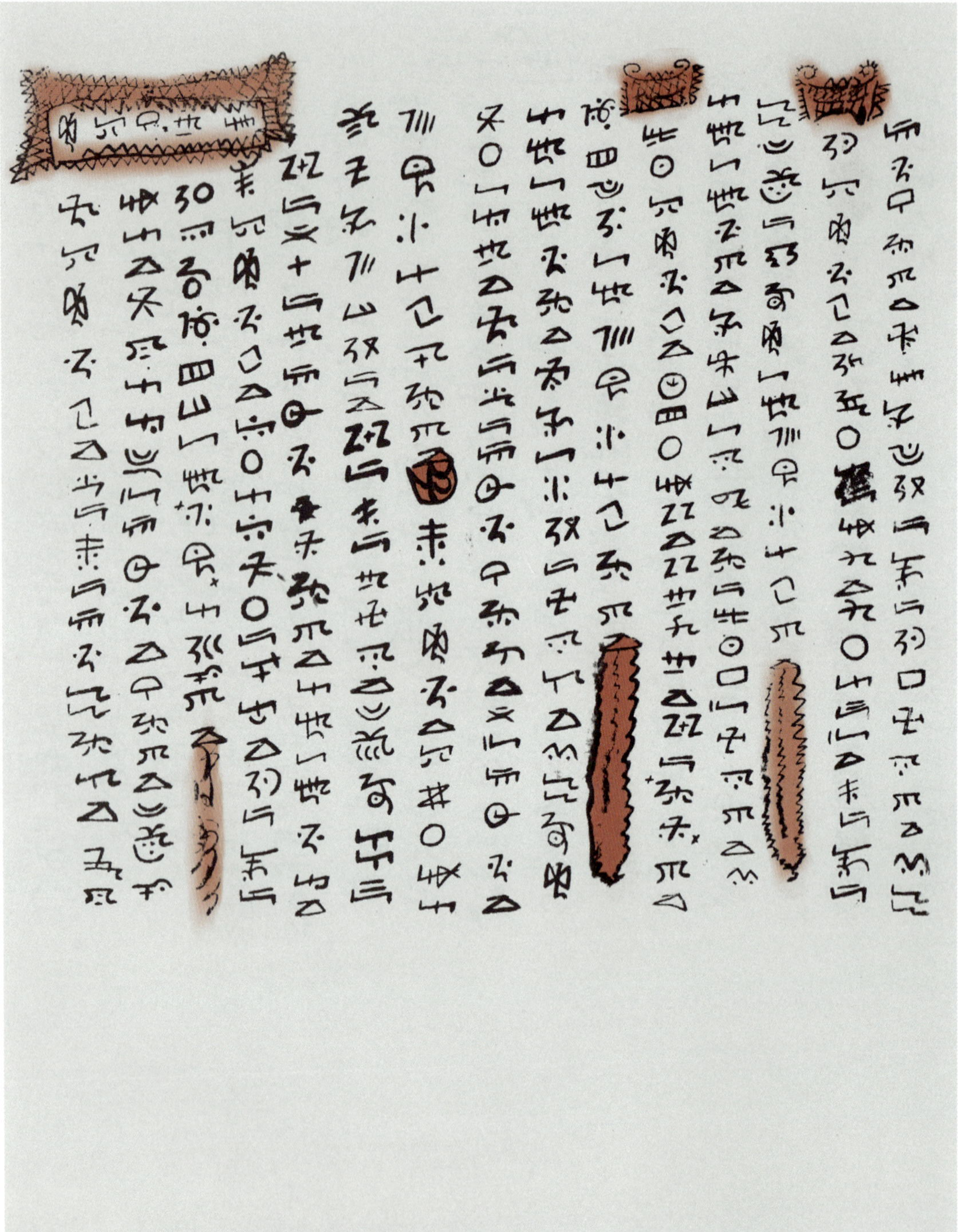

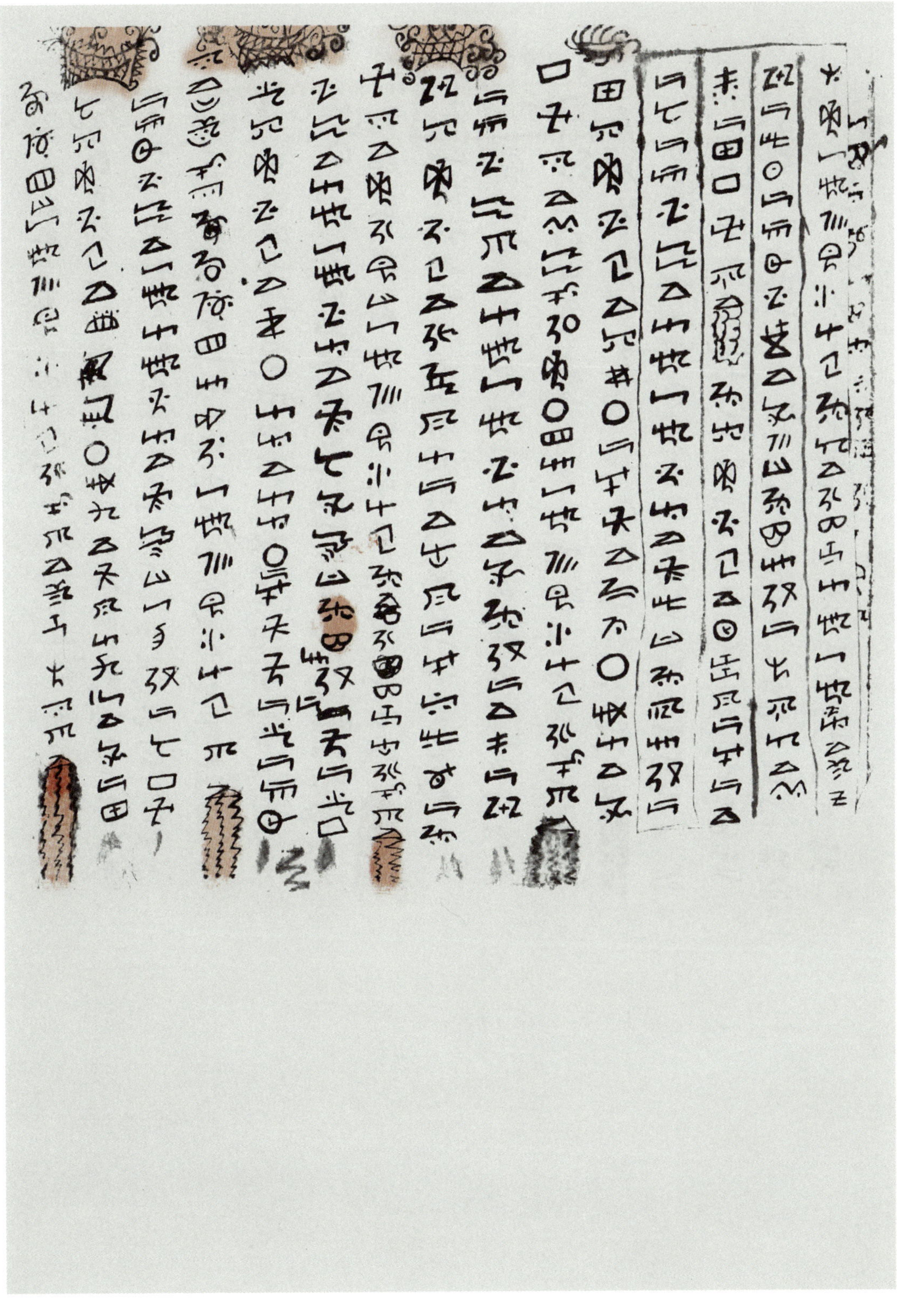

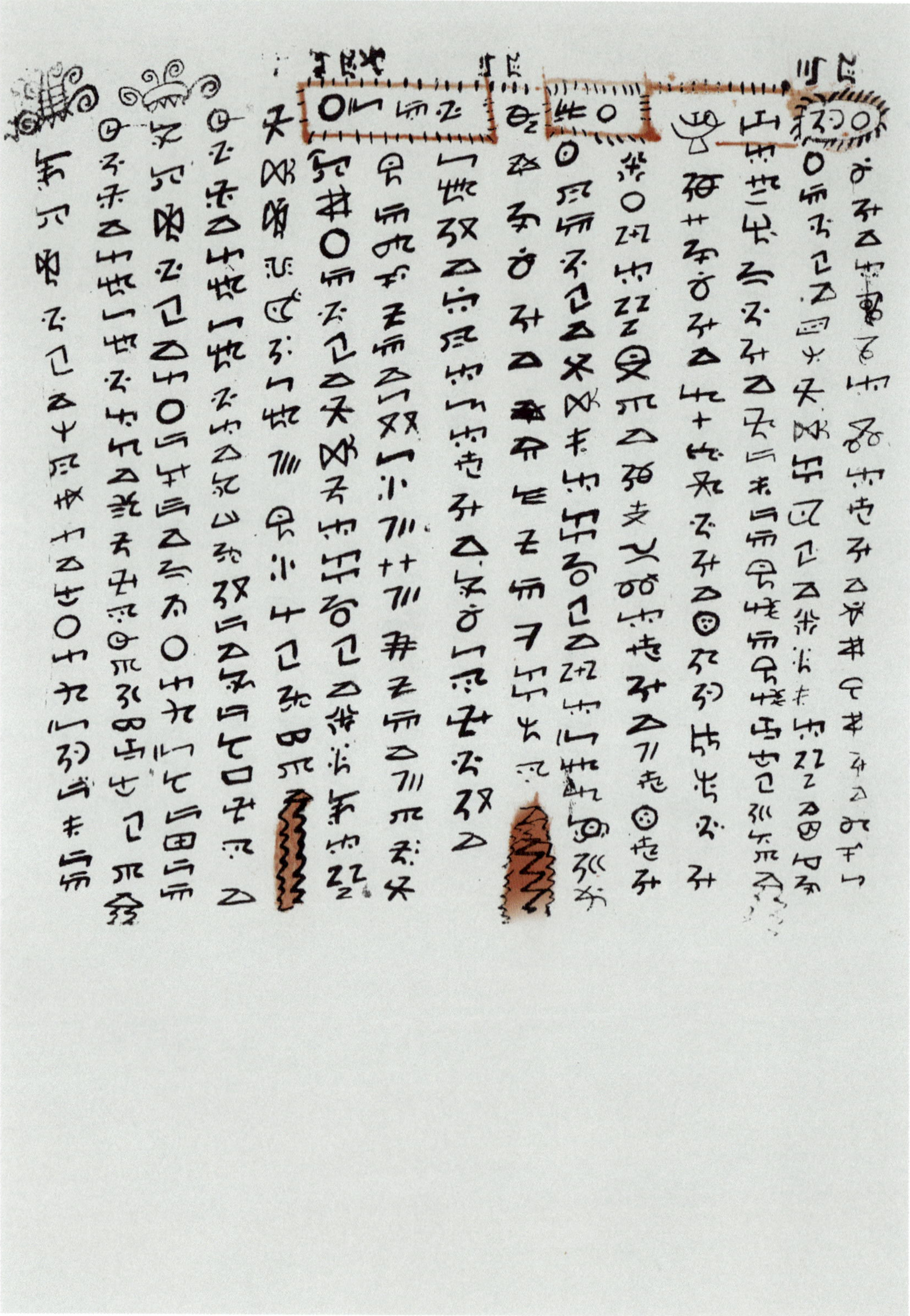

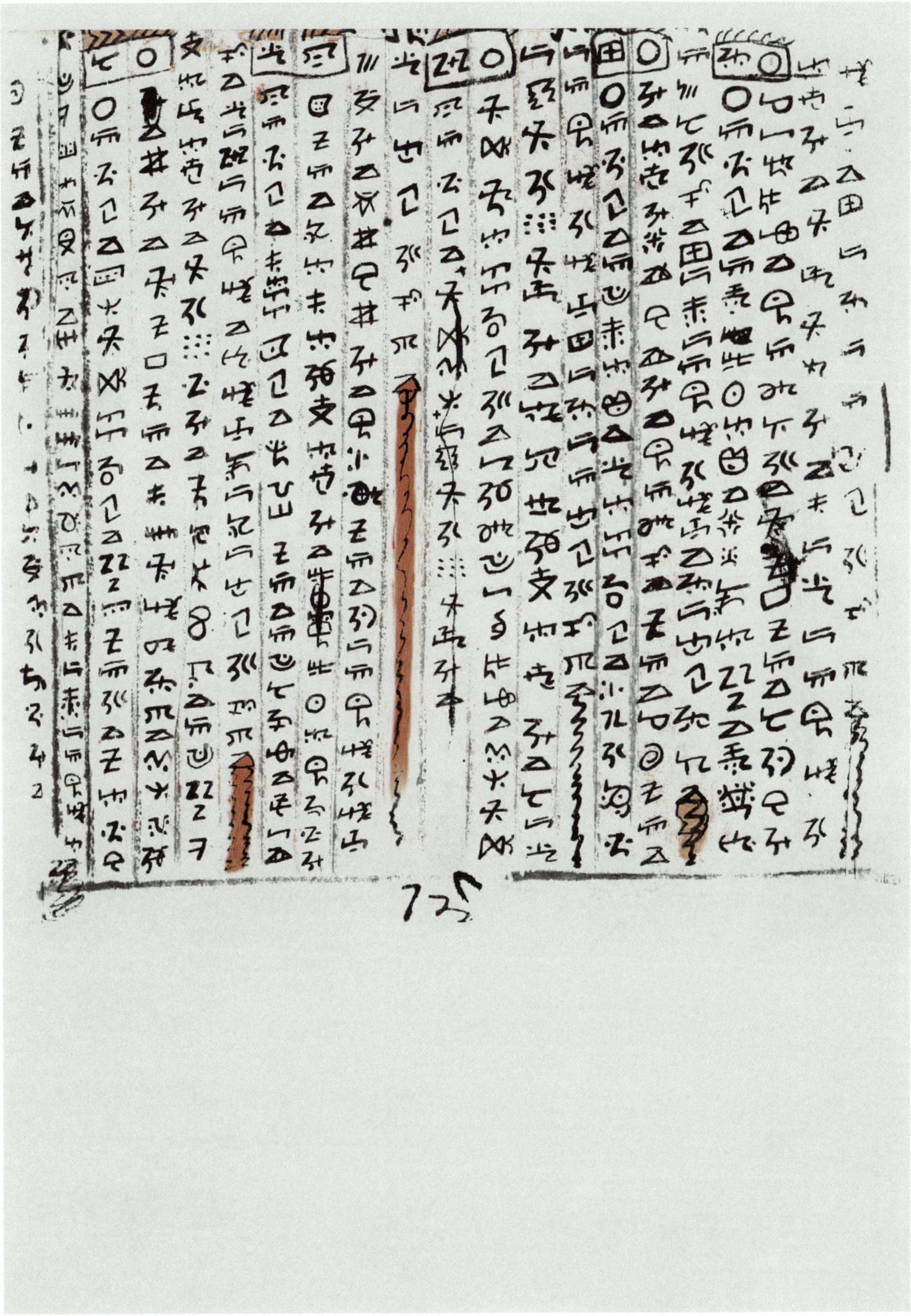

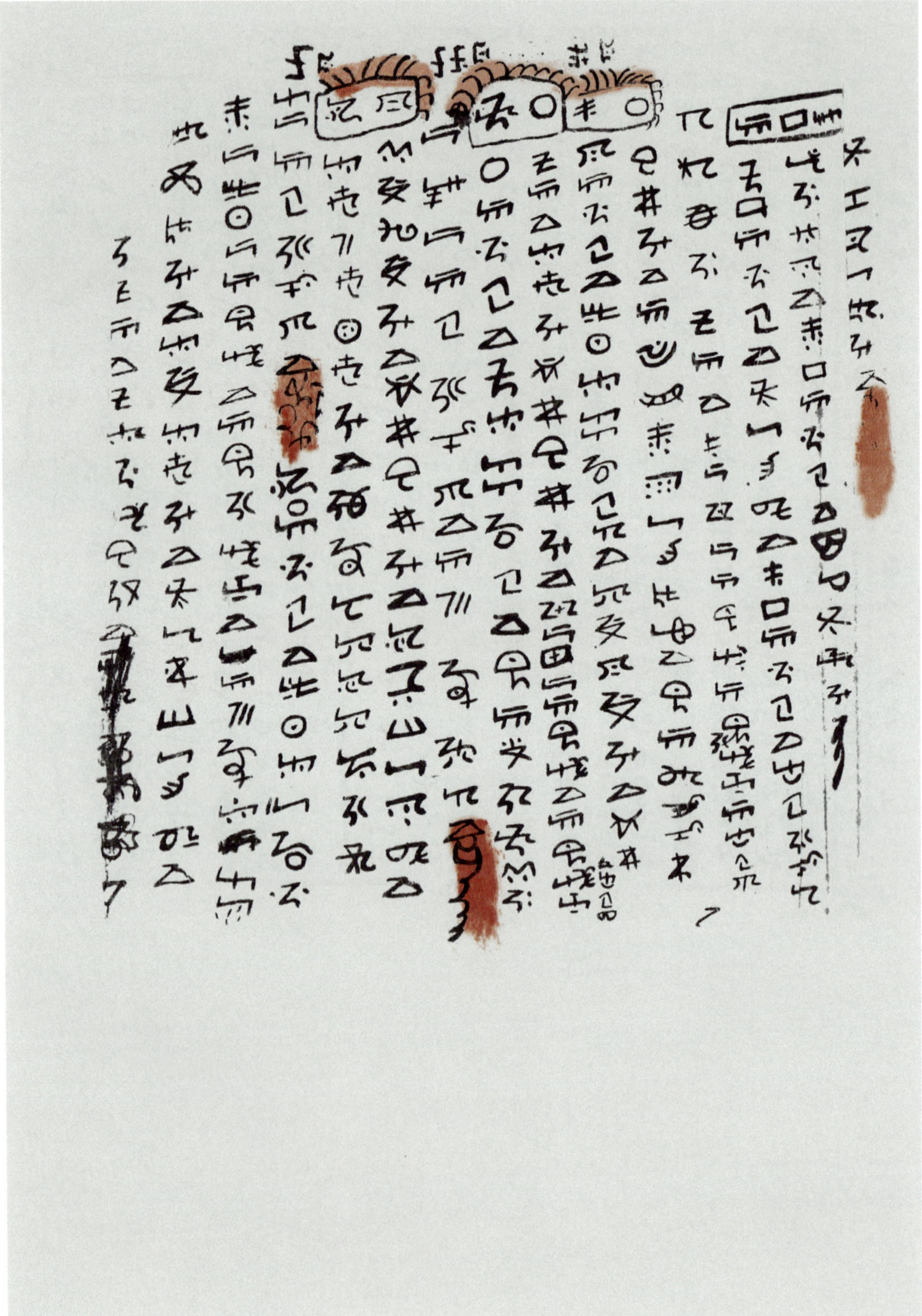

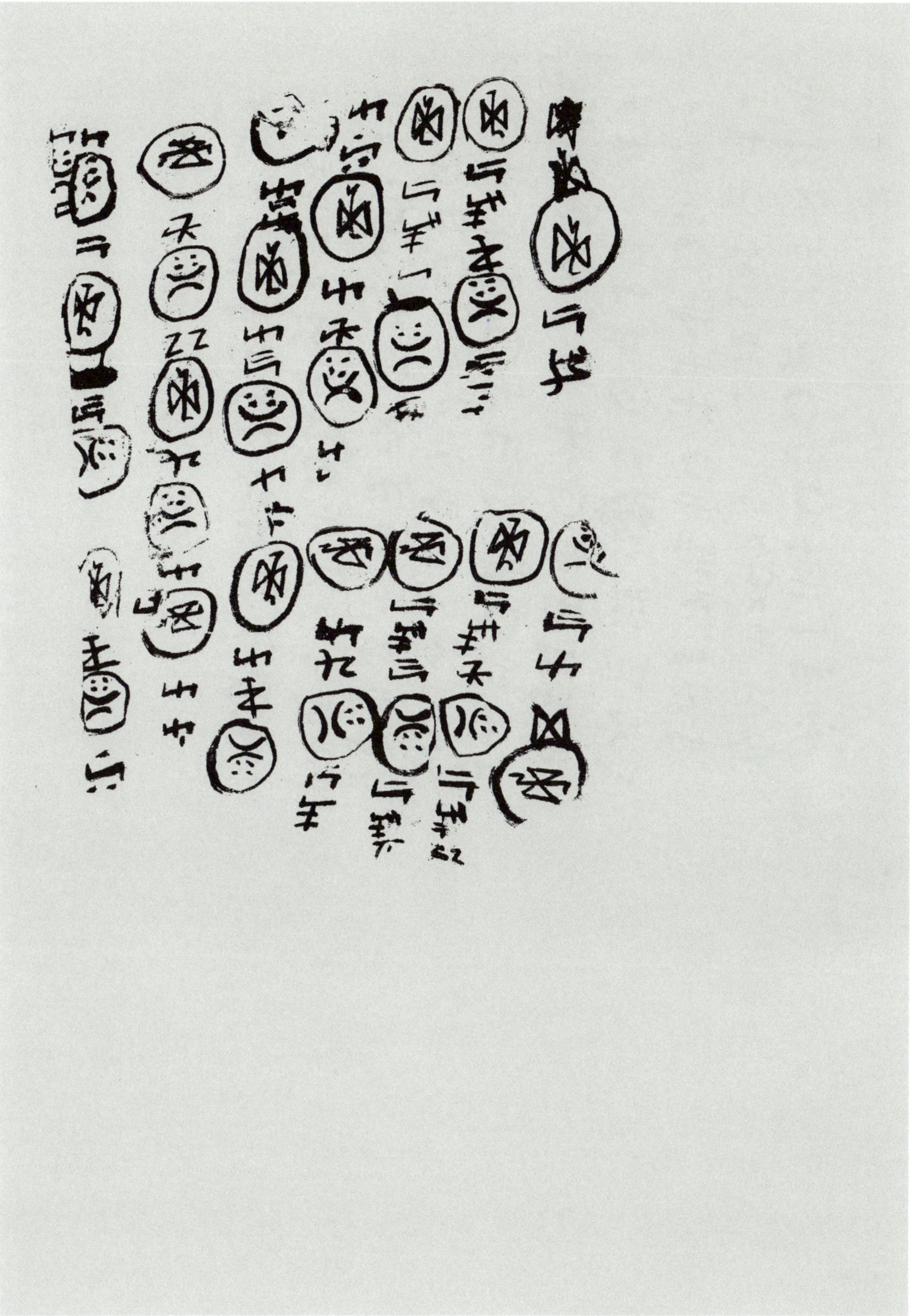

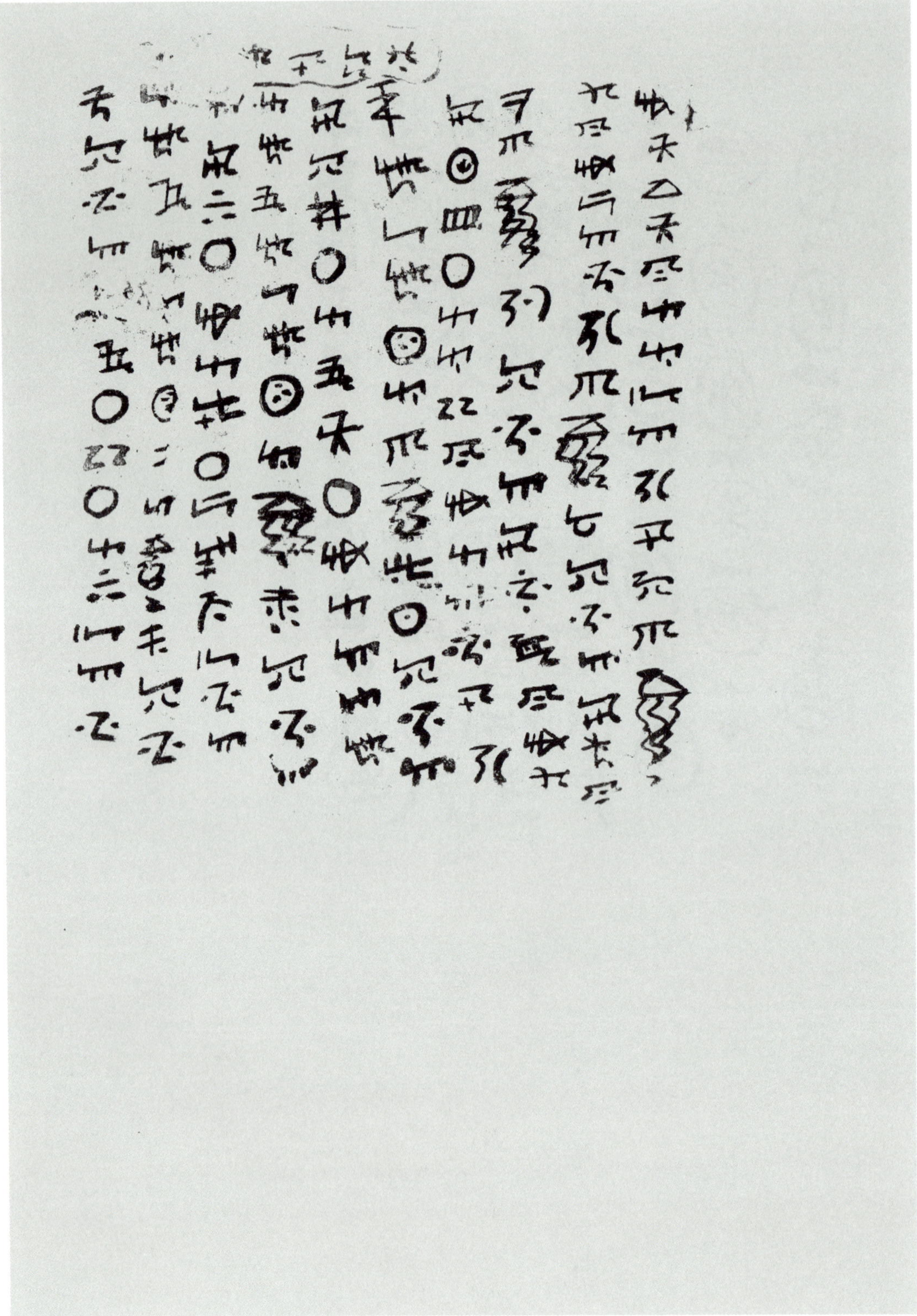

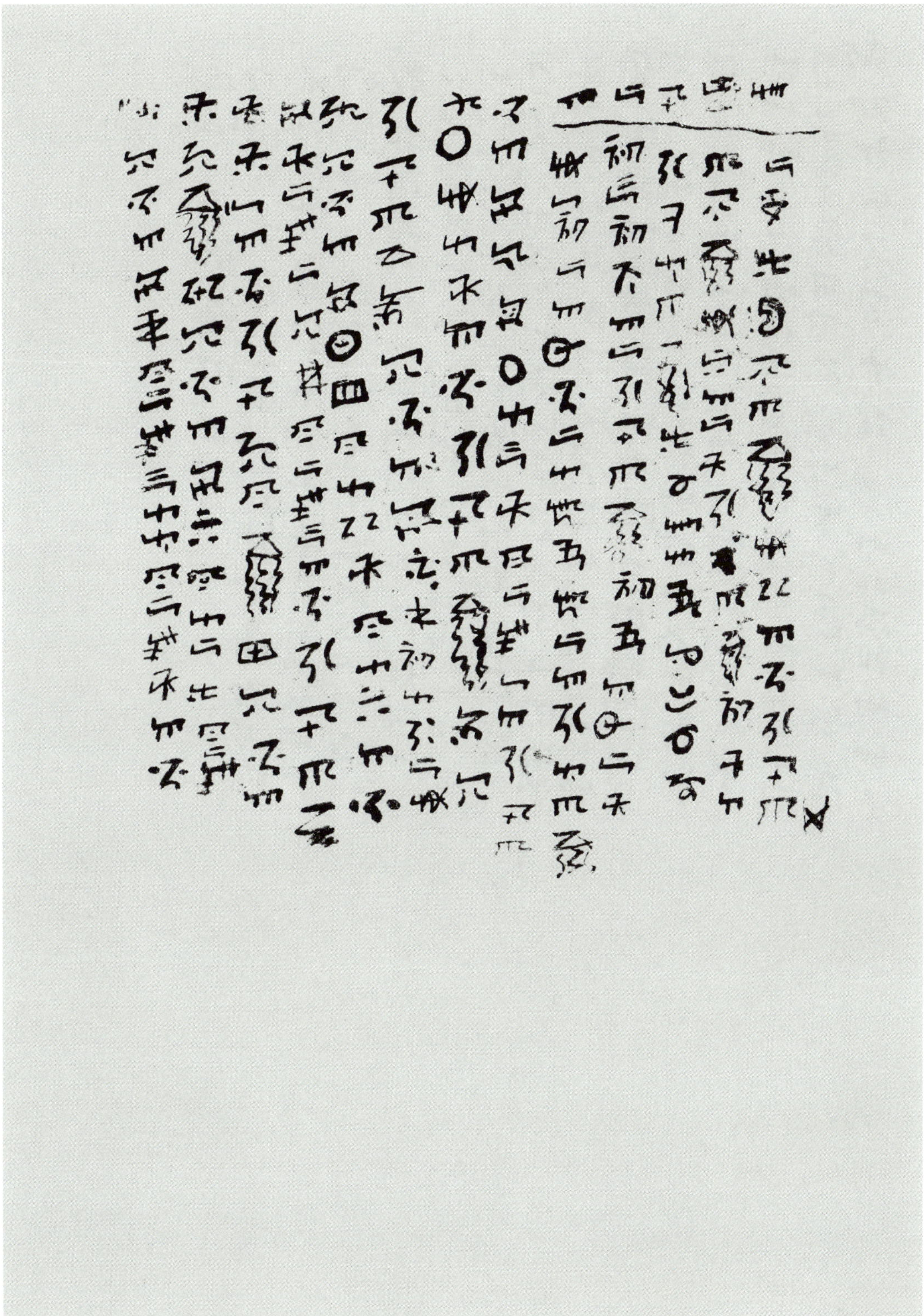

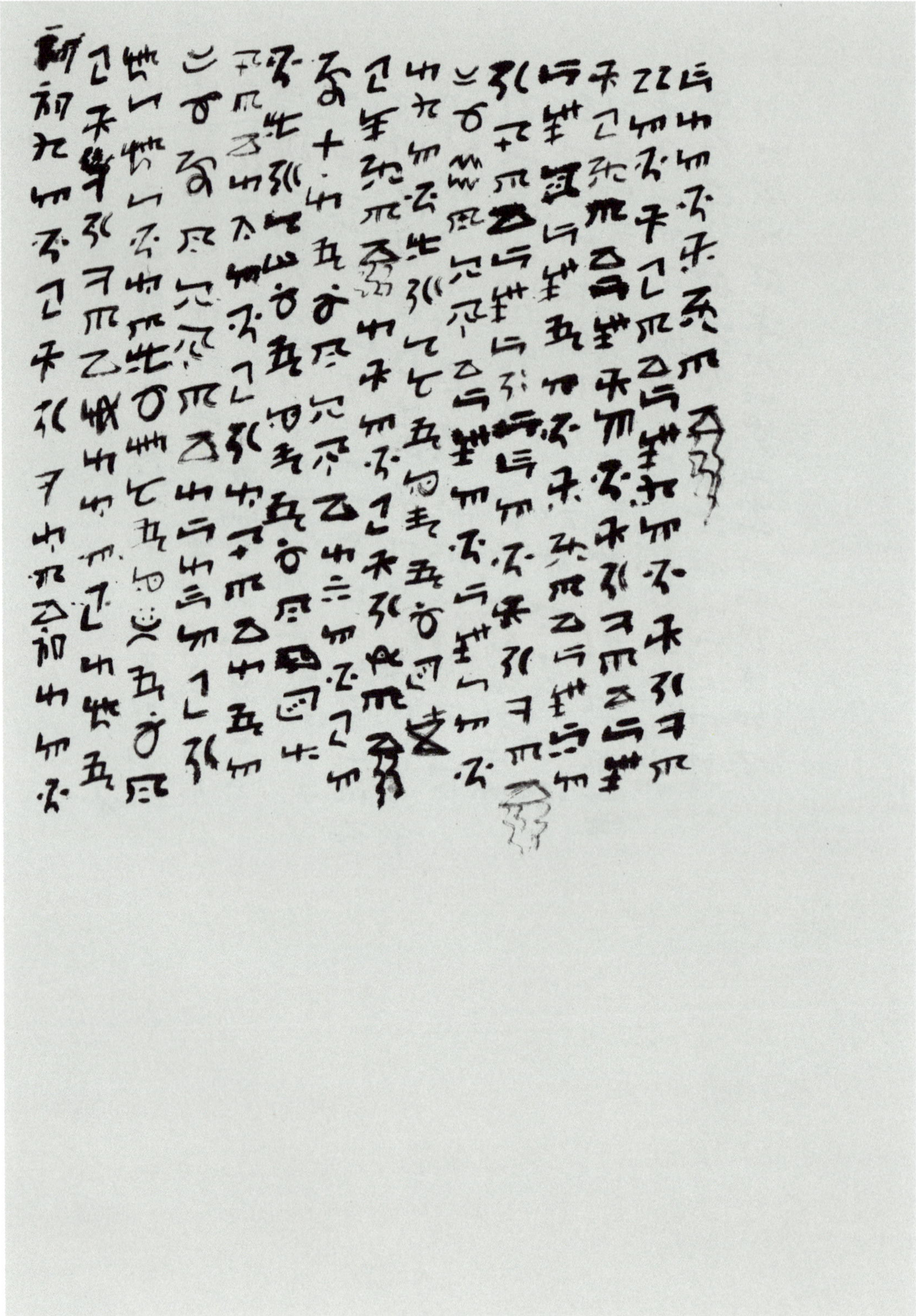

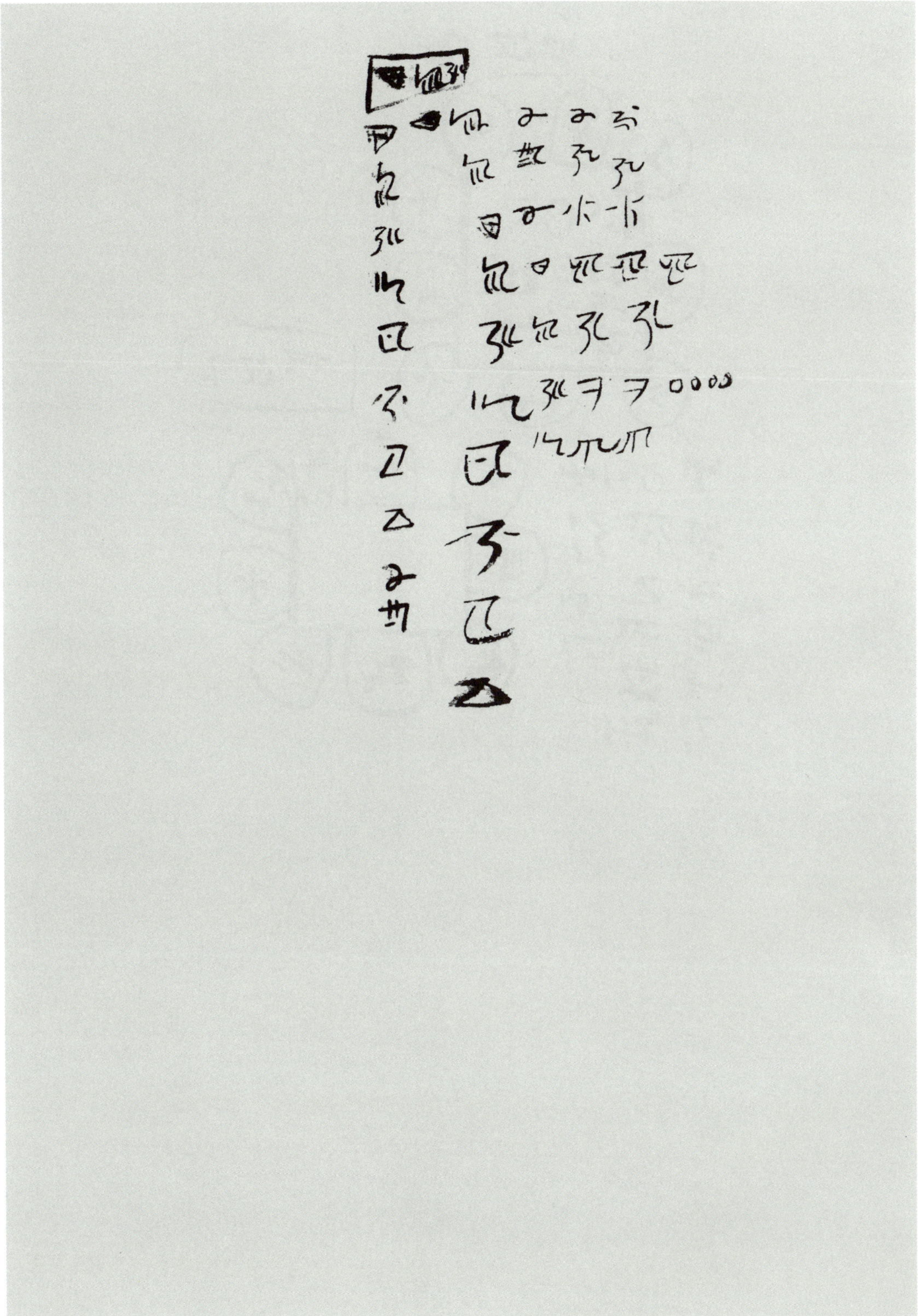

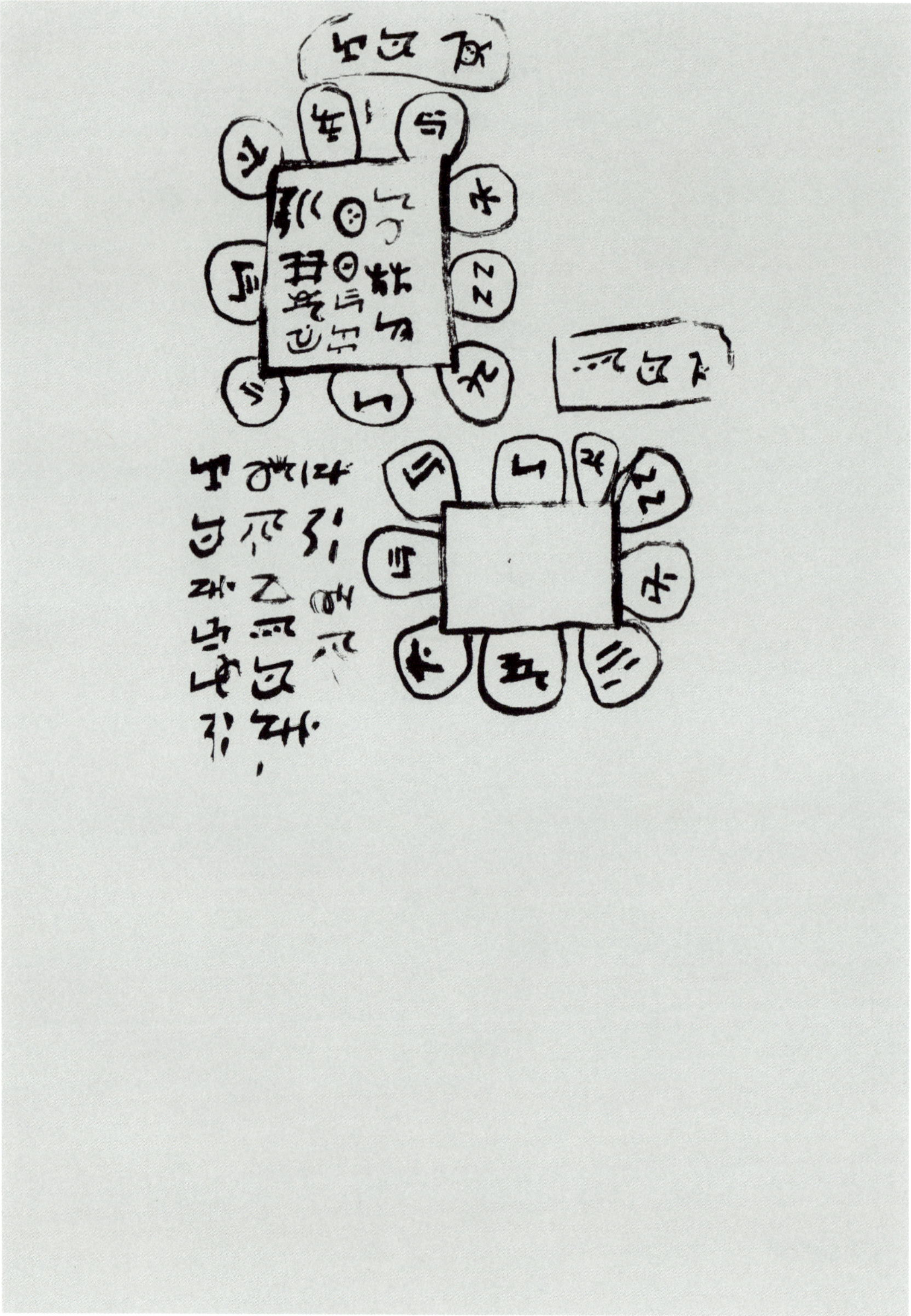

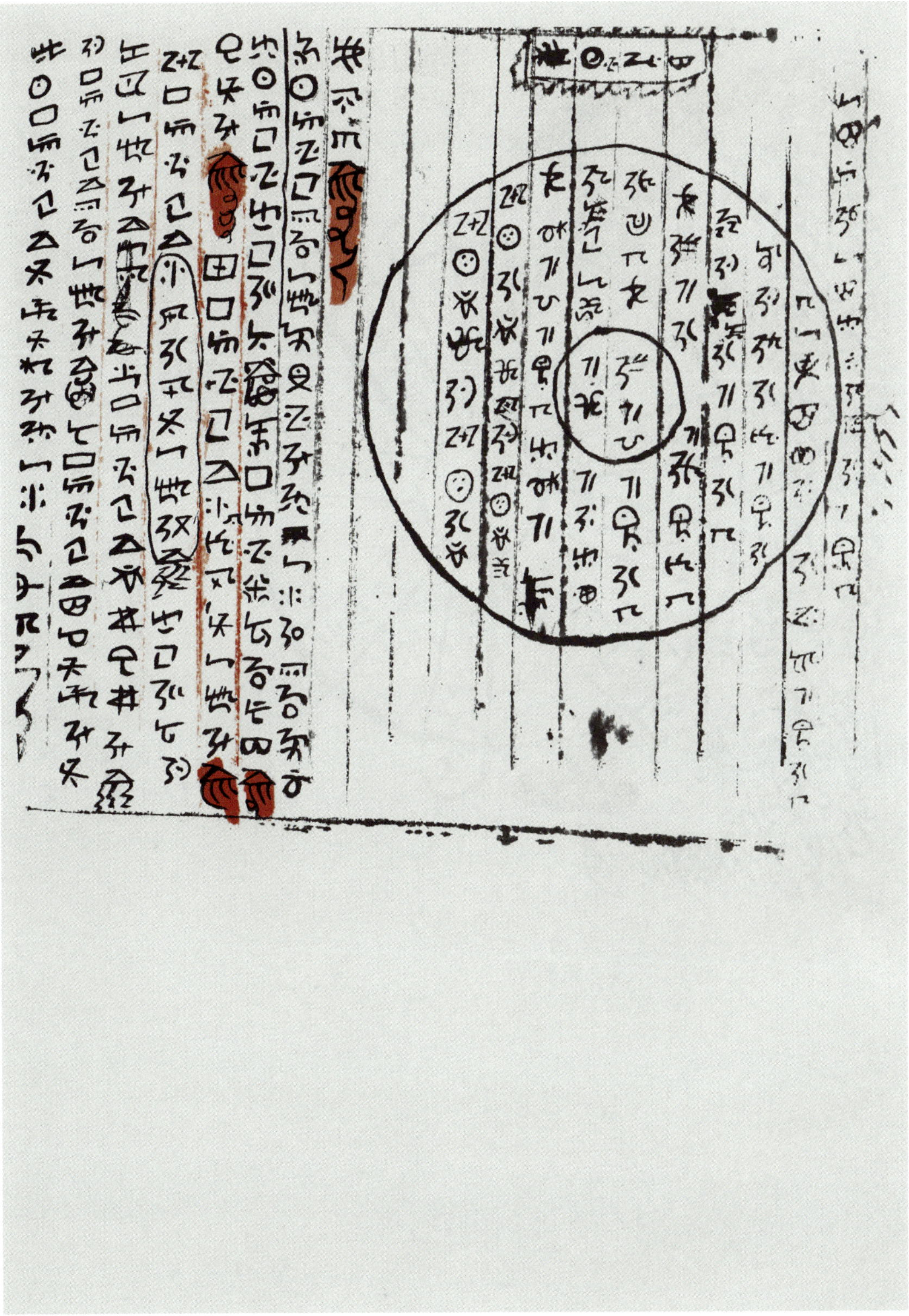

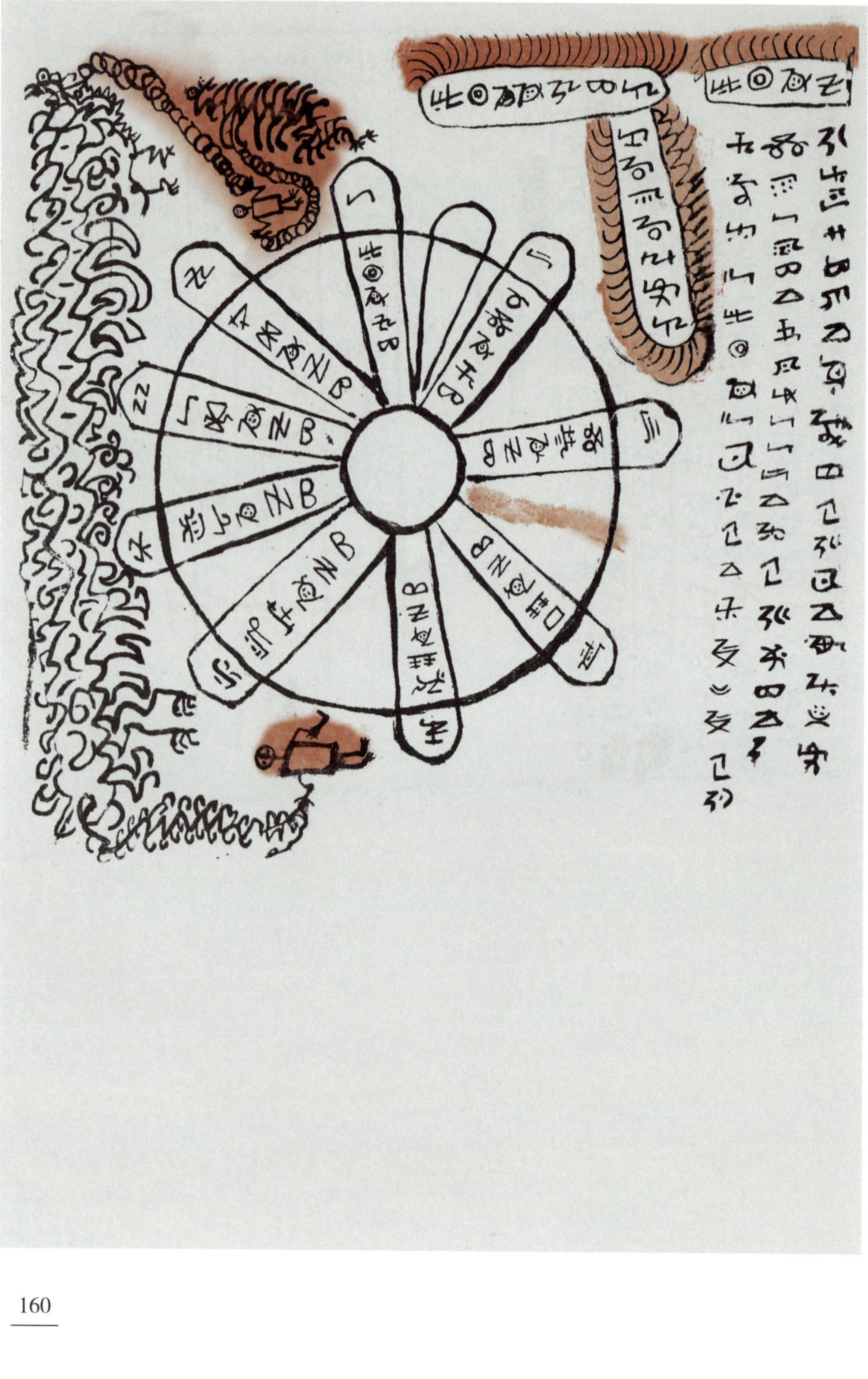

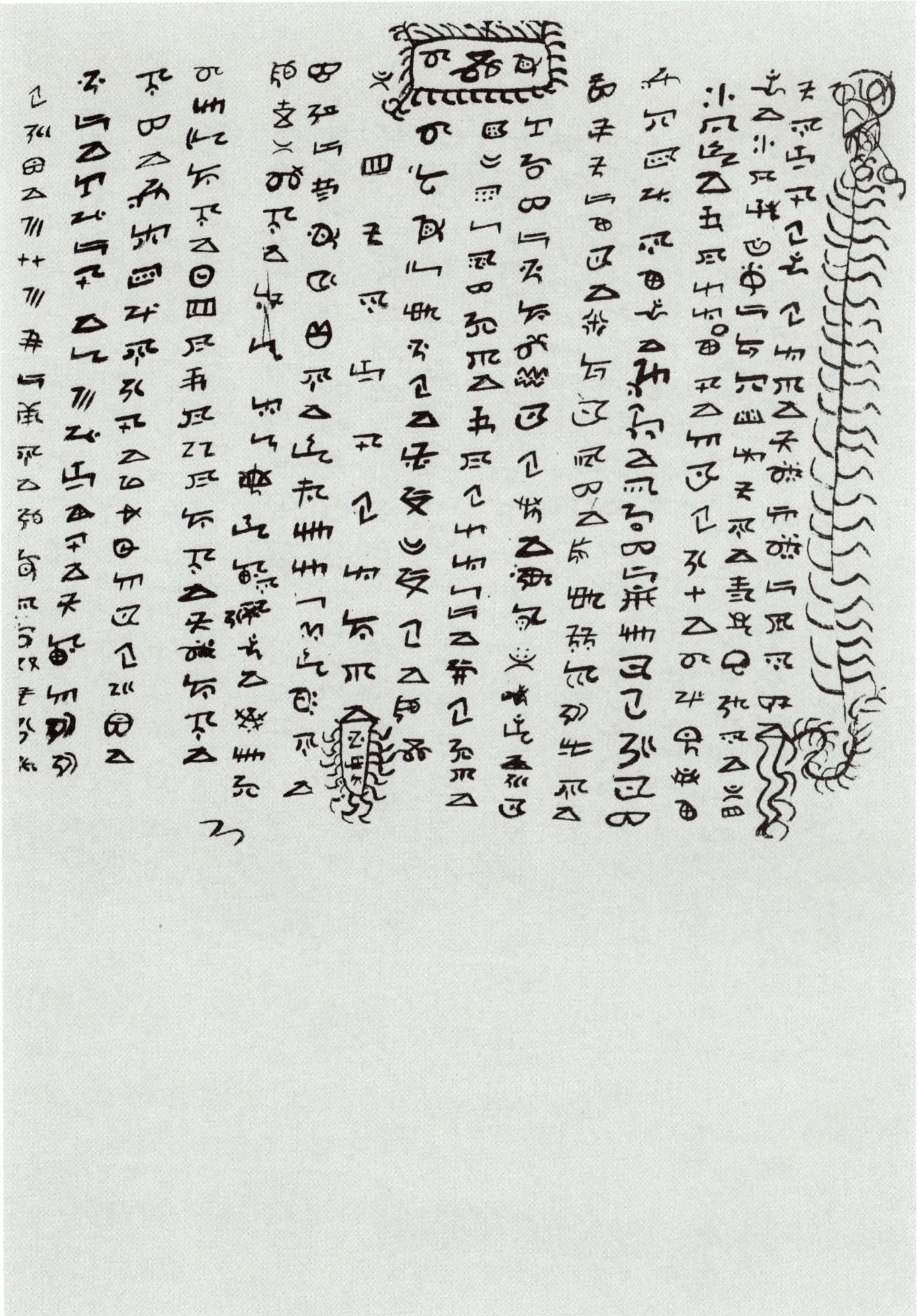

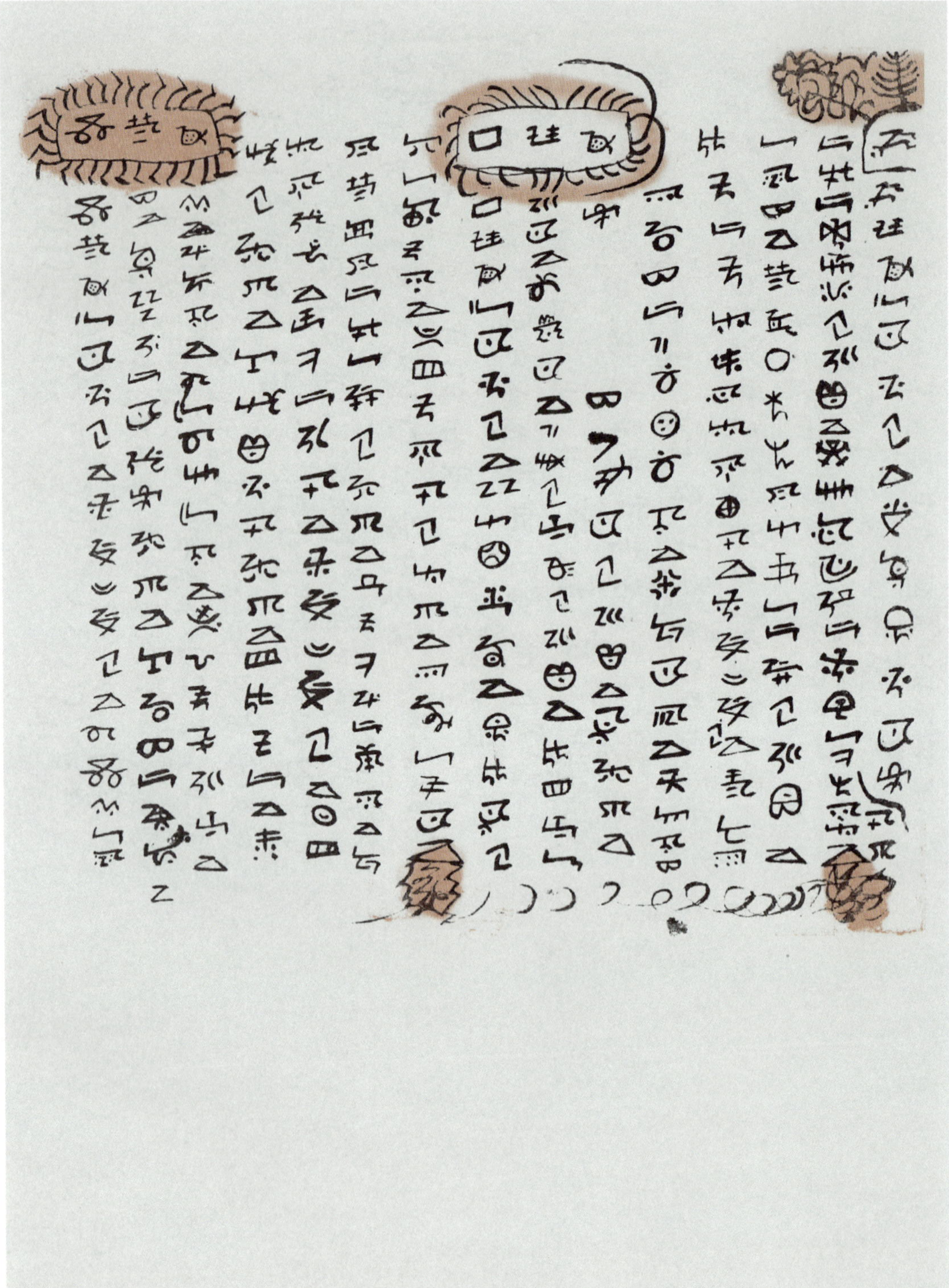

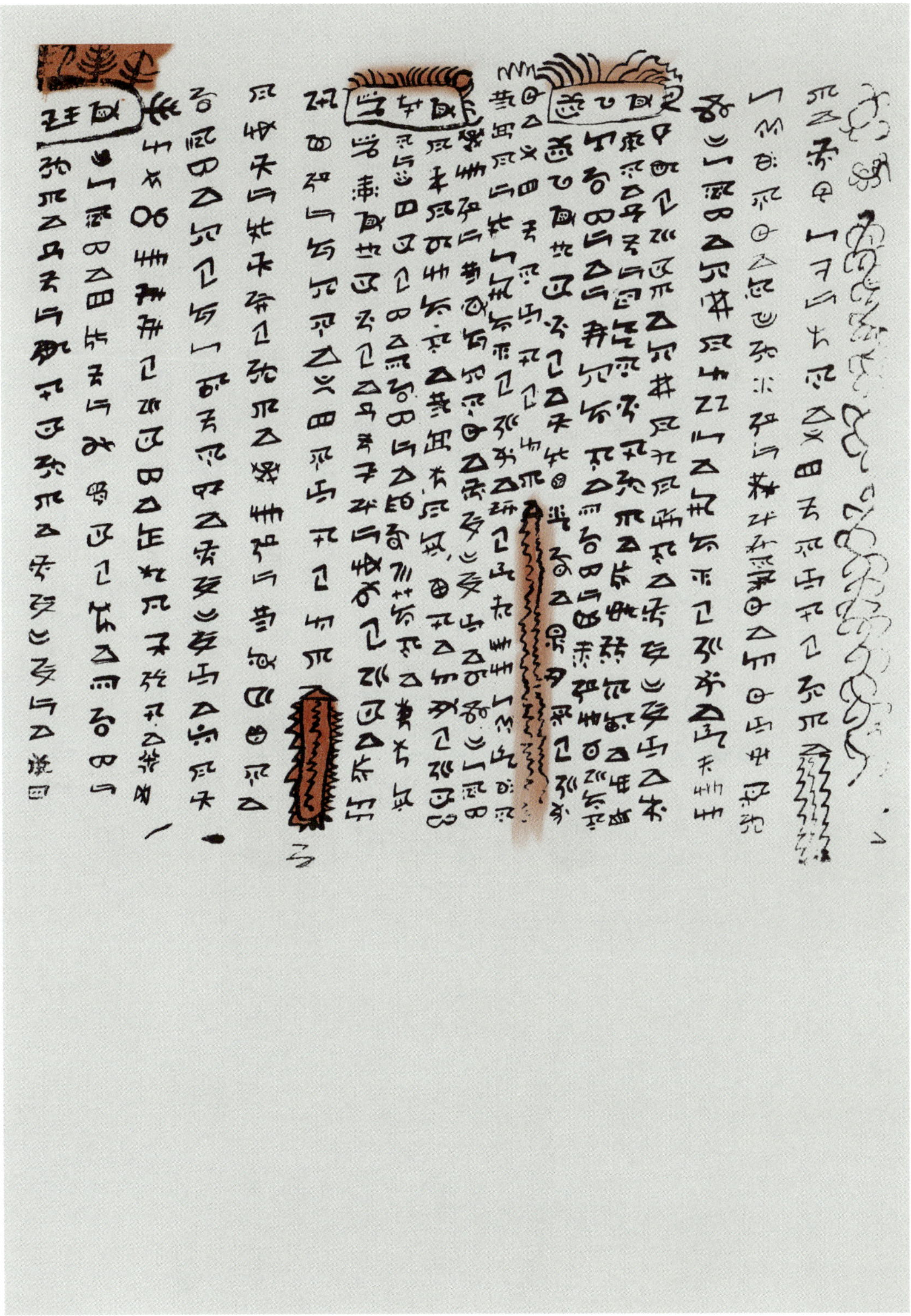

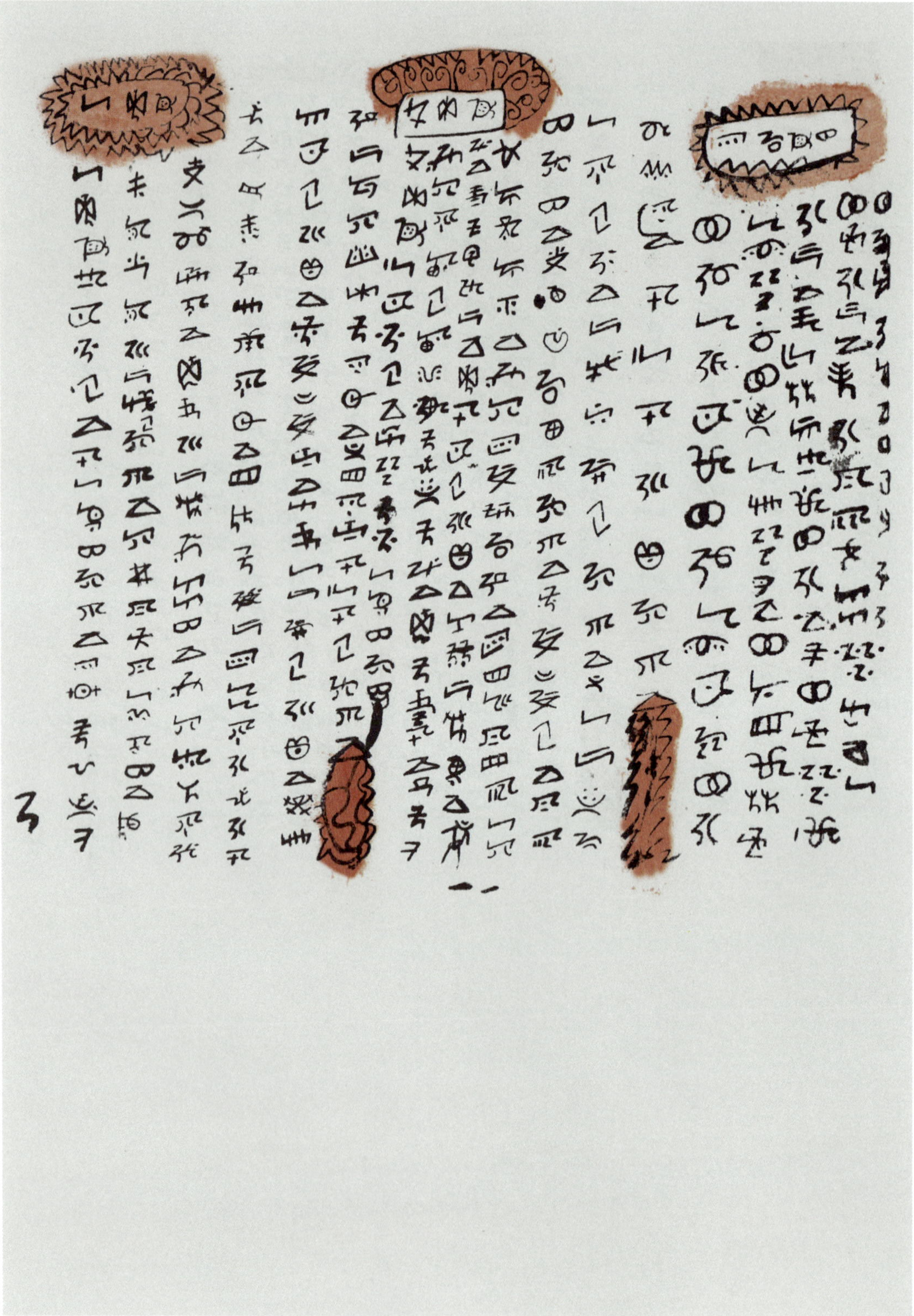

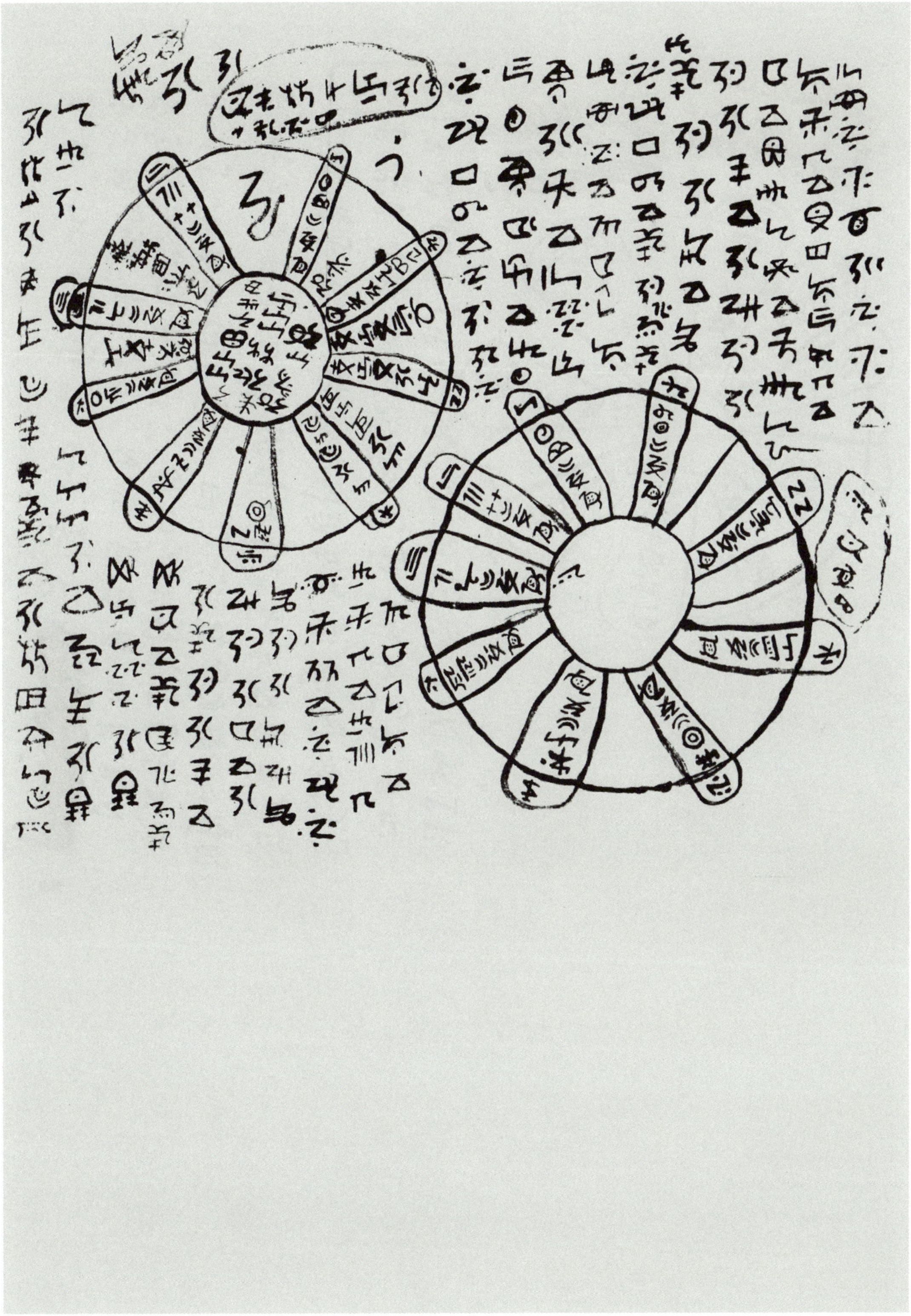

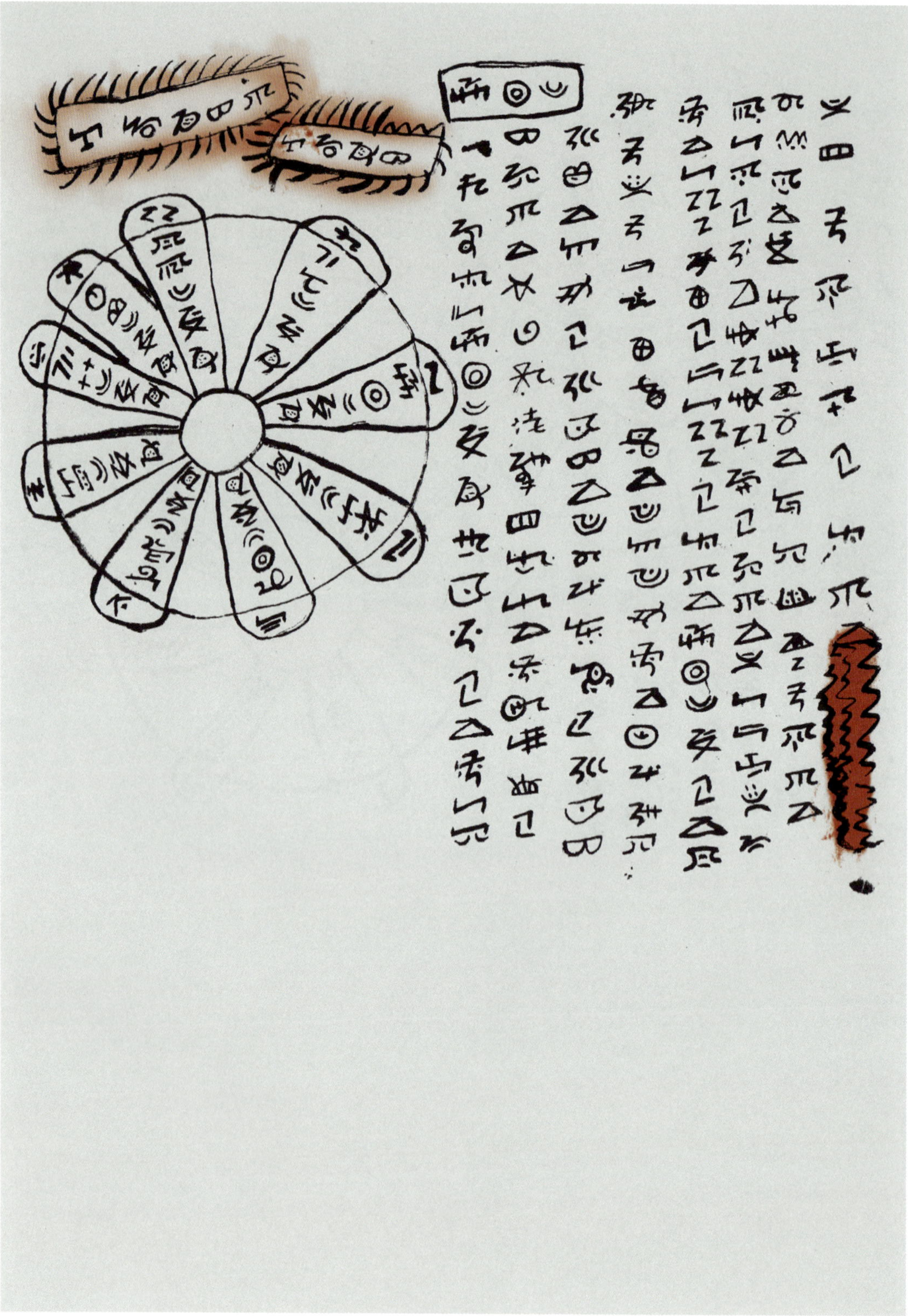

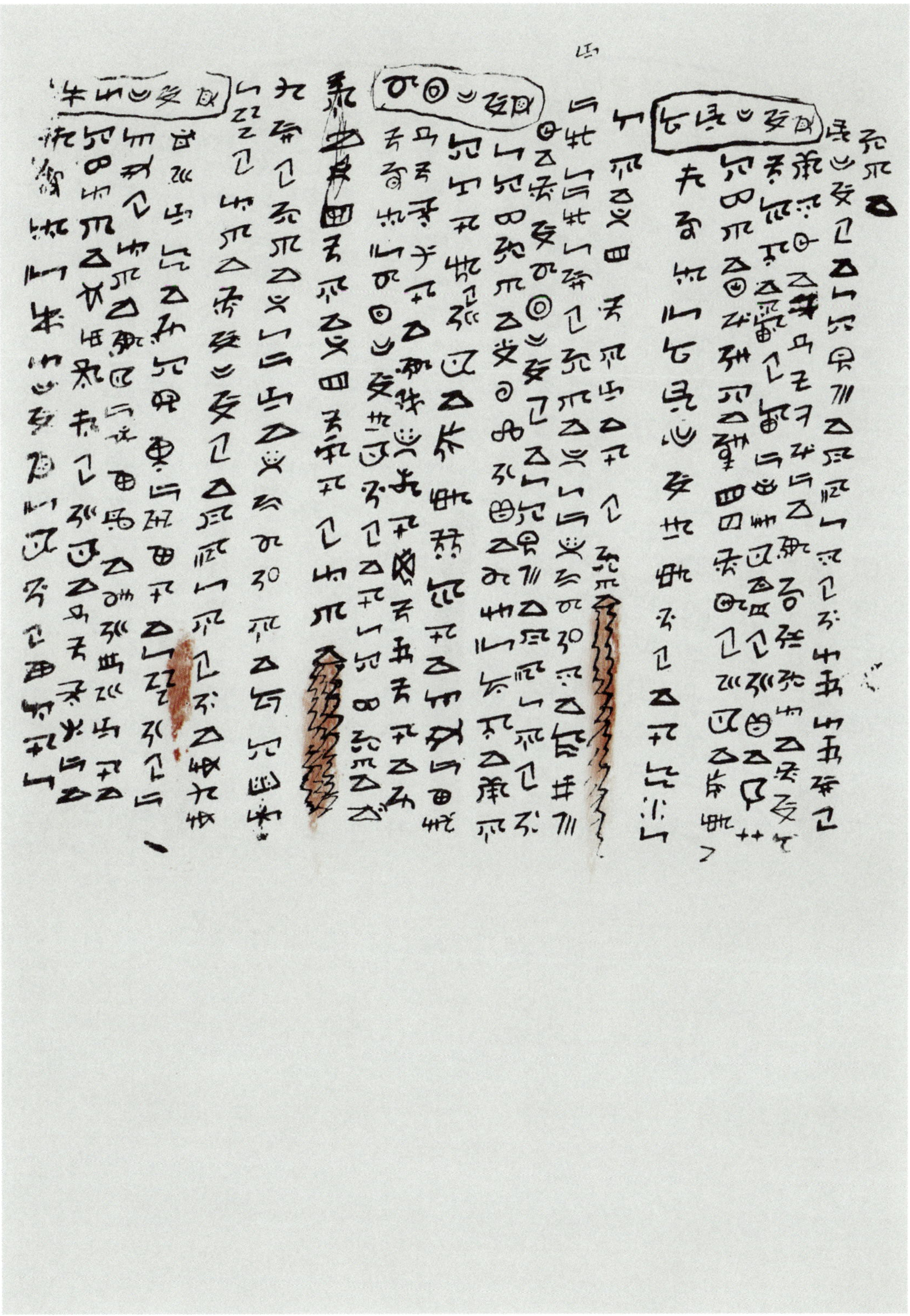

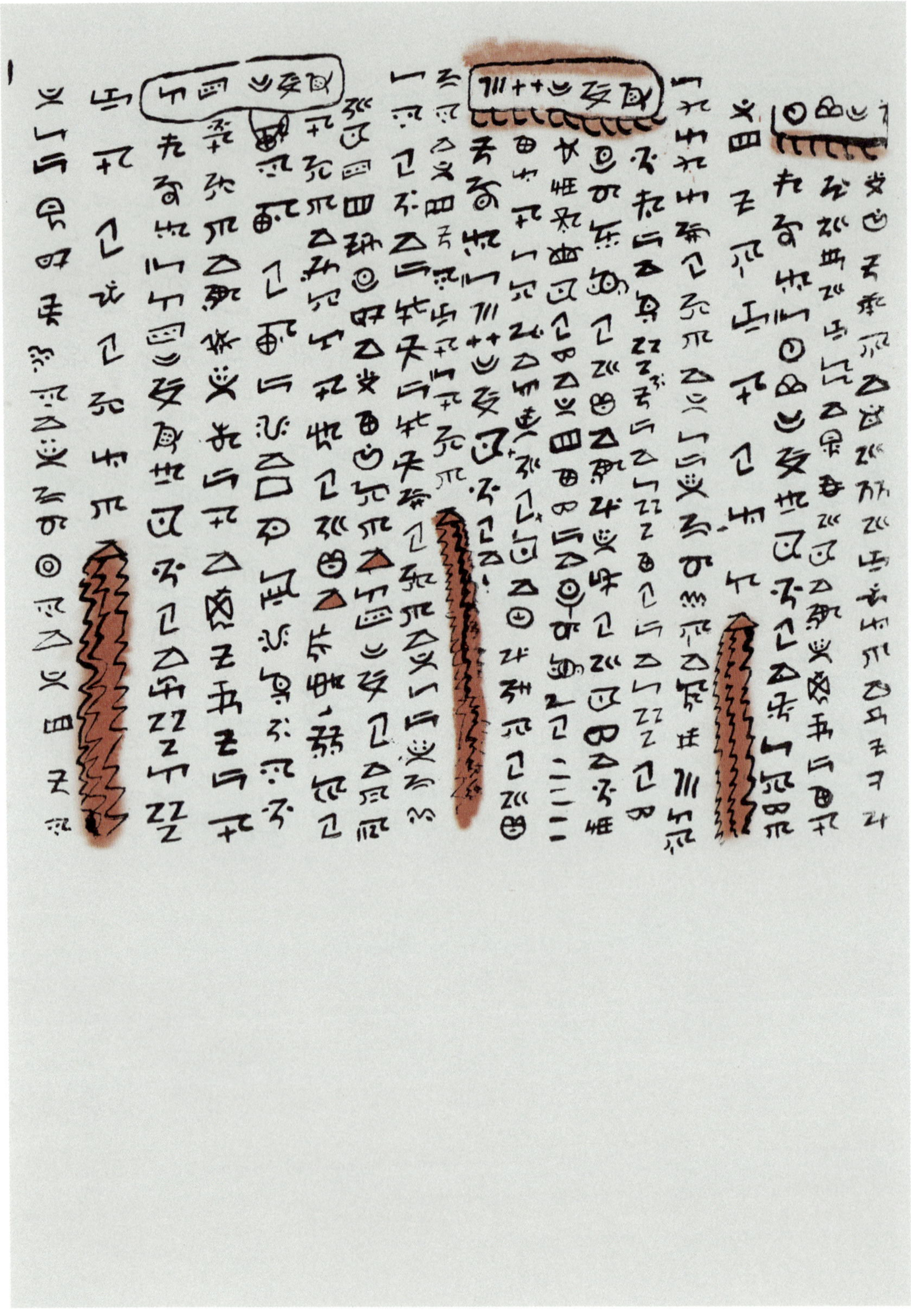

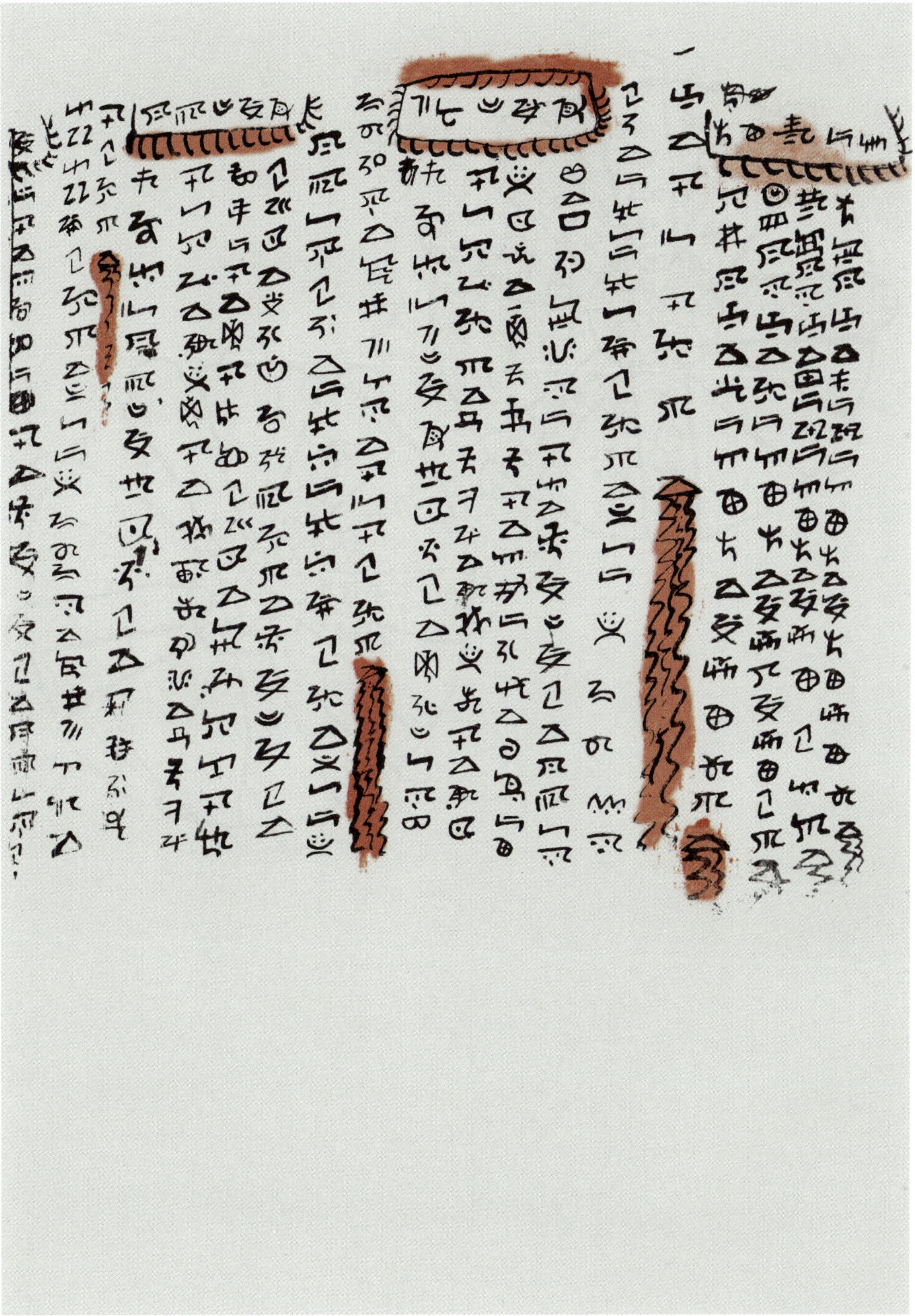

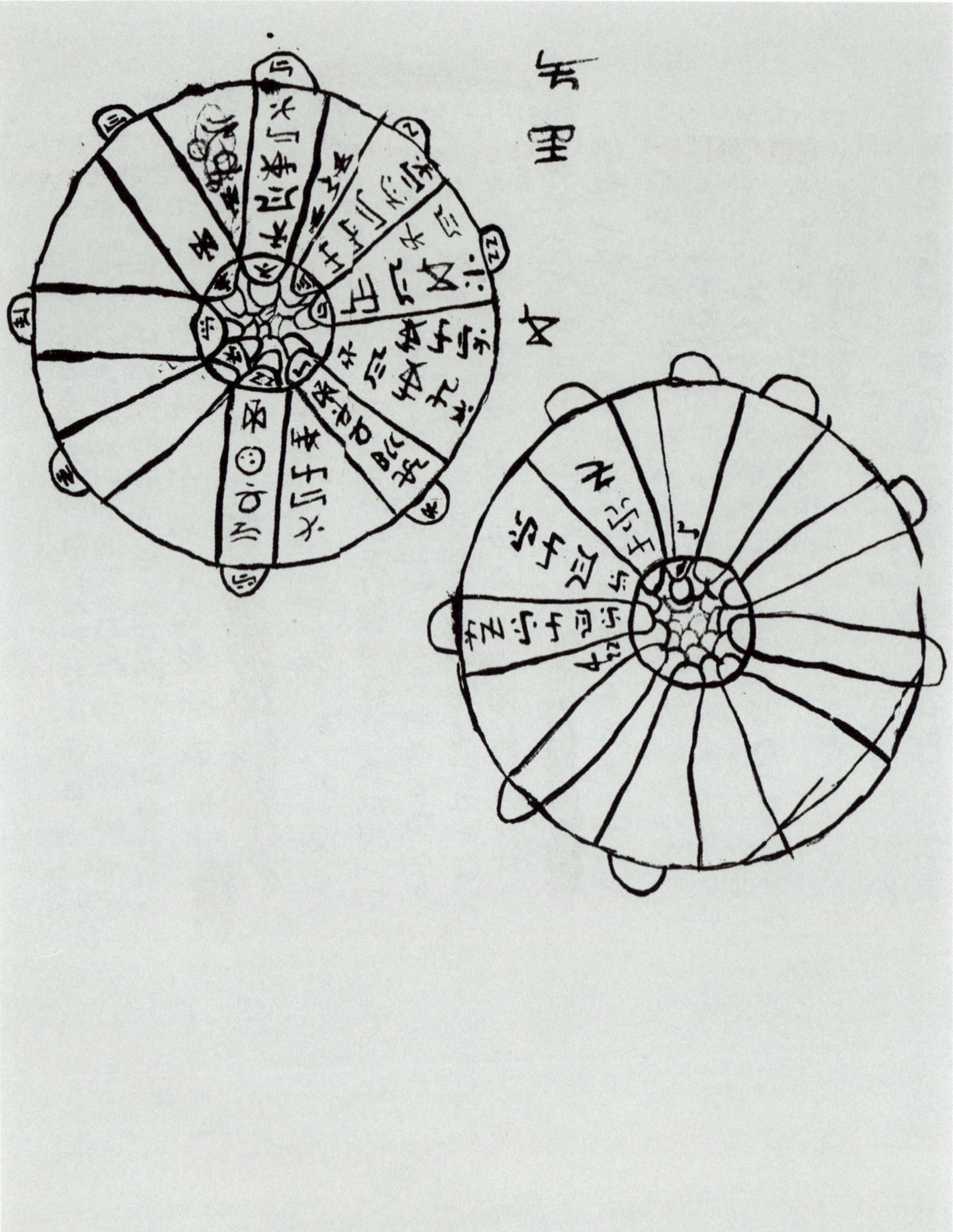

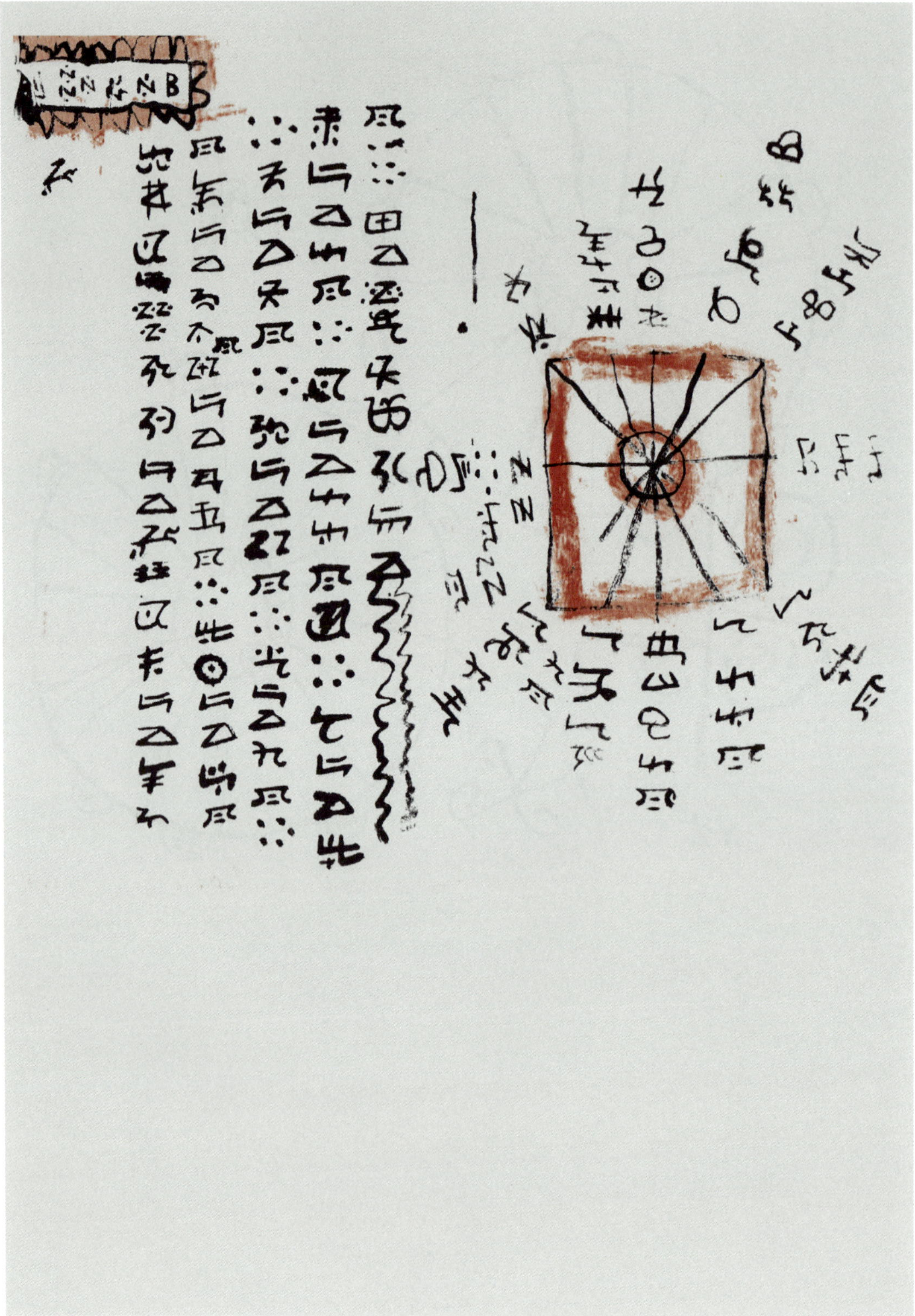

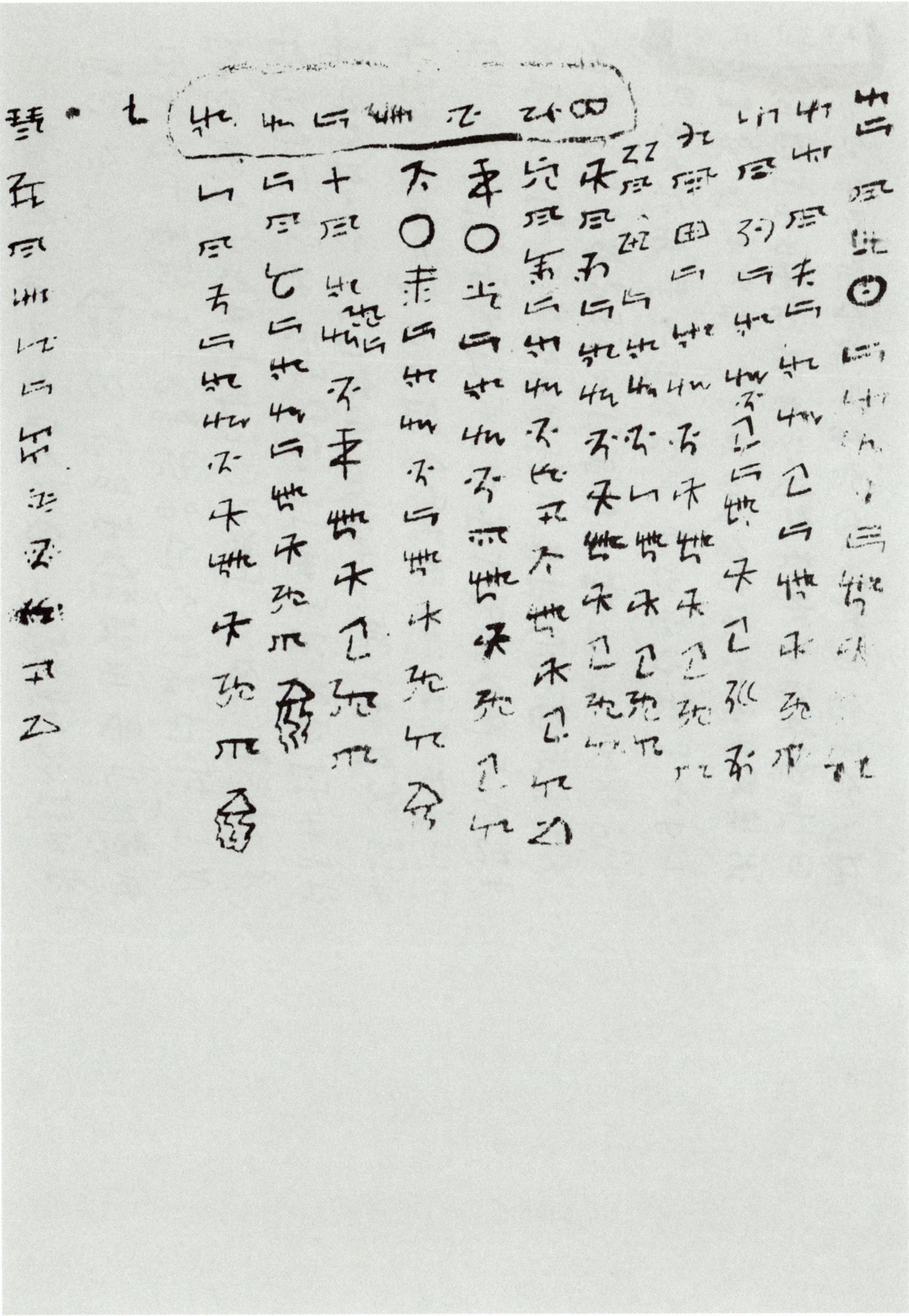

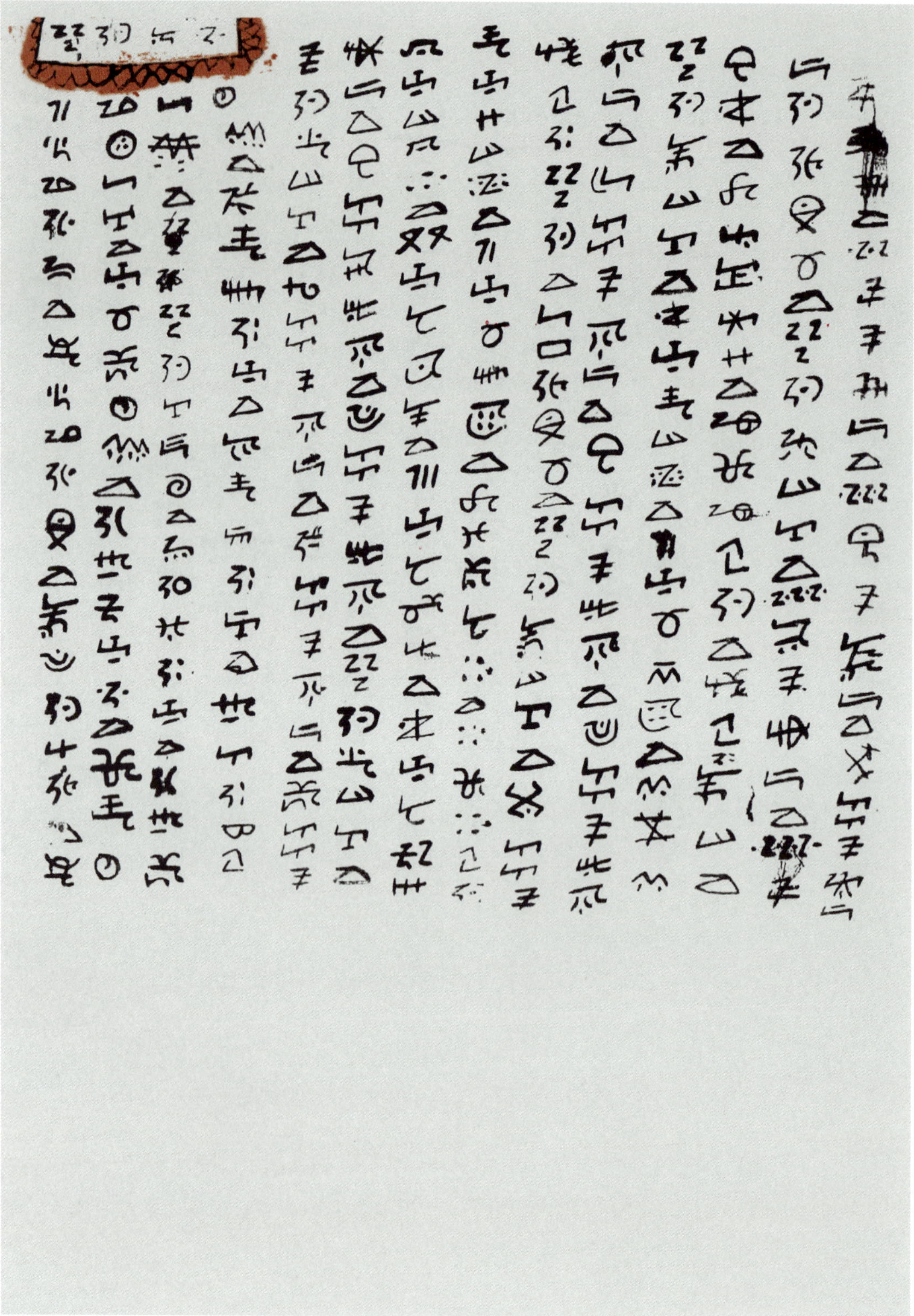

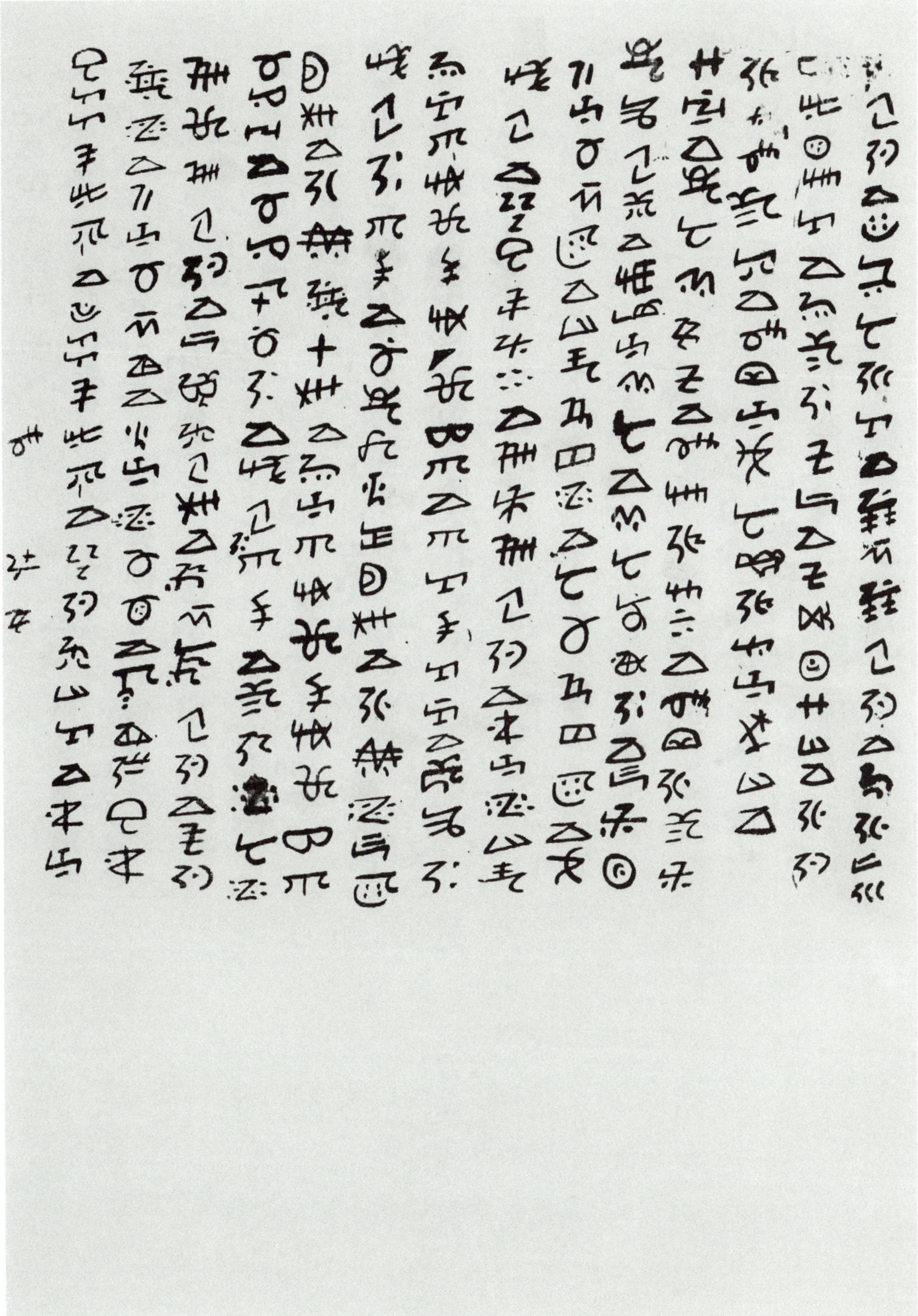

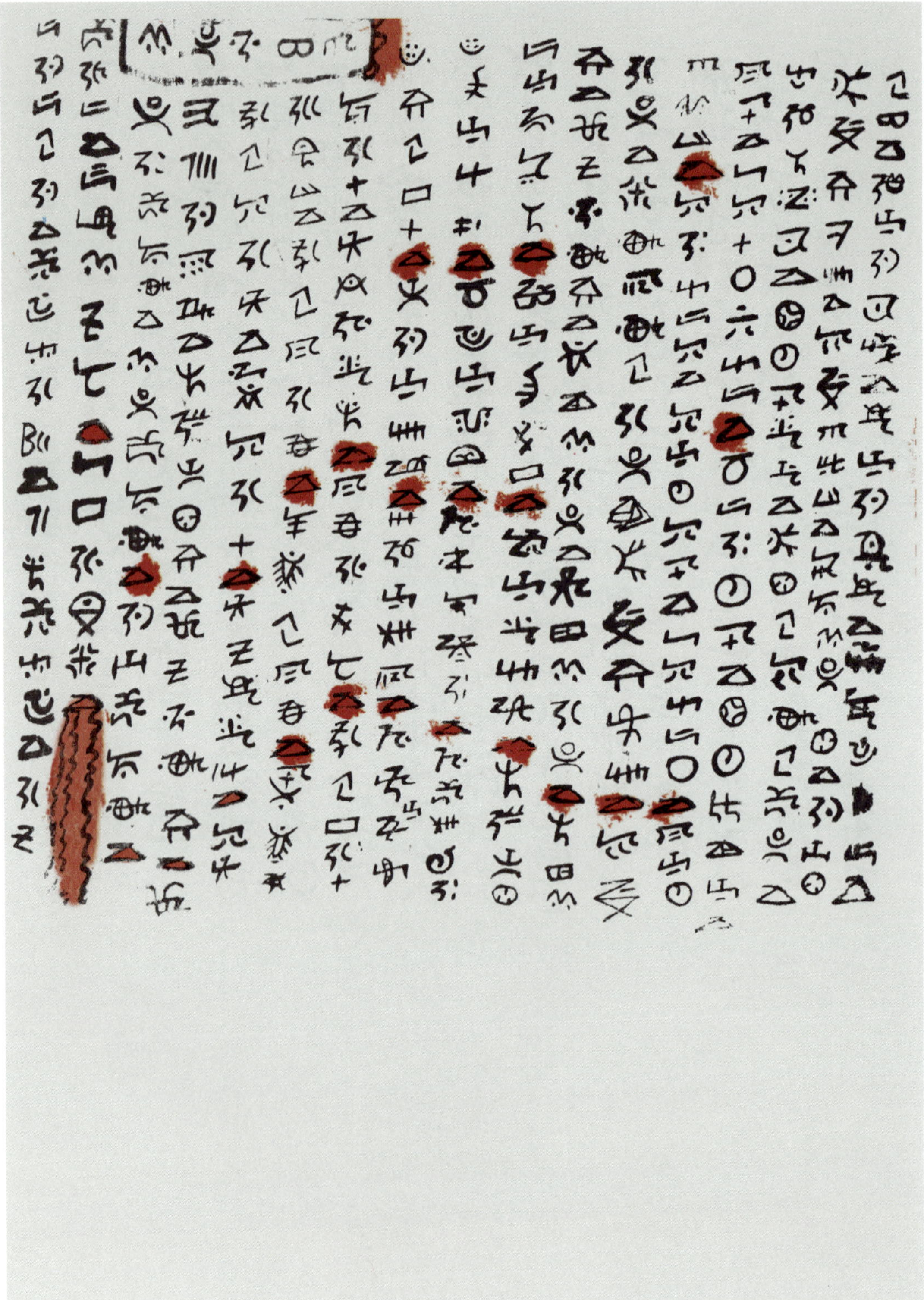

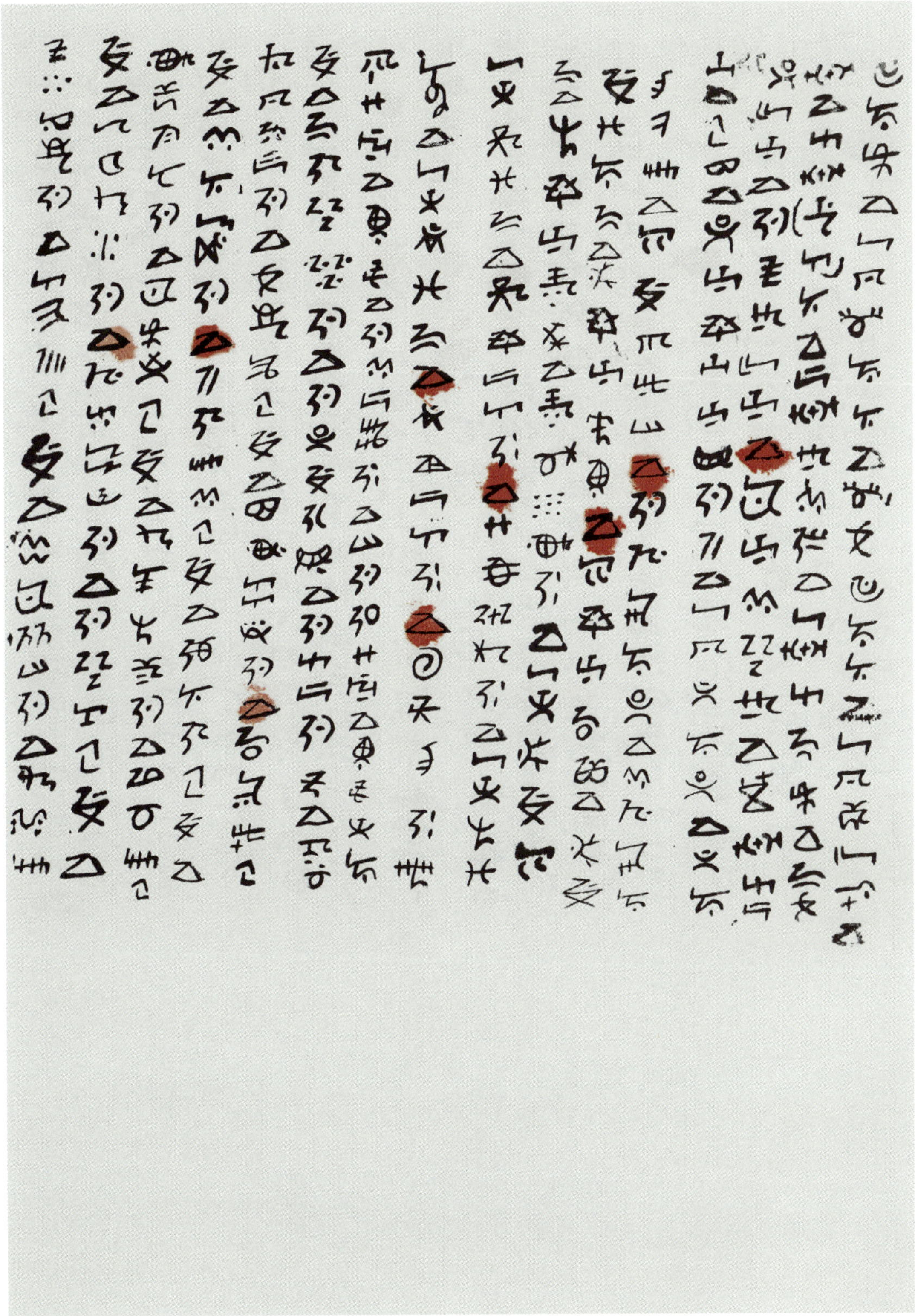

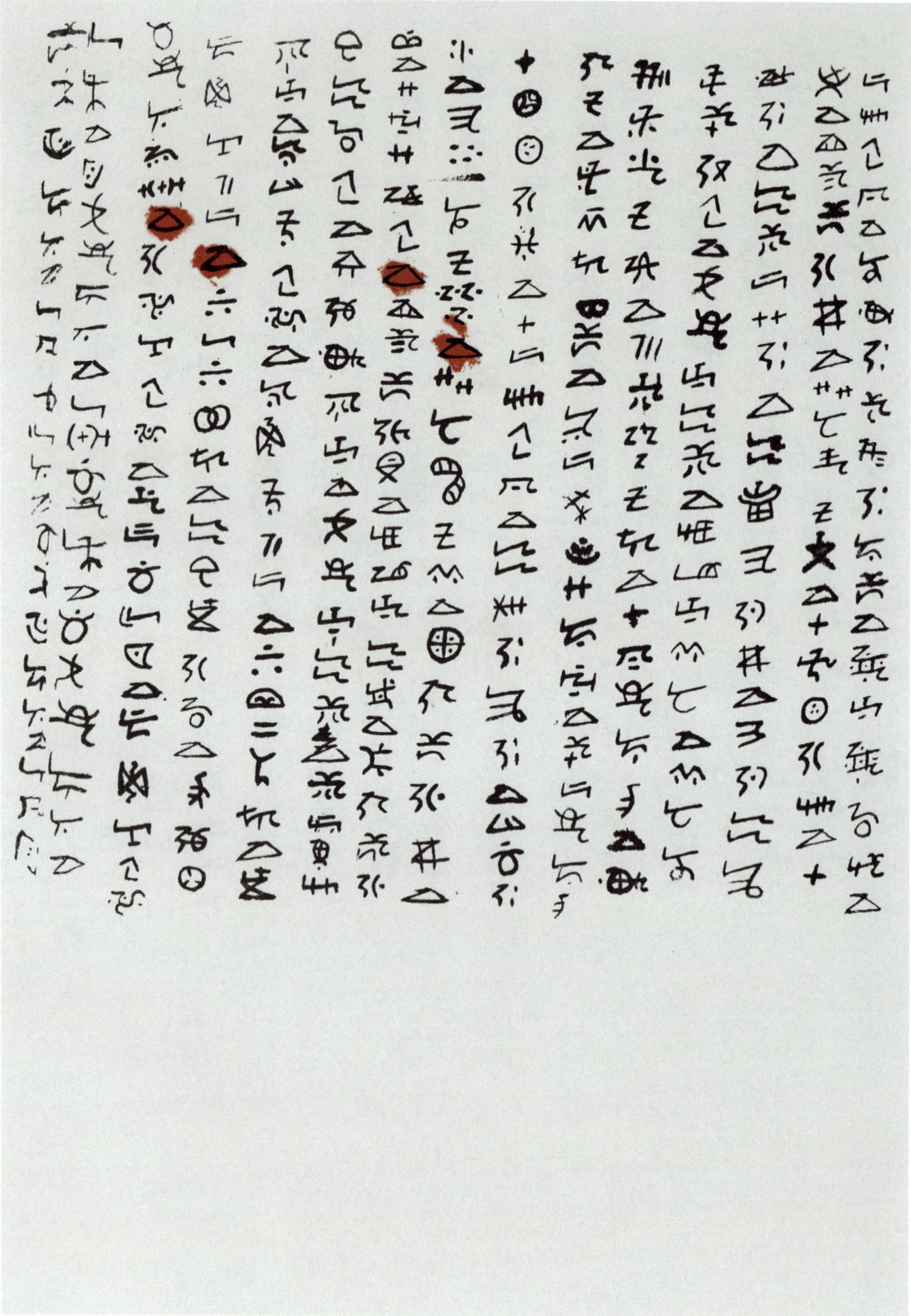

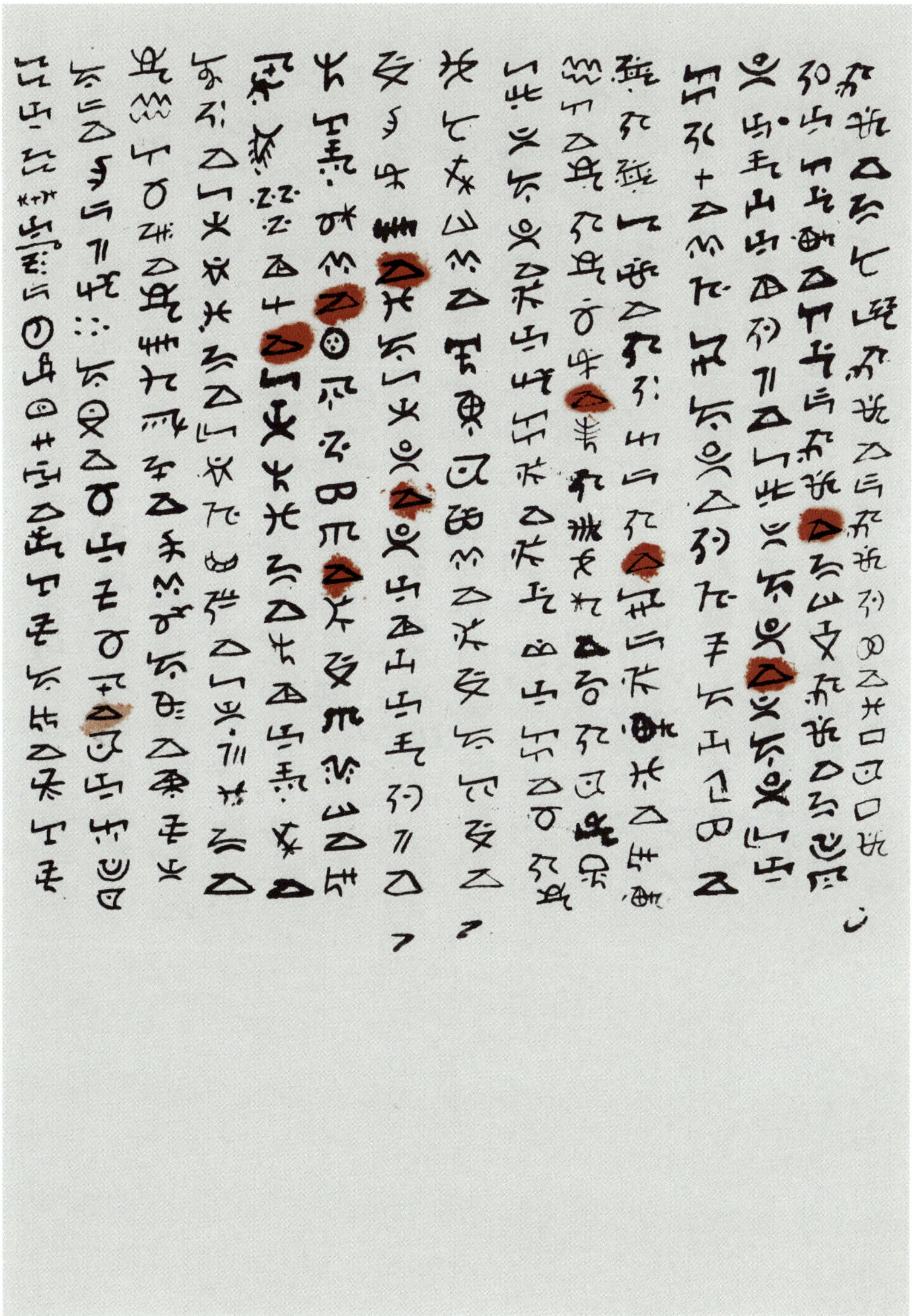

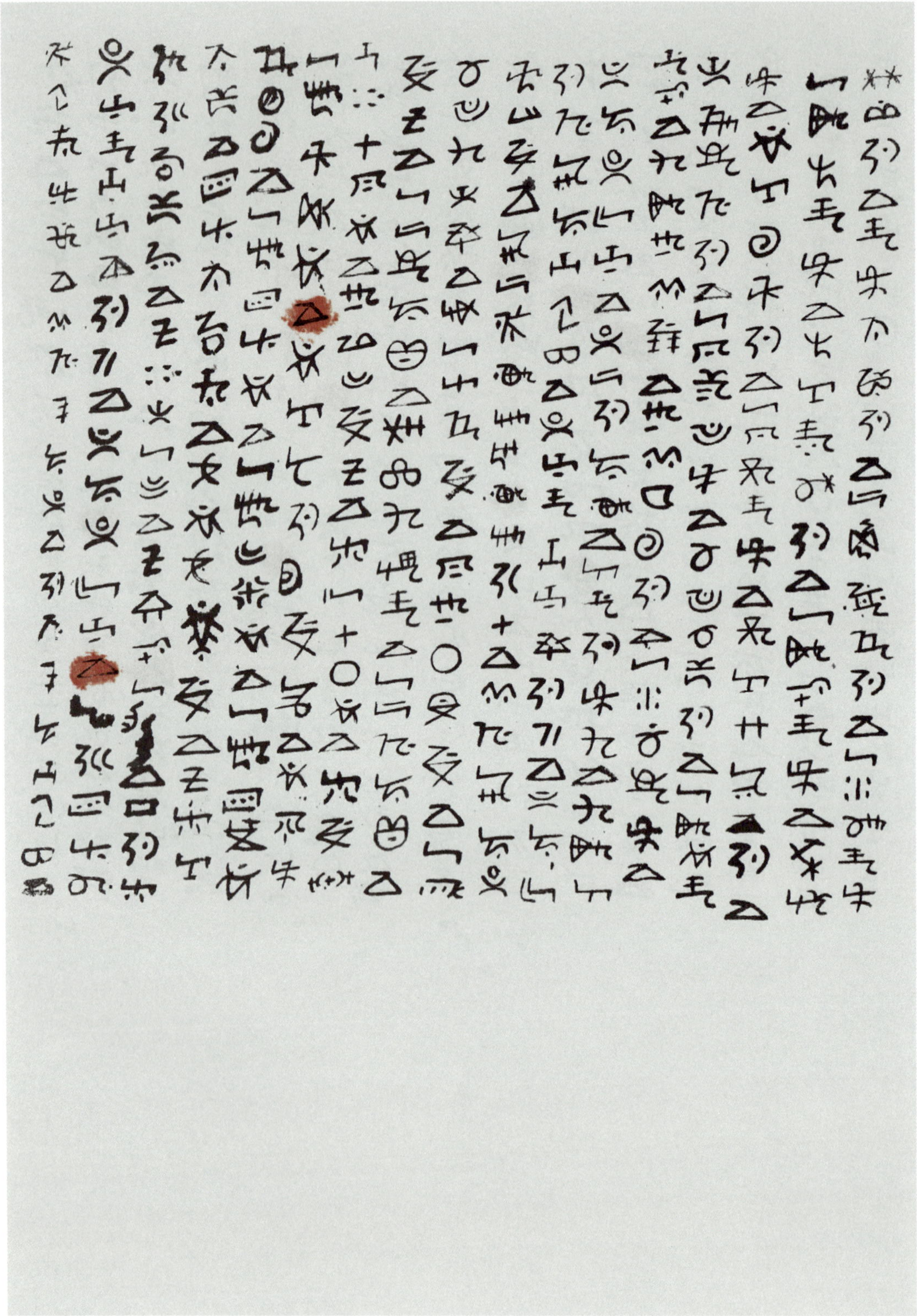

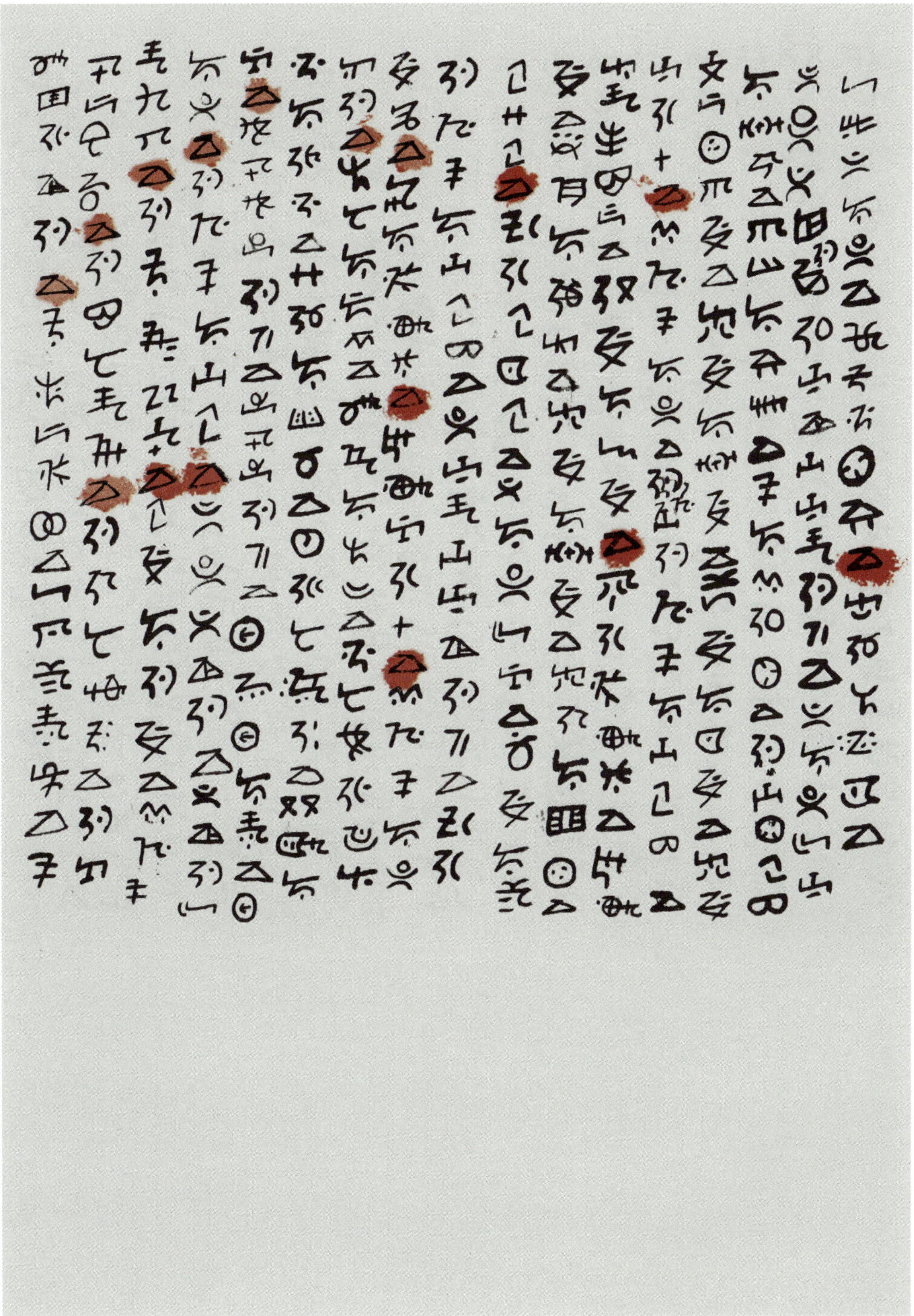

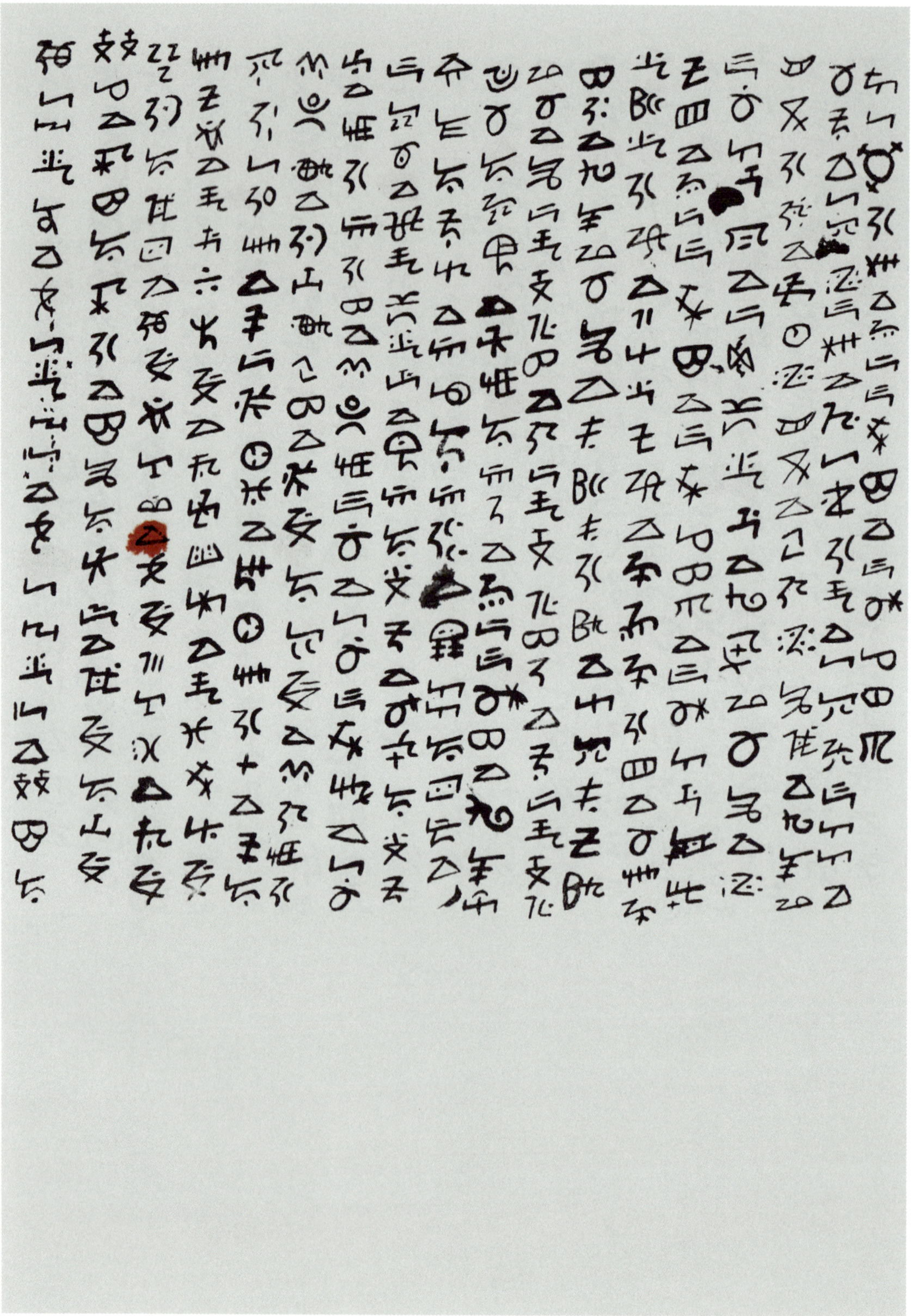

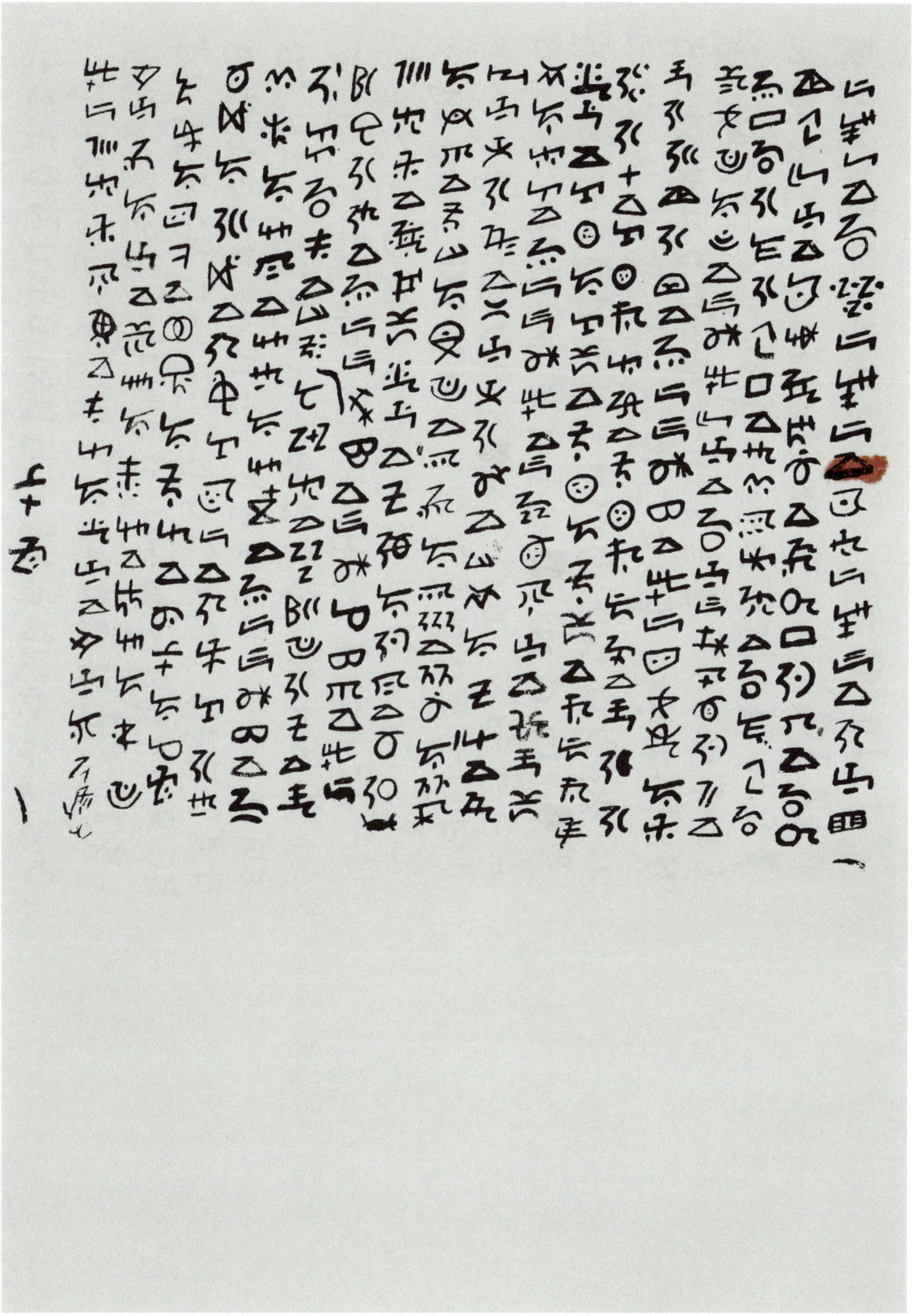

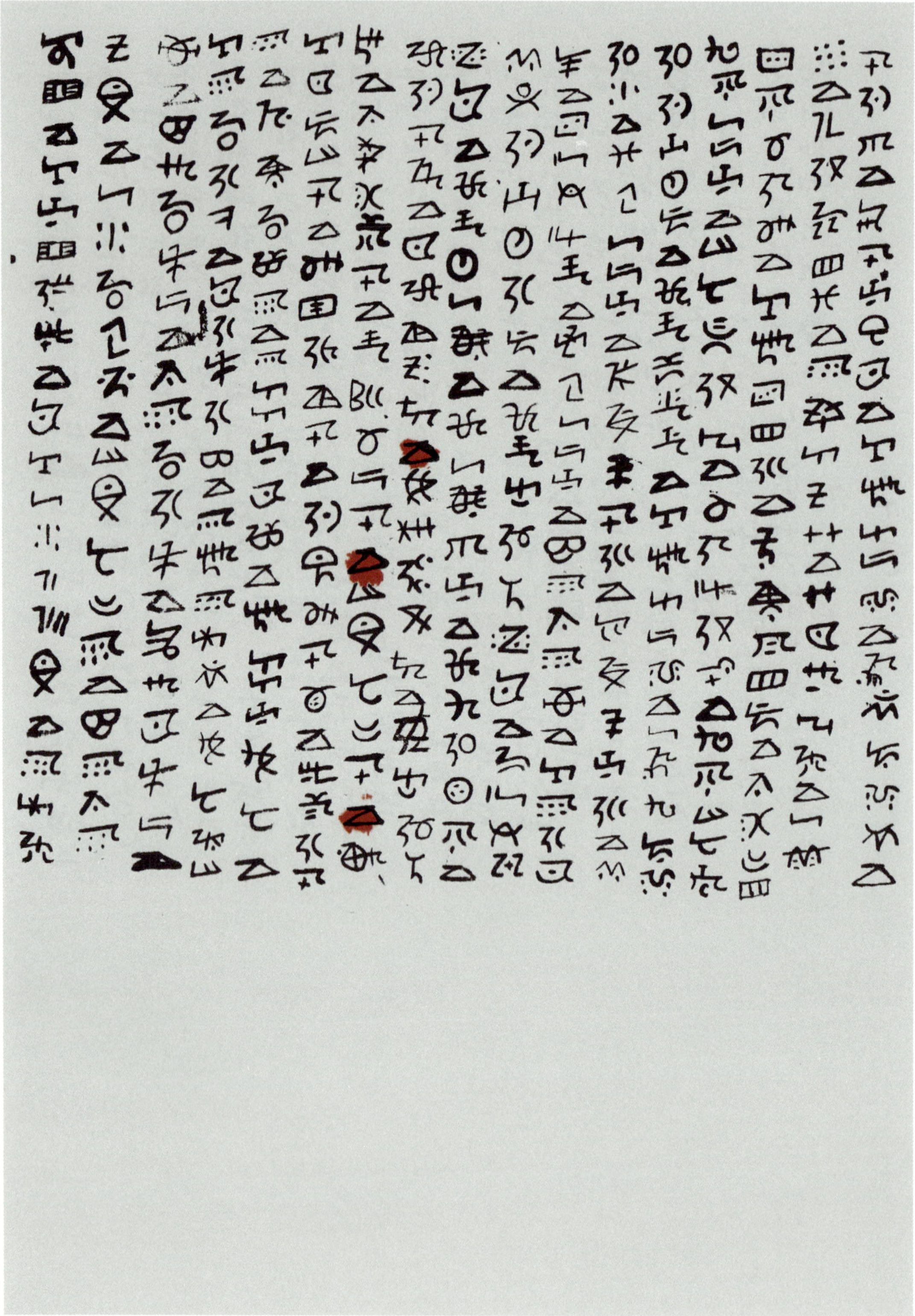

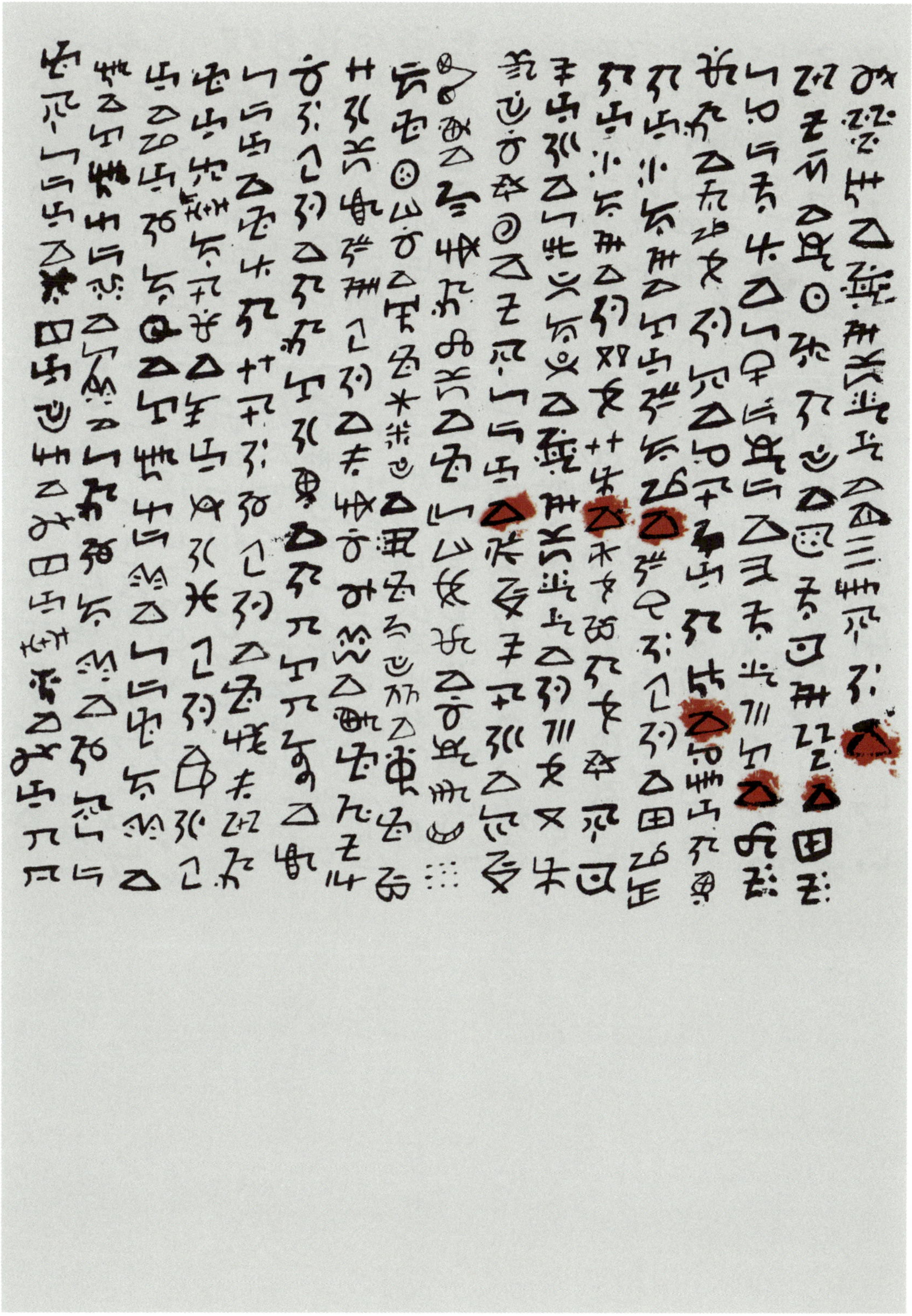

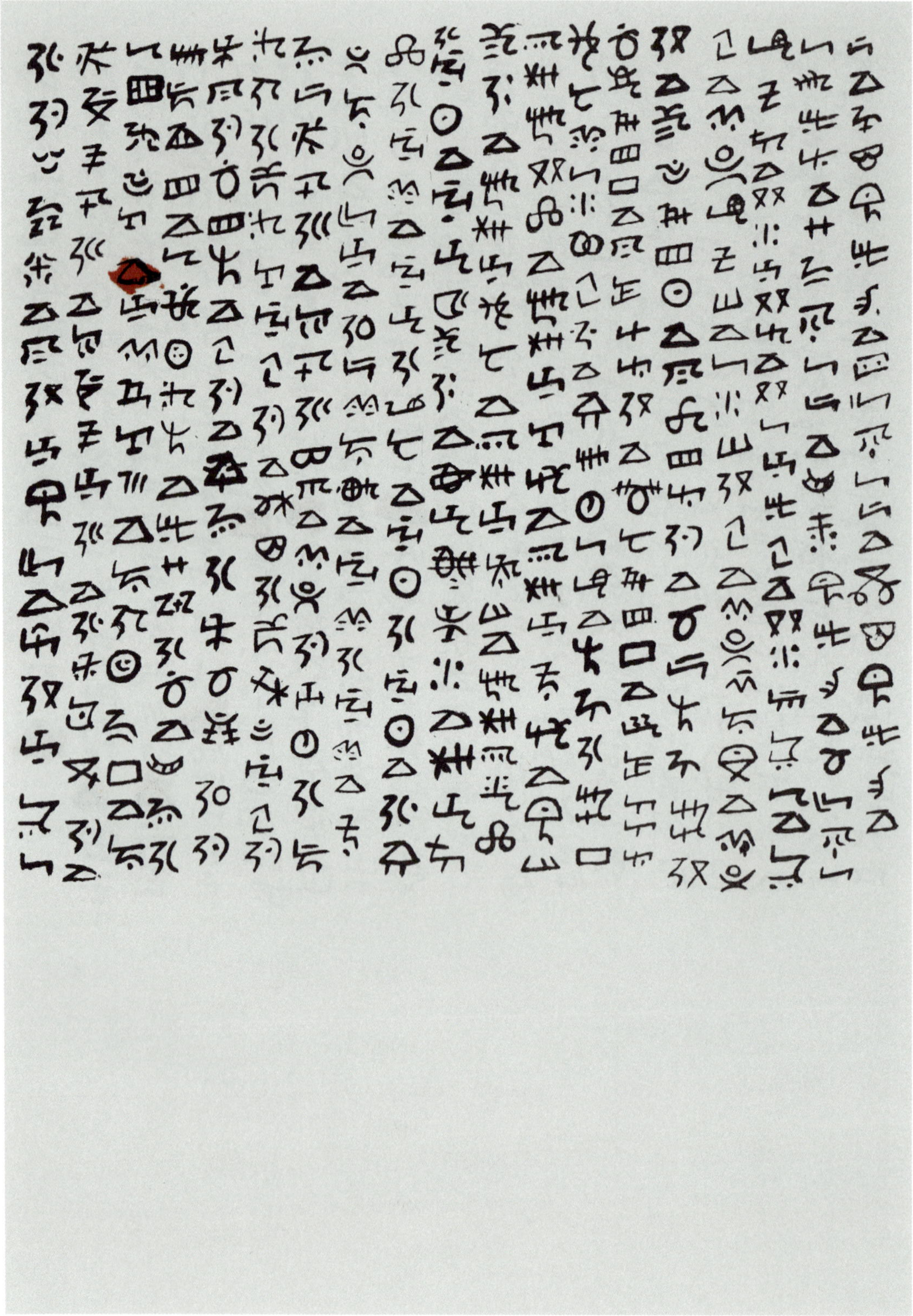

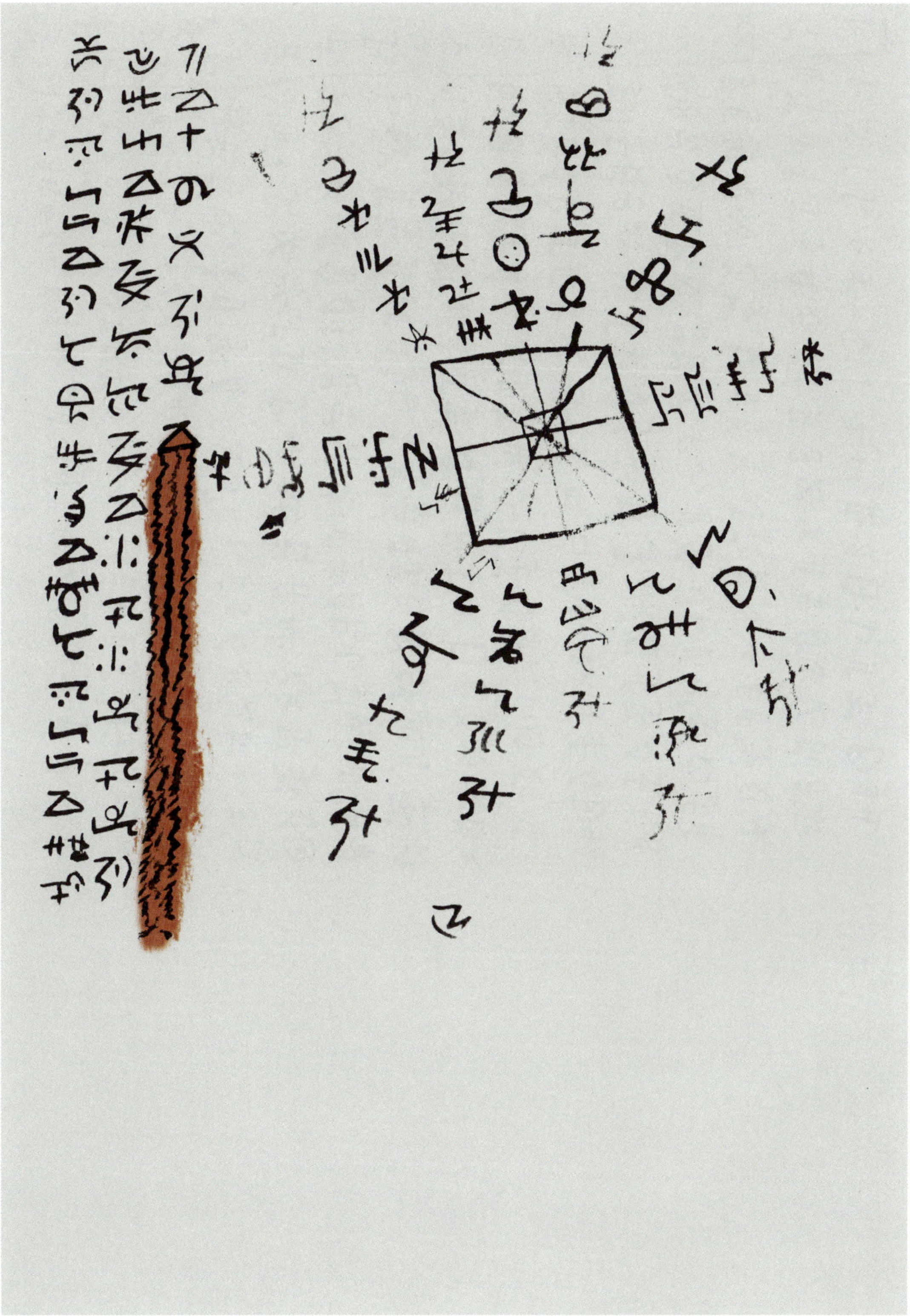

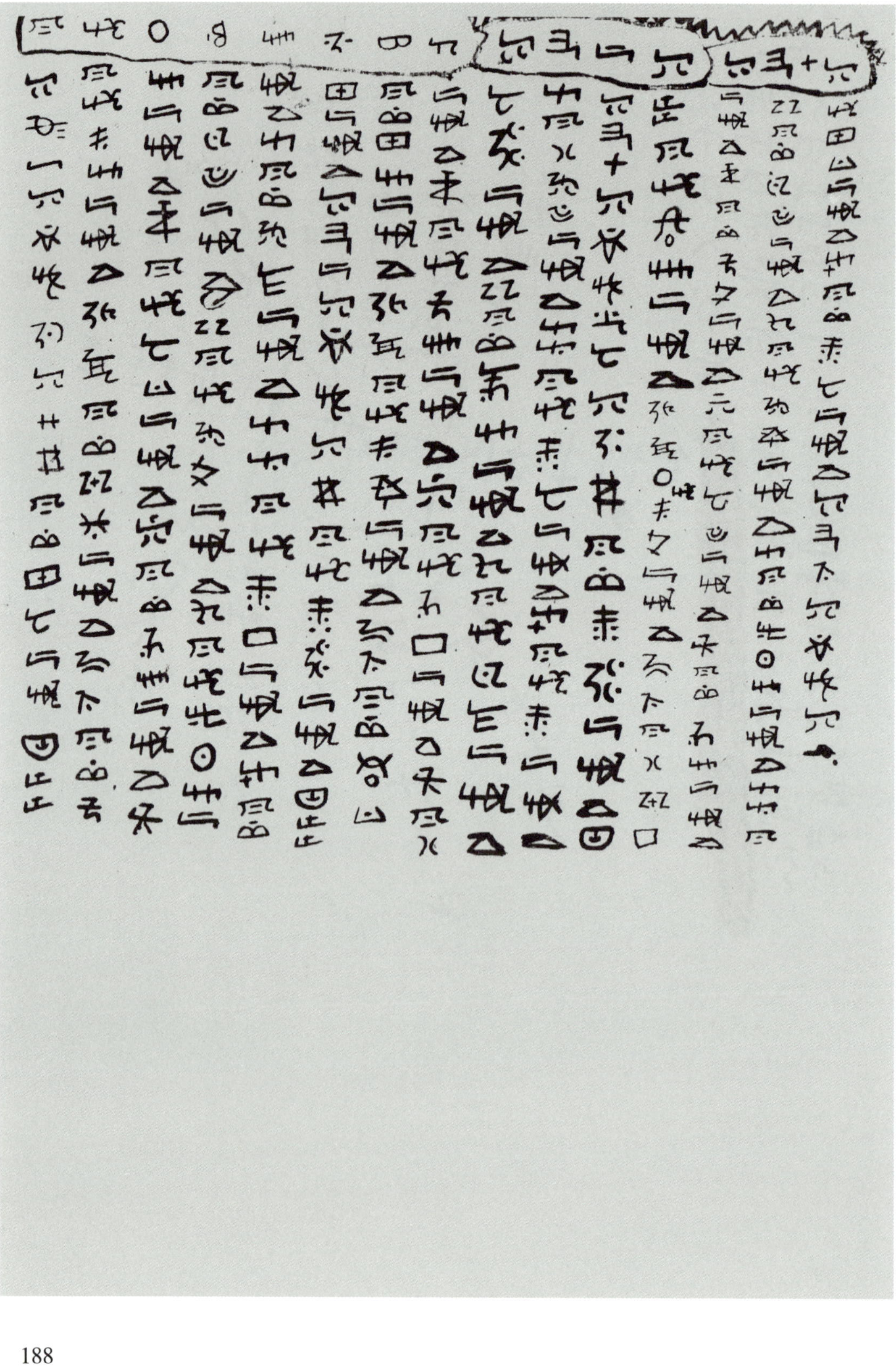

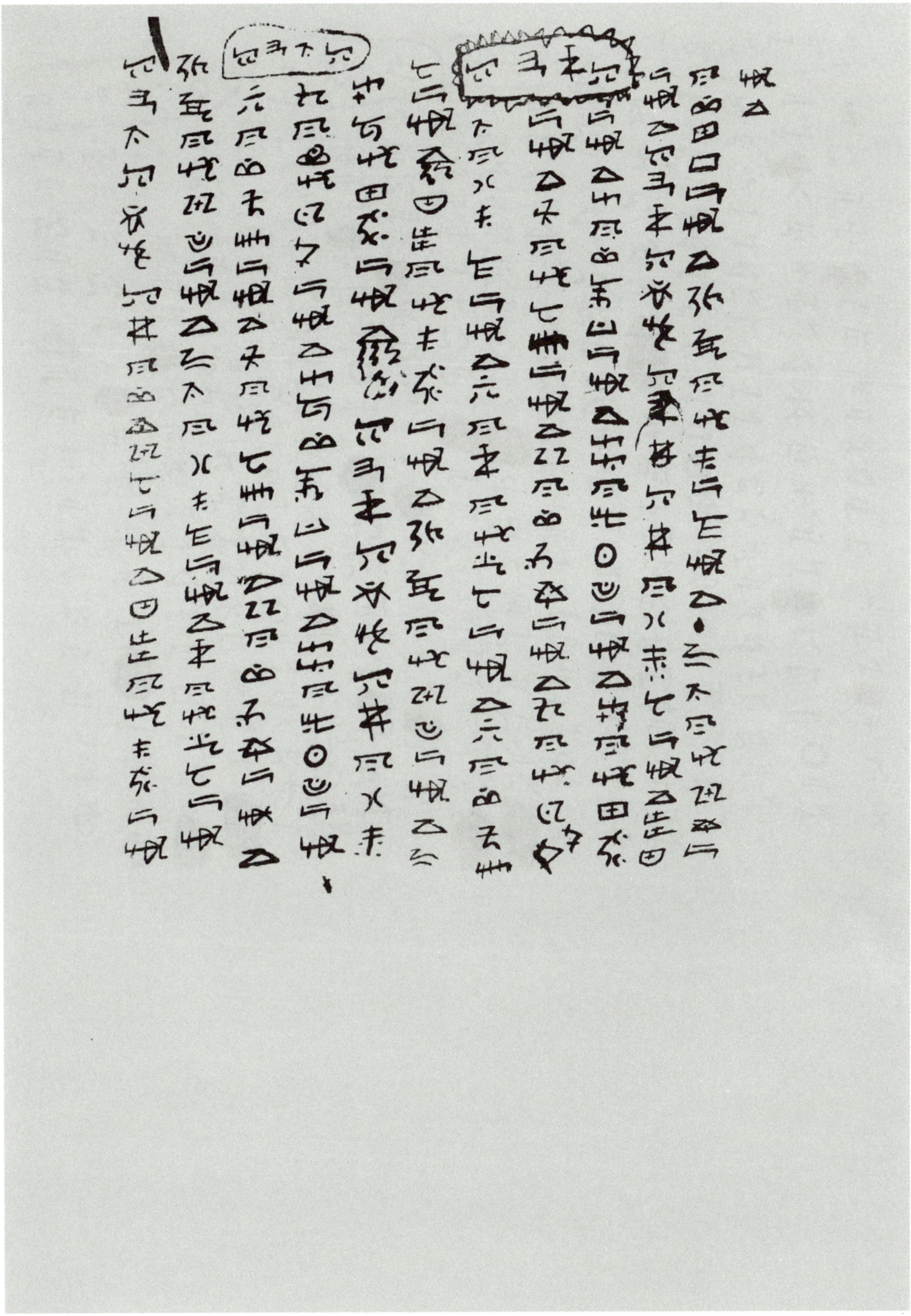

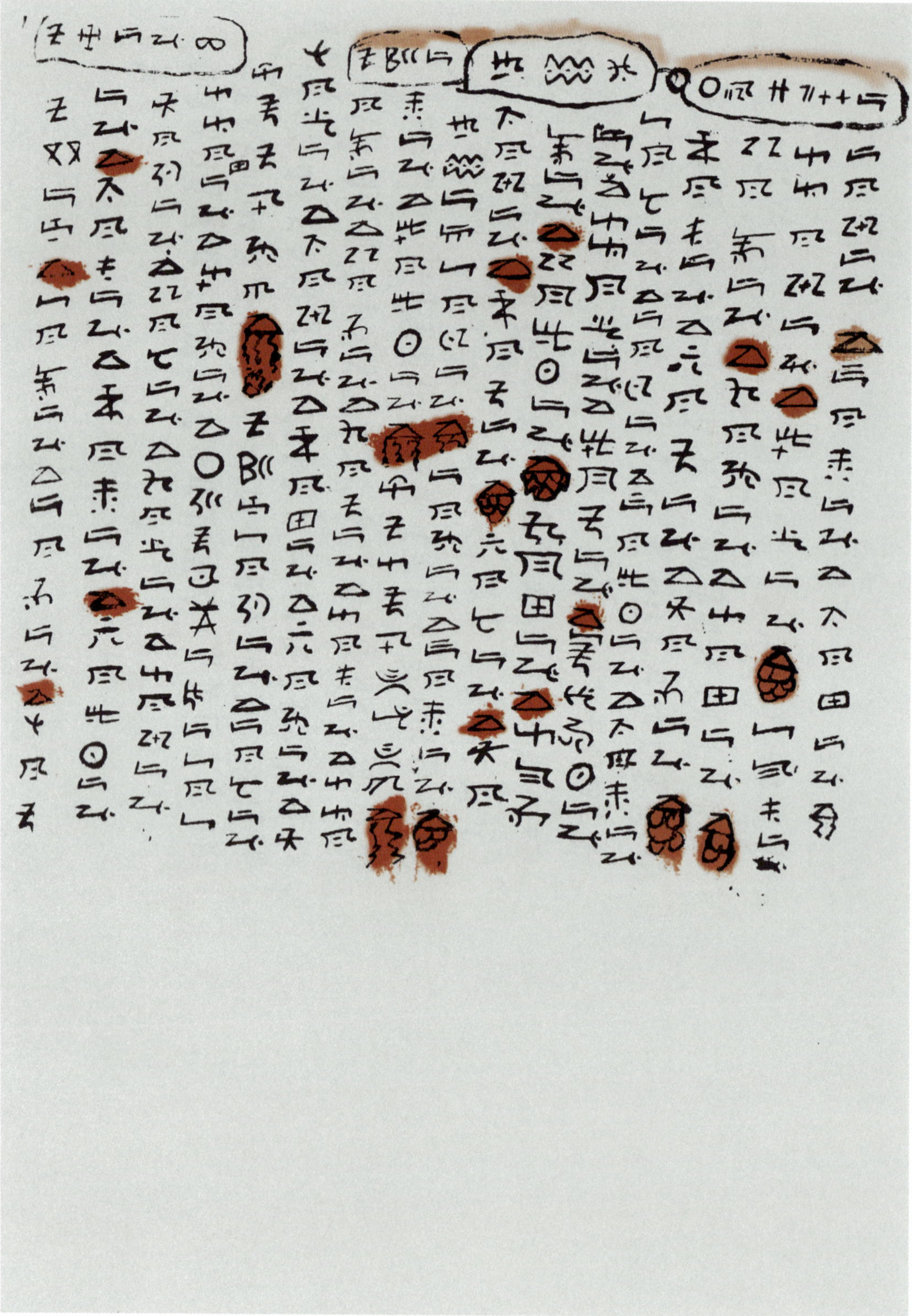

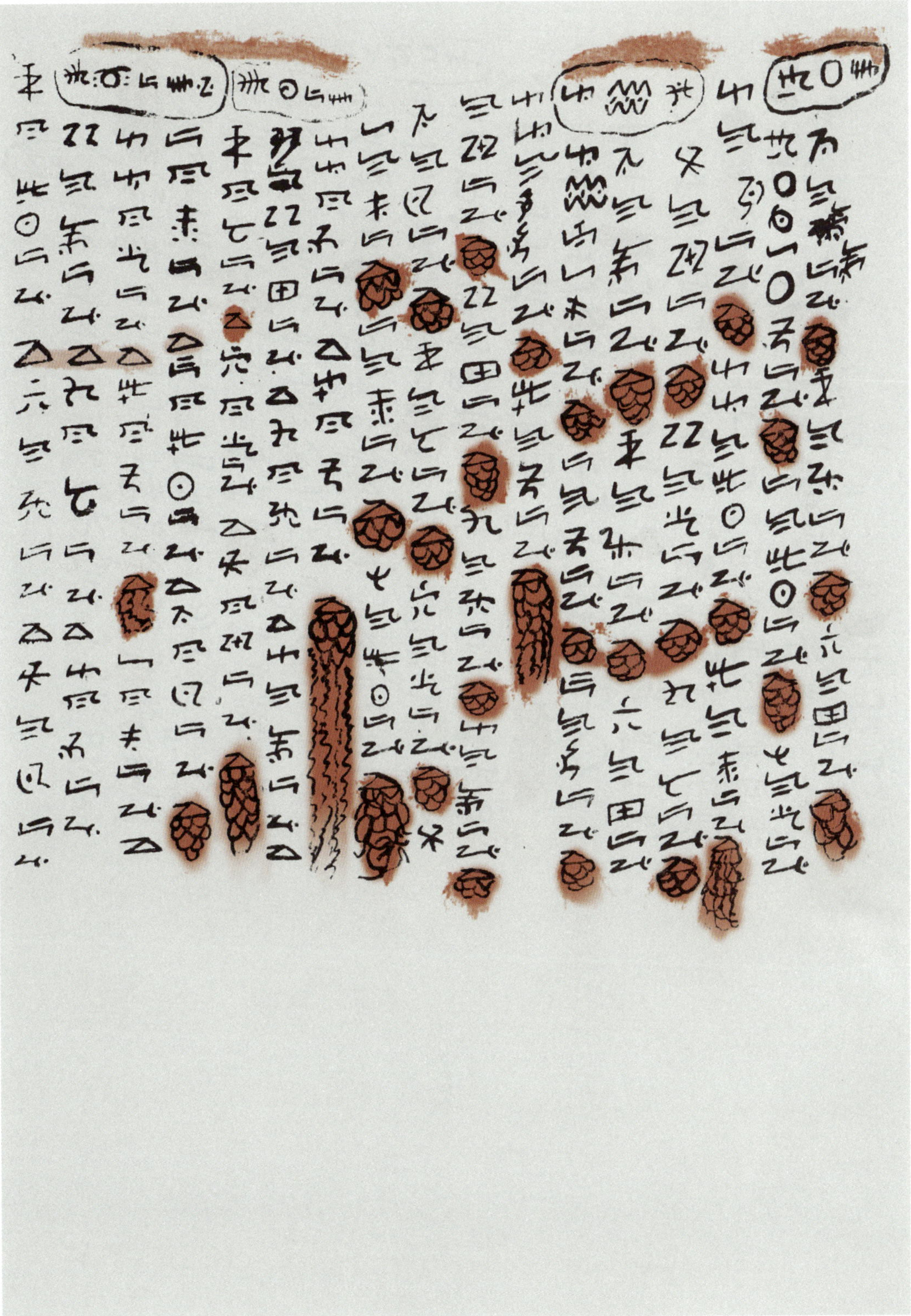

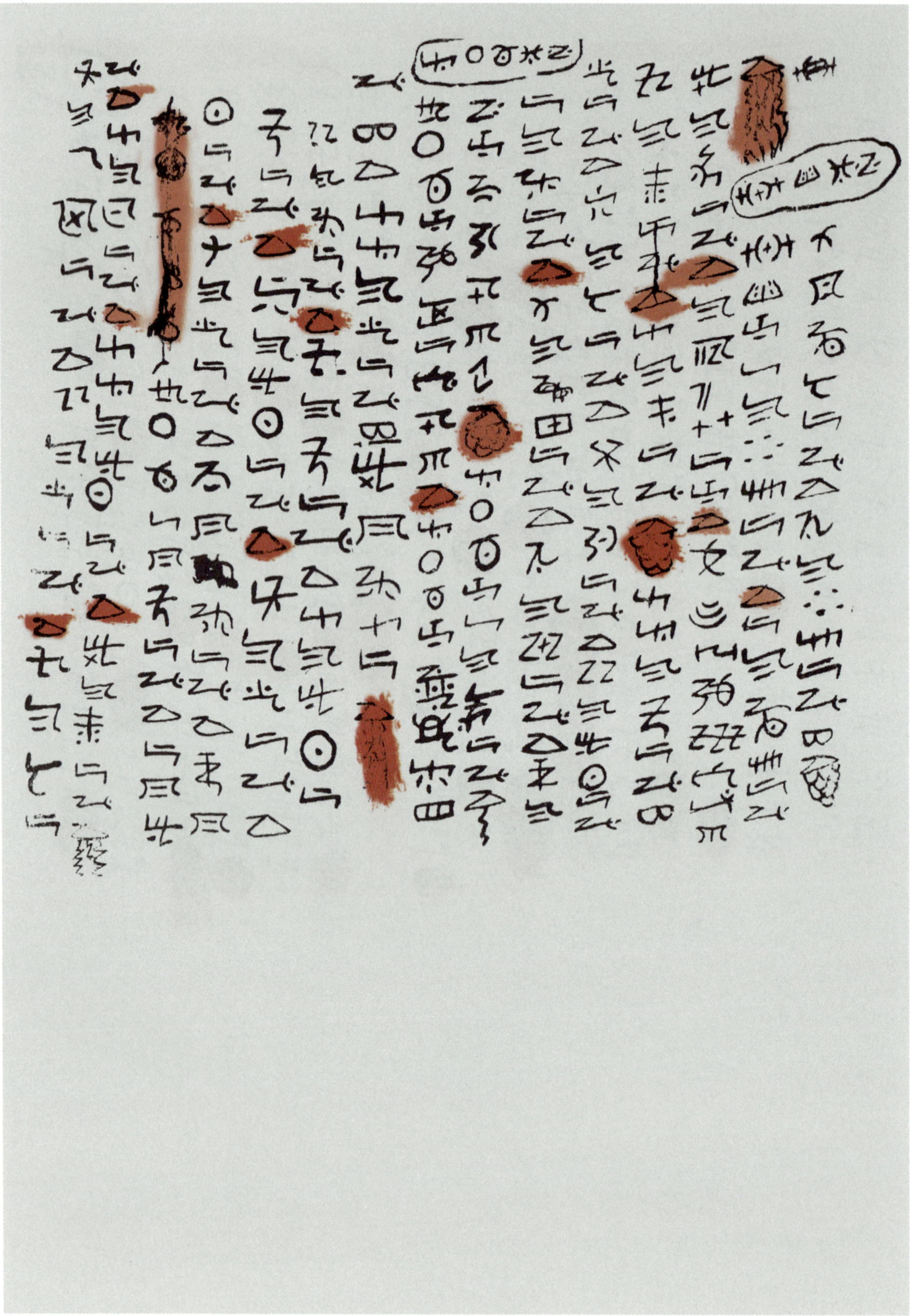

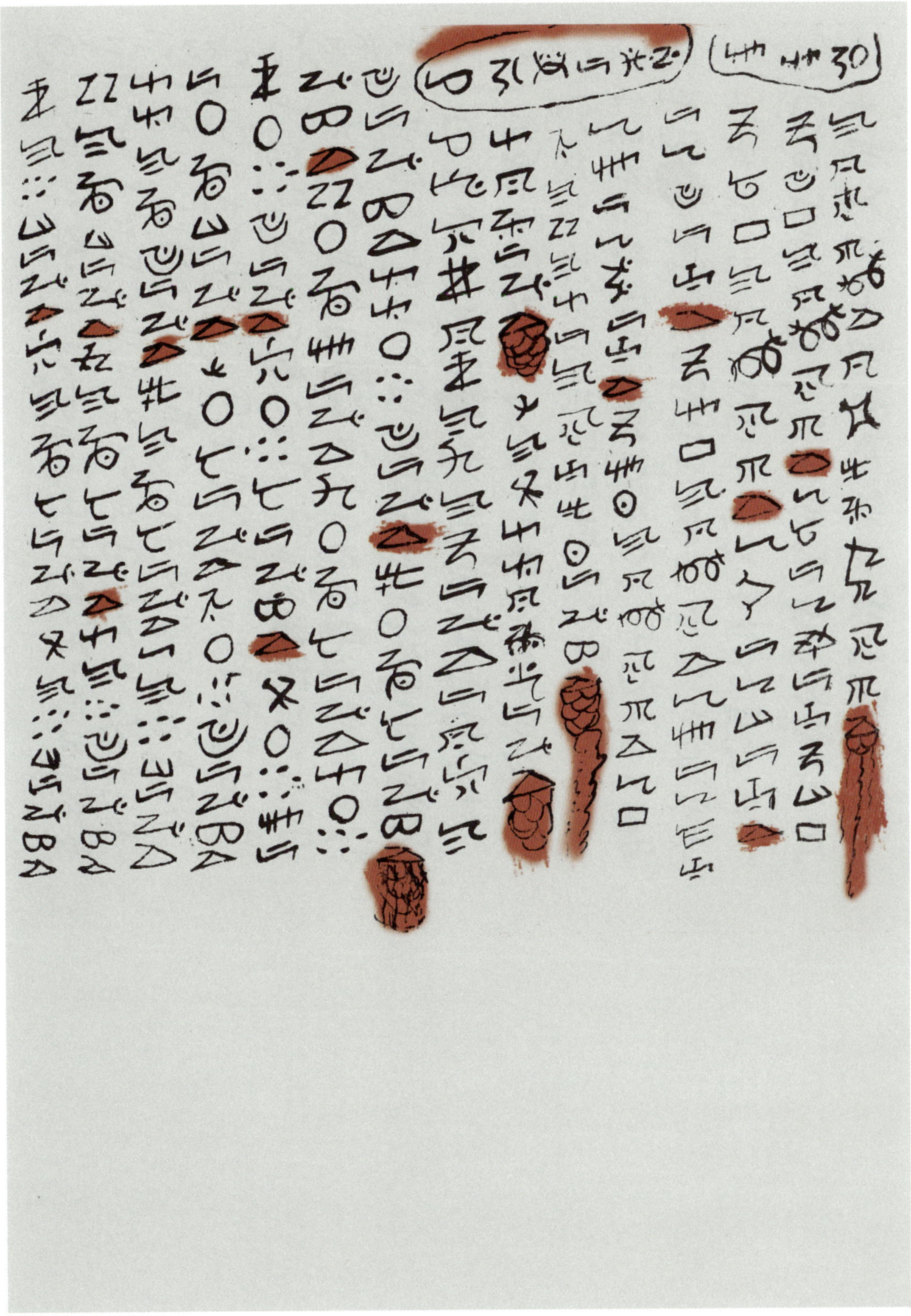

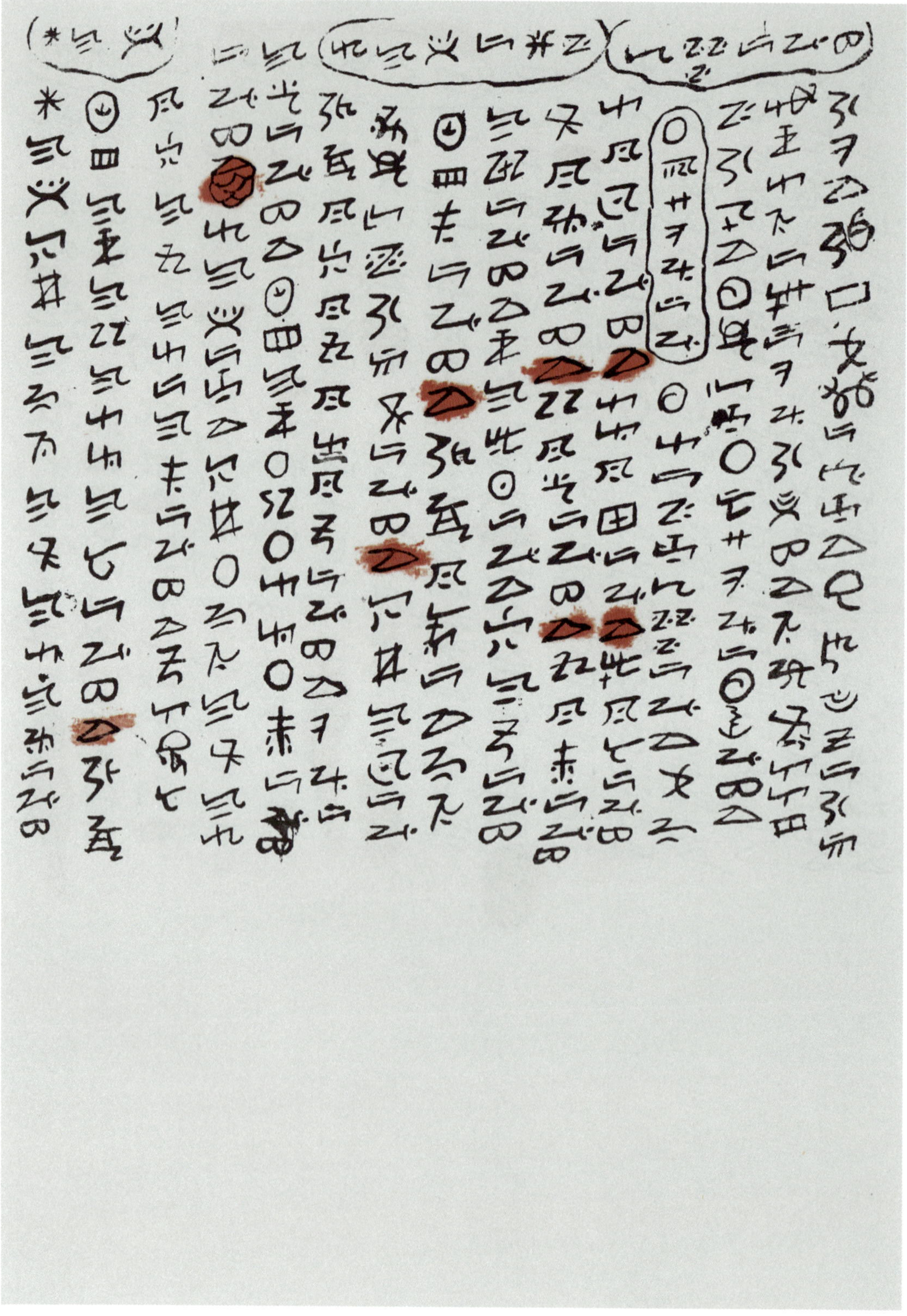

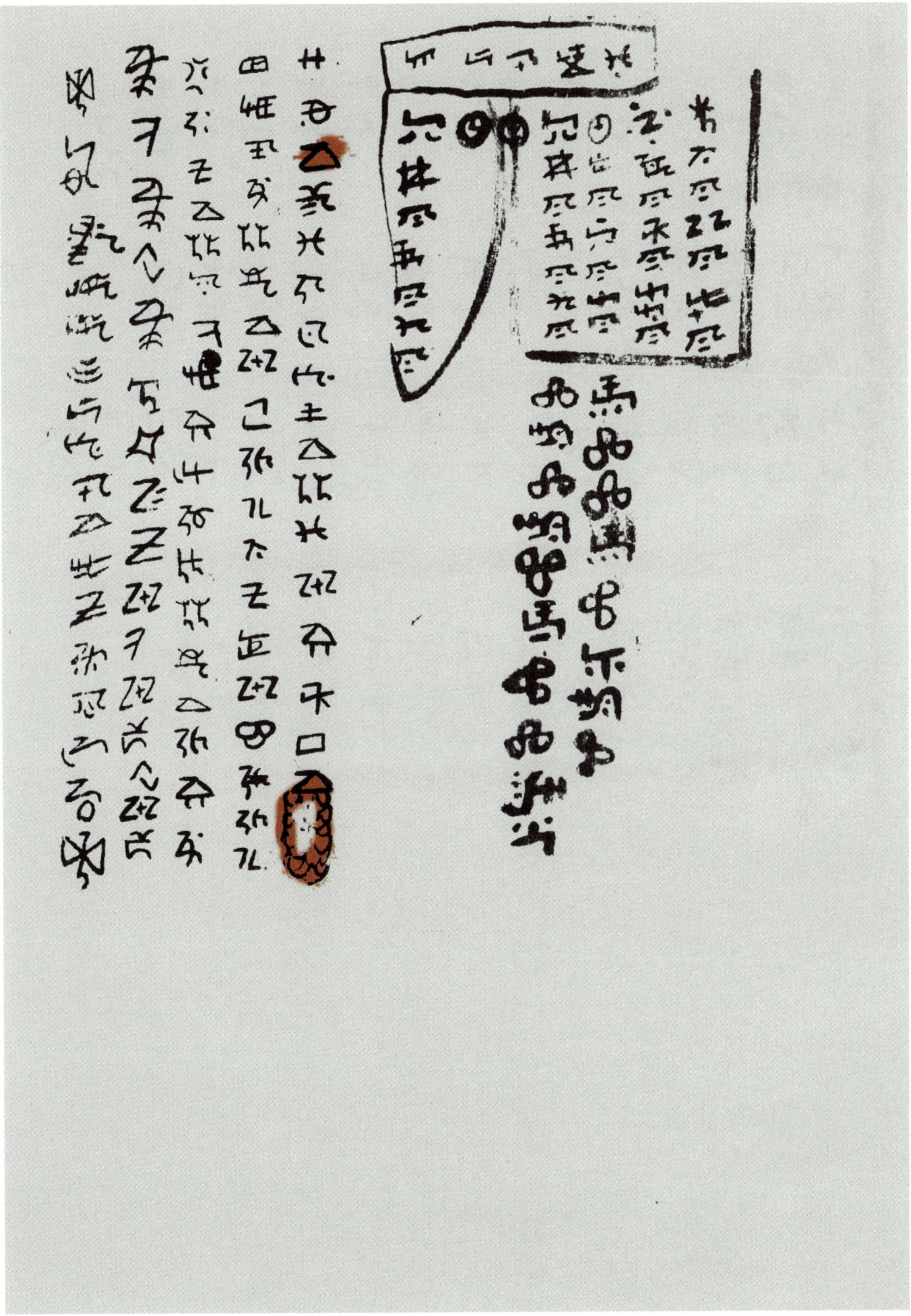

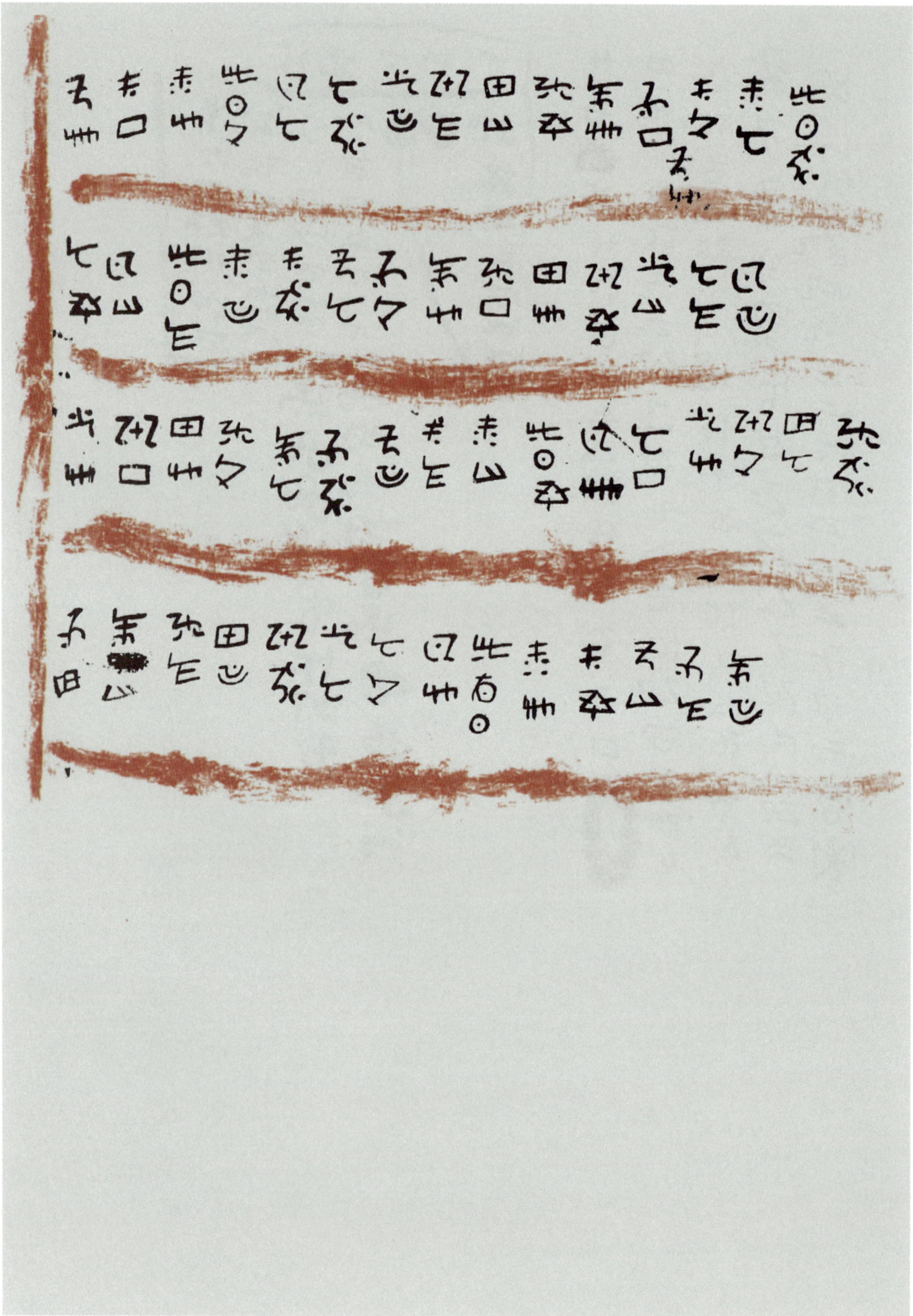

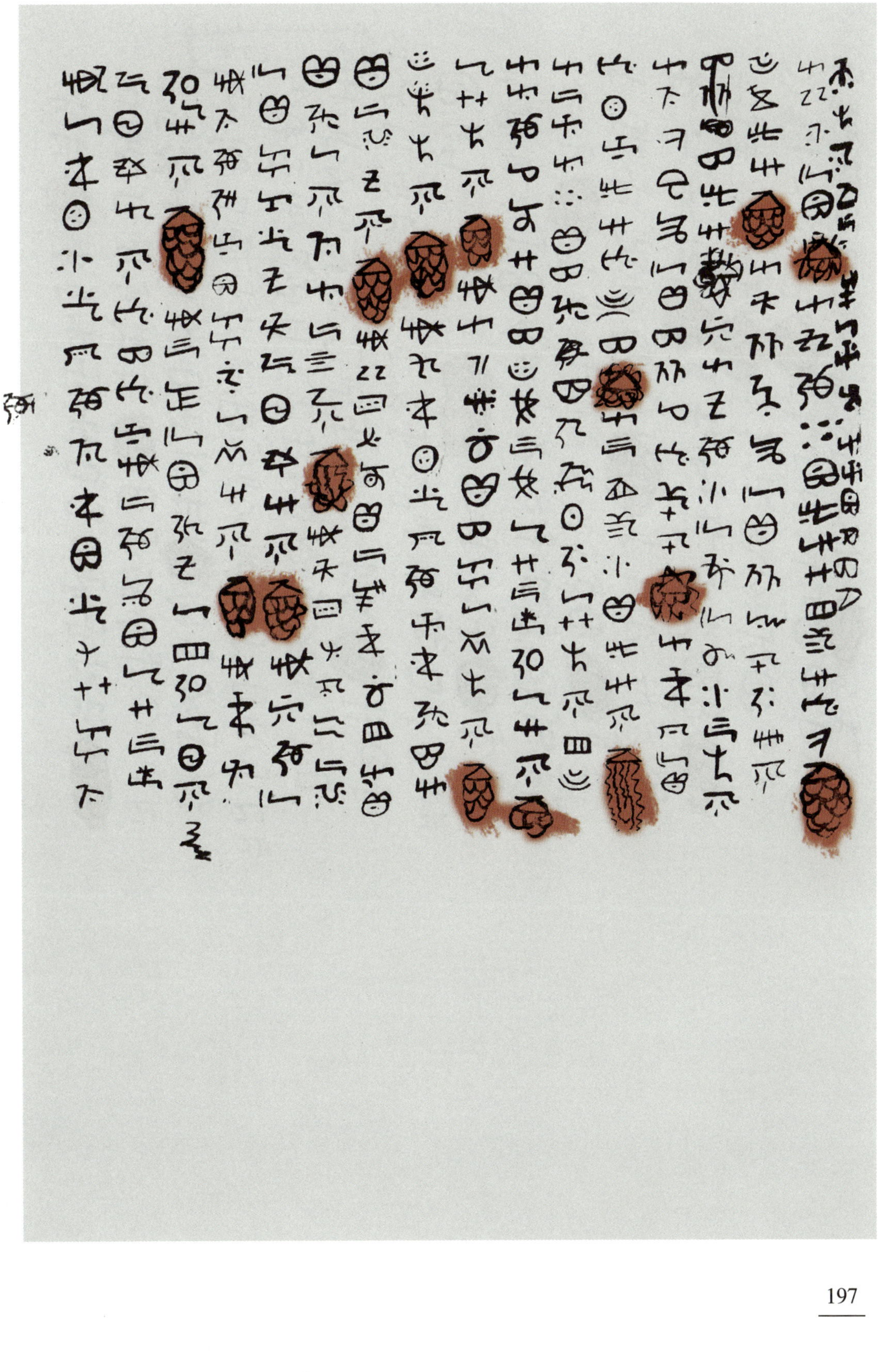

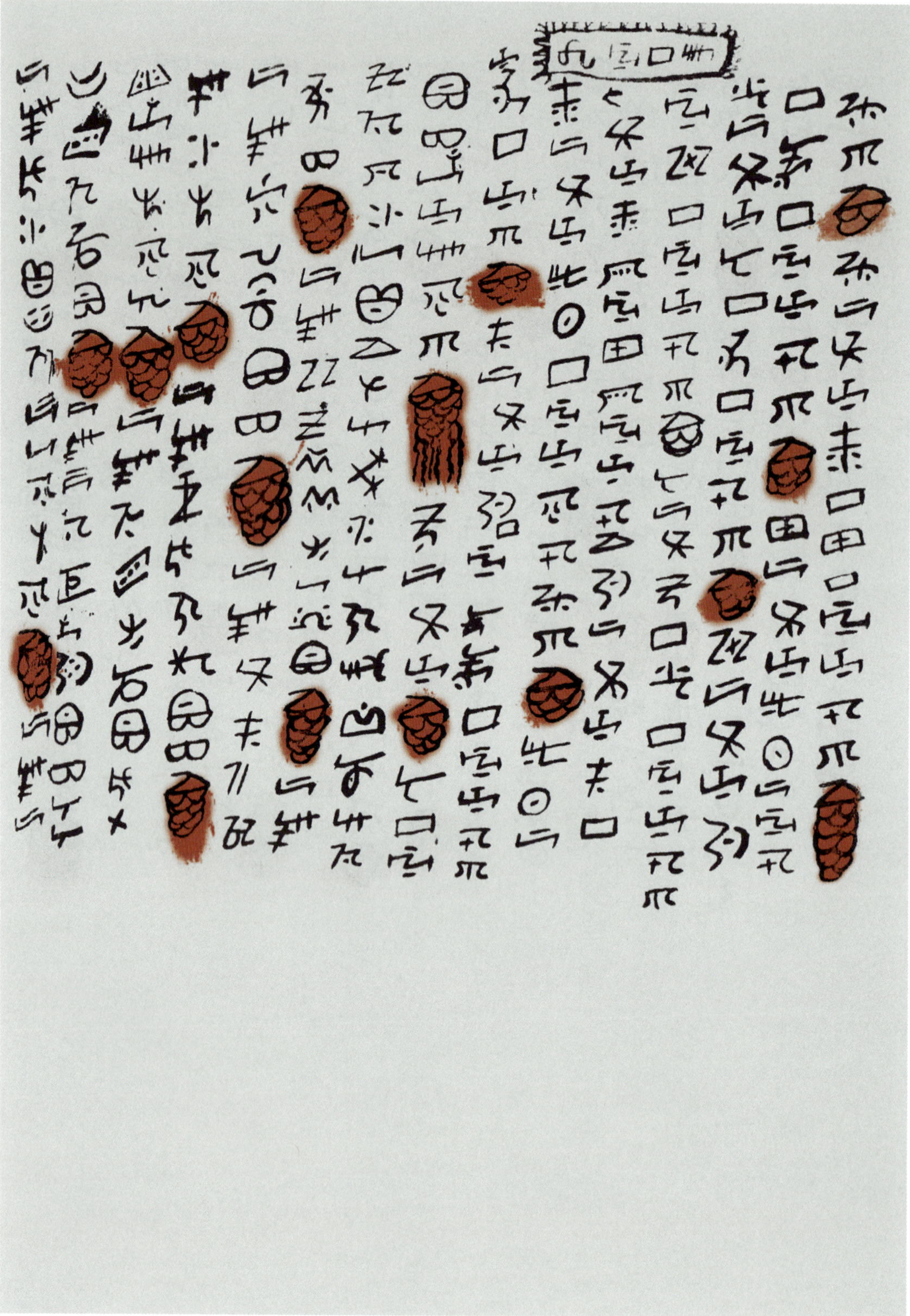

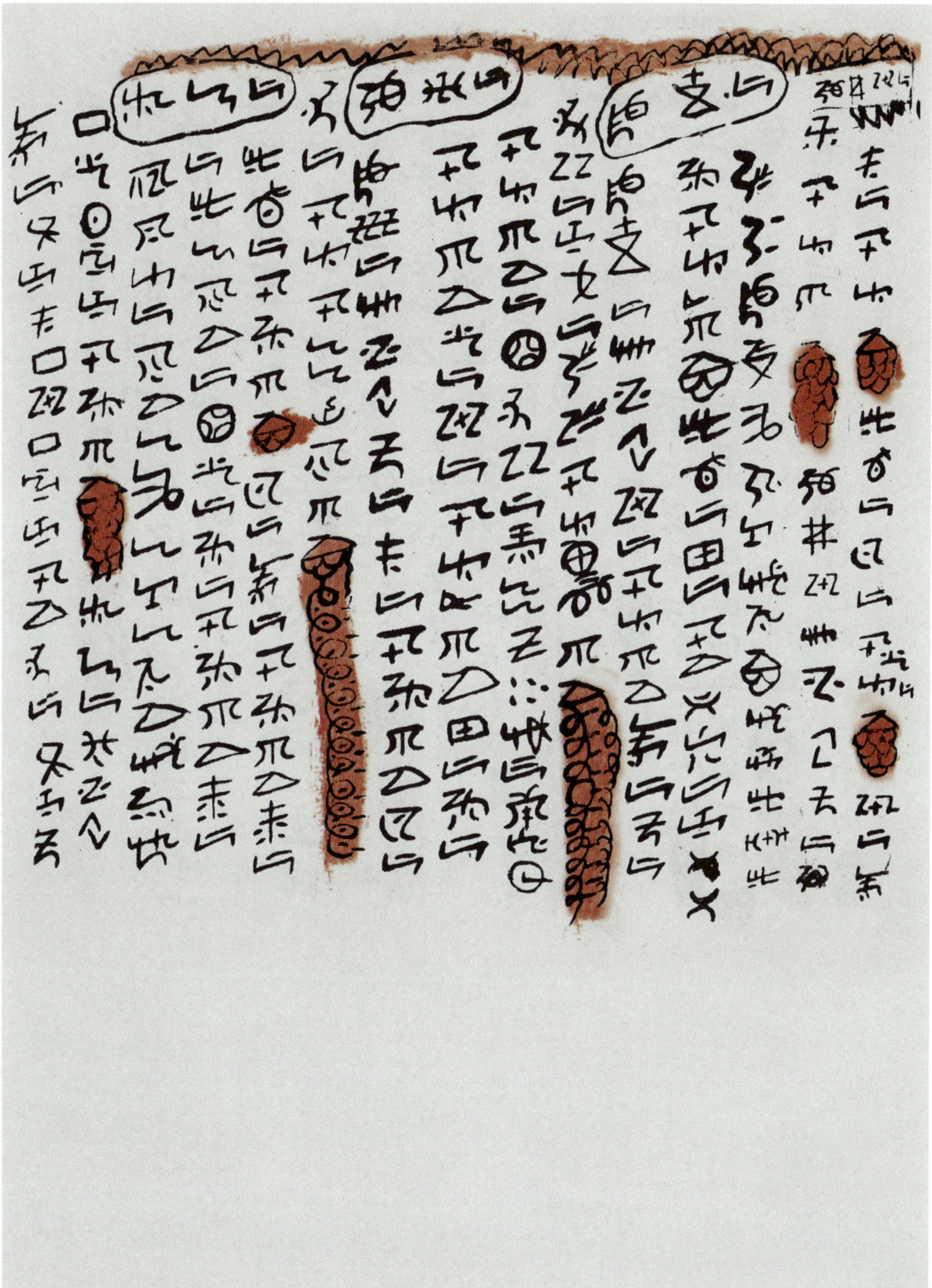

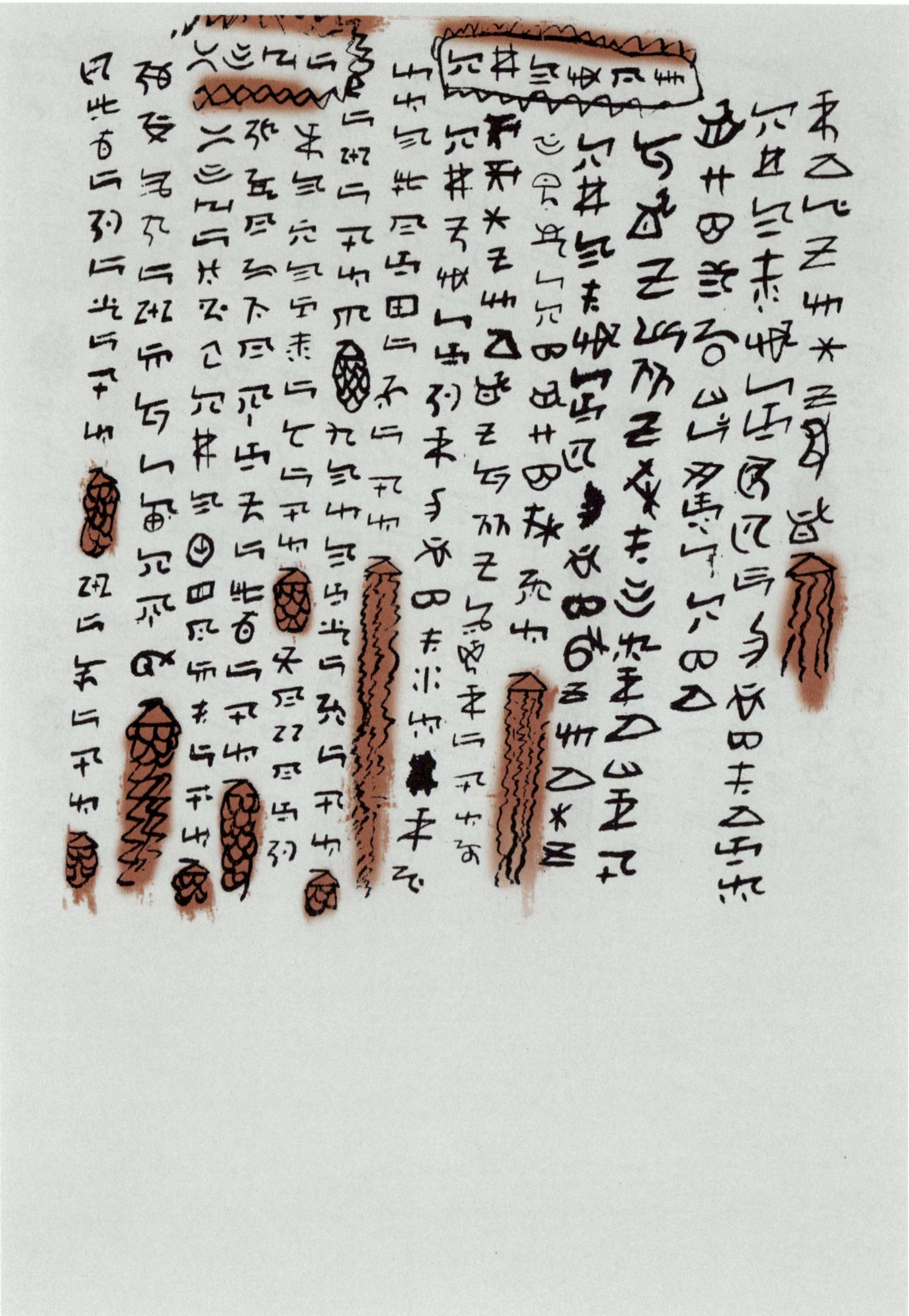

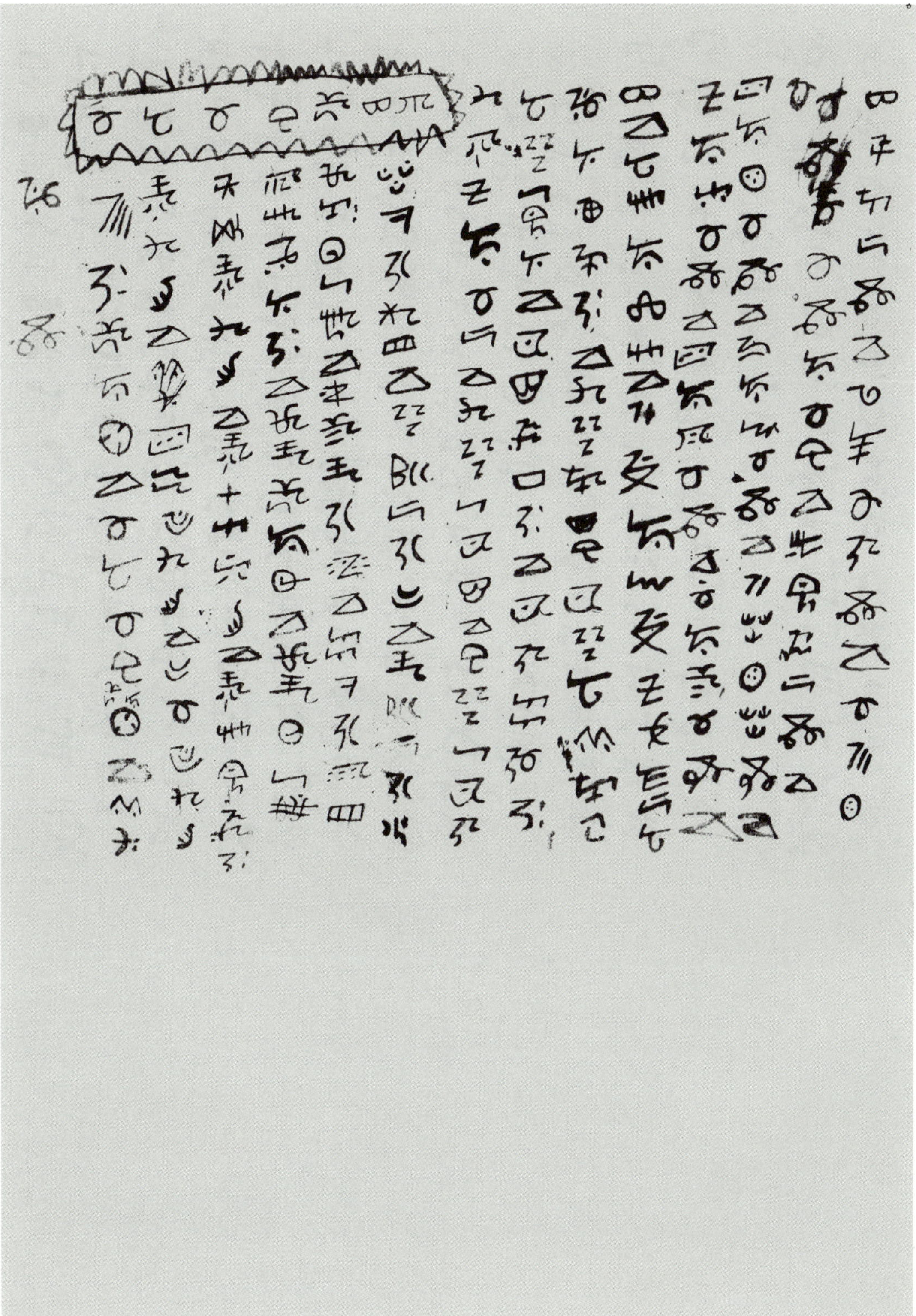

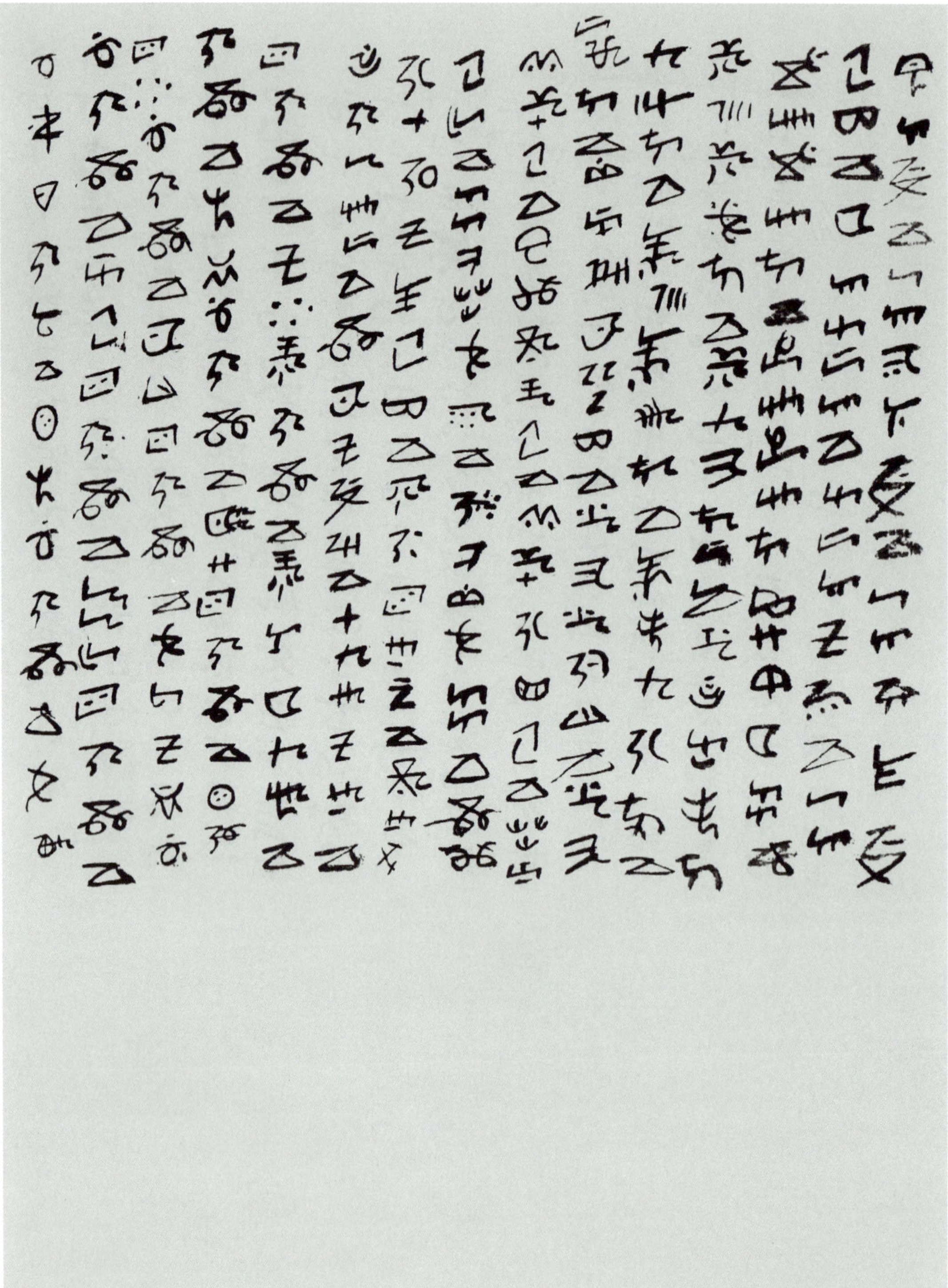

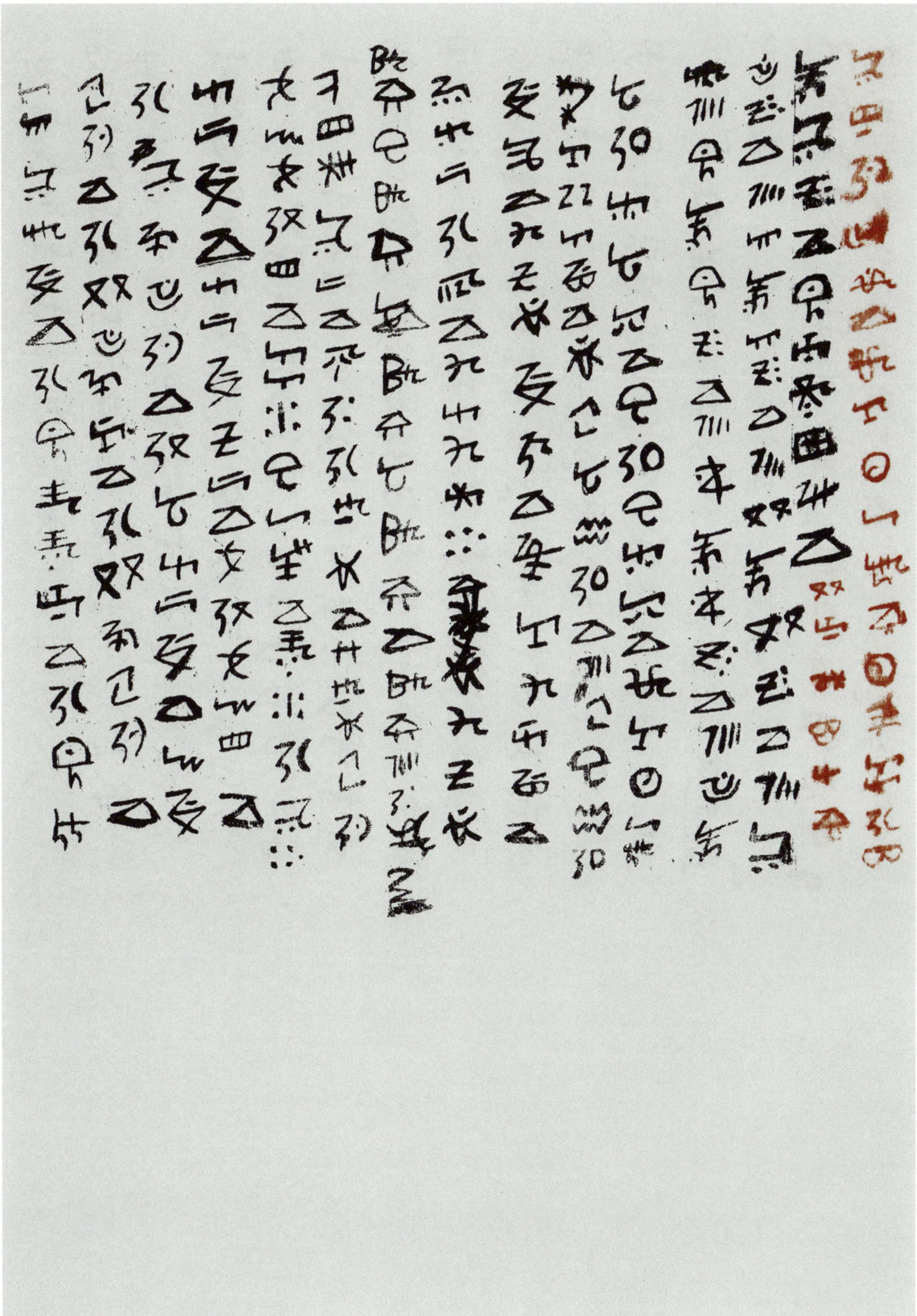

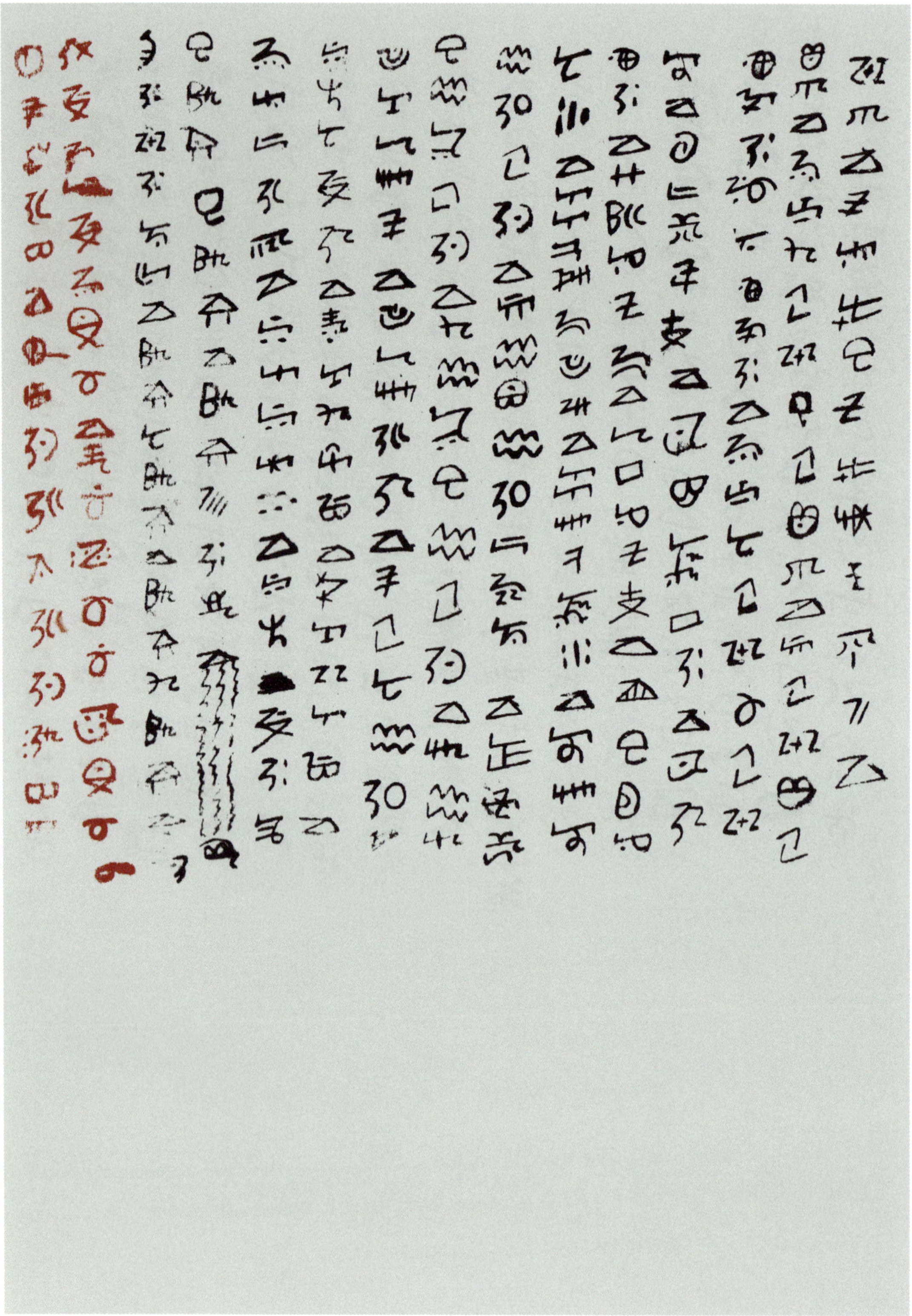

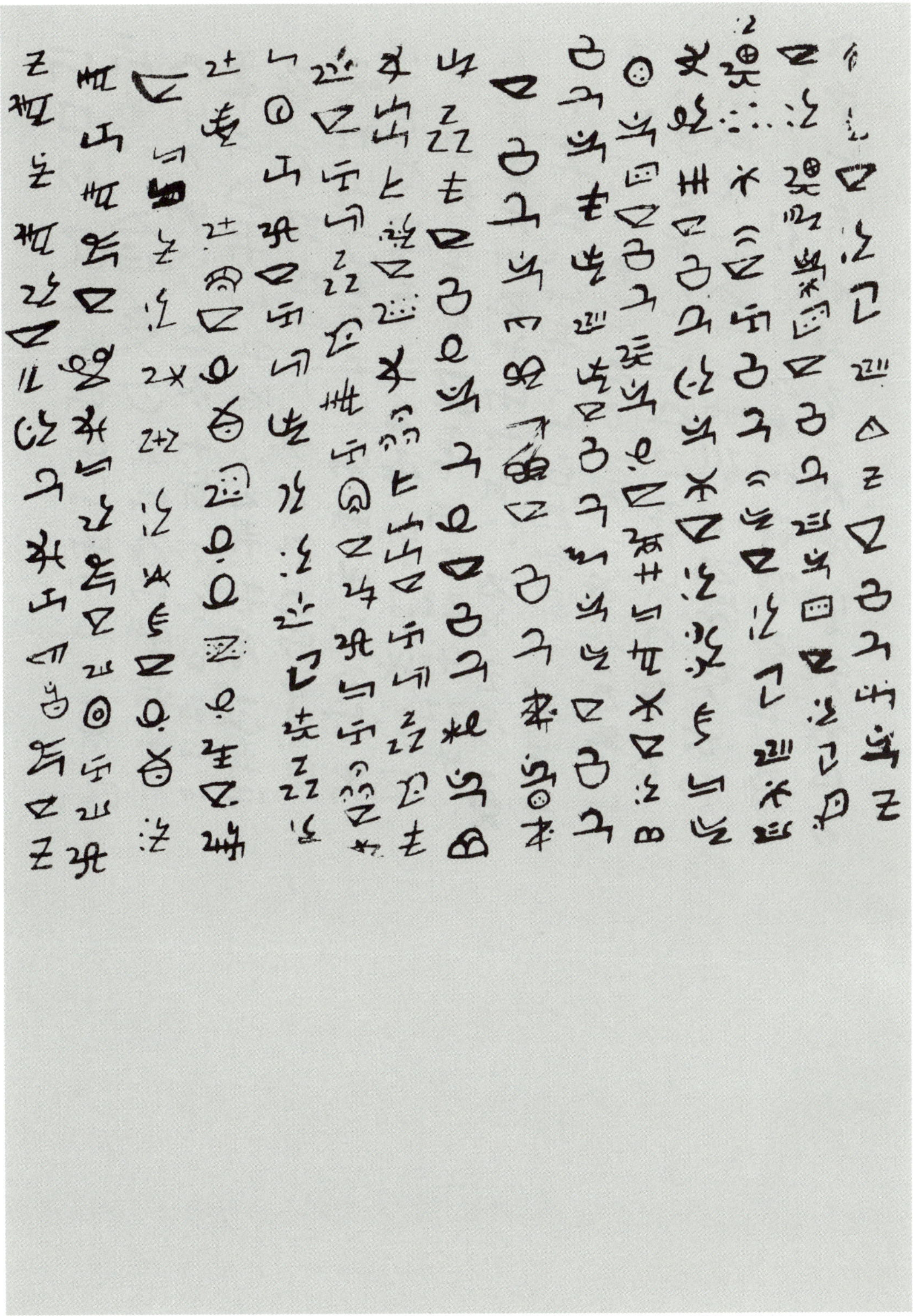

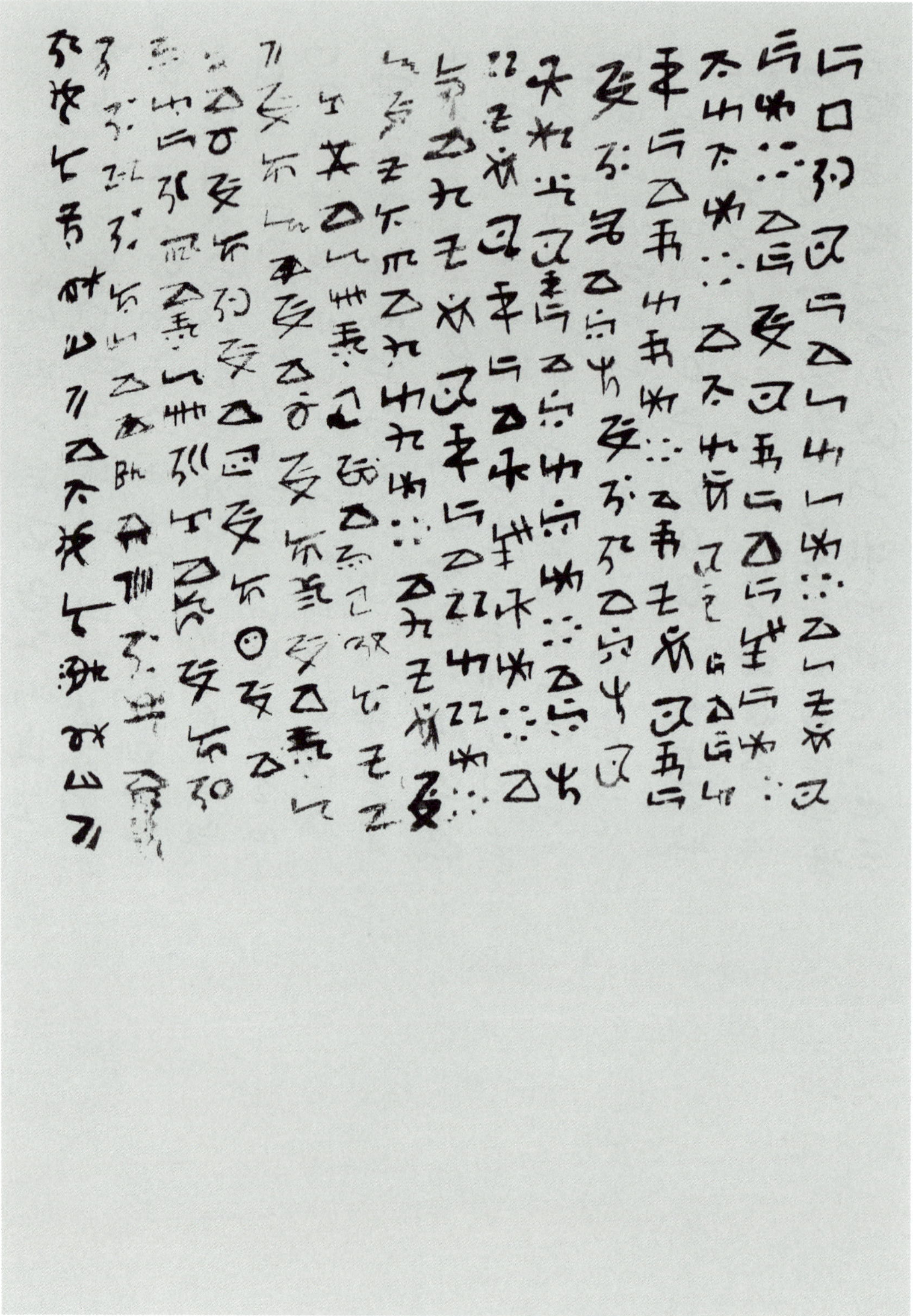

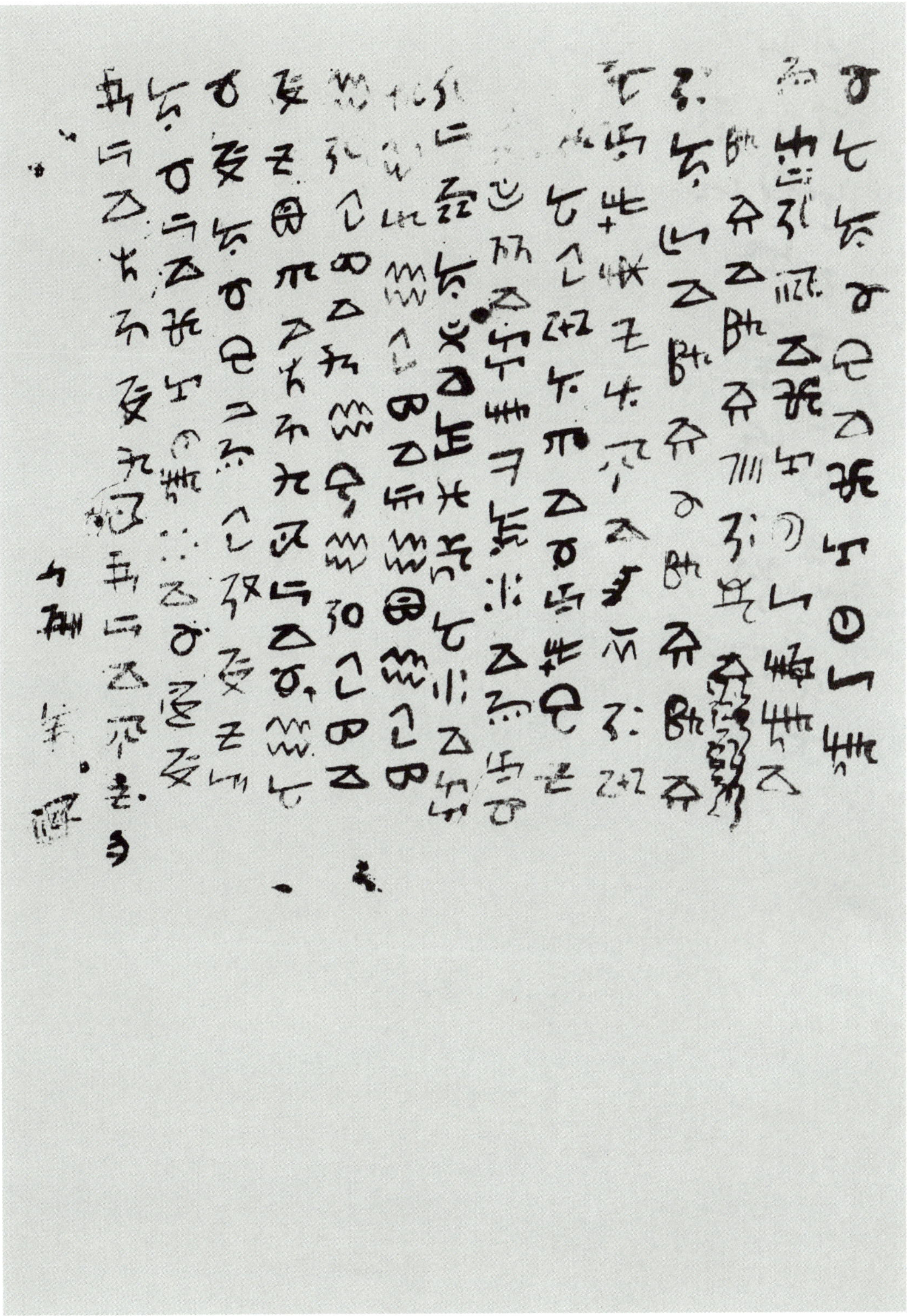

《杂　经》

原始编号：16号

此书属于合订本，有多个内容。共1册84页，其中有文字部分52页，1987年2月重抄本。佚名撰。

此书第一部分为《请师神位》，共6页。彝族南部方言丧葬仪式经书。毕摩在举行重要仪式时都要设坛请毕摩师祖神，祈求师祖降临其神坛，为弟子助阵，祈求仪式祭场清吉、仪式顺利。在书中要宴请的有山神、河神和滇南地区普遍记载的毕摩祖师——涅吹史冲、吹资本怒、吹赛玻则、哥得迷龙、阿本吹再、纪也赛仲，是滇南彝族公认的六位祖师，六位师祖为彝族语言文字的创造发展作出了巨大的贡献。可供彝族历史及原始宗教观念研究参考。

重抄本。本色，绵纸。线订册叶装。年代：近现代。墨书。页面规格44cm×26cm，墨框41cm×24cm，每页19行，每行16字，白口。保存完好。今藏楚雄师范学院图书馆。

此书第二部分为《指路经》，彝文：，共7页，佚名撰。彝族南部方言丧葬仪式经书。彝族人认为，人有三魂，依附在人的肉体上，一旦人死去了，三魂会有居所，一魂要回到祖先发祥地，与祖先团聚；一魂守在家中灵牌前，守护家人及子孙后代；一魂守在坟山，保佑子孙后代平安幸福。彝族人死亡为死者指路，是为赴阴间后回到祖先发源地的魂指路，按照本家族的迁徙路线，一站一站地指引回到祖先发源地。此书记述了亡者的儿女对亡者的哀思，在多方救治后，无法挽回生命，在亡者回祖先发源地的征程中，要依从所指的路线、地名顺利回到发祥地与祖先团聚。可供研究彝族丧葬习俗和迁徙史时参考。

重抄本。本色，绵纸。线订册叶装。年代：近现代。墨书。页面规格 44cm×26cm，四周有墨框，用朱色打行格线条，每页 18 行，每行 17 字，白口。保存完好。今藏楚雄师范学院图书馆。

此书第三部分为《迎客经》，彝文：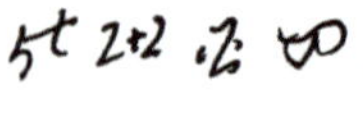，共 5 页，佚名撰。彝族南部方言丧葬祭祀仪式经书。彝族南部方言地区，举行丧葬仪式时，丧家要邀请 2 至 3 位毕摩。其中一位毕摩在门口设祭坛迎接前来丧葬的客人，若前来奔丧的亲戚家有领毕摩的，毕摩要在门口祭坛前驻留，叙述前来奔丧的亲戚关系。迎客毕摩在祭坛前念诵此经，经书叙述对客家感谢，赞誉客家所携的礼物。如：感谢客家人，山高路又远，身上背着粮，压得身子弯，肩上挑着担，坠得扁担弯，左手抱着鸡，右手牵着羊，赶着夜路来等。在过去滇南彝族人去奔丧，多为天黑了才进家门，若提前早到，在村边休息等候，直到太阳落山，天黑定了才点上火把，携带好物品，到村口要鸣枪进入村子，到丧家门口也要鸣枪。可供研究彝族丧葬习俗时参考。

重抄本。本色，绵纸。线订册叶装。年代：近现代。墨书。页面规格 44cm×26cm，四周有墨框，用朱色打行格线条，每页 18 行，每行 17 字，白口。保存完好。今藏楚雄师范学院图书馆。

此书第四部分为《踩尖刀草经》，彝文：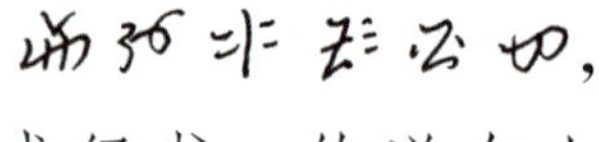，共 3 页，佚名撰。彝族南部方言丧葬祭祀仪式经书。传说在古代有一位高大丑陋的姑娘，因丑而终身未嫁，活到 72 岁时孤独而被气死，死后变成白虎神和尖刀草神，白虎神在世间去作祟出

嫁的姑娘和刚出生的小孩。尖刀草神在去阴间和亡者回祖先发祥地的路上变成尖刀草挡着去路，若毕摩不携亡者的儿女不念诵此经，就进不了阴间，也回不到祖先所在地。在教亡灵赶赴阴间之时，由主持毕摩或客家请的毕摩吟诵。在书中说道："在赴阴间的路上，丑陋的不嫁女，变成了尖刀草，挡住了进阴间路，草丛很茂密，草子有手掌宽，草芽如牛角，若不穿女儿绣的鞋，不敢踩在草芽上，若没有儿子用的镰刀，砍不到草丛，若儿女们不参与，无法走过茫茫草丛"等。亡者望着无边的尖刀草无法前行，心里非常害怕，要求儿女们一起踏过草原，向儿女们索要铲除的用具，并开出一条路，顺利通过。此书可供彝族丧葬习俗研究参考。

重抄本。本色，绵纸。线订册叶装。年代：近现代。墨书。页面规格 44cm×26cm，四周有墨框，用朱色打行格线条，每页 19 行，每行 17 字，白口。保存完好。今藏楚雄师范学院图书馆。

此书第五部分为《讨葬地经》，彝文：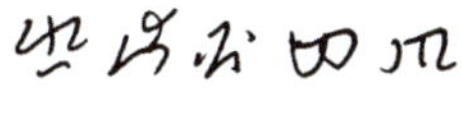，共 4 页加 3 行，佚名撰。彝族南部方言丧葬仪式经书。大部分这类的书都记述一个人从诞生那天起到死去那一天，在世间的重大实践。认为人降生在世间，从诞生那天起谁也没有带着葬地来，在一生的生活中，在世的时候谁也不时兴讨好坟地，一生中任劳任怨，上敬天地，尊重先祖，善待长辈，抚育子孙，从不做恶事，一生无冤无仇。但死的那天，还没有墓葬地，向上苍神及山川河流神，讨要墓葬地，用谦虚的心理讨要墓地，在书中说："世间的好人，昨天离了儿，离开了家人，离开了儿女，要回去找祖先，如今没有墓地，诚心来讨要，多的也不要，顺长要一庹，宽则要半庹，请给那一点。"若亡者葬在祖坟地里，毕摩只在家里吟诵此经，若要占新坟地，毕摩及其儿女们要到此山具体地点设祭坛，定四界桩行讨要，毕摩并向亡者介绍新坟地的地理风光。可供彝族宗教风俗文化研究参考。

重抄本。本色，绵纸。线订册叶装。年代：近现代。墨书。页面规格 44cm×26cm，四周有墨框，用朱色打行格线条，每页 19 行，每行 15 字，白口。保存完好。今藏楚雄师范学院图书馆。

此书第六部分为《祭坟献酒经》，彝文：，共 3 页，佚名撰。彝族南部方言丧葬仪式经书。滇南彝族自称纳苏的人。当有老人去世后，如不满三年的，每年六月二十四和腊月二十五都要准备美食佳肴到坟墓前进献祭奠。此书是在坟墓前祭奠献酒时吟诵的经书。书中描述了老人去世后，儿女们每年祭坟时都要在坟前祭奠。今天献给你的酒是所有亲戚及家人共同祭献的。在书中还特别地说明了你的后裔们的酒，有亡者的兄弟姐妹的酒，有你侄女侄儿的酒，有你外甥外甥女的酒，有孙子及重孙们的酒等，告诫亡者，在每年前来墓前祭奠后，要保佑好你的子孙后代，保佑无病无痛，苗旺粮丰，六畜兴旺，家人平安。可供彝族宗教、习俗文化研究参考。

重抄本。本色，绵纸。线订册叶装。年代：近现代。墨书。页面规格 44cm×26cm，四周有墨框，用朱色打行格线条，每页 19 行，每行 16 字，白口。保存完好。今藏楚雄师范学院图书馆。

此书第七部分为《献神水经》，彝文：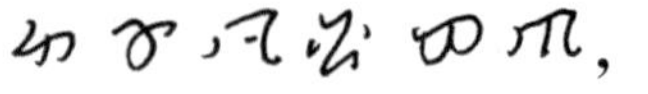，共 3 页，佚名撰。彝族南部方言丧葬仪式经书。滇南彝族自称纳苏的人，每当有老人去世都要举行隆重的葬礼仪式，仪式一般要三天，在出丧的前夜，由毕摩主持进行祭奠仪式，自始至终祭献若干牺牲以及献酒、献饭、献茶等献物。特殊一项要祭献神水，神水是取至本村饮用的水源地用葫芦取回的，它代表着这个家族的生命源。向亡者说明水的来源，让其在回归祖先的道路上携带好。途中口渴时随时可以喝，祭亡者归来祖先的道路，艰辛遥远，一路不能耽搁，不能因途中渴水而延误时间，让他一路带着水去，顺利到达祖地。可供彝族宗教文化研究参考。

重抄本。本色，绵纸。线订册叶装。年代：近现代。墨书。页面规格 44cm×26cm，四周有墨框，用朱色打行格线条，每页 19 行，每行 16 字，白口。保存完好。今藏楚雄师范学院图书馆。

此书第八部分为《阿左书》，彝文：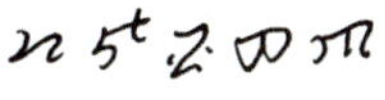，共 20 页，佚名撰。彝族南部方言民间故事书。明清之际，佛教和佛经故事传入了彝族地区后，逐渐对彝族人民的生活与文学艺术产生了影响。彝族传统的文学艺术作品发现了赏善罚恶、因果报应、生死轮回的内容，佛教和儒家的一些伦理道德观念逐渐渗入了彝族原始宗教宣传的伦理道德中，随着说唱文学的发展需要，彝族毕摩就将一些民间叙事诗，改编成说唱加表演的节目来演唱，增加了因果报应、生死轮回的劝善内容，由毕摩用说唱文学形式对群众进行伦理道德观念的宣传和教育。《阿左书》与楚雄州双柏县纳苏系的彝族中流传的故事和文献《阿佐分家》是一致的，从它的形式上看还没有形成两人或多人说唱。它比双柏县彝族中流传的《阿佐分家》更为原始，但中心内容是一致的。

此书记述了在古代有两个兄弟，兄弟俩 10 多岁时父母双亡，后来，通过弟弟的催促，哥哥娶上了妻，哥哥的妻子虽人长得漂亮，但好吃懒做，心肠狠毒，结婚后以弟弟不能相处为由，挑唆哥哥分家，想把弟弟赶出去。哥哥生性懦弱，而嫂嫂阴险毒辣。弟弟多次劝哥哥不能分家，要遵循父母留下的话。但哥哥只听嫂嫂的话，最终兄弟俩分了家。

分家时，嫂嫂因生性贪婪，心肠狠毒，把好的家产，大部分都归自已家，劣差的、不要的分给弟弟，弟弟被逼得走投无路，他把分得的很小的猪、鸡、牛、羊丢在荒山野林，独自上山当猎人，四处流落。弟弟出走了多年后，哥哥受到良心的责备，到山上去寻找弟弟，找遍千山万水后，终于找到了弟弟，可是弟弟拒绝回家，并提出与哥哥一起进阴曹地府看看因果报应，托生轮回的事。兄弟俩约定喝下毒药，一起赴阴曹地府，到了阴间后，一起游历了地府里对人间的善恶事，对阴间的惩恶报应，哥哥顿悟人不可心坏，应该崇善行德。

后来阴间地府的判官判他们死而回生，重新回到人间，哥弟俩回到家后，把在阴间所看的事与嫂嫂说，嫂嫂听了后也感到恐惧，慢慢地心灵发生了变化，也受到感染。最后哥嫂兄弟重归于好，一起和睦相处，遵循了父母临终前的遗愿，兄弟俩像一双筷不能分离。可供研究彝族伦理道德参考。

重抄本。本色，绵纸。线订册叶装。年代：近现代。墨书。页面规格 44cm×26cm，四周有墨框，用朱色打行格线条，每页 19 行，每行 18 字，白口。保存完好。今藏楚雄师范学院图书馆。

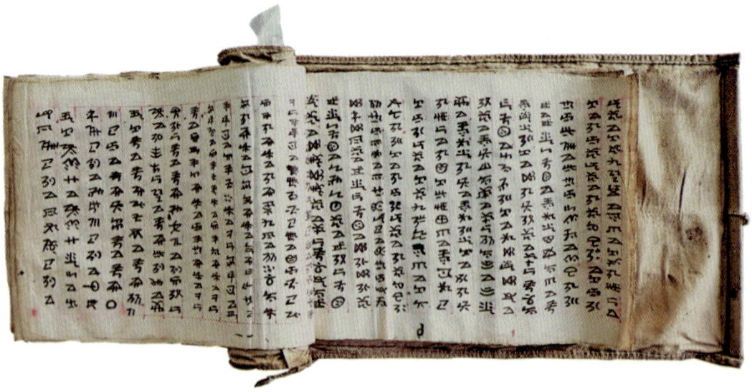

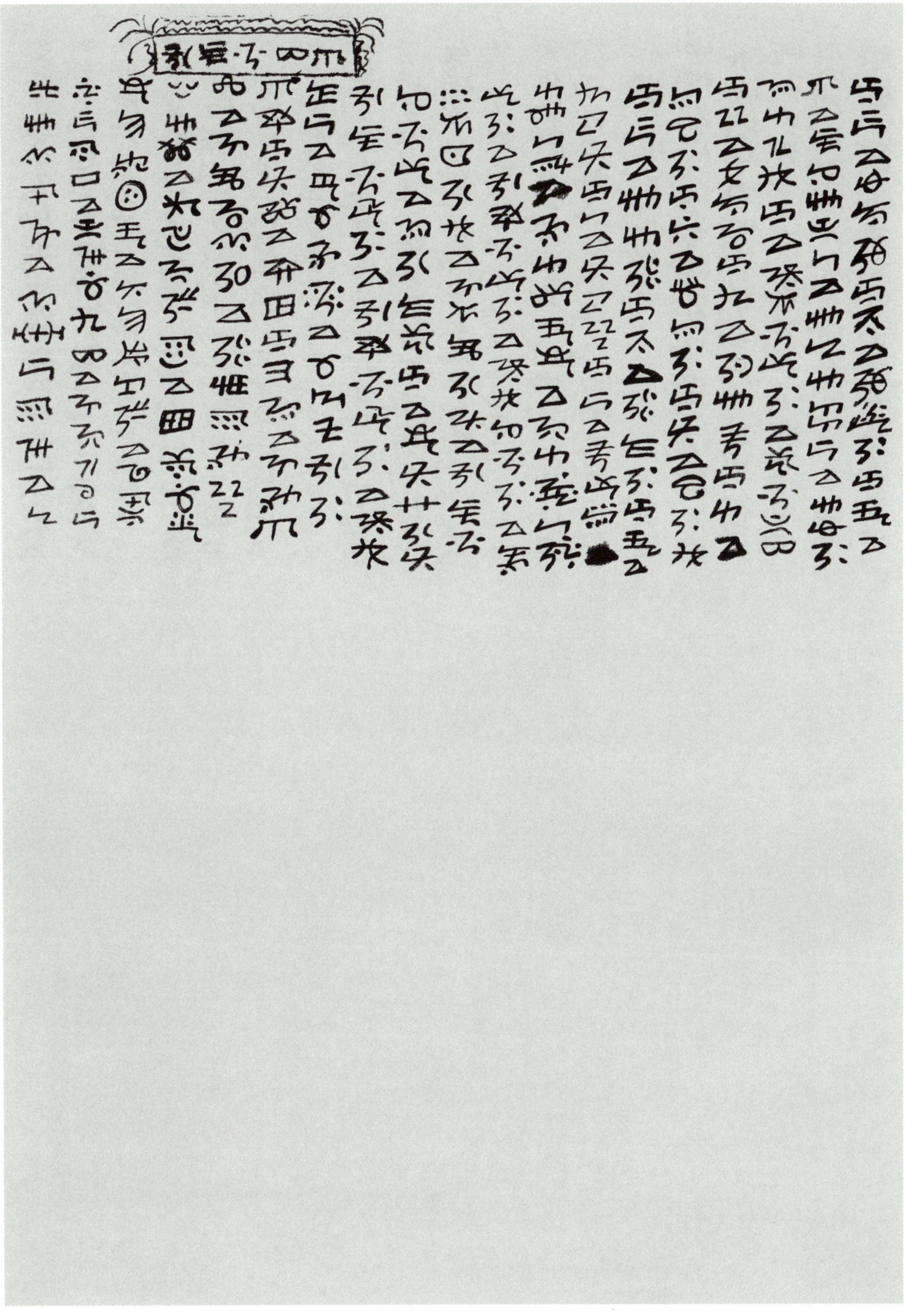

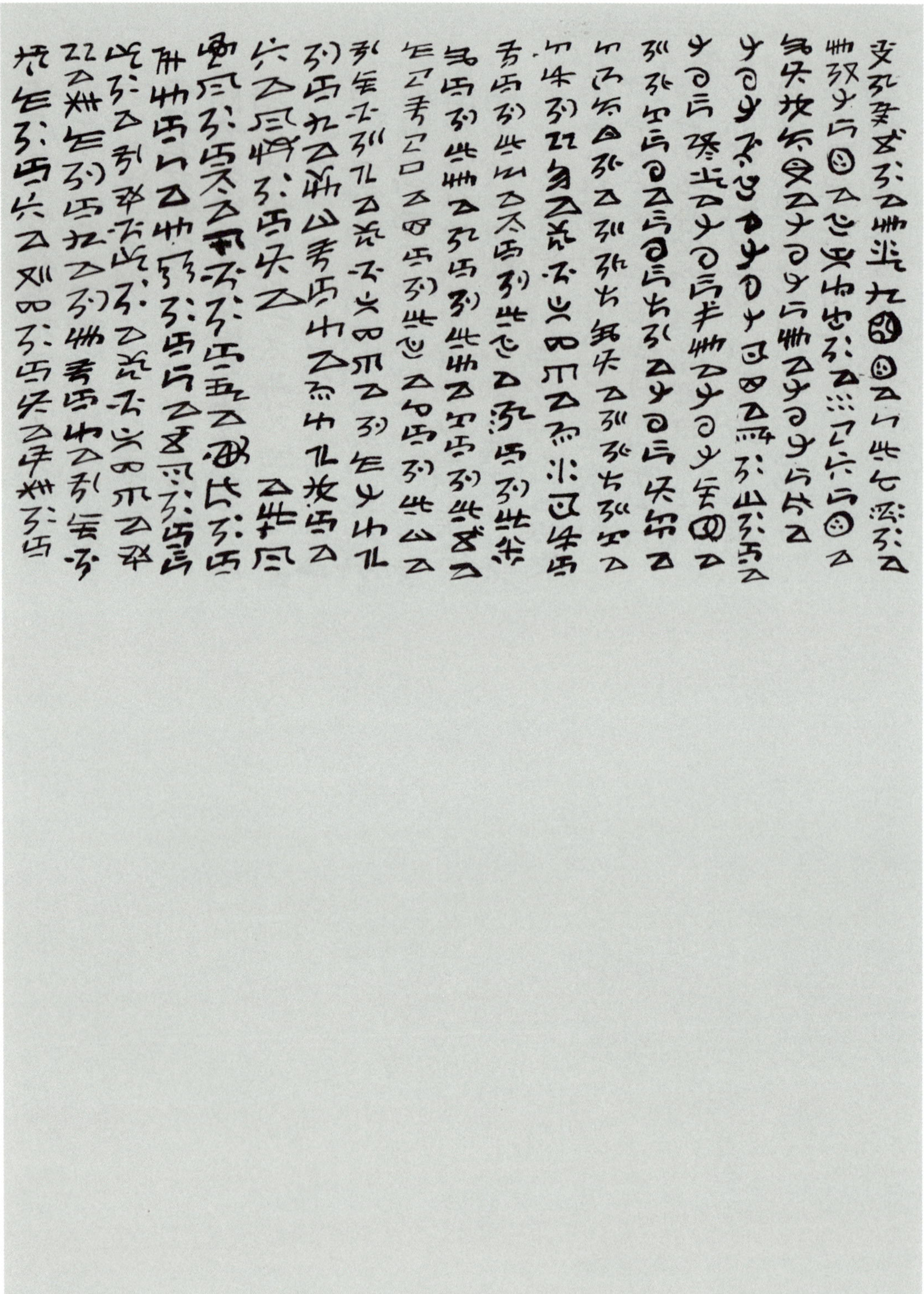

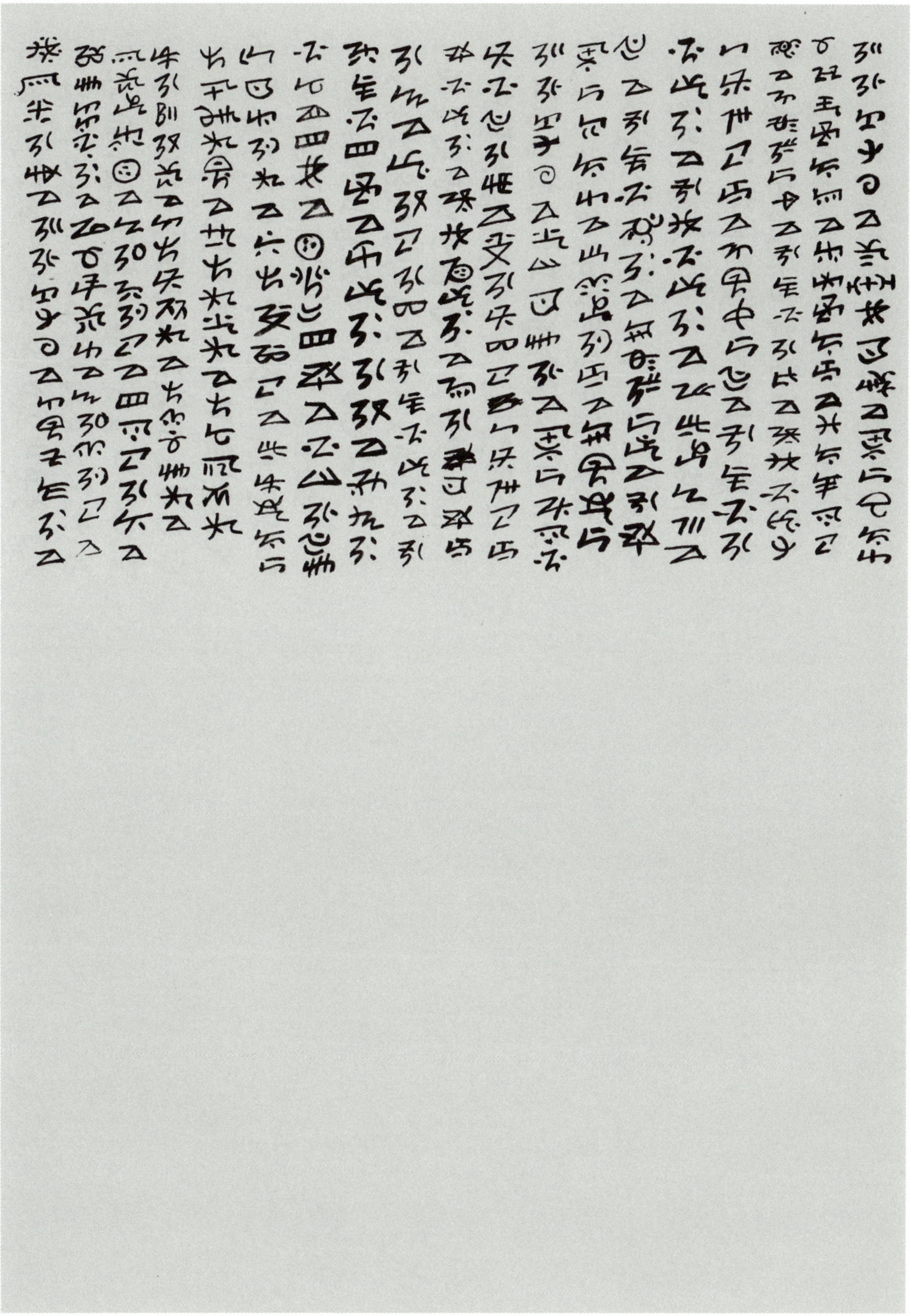

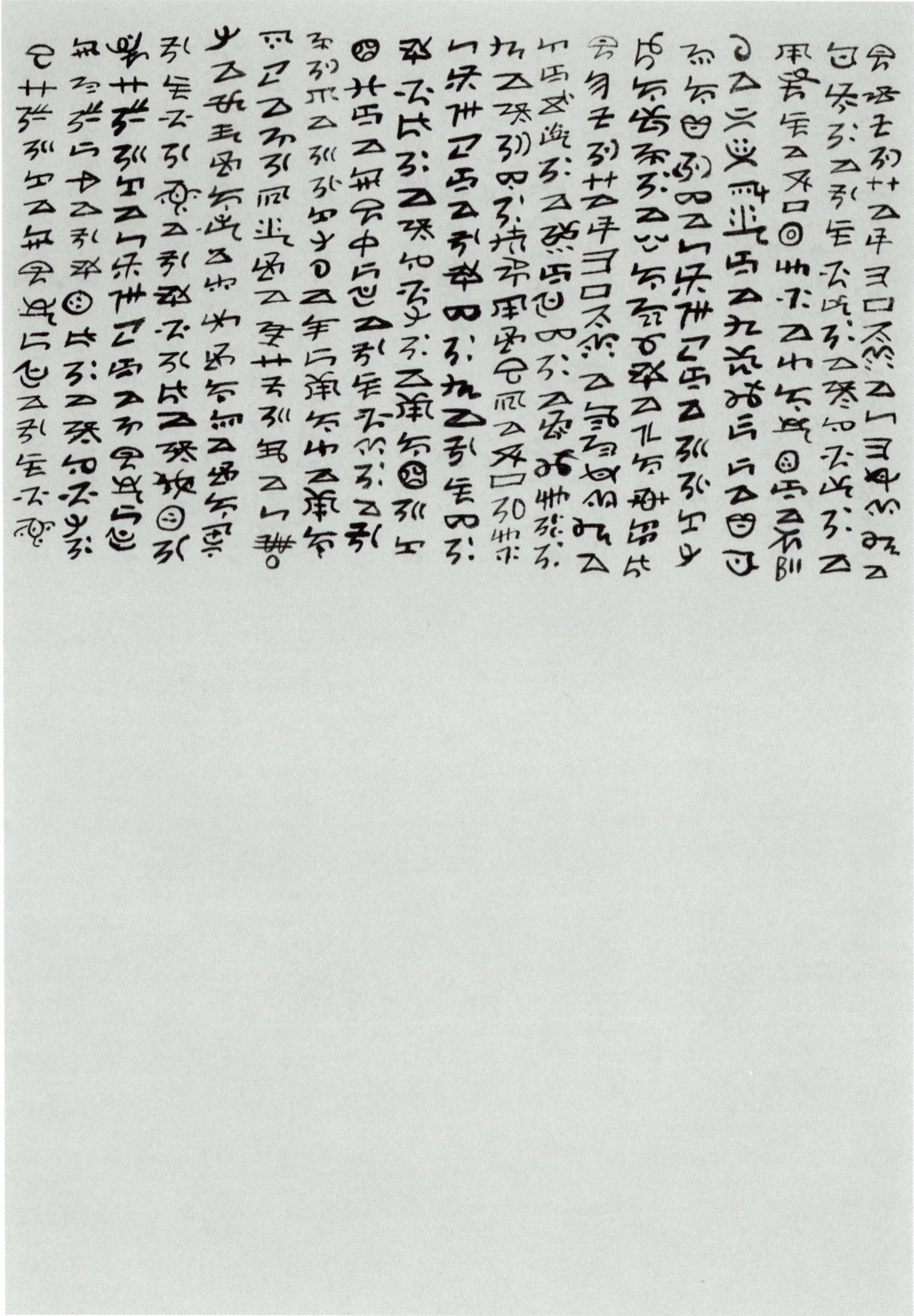

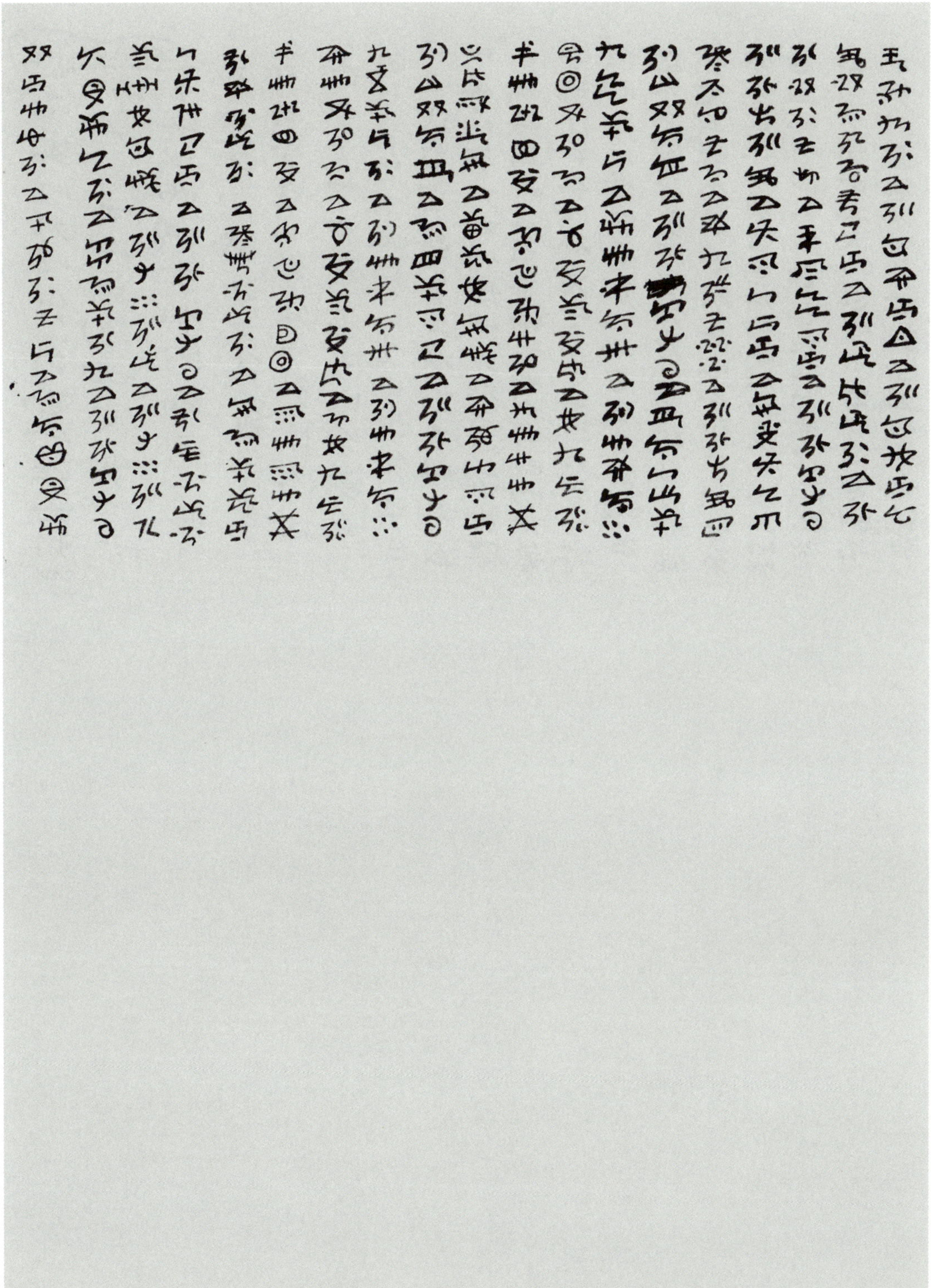

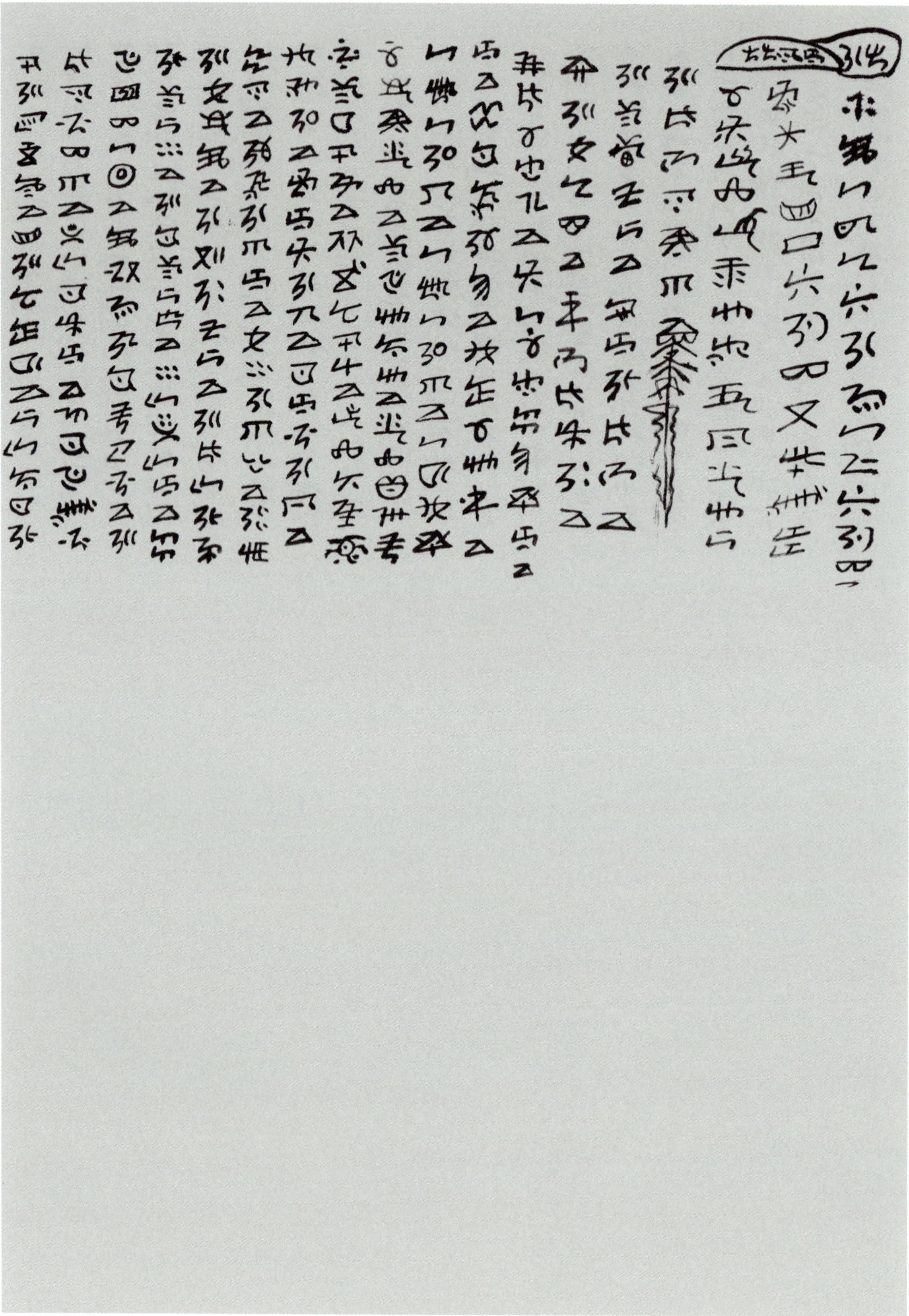

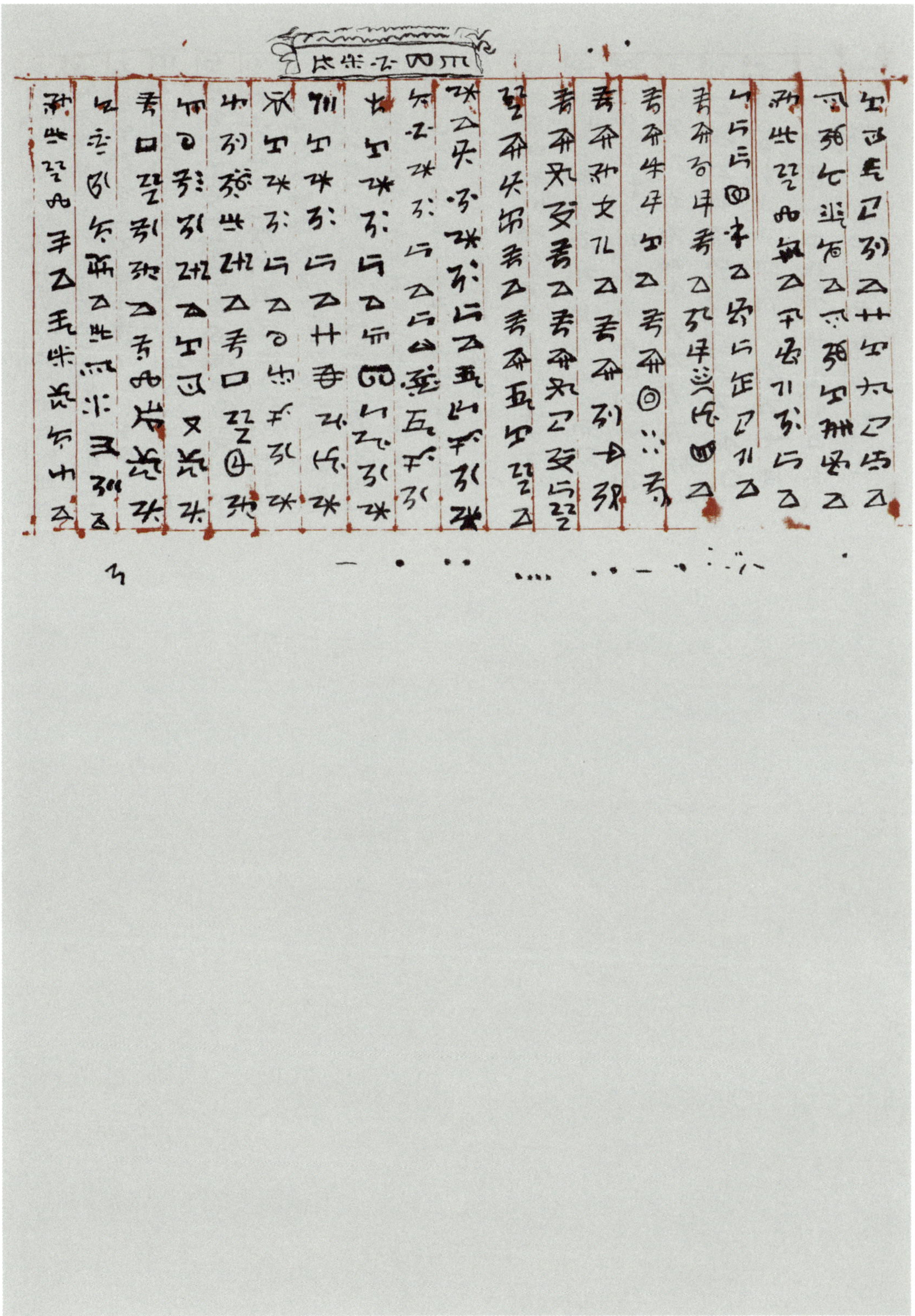

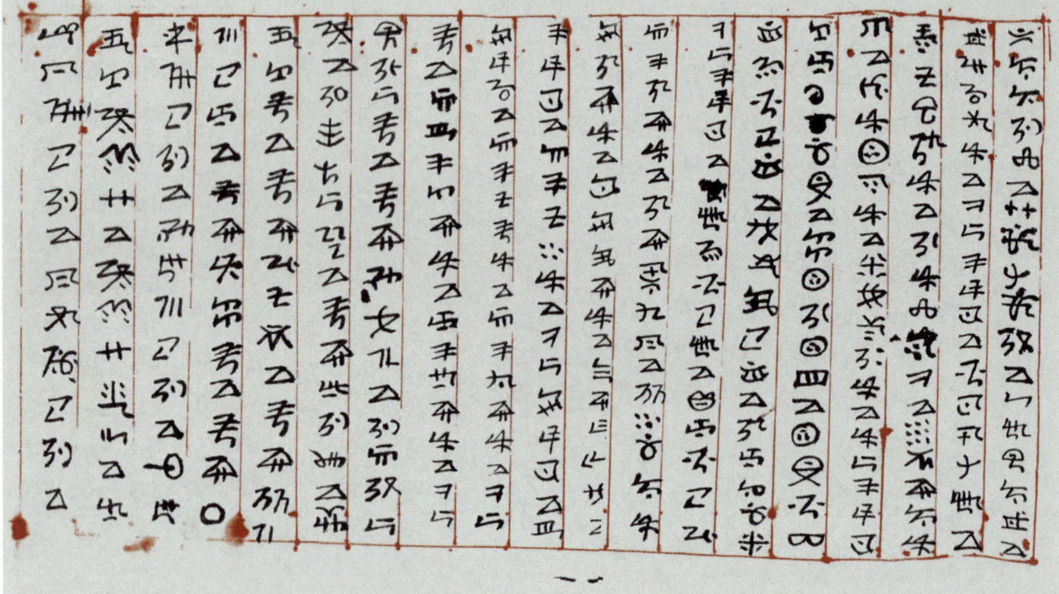

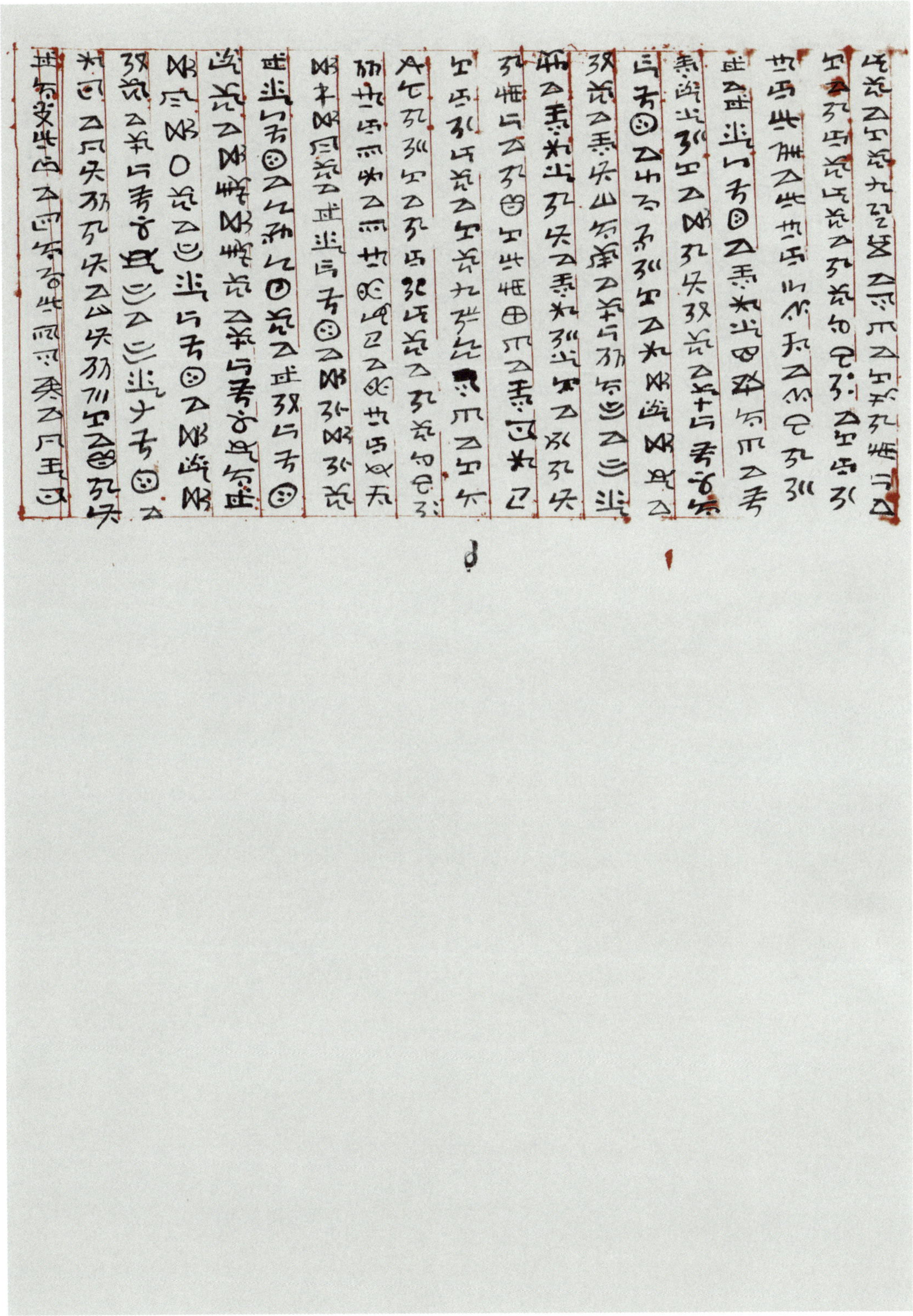

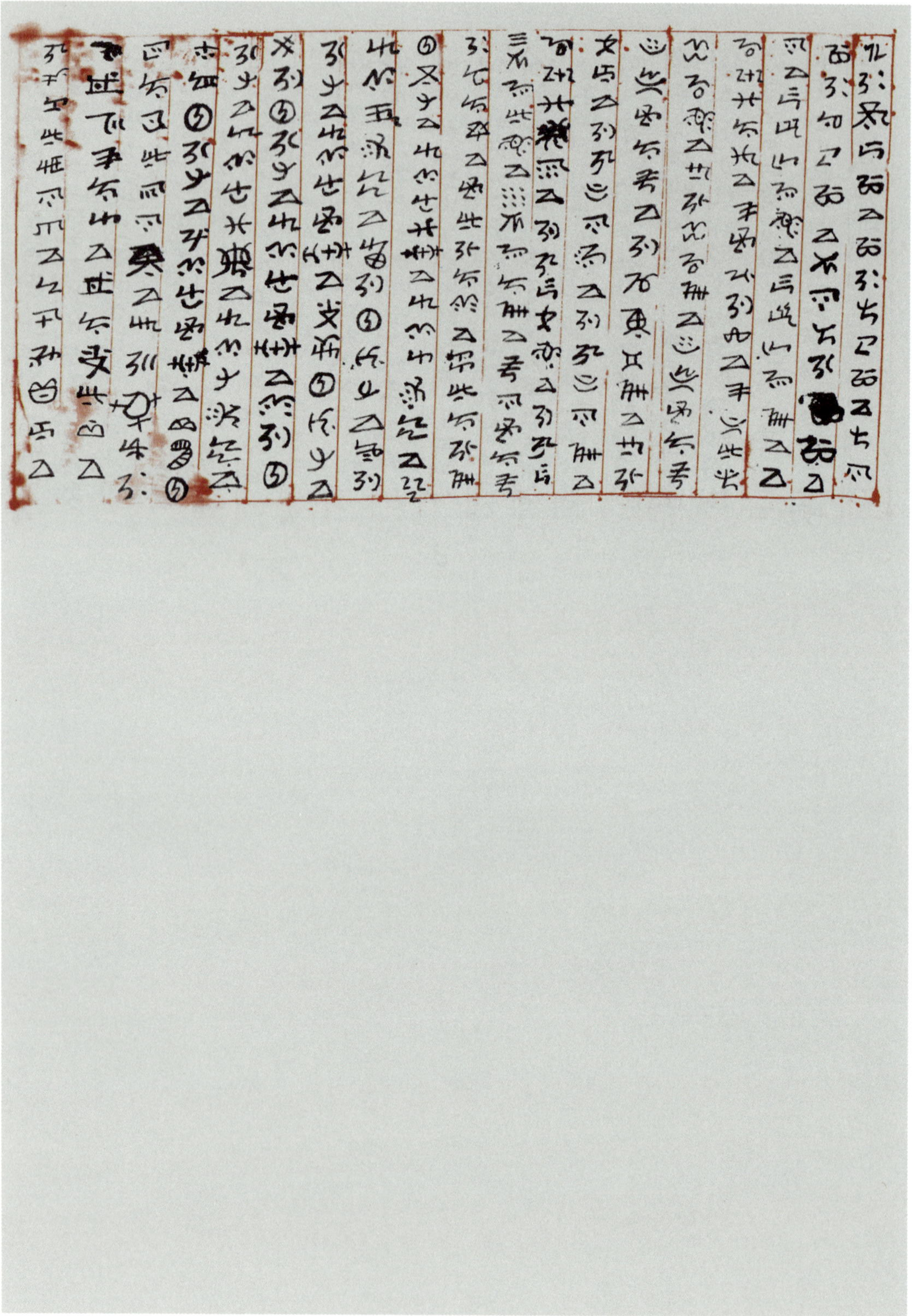

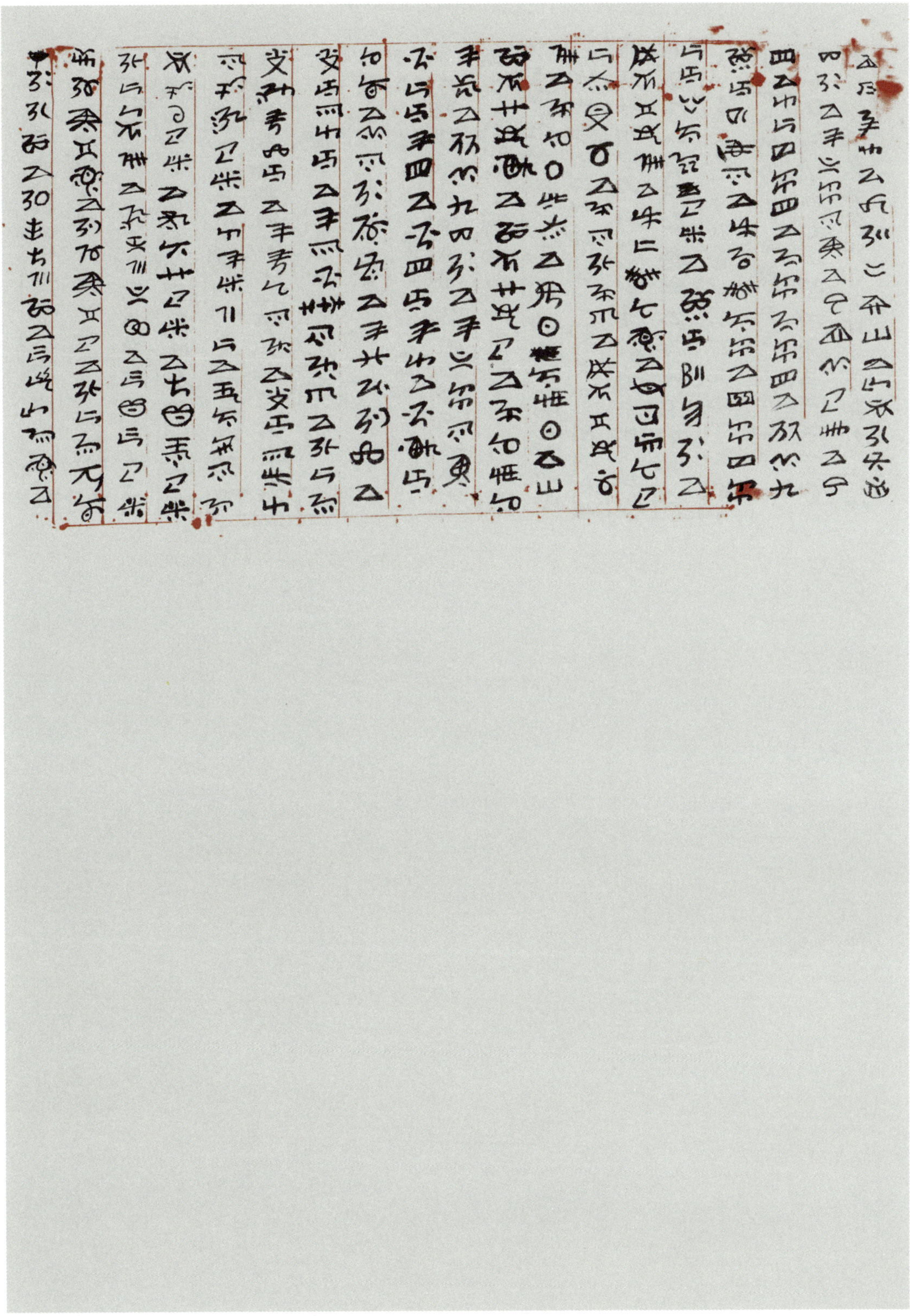

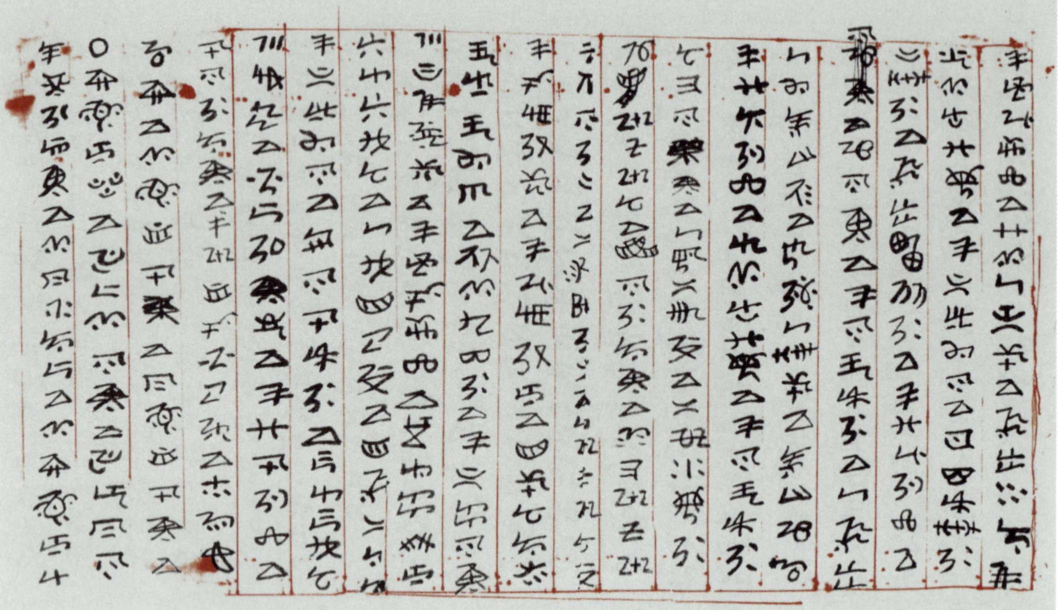

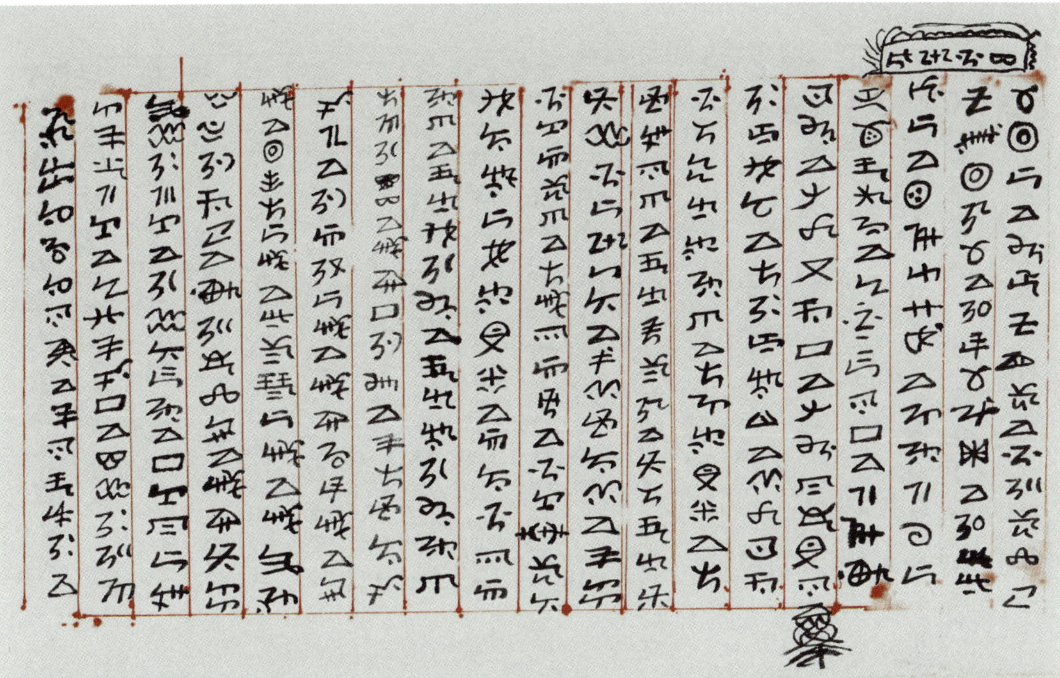

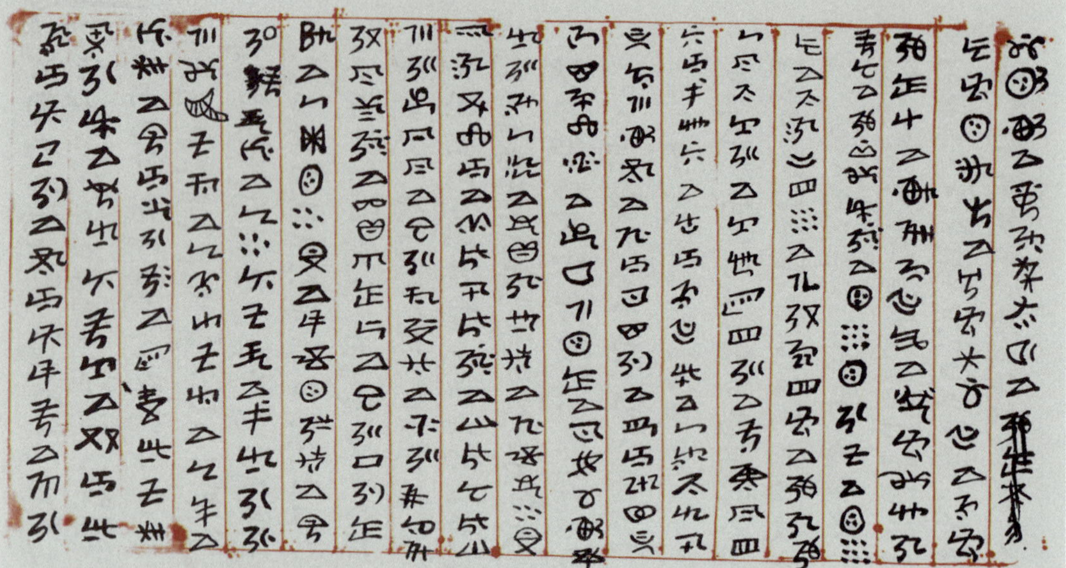

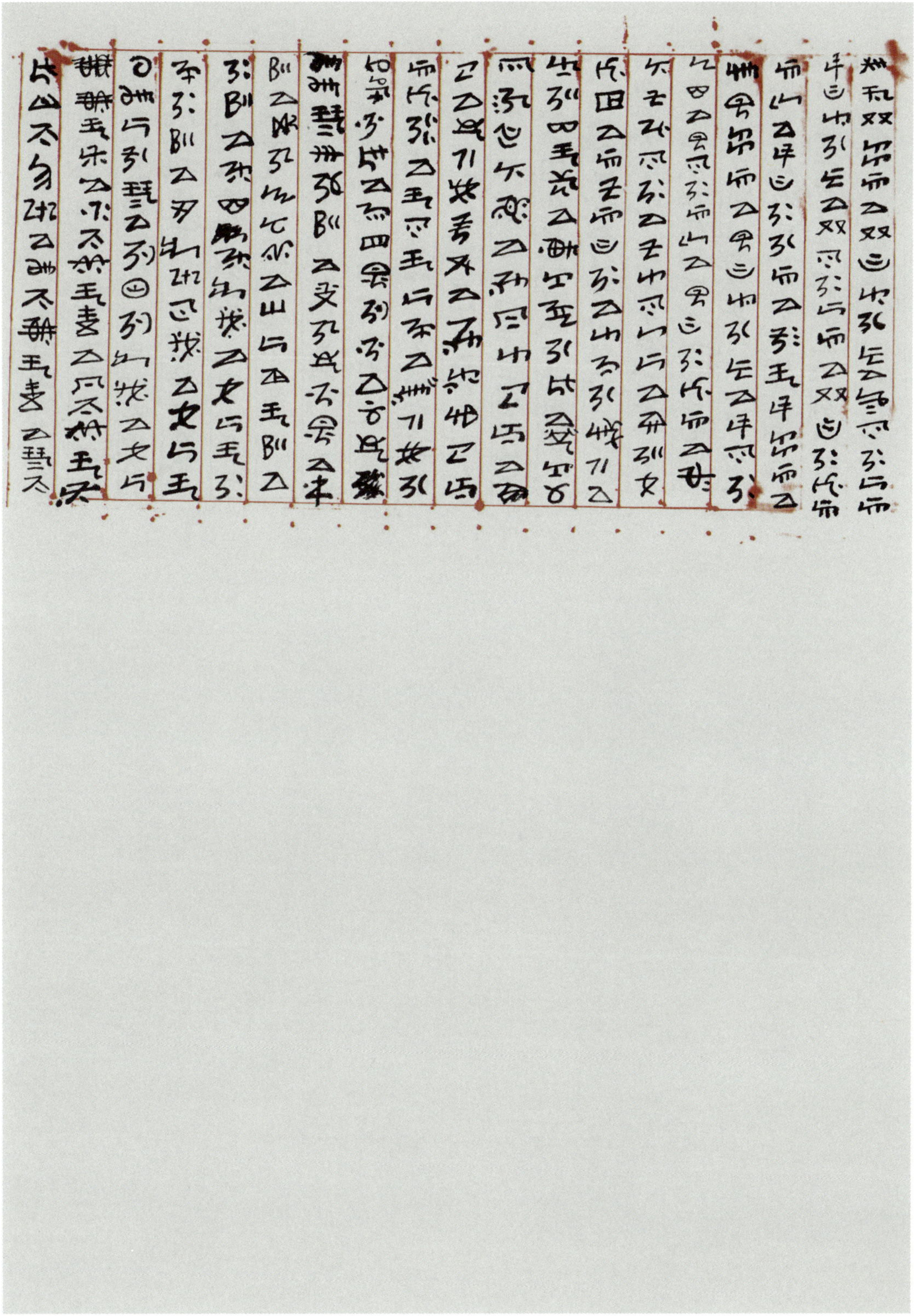

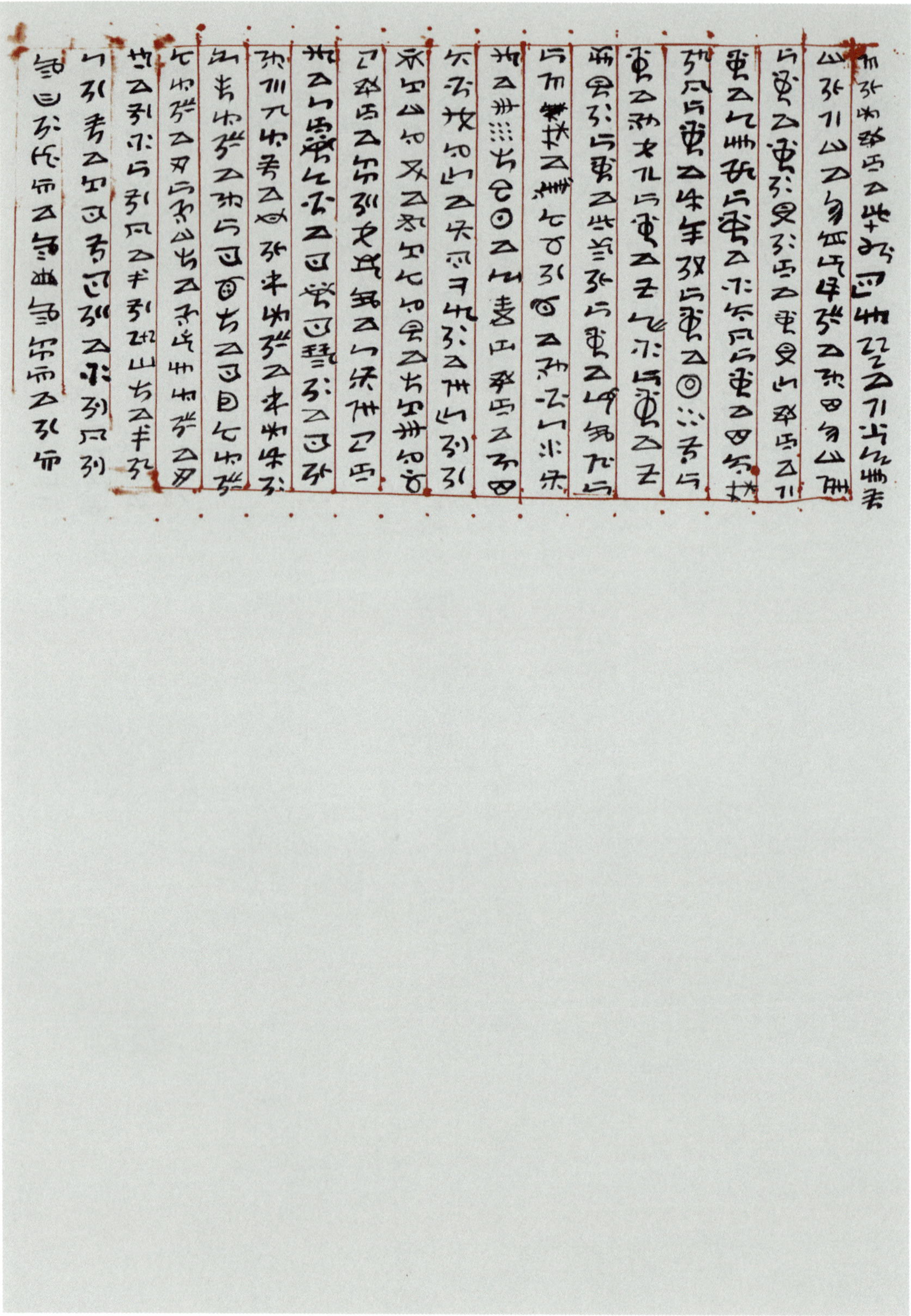

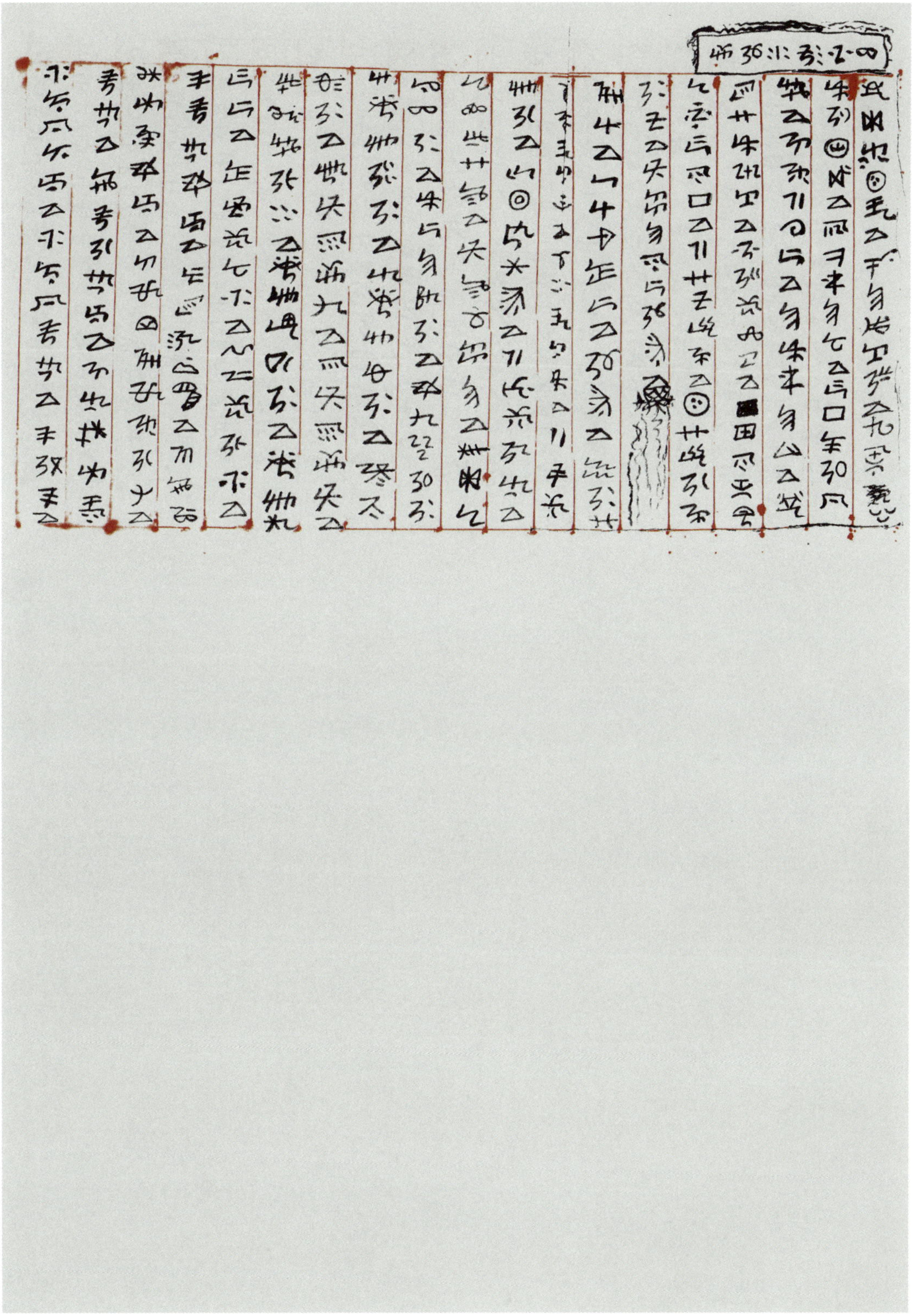

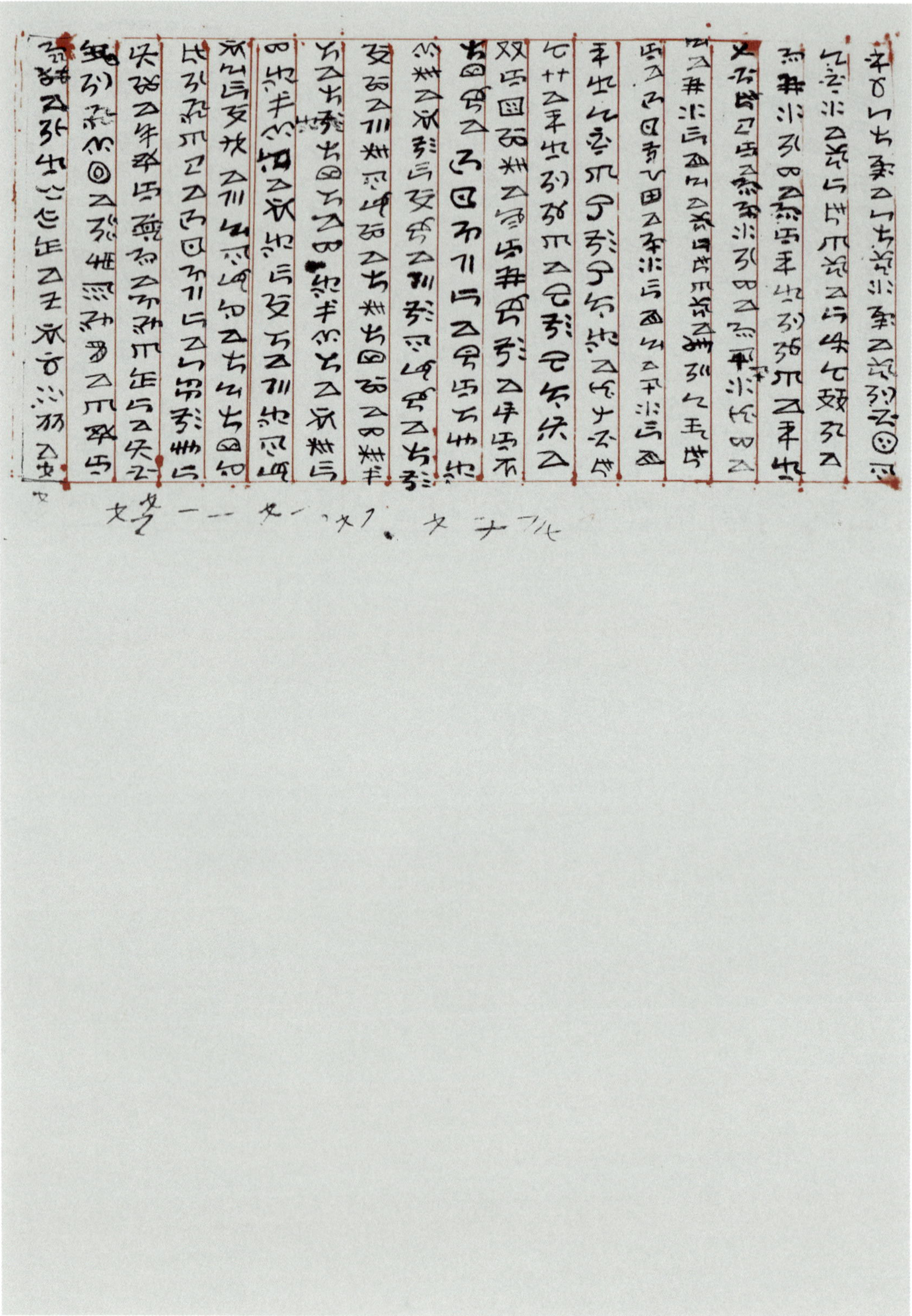

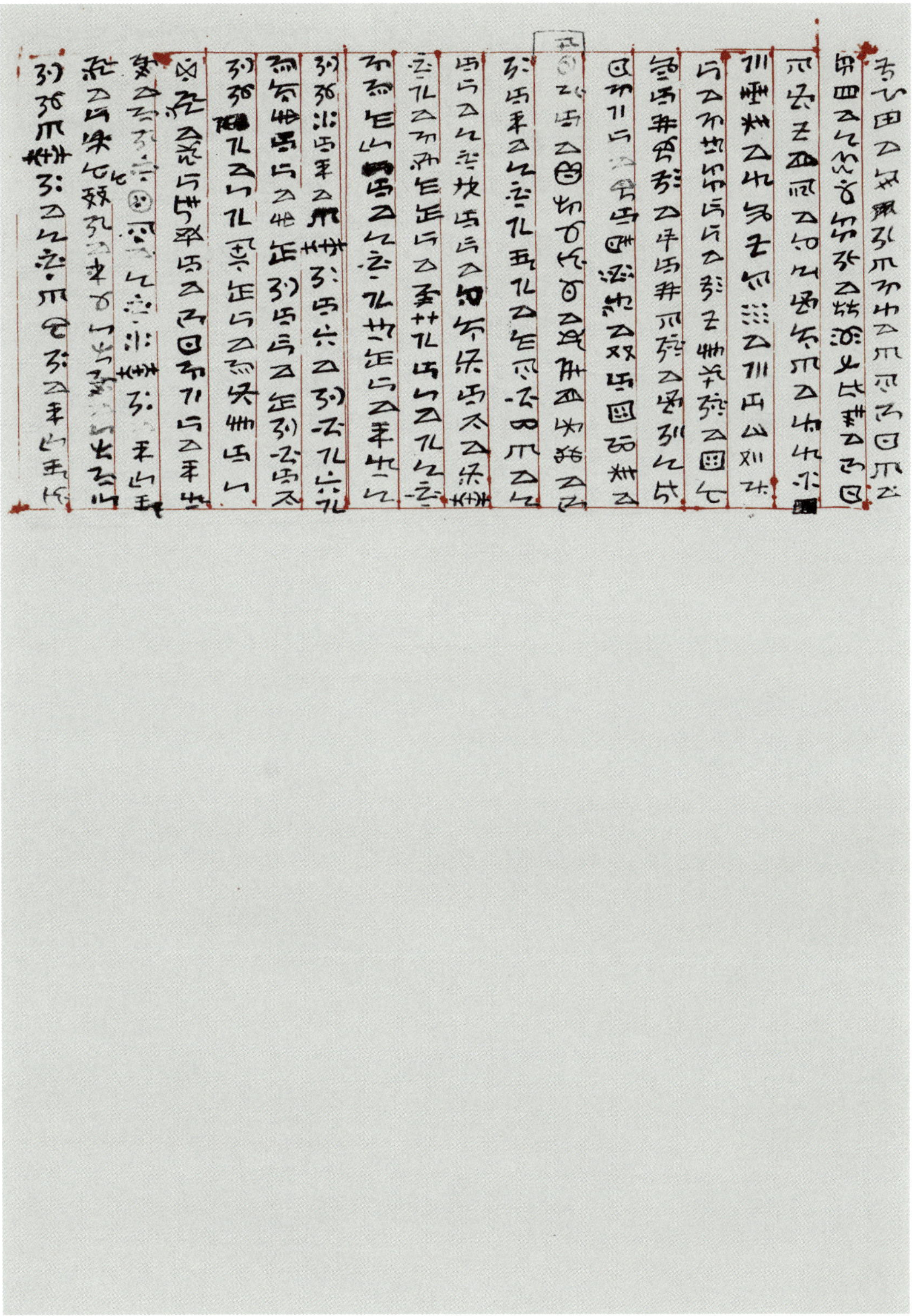

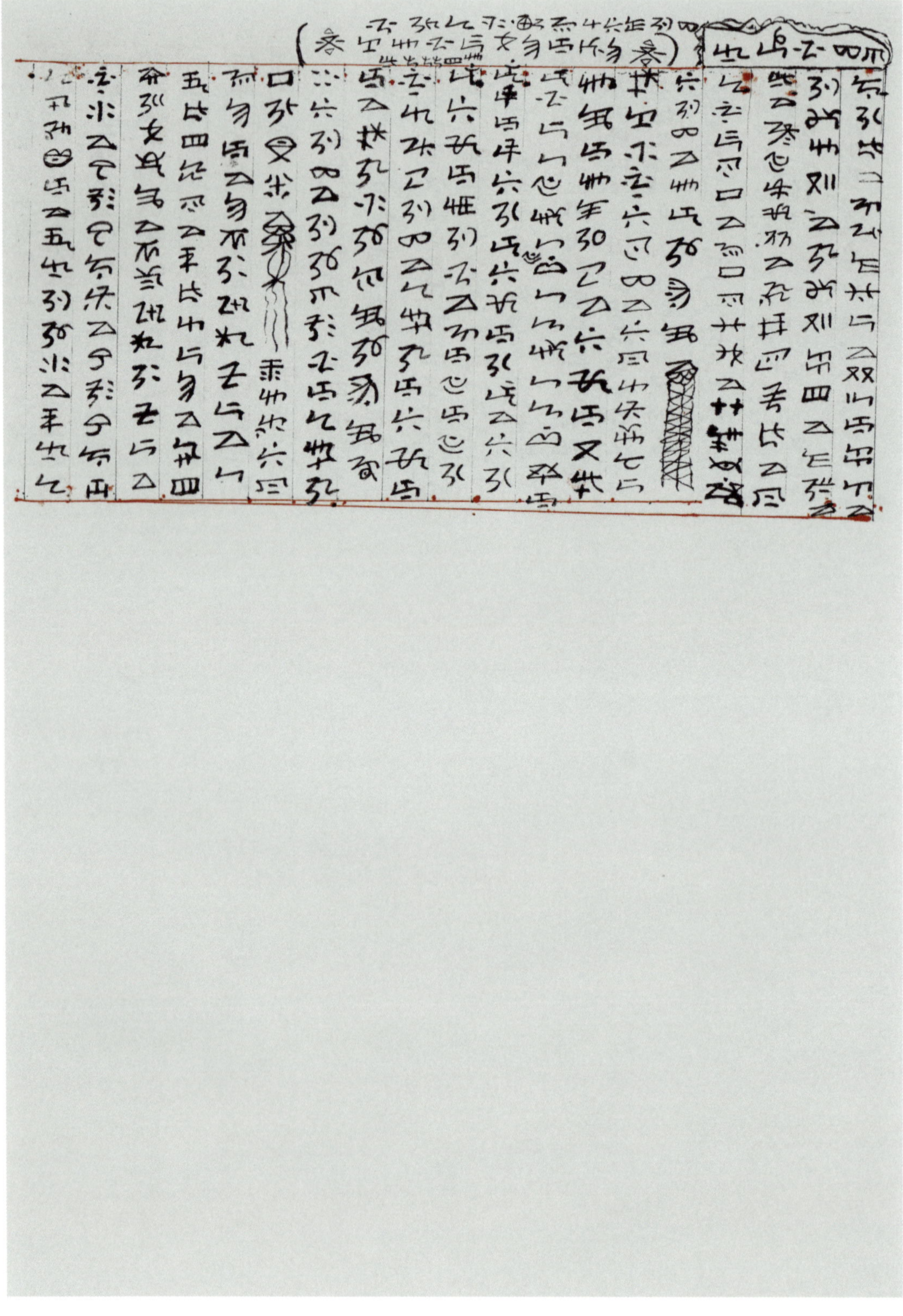

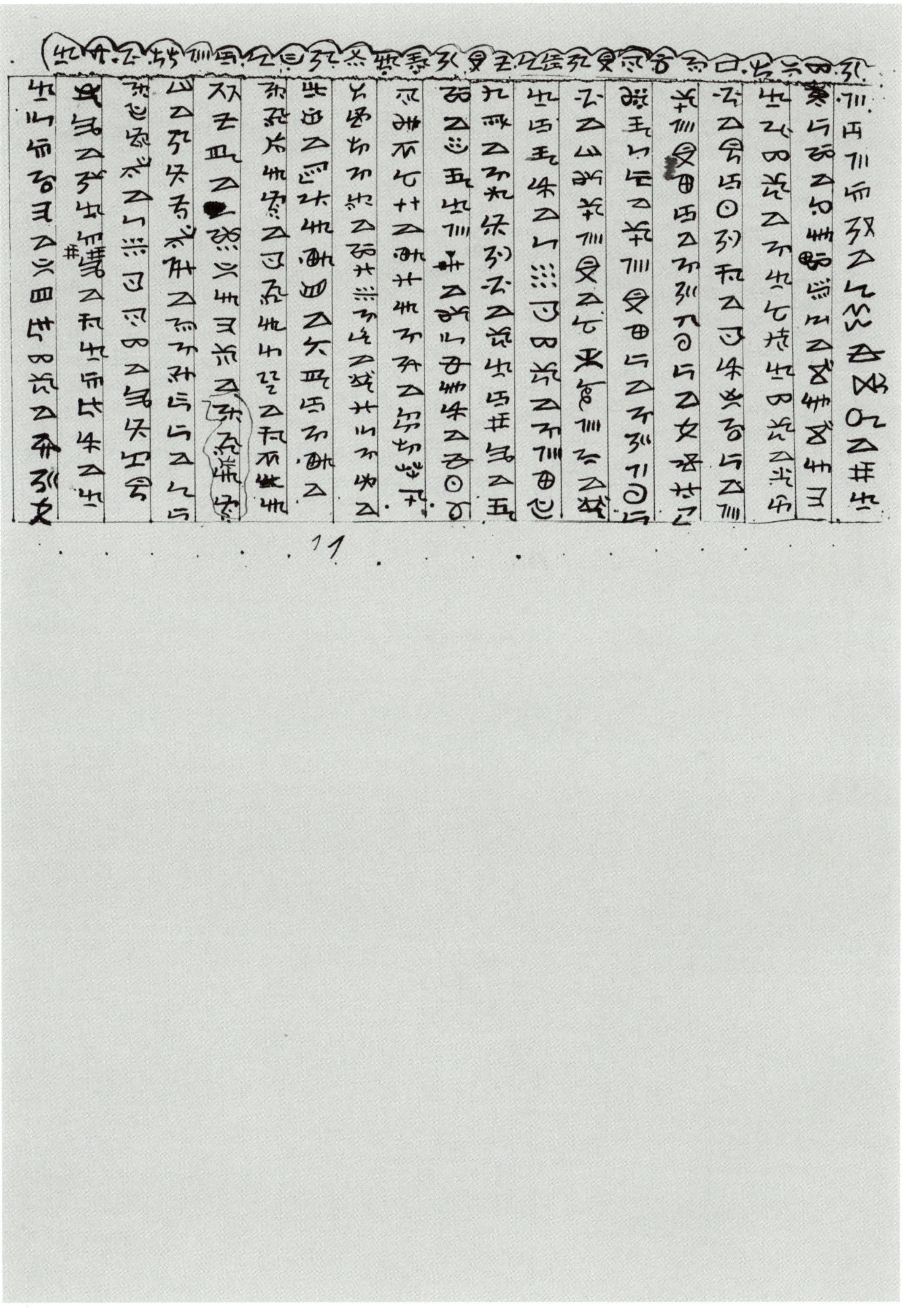

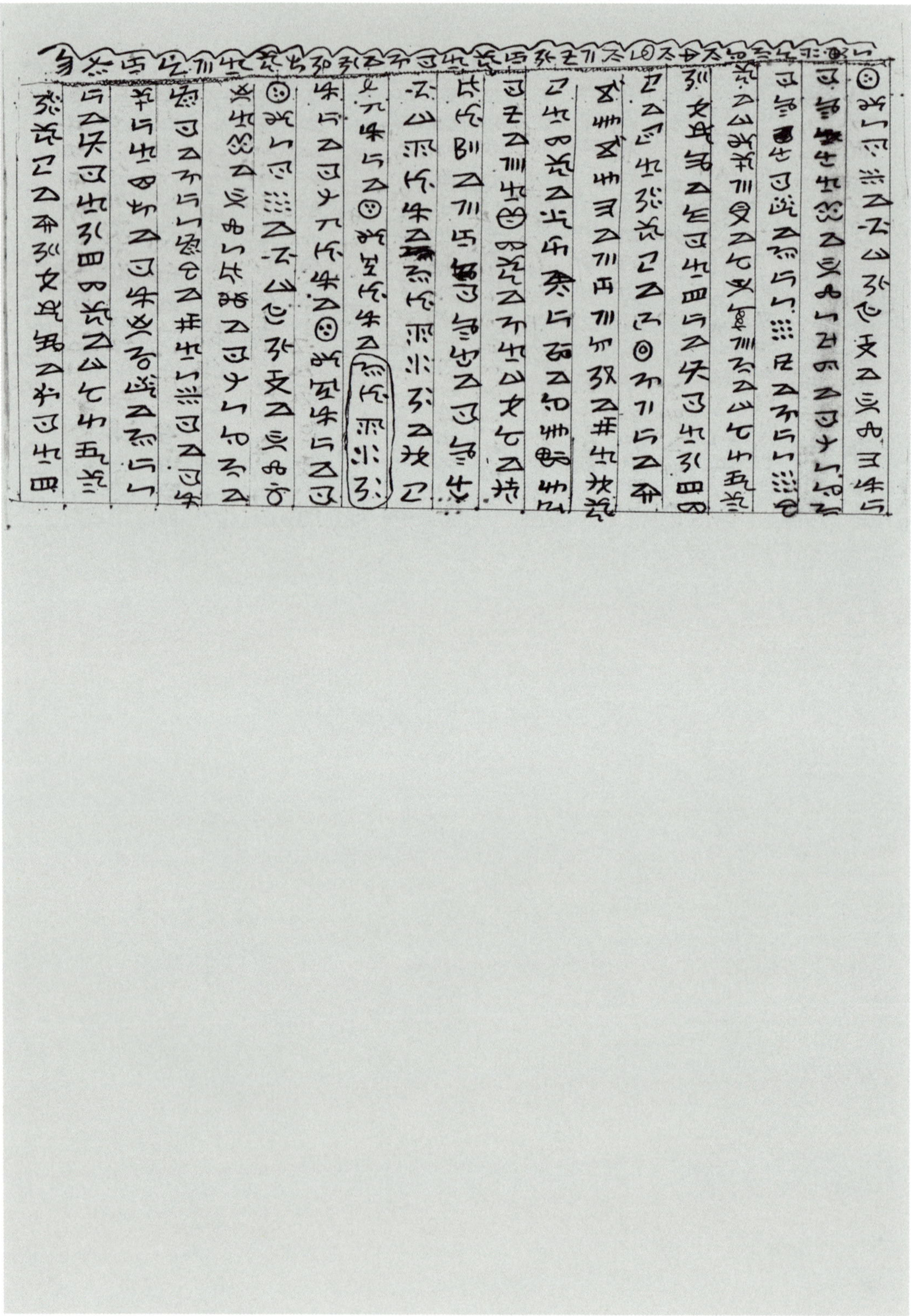

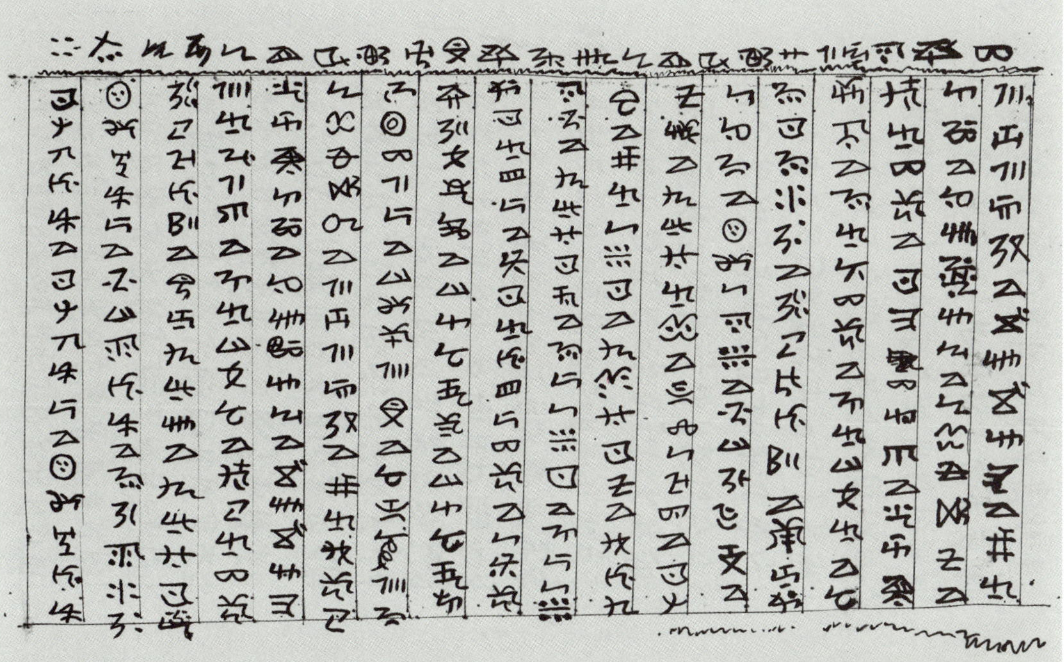

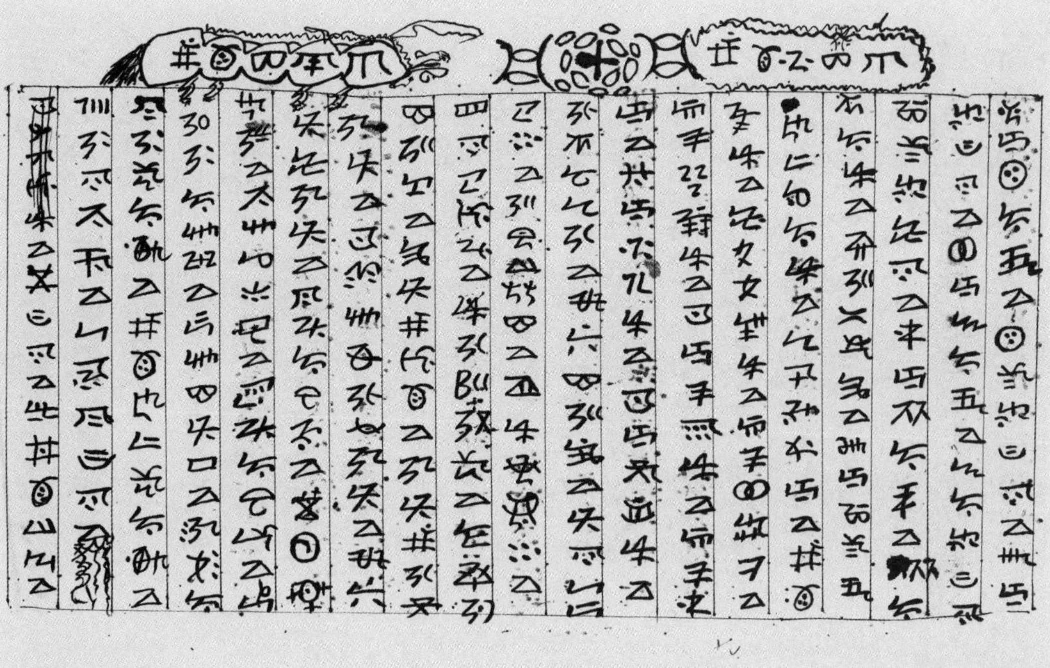

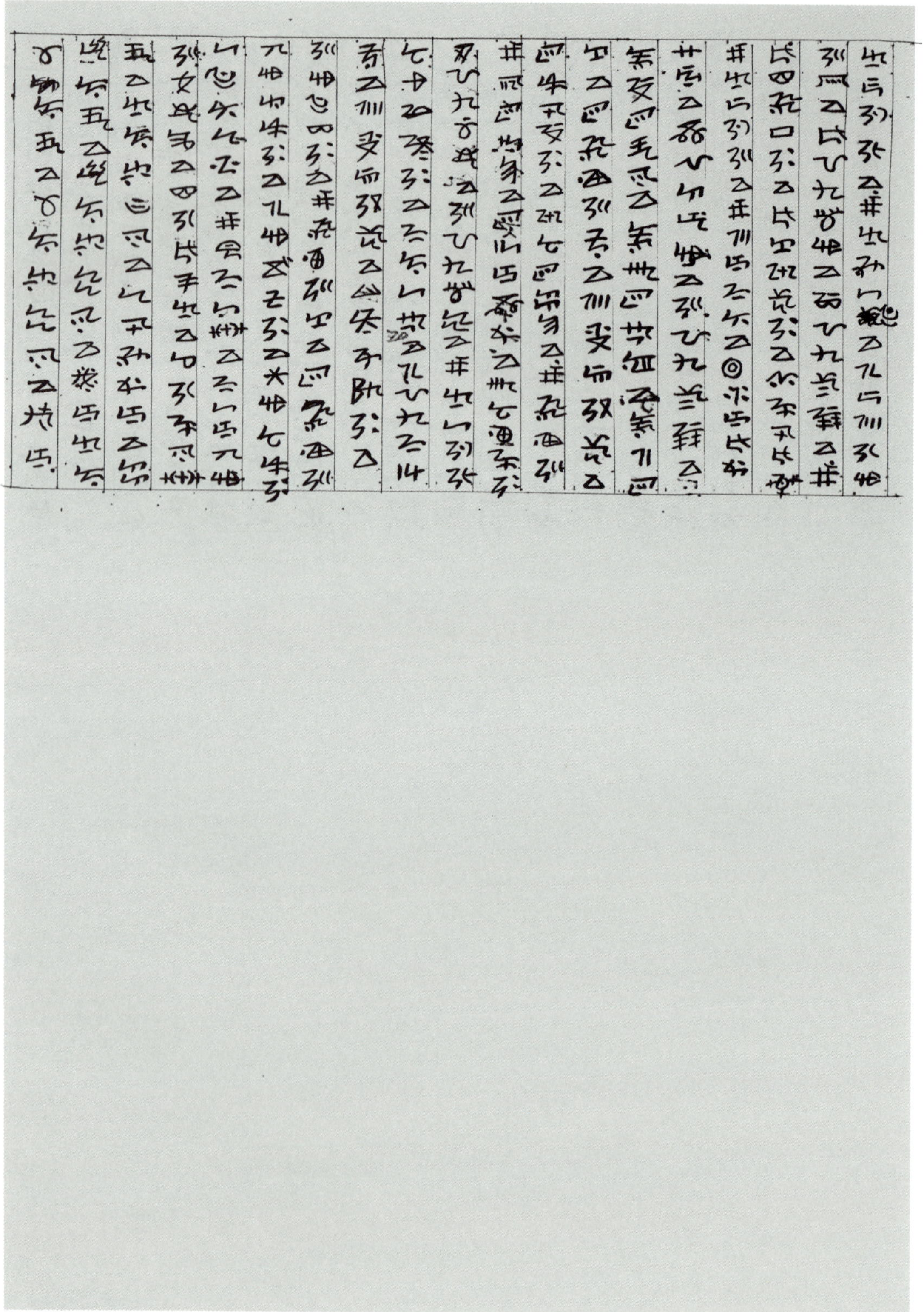

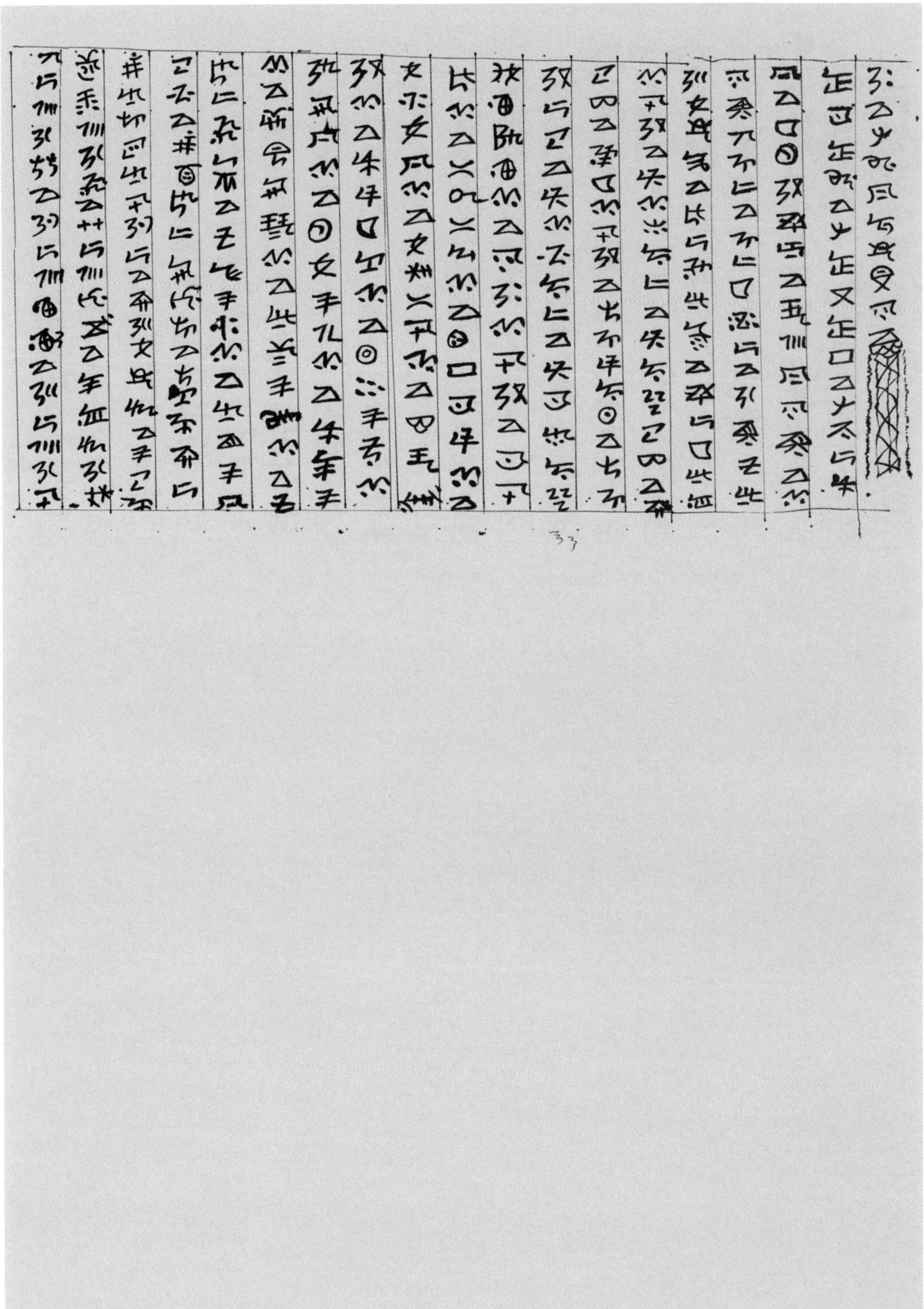

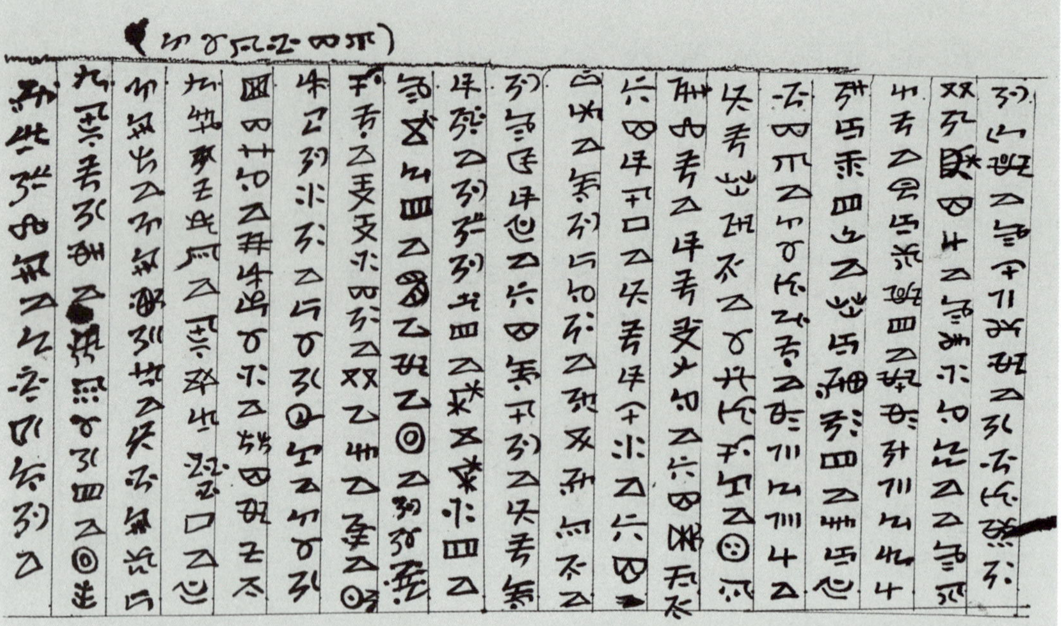

……

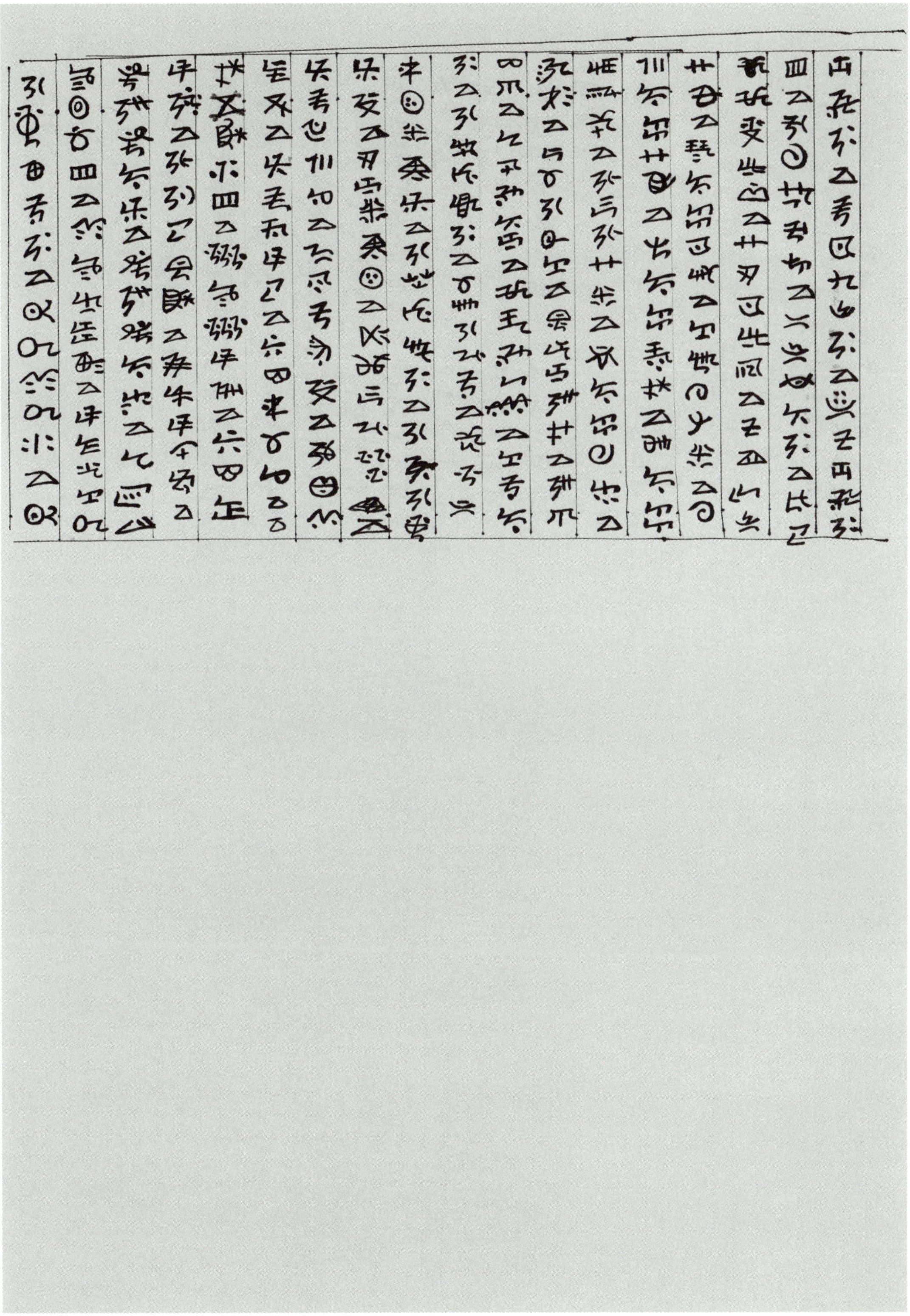

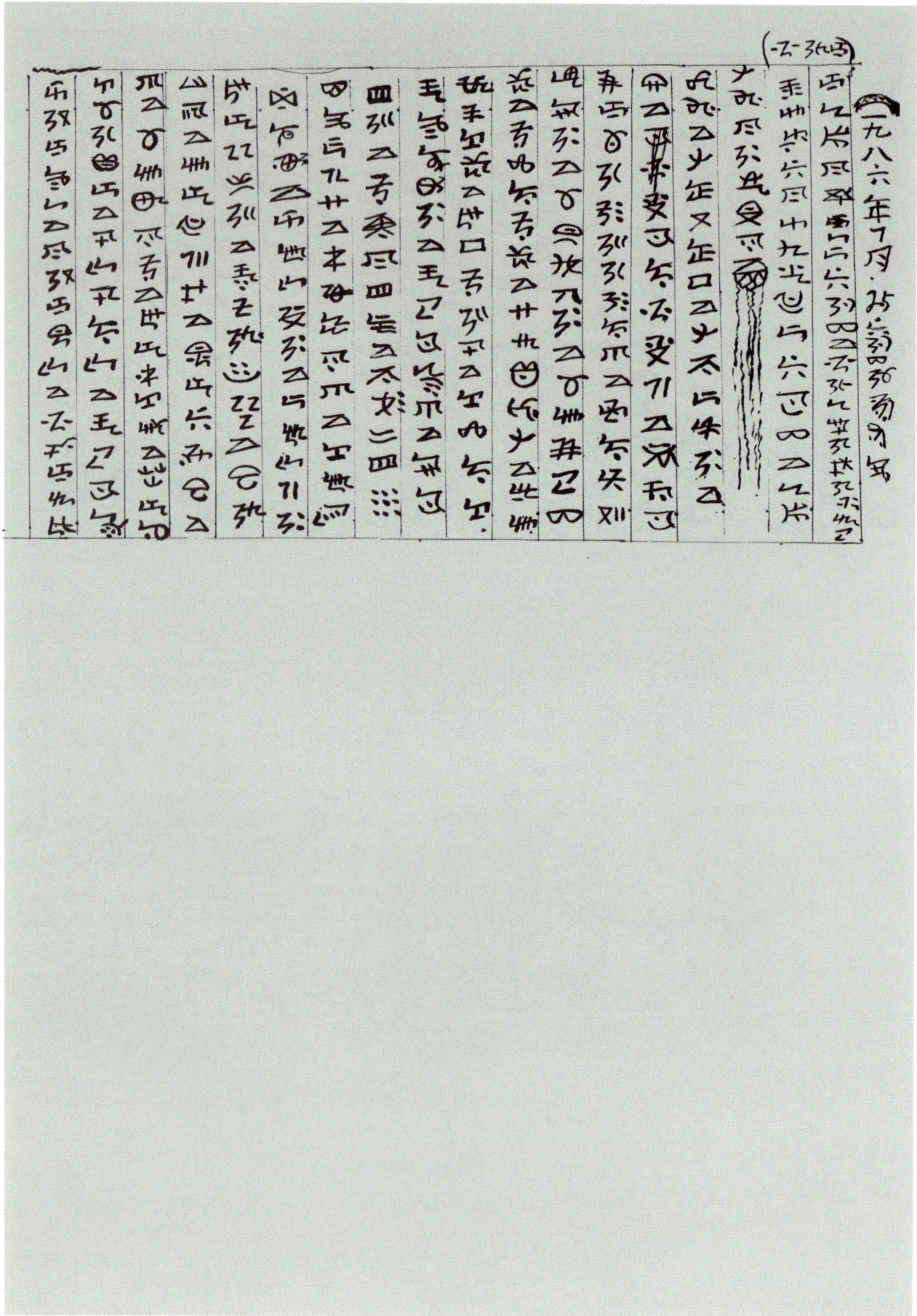
一九八六年7月

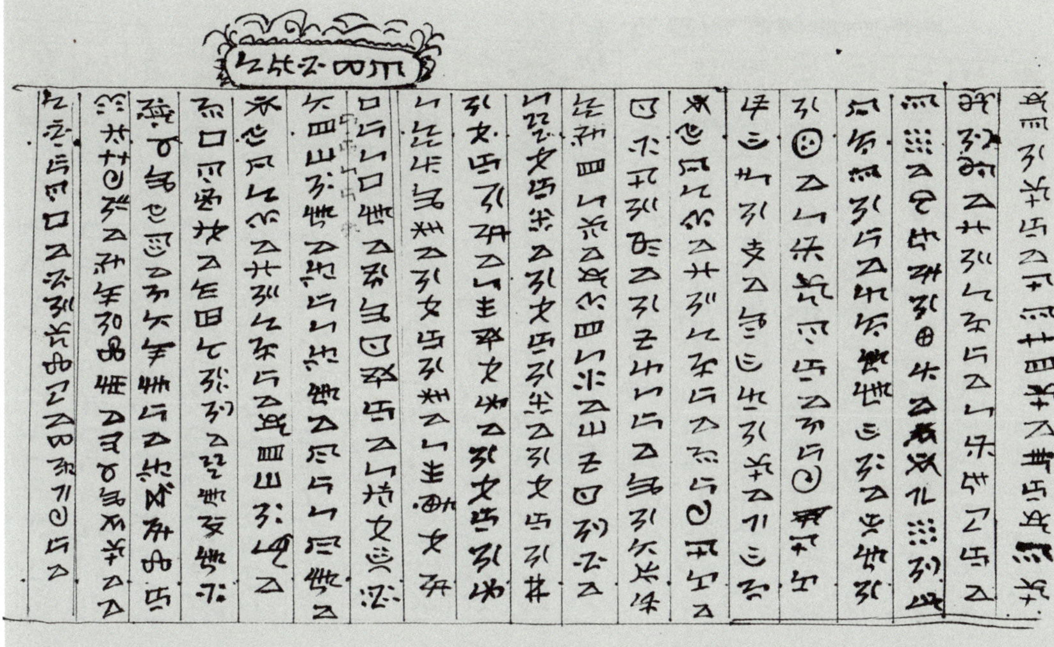

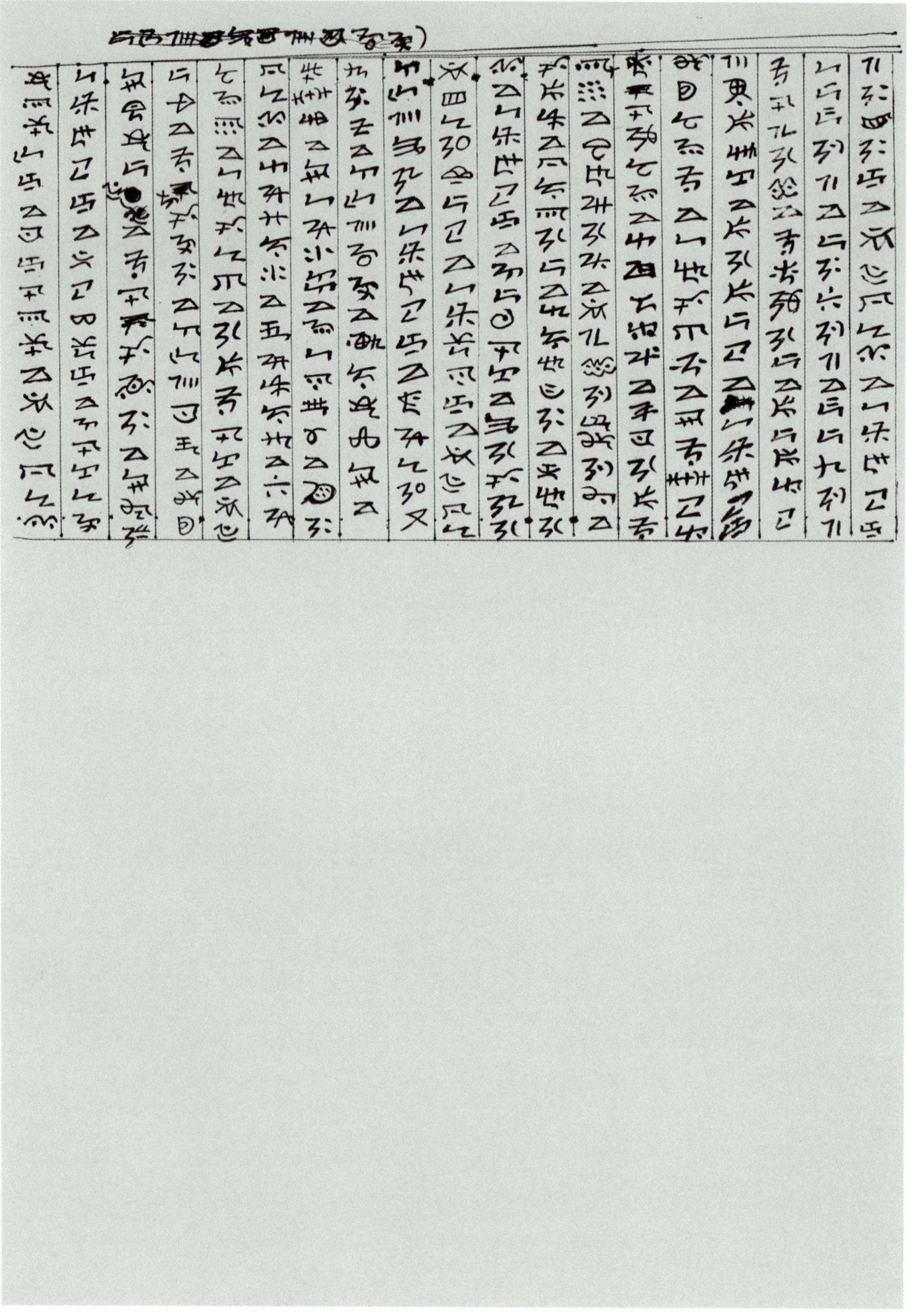

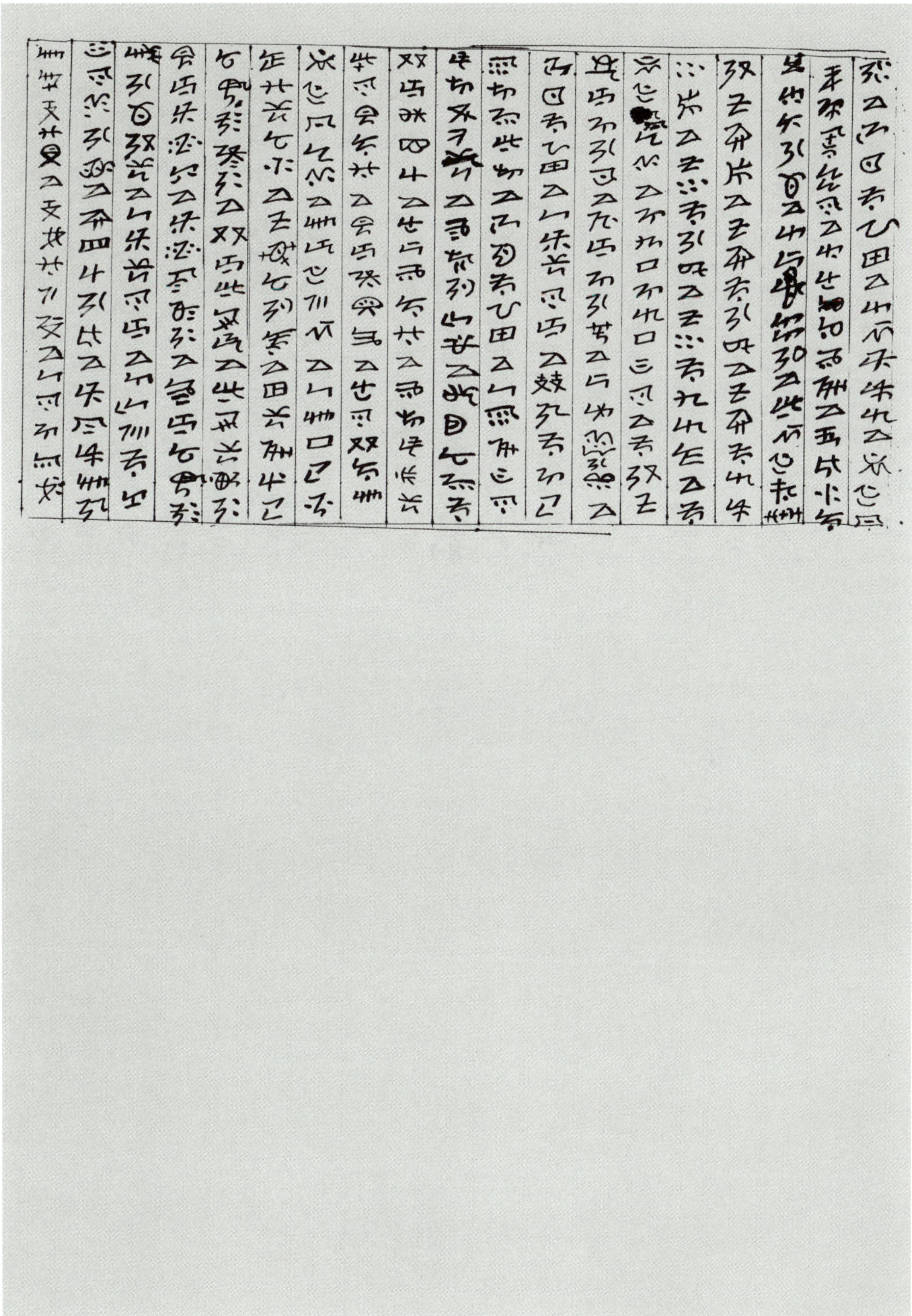

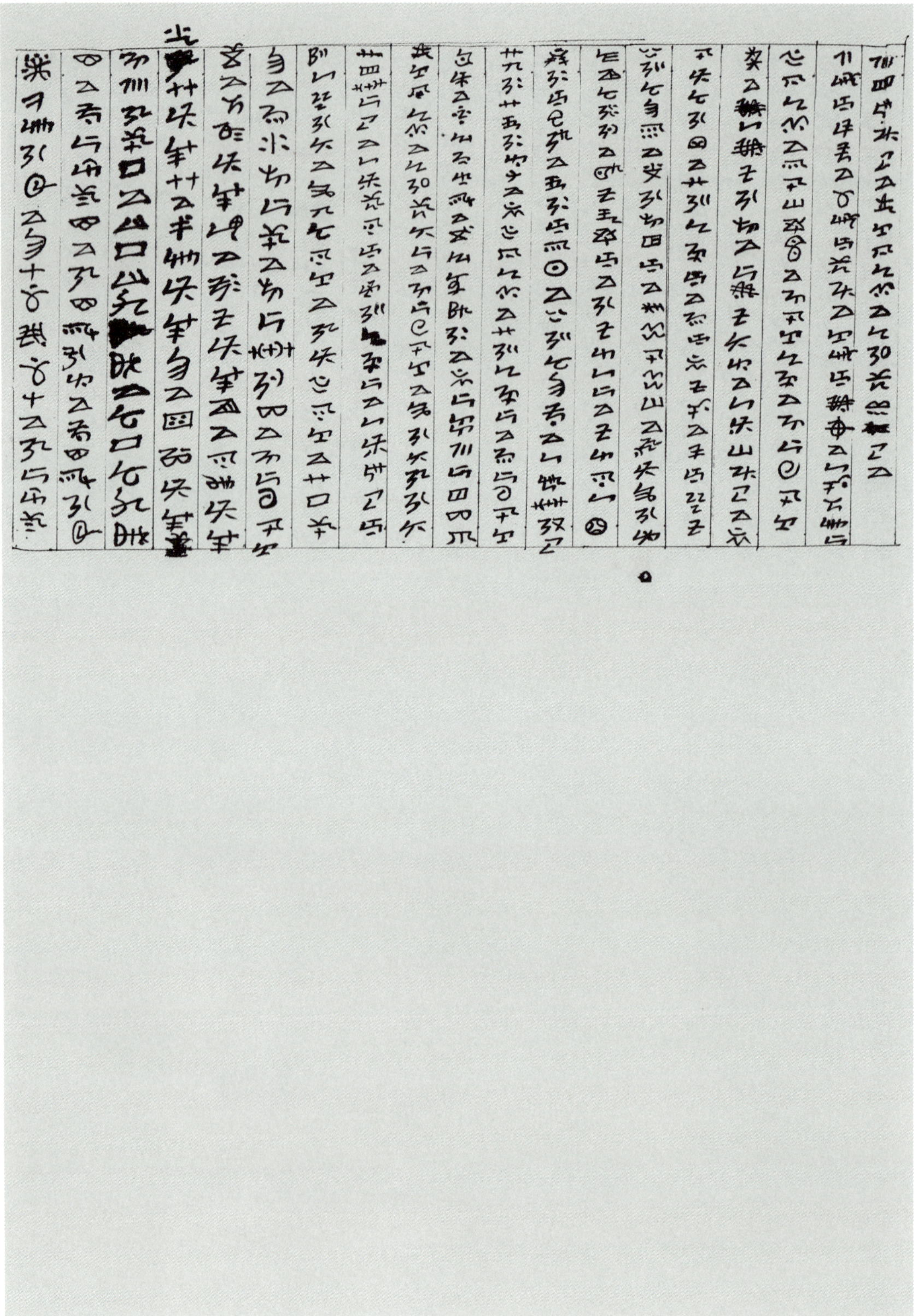

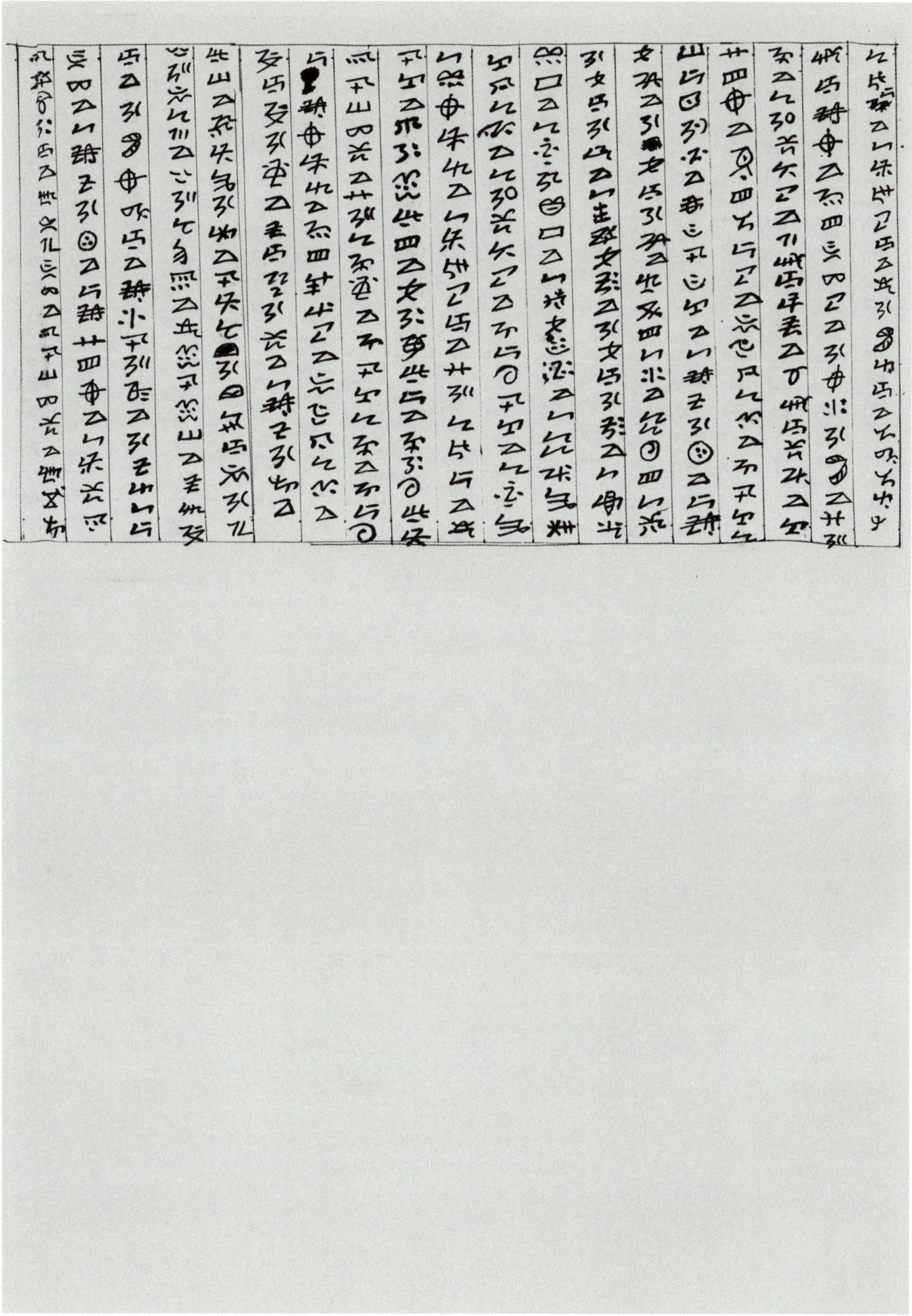

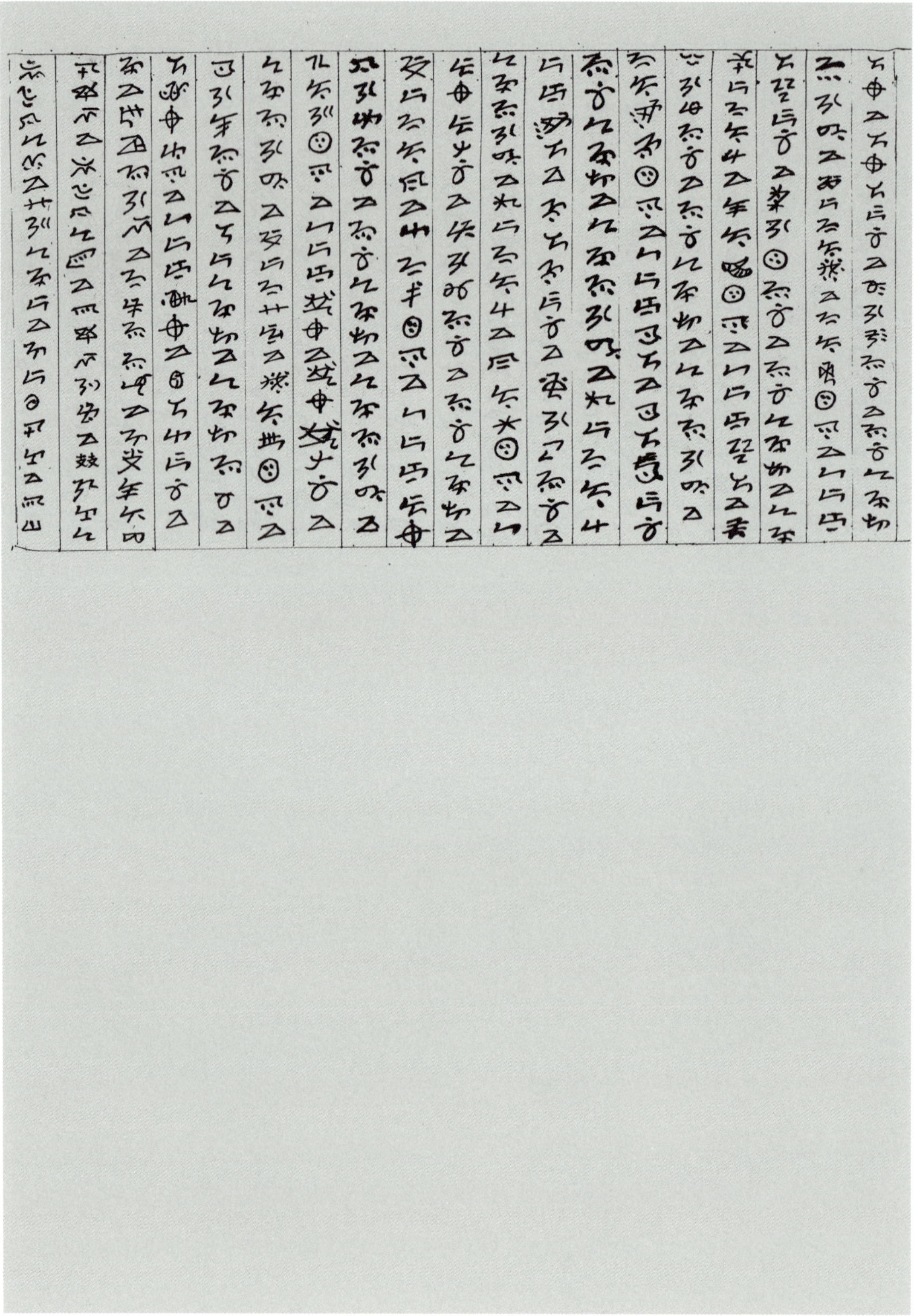

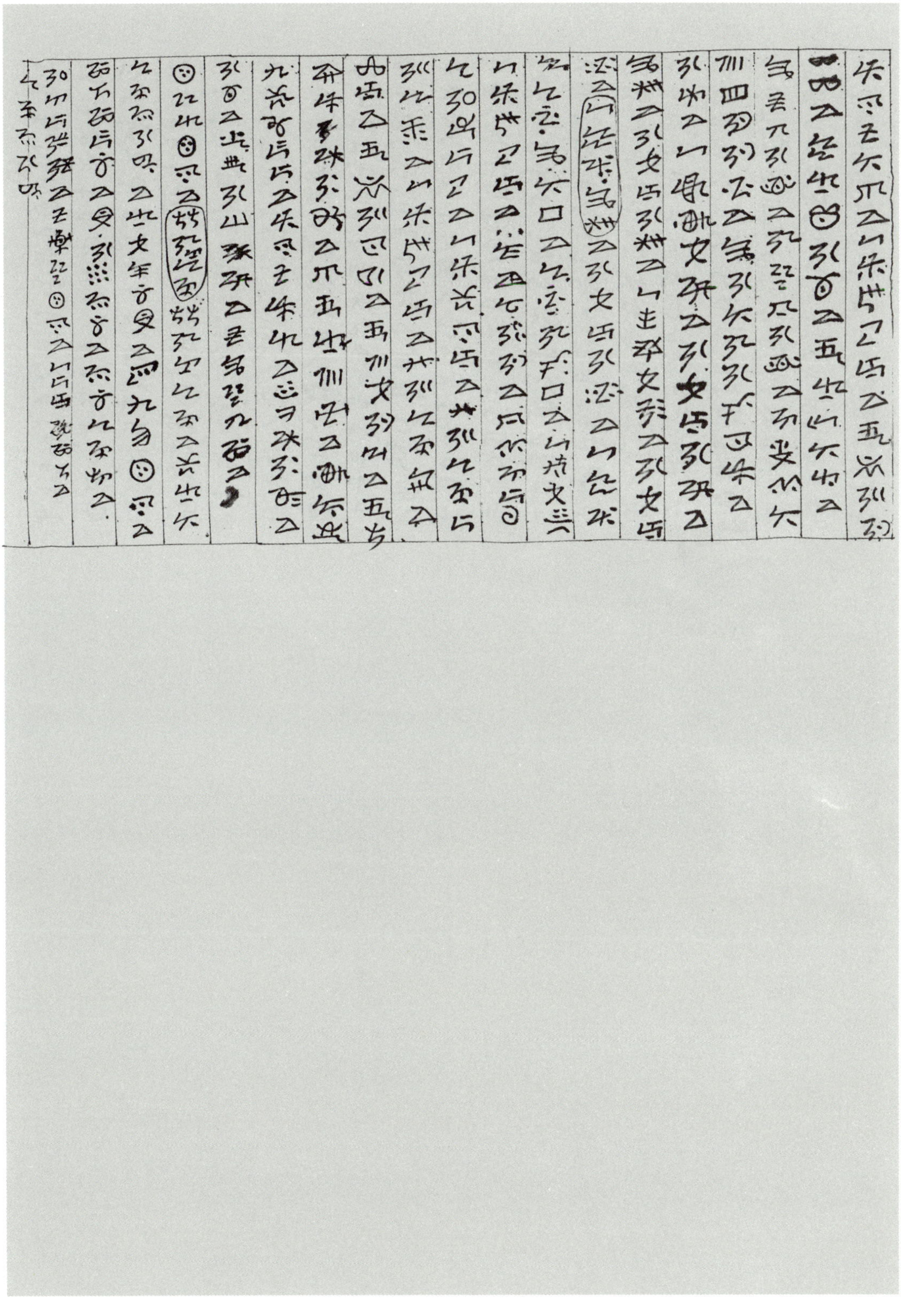

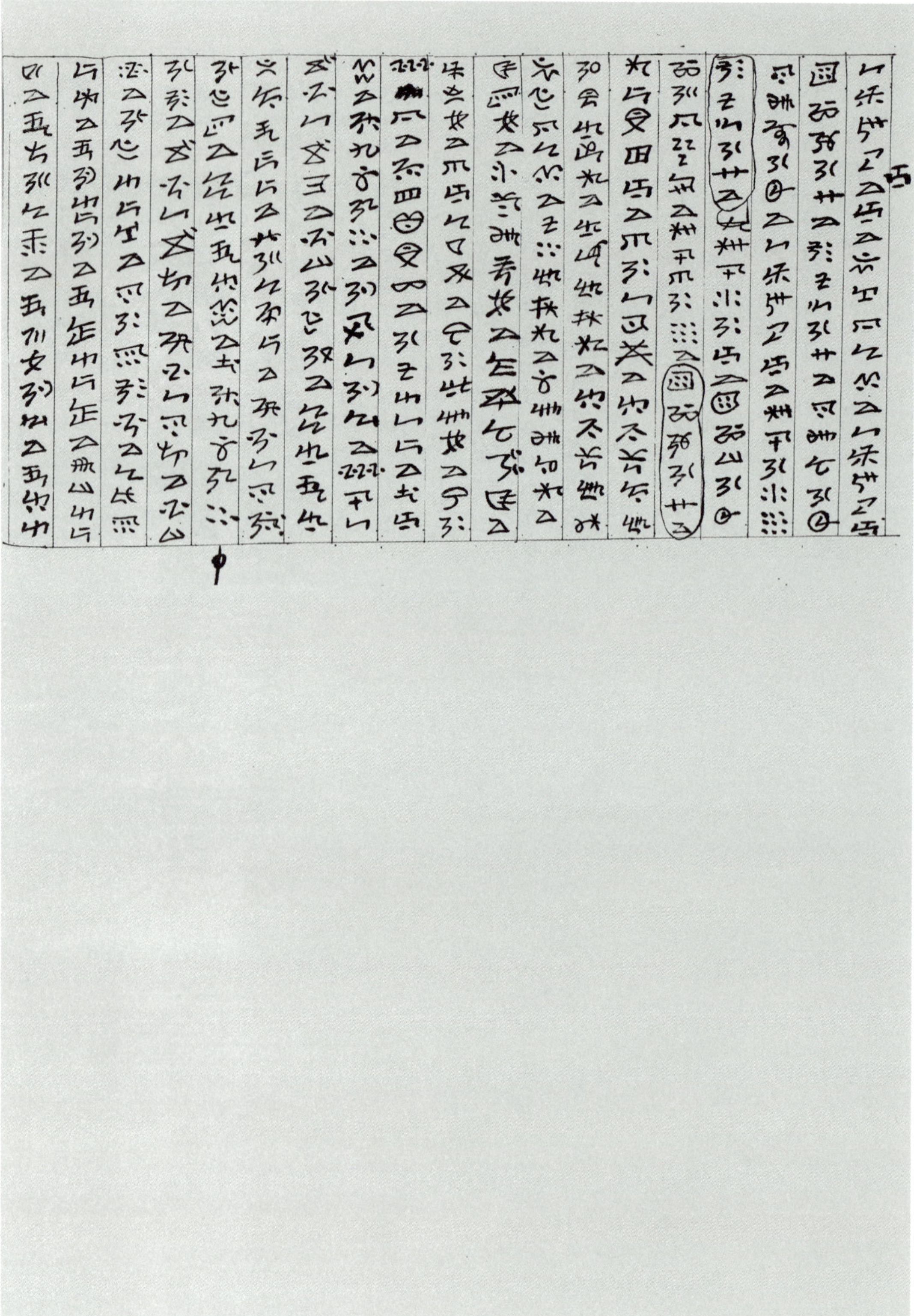

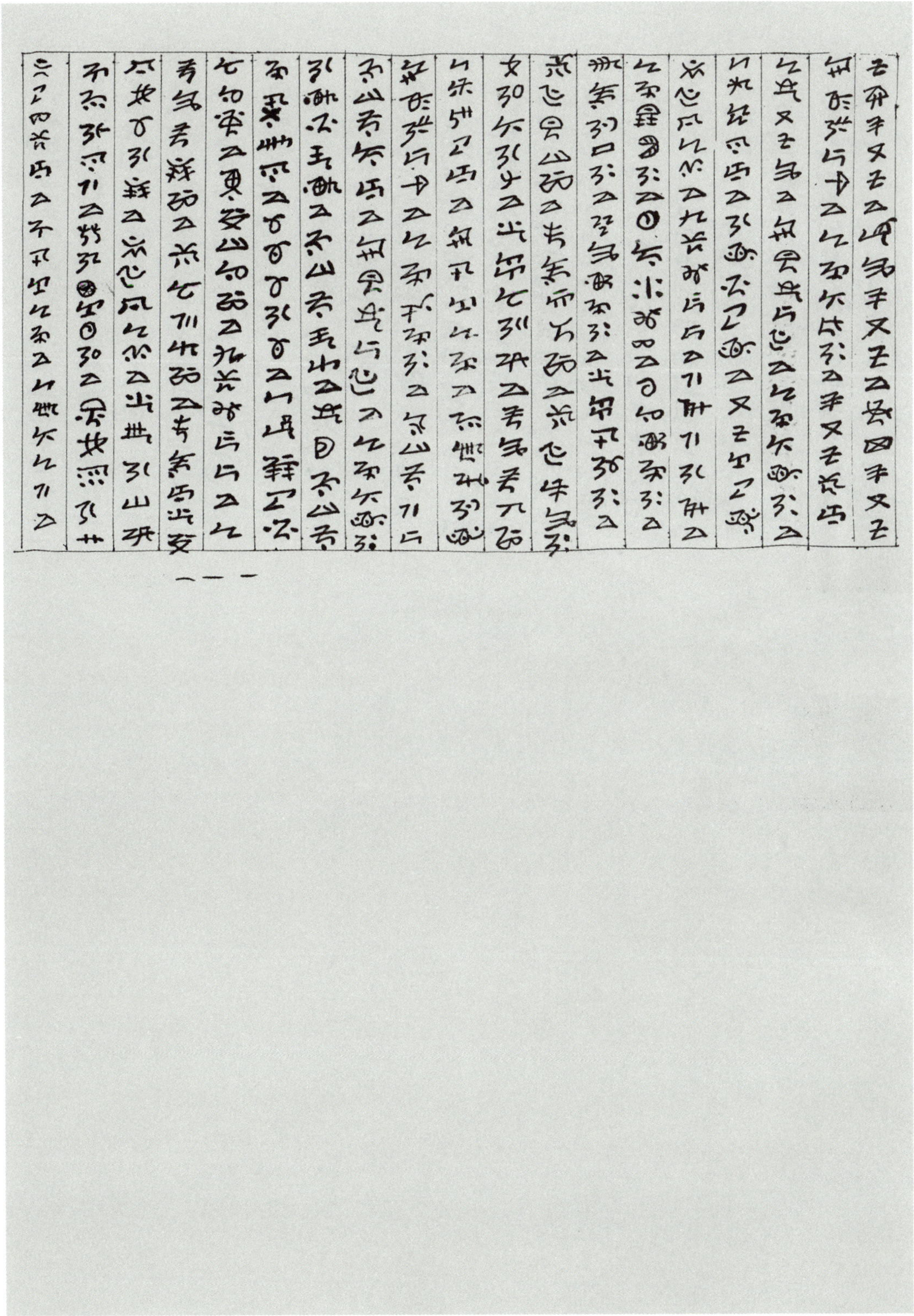

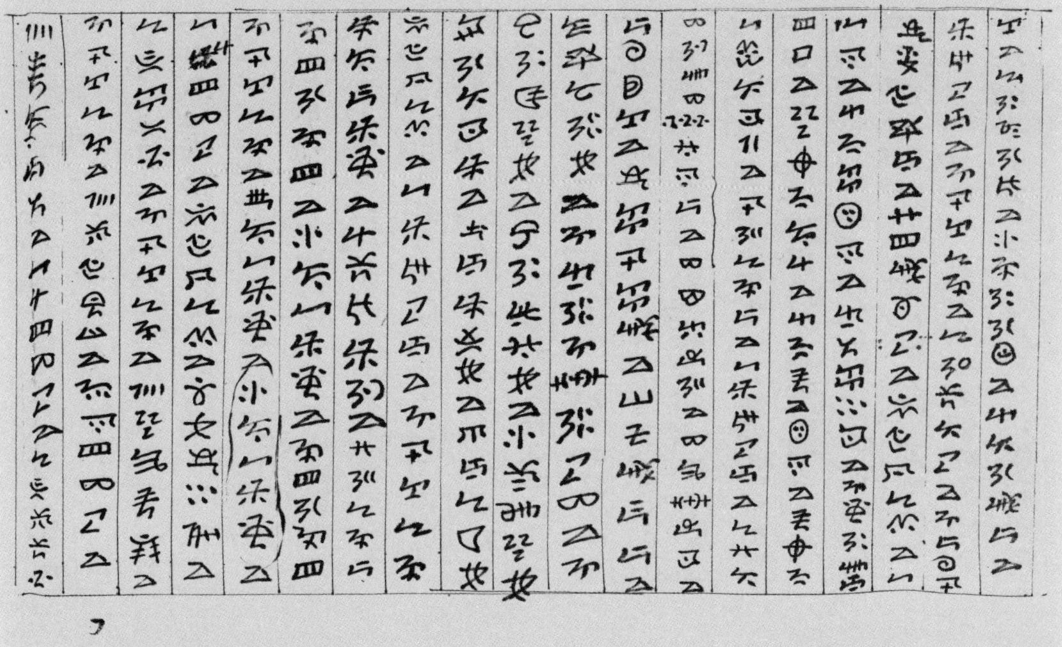

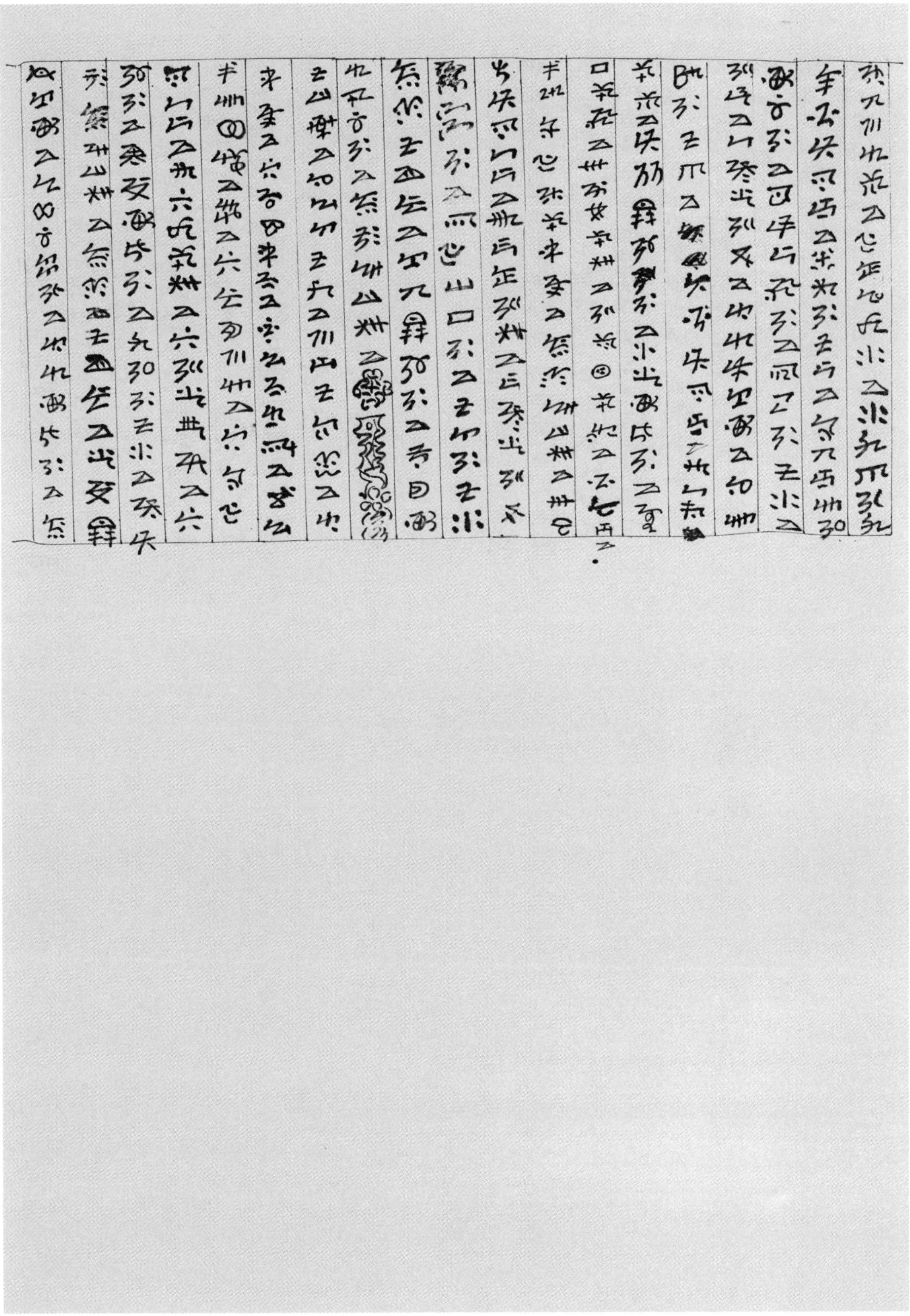

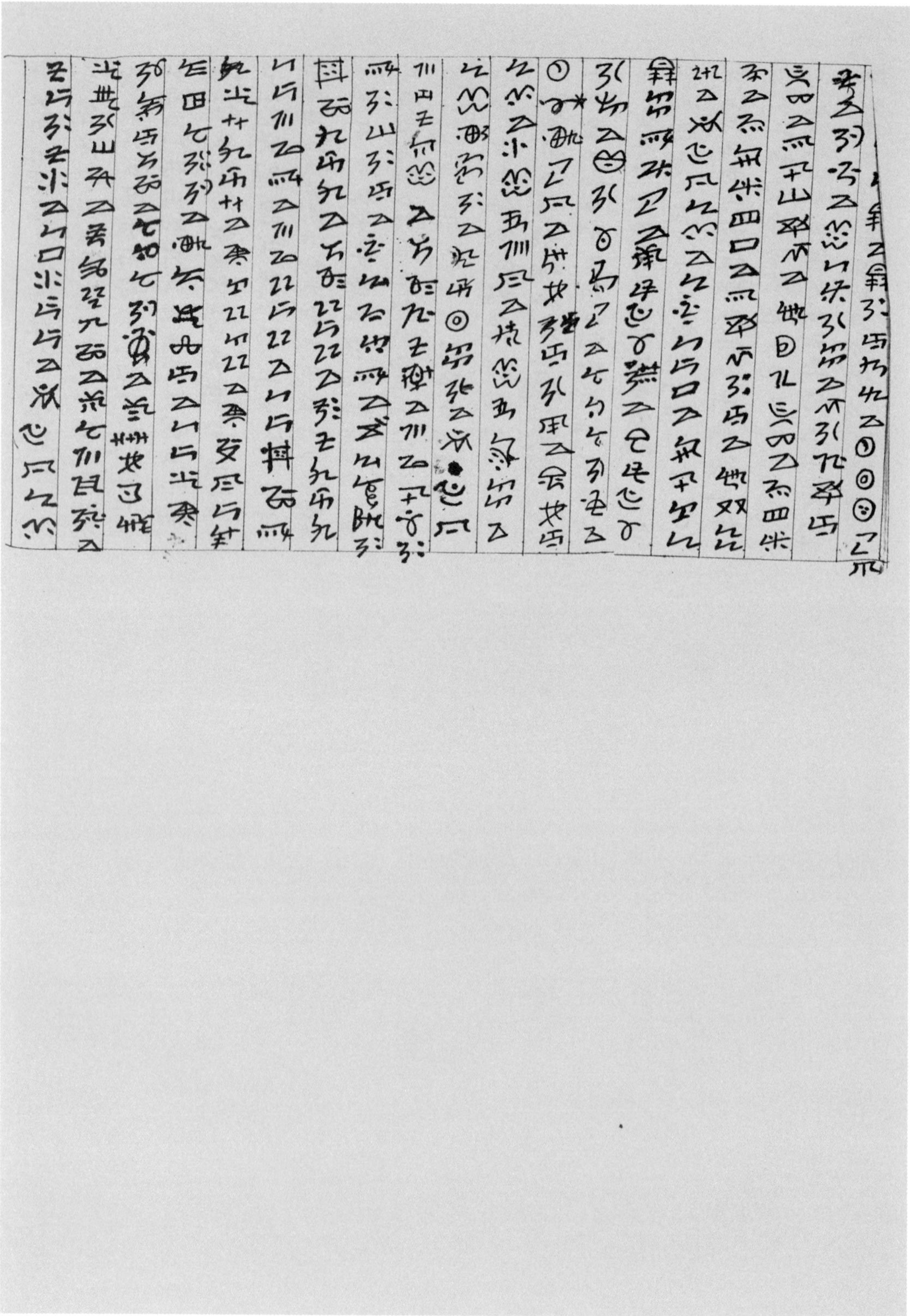

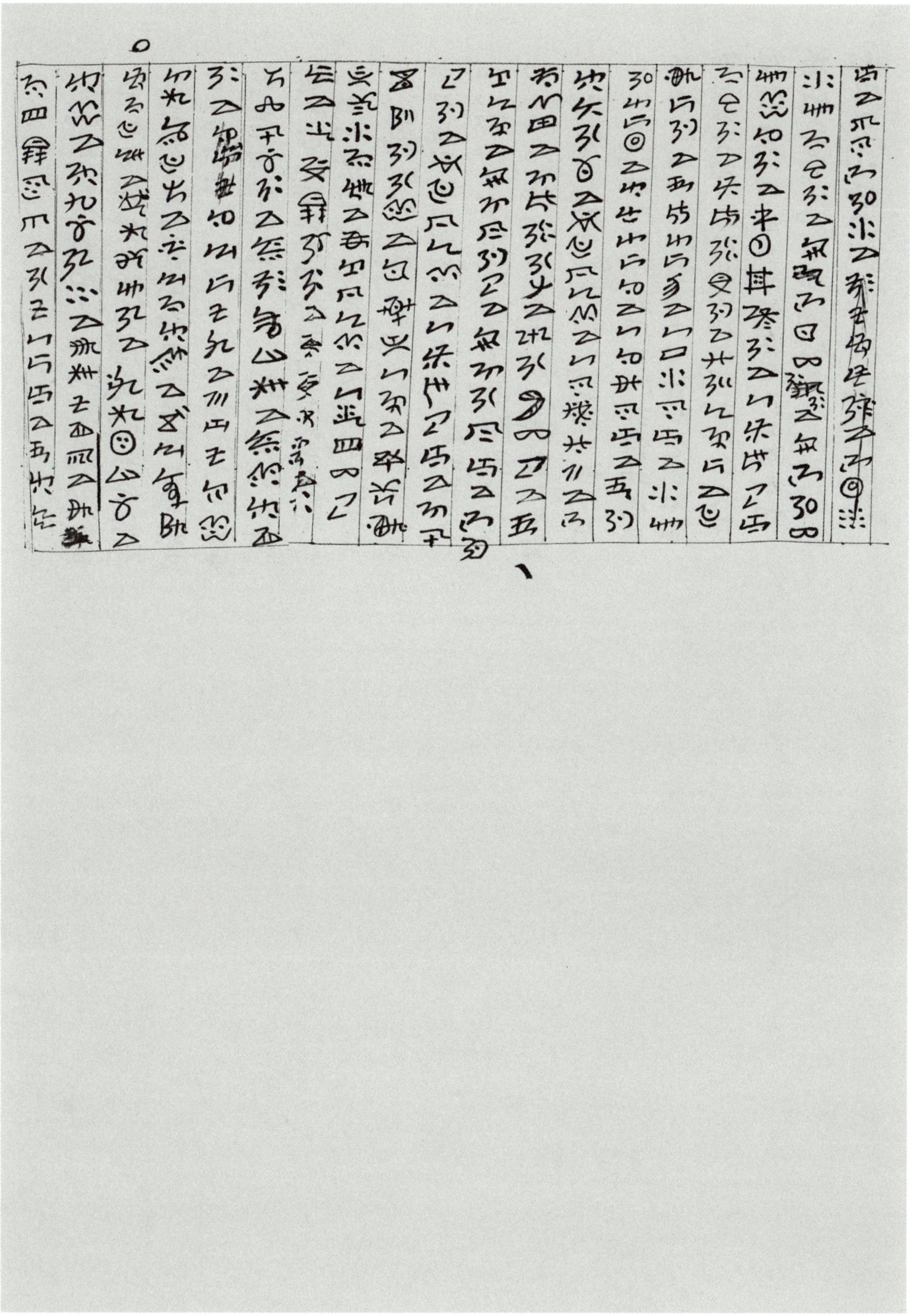

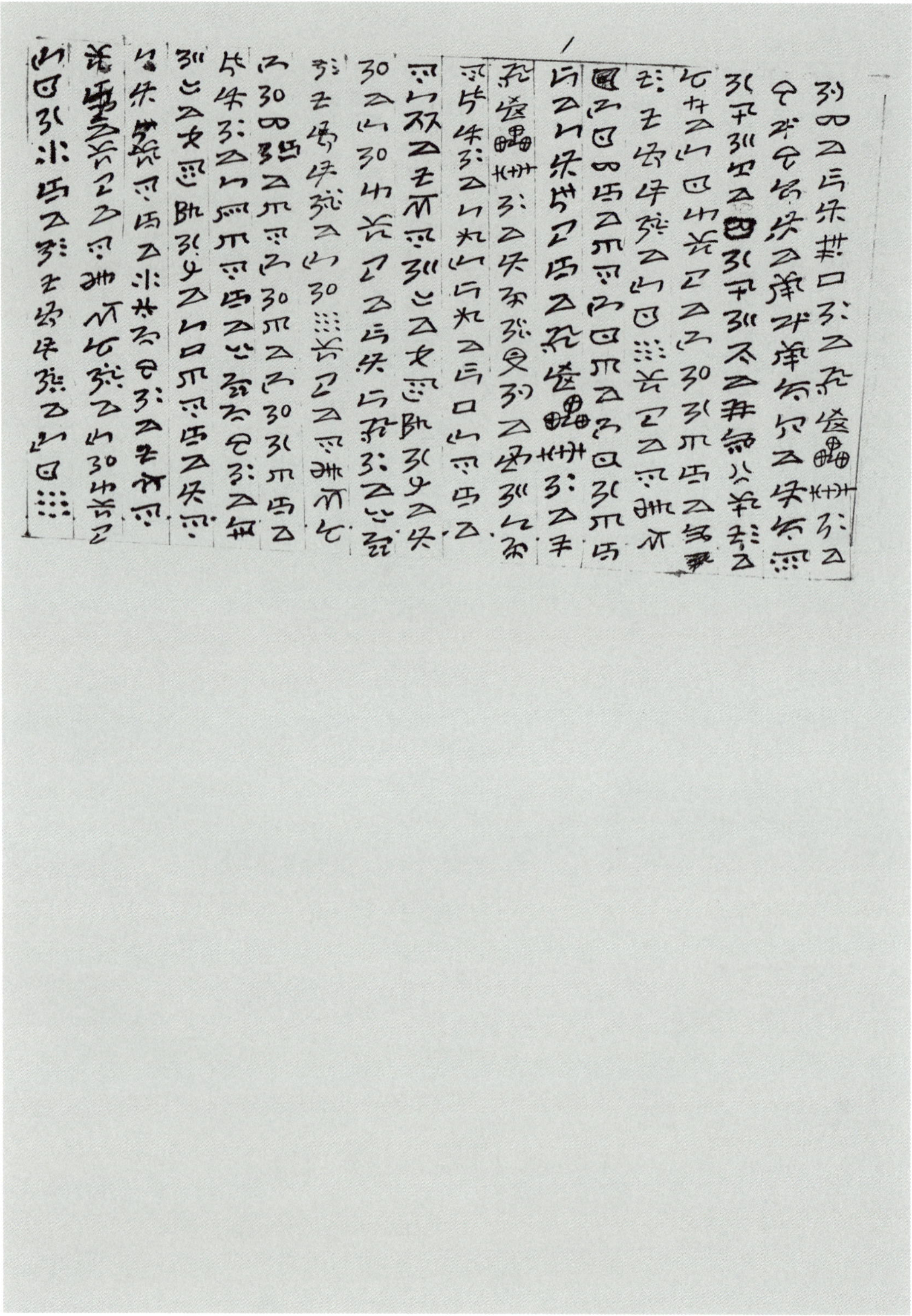

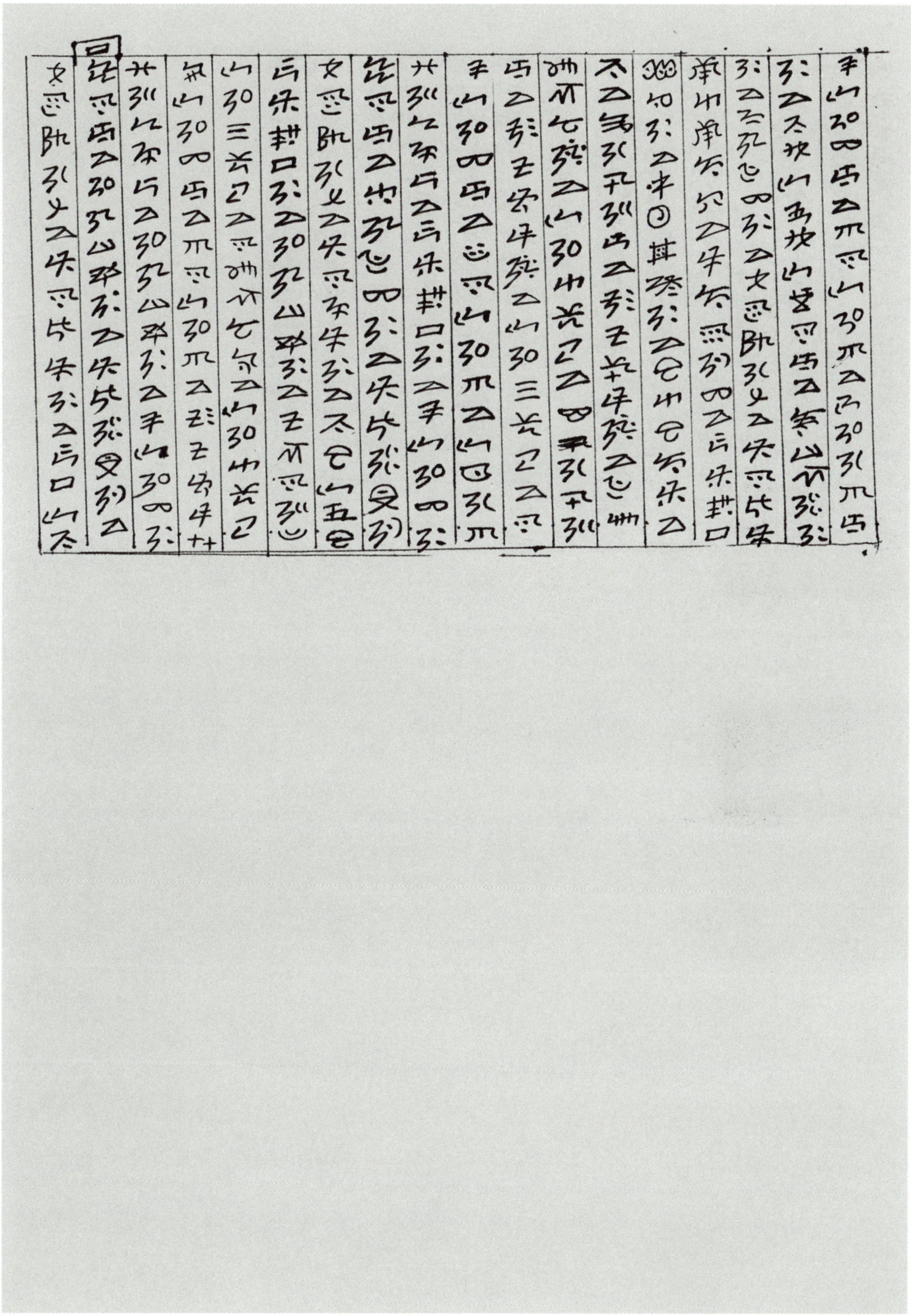

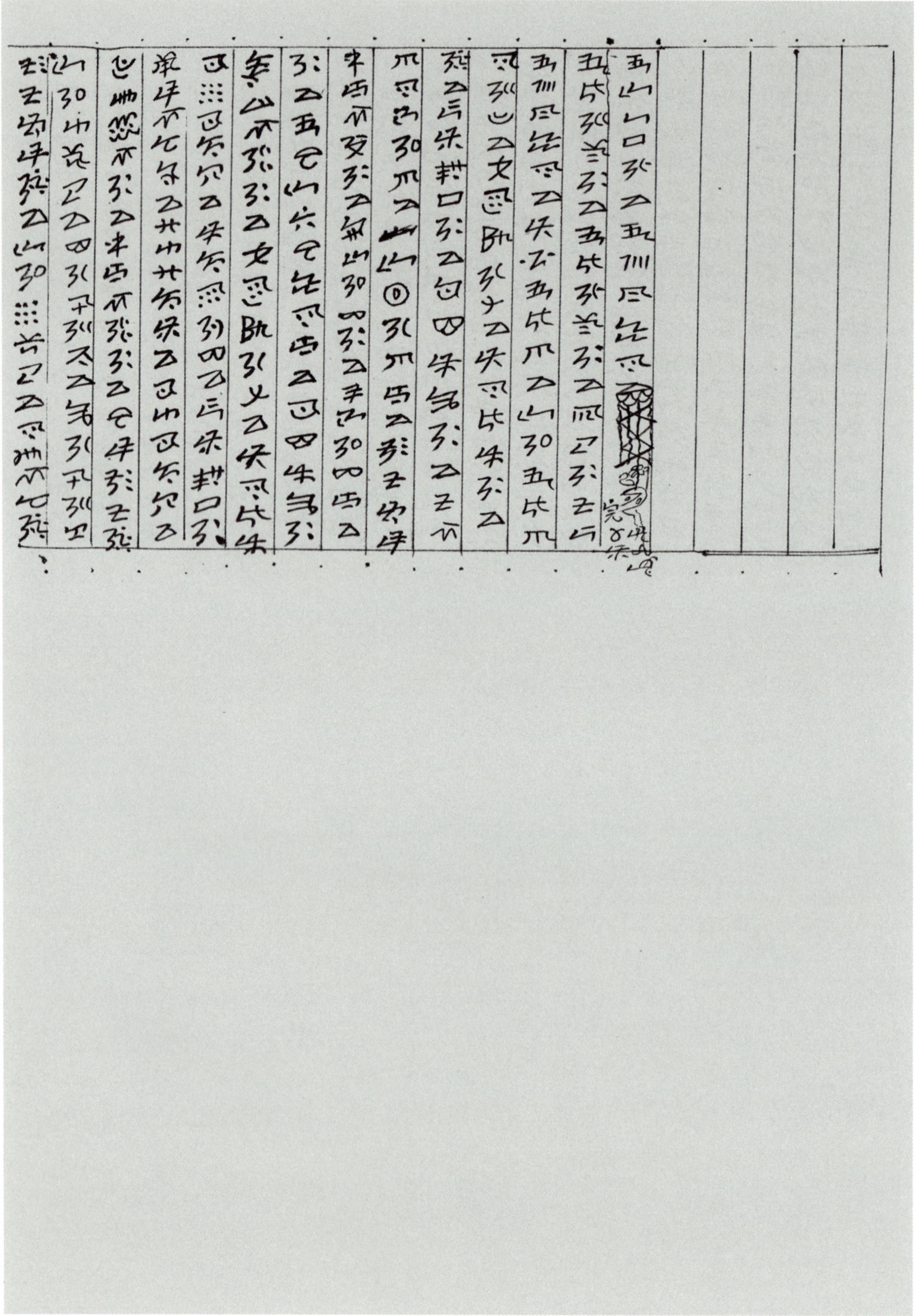

《装殓经书》

原始编号：19号

《装殓经书》，彝文：[illegible]，音标：dʑe^{55} go^{33} su^{33} ŋɤ^{21}。不分卷，1册，共78页。佚名撰。此书共抄录了四个部分内容。

此书第一部分为装殓诵经书。页面从开头至第24页，云南彝族南部方言丧葬仪式经书，是人死装殓时咏诵的经书，毕摩主持仪式在装殓时吟诵。用大量对比的形式告慰亡者，在这个世界上人人都终有一死，死亡不只你一人，个个都一样有死亡的时候，这是上天定下的规矩，谁也不例外。今天你死了，不要不服，天上的神和地上的人皆如此。如天上的君王策更兹和地上的神王黑朵番也有死亡的时候。人间的圣贤如："撒怒普、元恩土、索者寿、雪阿武、索乃则、普慕资、记也赛仲以及我们的先祖阿普笃慕等等都同样会死亡。因此，你该去之时就安心地去，不要再留恋家人，不要留恋人间，安心地回到祖先出生的地方。"整部书记述了装殓的一些风俗。装殓前还需先洗漱，在民间还有禁忌，在书中说到，民间有禁忌的习俗，早晨不洗头，到中午时，应该需洗头了，洗过头之后还得梳头发，梳过发之后接着又要洗脸。半夜不洗脸，洗了脸之后就要吃饭了。今后这一餐饭一定要吃，你想吃也得吃，你不想吃也得吃，这是在人间的最后一餐，这餐没有外人争吃，这是一顿父子在一起吃，母女在一起吃，姐妹在一起吃，还有你的亲戚和朋友都在一起吃的一顿饭，若平日十顿不在一起吃，但这一顿必须在一起吃，哪怕是一两口你也得吃，如果你真的吃不了，喝不完，就请你装篾饭盒里，喝不完的酒水也请你装在壶里，在赴阴间的道路上饿了你自己吃，渴了请随时喝。今天你和我们离别了，你也不要不服死亡，死亡的道理都是一样的。这一些我们都告诉你。”君死别了臣，臣死别了官，夫死别了妻，姐死别了妹，呗玛死别了魂，今天你死别了儿女，别了亲朋，也就此离别了呗玛。今天你就要起程了，别人可以不去，你不走不行，你就安心起程，一路向着祖先来时的方向走好。可供研究彝丧葬礼俗时参考。

旧写本。本色，绵纸。线订册叶装。年代：民国。手写体，墨书。页面规格 20cm×17cm，每页 9 行，每行 9 ~ 11 字，白口。有朱色线条打行。保存完好。今藏楚雄师范学院图书馆。

此书第二部分为装棺椁经书。彝文：，音标：go^{33} te^{33} su^{33} ŋɤ^{21} ʥɤ^{33}。此部分在原古籍的第 25 页至 48 页。云南彝族南部丧葬仪式经书。

云南彝族南部方言区的彝族人认为，老人去世时，要对老人进行洗漱，然后给死者穿衣戴帽，最后装在多年前已准备的用杉树木做的棺木里，这也是晚辈的一种孝道。在装棺椁入殓时要请毕摩吟诵《装棺椁经》，让亡者明白地知道为什么要装在棺椁里，棺椁的缘由又是什么，以及棺椁的用途等。此书记述了什么样的人死了，要用什么样的棺椁。如在经书中说：绿色的棺椁是装圣人怒木兹的，红色的棺椁是装嫩木番君主的，白色的棺椁是装吐木廷君主的，黄色的棺椁是装臣子赛峩崃的。金棺椁是装君王之父之母用的，银棺椁是装臣子赛峨崃用的，天上的棺是鄂唐记用的，柏木的棺是贝兹本怒用的，杏木棺椁是贝赛博则用的。古代人个个是这样用的，他们都有各自的用途。今日亡者你若不知道这一些，我都诉说给你。在古代我们的先祖有十一代还不知道人死要装棺椁，所以他们没有装入棺椁里。后来，出生了一位能人叫雪俄，雪俄此人生活在天地间，他到处去找树种，终于找到了树木种。后来才有人死要装棺椁，才有了柏树、杏树、杉树、松树这些材料，才有了人死装入棺椁的习俗。可供研究彝族葬礼习俗时参考。

旧写本。本色，绵纸。线订册叶装。年代：民国。手写体，墨书。页面规格 20cm×17cm，每页 9 行，每行 9～11 字，白口。保存完好。今藏楚雄师范学院图书馆。

此书第三部分为找死星书。彝文：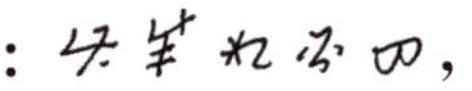，音标：sɿ^{21} tsɤ^{55} dʑe^{21} su^{33} ŋɤ^{21}。此部分在原古籍的第 49 页至第 58 页。云南彝族南部方言原始宗教经书。记述了远古时候世间无礼可依，无规可循，不知道天上有多少颗星星，也不知道地上有多少个人。人们认为天上有多少颗星星，地上就有多少个人，每个人都会有与之相对的一颗星。认为地上出生一个人，天上也就会增加一颗星，地上去世一个人，天上就会陨落一颗星。一旦人死去，天上的星星也同时陨落，因此，人死去时在落气的屋里进行找死星，送死星仪式。仪式需一只鸡，放在人落气的屋里，毕摩念诵此经，若鸡在四处观望，当鸡在某处用嘴啄时，认为死星就在鸡啄的地方。毕摩便在此处挖开一小洞，仔细察看挖出来的土，若挖出来的土中，除土或石子之外的异物则认为是死星的化身，毕摩将把此物放在祭坛上，然后送出门外，举行仪式将把星魂送回到天上。可供研究彝族原始宗教观念参考。

旧写本。本色，绵纸。线订册叶装。年代：民国。手写体，墨书。页面规格 20cm×17cm，每页 9 行，每行 9 ~ 11 字，白口。保存完好。今藏楚雄师范学院图书馆。

此书第四部分为请祖先书。彝文：，音标：p'ɯ^{33} ts'ə^{33} su^{33} so^{21} ŋɤ^{21}。此部分在原古籍的第 59 页至第 78 页。云南彝族南部方言宗教类经书。彝族是一个崇拜祖先的民族，祭祀祖先、崇拜祖先贯穿于整个宗教活动中，彝族在过去每三年举行一次祭祀祖先活动，每九年举行一次全家族祭祖仪式，祭祀祖先时先要念诵此经。记述了人类曾经经历独眼、直眼、横眼三个时代，天君看独眼和直眼两代人不遵礼、不守规、不敬神、不祭祖，就先后用旱灾、洪灾灭绝了这两代人，地上仅剩笃慕祖一人，在天神的帮助下，笃慕创礼仪、立典章，逢年过节敬神祭祖，从此，人类跨入了横眼睛时代。反映了彝族独特的人类进化史观。可供研究彝族古代思想参考。

旧写本。本色，绵纸。线订册叶装。年代：民国。手写体，墨书。页面规格 20cm×17cm，每页 9 行，每行 9 ~ 11 字，白口。保存完好。今藏楚雄师范学院图书馆。

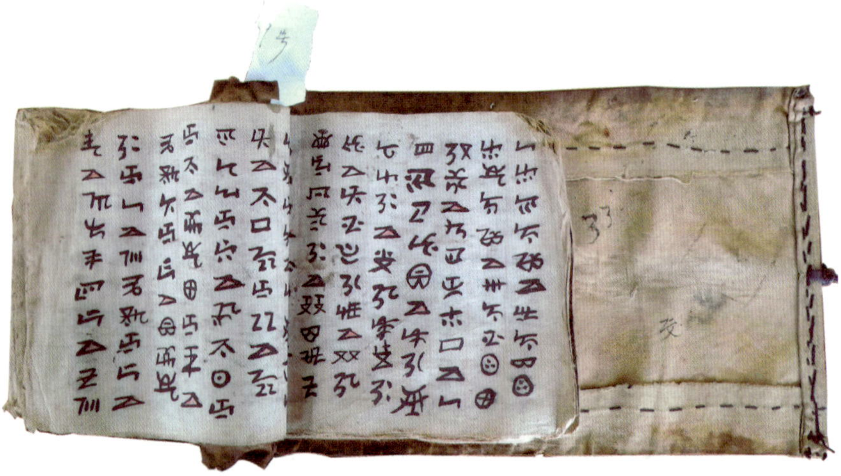

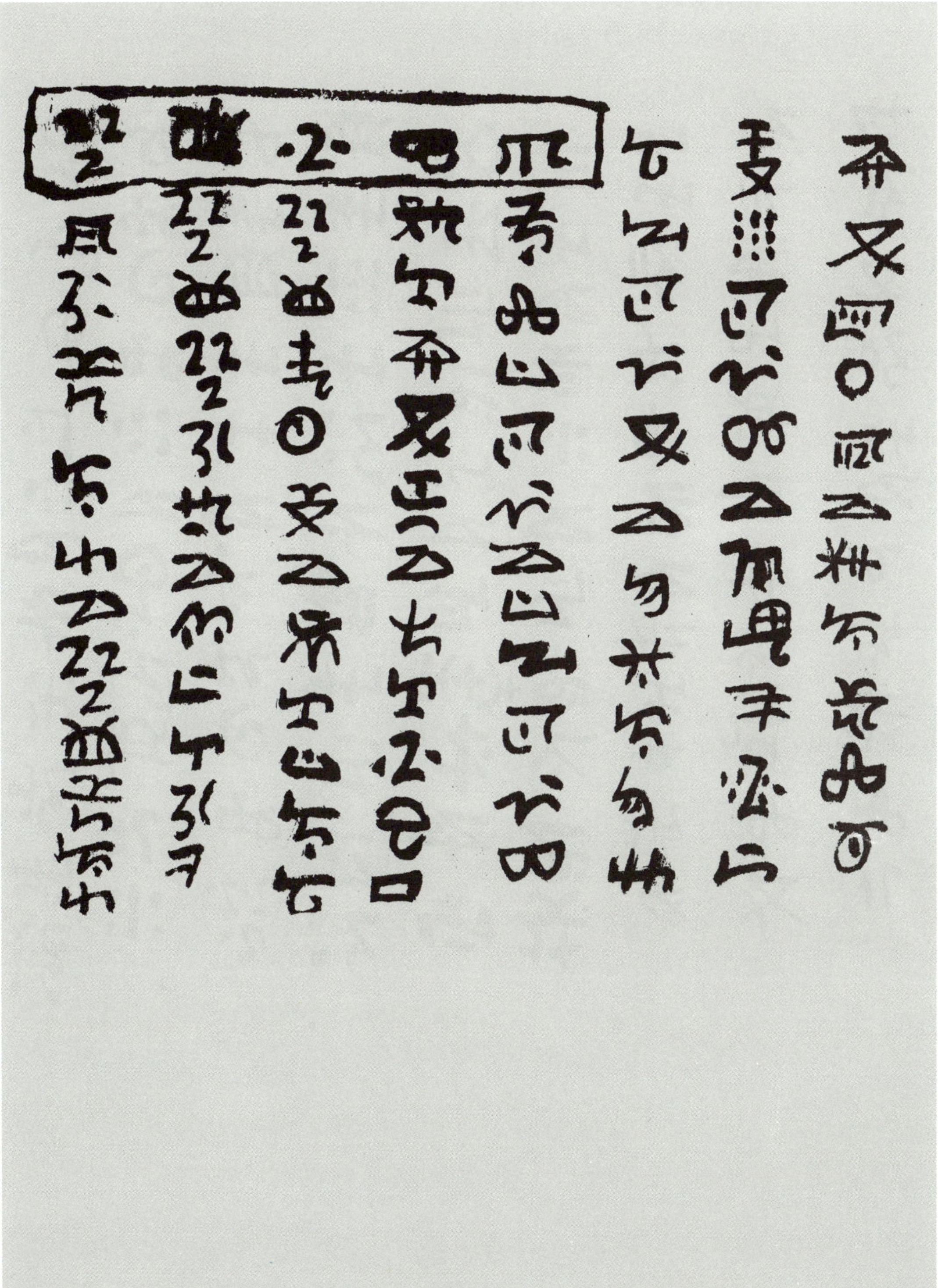

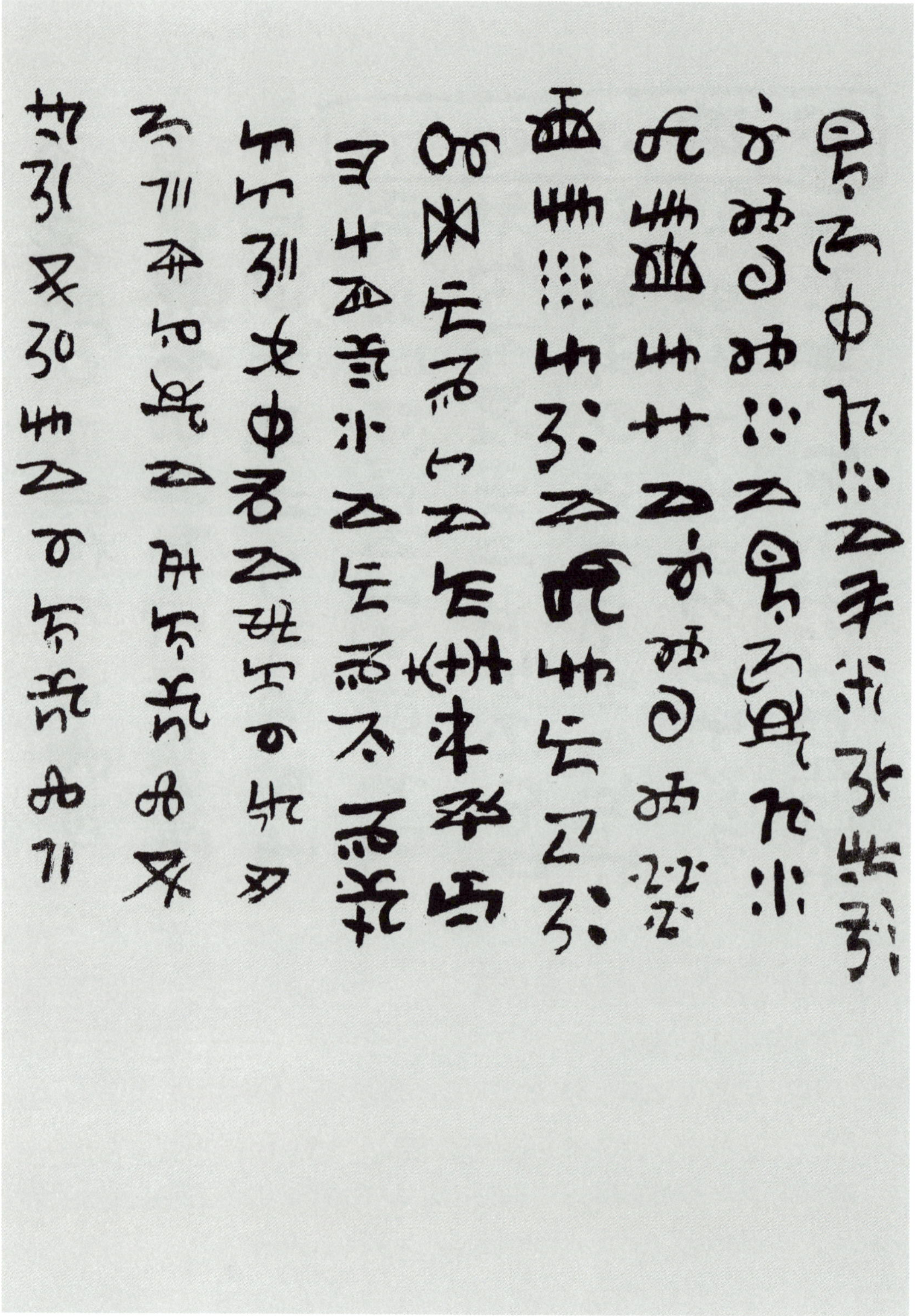

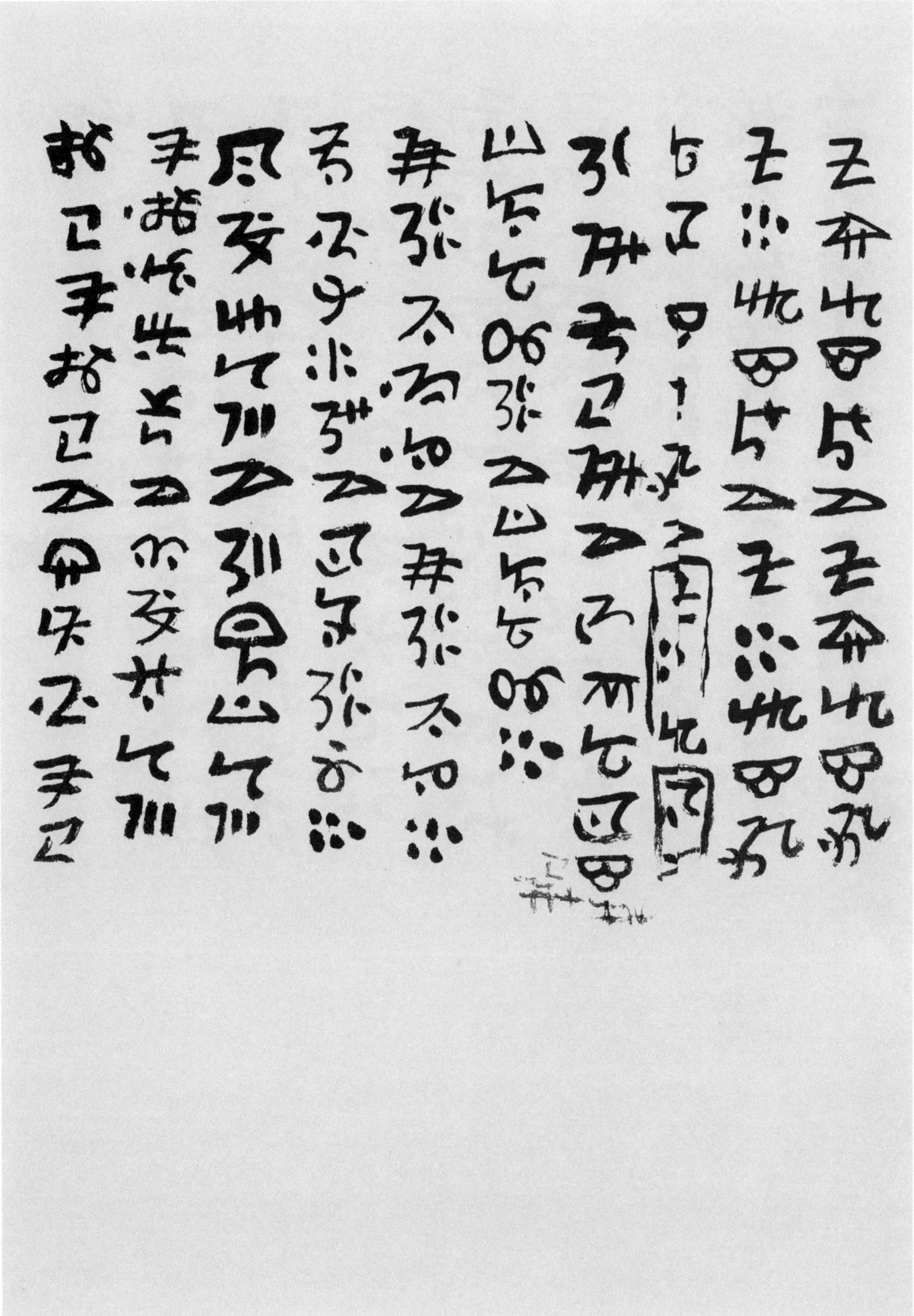

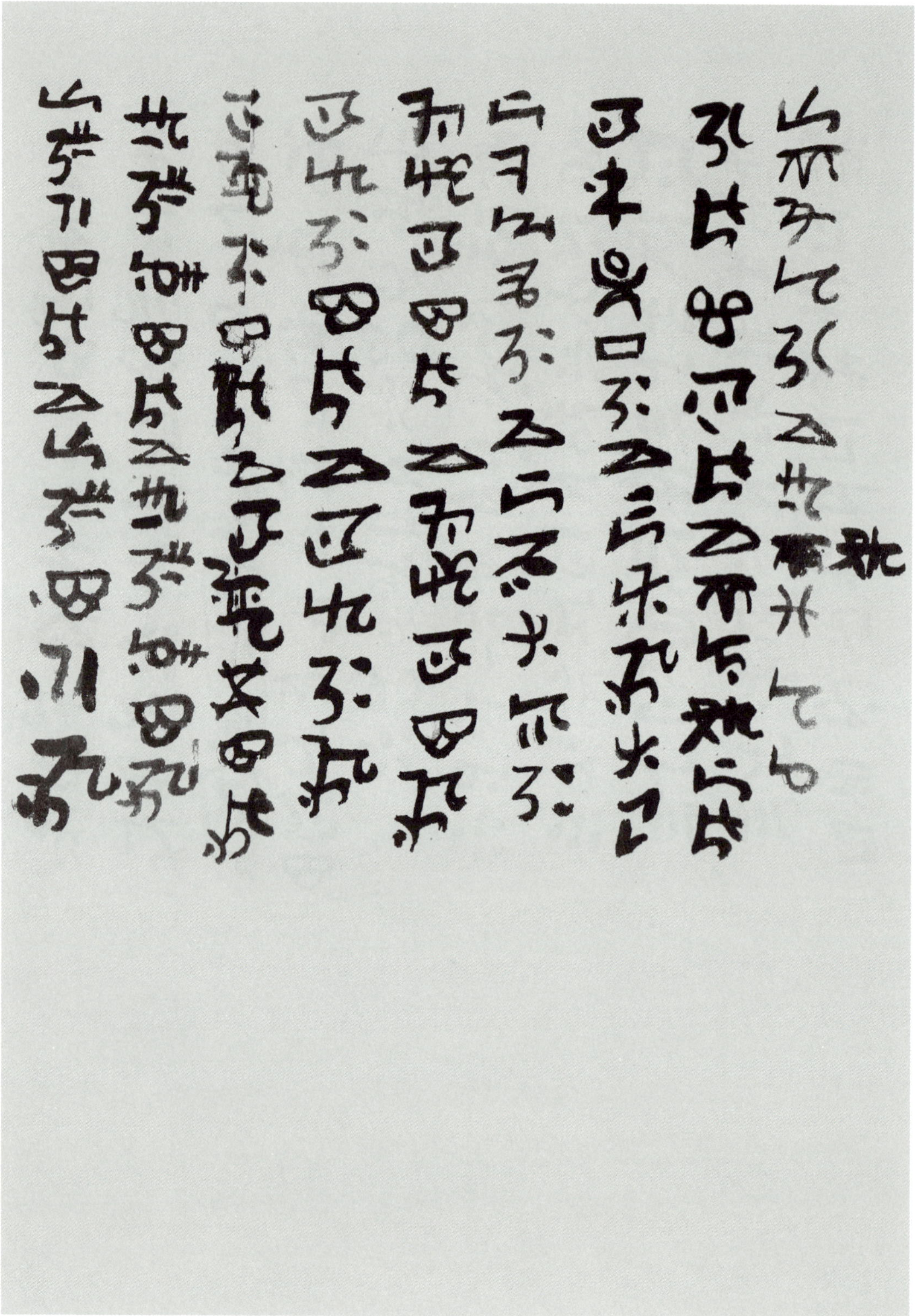

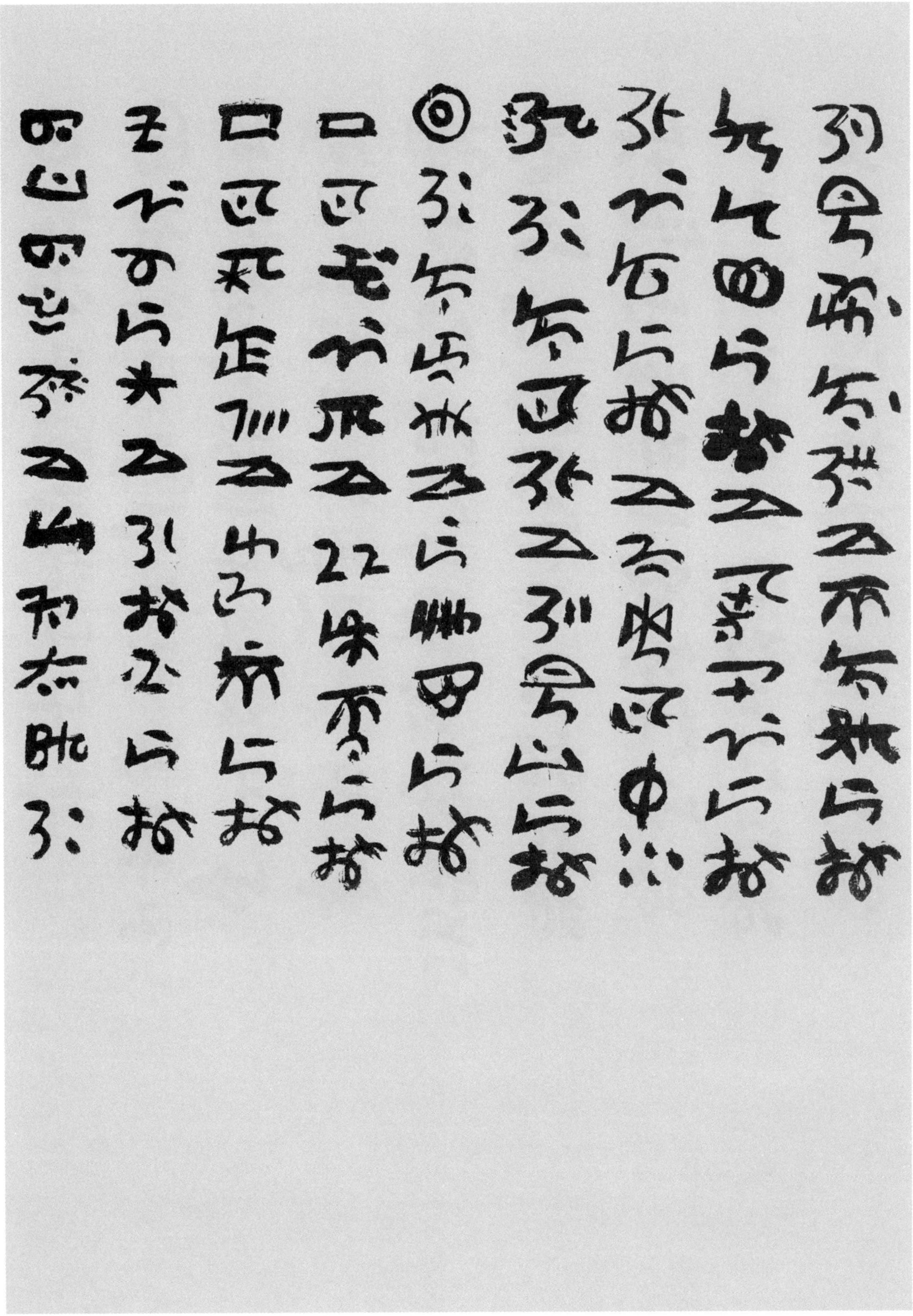

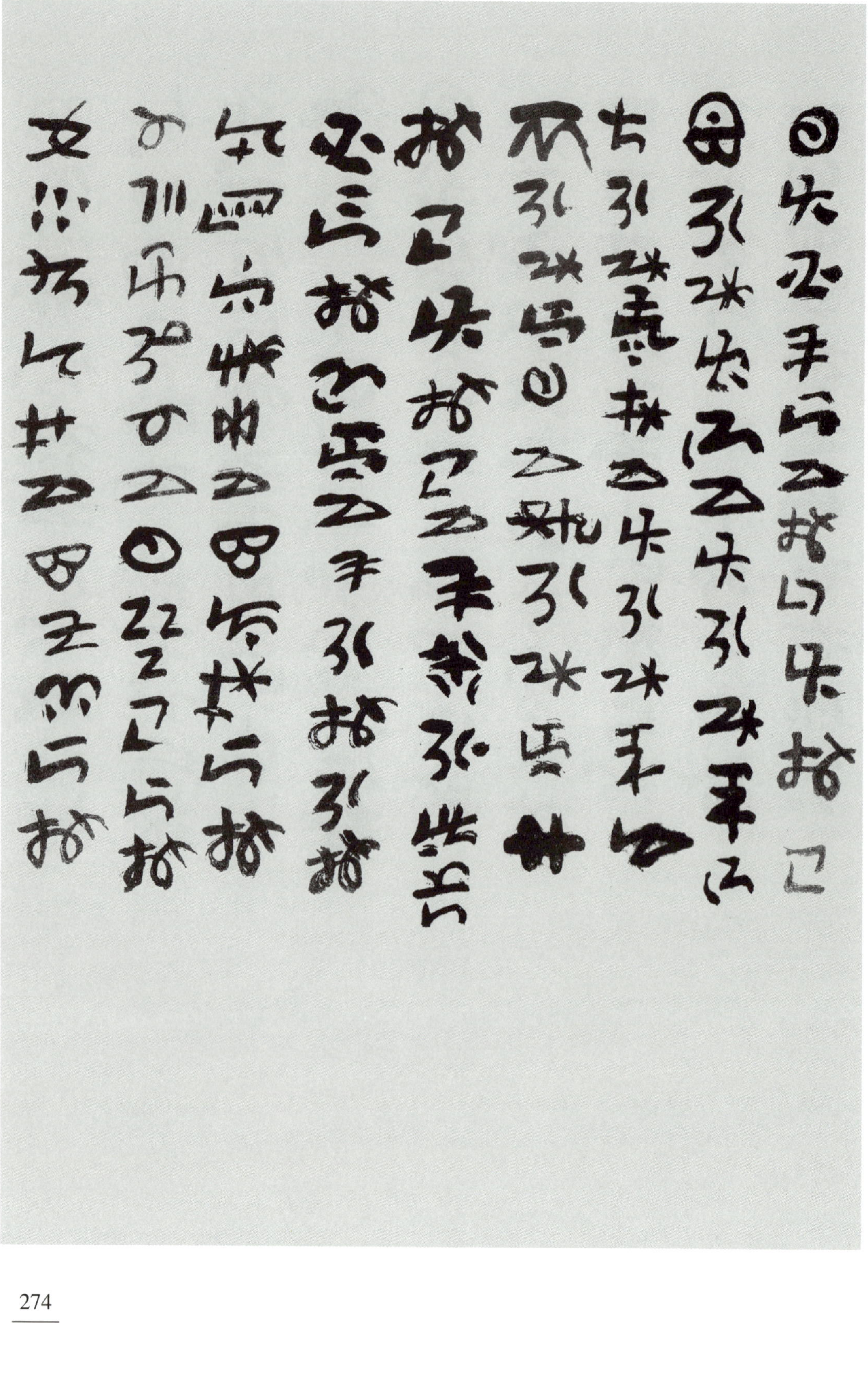

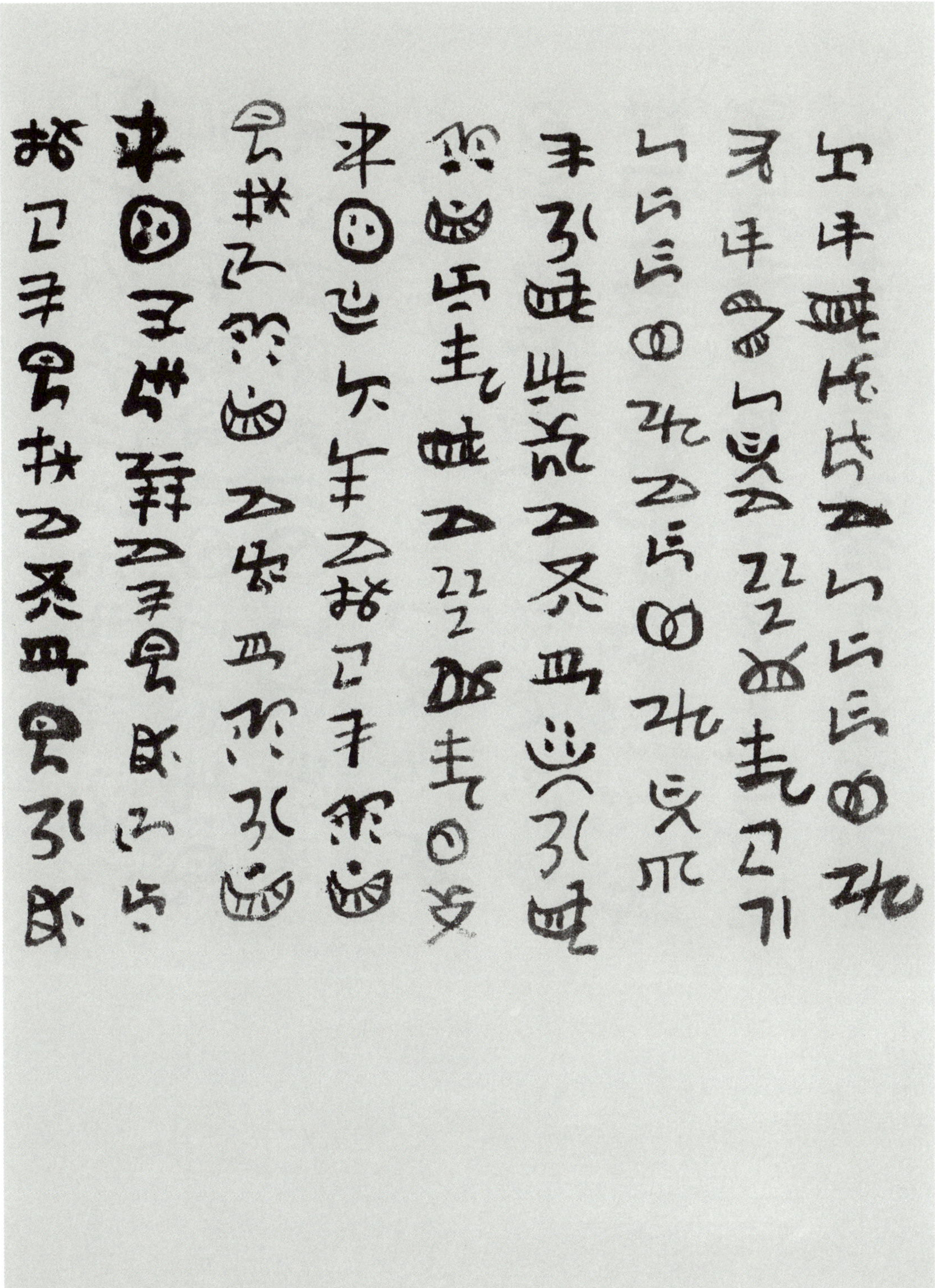

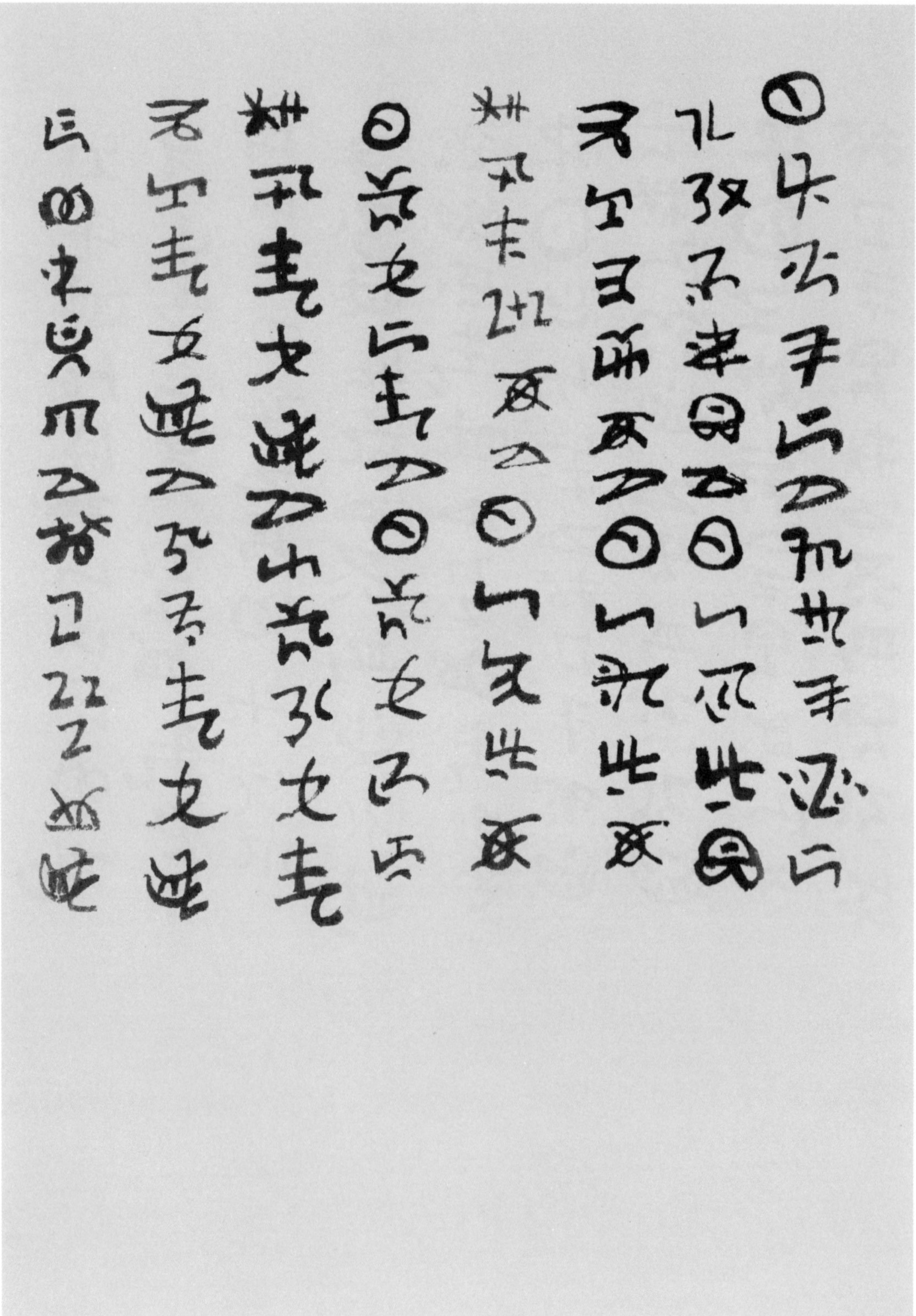

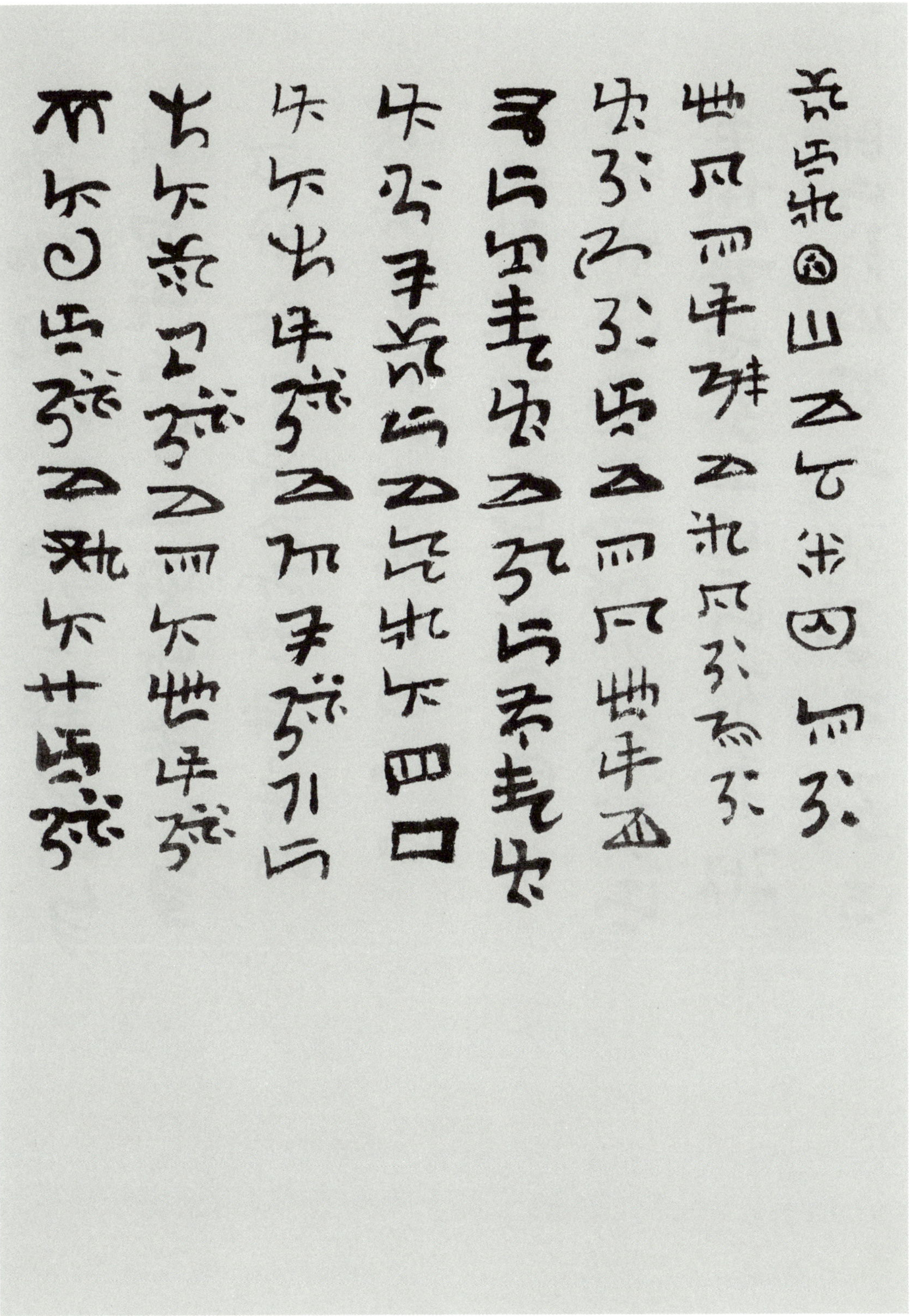

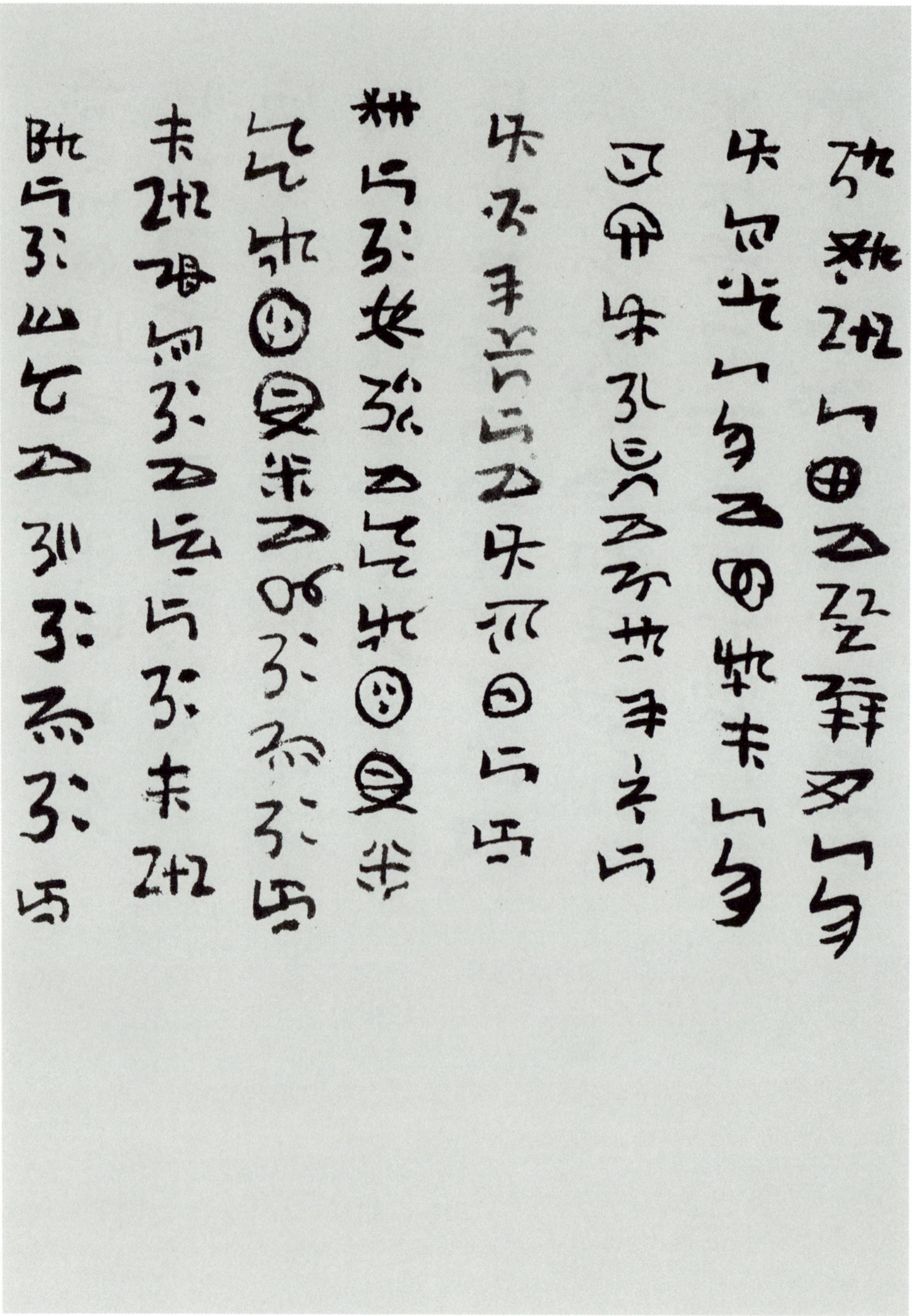

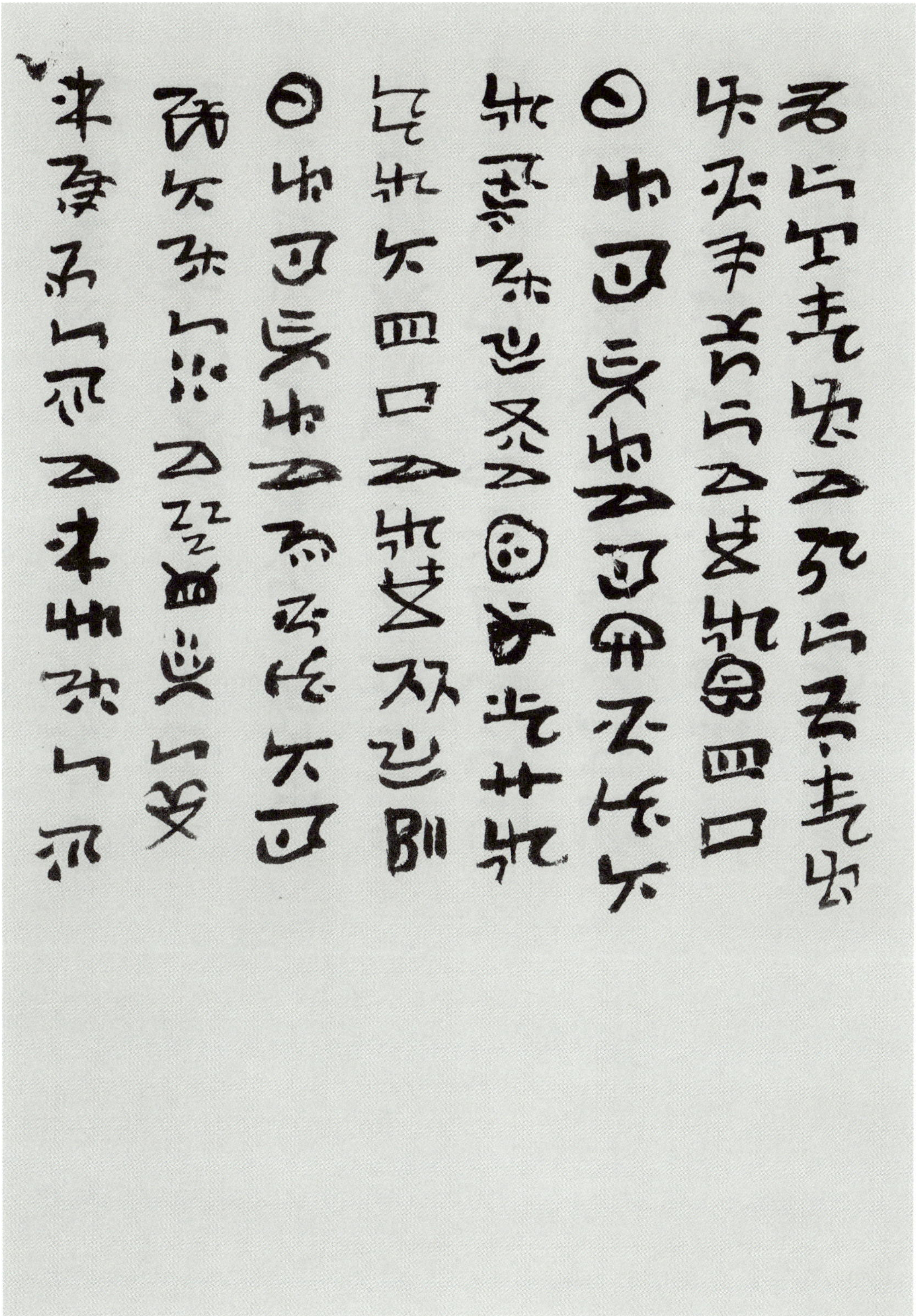

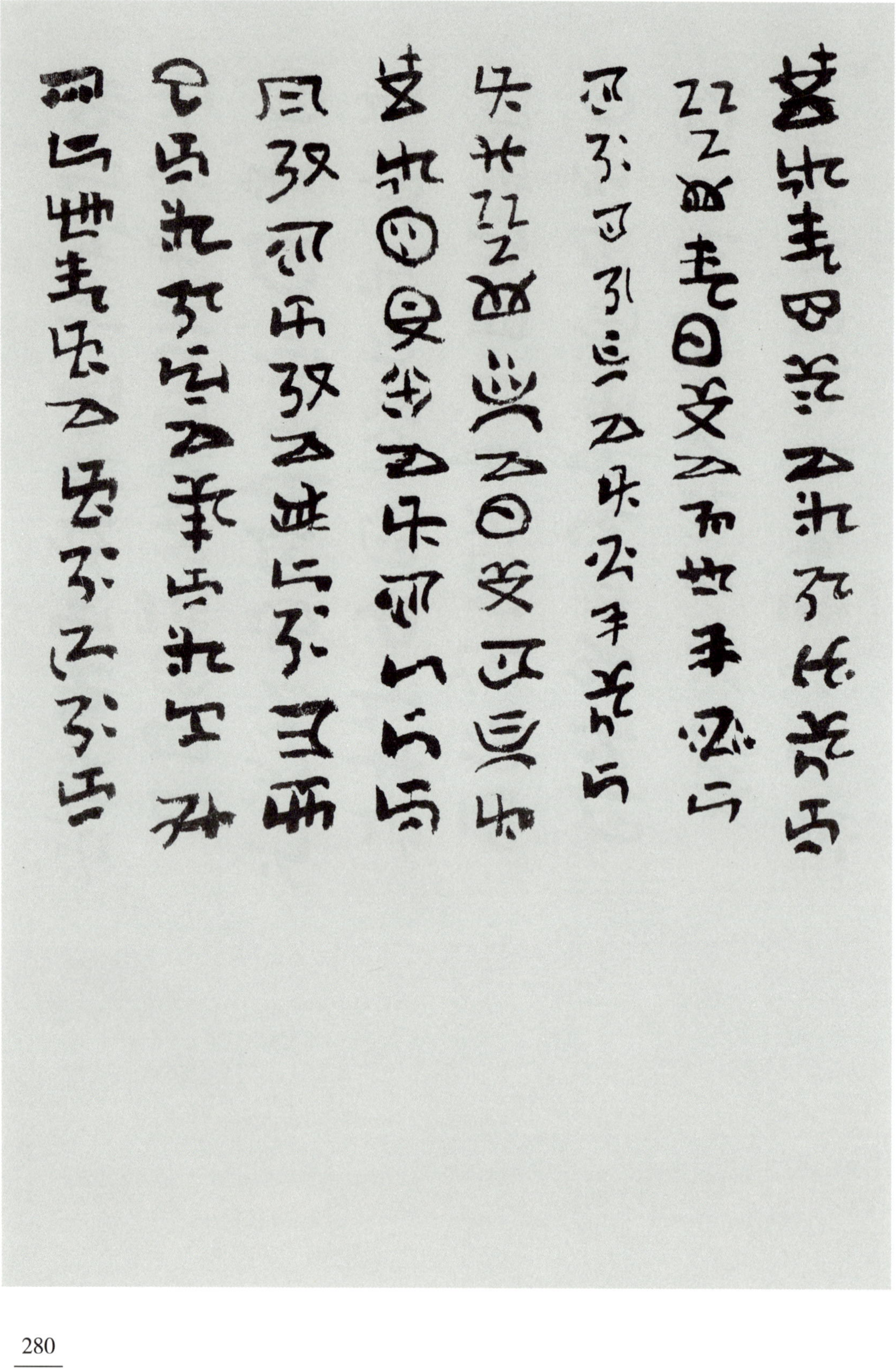

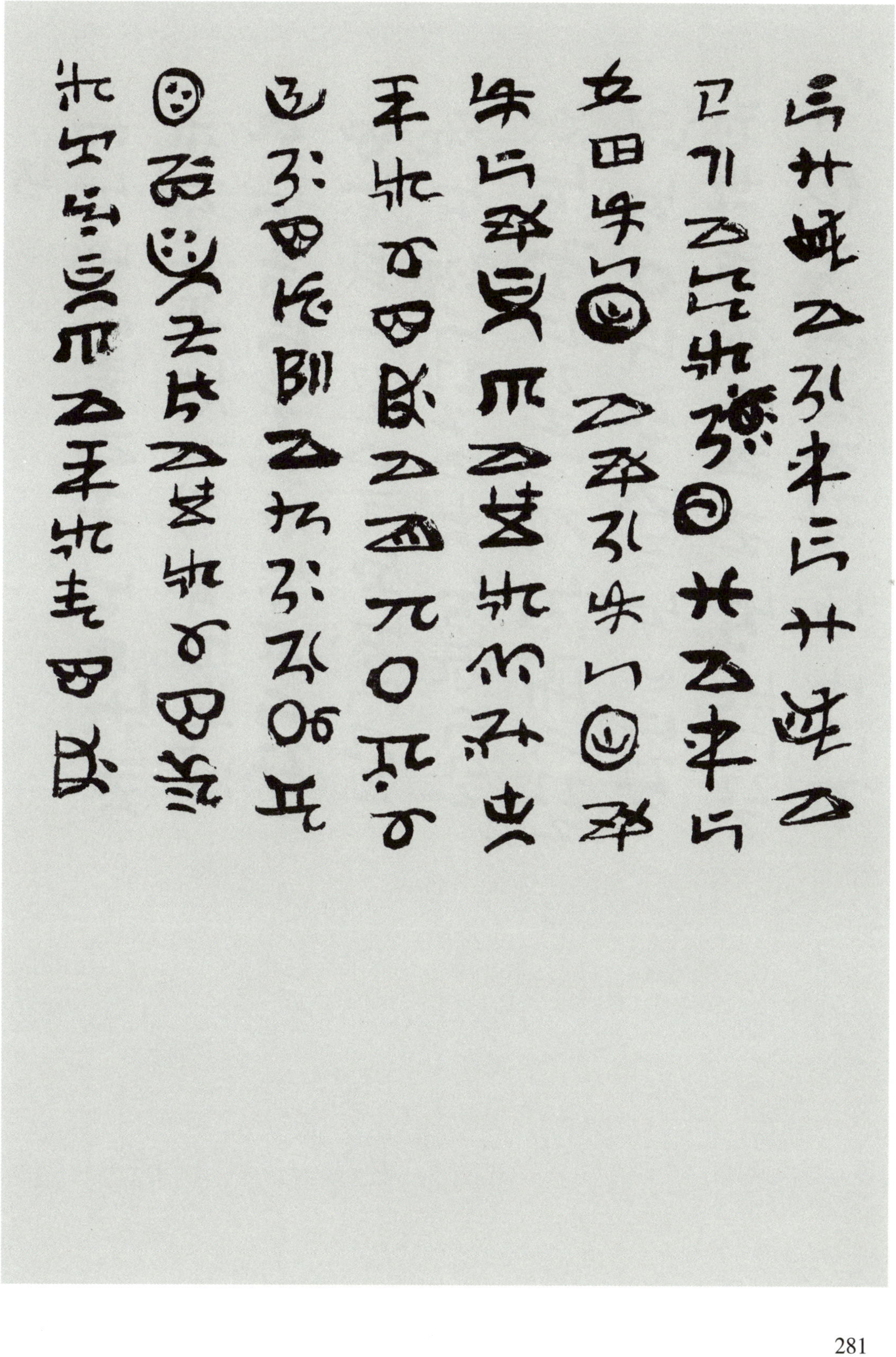

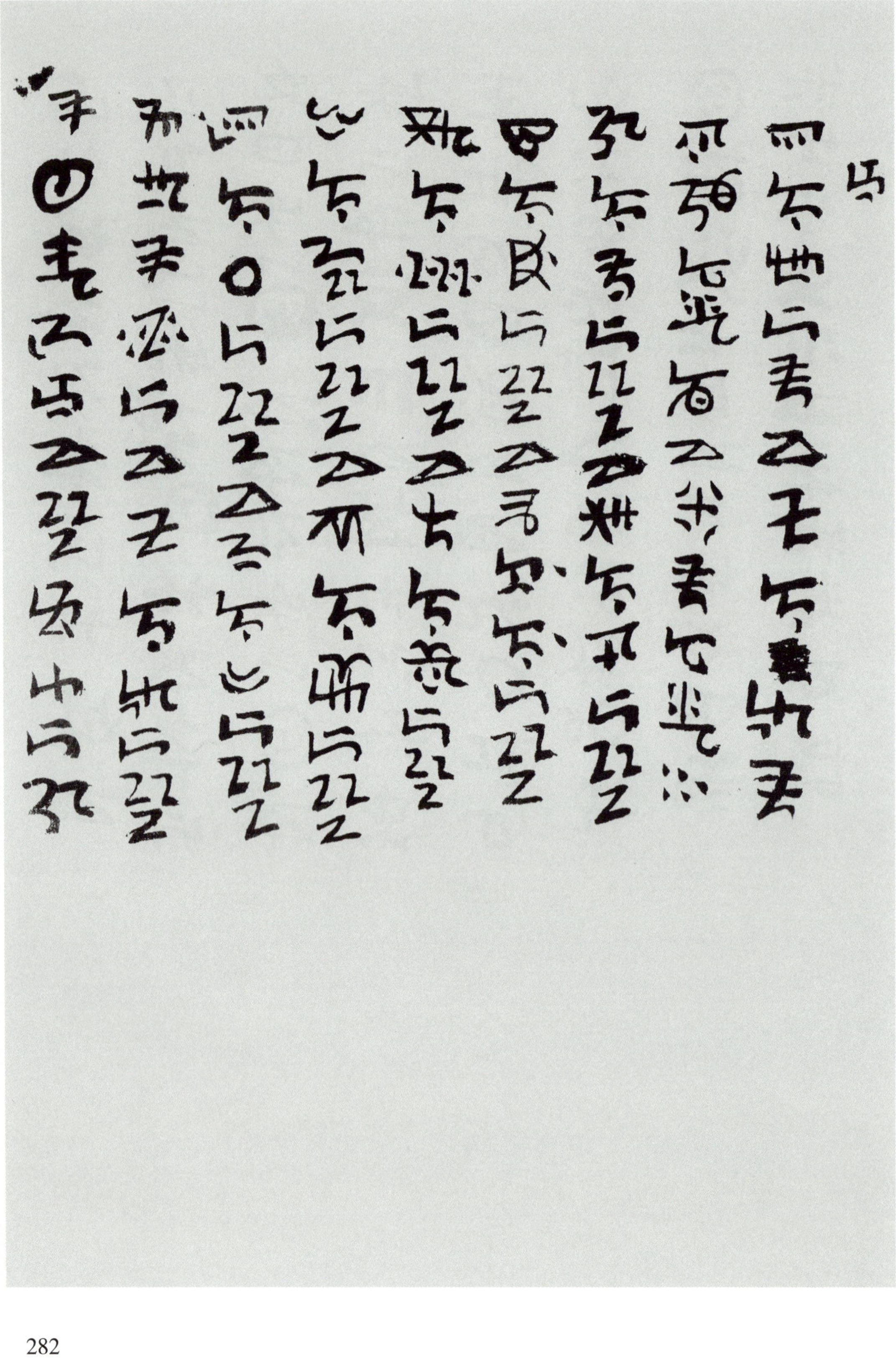

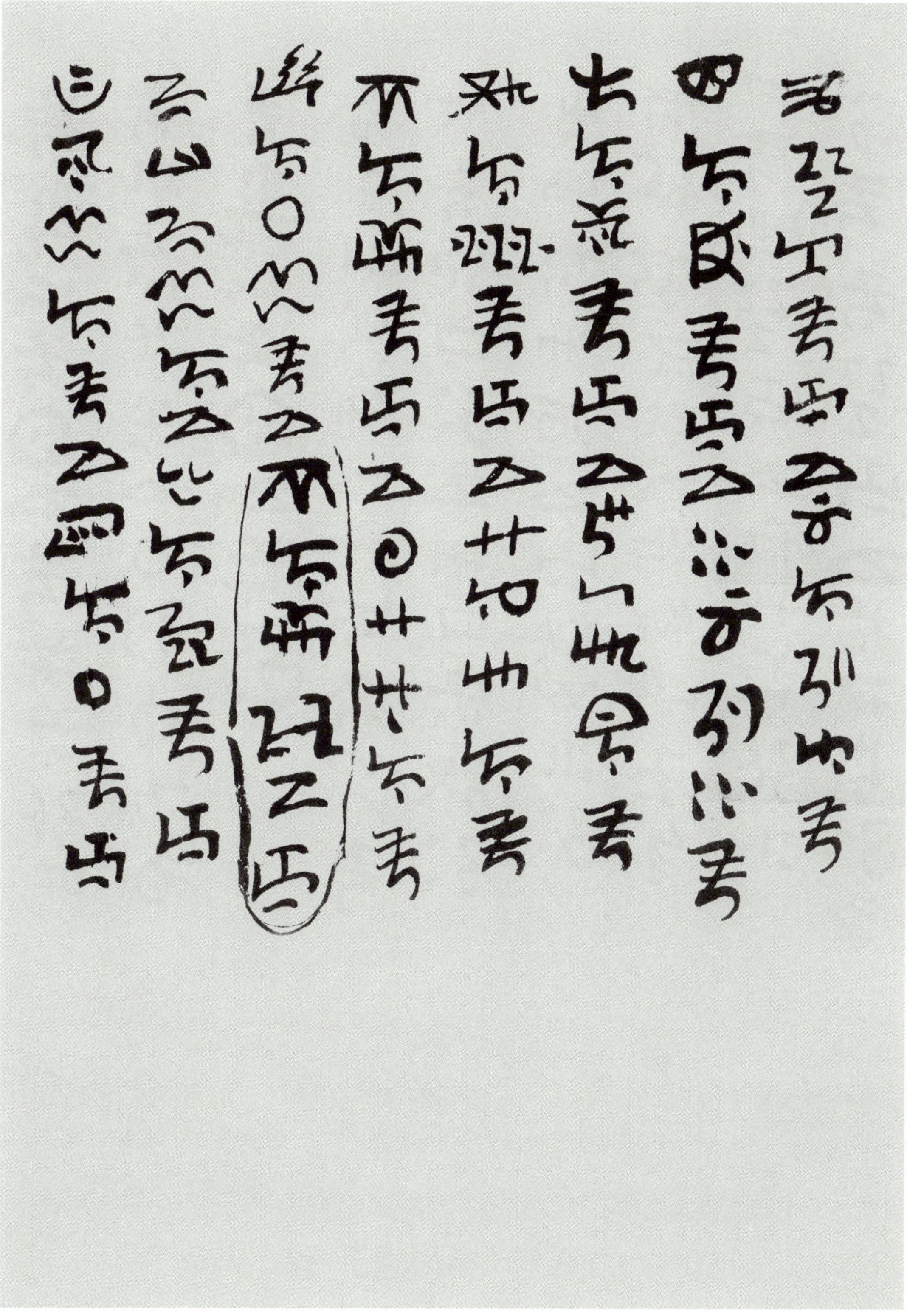

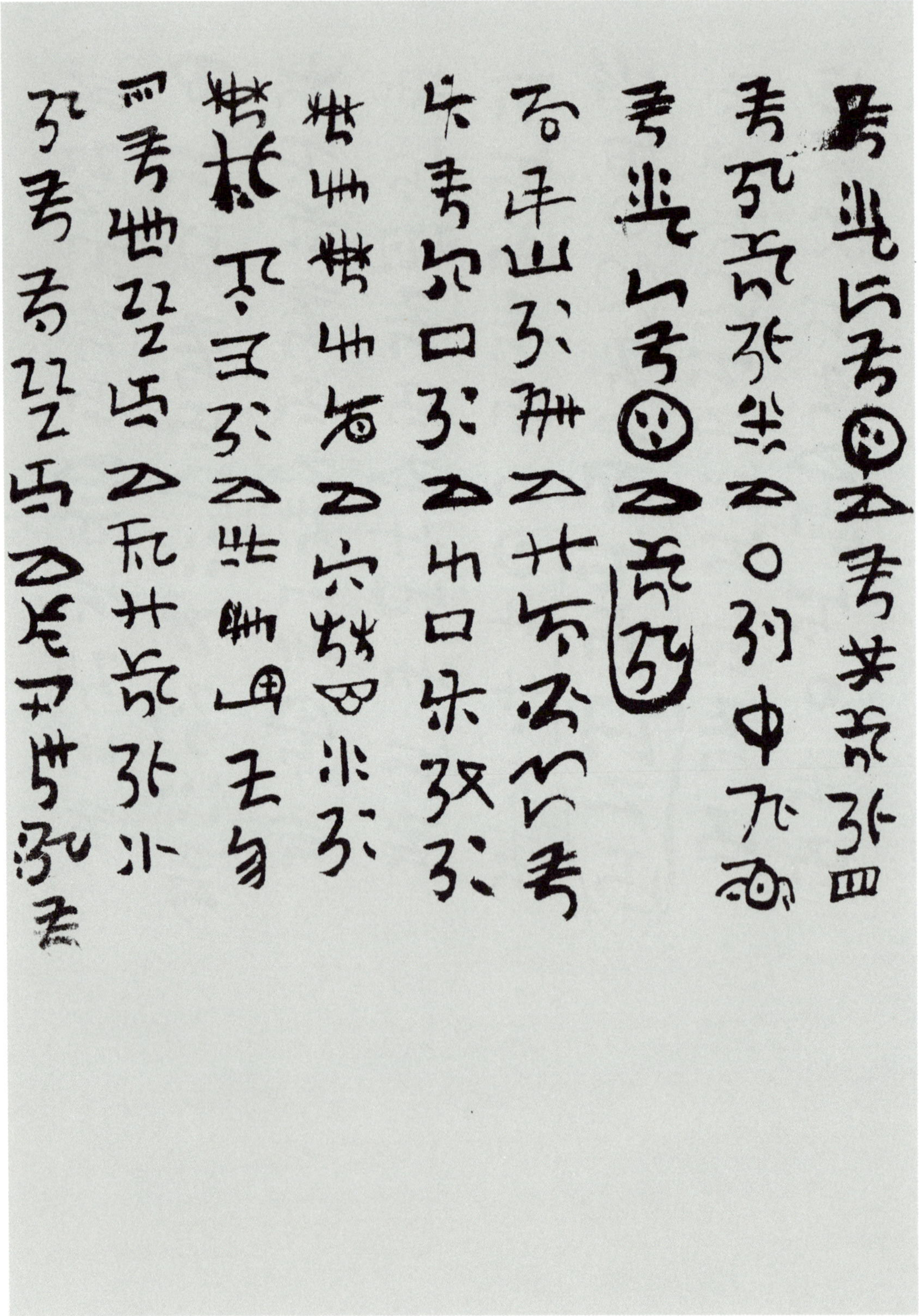

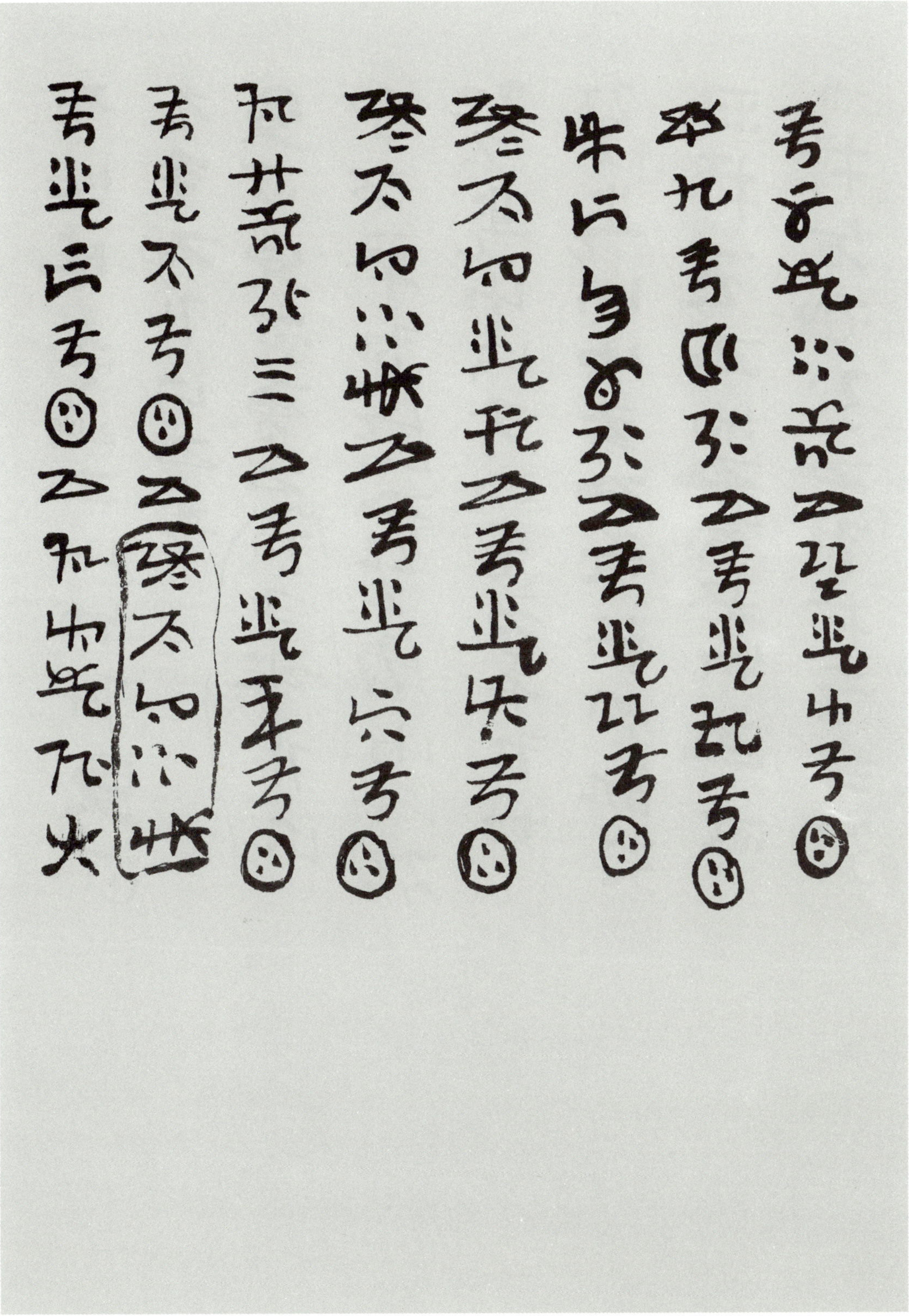

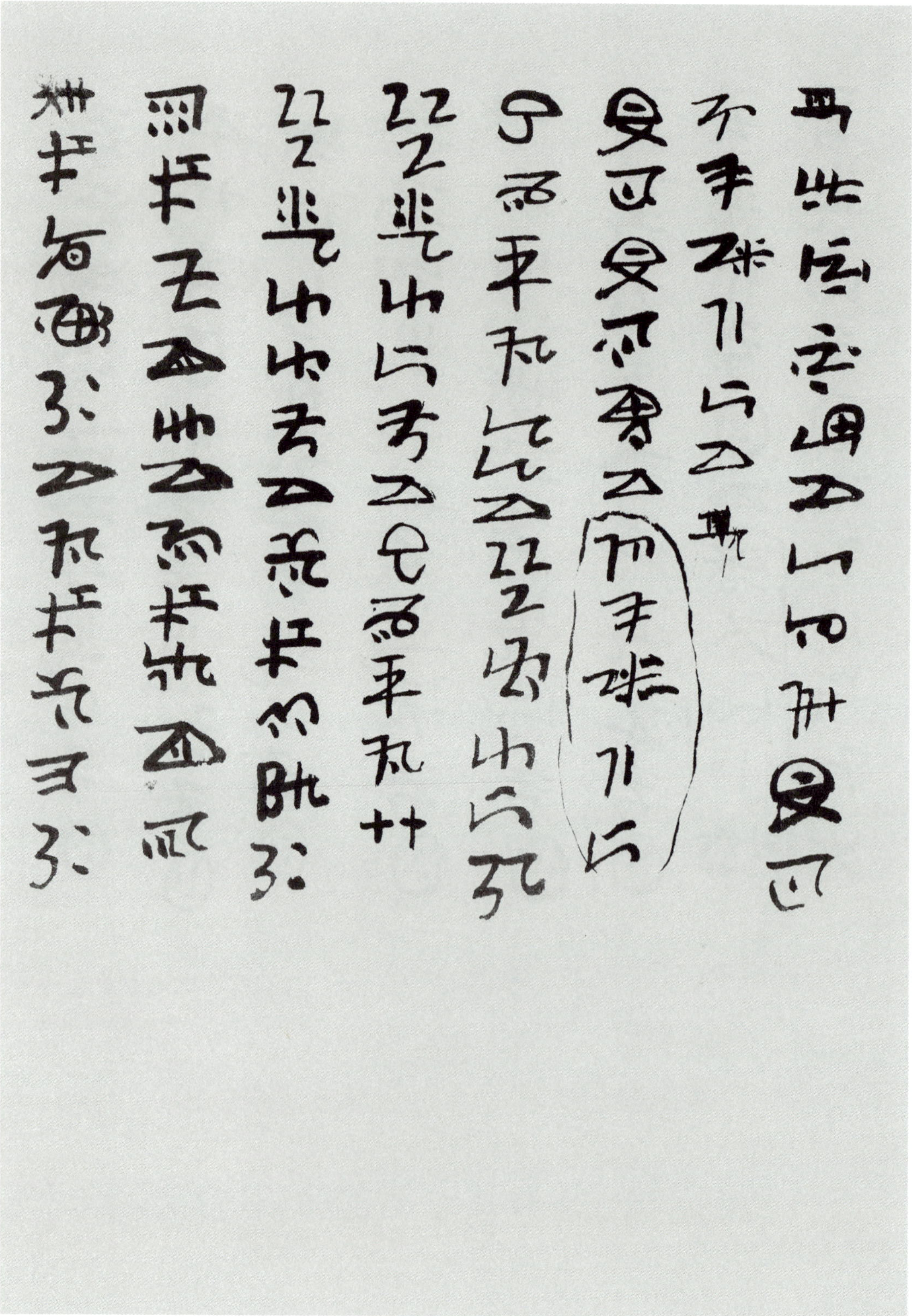

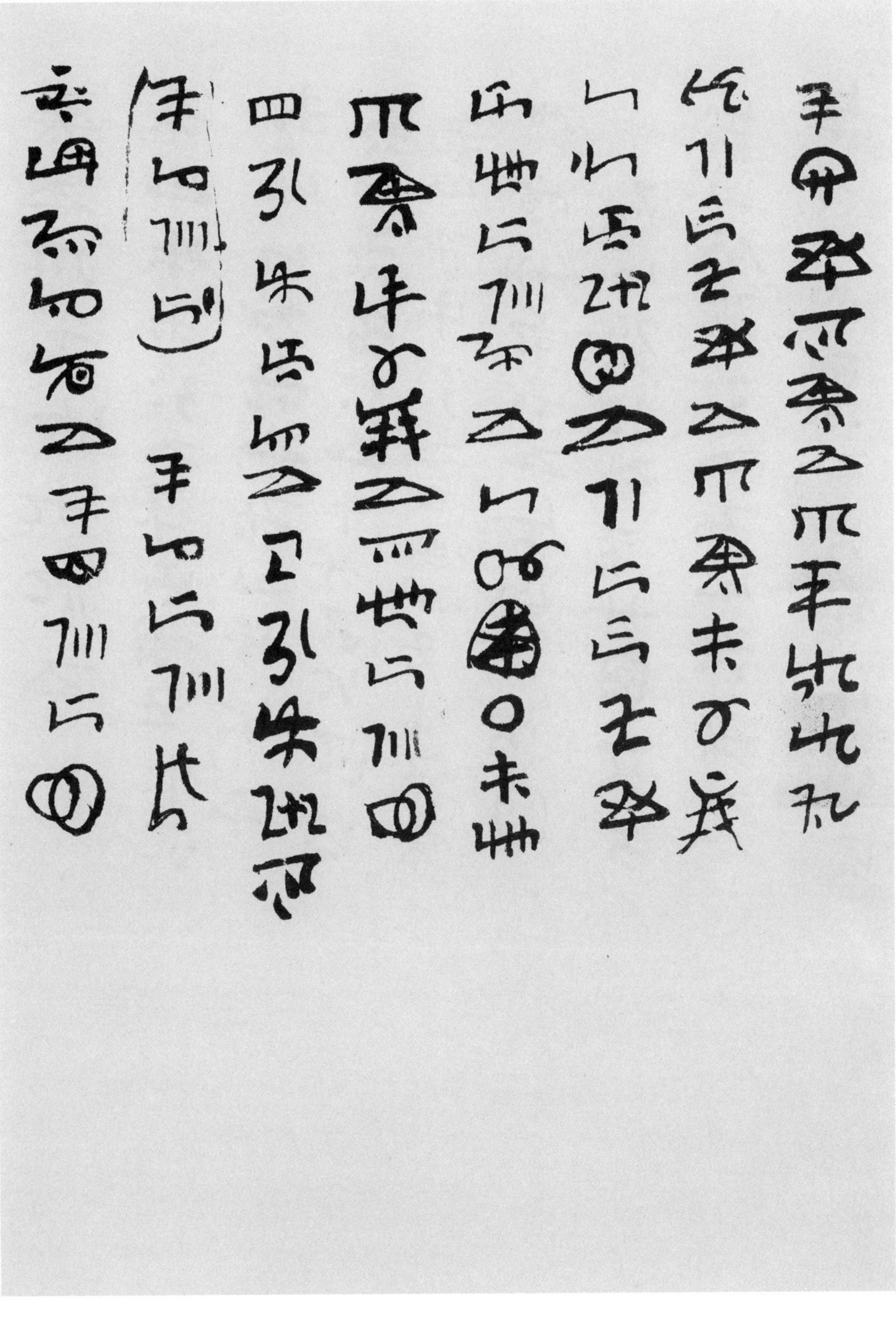

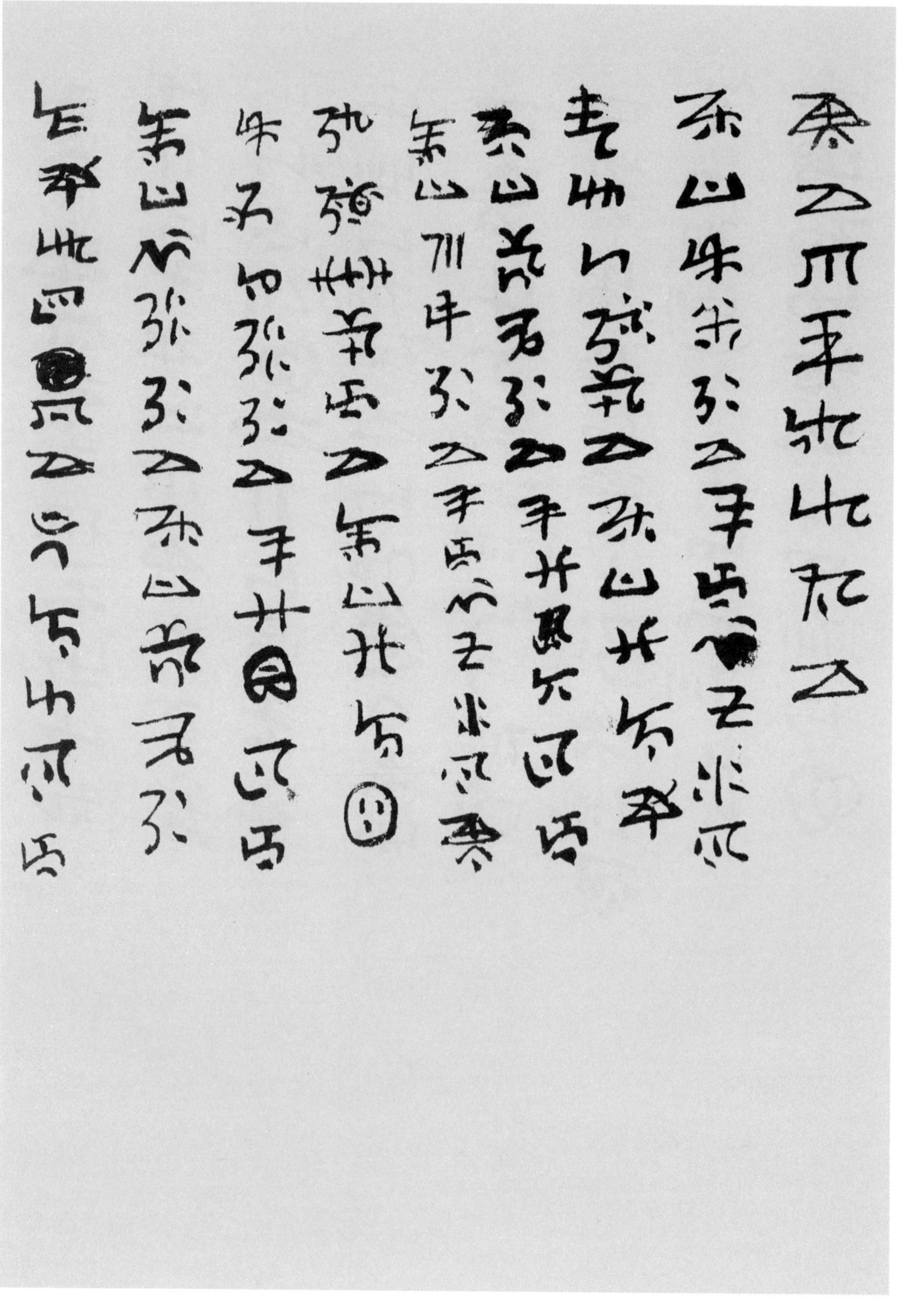

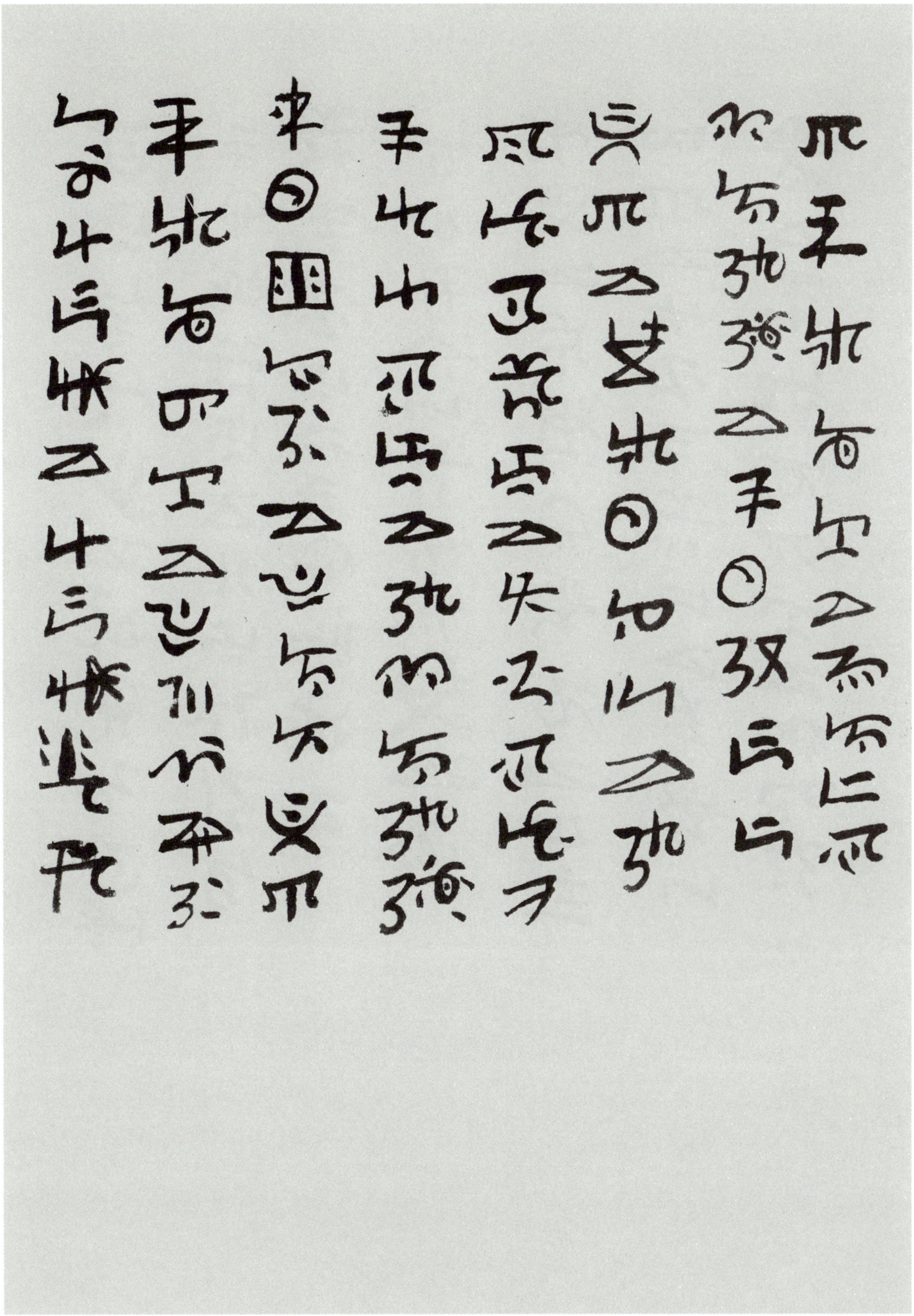

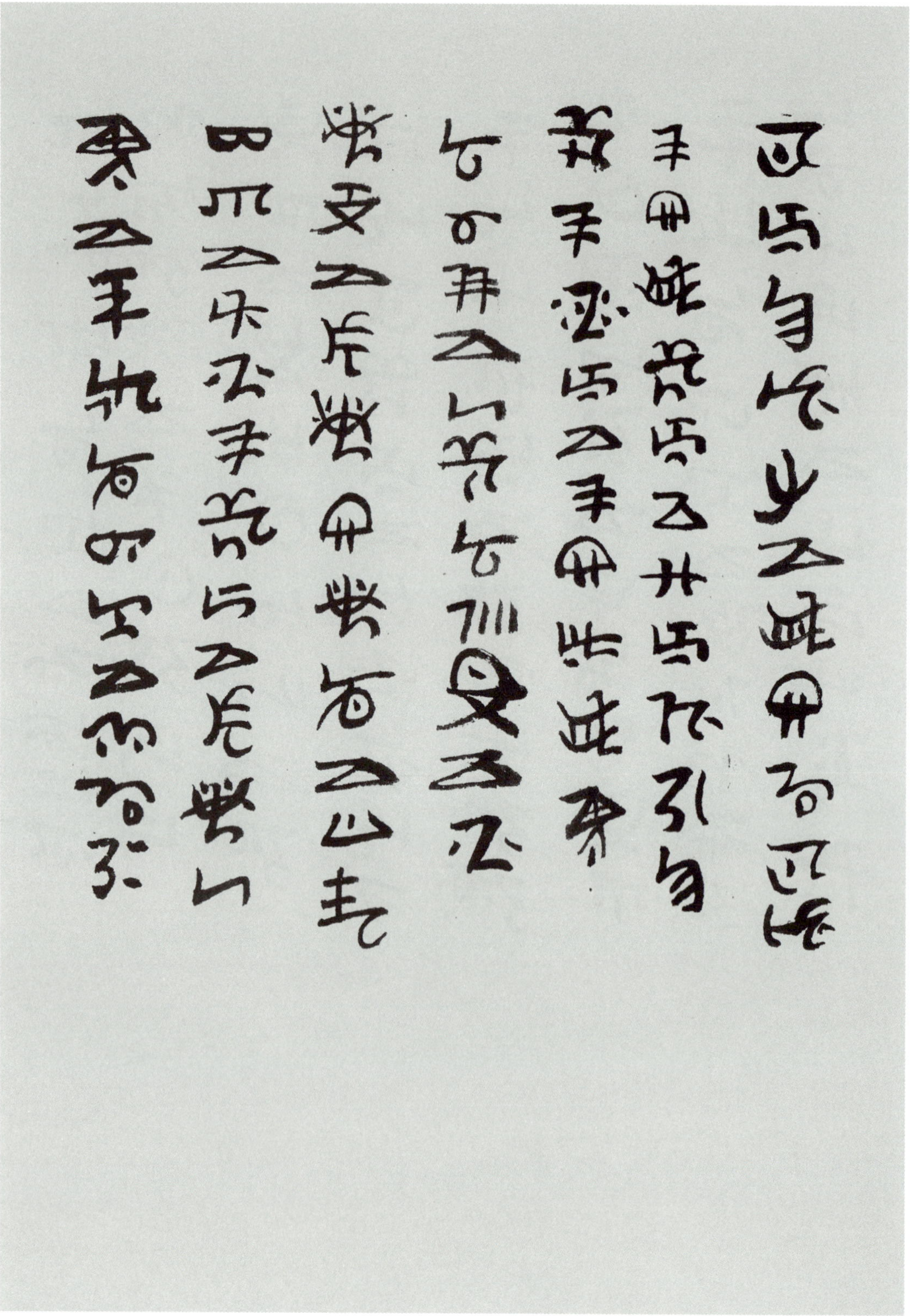

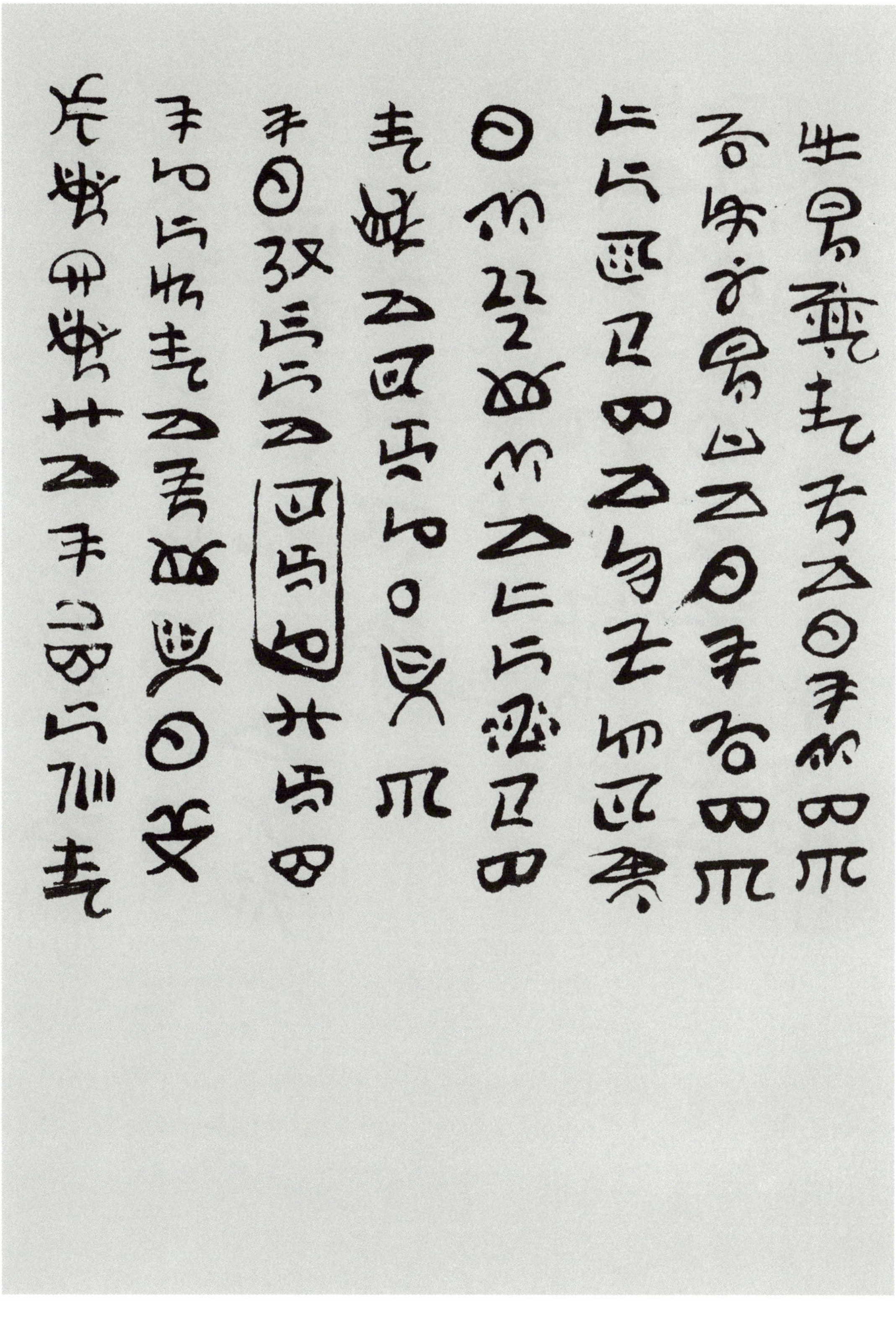

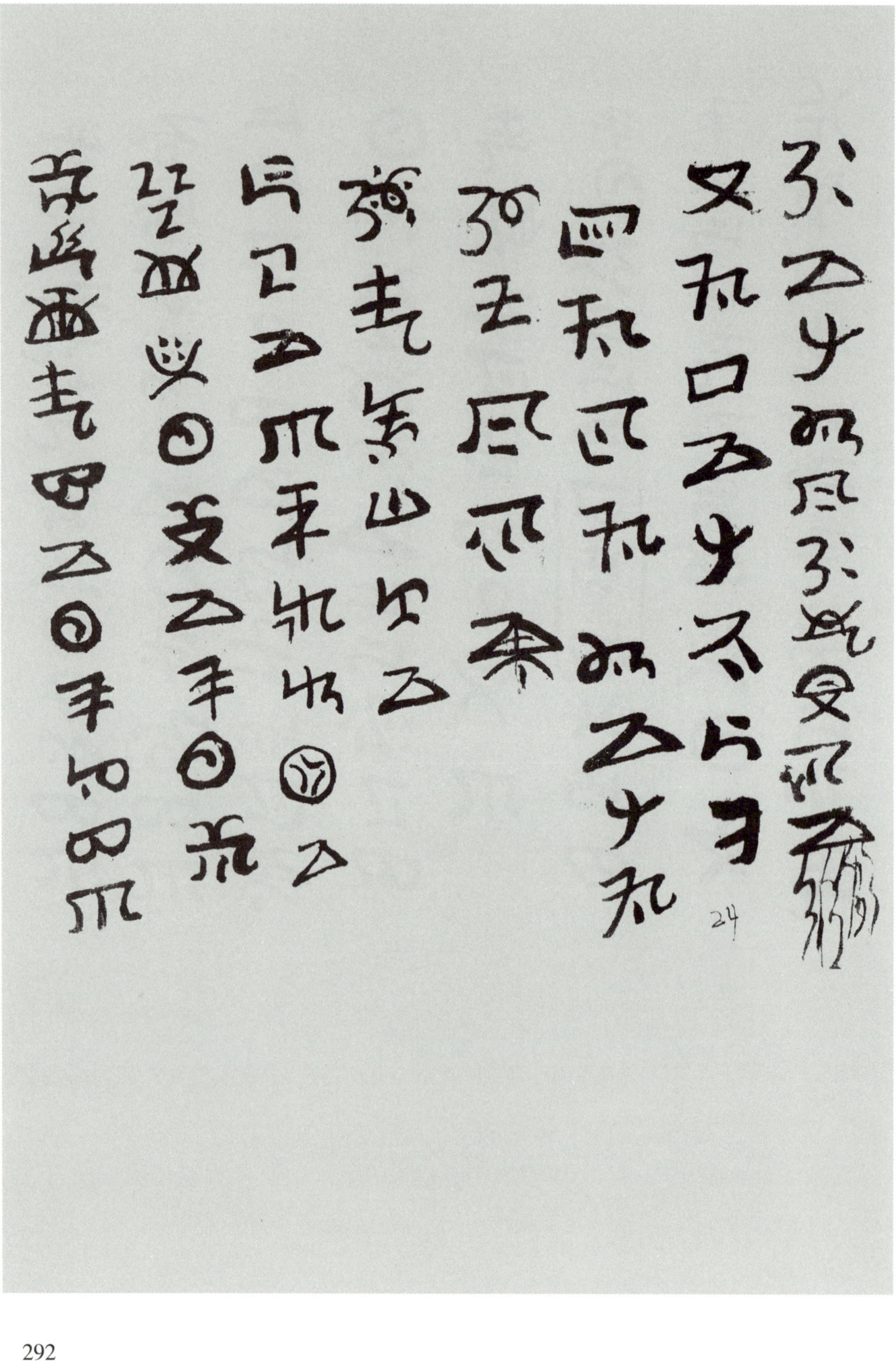

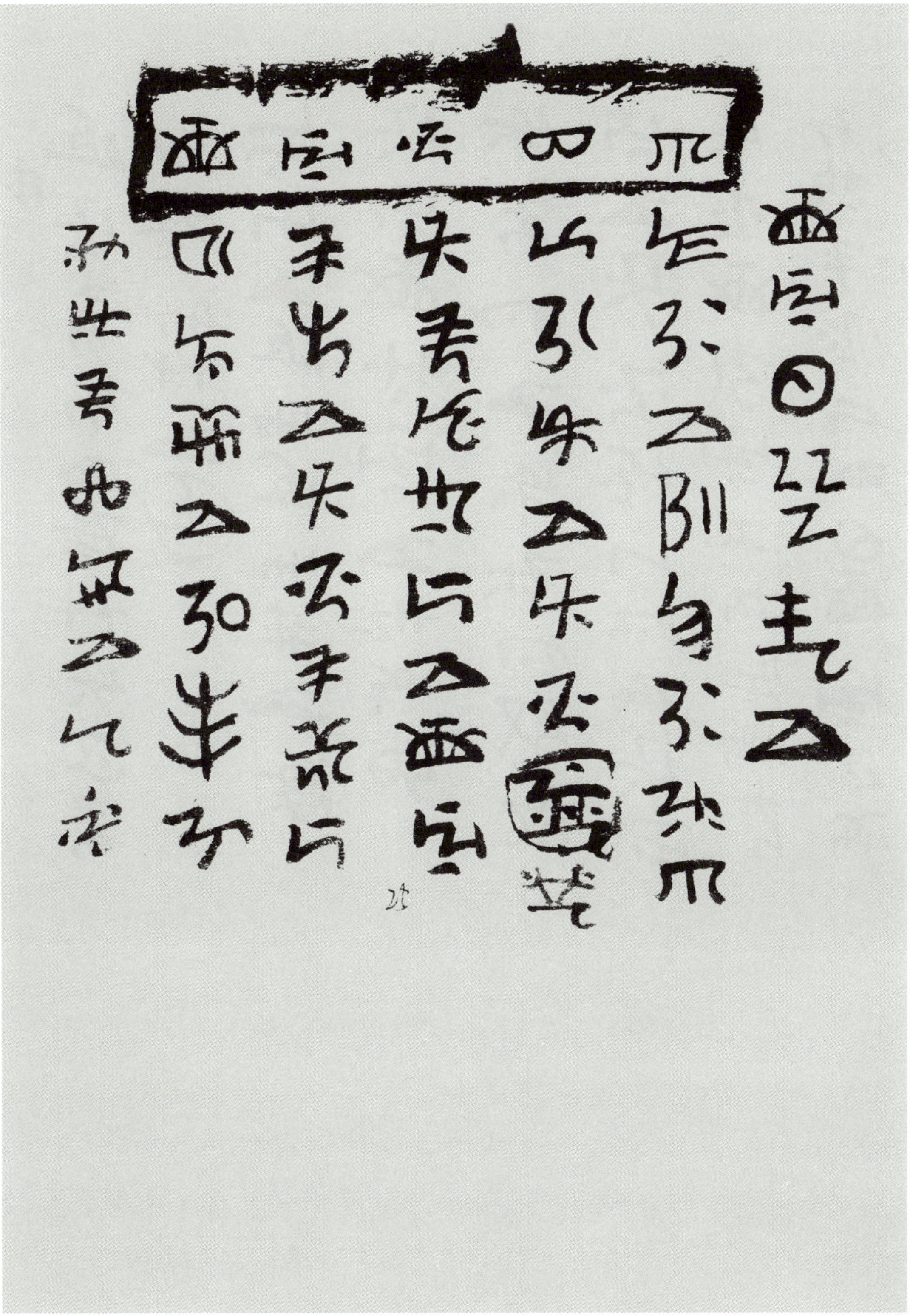

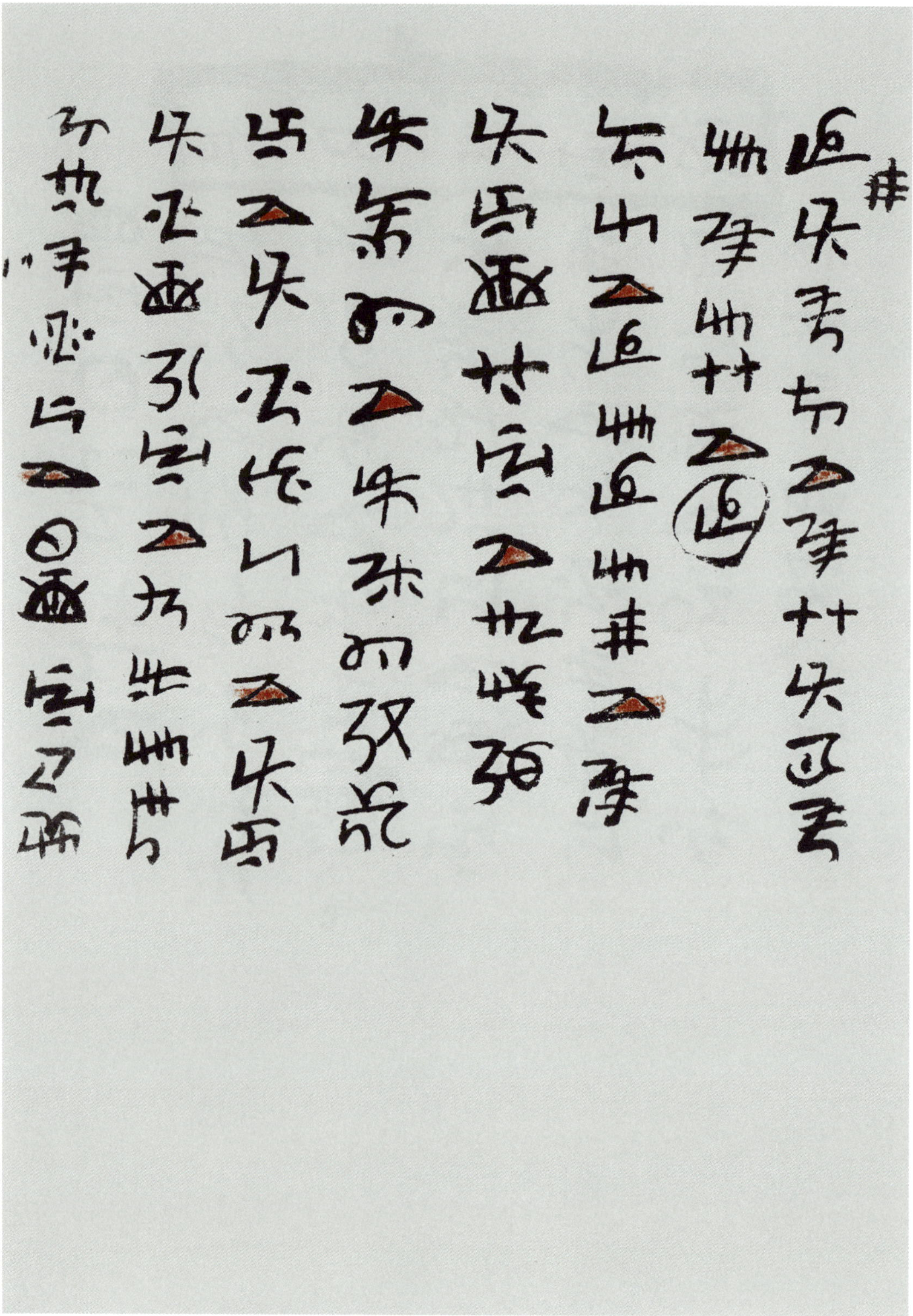

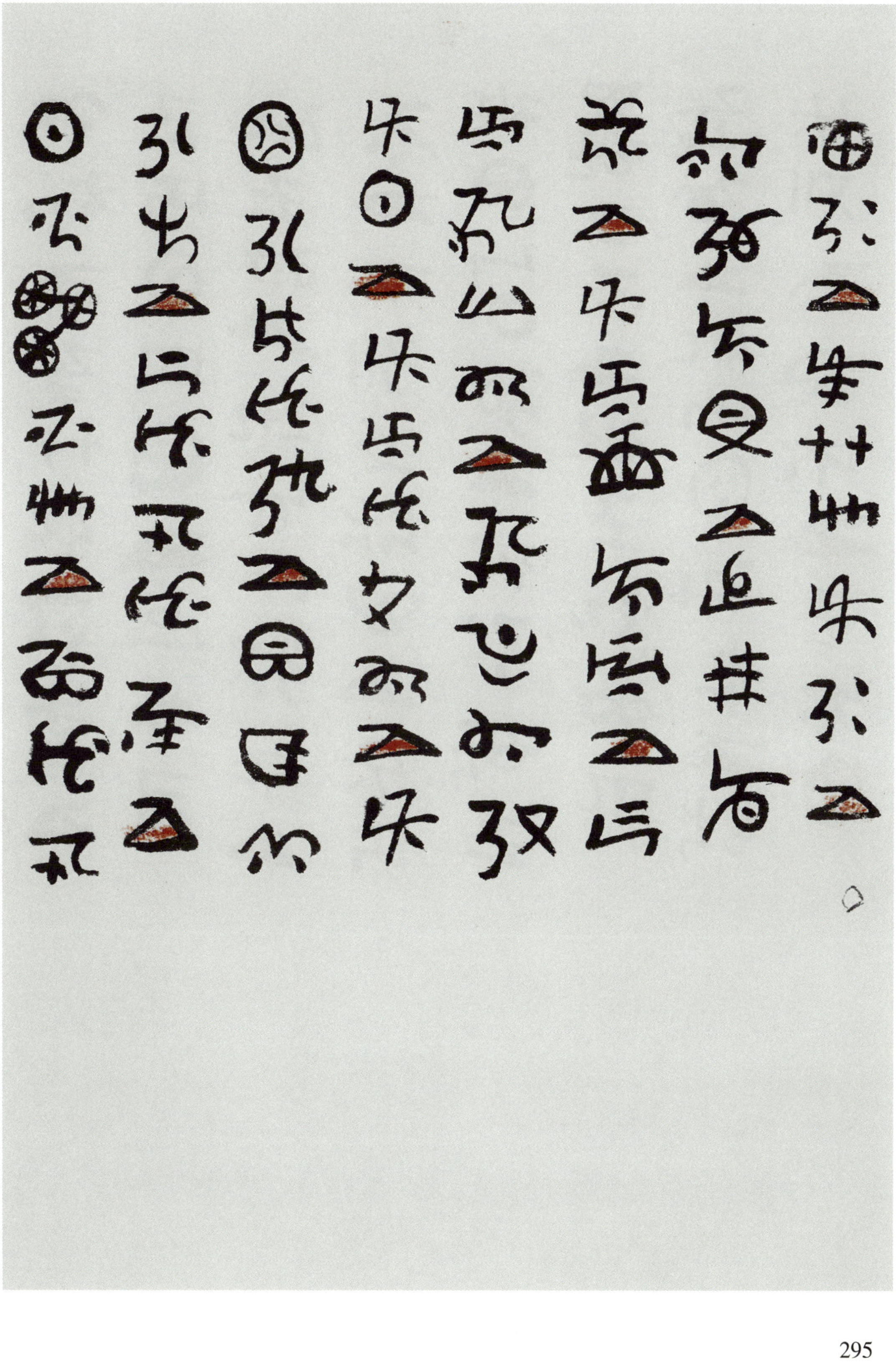

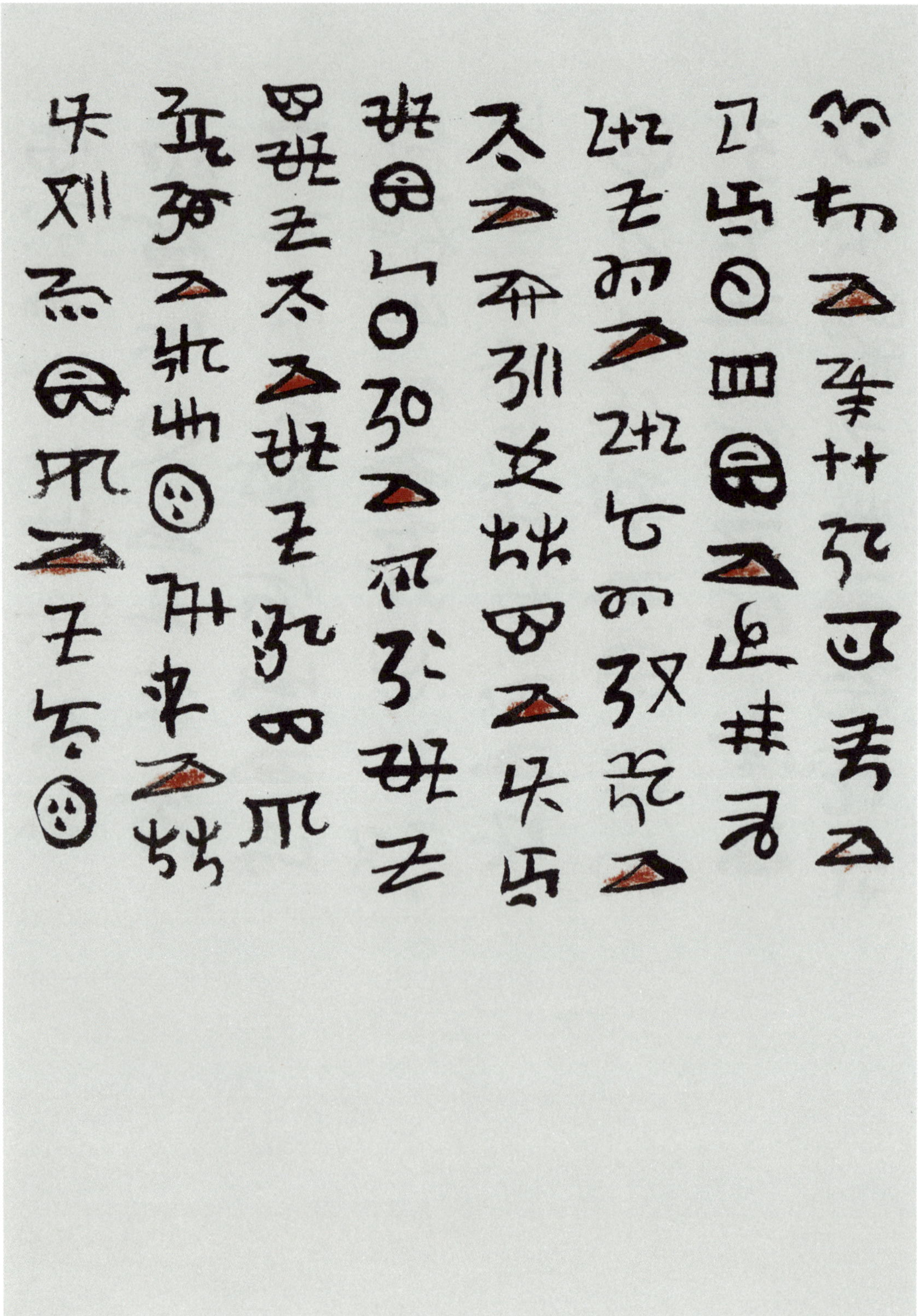

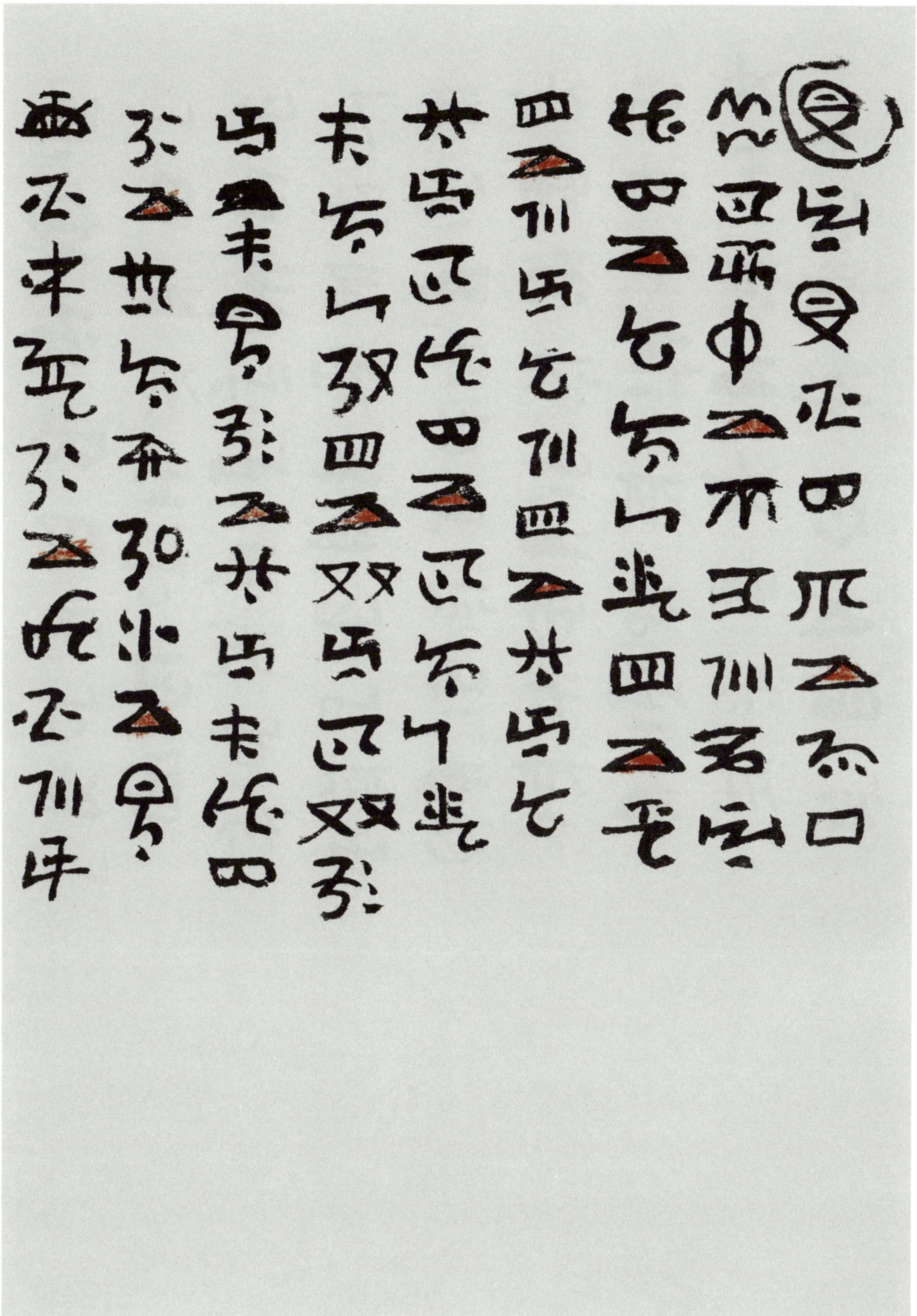

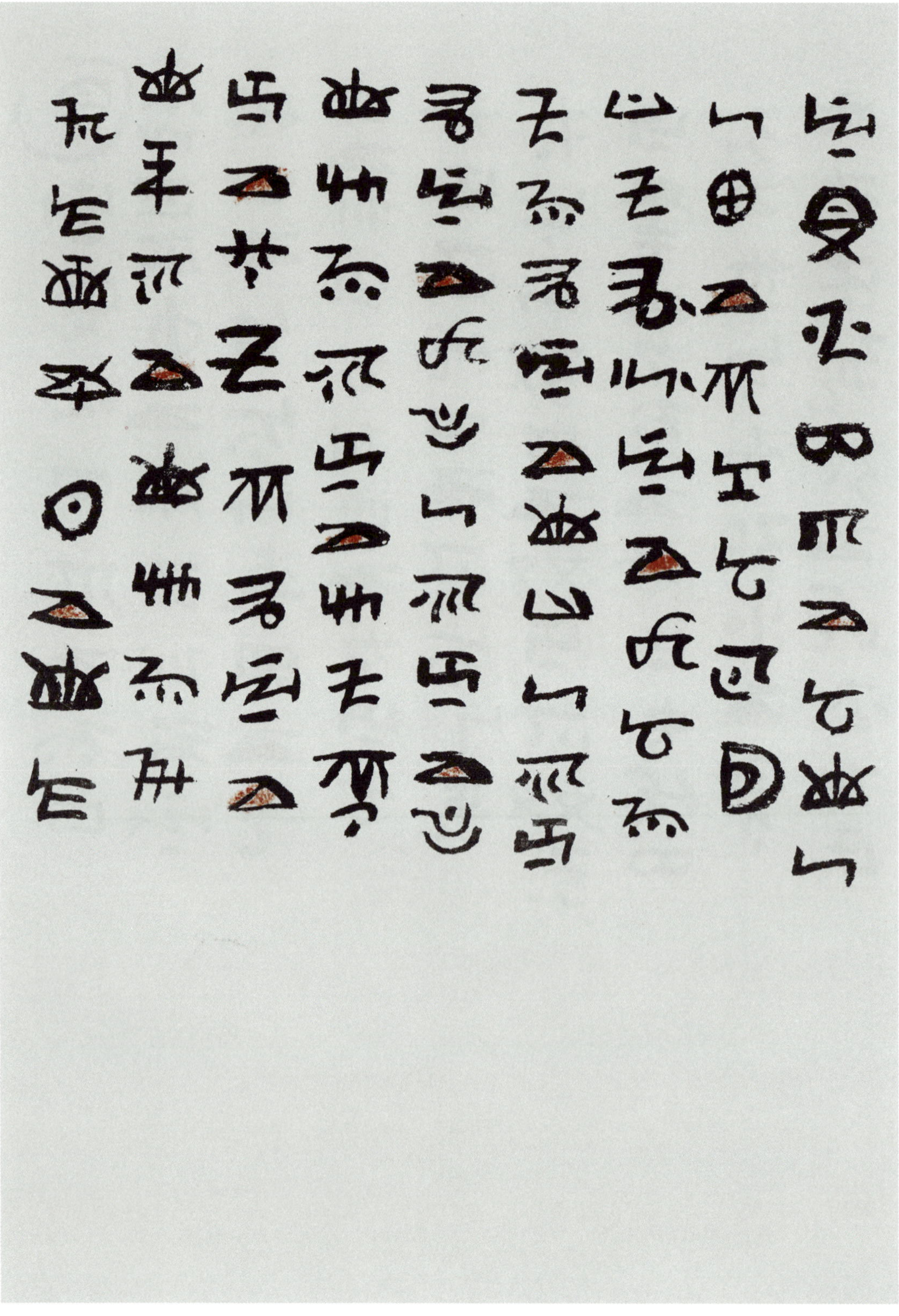

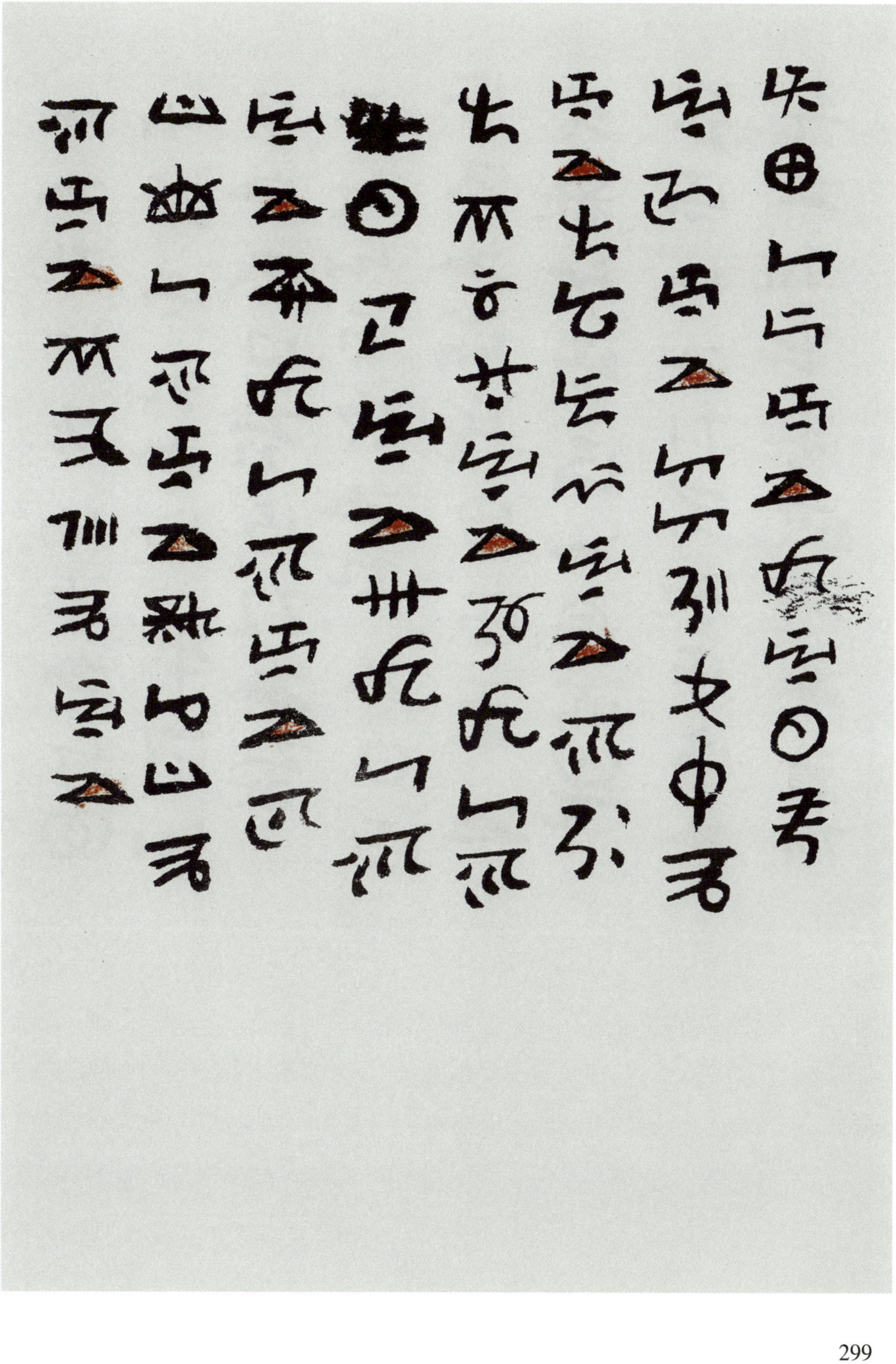

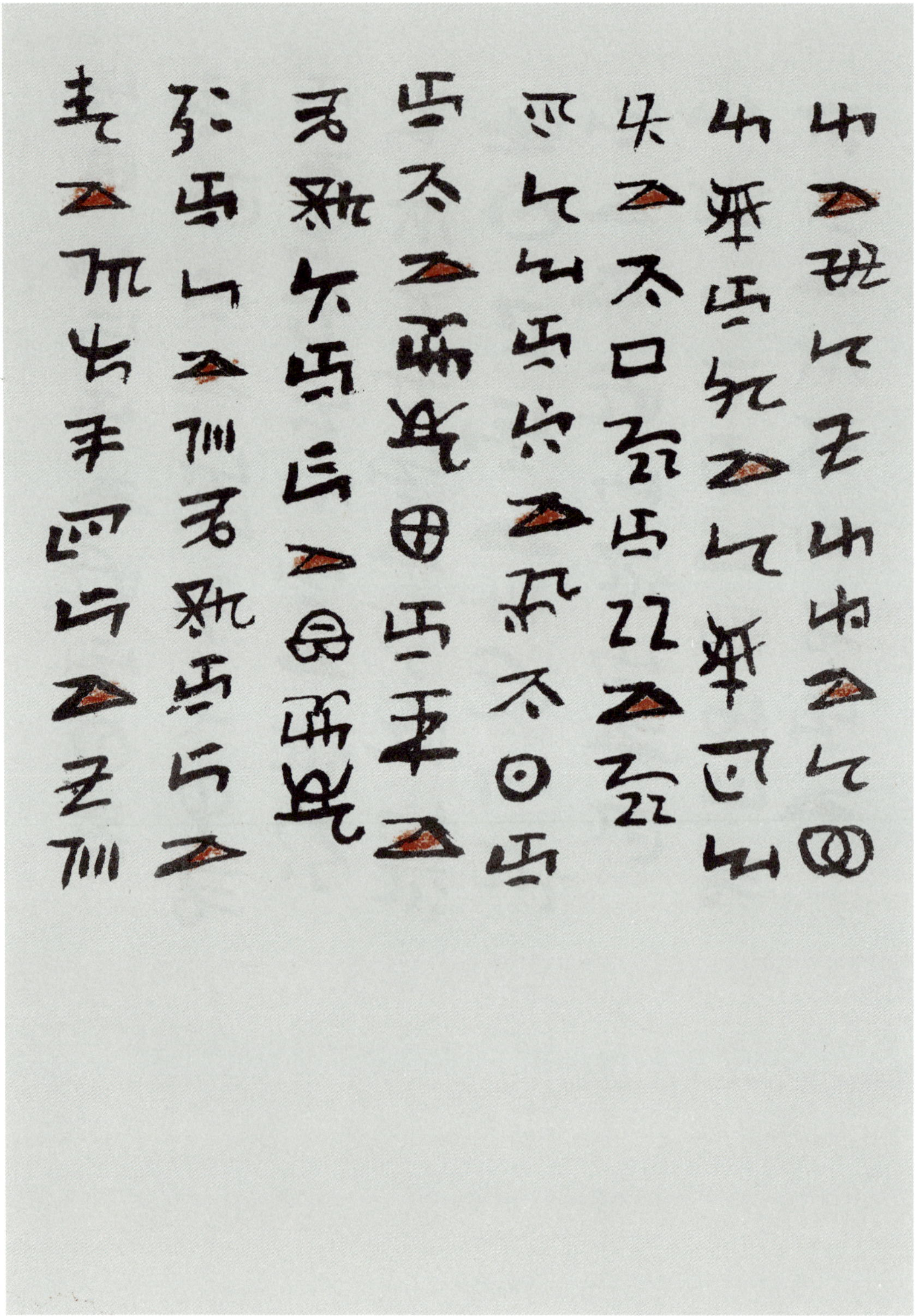

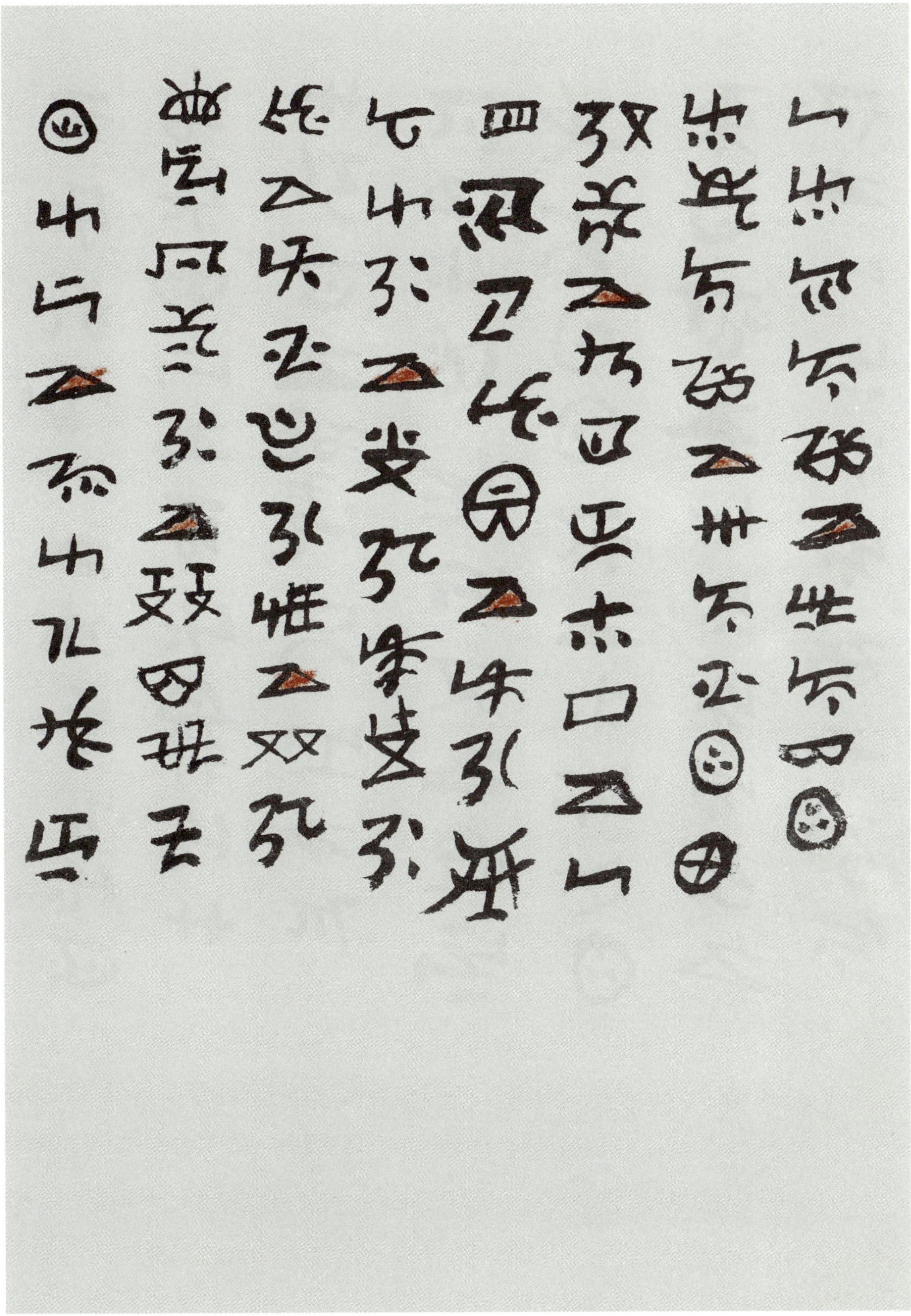

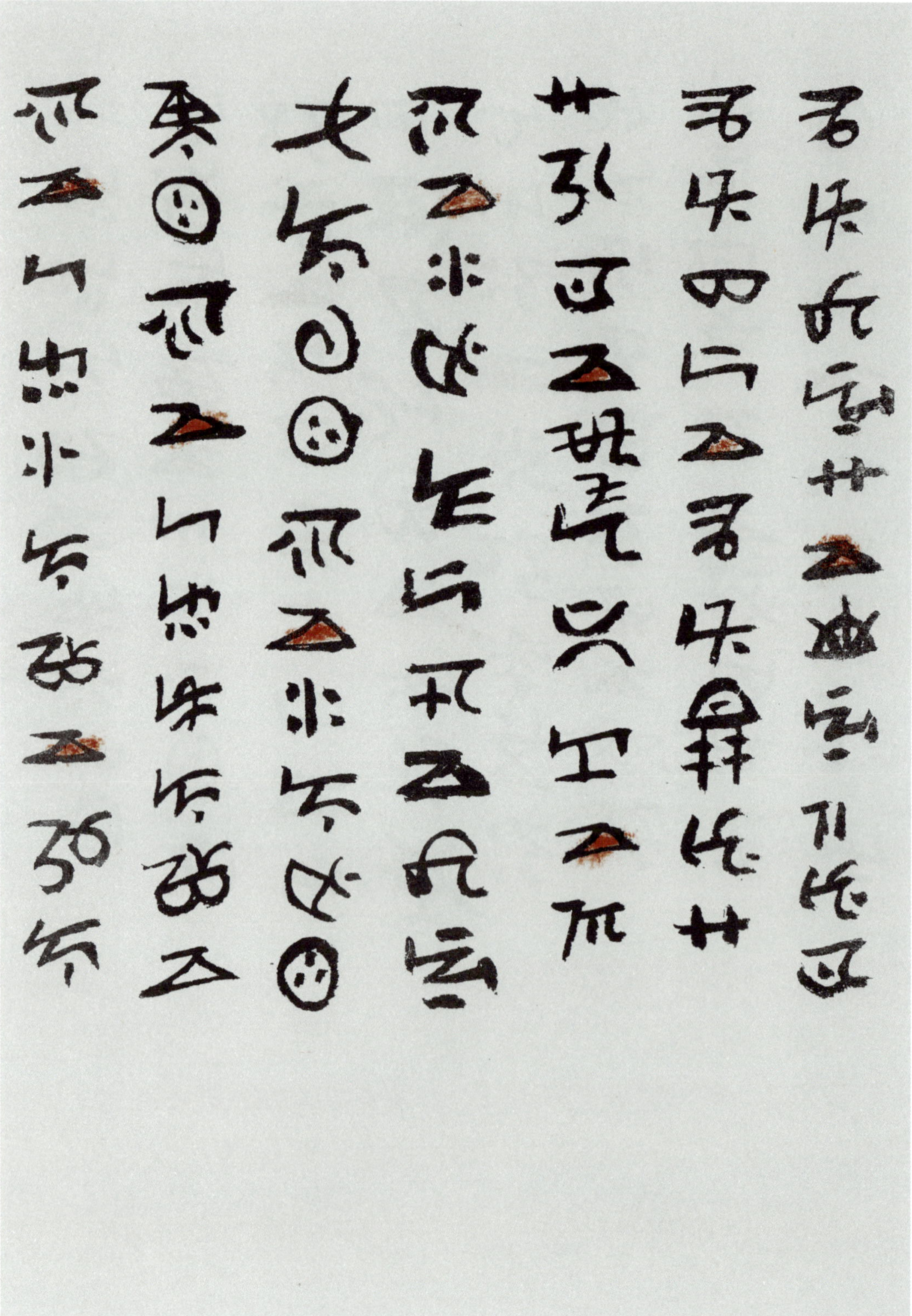

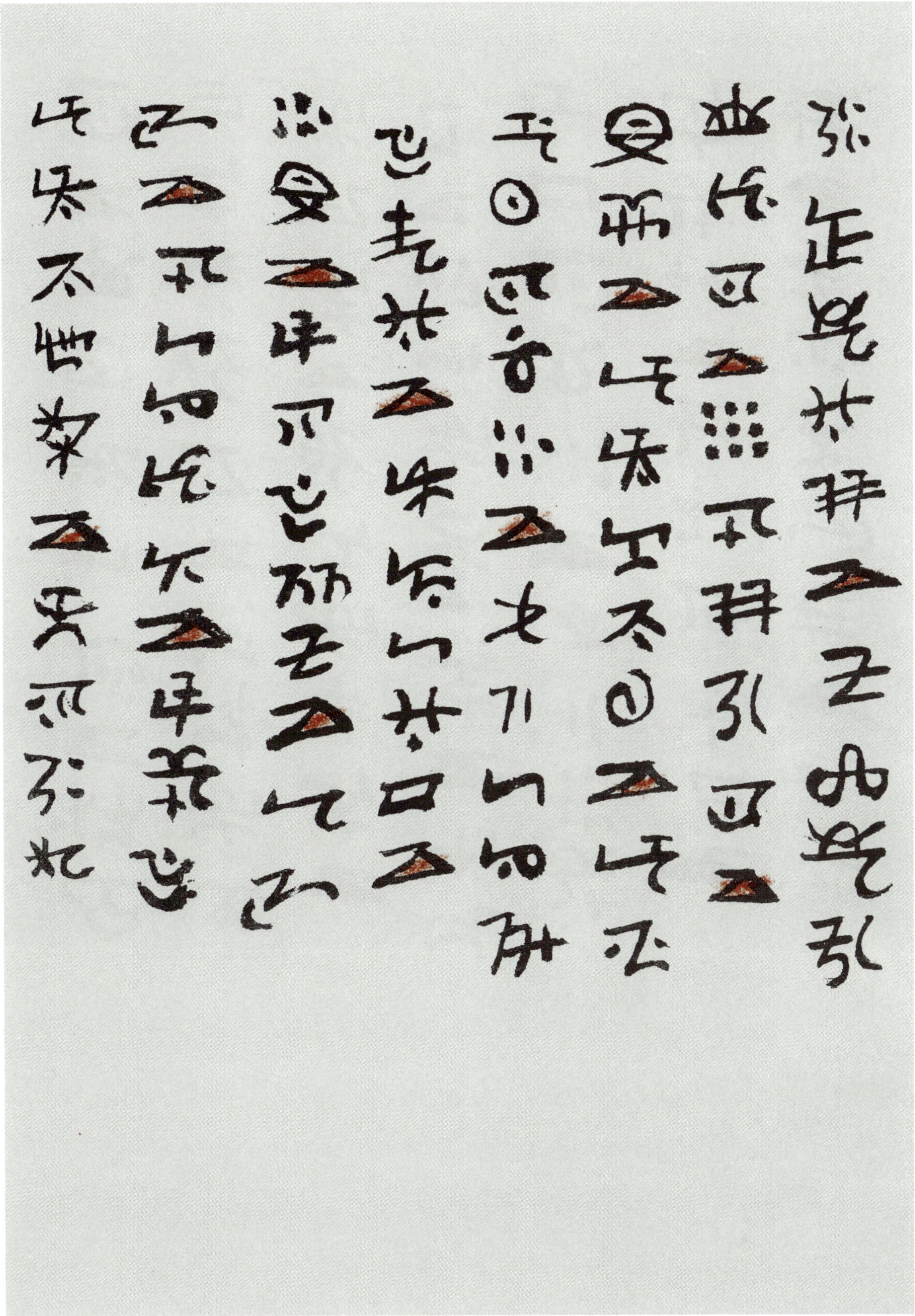

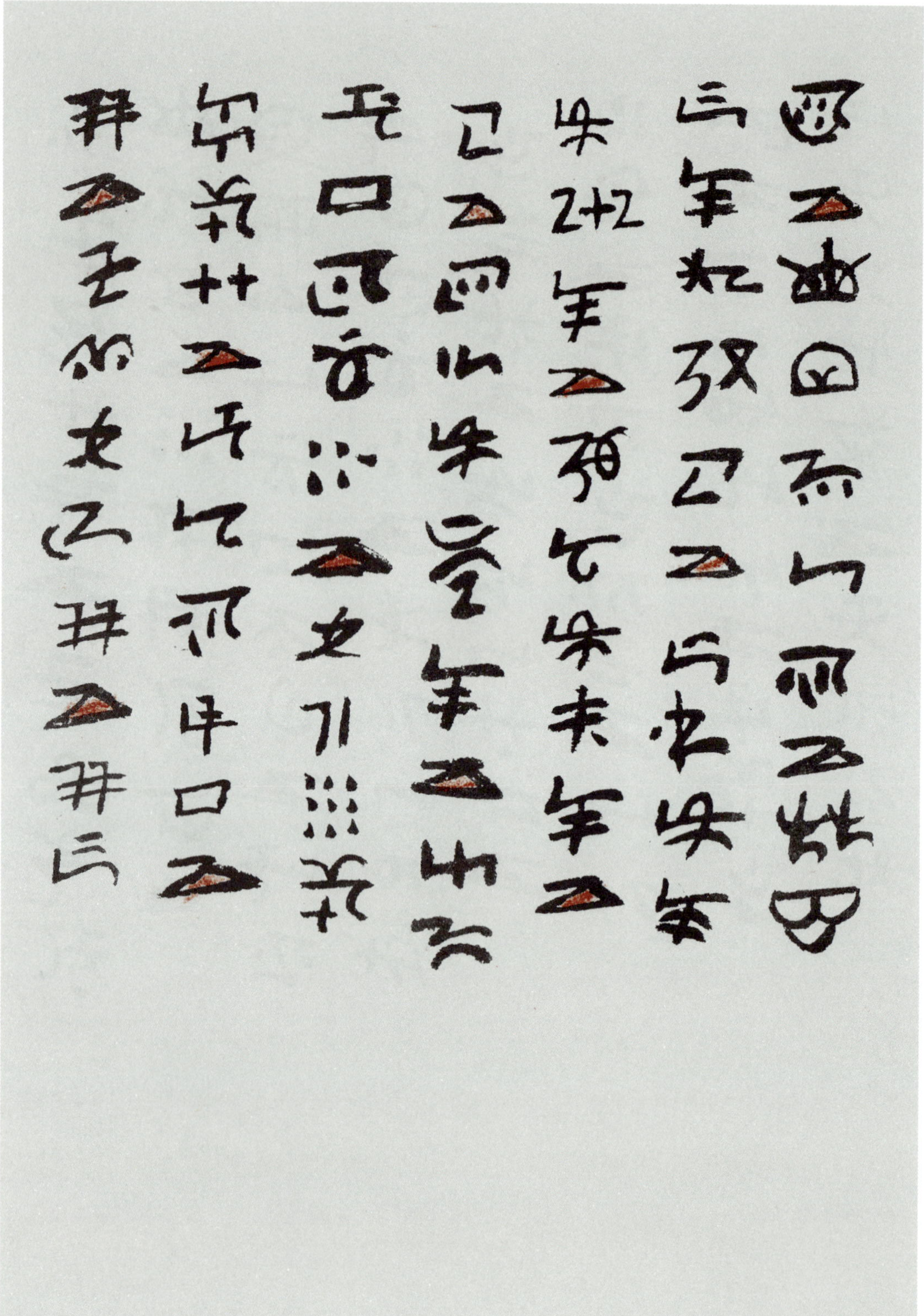

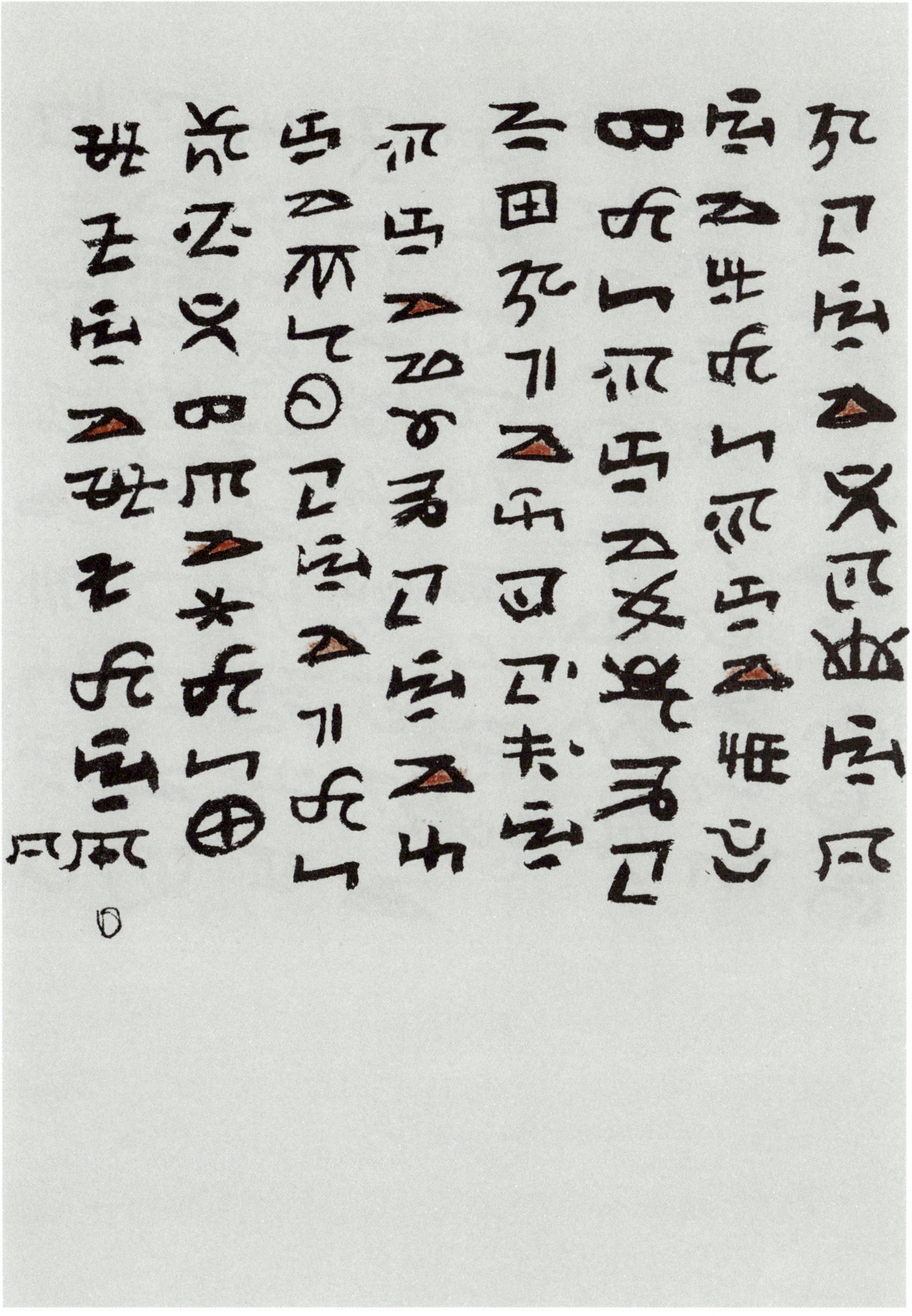

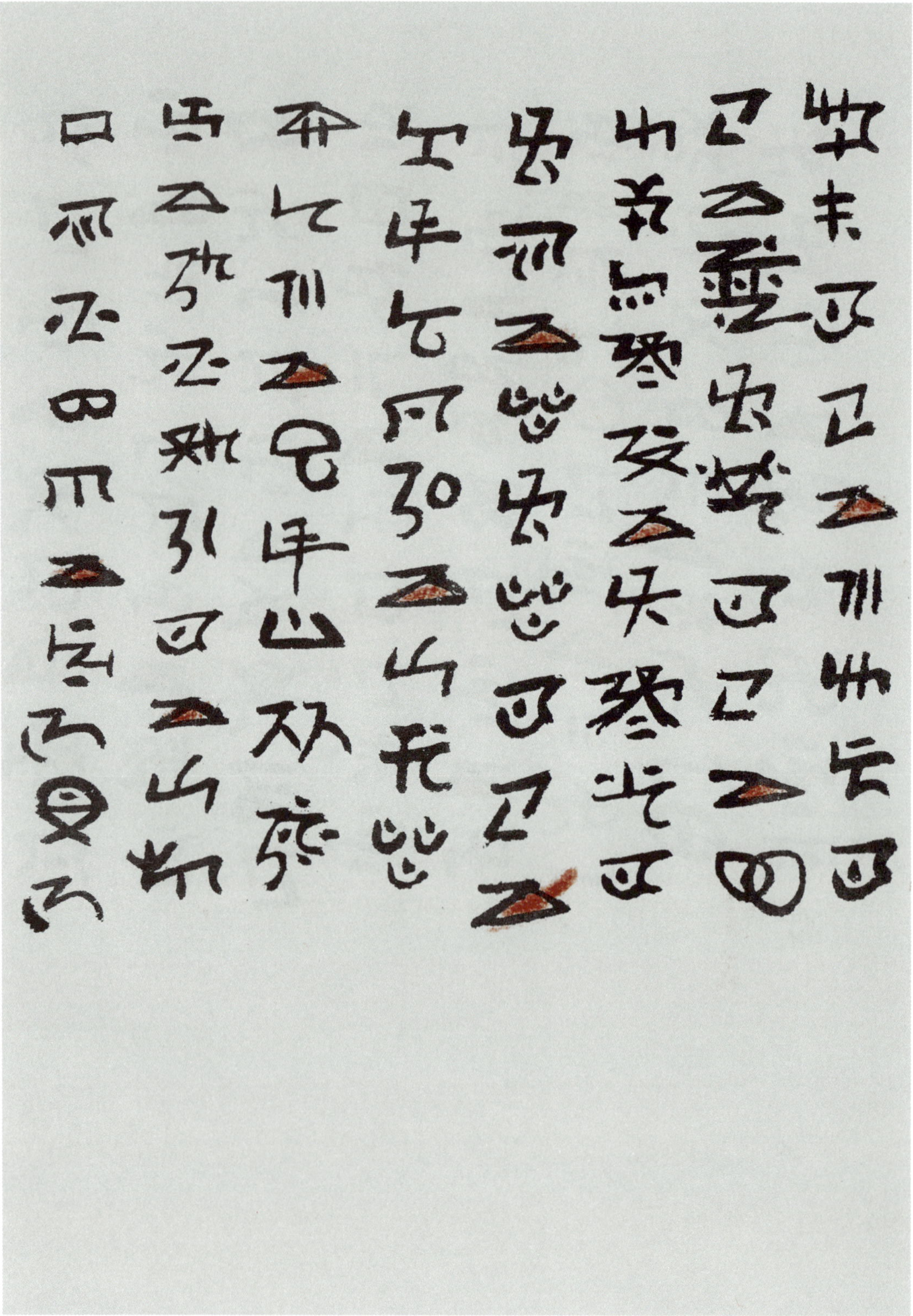

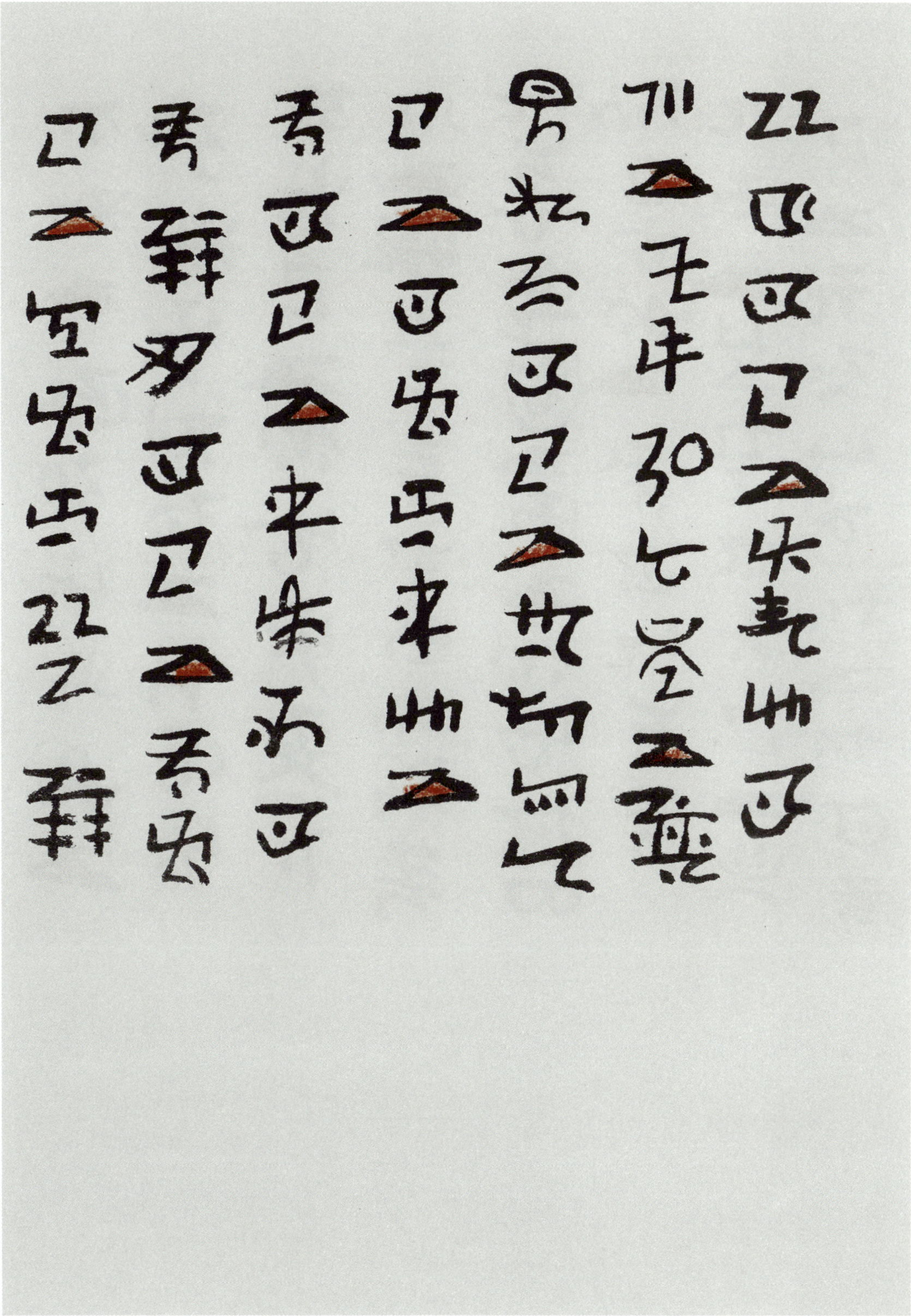

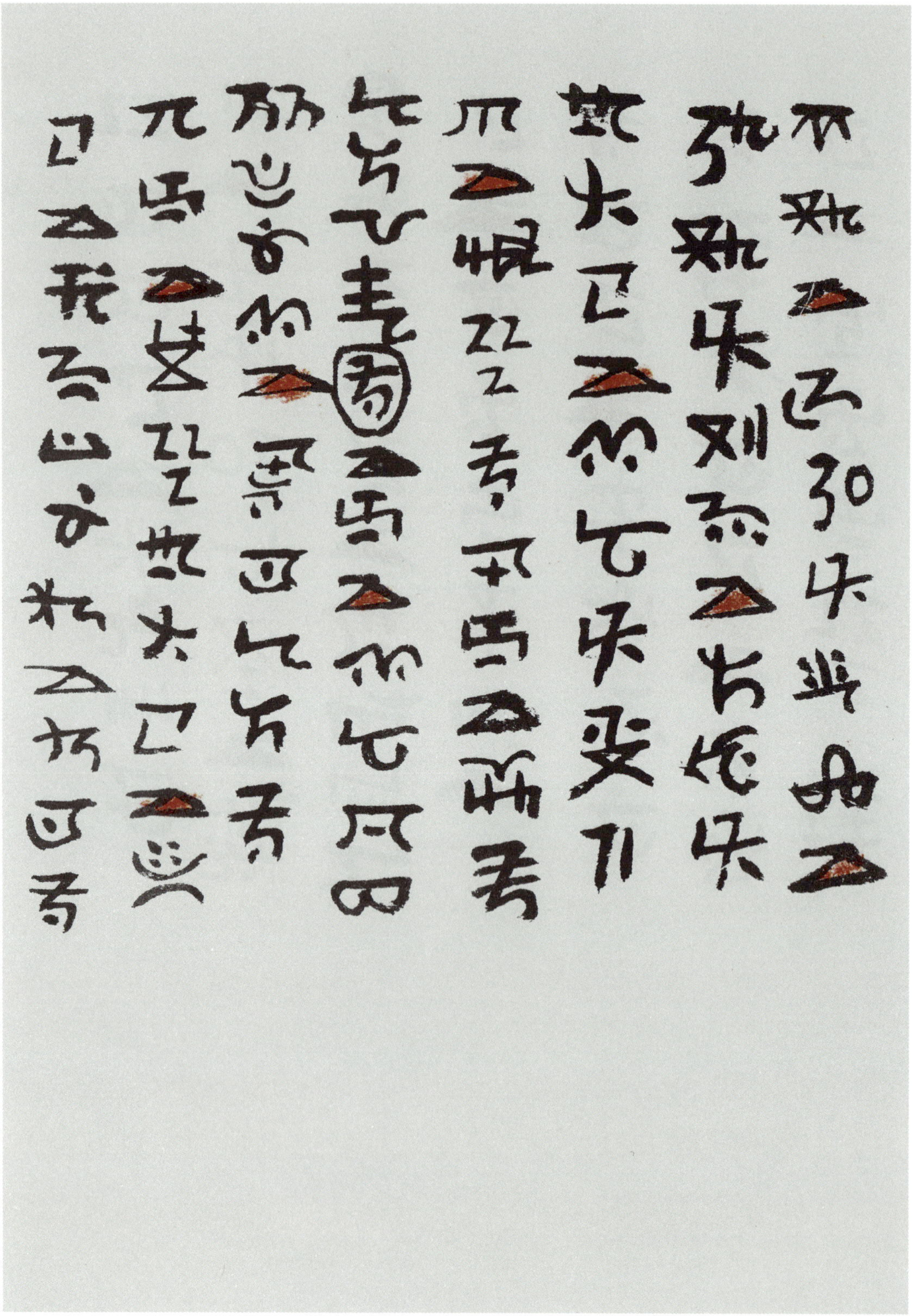

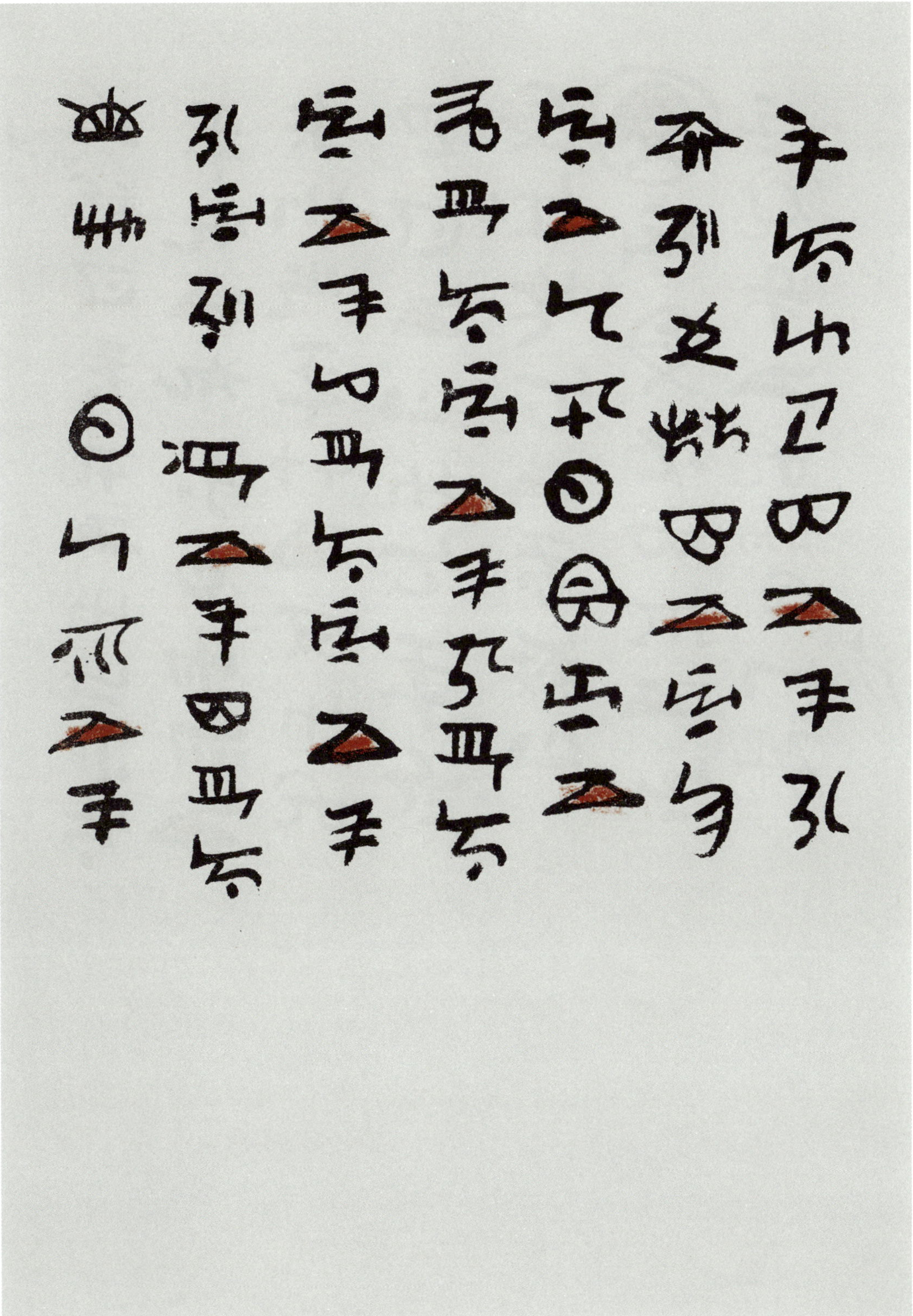

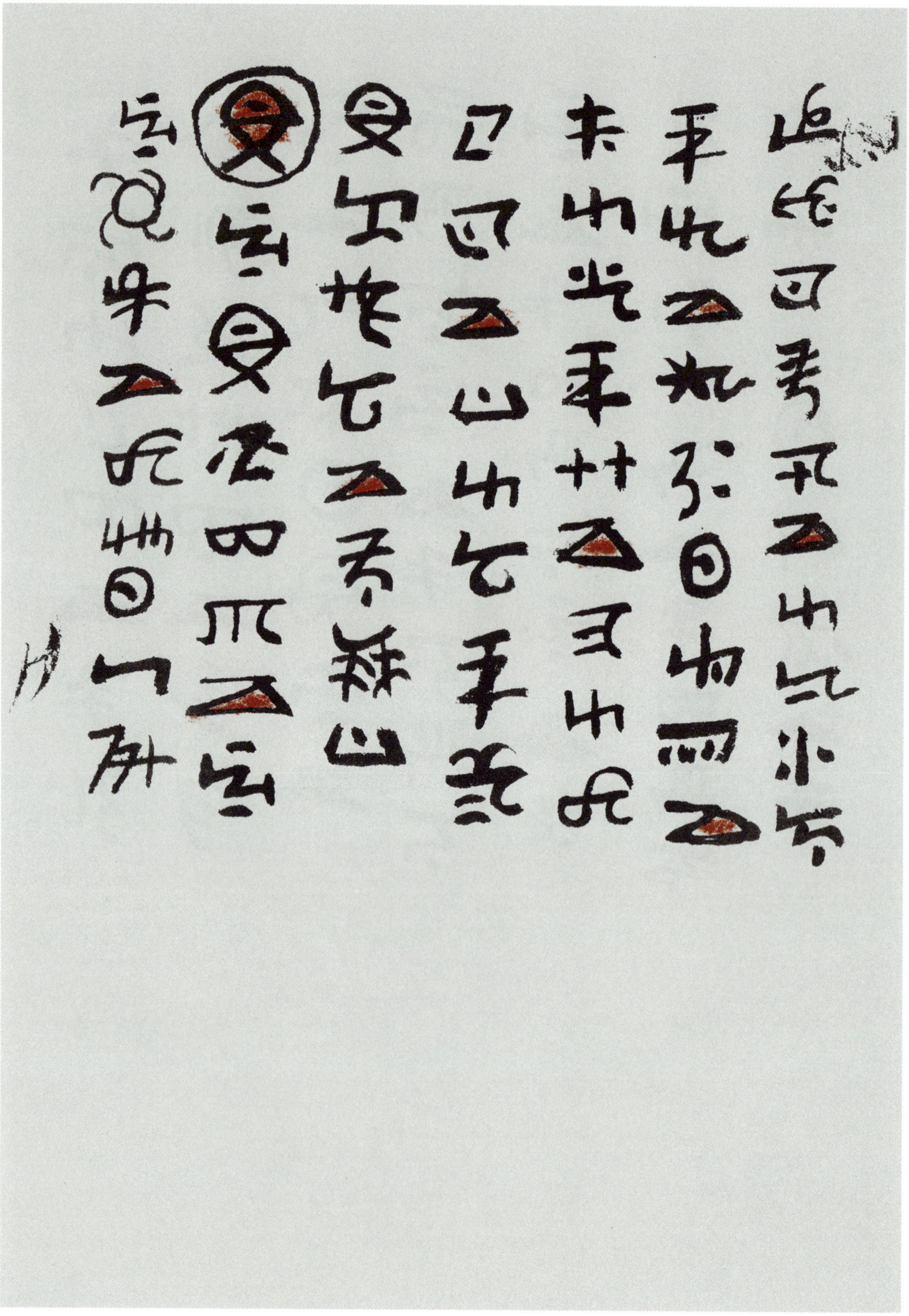

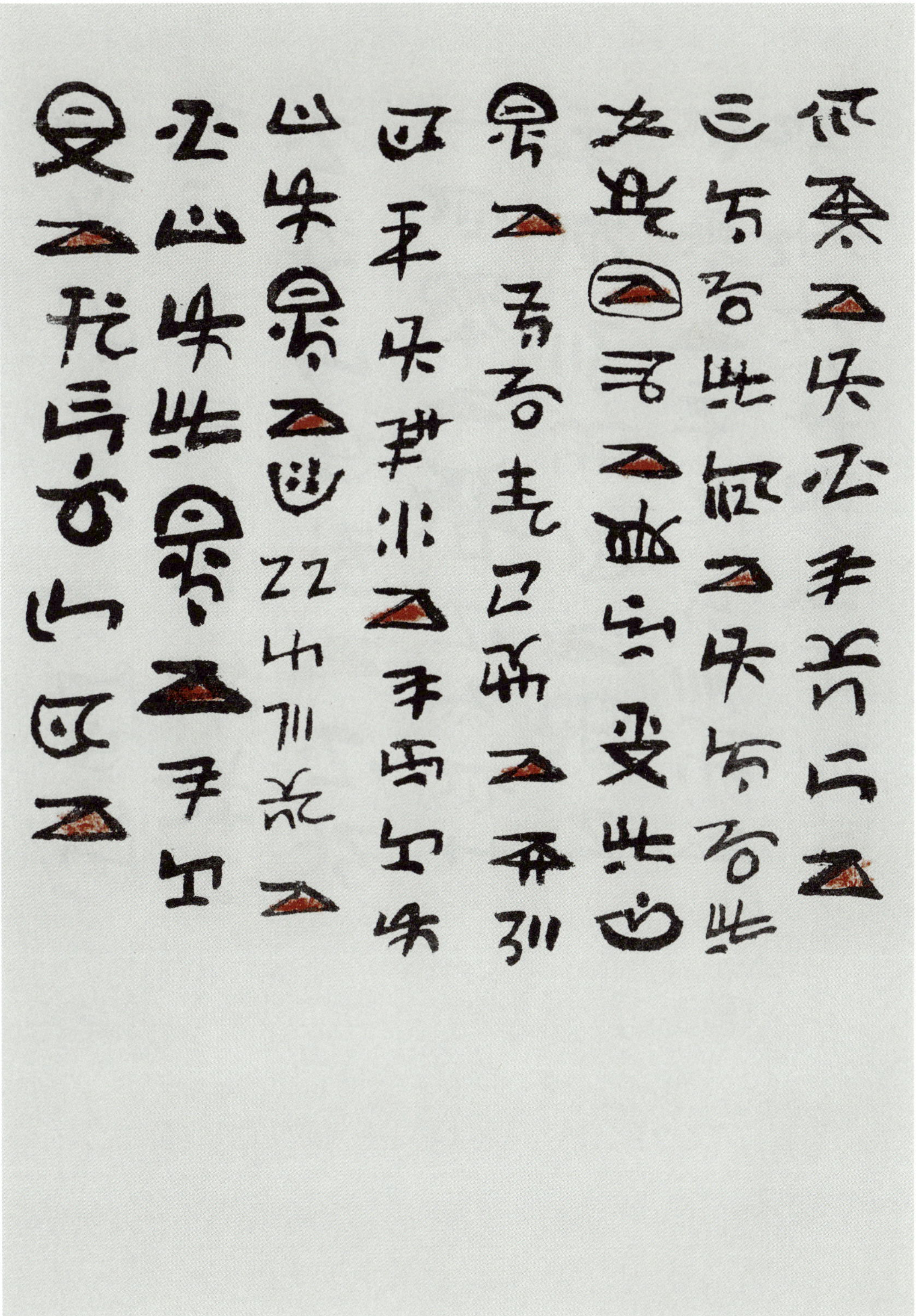

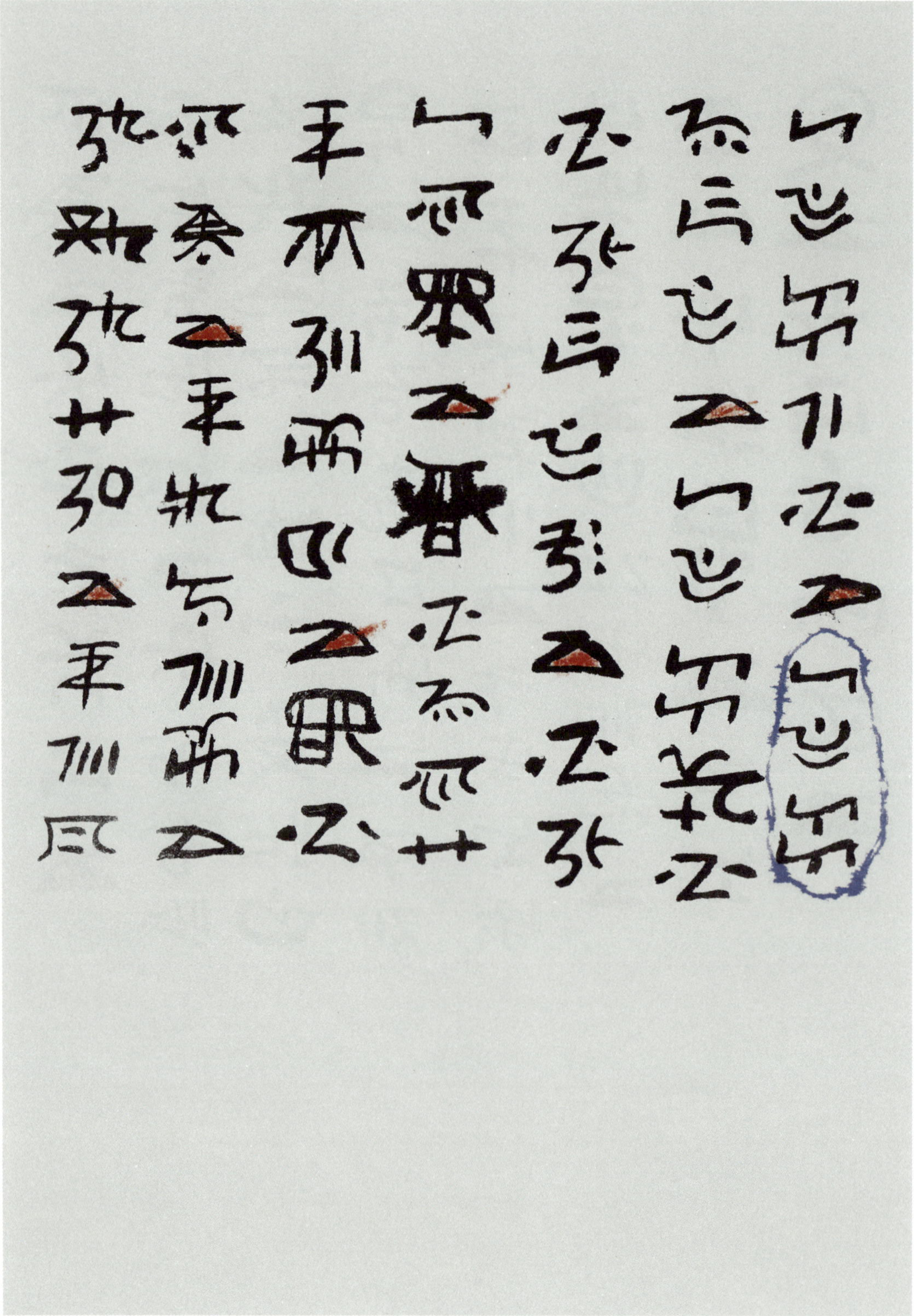

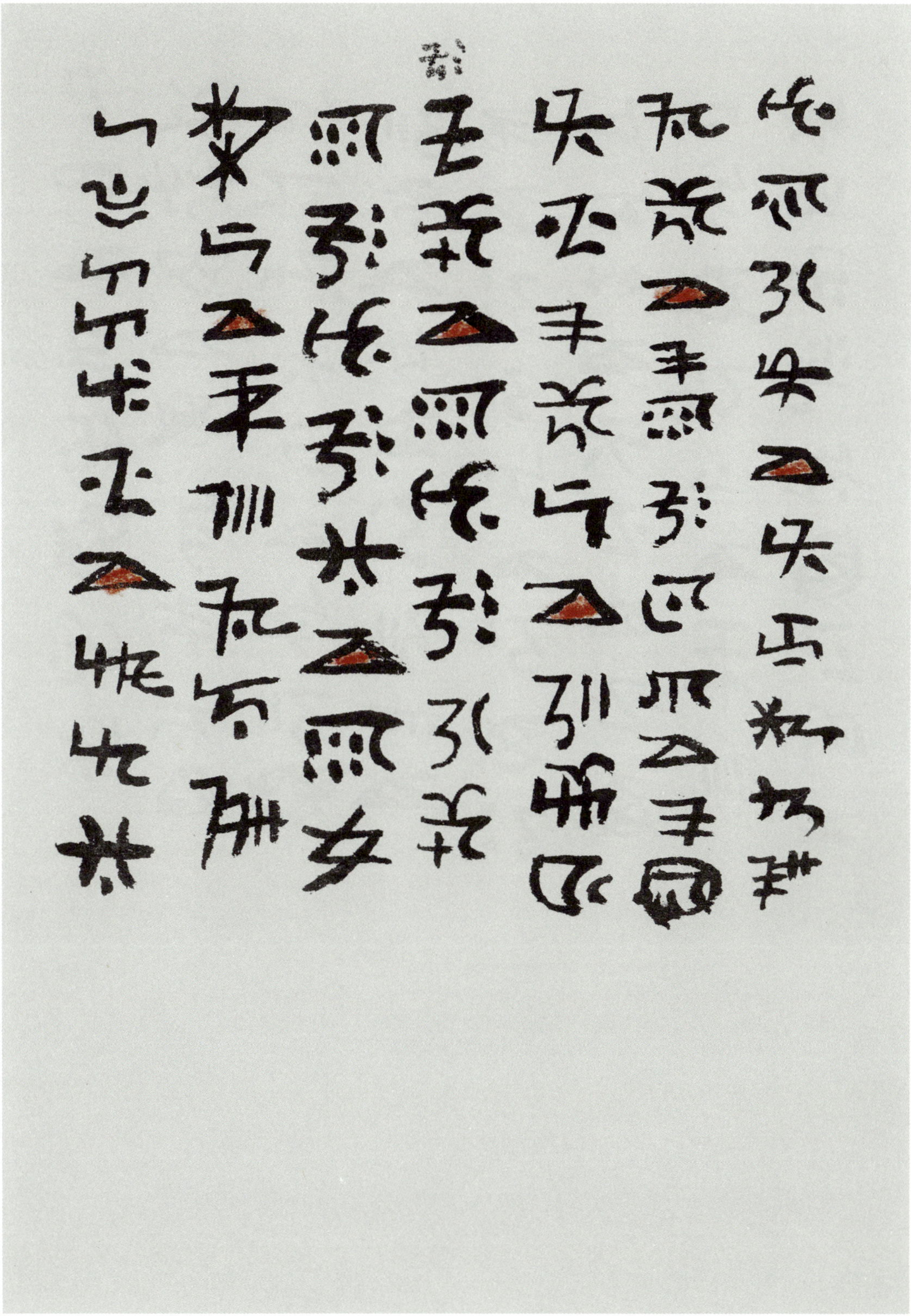

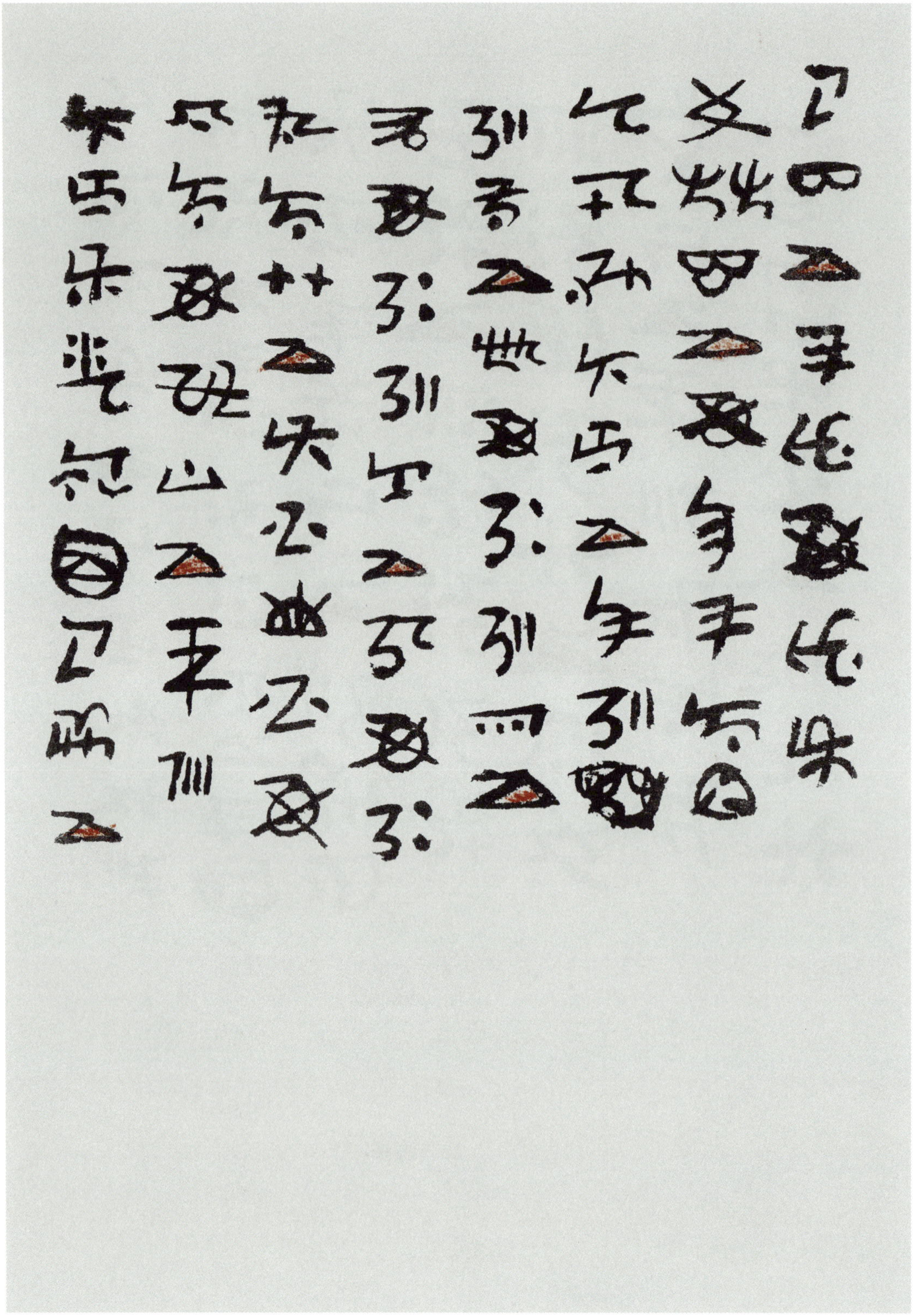

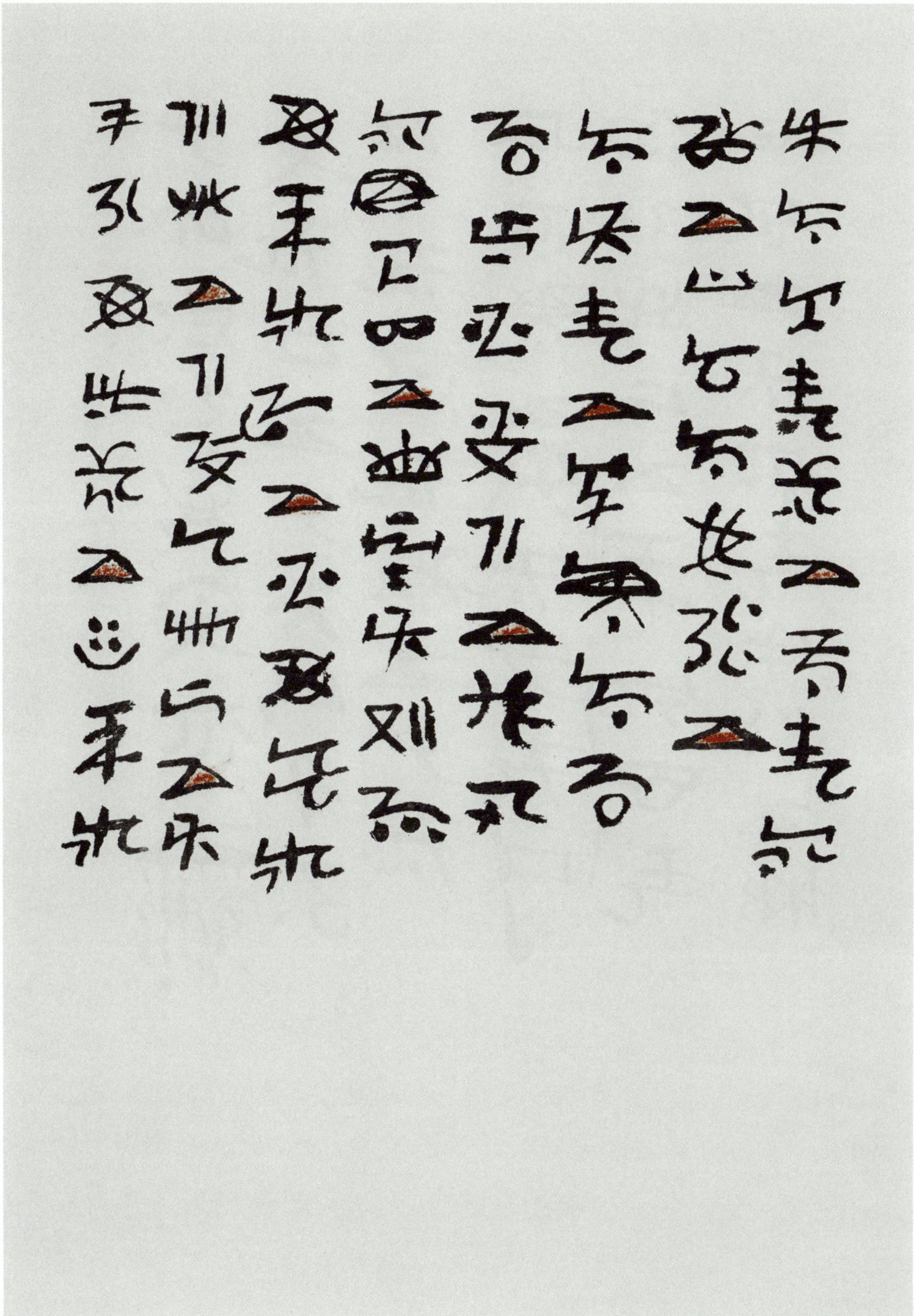

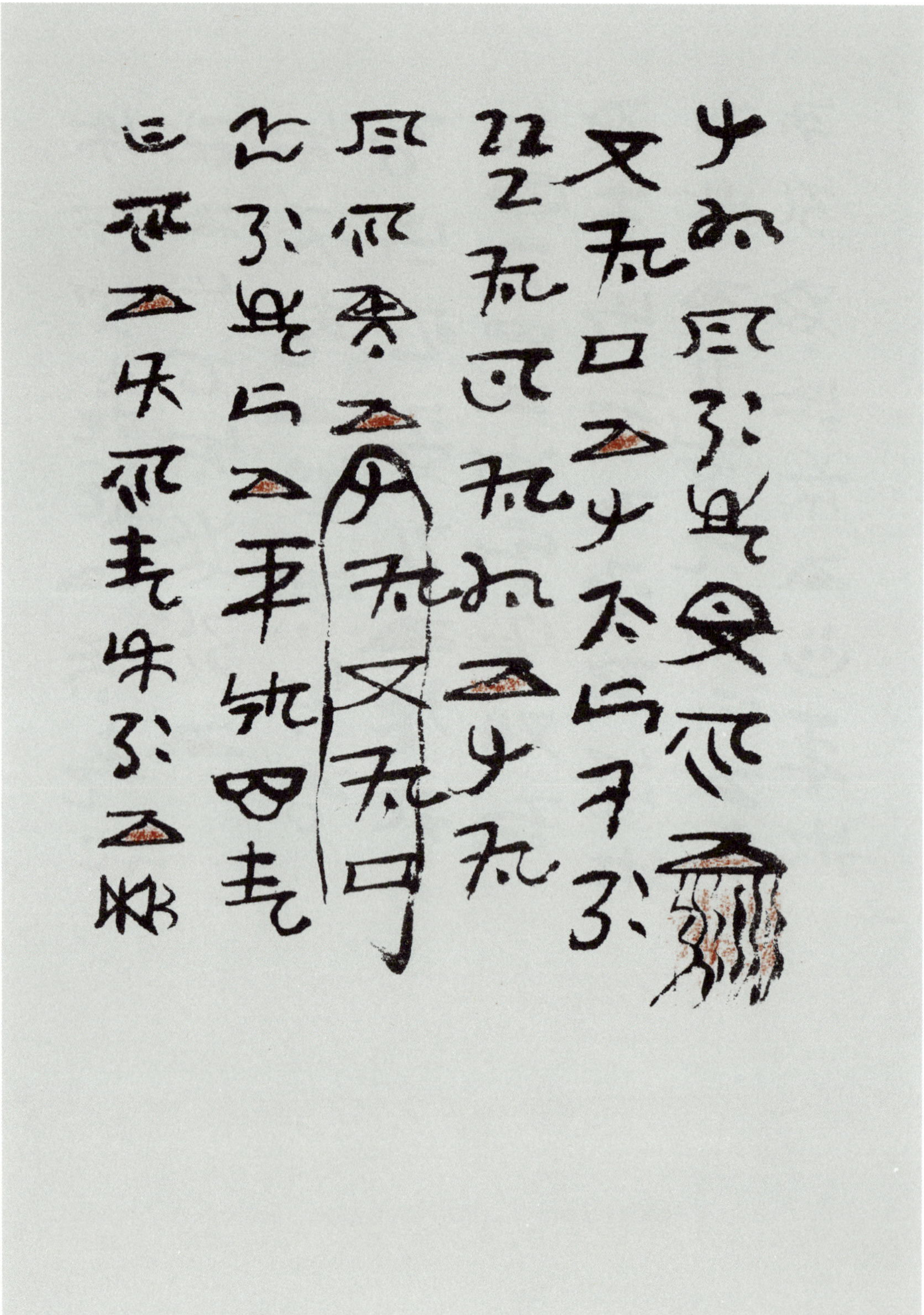

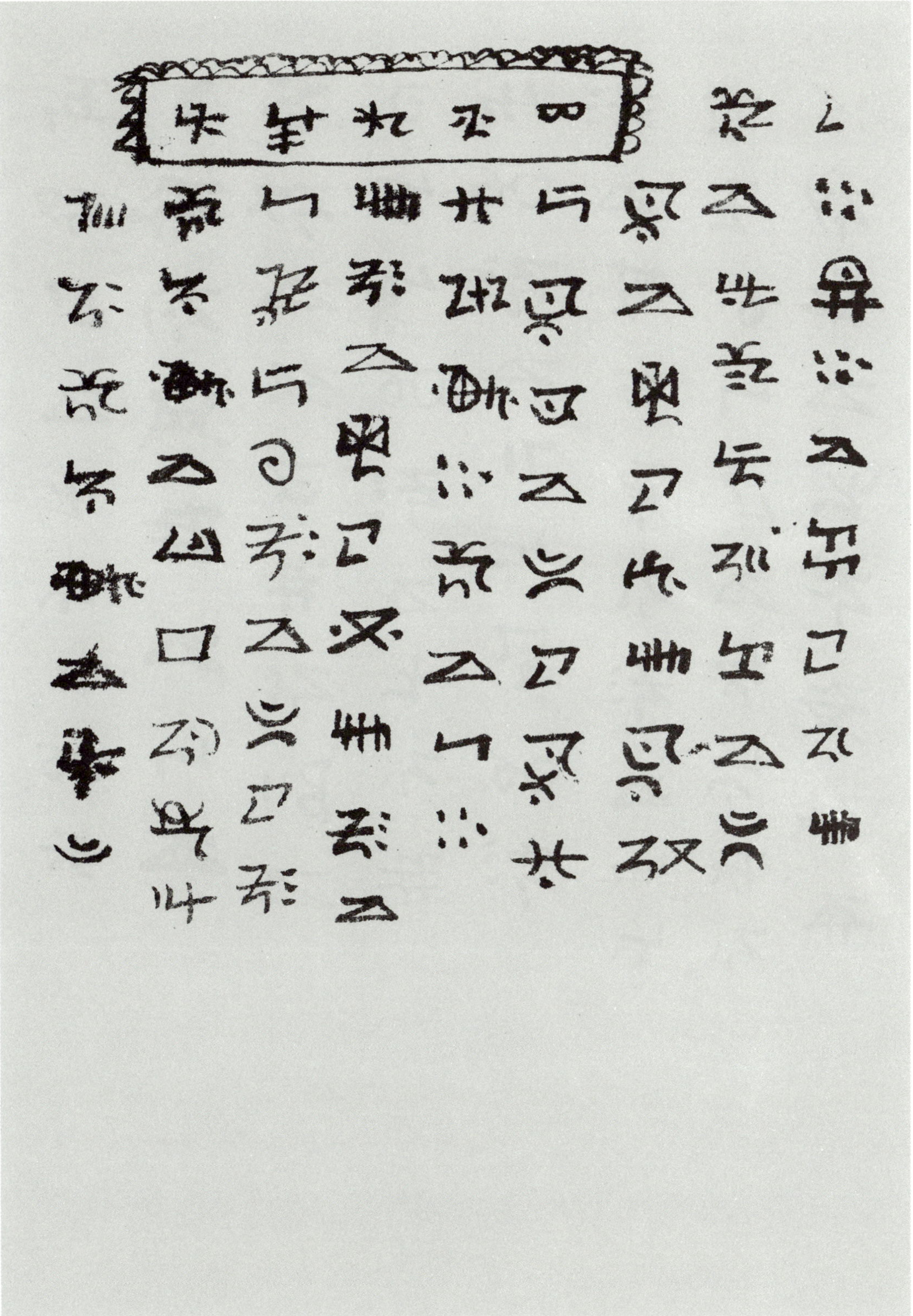

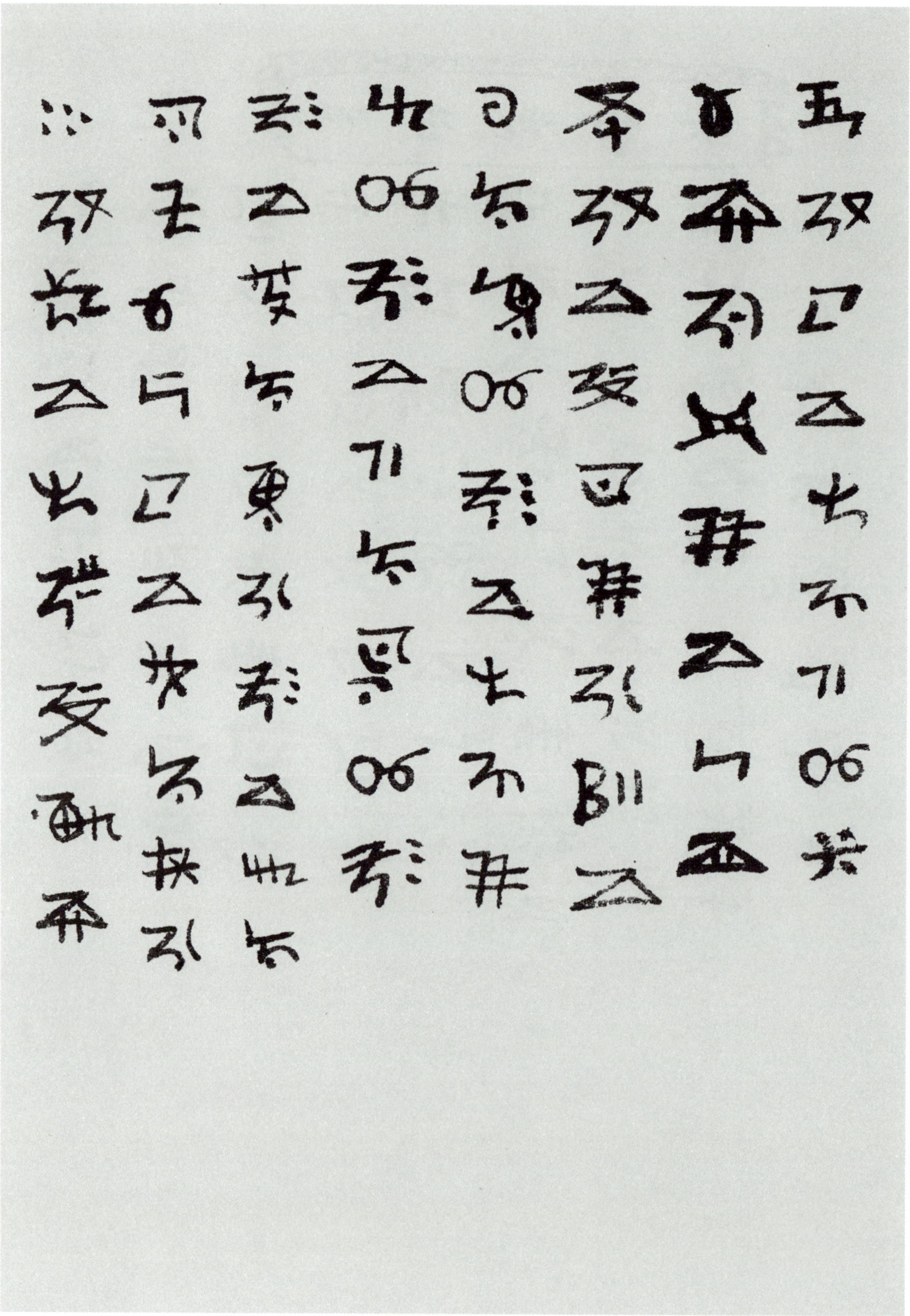

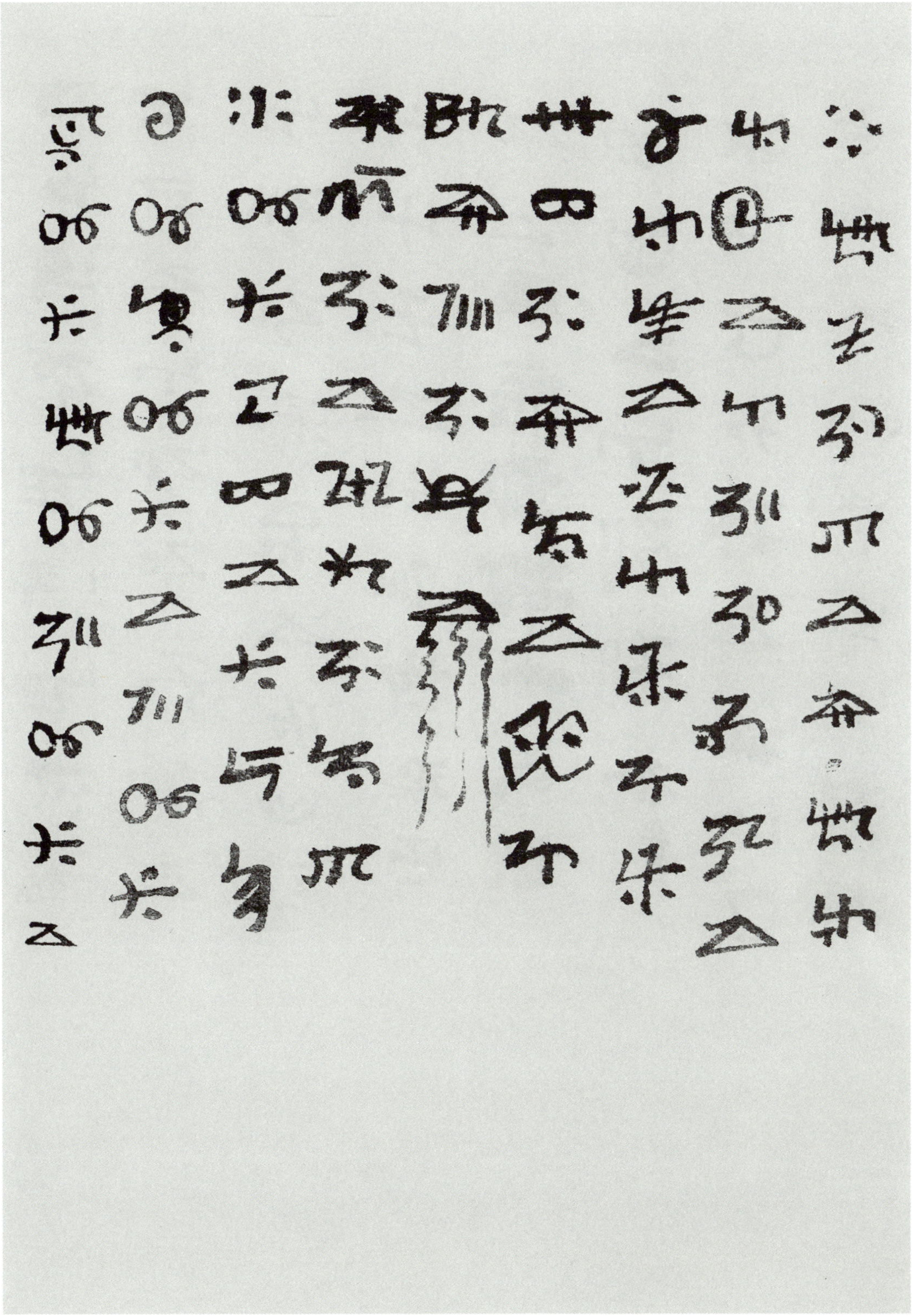

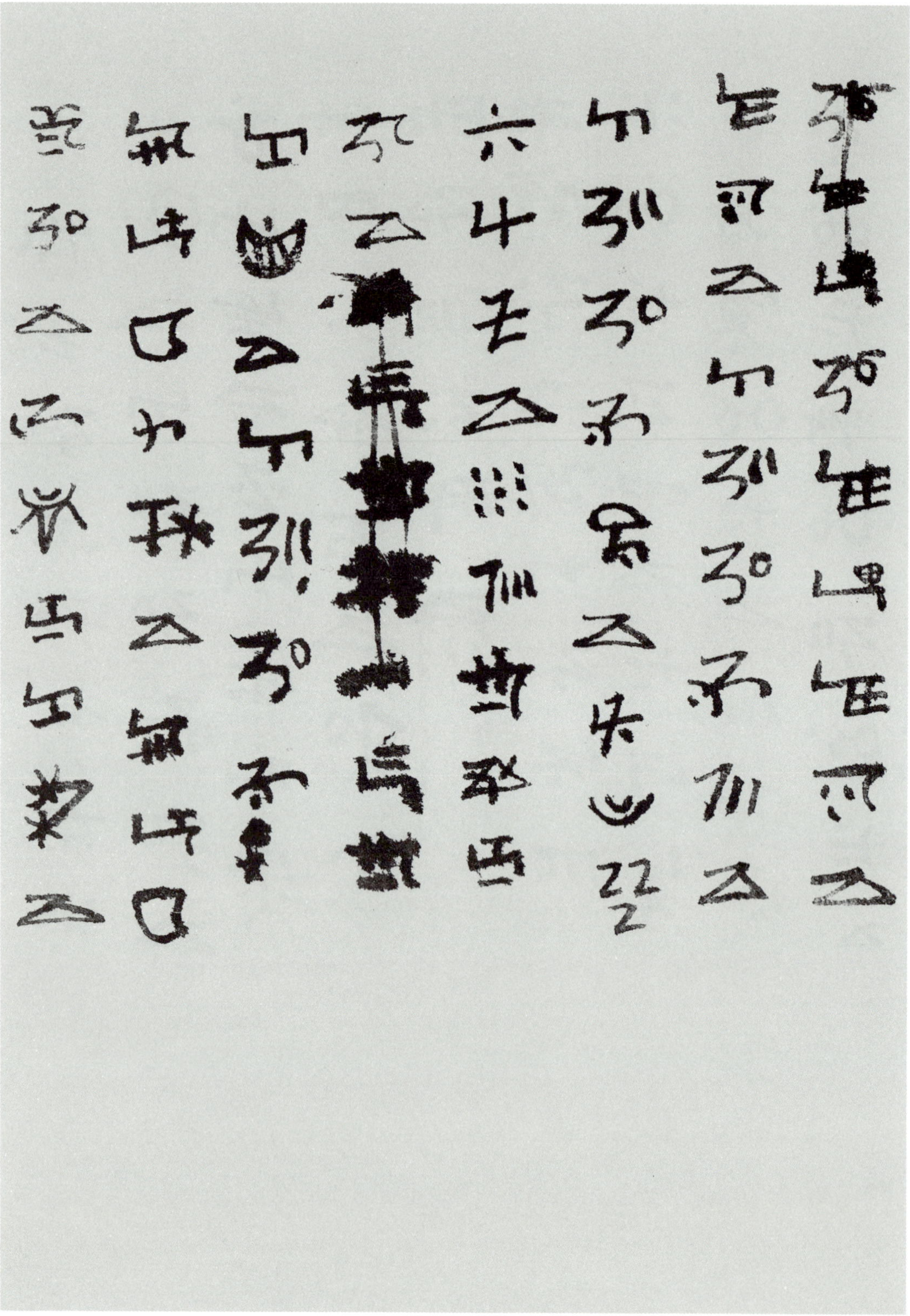

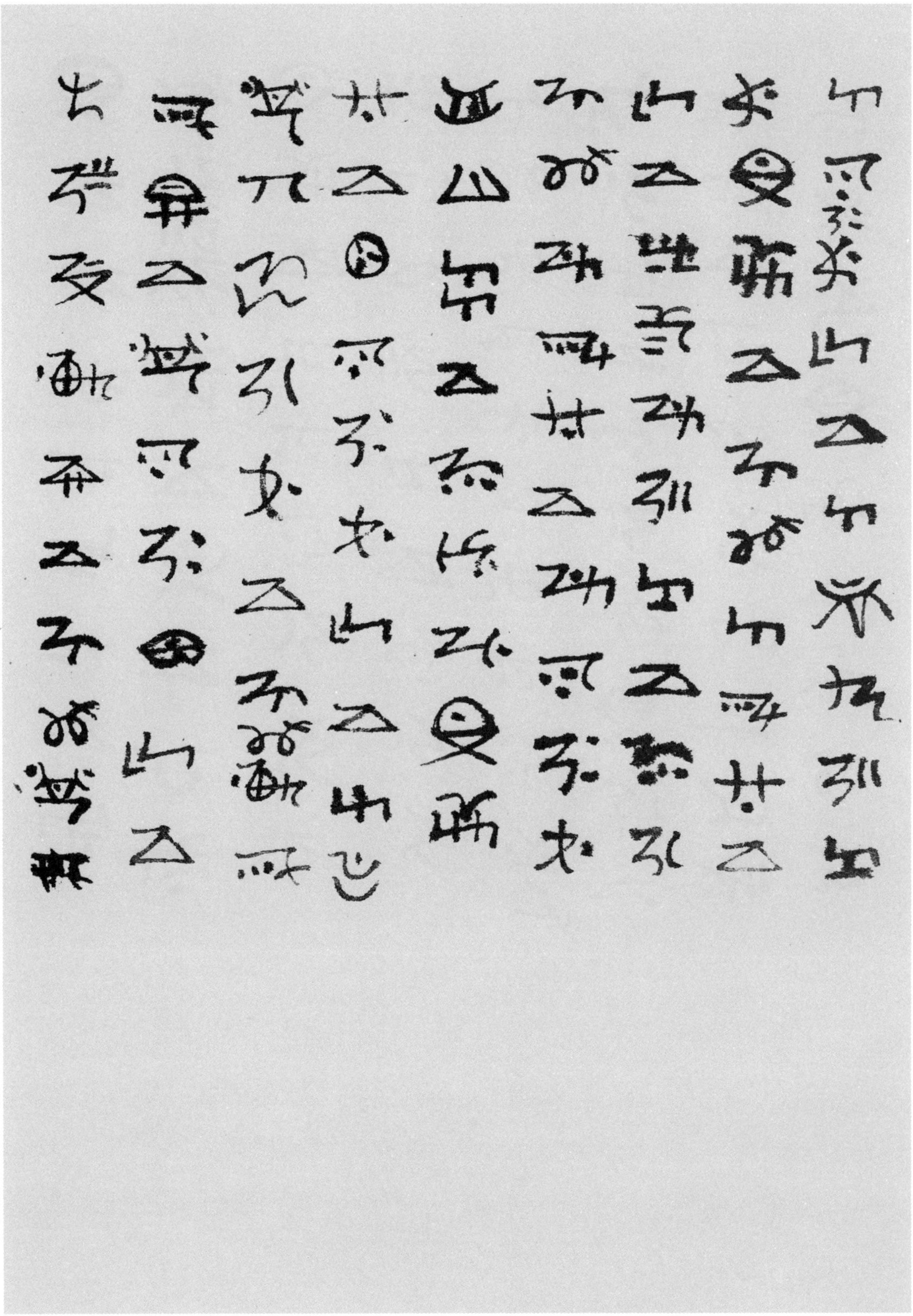

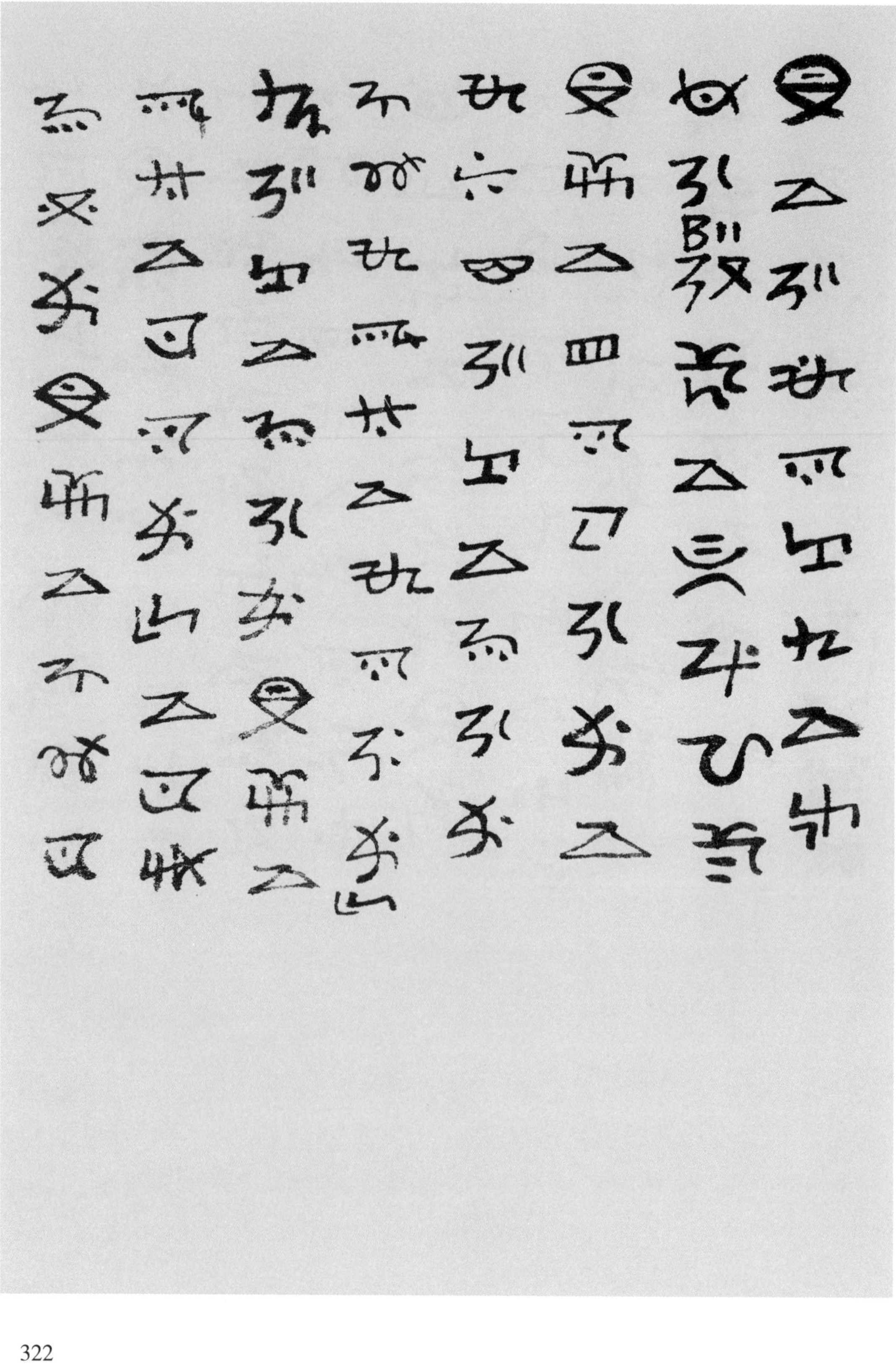

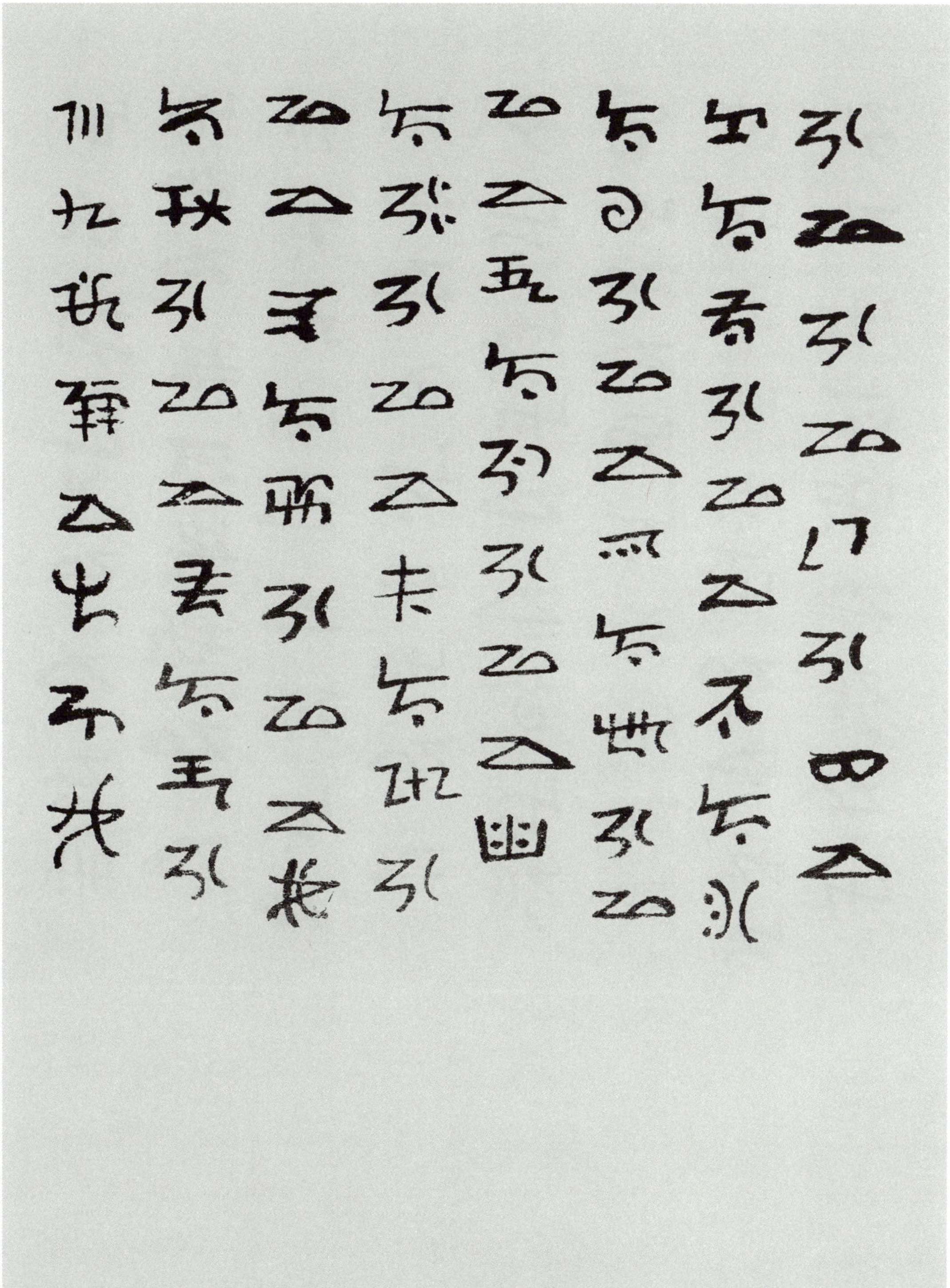

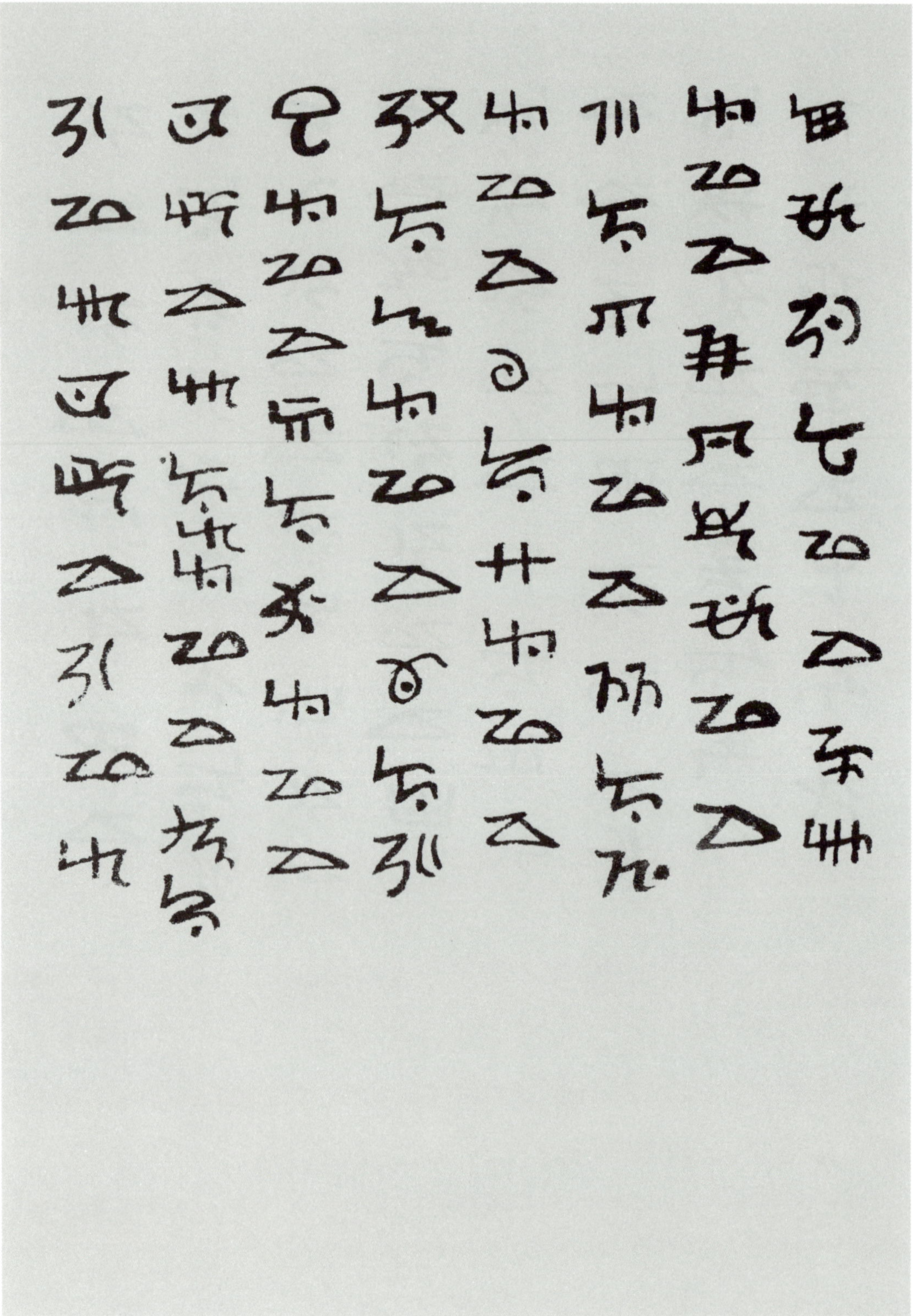

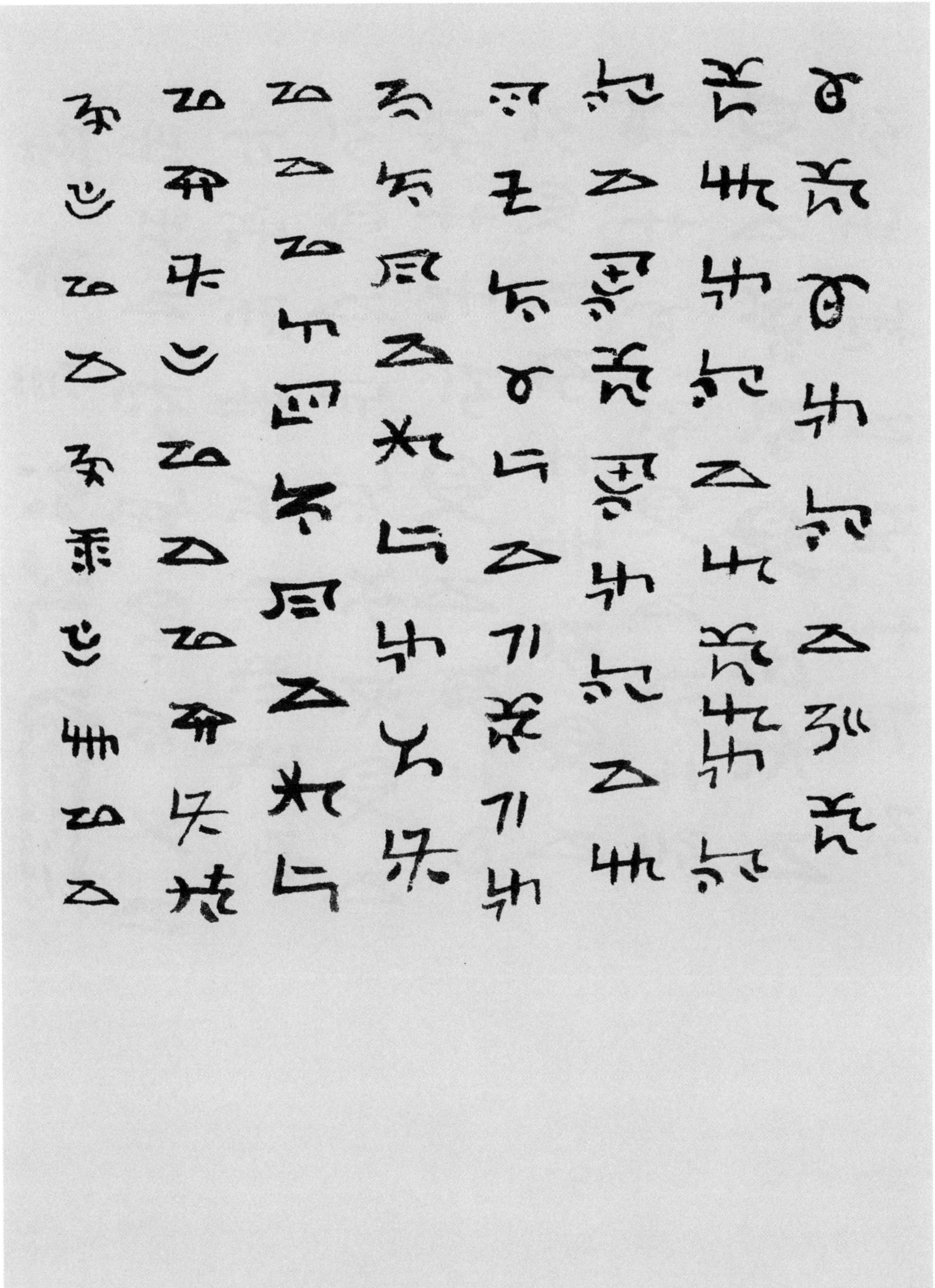

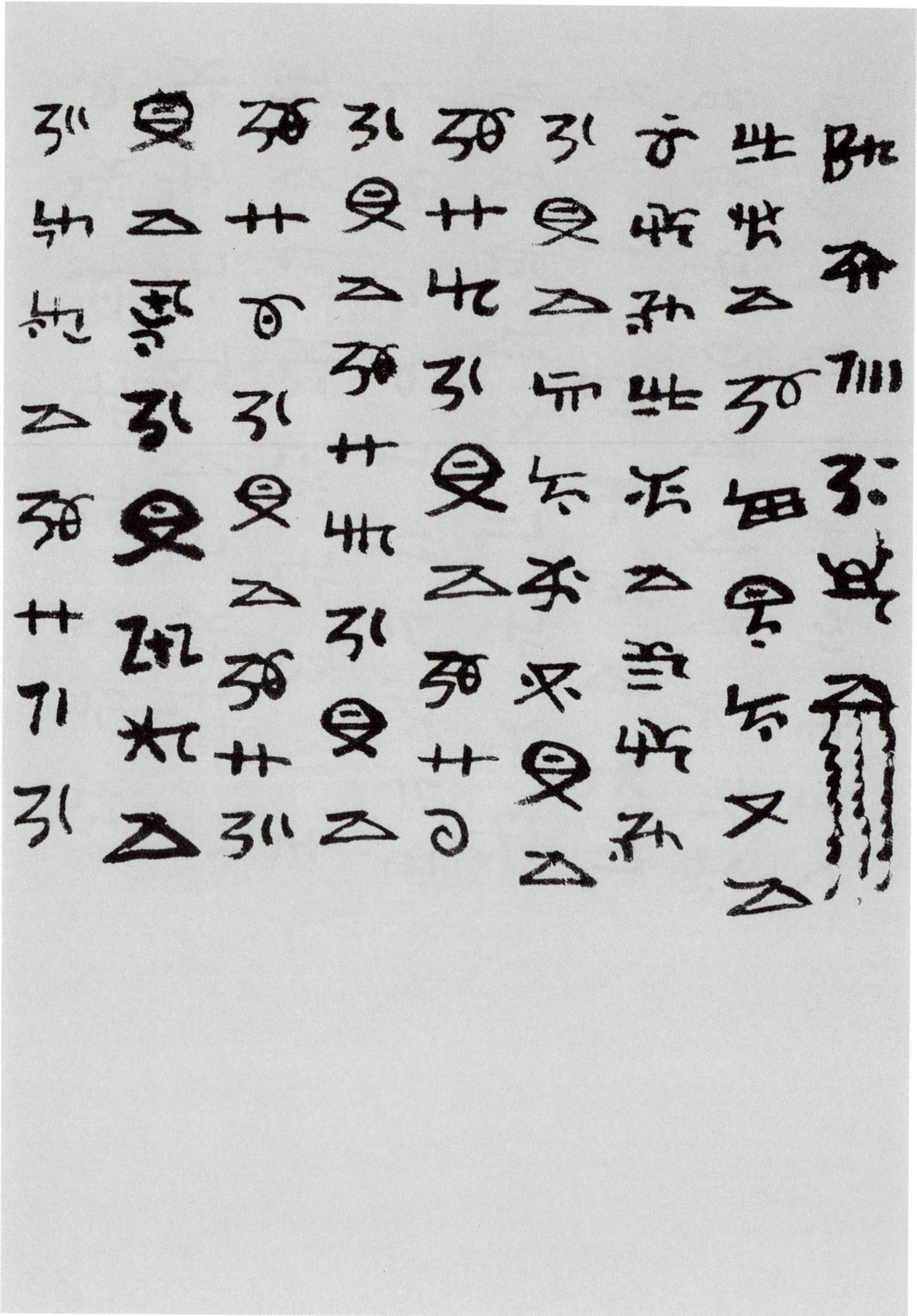

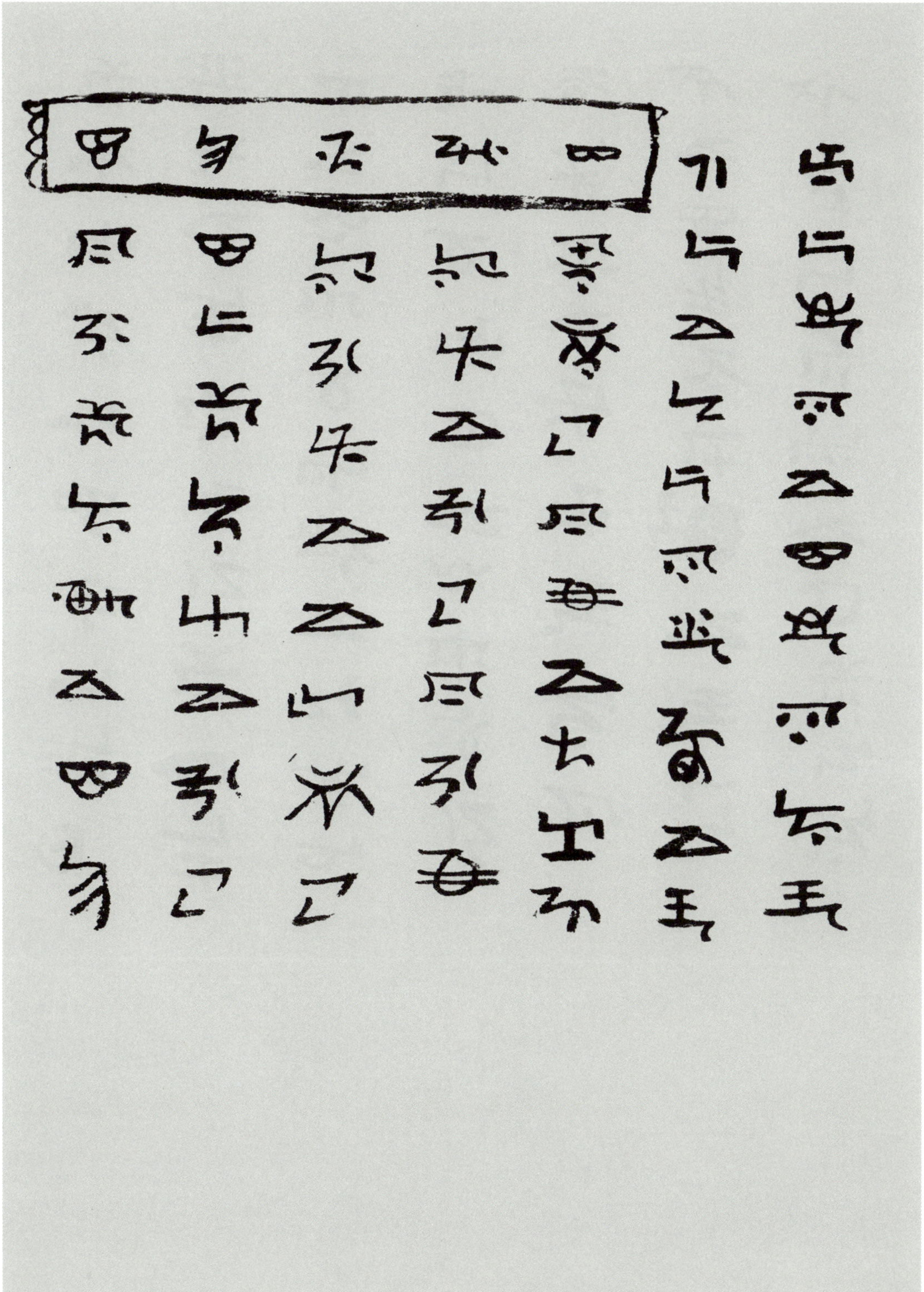

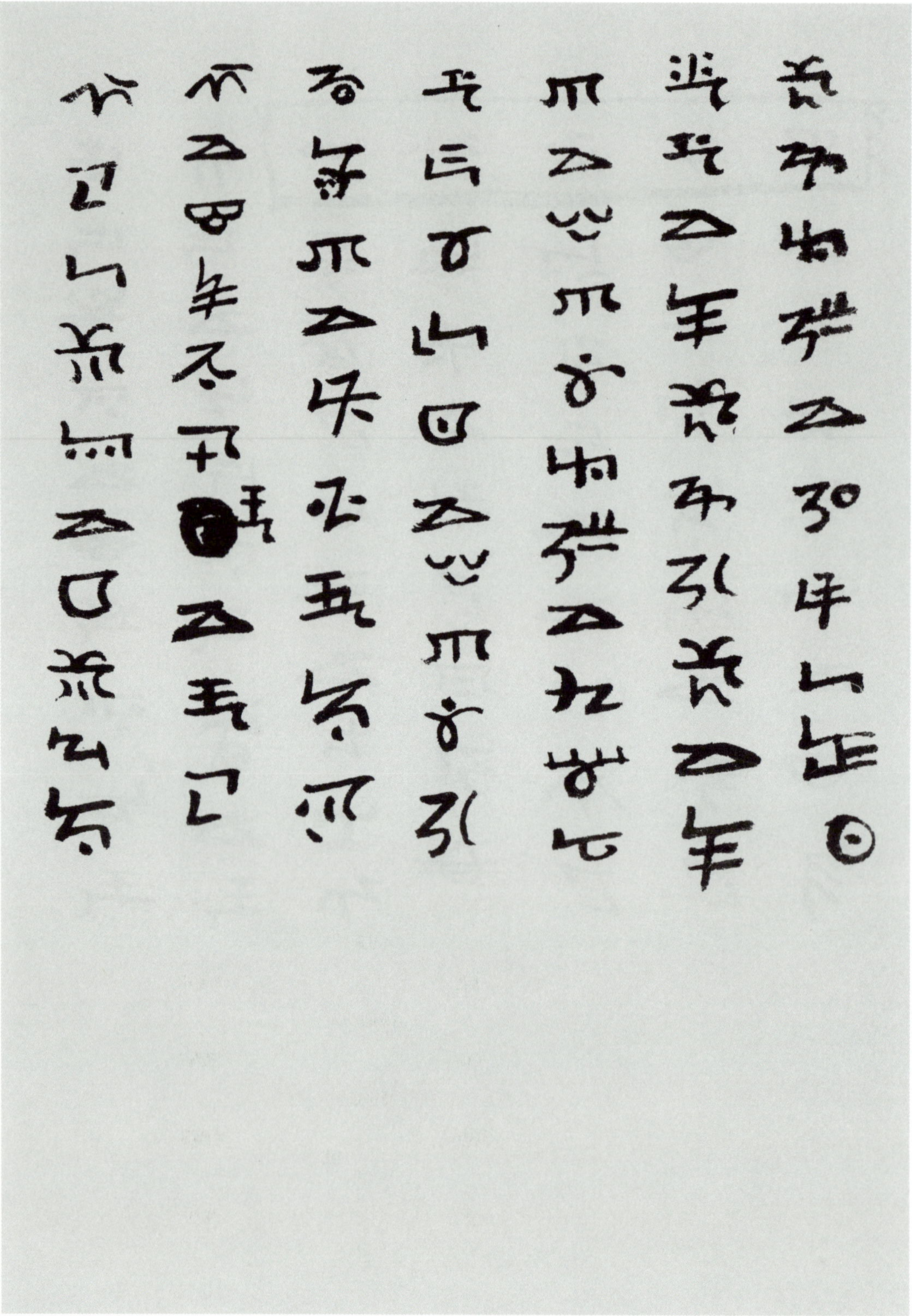

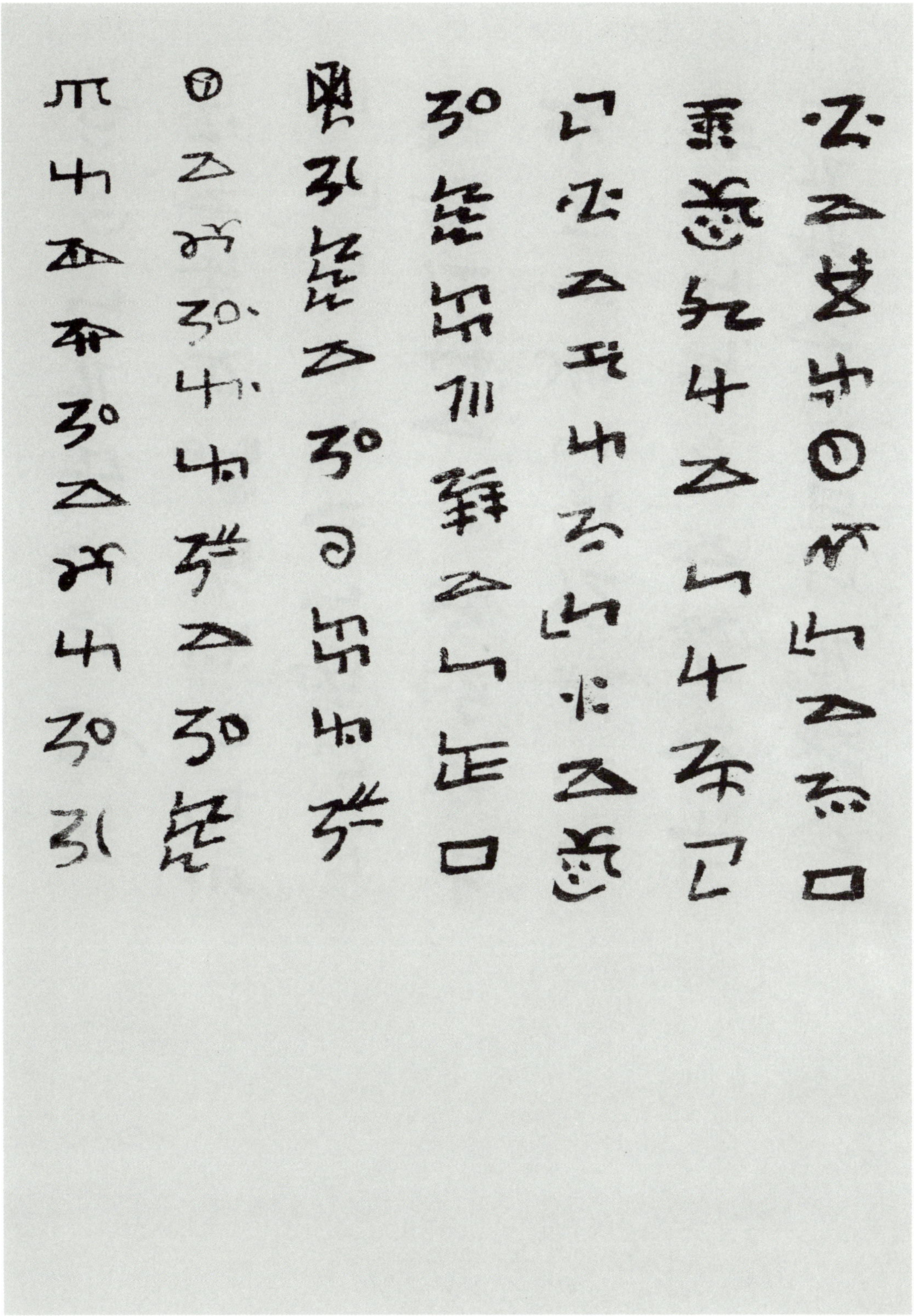

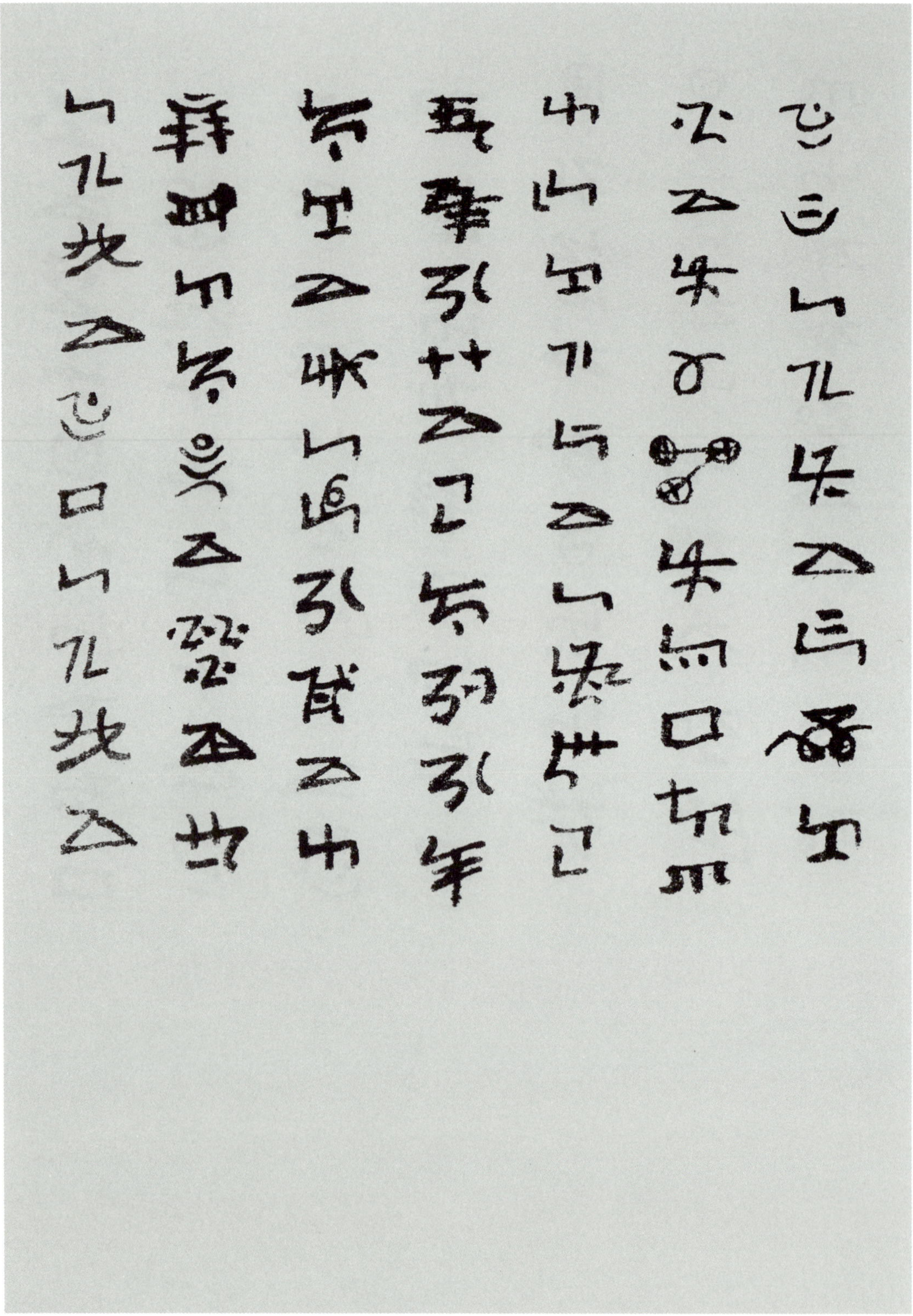

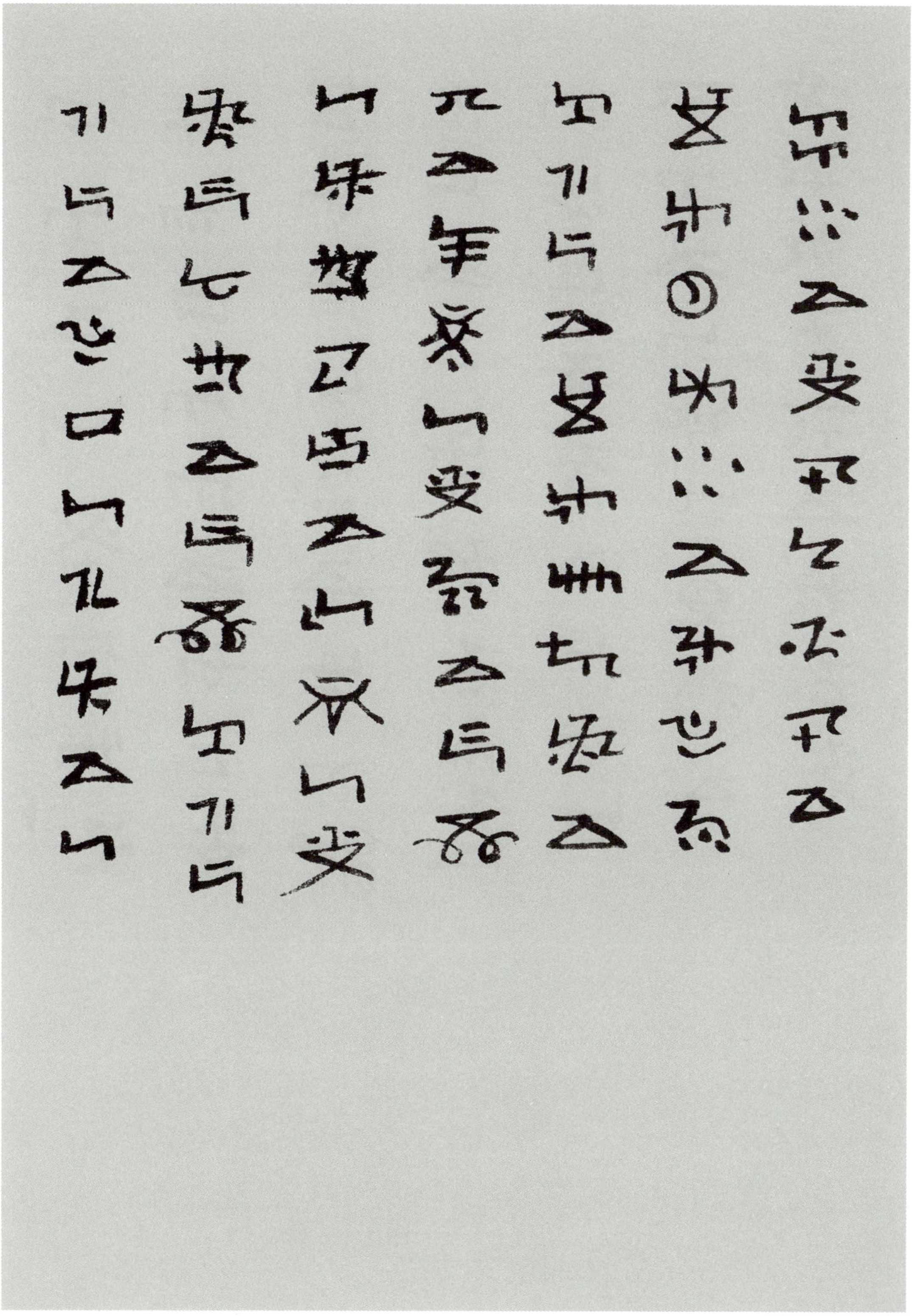

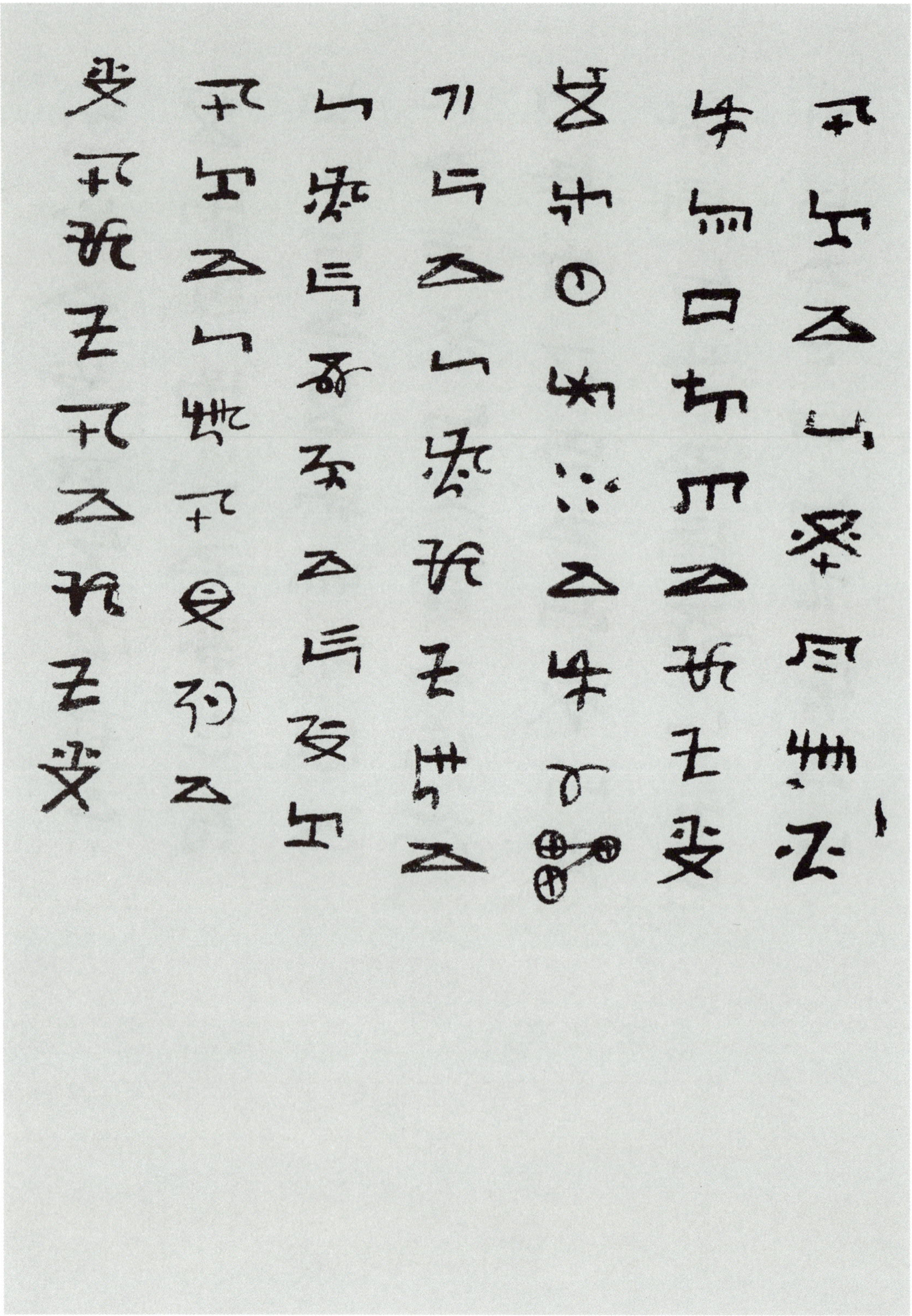

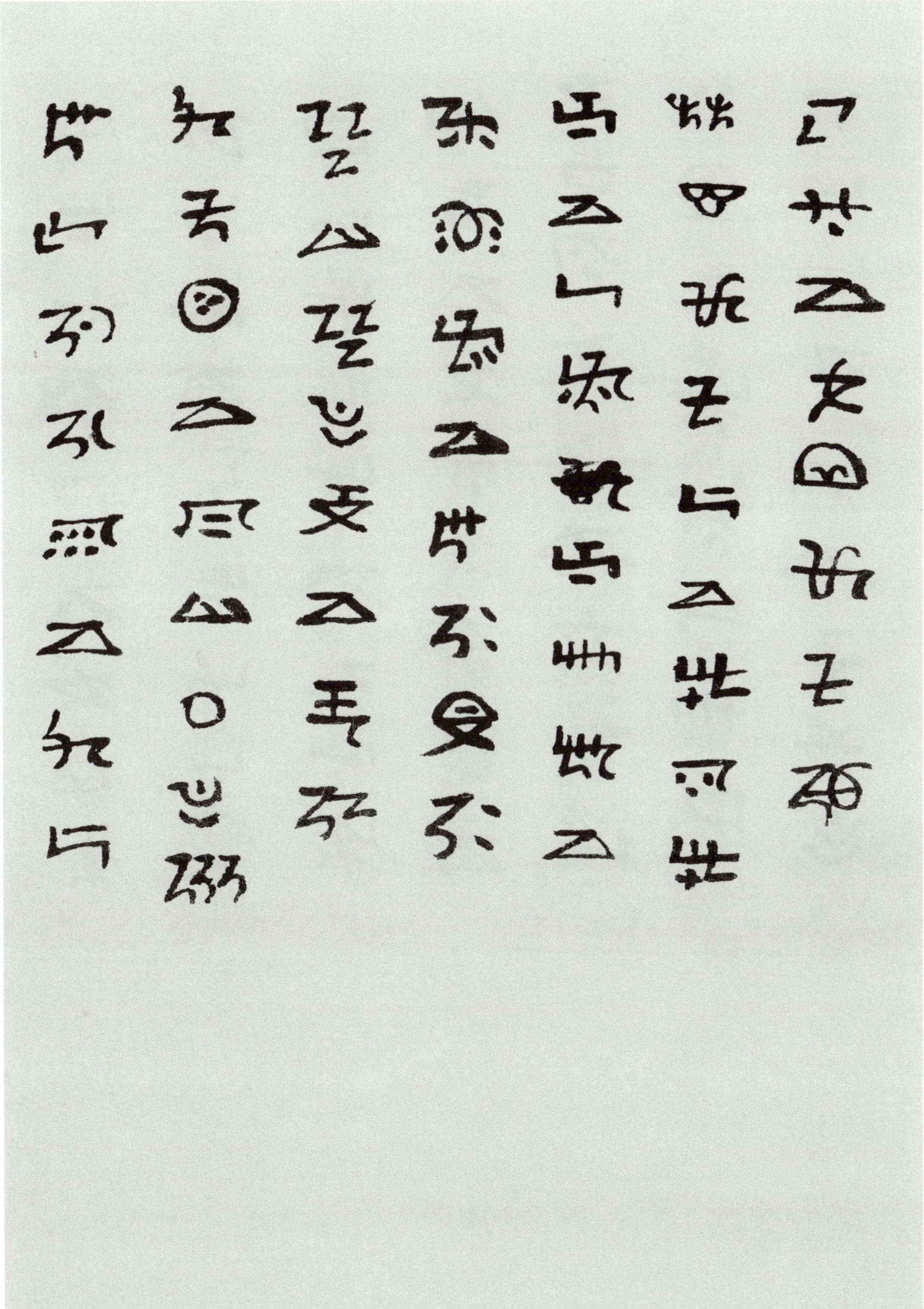

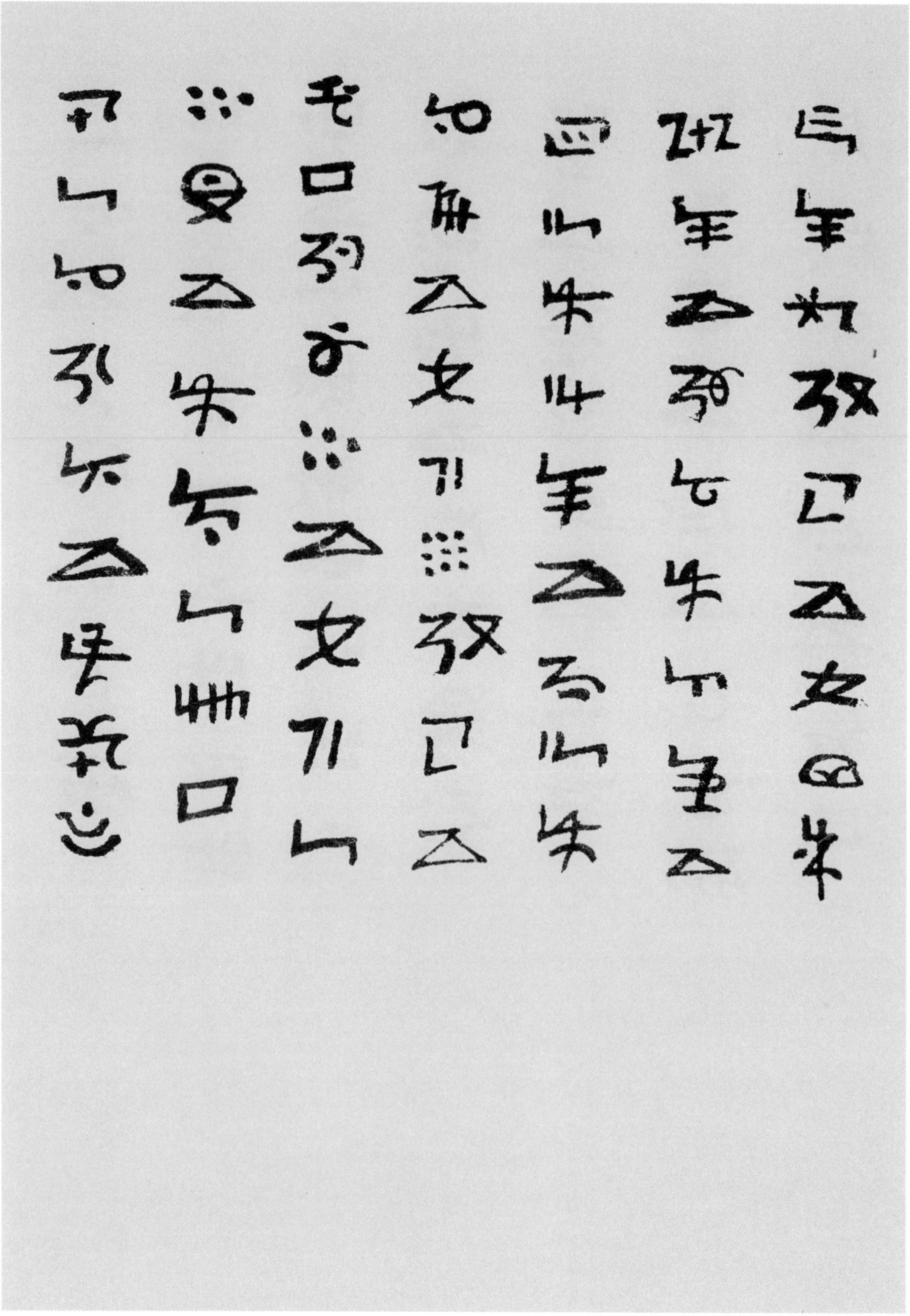

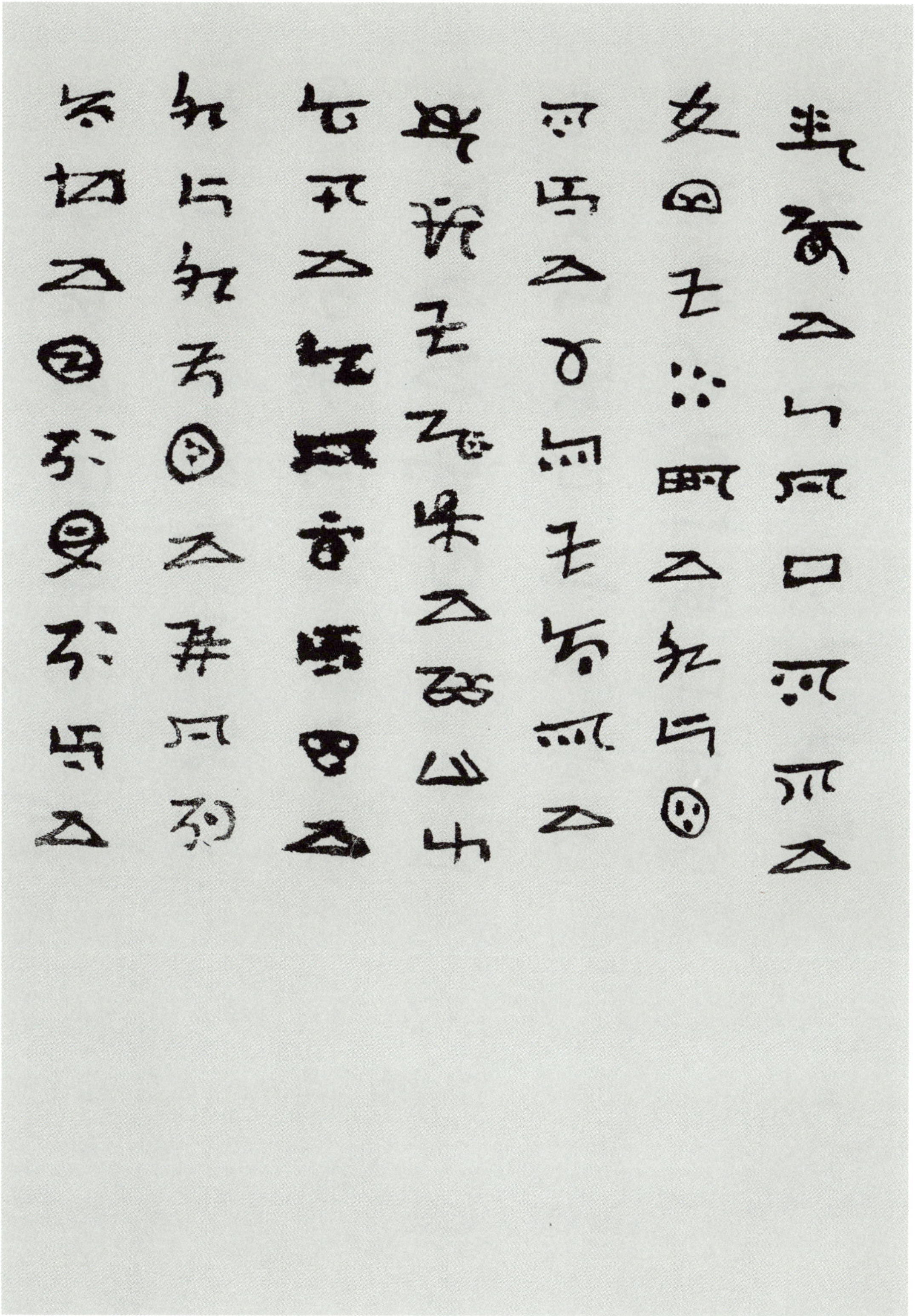

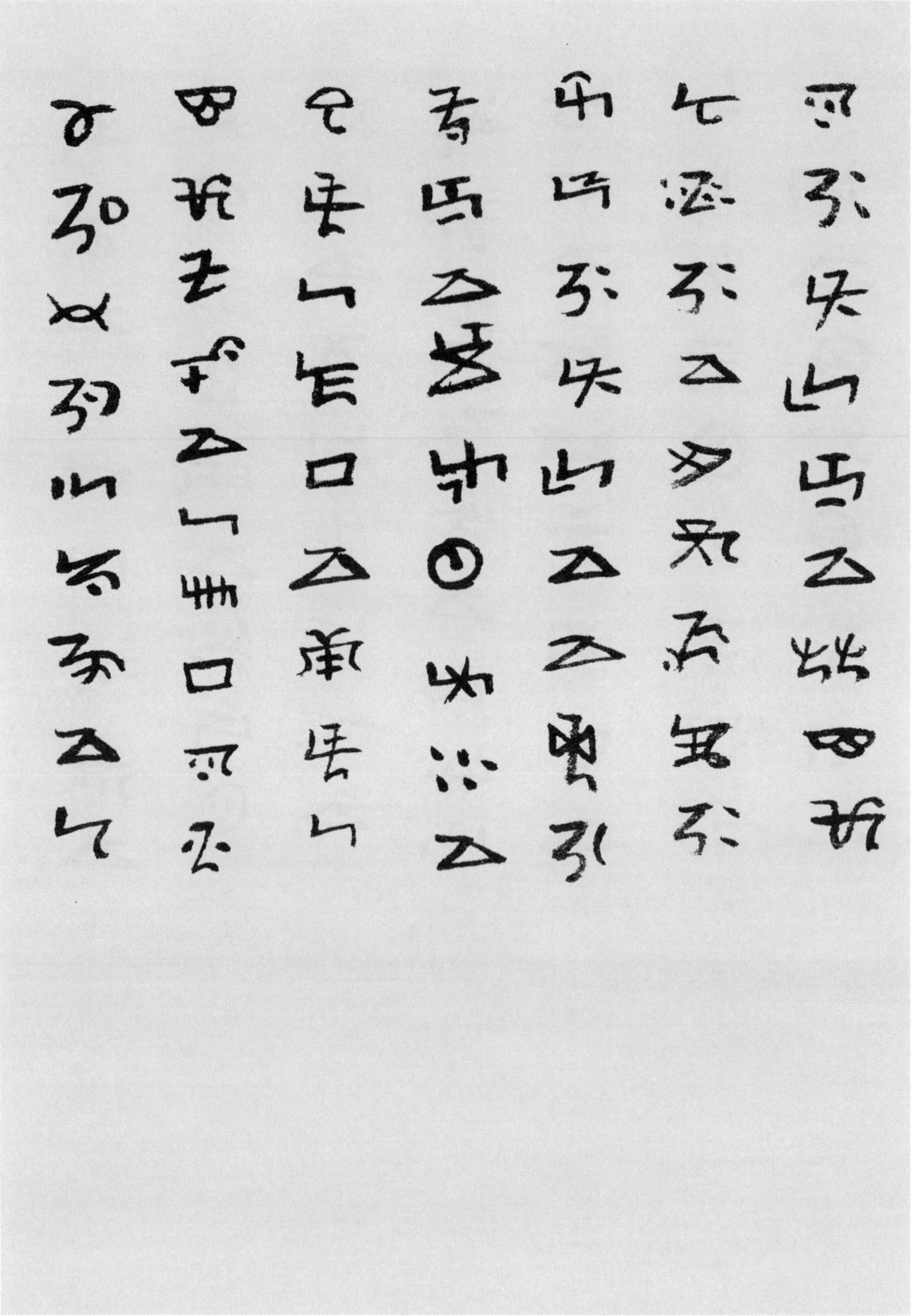

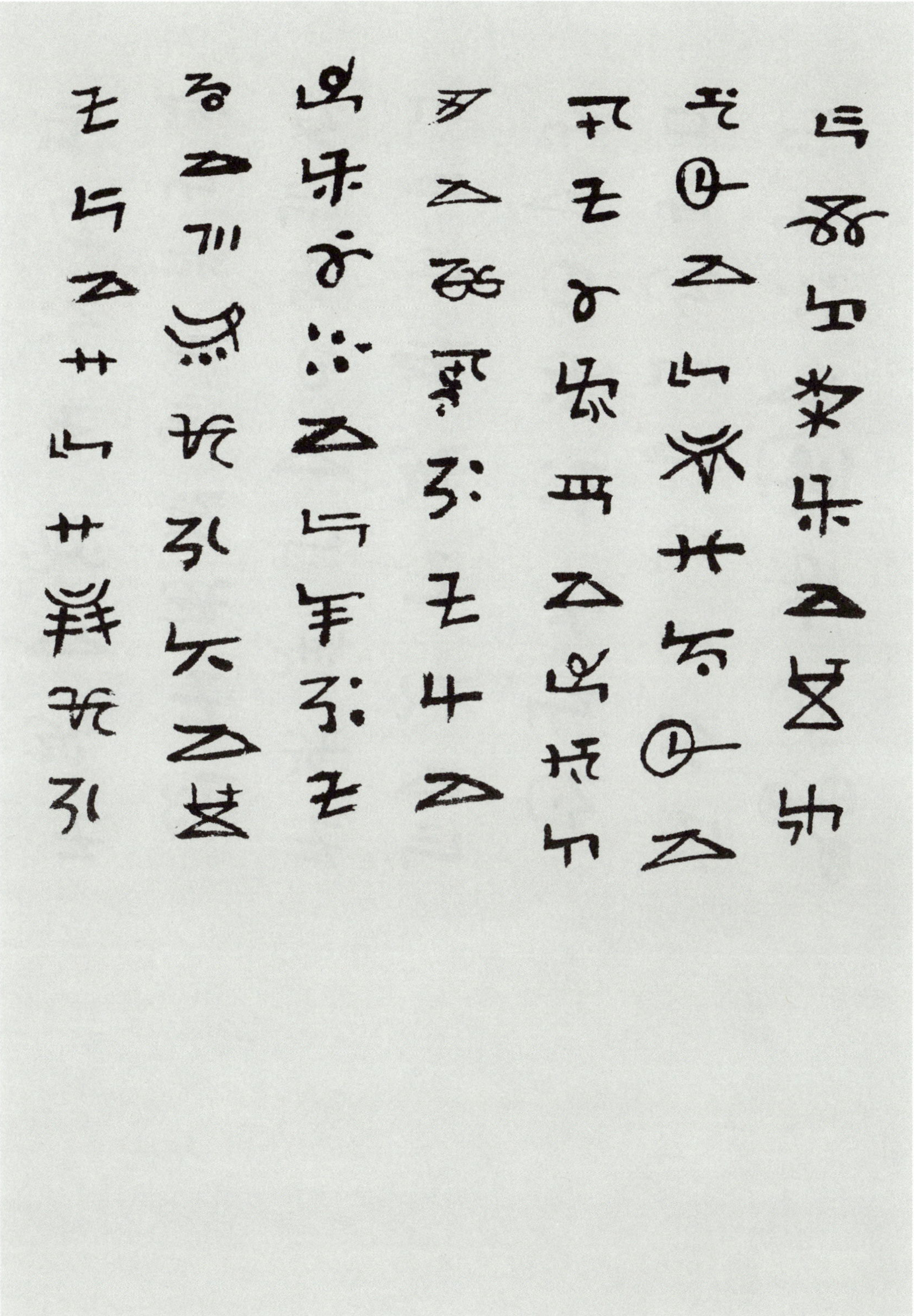

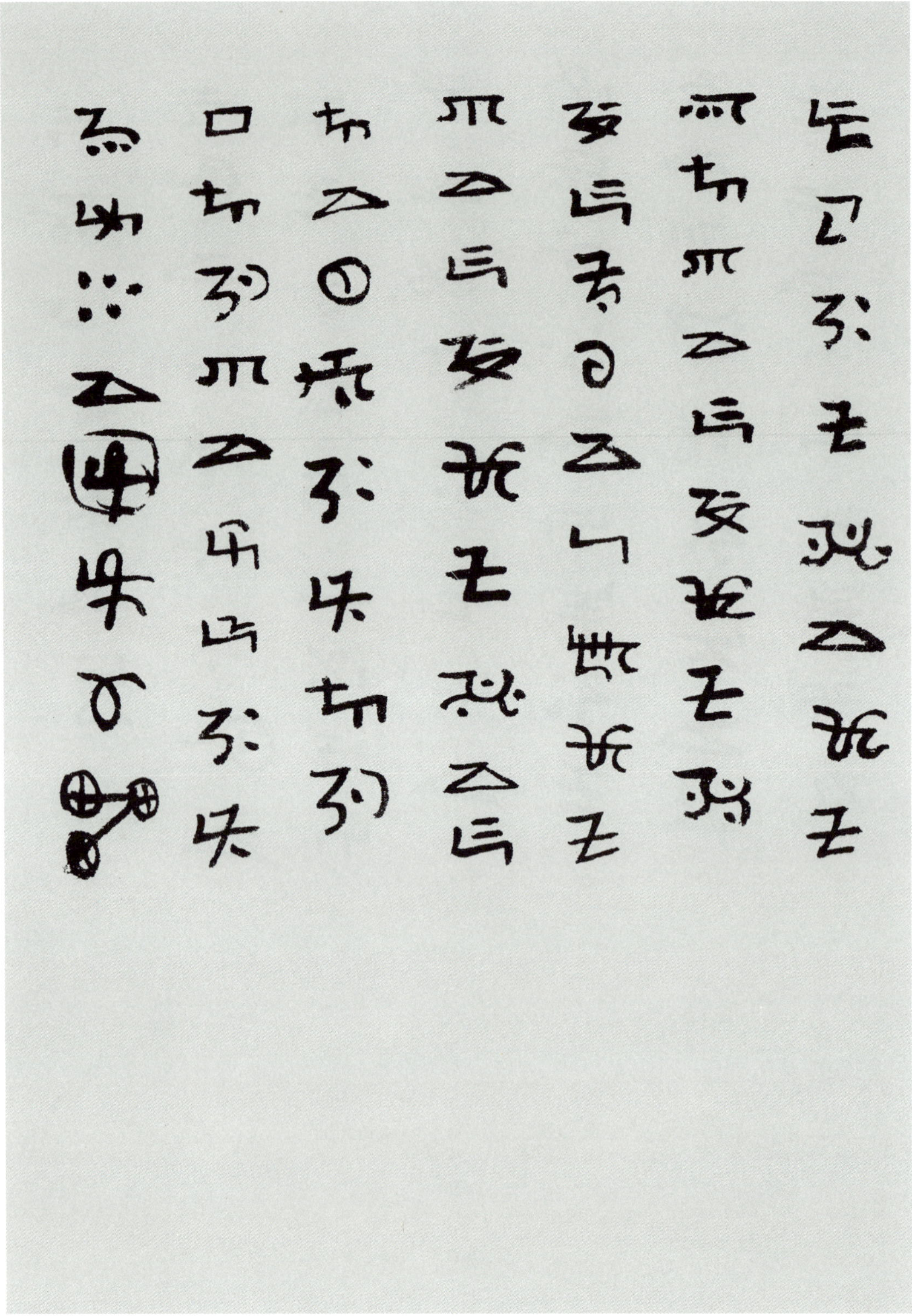

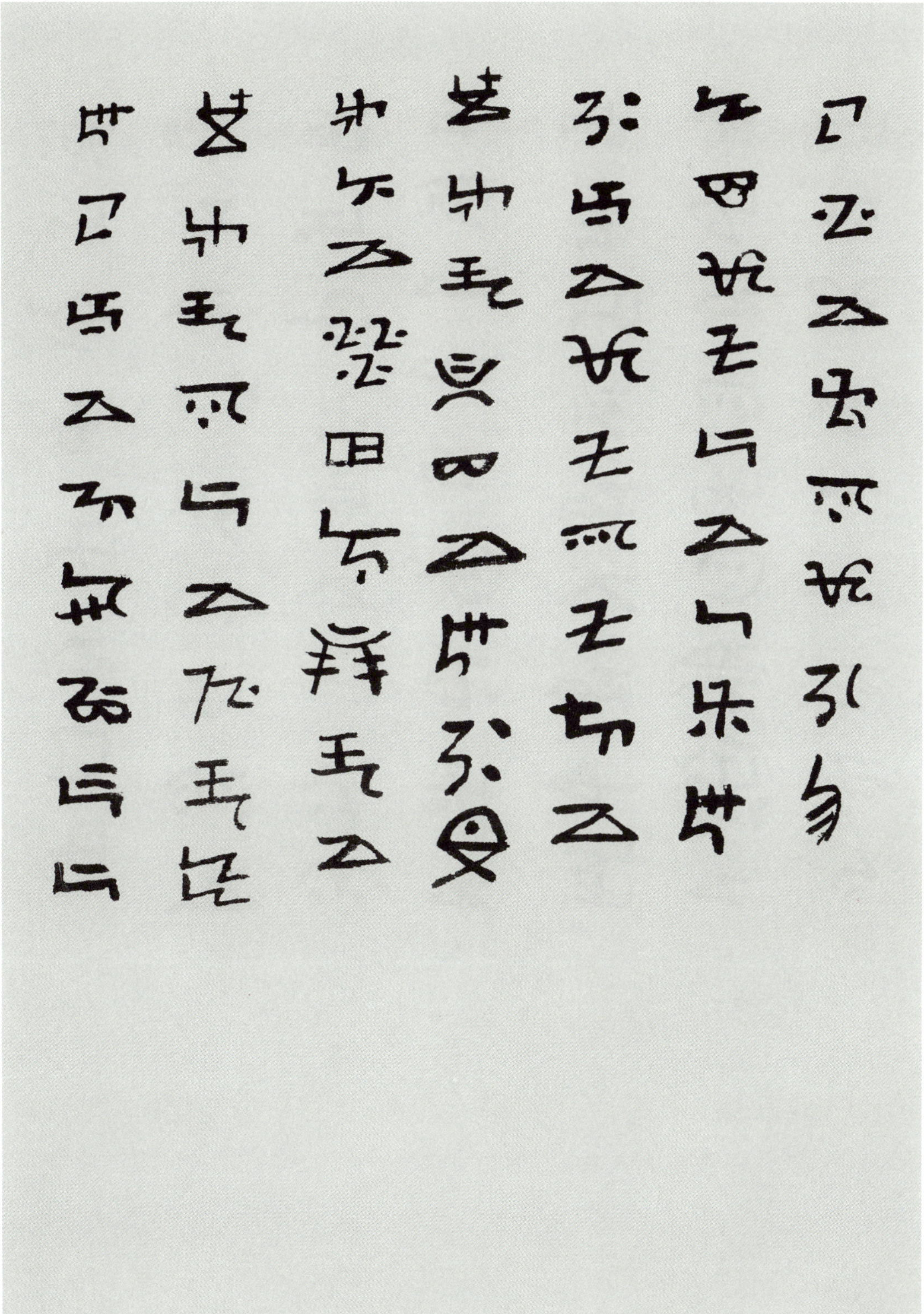

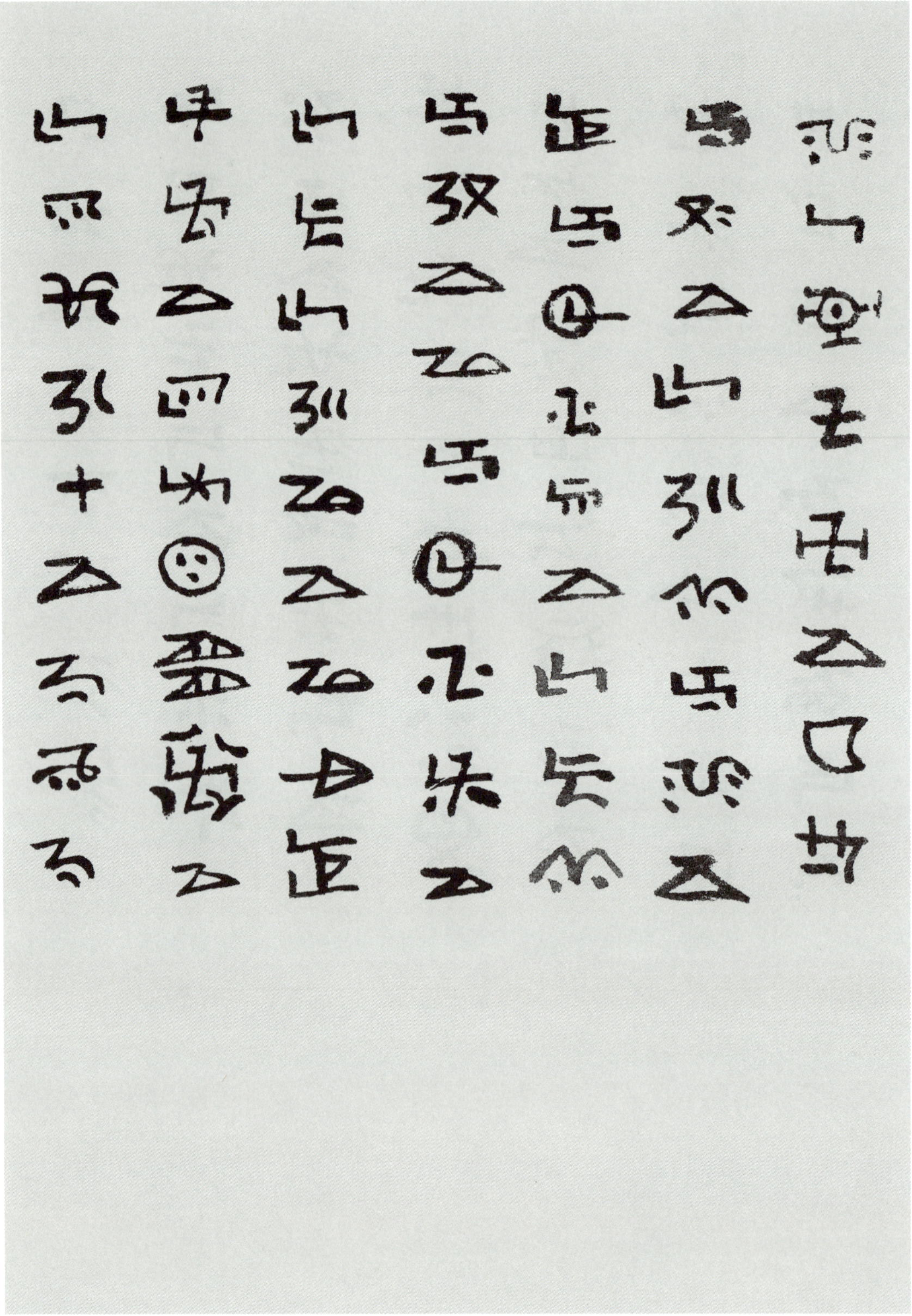

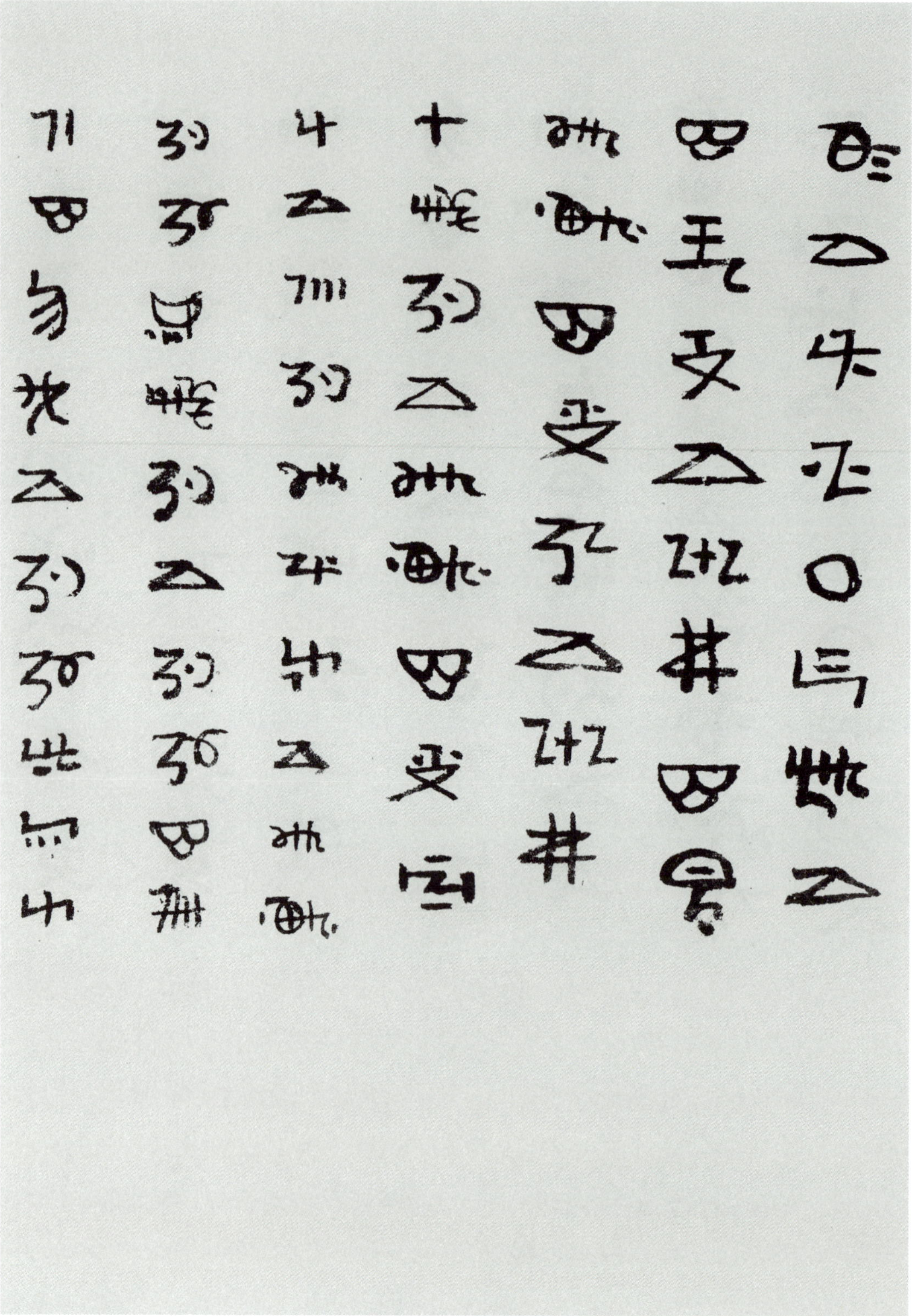

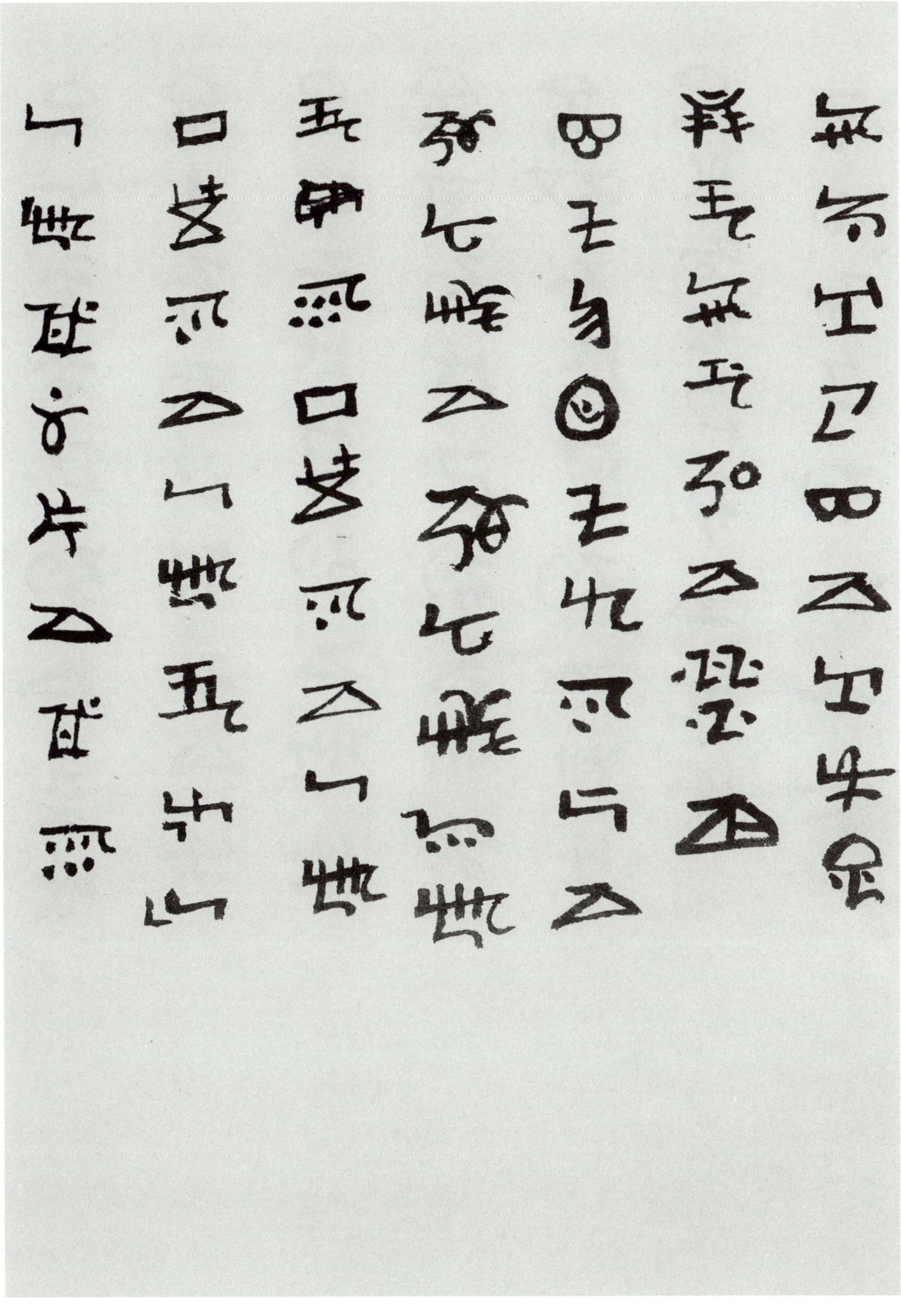

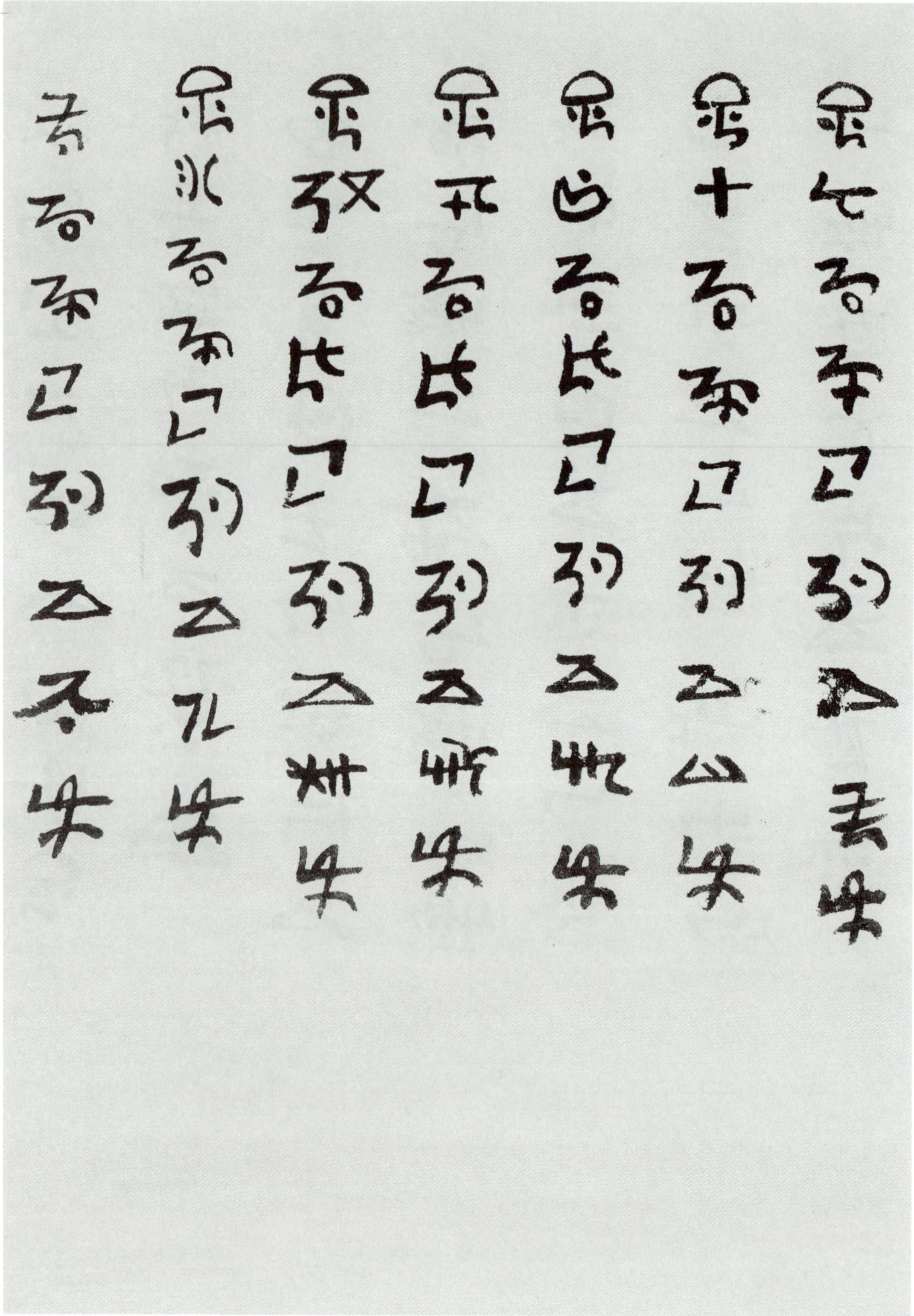

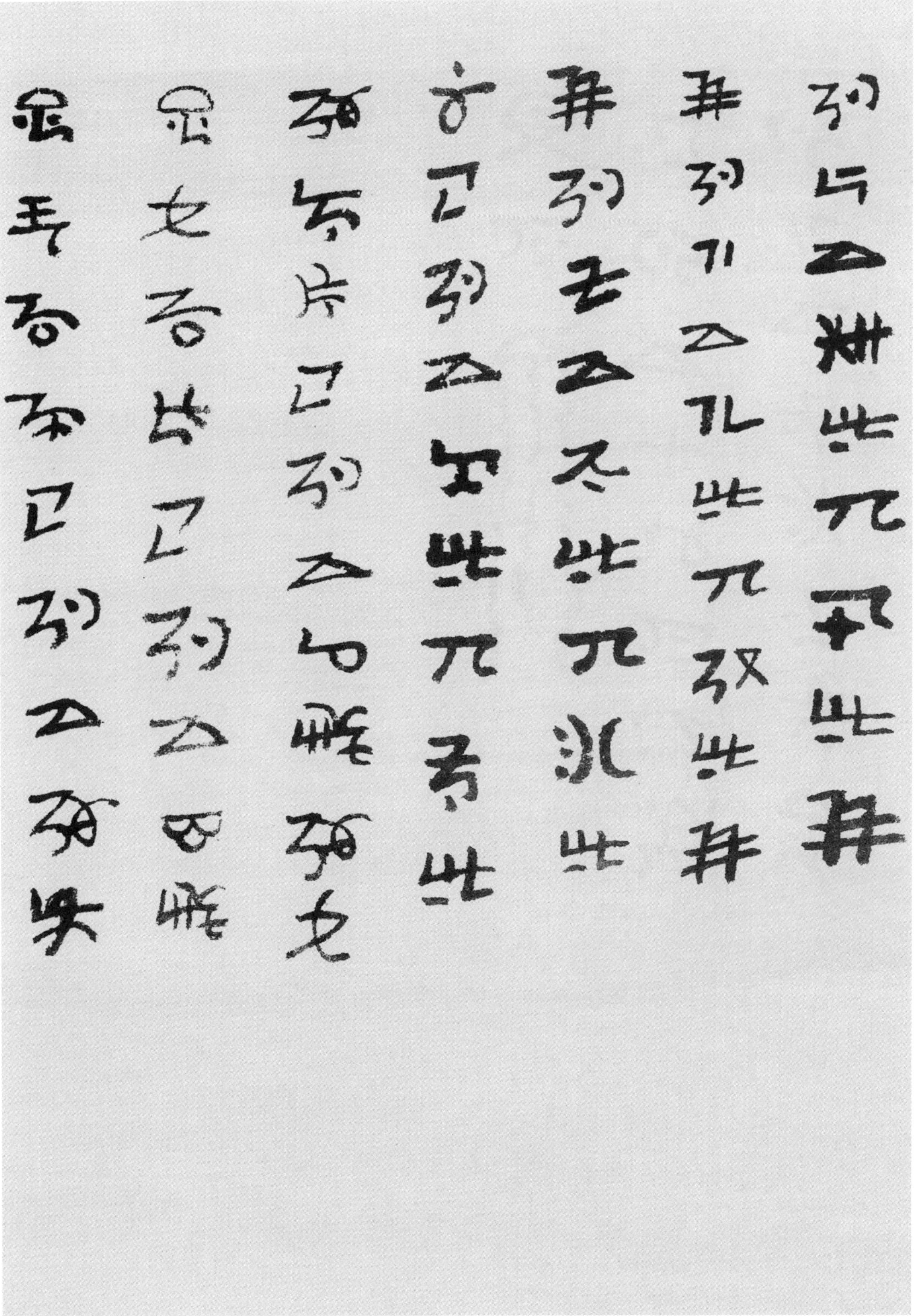

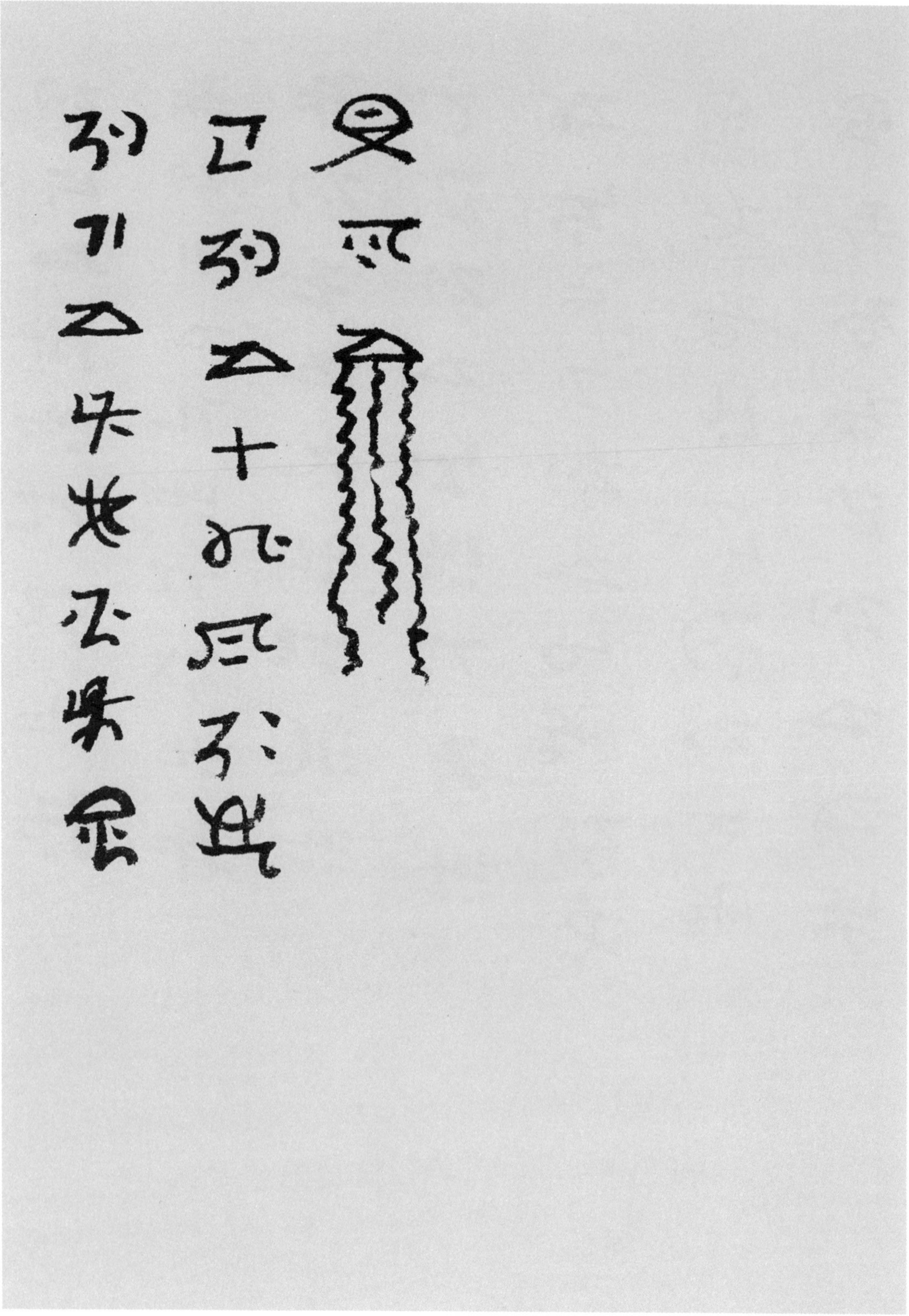

后 记

彝族古籍文献的整理和研究是彝学研究的一个重要内容，是彝学研究的基石。神奇古老的毕摩经籍承载着丰富多彩的彝族文化，记录着彝族古朴的生产生活方式和多元文化信息。

楚雄师范学院图书馆作为彝州唯一本科高校图书馆，近年来重视地方特色文献建设，特别是彝族古籍文献的收集和整理工作，经过多方努力，取得了可喜成果。在学校党政领导的关心支持下，图书馆和彝学研究院在云南省少数民族古籍整理出版规划办公室的帮助下，分别于2014年、2016年先后从云南新平、元阳、双柏等地征集到了《请师经》《祈福经》《开路经》《指路经》《献佛经》《点牲经》《丧葬经》《创世经》《迎客经》《祭火经》《驱邪经》《招魂经》《净魂经》《献神经》《饯行经》《杂经》《驱地气邪经》《招粮魂经》《彝族火把节祭经》《彝族尼诺史》《笃慕谱系》《祖先谱系》《毕摩斗智》《吾查》《卖查》《签书》《齐苏书》《赛玻嫫》《历算书》《看病书》《医药书》《苦情书》《美文花甲书》《观天象书》《罗婺盛世铭》《人类起源书》《文学起源书》《创世史经书》等92册对彝族文字、历史、文化研究具有重要的文献、史料和科考价值的清代、民国、近现代手书彝文古籍。

《彝族古籍文献考略（一）》是《中国彝族文化丛书》（语言文字卷）之一。本书从楚雄师范学院图书馆馆藏92册清代、民国、近现代手书彝文古籍中，遴选出《祈福经》《抽签书》《占病书》《占星相书》《请神献酒经》《请师经》《指路经》《迎客经》《踩尖刀草经》《讨葬地经》《祭坟献酒经》《献神水经》《阿左书》《迎客经》《驱重丧经书》《祈雨经》《娶嫁择日书》《占测粮种播吉日书》《招魂经》《装殓经书》《装棺椁经书》《找死星书》《请祖先书》等7册23部经书，进行内容要旨翻译概括和装帧、年代考略。其中大部分经书合订成册，内容涉及彝族毕摩占卜、历算方面的宗教文化和宗教信仰，具有鲜明的宗教色彩；文字属于南部方言区彝文，对彝族宗教文化和彝族文字研究具有一定的学术价值。

本书由楚雄师范学院承建的“十二五”云南省优势特色重点学科“民族学”（彝学）资助出版，楚雄师范学院印刷厂在版面设计、文字图片处理及印制等方面做了大量工作，云南民族出版社为出版编辑本书倾注了大量精力，特别是彝文古籍整理工作中得到了楚雄彝族文化研究院施文贵同志的大力支持，在此一并致谢！书中错漏在所难免，敬请批评指正。

杨甫旺　祁建华

2018年5月28日